安次年鉴

2018 ANCINIANJIAN

廊坊市安次区地方志编纂委员会　编

光明日报出版社

图书在版编目（CIP）数据

安次年鉴．2018 ／ 廊坊市安次区地方志编纂委员会编．--北京：光明日报出版社，2019.9

ISBN 978－7－5194－5469－2

Ⅰ．①安… Ⅱ．①廊… Ⅲ．①安次—2018—年鉴 Ⅳ．①Z522.24

中国版本图书馆 CIP 数据核字（2019）第 182794 号

安次年鉴．2018

ANCI NIANJIAN．2018

编　　者：廊坊市安次区地方志编纂委员会

责任编辑：陆希宇　　　　责任校对：赵鸣鸣

封面设计：中联学林　　　　责任印制：曹　净

出版发行：光明日报出版社

地　　址：北京市西城区永安路 106 号，100050

电　　话：010－63131930（邮购）

传　　真：010－67078227，67078255

网　　址：http：//book. gmw. cn

E － mail：luxiyu@ gmw. cn

法律顾问：北京德恒律师事务所龚柳方律师

印　　刷：三河市华东印刷有限公司

装　　订：三河市华东印刷有限公司

本书如有破损、缺页、装订错误，请与本社联系调换，电话：010－67019571

开　　本：880mm×1230mm

字　　数：698 千字　　　　印　　张：31.5

版　　次：2019 年 9 月第 1 版　　　　印　　次：2019 年 9 月第 1 次印刷

书　　号：ISBN 978－7－5194－5469－2

定　　价：220.00 元

《安次年鉴（2018）》编修委员会

主　　任： 薛振泽

副 主 任： 王振宇

钱玉兵

委　　员： 高宝奎　邵东旭　张　波　杨　鹏　李华东

曹建新　刘淑华　何海波　尹义涛　杨敬玉

解延胜　王　震　张德新　周克俊　张春林

张　雷　华　杰　刘建新　张　冲

编修委员会下设办公室，办公室主任：张冲（兼），负责办公室日常工作。

《安次年鉴（2018）》编辑人员

主　　编： 张　波

执行主编： 张　冲

编　　辑： 刘士旺　张雅娟

编辑说明

一、《安次年鉴》是《安次年鉴》编修委员会主持、安次区地方志办公室编纂的一部全面记述安次区情的大型综合性、资料性文献。旨在为社会各界了解、认识安次区提供信息，为领导科学决策提供依据，为续修区志积累资料。

二、《安次年鉴》2018卷以马克思列宁主义、毛泽东思想、邓小平理论、和“三个代表”重要思想、科学发展观和习近平新时代中国特色社会主义思想为指导，深入贯彻学习习近平总书记系列重要讲话精神，坚持实事求是的原则，客观翔实地记载2017年安次区的自然、政治、经济、社会等方面的基本面貌和发展情况。

三、《安次年鉴》采用条目记事体、分类编纂法，类目下设分目，分目下设条目（少数分目下无条目）。大致以类目、分目、条目3个层次组成框架结构。

四、《安次年鉴》所用稿件均由区直各部门、各乡镇（街办处、园区）相关部门专人撰写，并经本单位负责人审核，单位盖章。经济数据由区统计局提供。照片由相关部门提供。

五、《安次年鉴》记述时间范围为2017年1月1日至2017年12月31日。在特殊情况下，如需为保持记述完整，客观反映实物原貌，才适当突破时间界限进行记述。

六、《安次年鉴》对2017年1月离职的领导，如实记述实际任职时间；对2017年1月以后仍在职的领导，任职时间一律从2017年1月记起；对2017年12月离职的领导，其离职时间如实记述；对2017年12月以后仍在职的领导，其任职时间一律只记到2017年12月。对领导兼任多个职务的，只在记述相应事项时予以体现。

七、《安次年鉴》的编辑工作得到了各级领导的大力支持以及各相关单位及撰稿人的通力合作，在此深表感谢，由于时间紧、任务重等多方面原因，书中难免有遗漏和瑕疵，恳请广大读者批评指正。

目 录

Contents

特 载

大事记

安次概况

2017 年全区党政机关、直属单位、党派团体和部分市直属单位及其领导名单

中国共产党廊坊市安次区委员会

廊坊市安次区人民代表大会

廊坊市安次区人民政府

中国人民政治协商会议廊坊市安次委员会

社会团体

法治·国防

综合管理

农业·水利

工　业

商贸服务

财政·税务

金融·保险

城乡建设

环境保护

交通·邮电

文　化

科学技术

教　育

卫 生

社会生活

乡镇、街道办事处、园区

附 录

特 载

坚持以习近平新时代 中国特色社会主义思想为统领 奋力开创新时代强区新城美丽安次发展新局面

——在区委六届三次全会第一次全体会议上的讲话

（2018年1月3日）

张 平

这次区委六届三次全会的主要任务是，深入学习贯彻党的十九大精神和中央经济工作会议精神，全面落实省委九届六次全会、市委六届四次全会决策部署，总结工作、分析形势，对今年和今后一个时期的经济社会发展作出部署，进一步动员全区上下以习近平新时代中国特色社会主义思想为统领，全面实施“211”战略任务，全力推进高质量发展，不忘初心、牢记使命，忠诚担当、接续奋斗，奋力开创新时代强区新城、美丽安次发展新局面。

区委常委会2017年工作报告已书面印发大家，请同志们提出意见建议。下面，按照区委常委会研究的意见，我重点强调四个方面问题。

一、深入贯彻党的十九大、中央经济工作会议和省、市委全会精神，把握新方向、领会新思想、强化新武装

党的十九大在我们党和国家事业发展进程中具有划时代和里程碑的意义，中央经济工作会议是党的十九大之后党中央召开的第一次全国性会议，两次重要大会特别是党的十九大明确作出了我国发展进入新时代的重大判断，确立了一系列新思想、新观点、新战略、新举措。省市委围绕落实党的十九大和中央经济工作会议精神，相继召开了全会，分别对当前和今后一个时期经济社会发展作出了新安排、新部署。进入新时代，谋求新发展，我们必须牢牢把握新方向、领会新思想、强化新武装，切实把思想和行动统一到中央和省市委部署要求上来。

（一）深刻把握党的十九大和中央经济工作会议精神。党的十九大把习近平新时代中国特色社会主义思想确立为全党必须长期坚持的指导思想，提出了“我国社会主要矛盾已经转化为人民日益增长的美好生活需要和不平衡不充分的发展之间的矛盾”“必须坚持质量第一、效率优先”“发挥市场在资源配置中的决定性作用”“建设生态文明是中华民族永续发展的千年大计”等一系列重要思想、重大判断、重大举措。党的十九大胜利闭幕后，党中央召开了第一个全国性会议——中央经济工作会议，会议深刻阐述了我国已由高速增长阶段转向高质量发展阶段的科学内涵，提出要以习近平新时代中国特色社会主义经济思想引领经济社会发展，坚持加强党对经济工作的集中统一领导，坚持以人民为中心的发展思想，坚持适应把握引领经济发展新常态，坚持使市场在资源配置中起决定性作用以更好发挥政府作用，坚持适应我国经济发展主要矛盾变化完善宏观调控，坚持问题导向部署经济发展新战略，坚持正确工作策略和方法。提出要把推动高质量发展作为当前和今后一个时期确定发展思路、制定经济政策、实施宏观调控的根本要求，围绕高质量发展做好深化供给侧结构性改革、激发各类市场主体活力、实施乡村振兴战略、实施区域协调发展战略、推动形成全面开放新格局、提高保障和改善民生水平、加快建立多主体供应、多渠道保障、租购并举的住房制度、加快推进生态文明建设8项重点工作。提出要把稳中求进工作总基调作为治国理政的重要原则长期坚持，把“稳”和“进”作为一个整体来把握，把握好工作节奏和力度，统筹各项政策，加强政策协同，积极的财政政策要取向不变，稳健的货币政策要保持中性，结构性政策要发挥更大作用，社会政策要注重解决突出民生问题，改革开放要加大力度。提出要重点抓好防范化解重大风险、精准脱贫、污染防治三大攻坚战，打好防范化解重大风险攻坚战，重点要防控金融风险，服务于供给侧结构性改革这条主线，促进形成金融和实体经济、金融和房地产、金融体系内部的良性循环；打好精准脱贫攻坚战，要保证现行标准下的脱贫质量，瞄准特定贫困群众精准帮扶，向深度贫困地区聚焦发力，激发贫困人口内生动力；打好污染防治攻坚战，要使主要污染物排放总量大幅减少，生态环境质量总体改善，打赢蓝天保卫战。这为我们做好明年和今后一个时期的经济工作注入了强大思想引领和实践动力。

（二）*深刻把握省委九届六次全会主要精神*。中央经济工作会后，省委迅速召开全会，明确了全省当前和今后一个时期经济社会发展的基本思路，提出了2018年经济工作的总体要求和重点任务，强调要坚持以习近平新时代中国特色社会主义思想为统领，切实增强“四个意识”的观念、质量第一的观念、改革开放的观念、市场意识的观念、生态文明的观念、人民至上的观念，以深入学习贯彻党的十九大精神推动思想大解放。强调当前和今后一个时期要遵循一个基本思路，即抓好推进京津冀协同发展、规划建设雄安新区、筹办北京冬奥会三件大事，打好防范化解重大风险、精准脱贫、污染防治、转型升级、补齐民生短板、优化营商环境六场硬仗，实施创新驱动发展、科教兴冀、人才强冀、乡村振兴、区域协调发展、可持续发展、开放带动八项战略，深化供给侧结构性改革、国有企业改革、“放管服”改革、投融资体制改革、科技体制改革、金融财税体制改革、教育文化体育体制改革、“三医联动”改革、国家监察体制改革等九项改革。2018年要坚持创新竞进、协同融合、改革开放、转型升级、提质增效、改善民生、优化环境，促进经济社会持续健康发展。强调要坚持以疏解北京非首都功能为“牛鼻子”推动京津冀协同发展，高起点规划、高标准建设雄安新区；坚持以供给侧结构性改革为主线，切实提高经济发展的质量和效益；坚持以改革创新和扩大开放为动力，推动河北经济社会发展向更高层级迈进；坚持以人民为中心的发展思想，切实保障改善民生和坚决打赢脱贫攻坚战；坚持以解决突出环境问题为重点，努力打造生态环境支撑区；坚持全面加强党对经济工作的领导，为落实党中央重大决策部署提供坚强保障。这为我们在新的历史起点上推动高质量发展指明了方向。

（三）深刻把握市委六届四次全会主要精神。省委九届六次全会后，市委迅速召开全会，贯彻落实中央和省委会议精神，明确全市当前和今后一个时期经济社会发展基本思路，提出2018年经济工作的总体要求和重点任务。要求深入贯彻党的十九大、中央经济工作会议和省委九届六次全会精神，坚持以习近平新时代中国特色社会主义思想为统领，切实加强党对经济工作的领导，坚持稳中求进工作总基调，坚持新发展理念，紧扣我国社会主要矛盾变化，按照高质量发展的根本要求，统筹推进“五位一体”总体布局和协调推进“四个全面”战略布局，以供给侧结构性改革为主线，推动质量变革、效率变革、动力变革，更加突出协同发展，更加突出转型升级，更加突出改革创新，更加突出生态支撑，更加突出民生改善，更加突出优化营商环境，更加突出防范化解重大风险和维护安全稳定，紧紧围绕与京津一体化发展的创新驱动经济强市定位，促进经济社会持续健康发展，为新时代加快建设经济强市、美丽廊坊而努力奋斗。要求深入落实高质量发展的根本要求，全力支持国家重大历史性工程建设，加快与京津一体化发展；坚持以供给侧结构性改革为主线，加快构建现代化经济体系；打好污染防治攻坚战，推进生态文明建设取得新成效；坚持把人民利益摆在至高无上的地位，不断提高保障和改善民生水平；做好防范风险和安全稳定工作，为经济社会平稳健康发展创造良好环境，推动经济社会持续健康发展。要求加强党的全面领导，完善党委抓经济工作的体制机制，加大督查检查考核问责力度，锲而不舍狠抓作风建设，为推动经济社会发展提供坚强保障。

全面贯彻落实党的十九大、中央经济工作会议和省市委全会精神，推动安次新发展，我们必须自觉站位全局、主动调高标尺，不忘初心、牢记使命，在政治上、思想上、行动上始终强化“六个观念”：一要始终强化“四个意识”的观念，旗帜鲜明讲政治。这是马克思主义政党的根本要求，是共产党人最鲜明的本质特征。省委书记王东峰明确要求：河北要坚决当好首都政治“护城河”，这是广大党员干部的政治职责、为政之要。我们必须时刻强化政治意识、大局意识、核心意识、看齐意识，坚决维护党中央权威和集中统一领导，坚持以习近平新时代中国特色社会主义思想为统领，确保中央和省市各项决策部署不折不扣在安次落地落实。二要始终强化“服从大局”的观念，抢抓机遇谋发展。要深刻理解“大河有水小河满、大河无水小河干”的辩证关系，必须自觉把安次发展放到京津冀协同发展、雄安新区建设等国家重大战略中来研究谋划、部署推动，这既是一种胸怀也是一种智慧。必须在全面落实中央和省市推进协同发展的重大决策部署中，主动承接北京非首都功能疏解，积极对接国家重大历史性工程建设，在服从服务大局中抢抓机遇、释放优势、加快发展。三要始终强化“质量第一”的观念，建设产业新体系。高质量发展是新时代发展的根本要求，是满足人民对美好生活日益增长需要的发展。必须坚持质量第一、效益优先，更加注重优质发展，实现以质取胜，推动经济发展质量变革、效率变革、动力变革，加快形成推动高质量发展的指标体系、政策体系、标准体系、统计体系、绩效评价、政绩考核，加快建设实体经济、科技创新、现代金融、人力资源协同发展的产业新体系。四要始终强化“生态文明”的观念，打造绿色生态样板区。生态优先、绿色发展是中央的明确要求，绿色安次是我们多年的品牌和优势，天蓝、地绿、水清是广大群众的热切期盼。必须牢固树立社会主义生态文明观，坚定不移地走绿色发展之路，坚持环境就是民生、绿水就是美丽、蓝天也是幸福，实施最严格的生态环境保护制度，打造绿色生态、发展绿色产业、倡导绿色生活，加快建设绿色生态样板区。五要始终强化“改革创新”的观念，开放发展强动能。虽然我区科技创新走在全市前列，高新技术产业增加值总量全市第一，但是我区改革创新工作的力度、热度、深度，与中央和省市委要求相比、与先进地区相比、与所处区位优势相比、与新时代发展需要相比，还有很大差距。我们必须进一步增强改革意识、提升创新能力、强化开放思维，始终坚持把改革创新作为加快发展的不竭动力和活力源泉，在深化改革中找出路、解难题、抓发展，在全面创新中挖潜力、增动力、添活力，在扩大开放中求突破、提层级、上水平。六要始终强化“人民至上”的观念，建设美丽幸福新家园。中国共产党人的初心和使命就是为中国人民谋幸福、为中华民族谋复兴。我们一切工作的出发点和落脚点就是维护好、实现好、发展好最广大群众的根本利益。这几年，虽然我们在民生事业上连年加大投入，但历史欠账较多，民生领域还有不少短板，发展不平衡、不充分的问题也很突出。我们必须不忘初心、牢记使命，坚决落实以人民为中心的发展思想，立足现实状况、突出群众关切、对标全面小康标准，抱定公仆情怀抓民生，在“幼、学、劳、病、老、住、弱”7个方面下功夫，补缺项、强弱项、保强项，使广大群众的获得感、幸福感、安全感更加充实、更有保障、更可持续。

同志们，党的十九大是指引我们未来发展的行动纲领，中央经济工作会议是指导我们做好今后经济社会发展工作的根本遵循，省市委全会对我们做好当前工作提出了具体要求。我们一定要深刻领会精神实质、核心要义，真正在学懂弄通做实上下真功夫、苦功夫，用新思想、新战略、新理论武装头脑，推动思想大解放、促进认识大提升、引领实践大发展，让中央和省市精神在安次大地落地生根、开花结果！

二、深刻把握安次发展面临的形势，明确全区工作总体要求和战略重点

中国特色社会主义进入新时代，展望安次未来发展，我们更有底气、更有信心、更有力量。我们拥有无比强大的政治引领，党的十九大为我们指明了新时代发展的前进方向、描绘了新时代发展的宏伟蓝图、提供了新时代发展的强大动力。在省市委的正确领导下，全区上下深入学习贯彻党的十九大精神，激发出前所未有的热情和潜能，生成了前所未有的激情和力量，必将推动我们在新时代新征程中奋力前行、创造辉煌。纵观安次所处的历史方位，我们迎来大有可为的现实机遇期，全球经济继续复苏，新一轮科技革命、产业革命蓄势待发，供给侧结构性改革效应外溢等重大利好，为我们培育新动能提供了难得机遇。特别是京津冀协同发展、雄安新区建设、空港新区、北京副中心等国家重大战略的全面实施，加速了区域格局和竞争优势的重塑，必将使我们在产业承接、交通互联、生态建设、公共服务等方面实现机遇共享，为我们加快产业升级、推动改革创新带来不可估量的现实可能。我们到了理应有为的优势释放期，经过多年不懈努力特别是通过持续实施“211”战略任务，全区域深度开发、全产业协调发展的良好态势基本形成，总体发展基本完成由量向质跨越提升的历史任务，全区开发格局迎来由大投入向大产出转换的战略拐点，产业格局进入由扩规模向提层级转换的关键时期，城乡格局迈上由出形象向上水平转换的崭新阶段，这为我们实现更高质量、更加公平、更有效率、更可持续的发展开辟了广阔空间、奠定了坚实基础、积蓄了强大势能。我们踏上必有作为的黄金发展期，党的十八大以来，我们严格落实党要管党、从严治党的政治责任，严肃规范党内政治生活，持续净化党内政治生态，从严管理党员干部队伍，在实践教育中规范执政行为，在火线实战中历练工作作风，在急难险重任务中考验政治担当，打造了一支讲政治、守规矩、勇担当、重实干的安次战队。特别是区六次党代会以来全区经济社会发展成果，提振了广大群众支持发展、建设家园的信心和斗志。全区上下风清气正、干事创业的氛围达到了前所未有的新高度，团结一心、赶超发展的信心达到了前所未有的新境界，顽强拼搏、奋勇争先的干劲达到了前所未有的新热潮。

同志们，进入新时代，面对中央和省市的新要求、广大群众的新期盼，开创强区新城、美丽安次发展新局面，我们要精准把握发展走势，科学规避各种风险，努力在形势变化中把握机遇、在风险挑战中掌握主动、在激烈竞争中创新发展。围绕贯彻落实中央和省市部署要求，立足安次发展实际，我们确定2018年和今后一个时期全区工作的总体要求是：深入贯彻党的十九大、中央经济工作会议和省市委全会精神，坚持以习近平新时代中国特色社会主义思想为统领，切实加强党对经济工作的领导，坚持稳中求进工作总基调，坚持新发展理念，紧扣我国社会主要矛盾变化，按照高质量发展的根本要求，统筹推进“五位一体”总体布局和协调推进“四个全面”战略布局，以供给侧结构性改革为主线，推动质量变革、效率变革、动力变革，更加突出协同发展，更加突出转型升级，更加突出改革创新，更加突出生态支撑，更加突出民生改善，更加突出优化营商环境，更加突出防范化解重大风险和维护安全稳定，不断加强党的全面领导和全面从严治党，全面实施“211”战略任务，全力推进高质量发展，不忘初心、牢记使命，忠诚担当、接续奋斗，奋力开创新时代强区新城、美丽安次发展新局面。

同志们，强区新城、美丽安次是新时代我们全面贯彻落实党的十九大精神和中央、省、市一系列新思想、新决策、新部署的具体要求。强区新城、美丽安次是必须长期坚持的奋斗目标，是一个相对的、动态的、无止境的过程，强区要强在经济结构上，强在市场活力上，强在创新能力上；新城要新在功能品质上，新在管理服务上，新在文化内涵上；美丽安次要美在生态环境上，美在城乡面貌上，美在和谐稳定上，美在全区人民的幸福生活上。强区新城、美丽安次是38万安次人民的梦，是全区各级党组织和全体党员干部的为政之责。我们一定要统一思想、坚定信心，切实把强区新城、美丽安次作为一项崇高的事业来追求、来拼搏、来奉献，努力创造经得起时代、历史、人民检验的新业绩。

同志们，当前和今后一个时期，深入贯彻落实中央和省市要求，具体到安次的抓手就是“211”战略任务。“211”战略任务是区六次党代会着眼全区域深度开发、全产业协调发展、顺应改革发展要求作出的重大战略部署，通过一年多的实施和探索，我们在思想上、实践上实现了新的提升和发展，得到了市委、市政府的充分肯定和全区上下的广泛认可。目前，两大高新区高端产业加速聚集，支撑全区经济发展的地位和作用日益凸显；城区发展板块正在掀起大建设、大发展的新高潮；现代农业板块“五大片区”已经启动高起点规划，竞相发展态势已经形成。建设强区新城、美丽安次的路径越来越清晰、道路越来越宽广。实践证明：“211”战略任务符合区域经济发展规律要求，符合安次产业阶段发展需要，是经过实践检验的科学决策。必须坚定不移全面实施“211”战略任务，不断把这一任务向纵深推进。

中央经济工作会议明确提出，推动高质量发展是当前和今后一个时期确定发展思路、制定经济政策、实施宏观调控的根本要求。通过全区上下的不断努力，虽然我区经济总量逐年壮大，但发展质量效益还不高，比如战略性新兴产业初具规模，但支撑作用还不强；现代服务业已经起步，但整体发展还相对滞后；现代农业已有基础，但综合效益还没有完全彰显。我区经济发展正处在一个由有潜力、有优势、有空间的发展阶段向高端、高质、高效发展跨越的历史关口。我们必须坚决落实高质量发展这一根本要求，迅速把全区经济推上高质量发展的快车道，这既是一种要求、一种机遇，更是我们率先全面建成小康社会的必然选择、根本出路。

全面实施“211”战略任务，全力推进高质量发展，二者辩证统一、相互依存、相辅相成，“211”战略任务是高质量发展的载体，高质量发展的成效要体现在“211”战略任务的落实上。具体要推动现代工业高质量发展，深入落实创新驱动发展战略，以做大做强战略性新兴产业为重点，以两大高新区为依托，加速高端项目集聚、打造高端产业集群，力争到2020年R&D比值超过3%，高新产业增加值占规上比重达到85%，战略性新兴产业对全区经济发展的支撑作用充分显现。要推动现代服务业高质量发展，坚持“以产兴城、产城融合”的思路，借势现代新城大开发、大建设，大力发展金融保险、健康养老、文化创意等新兴业态，积极推动现代服务业与“互联网”+、物联网技术融合发展，不断提升现代服务业发展的质量和水平。力争到2020年现代服务业占三次产业比重达到50%以上。要推动现代农业高质量发展，深入落实乡村振兴战略，以绿色板块开发为引领，以五大片区建设为载体，加快推进农业农村现代化，积极发展绿色农业、品牌农业、旅游农业，全面实施农业规模化、产业化、市场化经营，加快构建现代农业产业体系，打造依靠科技推动、龙头企业带动、特色产业拉动的现代农业发展新格局。

同志们，全面实施“211”战略任务，是安次当前和今后一个时期加快发展的中心任务、核心举措，全力推进高质量发展是我们率先实现全面建成高质量、高水平小康社会的现实要求、必由之路。习近平总书记指出：只要路走对了就不怕遥远，我们务必要立足当前、着眼长远，过了一山再登一峰，跨过一沟再越一壑，朝着高端、高质、高效的发展方向砥砺奋进、拼搏前行！

三、深入落实高质量发展的根本要求，全力抓好2018年重点任务落实

2018年是贯彻党的十九大精神的开局之年，是改革开放40周年，是决胜全面建成小康社会、实施“十三五”规划承上启下的关键一年。做好2018年工作意义重大、影响深远。我们一定要深入落实高质量发展的根本要求，全面践行新发展理念，紧紧扭住重点和关键，着力解决人民日益增长的美好生活需要和不平衡不充分的发展之间的矛盾，努力推动全区经济社会发展迈上新台阶、再上新水平。

*（一）抢抓京津冀协同发展重大机遇，在对接服务中加快发展。*2018年是实现京津冀协同发展中长期目标的起步之年，中央经济工作会议确立了京津冀协同发展在国家的重要战略地位。我们必须坚持以疏解北京非首都功能为“牛鼻子”，细化任务、聚焦聚力、全面提速，扎实推动协同发展向纵深拓展。*一要在规划对接上力求新突破。*按照建设以首都为核心的世界级城市群的要求，立足市辖区优势，抓紧完善全区总体发展规划，进一步明确安次在京津冀协同发展大盘子中的定位，找准方向、校准目标，全面发力，努力在协同发展中借势登高、跨越崛起。当前，当务之急就是要做好与协同发展重大历史性工程规划建设的衔接工作，加快启动第三南通道、西南外环等重大交通工程的对接规划，尽快组织推动实施，全方位扩大安次开发开放新格局。*二要在功能承接上力求新突破。*要进一步放大“211”战略平台优势，全面创优发展环境，组织开展与京津产业精准对接行动，加大招商引资力度，持续深化与京津在各领域的合作共建。当前，要紧紧围绕持续做大安次教育品牌、加快区医院迁建工程、规划建设龙河医养中心等重点工作，在教育、医疗、养老等方面积极与京津优质资源进行合作，率先缩小与京津公共服务的差距，实质性推进京津冀一体化进程。*三要在重点领域上力求新突破。*要坚持“抓关键求突破、抓重点带全局”的工作方法，全力推动重点领域协同发展。在谋划项目上，要以北京新机场及临空经济区建设为契机，超前谋划一批世界级临空产业和新一代电子信息产业、新材料、航空航天产业项目。在科技创新上，要以京津冀协同创新创业基地为依托，完善政策、健全机制、创优环境，加快引进一批高端人才到我区创新创业。在绿色生态上，要继续放大绿色安次优势，加大净化、绿化、美化力度，开辟一批独具特色、博人眼球的自然精品景点和旅游线路，吸引京津人群到我区观光旅游、休闲娱乐，以重点领域突破，带动全局协同发展上水平。

*（二）坚持以供给侧结构性改革为主线，切实提高经济发展的质量和效益。*党的十九大提出，转变发展方式、优化经济结构、转移增长动力已经进入攻坚期。我们必须要紧紧扭住供给侧结构性改革这条主线，以转型升级为根本途径，以发展高端实体经济为重点任务，以

改革创新为根本动力，加快构建现代经济体系，不断提高发展的质量和效益。一要高标准建设两大高新区。以园区改革为契机，不断提升两大高新区的综合承载力。廊坊高新区要强化“产城融合”的思路，全面提升高端项目承载和服务能力，大力发展战略性新兴产业，力争通过3—5年的努力达到千亿级园区规模，打造全市承接国内外重大产业的战略平台。龙河高新区要突出创新导向，加大创新投入，完善创新服务，以做大做强京津冀协同创新创业基地为重点，全面抓好体制机制创新、基础配套建设、重大科技项目引进等8大重点工程，不断提升园区建设发展层级。二要高水平推动科技创新。要做大创新平台，组织廊坊高新区、龙河高新区积极申报国家级高新区，组织京津冀协同创新创业基地争列国家级孵化器，力争年内取得突破性进展，努力推动我区创新平台跨入全国先进行列。要完善创新体系，充分发挥创新创业服务中心作用，丰富完善法律咨询、专利代理等综合服务；积极争取省市科技创新奖励资金，力争全年投入2000万元，对创新型项目和工业技改项目进行大张旗鼓奖励，营造浓厚的“双创”氛围。要培育创新主体，全面推进创新型县市区试点建设工作，强化企业主体地位，支持企业与院校共建创新联盟，全面实施“苗圃”“小壮大”等工程，力争全年申报科技型中小企业110家，市级以上研发中心8个，新增高新技术企业10家。三是高质量发展实体经济。要支持重大项目发展建设，全面支持富智康等龙头项目进一步做大做强，促进中移动、碳纤维、康得复材等大项目尽快投产达效，确保碳纤维二期、康得复材二期、中科纳新绿色印刷大数据产业园全面开工建设，力争全年实施亿元以上项目85个，申报省、市重点项目突破20个，打牢产业转型升级的硬支撑。要大力发展民营经济，在政策、资金、技术上全力支持康达养殖、美好畜牧等龙头企业创新发展，支持朗世坤成等民营企业走出国门、发展壮大，打造安次民营经济品牌，全面提升民营企业发展的综合竞争力。要大力实施质量强区战略，开展产品质量提升行动，完善质量体系，弘扬工匠精神，努力创造更多安次知名商标和品牌产品。四是全面深化各项改革。2018年是改革开放的一个重要时间节点和工作坐标，我们要以更大决心推进改革开放。要抓好重点改革任务落实，省委书记王东峰同志在省委九届六次全会上明确要求要深化9个方面改革，市委全会也做出了明确的部署，我们必须逐项进行研究，细化实化具体举措，加快推进落实，确保取得实效，重点要围绕供给侧结构性改革、推动京津冀协同发展、营造良好投资环境、改善社会民生等重点领域，学习先进、积极探索、先行先试，力争为全省全市深化改革提供经验、探索路径。要全力抓好争列改革试点工作，力争全年争列改革试点10个以上，争取全年省市推广我区改革经验1—2项，特别是要主动谋划、超前上手，扎实推进纪检监察体制改革任务，确保如期圆满完成我区深化国家监察体制改革工作。要强化对改革工作的组织领导，目前，改革工作还存在上热下冷的现象，改革工作是考验一名党员干部魄力担当的具体体现，各单位、各部门的主要负责同志一定要强化责任意识，切实把改革工作作为一把手工程，亲自谋划、亲自部署、亲自推动，确保我区各项改革工作扎实推进、取得实效，靠改革为高质量发展激发潜力、注入动力、增添活力。

（三）大力推进城乡统筹协调发展，构建城乡一体化新格局。城市建设、乡村发展是“211”发展战略的重要组成部分，我们必须坚持统筹发展的理念，全力推进城乡齐头并进、协调发展，全面增强城乡发展的整体性、均衡性、协调性。一要全面提升城市开发建设水平。要着力改善城市面貌，全面实施蔡豆庄、庆云里等城改项目，确保让广大群众尽快回迁、搬入新家；高标准规划建设龙河高新区核心商务区，力争年内建成一批主体工程，全面拉开城市发展框架。要全面完善城市功能，加快推进交通路网、污水处理、环境卫生等基础设施建设，启动建设瑞丰公园、永兴南路贯通、龙河污水管网二期等25项重点基础设施工程，努力实现城市功能品质双提升。要大力发展城市经济，积极培育壮大楼宇经济和总部经济，鼓励发展文化创意、现代金融、研发设计等产业，聚焦各种创新资源，打造新产业、新模式、新业态，不断提升现代服务业发展水平。二要全面推进美丽乡村建设。以实施乡村振兴战略为统揽，以现代农业板块为依托，落实“四美”乡村要求，统筹推进环境治理、产业发展、促农增收等工作。要以片区化思路建设美丽乡村，大力推广多村联建模式，全面打造宋王务等5个省级精品农业园区，推动现代农业园区走在省市前列；要制定实施农村人居环境整治三年行动方案，持续深入推进垃圾处理、绿化亮化、水利水系等专项行动，构建功能齐备的农村基础设施体系，全面改善人居环境；要深化农业供给侧结构性改革，深入落实承包土地“三权分置”制度，积极培育发展绿色农业、乡村旅游等现代农业新业态，千方百计促进广大群众增收致富。三要全面加快城乡一体化进程。要加快编制城乡一体化发展总体规划，超前做好主城区、小城镇规划修编工作，为全面加快推进城乡统筹进程提供科学依据和参考；要加快建立产业、土地、资金等资源要素统筹机制，有序推动城市资源和公共服务向乡村有序过渡延伸；要加快乡改镇、村改居工作，完善以农村垃圾收集运输一体化系统运营机制为带动的各项配套体制机制，促进城乡基本公共服务标准化、均等化，切实让广大群众共享文明发展成果。

（四）持续打好污染防治攻坚战，坚定不移推进生态文明建设。污染防治是中央明确提出的三大攻坚战和省委部署的六场硬仗之一。过来工作中，我区污染防治工作取得了明显成效，2017年我区空气质量在市区组三区排名第一，为全市在全国争取更好排名做出了重大贡献，市委、市政府给予充分肯定。对此，我们要戒骄戒躁，决不能有半点麻痹松懈，必须拿出更大决心、更大力度，全面加强污染防治工作，坚决守住安次这一方净土蓝天。一要坚决打赢蓝天保卫战。要坚持综合施治，持续实施大气污染防治行动，扎实落实“1+18”政策体系，抓好“散乱污”企业、VOCs企业后续整治、“煤改气”工程收尾、工地扬尘、工业污染等治理工作，确保空气质量持续好转。要坚持依法施治，组织开展多部门联合执法，持续开展利剑斩污、零点行动，努力形成有力震慑作用、始终保持严打高压态势。要深化区域治理，进一步健全区乡环保机构和职能，完善网格化管理制度，建立上下贯通、左右衔接的信息化监控平台，不断提升污染防治工作科学化、常态化、制度化水平。要深入实施目标倒逼机制，建立健全问题整改、案件查办、处罚企业、问责处理“四个清单”，对污染整治不力的，对玩忽职守、欺上瞒下、作风不实的，一律严肃问责。二要全力推进水污染治理工作。当前，我区水质污染问题已经成为一个现实而紧迫的重大问题，我区已被省列入区域限批区。我们必须把水污染治理作为头等大事、重中之重来抓。要全面实施龙河水系综合治理，充分发挥区乡村三级河长作用，全员上阵、分段分片、强化措施、科学施治，穷尽一切手段、不惜一切代价，确保龙河水质得到全面改善、水体达标，尽快解除区域限批。要全面做好各项水环境治理工作，专项整治各类纳污坑塘和农村河渠，实施永定河、老龙河治理及永丰闸重建工程，启动后沙窝一干渠等5条河渠清淤治理工作，强化规模化畜禽粪污治理，实施工业企业全过程监控管理，确保集中式饮用水水源地达标率稳定在100%。三要大力推进植树造林。围绕创建国家森林城市任务，继续推进大规模植树造林，在沿河、沿路、沿城和村旁、镇旁成片造林，开展高铁、高速和国道绿化提升行动，高标准建设国槐大道等绿化景观带，实施杨尹线景观提升工程，启动以第什里为中心的森林公园项目，确保全年植树造林1.2万亩。同时，要抓好土壤污染治理、农业面源污染治理等工作，实施落垡湿地保护性开发，不断提升全区生态环境综合承载能力。

（五）坚持以人民为中心的思想，不断提高改善和保障民生水平。习近平总书记指出，增进人民福祉是发展的根本目的。我们一定要坚持以人民为中心的发展思想，从人民群众关心的事情做起，一年接着一年干、一件事接着一件事的抓，努力在脱贫攻坚、推进共享中提高人民群众生活水平。一要加快补齐民生短板。2018年要谋划实施棚户区改造、社区和居家养老、农村危房改造、学前教育普及、中小学校舍改造提升、城乡厕所改造、城乡垃圾处理等一大批民生工程。特别是要加快龙河一小、安次三幼等6所学校建设，确保9月1日投入使用；完成廊坊一小等6所学校新建工程，着力缓解“大班额”问题，促进城乡教育事业优质均衡发展，整体提升全区教育水平。探索开展家庭医生签约服务工作，确保完成省市下达的任务指标，推进医联体建设，推动形成三级医疗卫生服务网络，努力解决好人民群众反映强烈的突出问题。二要加快发展社会事业。实施更加积极的就业创业政策，鼓励多渠道创业就业，做好低收入家庭、被征地农民等重点人群就业帮扶，构建覆盖城乡的公共就业服务体系。推行全民参保登记计划，提高社会保障标准和水平；扎实推进医保支付方式改革，切实减轻群众看病负担；建立弱势群体动态数据库，对城乡特困家庭精准认定识别，全力保障特困人群生活。当前，要全力以赴做好冬季供暖和春节期间工作，扎实做好气源供应保障，坚决不让一户居民受冻，确保人民群众温暖过冬、祥和过节。三要坚决打好精准脱贫攻坚战。目前，全区共建档立卡贫困户259户，贫困人口566人。对此，我们要高度重视，坚决确保全面建成小康社会一个人都不能少。要落实一对一精准帮扶政策，让户户有增收项目、人人有脱贫门路，确保按期全部实现脱贫。特别要按照中央和省市“把扶贫和扶智、扶志结合起来，把救急解困和内生脱贫结合起来”的要求，在产业扶贫、就业扶贫上下功夫，在保障贫困群众持续增收上下功夫，严防出现前脚脱贫、后脚又返贫的现象。要始终坚持动态管理，对因病、因突而新发生的贫困户要及时纳入。要制定扶贫领域督导考核问责办法，将精准脱贫工作纳入考核内容。要深化扶贫领域监督执纪问责，结合正在开展的扶贫领域微腐败和作风问题专项治理，严查失职渎职行为，严惩违纪违法分子。

（六）全面提升社会治理能力，为经济社会平稳健康发展创造良好环境。省委书记王东峰同志明确要求，廊坊要当好首都政治“护城河”的排头兵，我们是市辖区，全力拱卫首都安全义不容辞、责无旁贷。全区上下一定要在思想上卯足劲、绷紧弦，时刻强化政治意识、责任意识、底线意识，坚决防范化解各类风险隐患，全力打造首善之区，切实筑牢首都政治“护城河”排头兵的安次防线。一要防范化解重大风险。重点是防控金融风险，要坚持服务供给侧结构性改革这条主线，推动形成金融和实体经济、金融和房地产、金融体系内部的良性循环，要以坚决打击非法集资活动、妥善处置钢铁去产能中的债权问题、加强信贷领域不良贷款监管为重点，妥善处置政府债务，确保金融领域不稳定因素得到及时有效化解。二要全力做好信访维稳工作。要严格落实信访工作责任，领导干部要带头接访下访、包案督访，及时解决群众合理诉求，力争把信访问题化解和吸附在当地。要深入开展信访积案化解行动，加快推动涉军信访、“问题楼盘”等历史遗留问题解决，特别是对涉军信访，要加快设立区、乡退役军人服务保障机构，建立领导干部包联重点退役人员制度，深入了解他们的实际诉求，切实解决他们的实际困难，聚集正能量、团结大多数。对挑头闹事、无理缠访的，要坚决依法严厉打击。要层层压实信访工作责任，对因工作不力造成大规模集体访、产生不良影响的，一律严厉追责问责。三要加强和创新社会治理。扎实开展影响社会稳定突出问题集中攻坚整治，严厉打击黑恶势力、严重暴力、非法传销、网络诈骗等违法犯罪行为，切实增强群众安全感。要推进全域视频监控全覆盖，构建信息化、智能化的社会治安防控体系，建设智慧“护城河”。要全力做好春节、全国“两会”等重要敏感节点的安全保卫工作，全力维护政治安全。当前，要严厉查处拖欠农民工工资的违法行为，确保农民工拿到自己的辛苦钱回家过年。四要确保安全生产不出问题。严格落实党政同责、一岗双责、失职追责的要求，坚决把生产安全、消防安全、交通安全、建筑安全等工作牢牢抓在手上，全力保障人民群众生命财产安全。要扎实开展安全隐患大排查，当前要特别关注“气代煤”领域的安全工作，把用气安全摆在突出位置，逐家开展安全用气知识讲解，逐户排查隐患，确保不出任何问题。要深化对危险化学品、烟花爆竹、油气管道等重点领域、重点行业的专项整治，切实做到隐患排查整改全覆盖、无死角。春节临近，要做好值班值守、食品药品安全监管和应急处置工作，确保让人民群众欢乐祥和度过节日。五要切实做好意识形态工作。要深化学习型领导班子建设，创新中心组学习制度，扎实开展好“不忘初心、牢记使命”主题教育，推动“两学一做”学习教育常态化制度化建设。要提升平台拓渠道，全力做好系列主题宣传活动，不断推动习近平新时代中国特色社会主义思想深入人心，牢牢掌握意识形态工作的领导权、管理权、话语权。要坚持党管媒体、党管舆论，落实意识形态工作责任制，强化阵地管理，及时引导舆论，妥善处理敏感问题，防止形成网上炒作，切实维护意识形态领域安全。六要加强精神文明和民主法治建设。要着力建设文化强区，大力开展各层面精神文明创建，积极践行社会主义核心价值观，不断弘扬社会主义新风尚。要支持和保证人大、政协围绕改革发展大局依法履职，为人大、政协开展工作创造条件、提供保障。扎实做好新时代大统战工作，支持群团组织改革创新。严格落实党管武装责任，深度实施军民融合发展战略，开创双拥共建新局面，在更大范围为强区新城、美丽安次建设凝聚智慧、汇聚力量。

四、切实加强党对经济工作的领导，为推动经济社会发展提供坚强保障

党政军民学，东西南北中，党是领导一切的。要加强党的全面领导，坚决维护党中央权威和集中统一领导，把全面从严治党要求体现在党领导经济工作的方方面面，努力调动全区各级党组织和广大党员干部推动发展的积极性、主动性、创造性，确保党中央和省市委各项决策部署不折不扣落到实处。

（一）完善党委抓经济工作的体制机制。要切实加强领导。全区各级党组织和各级领导干部特别是主要领导，要主动适应新时代新形势新任务新要求，把领导经济工作的立足点转到实现高质量发展上来，亲自调度、亲自谋划、亲自督导、亲自抓落实，确保全区经济社会事业纳入高质量发展的轨道。要强化督导调度。建立区委、区政府对重点经济指标完成情况进行分析调度的常态化工作机制，半月一报告，一月一分析，及时协调解决制约经济发展的重点难点问题；区人大、政府、政协要围绕中心、同向发力，找准履职尽职的切入点，共同做好经济工作。要提升专业本领。各级领导干部要加强学习实践，着力培养专业能力，弘扬专业精神，不断增强学习研究本领、政治领导本领、改革创新本领、科学发展本领、依法执政本领、群众工作本领、狠抓落实本领、驾驭风险本领，确保适应新时代、落实新部署、实现新目标。

（二）进一步深化基层组织建设。党的基层组织是党的全部工作和战斗力的基础。要健全农村“两委”班子。以农村“两委”换届为契机，着力选优配强农村党组织书记，努力把农村党组织建设成为推动经济社会发展的坚强战斗堡垒，严格落实党委（党组）抓基层党建工作责任制，加大整顿软弱涣散基层党组织力度，推动全面从严治党向基层延伸。要切实加强社区党建工作。探索建立“街道大工委”和“社区大党委”领导体制，有效整合党建资源和工作力量，提高社区管理服务水平；探索“两新”组织党建有效途径，巩固扩大各领域基层党的组织覆盖和工作覆盖，促进党组织领导核心和政治核心作用组织化、制度化、具体化。要加强党员队伍建设管理。注重从产业工人、青年农民、高知识群体中和在非公有制经济组织、社会组织中发展党员，发挥党员先锋模范作用，为全区事业发展不断壮大后备力量。

（三）加大督查检查考核问责力度。确保中央和省市委各项决策部署不折不扣落到实处，必须在抓落实、见成效上下苦功夫，形成干字为先、狠抓落实的鲜明导向和浓厚氛围。要强化督导检查整改。认真开展重点工作大督查，坚持动真的、碰硬的、来实的，深入一线明察暗访，形成问题清单、责任清单、整改清单、反馈清单，抓住问题、严督实查，切实督出责任、督出典型、督出效果，形成一级抓一级、一级帮助一级解决问题、层层推动工作落实的良好局面。要严格落实目标责任制。全区各级各部门对区委、区政府确定的重点任务，要做到年初有计划、月月报进度、每季有检查，确保年底交好账。特别是对2018年确定的重点工作任务，拉出清单、强化督导、逐项要账，落实落细各项工作，确保强势开局。要完善考核问责机制。发挥好考核指挥棒作用，结合推动高质量发展，进一步补充、完善、健全干部绩效评价和政绩考核体系，对工作干得好的要表彰、重用，干不好的和贻误工作的一律查清责任、严肃问责，绝不姑息迁就。这次会议，我们将审议通过区委、区政府关于全面推动高质量发展的决定，各级各部门要认真抓好贯彻执行。

（四）要锲而不舍狠抓作风建设。作风建设永远在路上，各级领导干部特别是“一把手”要带头严守中央八项规定、实施细则精神和省、市、区实施办法，带头抓好本地本部门作风建设。要认真转变工作作风。从我做起，从区委常委做起，区委常委和区级领导要发挥表率作用，要求下面做到的自己首先做到，要求下面不做的自己首先不做，以身作则，层层示范，真正形成“头雁效应”。坚持“事不过三”，全面推行工作日志管理法，当日事当日结，今日事今日毕，对突发事件、紧急情况，要第一时间靠前处置，决不能拖拖拉拉、贻误先机。要严肃党内政治生活。按照中央和省市委部署，认真开展“不忘初心，牢记使命”主题教育，推进“两学一做”学习教育常态化制度化，开好各级领导班子民主生活会，认真述职述廉，切实增强党内政治生活政治性、时代性、原则性、战斗性。要深化反腐倡廉建设。强化正风肃纪，严查“四风”问题，坚决刹住歪风邪气。用好监督执纪“四种形态”，特别是第一种形态，加强对党员领导干部的日常管理监督，抓早抓小、防微杜渐。认真落实巡视整改，确保巡视组提出的问题全部整改到位。加大巡察力度，进一步延伸监督的“触角”，始终保持反腐败高压态势，进一步巩固风清气正、干事创业的良好政治生态。

同志们，安次发展已经进入新时代，让我们更加紧密地团结在以习近平同志为核心的党中央周围，坚持以习近平新时代中国特色社会主义思想为统领，全面落实党的十九大、中央经济工作会议和省委九届六次全会、市委六届四次全会及区委六届三次全会确定的各项目标任务，不忘初心、牢记使命，忠诚担当、接续奋斗，撸起袖子加油干、苦干实干拼命干，奋力开创新时代强区新城、美丽安次发展新局面！

廊坊市安次区人民代表大会常务委员会工作报告

——2017年2月27日在廊坊市安次区第八届人民代表大会第一次会议上

廊坊市安次区人大常委会主任　刘承永

各位代表：

我受廊坊市安次区第七届人民代表大会常务委员会委托，向大会报告工作，请予审议。

区七届人大常委会任职的五年，是安次抢抓机遇、团结奋进，人大工作创新发展的五年，也是全区各项事业取得全面进步、综合实力实现整体突破、昂首跨入加速改革发展全新时代的五年。五年来，区人大常委会在区委的坚强领导下，高举中国特色社会主义伟大旗帜，深入贯彻党的十八大、十八届三中四中五中六中全会精神，紧紧围绕全区工作大局，认真履行宪法和法律赋予的职责，锐意创新，实干担当，为建设强区新城、率先实现全面小康和推进民主法治建设进程，做出了积极贡献。共召开常委会议31次，听取和审议"一府两院"专项工作报告86个，开展专题视察和调研62次，组织执法检查12次，作出决议、决定39项，圆满完成了任期内的各项工作任务。

一、坚持党的领导，人大工作保持了正确的政治方向

（一）主动融入，与区委时刻保持高度一致。区人大常委会牢固树立全局观念和大局意识，正确处理人大本职工作与全区中心工作的关系，确保人大工作围绕中心，服务大局。严格坚持重大事项报告制度，做到重大事项、重点工作和重要活动事前向区委请示，实施后向区委报告。对区委的决策部署，组织常委会一班人认真学习领会，统一思想认识，强化工作措施，确保区委决策部署的贯彻实施。对全区的城乡、园区、农业园区建设，后进村街转化、大气水污染防治、维护稳定等重点工作和重大项目建设积极参与，主动担当，真正扑下身子，协调解决具体问题。重视对所包乡镇村街工作的指导，围绕美丽乡村建设，深入调查研究，制定解决方案，推进美丽乡村建设工作顺利开展。这些都为全区经济社会发展和维护稳定提供了有力支持。

（二）强力推动，把区委的决策部署落到实处。五年来，区人大常委会紧紧围绕区委的重大决策部署，来调整、确定人大工作的指导思想、工作思路、工作目标和工作举措。无论是在全区融入“京津冀协调发展战略”时，还是在建设强区新城的具体实践中；无论是在实施科技创新发展战略的部署上，还是在全区全面打响大气污染防治攻坚战的行动中；无论是在全区综合经济实力实现跨入全市第一梯队的奋斗目标时，还是在率先实现全面小康的伟大征程上，区人大常委会都始终把区委每一阶段的重大决策部署，作为对人大工作提出的新内容、新要求、新目标去付诸实践，把坚持党的领导贯穿于人大依法履职的全过程。

*（三）依法履职，使区委意图通过法律程序实现。*区人大常委会紧紧围绕全区政治、经济、科技、城乡建设等具有全局性、根本性、长远性的重大事项，认真行使重大事项决定权，依法作出决议和决定，按照区委决策及时审议并通过了区政府“十三五”规划纲要、廊坊高新区融资建设、龙河高新区企业在香港上市和七个乡镇规划的报告。认真遵守“党管干部”同“人大依法任免”相统一的原则，不断完善工作机制，通过法定程序，使党委推荐的干部成为国家机关领导人员，确保区委人事意图的实现。五年来，共依法任免国家机关工作人员155人，为全区经济社会发展提供了坚强的组织保障。在行使各项职权过程中，已人大常委会加强与“一府两院”和政府部门的沟通联系，在监督中保证政府的行政管理决定权，法、检部门的独立审判权和独立检察权的行使，把监督与支持有效地结合起来，形成了互相支持、密切配合、共谋发展的良好局面。

二、增强监督实效，促进了全区经济发展和民生改善

五年来，区人大常委会按照区委坚持执政为民理念、抓发展与抓民生并重的工作布局，充分发挥人大的监督作用。

在推动经济发展方面：

坚持每年听取和审议区政府国民经济和社会发展计划执行情况的报告，提出建议，促进经济运行质量和效益的提高；全程关注、跟踪了解“十三五”规划编制情况，力求顺应时代，贴近安次实际；定期听取和审议政府关于预算执行、财政决算和预算调整方案的报告，及时审查批准区级财政决算和预算调整方案，着力规范政府财政预算管理行为；重视审计工作监督，跟踪督促审计问题的整改落实，促进了全区财政资金的高效、规范、安全运行。

围绕园区和项目建设工作，连续五年，10次听取专项工作汇报，12次组织人大常委、人大代表对园区和项目建设情况进行调研和视察，针对园区建设中融资、项目立项、征地以及招商队伍等方面存在的问题，提出建议，推动园区建设不断完善服务功能，实现上档升级，提高承载项目的能力，使园区成为全区经济发展的重要支撑。

注重夯实发展基础，优化发展环境，先后对城市建设管理、乡镇建设规划、大气水污染治理、淘汰落后产能等工作开展了视察和调研，并从抓好城乡环境综合整治、提高城市精细化管理水平、增强企业自主创新能力、加大“高污染、高能耗”企业转型改造力度等方面提出建议，加快经济发展方式转变。

围绕科技创新发展，组织开展了对科技成果孵化园、市文化创意产业壹佰孵化基地、富智康、中安信碳纤维、美国台塑等企业进行专题视察和调研，建议政府进一步完善科技创新发展规划，加大科技成果转化应用和科技创新人才的引进力度，打响具有安次特色的科技创新品牌。

围绕绿色生态发展，推进“三区同创”，专题视察了全区绿化造林、煤改气工程，农业产业化建设以及第什里风筝综合景区建设情况，努力推进，逐步形成特色鲜明、产业明确、结构合理、协调发展的绿色生态发展格局。

在促进改善民生方面：

以规范城市物业小区管理为重点，跟踪监督社会管理创新工作，督促和支持政府对无物业管理小区进行改造管理，逐步建立以法律秩序和管理规范为支撑的良性社会管理模式，积极推进社会管理创新。

针对人民群众普遍关注的饮食、用药安全问题，连续两次召开常委会议，审议食药品安全监管情况，建议政府及主管部门进一步深化食药品体制改革，优化城乡监管体系，切实把食药品安全监管工作做深、做细、做实，推进社会共治格局，筑牢食药品安全防线，实现人民群众“舌尖上”和“用药上”的安全。

着眼推动教育优质均衡发展，对全区中小学校建设、城乡中小学和学前教育发展情况，认真开展调研视察，精心组织审议，推动政府理顺教育体制，加大经费投入，促进了城市与农村、公办与民办、义务教育与学前教育的协调发展。

关注城乡公共文化体系建设，专题调研和视察了壹佰剧院、农村文化设施建设和印刷产业管理情况，建议政府及相关部门加强在政策、资金、项目、技术和人才等方面协同配合，共同推进。支持政府加快文化惠民工程建设，大力发展公共文化服务设施，使城乡居民享受到更为便捷的公共文化服务。

不断强化民生保障意识，围绕城乡居民社会保险、医疗保险，养老、就业、农村危房改造、饮水安全、旧城拆迁安置等项工作，组织开展了视察和调研，推动惠民政策的落实，促进人民群众生活问题的解决。同时，把做好人大信访工作作为倾听民声、为民解忧的重要途径，不断规范信访工作程序，加大信访办理力度，确保批转信访件有回执、有答复、有结果，使群众反映的合理诉求得到妥善解决。

三、采取有效措施，在全区营造了良好的法治环境

（一）抓好普法宣传教育，提升全民法律素质。区人大常委会注重法治教育与监督实施相结合，努力使履职的全过程成为普法宣传教育的全过程，为法治建设筑牢社会基础。结合贯彻落实党的十八届四中全会《关于全面推进依法治国若干重大问题的决定》，抓住纪念人民代表大会制度成立60周年的有力契机，通过组织举办法治教育知识讲座等各种方式，宣传社会主义法制建设和人民代表大会制度，实施了新任职人员向宪法宣誓制度，彰显宪法的权威与神圣，增强广大干部群众的人大意识和法治观念。对“六五”普法规划实施和“七五”普法开展情况，进行审议监督，提出建议，“一府两院”及相关职能部门加大经费保障力度，积极开展法律下乡、进社区、进企业、进校园活动，为提高普法实效，提高全民的学法、用法、守法意识，起到了积极的推动作用。

（二）强化权力制约，推进依法行政。对区政府相关部门依法行政工作进行了视察和执法检查，组织人大代表对区政府相关部门依法行政工作进行民主评议和满意度测评，督促政府相关部门全面落实执法主体责任，加大依法行政力度，推进行业依法治理。区人大常委会坚持问题导向，重点组织了对《中华人民共和国安全生产法》《中华人民共和国老年人权益保障法》《中华人民共和国环保法》《中华人民共和水法》等10部法律法规的执法检查，多形式了解情况，多层面研究分析，要求执法部门对照检查，查漏补缺，推动政府部门依法办事，提高效率。为加强律师队伍建设，规范律师行业行为，更好地为群众服务，对全区律师所规范化建设工作进行了视察。

（三）加强对司法工作监督，促进公正司法。围绕“以公开促公正，强监督保公正”，监督司法部门积极有效开展工作。听取和审议检察院检察官法落实情况报告，视察了法院司法规范化建设和基层法庭的民事审判及调解工作情况。为提高执法的透明度和公正性，落实了人民陪审员和监督员制度，为区法院依法任命了61名人民陪审员，检察院聘任了9名人民监督员。区法院通过定期召开人大代表、人民陪审员座谈会，设立举报平台，组织庭审观摩现场评议，广泛接受社会各界监督，促进司法公正。区检察院进一步完善了人民监督制度、人大代表联系制度，通过召开座谈会，深入代表团听取意见等形式，自觉接受社会监督，保障检察权依法公正行使。针对群众反映的“执行难”问题，督促和支持“两院”狠抓队伍建设，规范司法行为，推动阳光司法，强化执法联动，提升司法公信力。

四、不断拓展领域，充分发挥了人大代表的主体作用

（一）强化措施，增强人大代表的责任感、使命感和荣誉感。区人大常委会始终坚持突出代表主体地位，自觉地把人大代表工作摆上位置，认真贯彻落实代表法，认真研究如何发挥好人大代表作用的措施。通过举办人大代表培训班、组织赴外地学习考察，引导代表扎实有效的学法用法，提高素质，增强履职意识，提高参政议政能力。还通过各种方式和渠道，宣传推介生产和工作在一线的人大代表典型，展示基层人大代表风采，引导各级人大代表发挥好在区域建设中的模范带动作用、联系群众中的桥梁纽带作用、改革发展稳定中的协调促进作用。

（二）创造条件，为人大代表依法履职提供保障。坚持区人大常委会组成人员联系代表、代表联系企业、邀请代表列席常委会会议等有关制度，七届人大一次会议以来，共邀请相关人大代表参加执法检查、调研、视察、评议等各类活动26项，1200多人（次），拓宽代表知情知政渠道和活动领域，为代表履职创造更多条件。按照便于组织、便于开展活动的原则，认真抓好“人大代表之家”创建活动，先后5次组织召开“人大代表之家”创建工作培训和观摩交流会，4次组织赴外地参观学习，指导各乡镇、街办处人大进一步提升“人大代表之家”创建标准，为代表履职学习、开展活动、汇集和传递正能量搭建了良好平台。

（三）狠抓落实，加强代表议案及建议、批评和意见办理工作。区七届人大一次会议以来，代表共提出议案及建议、批评和意见130件，区人大常委会认真分类整理，及时转交有关部门。在办理过程中，采取现场督办、集中视察、意见反馈等多种形式，督促“一府两院”及相关部门抓好落实。就一些与人民群众生活密切相关的重点、难点问题，人大主管领导和处室组织人大代表一起深入到一线，听取承办单位汇报，广泛征求代表对办理结果的意见。五年来，代表提出的议案及建议、批评和意见，全部按期办理并答复代表，问题解决率和代表满意率逐年提高。

（四）加强指导，促进我区人大工作水平的提高。注重加强与乡镇人大主席团和街办处人大工委工作的联系，坚持乡镇人大主席和街办处人大工委主任轮流列席常委会制度；加强对乡镇人大和街办处人大工作的指导，做好区乡两级人大换届选举工作。这次换届，区人大常委会认真研究部署，多次开会调度，深入乡镇、街办处指导；各乡镇、街办处高度重视，依法按程序进行，全区共选出区人大代表180名，乡镇人大代表497名，乡镇人大、政府换届工作圆满完成。

五、加强自身建设，推动了人大工作不断创新发展

（一）切实加强学习，提高自身素质。把思想政治建设摆在首要位置，精心组织，深入学习党章、《中国共产党纪律处分条例》、中国特色社会主义理论体系、习近平总书记系列重要讲话精神及党和国家的方针政策，学习省、市、区委人大工作会议精神，进一步提高人大干部对党的领导、人民当家作主、依法治国有机统一的认识，增强常委会班子和机关干部的责任感使命感。通过采取发放书籍、自学、“每会学一法”、组织参加专题辅导和集中培训等多种形式，组织班子成员和机关干部认真学习组织法、代表法、监督法以及相关的法律法规，熟悉人大工作的规则程序，掌握人大工作的特点规律。坚持“每会学一法”制度，既提高了审议工作的针对性，也提高了自身的法律素养和履职能力。

（二）狠抓作风建设，树立良好形象。按照中央、省、市、区委的统一部署，在人大机关扎实开展了党的群众路线教育实践活动、“三严三实”专题教育和“两学一做”学习教育。在各项活动中，突出人大工作特点，组织召开专题交流会和民主生活会，广泛听取意见，认真对照检查，剖析问题原因，真正转变作风。在活动中，围绕区委的决策部署、全区改革发展稳定中的重大问题以及人民群众关心的热难点问题，开展专题调研，把握真实情况，了解群众愿望，提出科学合理化建议，并形成调研报告，为区委决策提供参考。同时，注重调研成果的转化与应用，促进人大工作的创新和发展，有60多篇理论文章和调研报告被区委、市人大刊物以及市以上媒体采用。

（三）强化制度建设，提升工作效能。按照历次教育活动对整改的要求，结合全区每一重大改革政策的出台，对常委会及机关原有的议事规则、相关规章制度和工作人员岗位职责进行了全面修改完善。坚持民主集中制原则，重大事项集体研究、集体决定，讲求工作实效；对每次常委会审议意见，专题听取“一府两院”办理落实情况的报告；认真落实上级《关于加强县乡人大工作和建设的若干意见》，重视人大机关机构设置和人员配备，抓好人大机关干部的教育培养和管理使用，确保人大机关工作的生机与活力。

我们还积极配合了省、市人大对我区经济、环境、城市建设、农业等11项工作开展的视察、调研和执法检查活动。

各位代表，五年来区人大常委会所取得的成绩和进步，是区委正确领导的结果，是常委会组成人员和全体人大代表共同努力的结果，是“一府两院”和各乡镇、街办处、各部门积极配合的结果，也是全区人民和社会各界人士大力支持的结果。在此，我代表区七届人大常委会，向所有关心、支持人大工作的同志们，表示衷心的感谢！

回顾过去五年的工作，成绩来之不易，经验弥足珍贵。五年来的实践使我们深深体会到：只有坚持党的领导、人民当家作主和依法治国的有机统一，人大工作才能保持正确的政治方向；只有坚持围绕中心、服务大局，人大工作才能找准依法履职的最佳切入点；只有坚持同人民群众的紧密联系，充分发挥人大代表的主体作用，人大工作才能真正行使好人民赋予的权力；只有坚持搞好自身建设，努力提高履职能力和水平，人大工作才能与时俱进、不断创新发展。

在看到成绩的同时，我们也清醒地认识到，常委会工作与党和人民群众的期望相比，还存在很大差距和许多不足，主要是：监督工作实效有待进一步增强，审议意见落实情况的跟踪督查有待进一步强化，代表履职渠道有待进一步拓宽，自身建设还有待进一步加强等。

各位代表，区七届人大常委会已圆满完成了任期内的各项工作任务。刚刚结束的区第六次党代会，对我区今后五年的经济社会发展描绘了美好蓝图，明确提出了率先实现全面小康、加快建设强区新城的新目标、新任务、新要求，为人大工作指明了方向。我们建议，新一届人大常委会要继续高举中国特色社会主义伟大旗帜，紧密团结在以习近平同志为核心的党中央周围，以“四个全面”战略布局和“五大发展理念”为引领，深入贯彻落实区第六次党代会精神，认真履行宪法和法律赋予的职责，为率先实现全面小康、加快建设强区新城做出积极贡献。在今后工作中，要坚持人大工作正确的政治方向，自觉将人大工作置于党的领导和人民的监督之下，努力使人大工作取得党和人民满意的效果；要围绕中心，服务大局，紧扣建设强区新城这个目标依法履职，促进全区经济加快实现“三个前列、两个翻番”；要坚持以人为本、履职为民的理念，切实维护人民群众的根本利益，保障和促进民生改善；要密切与代表联系，积极搭建平台，支持和保障代表依法履职，充分发挥人大代表的主体作用；要注重抓好自身建设，不断创新机制，加强和改进人大工作，推进社会主义民主法治建设进程。

各位代表，新的一届，新的起点，新的目标，新的召唤，让我们按照区第六次党代会提出的目标和要求，依法履职，锐意进取，实干担当，激情创业，为实现“三个前列、两个翻番”的奋斗目标，为加快安次现代化强区新城建设进程，为把安次建设得更加繁荣富强而努力奋斗！

最后，请允许我再一次代表区七届人大常委会，向所有关心、支持人大工作的各位代表、各位同志和各界人士，表示最诚挚的谢意，并衷心祝愿安次的明天更美好，安次的人民更幸福！

谢谢大家！

政府工作报告

——2018 年 1 月 29 日在廊坊市安次区第八届人民代表大会
第二次会议上

廊坊市安次区人民政府区长　薛振泽

各位代表：

现在，我代表区政府向大会报告工作，请予审议，并请各位政协委员和其他列席人员提出意见。

一、2017 年度工作回顾

2017 年是极为不平凡的一年，是我区在挑战中发展、在困难中前进、在考验中取得显著成果的一年。一年来，面对宏观政策趋紧、环保压力增大、工作任务异常繁重的复杂局面，区政府全面贯彻落实党的十九大和省市委全会精神，在区委的坚强领导下，在区人大和区政协的监督支持下，团结和依靠广大干部群众，解放思想、干事创业，攻坚破难、锐意进取，较好完成了区八届人大一次会议确定的各项目标任务，经济社会事业实现新突破。2017 年，全区完成地区生产总值 206 亿元，同比增长 9.1%；财政收入 48.38 亿元，同比增长 16.84%；一般公共预算收入 16.02 亿元，同比增长 15.05%；规上工业增加值 70.77 亿元，同比增长 6.7%；固定资产投资 174.45 亿元，同比增长 16%；社会消费品零售总额 64.6 亿元，同比增长 11.8%。

（一）坚持主动担当、积极作为，集中解决了一批事关安次长远发展的大事难事。高标准完成了 215 个村街 7.5 万户“气代煤”改造任务，彻底结束了农村地区烧柴做饭、燃煤取暖的历史，农村生活方式正加速向绿色环保转变。拆除整治违法占地图斑 260 个、1899.95 亩，其中耕地 1153.34 亩，拆除整改到位率 98%，拆除私搭乱建 14.32 万平方米，一举清除了多年来形成的“沉疴顽疾”，腾清了土地使用空间。成方连片实施麦洼村、开源里夹缝区等 15 个棚户区改造项目，改造完成后，将大幅提升城区整体形象，明显改善群众居住环境。紧紧抓住政策窗口期，集中力量化解问题楼盘 24 个，努力补齐历史欠账。安次安全堤启动建设，拓宽城区发展板块。完成外环路西南环线、新一中征迁工作，凯发新泉污水处理厂扩建工程顺利竣工，龙河以南污水管网基本建成，国电投热电联产项目启动实质性建设。这些大事难事的集中攻坚，重点工程的高效推进，为安次今后发展赢得了空间和时间。

（二）坚持拉大框架、搭高平台，强力推进“211”战略任务[1]。园区平台日益坚实。两大高新区总投资5.7亿元，实施44项基础设施建设。廊坊高新区新增园区道路4条、水电暖气等专业管线15条，供水干线工程进场施工。安次高新技术产业园实施了安大道、安杰道等道路及配套管网建设，御龙河改造工程稳步推进。龙河高新区新建道路5条，新建供水、电力、燃气等各类管线4公里，绿化苗圃520亩。全年建设亿元以上项目92个，总投资达669亿元，中移动廊坊数据中心等项目加快建设，中核一期等项目主体竣工，中安信碳纤维、泉恩管材等项目投产见效。园区平台不断优化、高端产业加速聚集的局面正在形成。城区发展板块日益完善。永兴路南延、古县路、荣光路等9条断头路打通工程稳步推进，城区路网水平持续提升。期盼多年的瑞丰公园启动建设，常青路污水泵站等城建工程陆续竣工，城市功能逐步完善。数字化城管结案率99.84%，城市管理更加精准高效。以银河新区、光明商务区为重点的商业区正在逐步壮大，为现代服务业繁荣发展提供了支撑。现代农业板块持续优化。统筹推进44个省市级美丽乡村建设，重点打造宋王务等5个省级精品片区[2]。积极推进第三南通道南延工程，完成廊新线新建、葛码线中修、村道提标改造等7项交通基础设施建设。对40个村街自来水管网进行改造，铺设管道100万米，有效保障了群众饮水安全。全力推进农村产权改革工作，完成土地确权年度任务。加快推进现代农业园区建设，成功获批2个省级、3个市级现代农业园区，与鲁能集团等行业龙头合作不断深化，康达园区完成规划编制。建设高标准农田8600亩，农开工作在全省项目检查验收中总分第一。

（三）坚持改革开放、创新驱动，经济活力充分释放。改革进一步深化。主动适应新常态，坚决破除体制机制弊端，完成园区四项改革任务，服务项目能力充分加强。成立行政审批局，划转行政许可事项103项。实施“二十三证合一、一照一码”登记制度改革。完成机构撤简合并，精简部门8个，机构设置更加科学合理，服务经济社会发展的能力显著增强。开放进一步扩大。主动融入京津冀协同发展战略，引进京津资金96亿元，增速106%。积极参加5·18廊坊经洽会、厦门投洽会、深圳高交会、9·26廊坊农交会等展会，不断提升安次的知名度和美誉度，国内外19个项目签约落户，总投资达200亿元。鼓励优质企业走出国门，开拓海外市场，华路天宇优质轻钢房屋在南美市场份额不断扩大，奥瑞拓岩石钻具挺进印度市场，康达畜禽肉鸡产品端上西亚餐桌。创业环境进一步优化。扎实推进打侵治伪行动，查处商标侵权、假冒伪劣等违法案件6起，营造了公平的竞争环境。积极扶持企业成长壮大，落实区级领导联系企业制度，组织开展银企对接活动，通过实施“助保贷”[3]，撬动银行贷款2230万元。全区新增市场主体5206户，同比增长22.7%，万人拥有市场主体数达677户，安次已经成为广大创业者的首选之地。创新步伐进一步加快。大力引进高端人才，建立了天鹏、奥瑞拓2个院士工作站。落实区级科技创新、工业技改奖励资金，对60个科技项目、技改升级项目进行了奖补，瑞立美联等11家企业成功申报省市重点技改项目，奥瑞拓石油钻具荣膺河北省名牌产品，泉恩管业荣获市政府质量奖。依托星火孵化、慧谷梦工厂、京津冀协同创新创业基地等孵化器，打造了创新创业主体孵化转化、量产达效的流水线。泰智会在北京、上海、深圳等9个城市设立招商中心，加速科技创新资源向我区聚集。全区新增高新技术企业21家、研发中心11家、科技型中小企业125家，规上高新技术产业增加值52.88亿元，同比增长10.6%，占规上工业增加值74.7%，我区成功获批全市唯一第二批河北省创新型县（市、区）试点单位。

（四）坚持治本清源、常态监管，生态环境持续改善。空气质量大幅提升。整治取缔“散乱污”企业[4]746家，深度治理涉VOCs[5]企业252家，主城区23家涉VOCs企业全部退城搬迁。拆除改造燃煤锅炉264台，清理散煤经销户68家，实现了全域无煤化。361家餐饮企业全部安装油烟净化设备，区管工地全部落实“7个100%”[6]，实施秸秆还田27万亩，年空气综合指数6.47，PM2.5浓度、PM10浓度较2016年分别下降10.45%、14.66%，优良天数达到217天，增加21天。水污染治理扎实推进。全面落实河长制[7]，永定河、龙河等19条河渠全部纳入河流水质监管。封堵新老龙河、五干渠非法排污口13个，完成了禁养区2家养殖场搬迁任务，对全区24家加油站进行防渗改造，科学治理纳污坑塘315个，实施了胜丰支渠、朱官屯泵站等清淤工程。生态修复持续深入。覆盖全域的城乡垃圾处置一体化系统正式启用，实现日产日清，清运积存垃圾4.66万吨，农村生产生活环境得到全面整治。永定河郊野公园、尚书园完成建设，高标准完成了京台高速、廊新线等廊道绿化提升工程，全年造林3.4万亩，森林覆盖率稳定保持在40%。环境监管体系健全高效。引进空气质量精准监测系统，安装传感器51个，8个乡镇监测点建成投用。建立区、乡两级远程高清视频监控中心，对重点企业进行实时在线监控。完善网格化管理体系，实现监管的无死角、全覆盖。出台有奖举报实施办法，设立奖金100万元，处置群众举报案件50余起，形成了环境保护人人参与的良好局面。

（五）坚持以人为本、为民解忧，社会事业全面进步。居民收入持续增长。新增就业岗位5495个，转移农村劳动力2175人，城镇登记失业率稳定控制在3%以下。城乡居民人均可支配收入预计分别达到34282元、15287元，同比增长均为8.5%。办学水平不断提升。实施教育扩容提质三年计划，投资3.1亿元，启动了龙河一小、职教中心等22所学校新改扩建工程，招聘教师150名。十四小、十七小等学校分获“河北省教育先进工作集体”“河北省素质教育示范学校”等荣誉称号，中考成绩继续领跑全市。就医环境明显改善。实施医药卫生体制改革，区医院等公立医疗服务机构完成药品零差率改革任务，药品零售价格下降13%。大力推进家庭医生签约服务，9万多名重点人员有了自己的专属家庭医生。区医院迁建一期工程主体竣工，同时面对管理经营困境，启动了与民营资本混合所有制合作办医。完成乡镇卫生院、村卫生室设备补充、面貌提升工程，全区医疗条件明显改善。文体事业蓬勃发展。高标准建成区文化馆、图书馆，投资300万元对乡镇街道文化站提档升级，基层文化设施更加完善。成功举办第三届中国廊坊·第什里风筝节、第27届全国书博会燕赵文化主题展，非物质文化遗产重阁会亮相全国新年戏曲晚会，“一棵树一本书”读书创意活动实现“扫码”即读，极大满足了群众多元的文化需求。西太平庄村、文苑社区分别荣获第五届全国文明村镇和全国文明社区。全民健身积极推进，村街体育设施实现全覆盖，我区被评为全国群众体育先进单位。民生保障更加全面。精准扶贫工作以办实事开局，组合拳破题，完成250户、530人贫困人口建档立卡工作，建立“三包一”模式，40名处级干部、35个工作队、79家爱心企业一对一精准帮扶。筹集2000万元，建立困难群众帮扶大病救助资金。城乡低保标准提高到600元，特困人员供养标准提高到960元，孤儿基本生活费提高到1440元，让特殊群体充分感受到了党和政府的关怀与温暖。新建社区居委会5个，31个社区全部配建养老服务站，养老补贴标准持续上调，近5万名老人按月领取养老金，乐享晚年生活。社会大局和谐稳定。妥善处置优卡特金融风险，完成了黄金佳涉案人员资金第一批清退，落实军队退役人员安置政策，集中解决了一批影响社会稳定的急事难事。针对气代煤工程、食药安全、消防安全、校园安全、交通安全等方面，开展各类专项整治行动，有效防止事故发生。坚持打防结合，破获了一批大案要案，人民群众的安全感不断增强。

此外，审计、粮食、供销、物价、气象、司法、民族宗教、支油支铁等各项工作也取得了新成绩。

各位代表，一年来，新一届政府在市委市政府和区委的正确领导下，艰苦奋斗打硬仗、呕心沥血攻难关，解决了许多长期想解决而没有解决的难题，办成了许多过去想办而没有办成的大事，成就是历史性的、突破性的。成绩的取得既凝聚着各级党委、政府的智慧与心血，也凝聚着广大干部的付出与奉献，更凝聚着38万安次人民的理解和支持。在此，我谨代表区政府，向各位人大代表、政协委员，向各民主党派、人民团体、工商联和各界人士，向驻区中央、省、市直单位、解放军、武警官兵，向所有关心支持安次发展的老领导和朋友们，特别是向勤劳拼搏的全体安次人民，致以最崇高的敬意和最衷心的感谢！

二、2018年面临的形势、工作目标和重点任务

2018年是全面贯彻十九大精神的开局之年，是决胜全面建成小康社会的关键之年，是以高质量为引领开创新时代强区新城、美丽安次新局面的重要之年，做好全年工作意义重大，必须冷静分析当前形势，牢牢把握工作主动权。

我们要正视发展中存在的短板和不足：一是经济结构不科学、不合理的现状亟待改变。大项目建设进度不够快，能够强区立区的支柱型企业不多，富智康一企独大的现象仍没有得到根本性改变。众多科技型企业大多处于孵化成长阶段，还未实现预期效益，对经济社会发展的强大推动力还没有真正形成。二是发展平台不高端、不完善的短板逐渐凸显。两个高新区基础设施水平还不够高、配套功能还不完善，在招商引资上缺乏核心竞争力，项目的支撑服务能力还不够；主城区建设水平还未真正形成足够支撑，现代服务业刚刚起步；现代农业板块开发仍未取得真正突破。三是生态治理不到位、不全面的问题急需解决。大气污染防治举措还没有彻底落实，工作中还存在死角死面；对水污染关注程度不高、治理力度不大，龙河水质未达到考核标准，导致涉水项目限批；生态监管体系还不健全，执法力度还不够严格，还未在全社会形成自觉保护环境的良好局面。四是民生保障不充分、不平衡的现象依然存在。

民生事业还有较大短板，校园工程推进缓慢、诊疗水平差距较大、优质文化产品供给不足，无法深度满足广大群众日益增长的美好生活需要。社会保障还有漏洞，扶贫工作任重道远。

我们更要充分认识到自身的优势。一是我们有千载难逢的历史机遇。安次地处京津主轴的核心腹地，京台高速、唐廊高速、轻轨连接线等重大工程不断拉近与京津之间的时间、空间距离，同城化脚步逐渐加快。加之安次土地规划管控已经解限，首都二机场即将建成，随着京津冀协同发展战略的不断深入，必将成为京津优质外溢资源转移的首选之地，必将在新一轮高质量发展中占得先机。二是我们有科学清晰的发展思路。区六次党代会明确提出了“211”战略任务，是着眼于全区域深度开发、全产业协调发展的重大战略部署，对全区高质量发展进行了科学精准谋划，与十九大精神和省、市委全会精神高度契合，为安次今后发展绘就了蓝图、指明了方向。三是我们有实干担当的干部队伍。在区委的坚强领导下，一年来，面对诸多复杂的艰巨任务，安次广大干部在挑战和考验中磨砺了意志、锤炼了作风、提升了能力，打造了一支敢打硬仗、能打胜仗的安次战队，为我们今后高质量发展奠定了最根本保障。

纵观全局，安次面临的发展机遇前所未有，解决存在的短板问题刻不容缓。我们将居安思危、勇于变革、开拓创新、永不停滞，全力开创安次更加美好的明天。

根据区委六届三次全会精神，区政府今年工作的总体要求是：深入贯彻党的十九大、中央经济工作会议和省市区委全会精神，坚持以习近平新时代中国特色社会主义思想为统领，切实坚持党对经济工作的领导，坚持稳中求进工作总基调，坚持新发展理念，紧扣我国社会主要矛盾变化，按照高质量发展的根本要求，统筹推进“五位一体”[8]总体布局和协调推进“四个全面”[9]战略布局，以供给侧结构性改革[10]为主线，推动质量变革、效率变革、动力变革，更加突出协同发展，更加突出转型升级，更加突出改革创新，更加突出生态支撑，更加突出民生改善，更加突出优化营商环境，更加突出防范化解重大风险和维护安全稳定，全面实施“211”战略任务，全力推进高质量发展，不忘初心、牢记使命，忠诚担当、接续奋斗，奋力开创新时代强区新城、美丽安次发展新局面。

今年主要预期目标是：地区生产总值增长7%；财政收入增长7%；一般公共预算收入增长7%；固定资产投资增长8%；规上工业增加值增长6%；社会消费品零售总额增长10%；城乡居民收入分别增长8%；污染物减排完成市下达任务。

实现预期目标，必须牢牢紧扣“一条主线”实现“三个突破”。“一条主线”，就是以高质量为引领，深化供给侧结构性改革，统筹推进经济社会各项事业上档升级、提质增效，奋力开创新时代强区新城、美丽安次发展新局面。“三个突破”即：一是在深入推动“211”战略任务上谋突破。深度融入国家重大战略，主动与京津对标对表，在基础设施、功能配套上缩小差距、提高档次，实现全域整体形象和承载能力的跨越式提升，全面夯实高质量发展的平台基础。二是在加快构建现代经济体系上谋突破。坚定不移贯彻五大发展理念[11]，在转变发展方式、优化经济结构、转换增长动力上竭力攻关，推动经济发展质量变革、效率变革、动力变革，全力构建高质量的现代化经济体系。三是在全力推动发展成果共享上谋突破。始终把人民利益摆在至高无上的地位，谋民生之利、解民生之忧，重点解决好生态环境、精准脱贫、教育医疗、社会保障等群众最关心最直接最现实的利益问题，不断增强安次人民的获得感、幸福感、安全感。

2018年主要抓好以下六方面工作：

（一）*着力破解制约，打造高质量发展新高地*。坚持高质量发展理念，推动园区平台上档升级，高端产业聚集发展。全力完善基础设施。投资18.62亿元，实施58项基础设施工程，廊坊高新区推进春和路、芳华道等4项道路工程建设，实施中泓故道、南泓故道等水利工程，完成供水干线建设。安次高新技术产业园进一步拉开发展主框架，加快推进御龙河改造工程，提升西昌南延路等重点路段绿化亮化水平。龙河高新区启动中心商务区、龙河景观带建设，打造特色滨水CBD。龙港高新技术产业园结合洸远退出，进一步优化完善总体规划，打造成为高端制造业集聚发展新高地。全面提升服务能力。围绕“服务全到位、建设零干扰、发展无障碍”的目标，实行区级领导分包责任制，带头深入企业解决发展难题，对重点企业建立工作专班，实行一站式、保姆式服务，在征地拆迁、手续办理、资金借贷、项目管理等方面提供最大支持。理顺廊坊高新区投资管理体制，推动园区总规、辖区控规尽快得到批复；破解龙河高新区土地、产权分割等制约难题，提高招商引资和项目服务效能。加快推进项目建设。支持富智康等龙头企业发展提升、康得复材等建成项目尽快达产达效；推动3D打印、隐形眼镜、中移动廊坊数据中心等项目加快建设；力促联东U谷、中建材、中安信二期、中移动国家数据中心、中科纳新等一批项目尽快开工。落实全省战略性新兴产业发展三年行动计划，廊坊高新区全力打造新材料、大数据产业集群，龙河高新区重点打造电子信息、高端制造、研发孵化产业集群，为经济发展提供强大的支撑力。

（二）*着力统筹协调，提升城乡发展新面貌*。坚持“全域统筹、整体提升”的主基调，弹好“精致城市、美丽乡村”的交响曲，焕发出城乡发展的强大生机活力。提高城市品位。尽快启动麦洼村、亭子头村等15个城改项目回迁建设，让群众早日喜迁新居；坚持成熟一个启动一个，以片区为重点，加快推进蔡豆庄、顺安市场片区等城旧改项目；做好城区环卫工作，提高城市道路、背街小巷洁净水平，大力提升城市面貌。打通瑞丰道、辛庄道等11条断头路，完成安全堤、外环路西南环线、瑞丰公园、瑞丰泵站等重点工程，全面完善城市功能。立足现代城市发展方向和人民生活需求，健全完善新型共建共享社区管理服务机制，全面培育壮大金融保险、教育文化、商务服务等新兴服务业繁荣发展，打造成为城区现代服务业发展新高地。建设美丽乡村。按照产业兴旺、生态宜居、乡风文明、治理有效、生活富裕的总要求，大力推进乡村振兴战略。实施农村人居环境整治行动，科学制定污水处理方案，深入推进农村饮水安全工程，提升农村垃圾清理处置水平，完成80个村街“厕所革命”[12]，改造农村危房53户，努力补齐影响群众生活品质短板。启动第三南通道南延工程建设，实施东高线、码杨线、码得线3条县乡道路大修工程，硬化连村道路40公里，改造重建落垡龙河桥、路营桥等7座桥梁，进一步增加城乡之间“互动力”。以建设现代农业综合示范区为抓手，加快农业产业化步伐，调整优化农业生产结构，发展现代农业、生态农业、科技农业、品牌农业，全力培育新型经营主体，推进与鲁能集团等一批龙头企业合作取得实质性进展，全力推进五大精品片区建设，打造康达、美好等主题突出、特色鲜明的农业园区，实现农业文化旅游“三位一体”和生产生活生态“三生同步”。

（三）*着力改革创新，激活加快发展新动能。*把握改革开放这一推动经济发展的活力之源，运用创新这一引领经济发展的第一动力，加快更替经济发展驱动力，全面提升发展质效。推动转型升级。加快推进洸远公司钢铁去产能，制定详细的外迁时间表、路线图，积极稳妥做好人员安置、资产处置等工作，确保平稳有序退出。通过腾笼换鸟、技改升级等方式，加快僵尸企业[13]出清，推动传统产业转型提升，实现新旧动能转换。谋划启动印包小镇建设，整合印刷产业聚集发展、绿色发展、高端发展。深化制度改革。深入推进行政审批改革，进一步减少审批环节、缩短审批时限。全面建设网络平台，建立“受理—审查—审核—办结”网上审批模式及联合审批流程，提高审批效率。全面推进“双随机、一公开”，加强事中事后监管，为企业创造良好的营商环境。推进农村土地“三权分置”[14]，不断深化农村产权制度改革。完成100个村街农业水价综合改革任务，树立节约用水良好导向。扩大对外开放。着眼“一带一路”、京津冀协同发展战略，全力做好城际铁路联络线、首都二机场防洪工程和输油管线工程征拆工作。按照“高端化、精准化、优质化”的目标，着力引进一批电子信息类、研发孵化转化类、总部经济类、文化产业类优质项目，全年实施建设亿元以上项目85个以上。依托中国—斯洛伐克企业投资合作服务中心等平台，鼓励推动产能优、实力强的企业大规模走出去，扩大对外工程承包，增加境外建厂和境外贸易。加强创新驱动。全面推进创新型县（市、区）试点建设工作，狠抓研发平台建设，加大研发投入，设立创新产业引导基金，推动科技创新资源、科技人才、金融资本、创新载体向安次集聚。增强企业自主创新能力，全年力争新增科技型中小企业100家、高新技术企业10家，科技创新工作继续领跑全市。实施名牌战略。开展质量提升专项行动，支持行业龙头参与国标、省标制订，鼓励企业不断提升产品质量，打造知名品牌、驰名商标，积极申请中国地理标志、原产地标识认证，帮扶富智康、朗世坤成等企业争获政府质量奖，不断提高产品的知名度、美誉度，在市场竞争中占得先机。

（四）*着力修复生态，优化美丽宜居新家园。*必须坚持“生态优先、绿色发展”理念，增强发展的环境支撑力。坚决打赢蓝天保卫战。充分发挥空气质量监测系统作用，实时分析空气指标数据，实现精准施治。通过技防手段，巩固“散乱污”企业和涉VOCs企业治理成果，严防反弹流入。建立健全常态化监管机制，推动联防联控，持续开展利剑斩污[15]、零点行动[16]，保持打击破坏环境违法犯罪高压态势。全力遏制水污染。充分发挥区乡村三级河长作用，全面推进龙河河道治理，全力改善河流水体质量，确保龙河考核断面水质达标，尽快解除限批。继续推动大型畜禽养殖企业粪污治理，完成治理90%以上。加强工业企业生产全过程监管，严防重金属污染环境，集中式饮用水水源地达标率稳定达到100%。实施生态修复工程。加强龙河湾落垡湿地保护，启动丰收渠生态修复和绿化工程，打通永南干渠，对胜利支渠、后沙窝一二干渠等河渠进行综合治理，建成水网纵横、沟渠交错的循环水系，让安次灵动起来。围绕国家森林城市创建目标，深入实施国土绿化三年行动，建立完善公益绿化管护机制，打造国槐大道、市花公园，实施廊泊线、廊霸线、杨尹线等景观廊道闭合工程，建设绿美村庄114个，全年植树造林1.2万亩。抓好土壤污染治理与修复试点，强化危险废物全流程管控。总之，我们将千方百计改善生态环境，绘就一幅天蓝、地绿、水清的美丽安次新画卷。

（五）*着力共建共享，增进人民群众新福祉*。永远保持与全区人民同呼吸、共命运、心连心，永远把人民对美好生活的向往作为奋斗目标，全力提高发展成果共享质量。坚决打赢精准脱贫攻坚战。围绕“两不愁、三保障”总体目标，一户一策、精准施治。全力实施医疗扶贫工程，建立普查监测、大病救助、送药下乡、心理康复等保障措施；实施住房保障工程，让所有贫困群众告别危房住上新居；实施教育扶贫工程，建立全程帮扶机制，改变代际贫困问题，绝不让一个安次百姓在小康路上掉队。优先发展教育事业。大力实施校园工程建设，启动一小、五小、二十九小、二十中等新建改扩建工程，龙河一小、银河学校年内交付使用，“大班额”问题得到有效改观。推进新小区配建幼儿园移交，盘活中小学闲置资源，谋划建设区域性民办幼儿园，解决“入园难”问题。制定中长期教育发展规划，实施名师工程，均衡提升从幼儿园到高中的整体教学水平，解决“择校热”问题，全面叫响安次教育品牌。实施健康安次战略。加快推进区医院搬迁启用，继续深化公立医院改革，积极谋求与京津三甲医院开展专科联盟、多科室合作。加快推进医联体、医共体建设，完善分级诊疗模式，形成“小病不出村、常见病不出乡、大病不出区”的三级医疗卫生服务网络。积极发展文化事业。持续完善公共文化服务体系，尽快启动区档案馆建设，实施基层文化服务中心提标工程，打通公共文化服务最后一公里。积极开展“廊坊之夏·安次风采”、全民阅读推广、“欢乐京津冀”等文化活动，鼓励文化馆、燕南诗社、壹佰剧院创作话剧、纪录片、动漫等文艺精品，继续做好非物质文化遗产保护工作，为安次群众提供丰富的精神食粮。统筹做好社会保障工作。充分发挥政策兜底作用，全面建成覆盖全民、城乡统筹、保障适度的多层次社会保障体系。充分发挥困难群众帮扶大病救助资金作用，不让一个安次百姓因贫失治、因病致贫。持续做好残疾人帮扶和孤残儿童、特困人员供养等工作，整合建设安次养老基地，推进侍郎房养老服务中心、安次区新朝阳医养结合服务中心加快建设，让弱势群体切实得到保障。牢牢守住发展底线。强化“专家查隐患”机制，推进安全生产网络监管平台建设，落实部门安全监管职责全覆盖，充分发挥基层安监站、安全员作用，常态化开展安全生产大检查、大整改和“气代煤”、消防安全、交通安全、校园安全等重点领域专项检查，切实消除盲点死角，坚决遏制重大事故发生。全力做好食品药品安全工作，守护群众舌尖上的安全。积极维护金融秩序，完善监管服务体系，研究制定地方金融监管办法，服务实体经济，防范金融风险。妥善解决淀粉厂等3家改制企业及城市改造等领域遗留问题，切实维护广大群众合法权益。

做好军队退役人员工作，建立退役军人管理服务中心和服务站，启动廊坊民兵训练基地建设，落实人武部独立营房。健全完善粮食应急体系，确保粮食安全。加大雪亮工程等安全设施投入，严厉打击各类违法犯罪行为，让群众共享安定和谐的社会环境。

（六）着力调高标尺，塑造人民政府新形象。面对新时代的新要求、新任务、新挑战，我们将不断加强自身建设，全面提升创新力、公信力和执行力，努力建设勤政为民、务实高效、清正廉洁的人民满意政府。一是始终把为民服务作为政府工作的出发点。进一步强化群众观念和公仆意识，深入开展“不忘初心、牢记使命”主题教育，加强理论政策学习，注重学习新知识、研究新情况、积累新经验，努力提高服务人民群众的能力与水平。严格落实民生政策，优先保障民生资金，全心全意解决好群众关注的上学就医、生态环境、道路交通等热点问题，不断提高人民群众幸福指数。二是始终把依法行政作为政府工作的生命线。严格按照法定权限和程序行使权力、履行职责，严格执法、公正执法、文明执法。健全完善重大行政决策程序制度、合法性审查制度和终身追责制度。自觉接受人大依法监督、政协民主监督和社会各界监督，确保政府决策符合科学发展的要求、体现人民群众的意愿，不断提升政府的公信力和凝聚力。三是始终把强化落实作为政府工作的主旋律。坚持领导带头、以上率下，既要“快干”，说了就算、定了就干、干就干好；又要“实干”，以钉钉子的狠劲、韧劲推动各项工作落到实处；还要“会干”，突出重点、破解难点，切实提高政策执行力和工作落实力。同时，健全完善绩效管理和考核体系，深入推进重点工作大督查，跟踪督办重大决策、重点工作，以激励促落实，以问责求实效。四是始终把廉政建设作为政府工作的防火墙。切实加强作风建设，严格落实党风廉政建设“两个责任”，严守“八项规定”，坚决防止“四风”回潮复燃。坚持用制度管人管事管钱，加强对重点岗位、关键环节的监管，严肃查处违纪违规行为。加强对政府工作人员的教育管理，建设政治坚定、业务精湛、纪律严明、人民满意的公务员队伍。

各位代表，绘就新蓝图，迎接新挑战，我们的任务光荣而艰巨；启动新征程，实现新目标，我们的前景光明而美好。潮起海天阔，扬帆正当时，让我们紧密团结在以习近平同志为核心的党中央周围，在市委、市政府和区委的坚强领导下，不忘初心、牢记使命，以坚苦卓绝的不懈努力、不骄不躁的务实作风、激情创业的干事热情，撸起袖子加油干、苦干实干拼命干，为开创新时代强区新城、美丽安次发展新局面而努力奋斗！

名词解释

1.“211”战略任务：区第六次党代会上提出的未来五年战略任务，即集中打造2个承载高端二产项目的平台——廊坊高新区、龙河高新区，1个承载现代服务业的城区发展板块，1个承载现代农业的综合示范园区。

2. 5 个省级精品片区：调河头特色文化、仇庄生态农业、落垡生态旅游、杨税务农业休闲、葛渔城观光采摘五大片区。

3. “助保贷”：区政府为缓解中小企业融资难问题与建设银行、邮储银行合作开展的一种信贷业务。

4. “散乱污”企业：不符合产业政策，不符合当地产业布局规划，未办理工信、发改、土地、规划、环保、工商、质监、安监、电力等相关审批手续，不能稳定达标排放的企业。

5. VOCs：挥发性有机化合物（volatile organic compounds）的英文缩写，从环保的意义上讲，指的是活泼的、会产生危害的挥发性有机物。

6. “7 个 100%”：施工现场 100% 围蔽；工地砂土 100% 苫盖；工地路面 100% 硬化；拆除工程 100% 洒水压尘；进出工地车辆 100% 冲净车轮车身；暂不开发的场地 100% 绿化；施工垃圾与生活垃圾 100% 清理。

7. 河长制：是指由各级党政主要负责人担任“河长”，负责辖区内河流的污染治理。

8. 五位一体：经济建设、政治建设、文化建设、社会建设、生态文明建设五位一体。

9. 四个全面：全面建成小康社会、全面深化改革、全面依法治国、全面从严治党。

10. 供给侧结构性改革：就是从提高供给质量出发，用改革的办法推进结构调整，矫正要素配置扭曲，扩大有效供给，提高供给结构对需求变化的适应性和灵活性，提高全要素生产率，更好满足广大人民群众的需要，促进经济社会持续健康发展。

11. 五大发展理念：即创新、协调、绿色、开放、共享。

12. 厕所革命：全面改善农村地区厕所设施水平、卫生环境的专项提升行动。

13. 僵尸企业：是指已停产、半停产、连年亏损、资不抵债，主要靠政府补贴和银行续贷维持经营的企业。

14. 三权分置：农村土地所有权、承包权和经营权三权分置。

15. 利剑斩污：打击破坏环境违法犯罪的专项行动。

16. “零点行动”：环保部门为打击非法排污企业组织的夜间行动。

中国人民政治协商会议
廊坊市安次区第七届委员会常务委员会
工作报告

（2017年2月25日在政协廊坊市安次区
第八届委员会第一次会议上）

马崇浩

各位委员、同志们：

我受政协廊坊市安次区第七届委员会常务委员会委托，向大会报告过去五年的工作，对八届政协的工作提出建议，请予审议，并请列席会议的同志提出意见。

五年工作回顾

政协廊坊市安次区第七届委员会任期的五年，是安次全面完成“十二五”规划、开启“十三五”新征程，综合实力明显增强、社会事业全面进步、城乡面貌日新月异的五年，也是区政协奋发有为、履职尽责、硕果累累的五年。五年来，在区委的坚强领导下，在市政协的正确指导下，在区政府的大力支持下，在社会各界的帮助下，区政协常委会高举中国特色社会主义伟大旗帜，全面贯彻落实十八大以来中央重大方针政策和习近平总书记系列重要讲话精神，紧紧围绕区委、区政府中心工作，认真履行职能，切实发挥作用，为全面建设现代化强区新城事业作出了新贡献，谱写了人民政协事业发展的新篇章。

一、建设有为政协，服务发展大局，参政议政实现创新突破

（一）找准契合点，强化协商谋发展。按照“全委会整体协商、常委会重点协商、主席会专题协商”的原则，共召开全委会议5次、常委会议22次、主席会议58次，座谈、学习等会议60多次，提出300多条意见建议。创新全委会发言模式，邀请区委、区政府、公检法领导出席，共组织委员60多人次登台或书面进行大会发言，开展面对面协商。区委书记、区长对部分发言作出批示，责成相关部门认真解决落实。闭会期间，常委会、主席会对涉及安次改革发展的“四大板块”“三区同创”、环境保护等18个专题进行讨论协商，推动工作落实。

（二）突出关键点，调研资政助发展。围绕全区改革发展稳定大局，精选园区建设、生态环境治理、医疗卫生改革、城市建设等28个课题，开展调研活动70多次，形成报告80余篇，100多条建议纳入区委、区政府决策部署，200多条建议引起相关部门高度重视。其中《关于强化园区规范化管理，提升园区载体功能的调研报告》，就资金、土地、招商引资等问题提出建议，部分建议还被市政协列入专题报告，得到市委书记的批示；《加快推进南城建设，全力打造中心城市》等多篇调研报告，在市政协六届五次、六次常委会上进行发言，争取市委、市政府对安次的支持。政协围绕中心转，突出主题干的工作思路得到区委、区政府的一致认可。

（三）抓住着力点，视察建言促发展。创新视察工作方式，先后对“六五”工程目标管理体系任务落实、科技创新、工业企业技改、畜牧产业转型升级等方面情况组织视察座谈，为全区经济又好又快发展出谋划策；紧密配合基础设施建设的大投入，先后对植树造林、美丽乡村建设、发展城市经济等重点工作跟踪视察，为推进城乡建设尽智尽力；贴紧群众的民生需求，关注食品安全、公共卫生服务体系建设、教育均衡发展等方面情况，为和谐社会建设献计出力。五年来，共组织视察50多次，提出各类意见建议400多条，有效地促进了经济社会发展。

二、建设效能政协，推动工作落实，民主监督实现创新突破

（一）增强提案在民主监督中的主渠道作用。创新提案工作机制，与区委、区政府联合印发了一系列文件，规范办理程序。组织召开提案承办工作座谈会，邀请区政府相关领导到会通报情况，听取提案人意见，力促提案落实。将大会提案发言辑印成册，发到委员手中，便于时时关注办理情况。第一时间将区委书记、区长对提案的重要批示，以文件形式印发全体委员和各单位各部门，并组织委员深入到一线有关单位和部门进行督导，促进了提案办理质量的提升。五年来，共收到提案304件，立案252件，委员参与提案608人次，在数量和质量上均有新提高。

（二）增强委员在民主监督中的主体作用。制定《特邀民主监督员工作简则》，以通知形式印发全区各级各部门，为委员发挥民主监督作用提供制度保障。2013年，七届政协委员全部被区纪委聘为民主评议员，民主监督功能得到进一步强化。组织委员参加全区各类民主评议会、征求意见座谈会等200多人次，助力改进工作作风、提升办事效能；重点选派40多名委员到执法执纪部门和窗口单位担任民主监督员，进行常态监督；组织委员200多人次到法院旁听庭审，使司法公开、阳光司法得到有效推动，政协民主监督工作水平得到显著提升。

（三）增强社情民意在民主监督中的“直通车”作用。广大委员主动深入基层倾听群众呼声，上报400多条有价值的社情民意信息，形成调研报告和建议案100余篇。针对“健全医疗服务网络体系，促进健康事业快速发展”等建议，区政府加大医疗卫生设施建设力度，相继对乡镇卫生院、社区卫生服务中心和村街卫生室进行了新建改建；加大新型农村合作医疗参合资金收缴力度，参合率明显提高，确保农民最大限度得到医疗保障。

三、建设务实政协，倡导建功立业，助推发展实现创新突破

（一）主动融入大局，投身一线讲实干。主席、各位副主席在“9·3”阅兵安保、十八大及历次全会维稳、大气和水污染治理等工作中，深入分包乡镇、街办处，高质量完成所承担的任务；利用参加市、区各类会议的时机，将建设瑞丰公园、龙河改造治理和落垡湿地开发等建议带到会上，与市、区领导进行协商，实事求是地反映群众的意见建议。政协委员在“7·21”“7·19”特大雨灾中，主动协助党委、政府做好疏散群众、协调关系、灾后重建等工作。关于加快科技创新步伐、建设美丽乡村、生态环境治理等建议，在全区“十三五”规划中得到充分体现，委员履职积极性进一步增强。

（二）委员激情创业，岗位建功展风采。投身经济社会发展主战场，积极献计献策，主动“动手出力”。经企界委员想方设法破解经济形势下行带来的不利影响，发展壮大企业。农林界委员深入村街，通过龙头企业、行业协会的示范作用，引领农民拓宽增收渠道。科技界委员开展形式多样的送技术、送温暖活动，传授病虫害防治、高产作物种植等知识，提升农民增收本领；指导帮助企业技改创新，增强市场竞争力。其他界别的委员也以助推安次发展为己任，在教育均衡发展、维护民族团结和宗教稳定、加强公共卫生服务体系建设等方面做出了积极贡献。

（三）发挥委员活动组优势，形成合力讲奉献。届初，借鉴兄弟政协先进经验，首创具有安次特色的委员考评机制。每年年底，在充分征求辖区党委、党组意见的基础上，对各委员活动组开展活动情况及委员履行职责情况进行考核。在政协全会上，先后表彰优秀政协委员60多人次，并向区委、区政府和全区各部门、各单位通报考评结果。通过考核，委员主动接受党委、政府领导的意识不断增强，既给辖区提建议、出主意，更积极投身当地经济社会发展大潮，建功立业，努力唱出政协好声音，凝聚发展正能量。

四、建设和谐政协，坚持以人为本，服务民生实现创新突破

（一）做好事办实事，扶贫帮困促和谐。政协机关帮助分包村街修建“两室”、购买办公设备、修建健身广场；为帮扶困难户送米面油等慰问品。协调发放廊坊市政协周华盛奖助学金23.6万元，受奖助学生400多人。成立河北省德仁慈善基金会安次区专项奖助基金，共发放图书7万多册、奖助中小学生702人次、救助困难教师20名，合计110万元。广大政协委员致富不忘家乡、倾情回报社会，在各项社会公益事业活动中累计捐款捐物近1000万元。

（二）树立大统战思维，团结各方促和谐。通过学习培训会、中秋座谈会等形式，向民族宗教界、台胞台属侨眷界委员宣传党的政策，通报政协工作动态，主动征求意见建议；注重发挥企业家委员的优势，鼓励和引导非公经济做大做强；视察宗教场所，做好开斋节、圣诞节等重大宗教节庆活动的维稳工作；动员委员密切关注出现的新矛盾，做好解释、说服和疏导工作，促进社会和谐。

（三）依托“文史”搭台，资政育人促和谐。高标准完成安次历史文化展布展工作。编印《委员风采》，宣扬48位委员的先进事迹，展示新时期委员的靓丽风采。首次独立编印综合性文史书籍《龙河古韵》，展示安次古老的历史文化底蕴。编写反映第什里风筝发展的专门书籍《什里筝飞梦》，向外推介安次。此外，收集整理的海河工程资料被市政协收入《廊坊根治海河实录》中，为廊坊文化体验城市建设做出了贡献。

五、建设活力政协，注重固本强基，自身建设实现创新突破

（一）完善机制，增强活力，政协工作更加规范有序。从制度建设入手，完善了《关于加强民主监督、参政议政的实施细则》《常务委员会和主席会议工作规则》等12项规章制度，为履行职能提供制度保障。换届伊始，区委常委会就制定了《关于贯彻落实〈中共廊坊市委关于进一步加强人民政协工作的意见〉的实施意见》，印发全区各级各部门贯彻落实，为政协工作指明了政治方向。区委的重视和关心，为政协工作再上新台阶打下了坚实基础。

（二）坚持学习，夯实基础，整体素质进一步提高。届初，针对新委员较多的情况，为每名委员订阅《乡音》《文史精华》等刊物，提高履职能力和业务水平。政协领导定期深入分包委员活动组和企业进行宣讲、辅导，委员服务发展的水平得到明显提升。组织委员和机关干部赴先进地区参观考察，开阔视野，拓展思路。按照群众路线、“三严三实”和“两学一做”等活动要求，认真组织学习，狠抓整改落实，逐步树立起了“勇于创新、甘于奉献、忠诚担当、争创一流”的新时期安次政协精神。

（三）内强素质，外树形象，自身建设更加充满活力。认真落实中央“八项规定”、省“十个严禁”和市“八条禁令”，切实转变文风、会风。定期开展体检、文体等活动，增强人文关怀。开展机关作风整顿活动，规范行为，提高素质。在省、市、区级媒体播发视察调研、座谈走访、委员风采等新闻稿件200多篇，宣传政协工作，展示履职成果，扩大社会影响。制作《携手向大气污染开战》等3部专题片，寄送省、市、区有关领导同志、兄弟政协和相关职能单位，展示安次发展成果。

各位委员，同志们：积力之所举则无不胜，众智之所为则无不成。七届政协常委会工作之所以能卓有成效，主要得益于中共安次区委正确领导，得益于全体政协委员的团结协作和不懈拼搏，更得益于区人大、区政府和老领导、老同志及社会各界的大力支持。在此，我谨代表常委会向所有关心、支持政协工作的各级领导和同志们、朋友们表示崇高的敬意和衷心的感谢！

回顾过去的五年，我们清醒地认识到，与党和人民的要求相比，政协工作还有一定的差距：如履行政协职能的制度化、规范化建设还需要进一步完善；民主监督的渠道还需要进一步拓宽；调研视察质量还需要进一步提高；政协自身建设还需要进一步加强等。对这些问题，我们将高度重视，认真研究，努力加以改进。

总结五年的工作实践，我们深深地体会到：

（一）必须始终坚持党的领导不动摇，使政协工作保持坚定的政治方向。五年来，我们自觉做到与区委同频共振，把握好履职的角度、节奏、力度，处理好有为、有位、有效的关系，努力把区委的主张转化为全区人民的共识，努力把区委的意图变成政协委员的自觉行动，不断增强党的执政基础，使政协工作自觉融入大局。实践证明：只有坚持党的领导，才能不断推动政协工作健康发展。

（二）必须始终坚持围绕中心、服务大局，把推动科学发展放在工作首位。五年来，我们紧盯区委战略部署，紧扣全区中心任务，选择党委政府重视、人民群众关心、政协有条件做好的课题，深入调研献策，努力做到参政参在点子上、议政议在关键处，为推进各项工作落实发挥了应有的作用，得到了区委、区政府的关切，受到了社会各界的关注，促进了政协工作上台阶上水平。

（三）必须始终坚持有为有位、积极作为，在政协履职中干出实效、干出特色。五年来，无论是政协领导班子成员还是广大政协委员，把以德为先、认真履职、勇于尽责作为立身之本，全力投身“助推发展”“联系群众”两大主题实践活动，立足岗位创先争优，扎根一线积极作为，在助推上着力，在参谋上用功，在形成合力上做贡献，努力干出实效、干出特色、呈现亮点。

（四）必须始终坚持关注民生、履职为民，在促进社会和谐中发挥重要作用。五年来，我们不断拓展社情民意信息渠道，协助党委、政府多做理顺情绪、化解矛盾、雪中送炭、凝聚民心的工作，为群众诚心诚意办实事，尽心竭力解难事，坚持不懈做好事，真正把“人民政协为人民”的理念体现在履职之中。提出的许多建议得到区委、区政府高度重视，纳入重要议事日程，责成有关部门办理落实，得到群众一致好评。

（五）必须始终坚持与时俱进、开拓创新，不断激发政协组织的活力。五年来，我们顺应形势需要，注重理念创新、制度创新和工作创新，注重改进政协的工作机制和活动方式，在传承中求发展，开创了政协工作新局面。如建立委员考评机制，对表现突出的优秀委员，予以表彰；对履职不力的委员，通过采取教育、诫勉谈话等有效形式，敦促其认真履行职责，在委员中形成崇尚先进、你争我赶的良好氛围。

今后工作建议

今后五年是安次大有可为的现实机遇期、理应有为的优势释放期和必有作为的黄金发展期。区第六次党代会明确了安次科学发展的指导思想和奋斗目标，对政协工作提出了更高的要求。面对新的形势和任务，我们必须紧紧团结在区委周围，进一步增强紧迫感、危机感，创造性地开展工作。为此，提出如下建议：

（一）深入学习研究，在开创工作局面上迈出新步伐。要创新培训、辅导等形式，学习贯彻党的十九大和习近平总书记系列重要讲话精神，明确政协工作的前进方向。要深刻领会区第六次党代会精神，创新工作方法，引导委员把握履职重点，与区委、区政府共谋发展。

要主动适应新常态，强化政治意识、大局意识、核心意识、看齐意识，把握正确的政治方向，保持坚定的政治定力，增强政治思想共识。

（二）紧扣中心工作，在推动科学发展上展现新作为。要围绕全区今后五年奋斗目标和近期工作任务，突出“211”战略任务，全力推进建设科技创新引领区、绿色生态先行区、民生为本幸福区、城乡统筹示范区、安全发展先导区，针对园区建设、城区发展板块建设、开发现代农业板块、发展民营经济、环境保护、教育均衡发展、社会保障等方面，创新调研视察和协商议政方式，助推各项工作落实。要创新委员活动组的履职形式，发动委员围绕推进科技创新、深化改革开放、加快转型升级、改善生态环境等重大课题，开展活动，建言献策。要创新外出培训、考察等形式，组织委员走出去，开阔视野，增长见识，学习先进，推动工作。

（三）高度关注民生，在促进社会和谐上取得新成果。要创新提案、视察、评议等方式，对重点项目建设情况实施民主监督，及时反馈各方面的意见、诉求，推动涉及民计民生重要问题的解决。要建立健全为群众服务的长效机制，继续组织各界别委员和专家，开展科技兴农、文化惠民、法律援助等活动。要进一步发动委员开展扶贫济困、捐资助学等社会公益活动，多做好事，多干实事，让更多的群众共享发展成果。

（四）努力协调关系，在实现广泛团结上获得新成效。要加强与社会各界人士的联系，着眼于形成最大公约数，画出最大同心圆，努力为实现全区奋斗目标，减少阻力、增加助力、形成合力。要充分发挥民族、宗教界代表人士的作用，多做促进民族团结、宗教和睦的工作。要加大对区委重大决策部署的学习宣传和贯彻落实力度，使区委的主张成为全体委员的广泛共识和共同意志，努力开创人心思进、团结和谐、干事创业的生动发展局面。

（五）坚持固本强基，在加强自身建设上实现新提高。要巩固和扩大群众路线、“三严三实”和“两学一做”等活动成果，加强作风建设，接地气、贴草根、聚人气，树立良好形象。要发挥常委会的领导核心作用，确保区委的决策部署在委员中得到贯彻落实。要加大对委员的考核力度，不断提升委员的政治把握能力、调查研究能力、联系群众能力、合作共事能力。要加强机关建设，激发内在工作动力，真正把政协机关建设成为委员之家。

各位委员、同志们，事业凝聚人心，使命催人奋进。区第六次党代会已经吹响了安次深化改革发展的集结号，龙河儿女正以昂扬的精神，不屈的斗志，万众一心促发展、齐心协力创佳绩。新的形势和任务，为我们更好地履行职能、发挥作用创造了新的机遇，搭建了更加广阔的舞台。让我们在中共安次区委的正确领导下，更加精诚团结，更加群策群力，更加奋发有为，实干担当、激情创业，为率先实现全面小康、加快建设强区新城而努力奋斗！

关于廊坊市安次区2017年国民经济和社会发展计划执行情况与2018年国民经济和社会发展计划（草案）的报告

——2018年1月29日在安次区第八届人民代表大会第二次会议上

安次区发展改革局局长　何海波

各位代表：

我受区人民政府委托，向大会作安次区2017年国民经济和社会发展计划执行情况与2018年国民经济和社会发展计划（草案）的报告，请予审议，并请区政协委员和其他列席会议同志提出宝贵意见。

一、2017年计划执行情况

2017年，面对复杂严峻的经济发展形势，在区委、区政府的正确领导下，在区人大、区政协的监督支持下，全区上下紧紧围绕年初确定的各项计划目标，全面贯彻落实中央、省、市决策部署，强力实施“211”战略任务，全区经济社会呈现出运行平稳、转型加快、民生改善的良好态势，圆满完成或超额完成全年目标任务。

——地区生产总值完成206亿元，增长9.1%，高于预期目标1.1个百分点；

——财政收入完成48.38亿元，同比增长16.84%，高于预期目标4.84个百分点；

——一般公共预算收入完成16.02亿元，同比增长15.05%，高于预期目标3.05个百分点；

——固定资产投资完成174.45亿元，同比增长16%，高于预期目标1个百分点；

——规模以上工业增加值完成70.77亿元，同比增长6.7%，高于预期目标0.7个百分点；

——社会消费品零售总额完成64.6亿元，同比增长11.8%，高于预期目标0.8个百分点；

——城乡居民人均可支配收入预计分别达到34282元、15287元，同比增长均为8.5%；

——城镇就业岗位新增5495个，城镇登记失业率稳定控制在3%以下；

——规模以上高新技术产业增加值完成52.88亿元，同比增长10.6%。

——单位生产总值能耗、污染物减排指标圆满完成市下达任务。空气综合指数 6. 47，PM2. 5 浓度、PM10 浓度较 2016 年分别下降 10. 45% 和 14. 66%；

2017 年随着国家稳增长政策效果显现以及供给侧结构性改革的进一步加强，全区国民经济和社会发展取得了良好成绩，主要经济指标呈现稳中向好态势，与此同时，我们也要清醒地认识到，我区经济社会发展中仍然存在着一些困难和问题：一是经济总量不够大，经济结构不合理。虽然我区经济增速较快，但总量还处于全市中游。一企独大现象依然存在，一批战略性新兴产业还没有完全发力。同时互不关联的单体项目较多，还未形成完整的产业链条。二是投资增长后劲乏力。受人才、资金、土地、规划等要素制约，造成企业投资信心不足，投资意愿相对谨慎，签约项目开工率、开工项目竣工投产率不高。三是城乡统筹任务艰巨。城市功能亟待完善，高端服务业主战场作用还不明显。"三农"工作还存在短板，新农村、新农民、新农业尚未形成。四是环保压力仍然较大。水、大气、土壤治理任务艰巨，产业规范提升、发展循环经济已十分紧迫，生态环境改善任重道远。这些问题我们必须高度重视，在今后的工作中采取有效措施努力加以解决。

二、2018 年主要发展目标

2018 年全区经济社会发展工作的总体思路是：深入贯彻党的十九大、中央经济工作会议和省市委全会精神，坚持以习近平新时代中国特色社会主义思想为统领，切实加强党对经济工作的领导，坚持稳中求进工作总基调，坚持新发展理念，紧扣我国社会主要矛盾变化，按照高质量发展的根本要求，统筹推进"五位一体"总体布局和协调推进"四个全面"战略布局，以供给侧结构性改革为主线，推动质量变革、效率变革、动力变革，更加突出协同发展，更加突出转型升级，更加突出改革创新，更加突出生态支撑，更加突出民生改善，更加突出优化营商环境，更加突出防范化解重大风险和维护安全稳定，不断加强党的全面领导和全面从严治党，全面实施"211"战略任务，全力推进高质量发展，不忘初心、牢记使命，忠诚担当、接续奋斗，奋力开创新时代强区新城、美丽安次发展新局面。

根据这一指导思想，确定 2018 年经济社会发展主要预期目标：地区生产总值增长 7%；全部财政收入增长 7%，一般公共预算收入增长 7%；规上工业增加值增长 6%；固定资产投资增长 8%；服务业增加值增长 11%；社会消费品零售总额增长 10%；城镇和农村居民人均可支配收入分别增长 8%；污染物减排完成市下达任务。

三、国民经济和社会发展主要工作

（一）2018 年国民经济发展计划安排

园区平台建设方面。进一步提升园区对高端产业的承载能力。廊坊高新区继续创新体制机制，提高招商引资和项目服务效能，以打造千亿级园区为引领，重点承载大体量的战略性新兴产业项目。投资 5. 7 亿元，实施热力站煤改气、燃气储气站建设等 4 项基础设施工程，改造永南排干渠道等 4 项水系工程，提升 2 项景观绿化工程，推进春和路、芳华道、青杨树道等 8 条道路建设。龙河高新区要着力巩固创新创业平台优势，大力提升项目规模、产业层次、服务水平。投资4.6亿元，建设热力、燃气、供水各类管网4800米。新建桥梁3座，对3950米五干渠进行治理改造，实施富兴道、龙吉路、富甲路等21条（段）道路建设，对富饶道、富康道等4条重要路段进行景观绿化提升，新增绿化面积4.4万平方米。投资5.68亿元，启动占地64亩的核心商务区五星级酒店和占地11.58万平方米的中央公园建设，完善商业、休闲、娱乐等配套功能，进一步增强园区配套能力和承载力。安次高新技术产业园进一步提升综合配套服务能力，重点引进高端装备制造、大数据产业。投资2.86亿元，建设完成安丽路、富余道、安美路、安盈路等3.96公里市政道路建设，完成御龙河改造项目一、二标段河道及岸上景观绿化，以及三、四标段河道工程。龙港高新技术产业园要充分发挥与天津地缘相连、人脉相通的优势，进一步优化调整，加速传统产业转型升级，努力打造成为高端制造业集聚发展新高地。

推进项目建设方面。全年申列省重点计划新开工项目5个以上，实施建设市重点产业项目10个，实施建设亿元以上项目85个以上。推动康得复材、中安信碳纤维等建成项目尽快满载生产；督促进隐形眼镜、中移动廊坊数据中心等在建项目加快建设，实现竣工投产；力促联东U谷国际企业港、中建材、中移动国家数据中心、中科纳新等一批战略性新兴产业项目落地建设。强化项目服务保障，继续深化区级领导分包重点项目制度，进一步完善重点项目推进协调机制，加强重点项目建设督导调度，继续开展旬督导、月通报、季调度、半年拉练观摩等活动，形成谋划、审核、申报、推荐、考核一体化推进体系。

调结构促转型方面。借助京津冀协同发展、雄安新区建设、首都二机场建设等重大历史机遇，重点引进高科技、前景好、产业链条长、辐射带动作用明显的大项目、好项目，着力改变一企独大的局面。依托城区板块，加快现代服务业发展，积极运用现代信息技术、现代经营方式推进服务业技术、业态和模式创新，鼓励传统行业广泛运用信息化手段，大力发展和运用电子商务模式，促进实体经济与虚拟经济融合发展。继续优化细化洸远公司钢铁去产能搬迁实施方案，切实履行各有关职能部门责任，加强与上级部门沟通协调，争取政策支持，并督促企业积极采取有效措施，落实搬迁建设条件，稳妥做好人员安置、资产处置等工作，平稳有序如期完成去产能任务。同时严控新增产能，按照国家有关规定，不备案、审批任何新增钢铁产能项目，不以任何方式新增钢铁产能。加快解决国企改制遗留问题，重点解决好淀粉厂、钢木家具厂和酿酒厂3家改制企业历史遗留的“老大难”问题。加快培育发展新兴产业，大力发展大数据、智能制造等战略性新兴产业。加大清理僵尸企业力度，鼓励企业技改升级，加快工业转型升级步伐。

实施创新驱动方面。做好省级创新改革试点工作，全力实施《安次区创新型县（市、区）试点工作实施方案》，完成我区创新型县（市、区）试点建设工作。落实创新支持奖励政策，组织召开2018年科技创新暨企业培训大会，全面落实《安次区关于推动创新发展工作相关奖励措施》文件，对高新技术企业、科技小巨人、市级研发中心等企业进行奖励，为企业发展和安次经济实力增长后劲奠定基础。实施高新技术产业和科技型中小企业成长计划，力争企业研发投入、发明专利大幅增加。力争全年新增科技型中小企业100家，新增高新技术企业10家，新增市级以上研发中心8家。完善创新创业服务体系，扩展提升创新平台，加速承接京津科技型项目转化中试。鼓励发展众创、众包、众扶、众筹等创新创业服务产业，带动企业创新发展，打造京津冀区域创新创业新高地。

扩大对外开放方面。紧紧围绕京津冀协同发展战略机遇，围绕优先发展“大智移云”的战略目标，结合我区规划和发展纲要，面向珠三角、长三角、环京津开展“选商择资”，重点引进储备一批战略性新兴产业、科技创新型产业、研发孵化转化类产业等项目，努力打造产业集群。全年计划举办集中签约活动不少于2次，计划参加省、市投资推介活动及会展活动不少于15次，计划引入高新技术产业、现代服务产业等优质项目不少于30个，项目履约率达到30%以上。积极谋划引入外资项目，组织参加省、市举办的各类“投洽会”“对接会”等大型国际展会。借助展会契机加大对我区投资环境的宣传力度，主动对接有投资意向的外资企业。依托斯洛伐克—中国企业投资合作服务中心等平台，鼓励推动产能优、实力强的企业大规模走出去，扩大对外工程承包，增加境外建厂和境外贸易。同时，利用海外仓、出口信用保险、进出口贸易服务积极为企业提供便利，为企业的经营及发展保驾护航。

优化营商环境方面。深入推进行政审批制度改革，优化行政审批机构设置，提高审批效率，建立“受理—审查—审核—办结”网上审批模式，实行并联审批，营造更加高效透明的政务环境。进一步加大对企业的扶持和培育力度，实行区级领导分包责任制，加大具体问题解决力度，以“送服务、解难题、促发展”为主题，开展重点企业精准帮扶专项行动，对全区规上工业企业、小升规对象企业、规上服务业企业、重点外贸、外资企业开展精准帮扶，着力营造服务企业的浓厚氛围。

强化名牌战略方面。激励和引导企业强化产品质量竞争意识，培育和树立企业典型，积极实施商标品牌战略，推动品牌经济，鼓励企业积极申请知名品牌、驰名商标认证，不断扩大知名度。加强品牌建设，努力培育地理标志认证产品“安次甜瓜”成为区域公共品牌，将红星美凯龙、廊坊高铁站等企业列入服务名牌的培育计划，扩大影响。加大推广宣传力度，扩大影响，使更多的企业步入现代化企业管理轨道，走上质量效益型发展之路。突出重点，打击假冒，保护名优，对重点区域、重点市场、重点产品开展集中治理，重点打击假冒名优企业产品违法行为，对制假销售的源头和窝点，从重打击，坚决取缔，保护名优企业合法权益。

（二）2018年社会发展计划安排

生态建设方面。持续实施大气污染防治行动，抓好“散乱污”企业、VOCs企业整治、“煤改气”工程收尾、工地扬尘、工业污染等治理工作。加强督导企业规范使用污染物防治设施、建立健全操作规范。加强日常巡查力度，对10蒸吨以下燃煤锅炉淘汰工作进行再巡查，确保全部锅炉拆除到位。同时，强化辖区内建筑工地扬尘管理工作，加大城区内“湿扫”作业和“洒水”作业力度，有效抑制扬尘，确保各项污染物达标排放。充分发挥区、乡、村三级河长作用，全员上阵，科学施治，全面实施龙河水系综合治理。持续遏制水污染，加强水污染防治，严防重金属环境污染，确保集中式饮用水水源地达标率稳定在100%。继续开展“利剑斩污”行动，强化对重点行业全过程监控管理。深入实施生态修复，强化“山水林田湖”一体修复理念，围绕平原森林城市创建目标，继续大力开展植树造林工作，全年造林1.2万亩。投资1747.67万元，实施永定河治理工程建设。启动第什里为中心的森林公园项目建设，高标准建设国槐大道等绿化景观带，实施杨尹线景观提升工程。同时，加强落垡湿地保护，投资6800万元，开展永丰闸重建和老龙河治理前期工作，启动后沙窝一干渠、后沙窝二干渠等5条河渠清淤治理工作，对丰收渠大王务二村桥、北泓故道史庄东桥等5座桥进行重建，不断提升全区生态环境。

城乡统筹方面。着力提高城乡路网建设水平，打通瑞丰道、辛庄道、永兴南路贯通等11条道路，实现南城路路畅通。启动104国道安次段、三通道东半辐2项中修养护工程。投资5084.6594万元，启动东高线、码杨线、码得线三条县、乡道路大修工程。投资5189.4万元，实施40公里村道提标改造工程，对廊泊线及第三大南通道两侧涉及7个乡镇的连村道路进行改造升级。投资560万元，对落垡龙河桥、路营桥2座农村公路危桥进行改造。加快旧城改造和回迁进度，完成北昌北队、光明一线回迁楼验收移交工作，加快麦洼、亭子头等15个回迁房建设。坚持成熟一个启动一个的原则，尽快推进肖辛庄、钢木家具厂、清源里、庆云里等片区改造项目。对全区直管公房老旧设施进行修缮，完成农村危房改造任务，保证居民正常生活。完善城乡基础设施建设，加快瑞丰泵站，瑞丰公园、垃圾发电厂、安全堤主体工程、龙河污水管网二期等25项重点基础设施工程建设。完成热力站热电联产改造和龙河南3600米污水管网建设。实施农村人居环境整治行动，投资3000万元，通过PPP模式引入专业环卫公司，对安次区内南水北调沿线涉及6个乡镇、212个村街的垃圾进行转运处理。同时，抓好污水处理、“厕所革命”等重点任务，彻底改变农村落后面貌。依托南水北调供水管线以及南水北调天津干线得胜口出水口，对接现有水厂或新建地表水厂，使安次区农村供水水源逐步切换为南水北调水源，以解决安次区农村人口饮用高氟水的现状。完善现代农业综合示范区核心区建设，加快与鲁能集团等一批实力企业的合作进度，支持引导康达、美好等企业打造主题突出、特色鲜明的农业园区，全力推进五大精品片区建设。

文教卫生方面。加强基层综合性文化中心建设，到2018年底，村街（社区）综合性文化服务中心达标率90%以上。继续推进“两馆”总分馆制建设，把优质公共文化服务延伸到基层农村，实现文化资源在区域内共享。大力实施文化惠民工程，积极开展“四进”、农村公益电影放映、“廊坊之夏　安次风采”“欢乐京津冀”等具有本地特色的文化活动。支持鼓励文化馆、燕南诗社、壹佰剧院创作话剧、纪录片、动漫等文艺精品，继续做好非物资文化遗产保护工作，努力打造文化活动品牌，丰富广大群众的精神文化生活。总投资6.8亿元，重点推进一小、二十九小、三十小、十八中、十九中、二十中6个中小学新建项目和五小新建教辅用房、实验小学扩建、十二中学生公寓楼、教师进修学校教学楼及报告厅、三职中、安次区高级中学6个中小学改扩建项目，龙河一小、银河学校年内交付使用。推进新建小区配建幼儿园移交工作，盘活中小学校闲置资源，谋划建设区域性民办幼儿园。制定中长期教育发展规划，实施名师工程，推进高效课堂和名师工作室建设，组建学科考研团和15个区级“名师工作室”。同时，实质推进校长、教师城乡交流，不断提高农村教师津补贴标准，促进城乡教育优质均衡发展。加快安次区医院迁建工程进度，年内完成一期工程内部装修和配套设施建设，二期主体工程建设，尽早投入使用。推进家庭医生签约服务，建立健全签约服务激励机制，为居民提供综合、连续、协同的健康管理服务。加强药品采购配送监管，确保村卫生室正常用药。积极谋求与京津三甲医院开展专科联盟、多科室合作。深入推进医药卫生体制改革，推进医联体、医共体建设，逐步推进市、区、乡三级医疗联合体建设。促进以安次区医院为龙头，各乡镇卫生院为支撑的医共体建设，有效配置有限的优质医疗资源，提升基层的医疗服务能力，逐步完善分级分工医疗服务格局。做好重点传染病防控工作，开展乙丙类重点传染病疫情监测。加大艾滋病防治宣传和干预力度，强化病人治疗和管理。扎实开展免疫规划，规范实施预防接种，“五苗”接种率以乡为单位保持在95%以上，其他扩大免疫规划疫苗继续保持较高的接种率水平。

社会保障方面。持续做好精准扶贫工作，抓好产业帮扶和就业脱贫、健康脱贫、助残脱贫、教育脱贫、危房改造脱贫、社会兜底脱贫等专项行动。充分发挥困难群众大病救助资金作用，彻底解决因贫失治、因病致贫问题。全面建成覆盖全区、城乡统筹、保障适度的社会保障体系，扎实做好工资福利、社会保障和就业再就业工作。全力完成60周岁以上养老服务补贴、残疾人“两项补贴”、高龄老人生活补贴及审核办理老年证等工作。加快启动码头养老基地建设，推进社区养老服务站建设运营。逐步建立以居家养老为基础、社区养老为依托、专业养老为支撑的社会养老服务体系。

安全生产方面。进一步健全完善安全生产“党政同责、一岗双责、失职追责”责任体系，严格落实行业部门安全生产监管责任，成立安监科室，推动安监职责全覆盖。建设安次区安全生产综合监管信息系统，依托社会治理网格化安全生产管理体系，将安全监管触角延伸到乡村（社区），加大执法监察力度，常态化开展安全生产大检查、大整改和农村电力设施、“气代煤”工程、校园安全、食品药品安全等重点领域的专项检查活动。做好消防安全社区创建活动，推进微型消防站建设提档升级。

维护稳定方面。严密防范和坚决打击各类暴恐活动，加强重点部位、重点场所反恐怖工作的组织落实和措施落实，坚决防止发生暴力恐怖事件。严厉打击非法集资、违规融资担保等行为，防范金融风险发生。加强校园周边环境治理，消除安全隐患。高度重视做好信访工作，严格落实领导接访包案及矛盾隐患排查制度，坚持预防为主。做好消防方面的培训工作，加强社区居民消防意识，组织居民开展“清理可燃物活动”，提高安全意识及防范技能。

各位代表，前路依旧多艰，仍需砥砺前行。让我们在党的十九大精神指导下，在区委、区政府的正确领导下，在区人大、区政协的监督支持下，求真务实，开拓创新，为实现全面小康决胜，建设强区新城，美丽安次做出积极贡献！

关于廊坊市安次区2017年区本级预算及全区总预算执行情况和2018年区本级预算及全区总预算（草案）的报告

——2018年1月29日在廊坊市安次区第八届人民代表大会第二次会议上

廊坊市安次区财政局局长　张瑞海

各位代表：

受区人民政府委托，我向大会报告安次区2017年区本级预算及全区总预算执行情况和2018年区本级预算及全区总预算草案，请予审议，并请区政协各位委员和其他列席的同志提出意见。

一、2017年区本级和全区总预算执行情况

2017年，面对严峻的经济下行压力，在区委的坚强领导和区人大及其常委会的监督支持下，全区各部门深入贯彻落实中央、省、市和区委决策部署，积极适应经济发展新常态，全面实施“211”战略任务，坚持稳增长、调结构、抓改革、惠民生，强化预算收支管理，圆满地完成了区八届人大一次会议确定的目标任务。

（一）区本级和全区总预算执行情况

1. 一般公共预算完成情况

2017年2月，区八届人大一次会议批准通过的全区一般公共收入预算156000万元，支出预算234754万元；批准通过的区本级一般公共收入预算155151万元，支出预算198107万元。年度预算执行中，因上年结转列入、上级下达专项补助等因素，全区一般公共支出预算调整为274608万元，区本级一般公共支出预算调整为238983万元。

2017年，全区一般公共预算收入完成160229万元，完成年初预算的102.7%，增长15.1%，增速居全市第4位；一般公共预算支出完成270395万元，完成调整预算的98.5%，增长8.9%。区本级一般公共预算收入完成159139万元，完成年初预算的102.6%，增长15.3%；一般公共预算支出完成235767万元，完成调整预算的98.7%，增长8.7%。

根据当年财政体制，2017年，全区一般公共预算收入160229万元，加上返还性收入2216万元、一般性转移支付收入79260万元、专项转移支付收入42283万元、上年结余1376

万元、调入资金49207万元、调入预算稳定调节基金38276万元，一般公共预算收入总计372847万元；一般公共预算支出270395万元，加上上解上级支出27629万元、债务还本支出50万元、结转下年支出4213万元、安排预算稳定调节基金70560万元，一般公共预算支出总计372847万元。

2017年，区本级一般公共预算收入159139万元，加上返还性收入2216万元、一般性转移支付收入79260万元、专项转移支付收入42283万元、下级上解收入1460万元、上年结余1376万元、调入资金49207万元、调入预算稳定调节基金38276万元，一般公共预算收入总计373217万元；一般公共预算支出235767万元，加上补助下级支出35995万元、上解上级支出27629万元、债务还本支出50万元、结转下年支出3216万元、安排预算稳定调节基金70560万元，一般公共预算支出总计373217万元。

2. 政府性基金预算完成情况

2017年，全区政府性基金收入完成393448万元，完成年初预算的161.8%；政府性基金支出完成370339万元，完成调整预算的99.99%。区本级政府性基金收入完成393448万元，完成年初预算的161.8%；政府性基金支出完成370339万元，完成调整预算的99.99%。

综合当年政府性基金预算收入393448万元、上级下达我区补助收入3737万元、2016年结转结余3129万元、新增债券20300万元，全年政府性基金预算收入总计420614万元。全区政府性基金预算支出370339万元、调入一般公共预算补充预算稳定调节基金47448万元、结转结余2827万元，全年政府性基金预算支出总计420614万元。

3. 社会保险基金预算完成情况

2017年，全区社会保险基金收入完成18879万元，其中：城乡居民基本养老保险基金收入完成10355万元、机关事业单位基本养老保险基金收入完成8524万元。

2017年，全区社会保险基金支出完成14827万元，当年结余4052万元。其中：城乡居民基本养老保险基金支出完成8020万元，当年结余2335万元；机关事业单位基本养老保险基金支出完成6807万元，当年结余1717万元。

4. 国有资本经营预算完成情况

我区不涉及国有资本经营预算收支。

上述收支和结转结余数据为快报统计数，最终执行结果受上级结算事项调整影响，部分数据可能会有所变化，我们将按照规定及时向区人大常委会报告决算情况。

（二）落实区人大预算决议情况及2017年预算执行效果

2017年，财税部门认真落实各项政策措施，积极推进财税改革，突出重点保障民生，推动了全区经济社会健康平稳发展。

1. 强化收入征管，提升财政保障能力。一是加大组织收入力度。财税部门密切合作，加强税收分析，强化重点行业、重点企业纳税评估，提高征管质量和效率。深化综合治税，开展以地控税、房地产开发企业纳税评估等专项治理，查补税款14473万元，有效促进依法纳税、应收尽收。强化非税收入管理，确保财政收入平稳增长。二是积极争取上级资金。认真研究政策，把握上级资金投向，累计争取上级专项性转移支付资金 84140 万元、债券资金 20300 万元、财力性补助资金 5500 万元，有力缓解我区财政资金压力。三是强化财政存量资金管理。根据财政部规定，对结转两年以上的财政存量资金进行清理，收回资金 10303 万元，统筹用于亟需财政资金支持的项目，提升财政资金使用效率。

2. 创新财政支持方式，助推经济健康发展。一是支持园区平台建设。落实高新区开发建设财政政策，提升园区高端项目承载和服务能力，致力于将园区打造承接国内外重大产业的战略平台。争取土地储备专项债券 15300 万元，支持廊坊高新区土地收储，激发园区发展活力。二是支持小微企业发展。鼓励银行加大对企业的信贷支持力度，6 个企业获得银行贷款 2230 万元，破解小微企业融资难题。拨付惠民村镇银行定向补贴资金 643 万元，激励金融企业增加贷款投放量。安排奖励资金 340 万元，鼓励和引导企业挂牌上市，增强企业综合实力。三是推动企业创新发展。拨付资金 3385 万元，用于科技型中小企业创新奖励、工业企业技术改造，激励企业提高自主创新能力，有效提升市场竞争力。

3. 科学统筹财政资金，着力推进生态治理。积极争取、筹措财政资金，全力推进污染治理和生态环境修复。拨付资金 3614 万元，城乡垃圾处置一体化顺利运行，城乡环境有效改善。安排气代煤资金 47113 万元，215 个村街 7.5 万户气代煤工程全部完成，实现清洁能源取暖。拨付资金 11222 万元，改造 35 蒸吨及以下燃煤锅炉 19 台。投入资金 800 万元，支持秸秆、落叶综合治理利用，玉米秸秆实施还田。全面加强水污染防治工作，拨付资金 986 万元，实施龙河、永定河及胜天渠等河道清淤，河流水体质量进一步改善。安排资金 800 万元，购置大气污染监控系统，实现对重点企业监控全覆盖。

4. 全面落实惠民政策，提高民生保障水平。进一步强化财政资金统筹整合，建立健全厉行节约，反对浪费长效机制，将财政支出重点向民生倾斜，向社会事业发展倾斜，全年民生支出 202312 万元。一是支持教育事业发展。教育累计支出 51050 万元，增长 23.1%。安排资金 12590 万元，龙河高新区第一小学、银河学校开工建设，6 所中小学扩容提质工程完工，进一步缓解城区入学难题。拨付资金 7907 万元，支持辖区中小学校舍维修改造，改善就学环境。二是推进医疗事业发展。投入基本公共卫生服务资金 1904 万元，年人均补助标准提高至 50 元，公共卫生服务水平进一步提高。落实资金 11093 万元，城乡居民基本医疗保险年人均补助标准提高到 450 元，低保户、五保户免费参加城乡居民医疗保险。拨付资金 576 万元，全面落实赤脚医生养老补助政策。筹集资金 2365 万元，乡镇卫生院完成设备补充、面貌提升工程，区医院迁建一期工程主体竣工。三是社会保障水平进一步提高。城乡低保保障标准由月人均 540 元、360 元统一提高到 600 元；五保集中、分散供养标准由月人均 480 元、417 元统一提高到 960 元；困难残疾人生活补贴由月人均 55 元提高到 255 元、重度残疾人护理补贴由月人均 50 元提高到 100 元；集中、分散孤儿基本生活保障标准由月人均 1140 元、700 元统一提高到 1440 元，困难群体救助水平显著提升。拨付资金 8464 万元，基础养老金标准由每人每月 120 元提高到 130 元。加大计划生育特殊家庭救助力度，失独家庭扶助标准由每人每月 400 元提高到 900 元、伤残家庭扶助标准由每人每月 300 元提高到 750 元。完善计划生育特殊家庭关怀扶助长效机制，对特别扶助对象免费体检和参保团体意外险，将低收入特殊困难家庭夫妻纳入城乡医疗救助范围，减轻医疗负担。落实高龄老人、养老服务等补贴资金及民政事业服务中心建设资金 1133 万元，助力养老事业稳步发展。

5. 落实惠农政策，统筹城乡协调发展。一是落实惠农补贴政策。发放粮食直补、农资综合直补、良种等农业支持保护补贴资金 3906 万元，补贴面积 31 万亩。拨付种养殖业农业保险补贴资金 1109 万元，增长 15.9%，为全区农业、畜牧业生产保驾护航。二是推进农业综合开发。拨付高标准农田建设资金 1113 万元，建设规模达到 8600 亩；拨付产业化补助项目资金 1022 万元，助推特色养殖等优势产业迅速发展。创新产业化发展项目财政资金投入方式，天鹏牧业股份有限公司养殖扩繁场项目争列为廊坊市唯一“先建后补”试点。三是推动农村基础设施建设。拨付“一事一议”及扶持村集体经济发展试点项目资金 2129 万元，促进村街公益事业健康发展。安排美丽乡村项目资金 3775 万元，支持推进省级重点示范片区建设。拨付资金 8623 万元，持续推进乡村道路建设，廊新线、葛码线、村道改造工程完工，村街出行条件大幅改善。

6. 深化财政改革，提升管理水平。一是规范预算管理。进一步细化预算编制，强化部门预算执行，切实提高预算执行的时效性和有效性，努力提升财政资金使用效益，确保各项重点支出及时到位。二是全面推进财政支付改革。一体化电子支付业务顺利运行，实现了财政内部业务软件集成化。严格财政专户管理，全面完成预算单位账户清查、统计、清理、备案工作。三是加大投资评审力度。规范投资评审中介机构管理，8 家企业通过招投标，纳入区财政投资评审中介机构资格库。完成工程评审 164 项，审减金额 12407 万元，审减率 15%。四是政府采购有序开展。全面推行协议采购、定点采购，在管采分离的基础上组织招标代理机构培训，不断规范政府采购行为。完成采购业务 174 次，节约资金 1186 万元。五是规范国有资产管理。重新制定国有资产购置及处置流程，进一步规范资产管理行为。开展公务用车信息化管理平台建设，公务用车卫星定位系统安装工作全部完成。六是 PPP 项目建设稳步开展。南水北调沿线重点区域农村环境整治工程纳入 PPP 项目库管理，顺利通过省财政厅审核，为后续项目实施奠定了良好基础。

各位代表，过去的一年，财税工作在错综复杂的经济局势下经受住了考验与挑战，取得了一些成绩。这些成绩的取得，得益于区委的正确领导和科学决策，得益于区人大和区政协的监督支持，得益于全区各部门的精诚协作。在总结成绩的同时，我们也清醒地看到财政面临的困难、问题和挑战依然较多，突出表现在：稳定财政收入的支柱性企业较少，财政收入增长日趋乏力；财政支出刚性增长，收支矛盾日益尖锐；“重资金分配、轻资金使用”现象仍然存在，财政资金使用效率、效益有待提升。对于这些问题，我们将高度重视，深入分析原因，采取有力措施，切实加以解决。

二、2018年区本级和全区财政预算安排草案

2018年是贯彻党的十九大精神的开局之年，是实施“十三五”规划承上启下的关键一年，做好2018年财政各项工作，对推动全区经济社会又好又快发展意义重大。

根据中央经济工作会议、省委九届六次全会、市委六届四次全会和区委六届三次全会精神，今年全区预算编制的指导思想是：深入贯彻中央经济工作会议和省市委全会精神，坚持以习近平新时代中国特色社会主义思想为统领，认真落实区委六届三次全会提出的目标任务，坚持稳中求进工作总基调，深化供给侧结构性改革；继续实施积极的财政政策，按照高质量发展的根本要求，支持转型升级，着力促进经济增长；坚持依法理财，优化支出结构，防范化解财政风险，切实提高财政保障能力；进一步深化财政改革，完善财政管理体制，提高财政资金使用效率，促进全区经济全面持续发展，为开创新时代强区新城、美丽安次发展提供有力支撑。

按照上述指导思想，预算编制遵循以下原则：一是依法理财。全面贯彻落实《中华人民共和国预算法》等法律法规，加强财政收支管理，按法定要求编制、执行和公开预算，增强预算约束和执行刚性。二是绩效导向。规范绩效预算编制，强化支出责任和效率意识，按照绩效高低和轻重缓急，安排项目预算，提高资金使用效益。三是保障民生。调减和取消不合理支出，控制一般性支出，集中财力保障民生，支持重点项目、重点产业发展。四是收支平衡。综合考虑经济形势和增减收因素，积极稳妥安排收入预算。调整优化支出结构，量入为出编制支出预算，确保预算收支平衡。

（一）2018年一般公共预算草案

1. 全区一般公共预算草案

按照财政收入与经济增长相适应原则，充分考虑全区经济发展形势，2018年，全区一般公共预算收入安排171500万元，增长7.0%。其中：税收收入146500万元，增长34.3%；非税收入25000万元，下降51.1%。

按现行财政体制计算，2018年，一般公共预算收入171500万元，加上税收返还收入2216万元、一般性转移支付收入60035万元、专项转移支付收入12516万元、调入预算稳定调节基金74532万元，一般公共预算收入总计320799万元。2018年，全区支出预算安排278738万元，其中：区级财力安排支出249018万元、上级提前下达2018年专项性转移支付资金安排29720万元，加上上解支出42018万元、债务还本支出43万元，一般公共预算支出总计320799万元。

2. 区本级一般公共预算草案

2018年，区本级一般公共预算收入安排170323万元，增长7.0%。其中：税收收入145323万元，增长34.6%；非税收入25000万元，下降51.1%。

按现行财政体制计算，2018年，区本级一般公共预算收入170323万元，加上税收返还收入2216万元、一般性转移支付收入60035万元、专项转移支付收入12516万元、下级上解

收入 1574 万元、调入预算稳定调节基金 74532 万元，一般公共预算收入总计 321196 万元。2018 年，区本级支出预算安排 248310 万元，其中：本级财力安排 218590 万元、上级提前下达 2018 年专项性转移支付资金安排 29720 万元，加上补助下级支出 30825 万元、上解支出 42018 万元、债务还本支出 43 万元，一般公共预算支出总计 321196 万元。

（二）政府性基金预算草案

2018 年，全区政府性基金收入预算安排 431746 万元，基金支出预算安排 431746 万元；上级提前下达 2018 年政府性基金专项补助收入 292 万元，支出预算安排 292 万元。区本级政府性基金收入预算安排 431746 万元，基金支出预算安排 431746 万元；上级提前下达 2018 年政府性基金专项补助收入 292 万元，支出预算安排 292 万元。

（三）社会保险基金预算草案

2018 年，全区社会保险基金收入预算安排 30115 万元，其中：城乡居民基本养老保险基金收入 11161 万元、机关事业单位基本养老保险基金收入 18954 万元。全区社会保险基金支出预算安排 26264 万元，其中：城乡居民基本养老保险基金支出 8982 万元、机关事业单位基本养老保险基金支出 17282 万元。收支相抵，社会保险基金新增结余 3851 万元。

（四）国有资本经营预算草案

我区不涉及国有资本经营预算收支。

（五）2018 年支出预算草案重点支出安排情况

1. 着力保障基本支出。一是打满列足人员性经费，确保公教人员工资和离退休费正常发放，落实各项津贴补贴政策。根据事业单位工作人员补充等实际情况，对教师等增人增资进行了预留。二是合理安排机关运转经费，保障机关事业单位办公需求，确保公务活动正常开展。

2. 着力保障经济发展。一是支持园区基础设施建设，提升园区承载能力。安排园区开发政策资金 14500 万元，完善园区配套功能，实现园区平台上档升级。二是支持中小企业发展。安排资金 800 万元，用于科技型中小企业创新奖励、工业企业技术改造。创新财政投入方式，安排科技创新投资引导基金 1000 万元，吸引社会资本进入创业投资领域，大力支持创新型企业发展，加快成果转化，实现产业转型升级。三是支持优化经济发展环境。安排资金 1912 万元，支持消防、公安业务开展，为辖区经济建设保驾护航。

3. 着力促进民生改善。一是支持教育事业发展。安排资金 6854 万元，重点推动廊坊市第一小学、第二十九小学、第十九中学等重点学校建设，进一步扩大教育资源总量；安排资金 3519 万元，支持学校操场及校舍维修改造，改善就学环境；安排校园电力改造项目资金 647 万元，消除安全隐患。二是提升社会保障水平。安排资金 13000 万元，对机关事业单位养老保险基金收支缺口进行补充，确保离退休人员养老金按时足额发放。安排资金 2834 万元，加大城乡特困人员和残疾人救助力度，健全贫困人员基本生活救助体系，支持精准脱贫。足额安排城乡居民养老保险配套资金 3105 万元，确保城乡居民按时领取养老金。三是支持医疗卫生事业发展。安排基本公共卫生服务配套资金448万元，年人均补助标准增长5元，进一步促进基本公共卫生服务均等化。安排城乡居民基本医疗保险资金3386万元，进一步提升参保率。安排资金3783万元，继续推进安次区医院建设；安排资金541万元，推进县级公立医院改革，落实重点学科发展、人才培养、政策性亏损等财政补助政策，破除以药补医机制，缓解群众看病贵问题。四是促进新农村建设。安排农村干部工资1638万元，进一步提高农村干部工资水平，人均年增长2740元。强化党组织服务能力，安排党组织服务群众经费1728万元，村均增长1万元。安排美丽乡村及“一事一议”资金7090万元，重点打造精品村，提升村容村貌。安排资金4922万元，重点支持农村饮水及河道清淤治理，改善农村饮水质量，提升防汛能力。安排资金9000万元，开展码杨线、东高线、码得线大修及村道、危桥改造工程。

4. 着力推进生态环境建设。安排资金5815万元，接管城区环卫工作，保障城区垃圾清扫清运；建立农村垃圾处理长效机制，安排资金3000万元，通过招投标方式，将212个村街清扫保洁工作委托专业公司实施，实现辖区农村生活垃圾清扫全覆盖，促进环境改善。安排气代煤燃气补贴资金12200万元、应急采购天然气差价补贴资金1113万元，保障气代煤用户温暖过冬。安排资金9164万元，重点支持污水管网建设、秸秆及落叶治理等环境整治，进一步提升环境质量。

需要说明的是，在本预算草案批准前，我们根据《中华人民共和国预算法》第五十四条规定，并参照上年预算支出情况，安排拨付了部分上年结转专款、公教人员工资、保运转等资金，待预算批准后，按照批准的预算执行。

三、完成2018年预算任务措施

（一）支持经济发展，创造良好营商环境。坚持高质量发展理念，加大园区投入，不断提升园区建设发展层级，使之成为承接京津高端产业外溢的重要战略平台。积极争取资金，加大对创新创业支持力度，推动辖区企业创新升级，增强企业竞争能力。全面落实国家各项减税降费政策，促进企业健康发展。鼓励企业加大科技研发和技术改造投入，推进淘汰落后产能，促进经济发展方式转变。增强“助保贷”对银行贷款投放的推动作用，助力小微企业成长。

（二）强化收支管理，加强财政保障能力。坚持收入组织与税源培育两手抓，重点抓好税源培育；加强对重点行业、重点企业的税源监管，挖掘增收潜力。继续规范非税收入征管，依法征收，确保应收尽收。在做大财政蛋糕的同时，坚持“有保有压”，在不断压缩“三公”经费等一般性支出基础上，全面统筹财力，将更多的资金投入到民生及重大项目上。

（三）加大民生投入，推动社会事业发展。支持教育发展，多渠道筹措资金，重点支持中小学校舍建设、教学仪器设备购置，切实改善办学条件，确保教育均衡发展。完善医疗服务体系建设，提高农村医疗服务水平，解决城乡困难群众就医难题。健全社会救助服务体系，确保困难群体待遇落实到位。加大对“三农”的支持力度，不断改善农村生产生活条件。积极筹措落实财政资金，加大对环境保护和生态建设的投入，努力改善人居环境。全面落实环保税改革，强化企业治污减排责任，推进生态文明建设。继续支持节水灌溉、农村饮水安全等工程建设，有效解决群众生产生活用水问题，切实提升饮水安全工程公共服务水平。

（四）推动财政改革，全面提升管理水平。加快绩效预算改革步伐，逐步改变“重资金分配，轻资金使用”的观念，将绩效理念融入预算管理全程，切实提高财政资金使用效益。加大结转资金支付力度，减少财政存量资金规模。加快公务卡制度改革，完善机制管理。推动预算单位核算平台建设，促进财务管理业务规范化、科学化。落实“管采分离”，严格政府采购程序和采购行为。强化财政投资评审，切实提高财政资金使用效益。强化行政事业单位国有资产管理，加大对资产购置、使用及处置的监管力度，防止资产流失。加强政府债务管理，杜绝违规举借债务，防范财政风险。加强专项资金监督检查，保障财政资金安全。

各位代表，2018 年全区财政预算任务艰巨，责任重大。我们将在区委的正确领导下，在区人大和政协的监督支持下，以党的十九大精神为指引，严格落实区八届人大二次会议的决议和要求，群策群力，扎实工作，努力完成各项目标任务，为奋力开创新时代强区新城、美丽安次发展新局面做出更大的贡献！

大事记

2017 年

1 月

5 日，在集中收听收看全市维护稳定和安全生产工作会议后，安次区立即召开会议，安排部署相关工作，以实际行动落实市会精神。区委书记张平，区委副书记、区政府副区长、代区长薛振泽出席会议。

6 日，区委书记张平会见银泰农业集团公司总裁戚宇平一行，双方就“银泰农业安次农旅综合发展园区”项目进行深入交流和磋商。区委副书记、区政府副区长、代区长薛振泽参加会见。

11 日，区领导深入基层，带头走访老党员、老干部、五保老人、困难群众等，殷殷深情、浓浓关爱让广大群众在寒冷的冬日里倍感温暖。区四套班子领导分别走访慰问了杨税务乡民政事业服务中心、杨税务乡南固城村困难党员孙庆荣、光明西道街道劳动模范袁征。

12 日，区委书记张平，区委副书记、区政府副区长、代区长薛振泽带队对驻军部队进行走访慰问。区领导一行深入廊坊军分区、南京炮兵学院廊坊校区、武警学院、廊坊市消防支队、预备役后勤保障旅等地进行走访慰问。

是日，新编大型反腐题材现代京剧《脚印》安次专场成功上演。区四套班子领导与全区800 余名干部观众一同观看演出。

13 日，在集中收听收看全市大气及水污染防治工作电视电话会后，安次区立即召开会议，贯彻落实市会精神，对全区大气污染防治工作进行再安排、再部署。区委书记张平，区委副书记、区政府副区长、代区长薛振泽出席会议。

17 日，区委召开第二次常委（扩大）会议，开展区委理论中心组理论专题学习，集中传达学习省“两会”精神和全市经济工作会议精神，安排部署安次区相关工作。区委书记张平，区委副书记、区政府副区长、代区长薛振泽，区委副书记李军等四套班子领导出席会议。张平主持会议。

20 日，区委书记张平，区委副书记、区政府副区长、代区长薛振泽率队检查全区安全生产，食药安全工作。区领导一行深入鑫茂源饭店、红星美凯龙全球家居生活广场，帝彩烟花爆竹购销中心储库、后南昌村等地进行实地检查，并听取相关情况汇报。

23 日，安次区召开领导干部警示教育大会。区四套班子领导及其他副处级以上领导干部出席会议。各乡镇、街道党政正职，园区相关负责人，相关区委部委、区直部门、人民团体主要负责人及各村街、社区党支部书记等参加会议。张平发表讲话，薛振泽主持会议。张平指出，此次会议规格高、范围大，是区委、区政府经过慎重研究决定召开的。当前正值年终岁尾，广大领导干部要认真贯彻落实中央、省纪委全会精神，切实把会议精神落实到思想深处、落实到实际行动，进一步统一思想，自觉参与反腐倡廉建设，坚持正确的权力观、地位观、利益观，以坚定的信念、饱满的热情、充沛的精力投身于党的各项事业。

是日，区委书记张平，区委副书记、区政府副区长、代区长薛振泽率队慰问奋斗在一线的干部职工，为他们送去新春佳节的祝福。区领导一行深入区公安分局 110 指挥中心、永兴热力站、市公安局交警二大队、消防特勤中队等地进行走访慰问。

是日，安次区召开大气污染防治工作调度会，安排部署相关工作。区委副书记、区政府副区长、代区长薛振泽，区政府副区长马崇浩出席会议。薛振泽指出，一段时间以来，在全区广大干部的共同努力下，安次区大气污染防治各项工作取得一定成绩。当前大气污染防治工作形势依然严峻，相关单位和部门要进一步提高认识，强化责任，提振精神，继续保持优良工作精神，全力以赴做好大气污染防治各项工作。

24 日，安次区召开当前重点工作会议。区四套班子领导出席会议。张平指出，市委、市政府对安次发展寄予厚望，对安次区各方面工作提出新的更高要求。各级各部门要统筹安排好岁末年初、特别是春节长假前后这段特殊时期的各项工作，做到思想不放松、精力不偏移、工作不懈怠，全力确保社会大局和谐稳定。

是日，安次区举行工作情况通报会，全区各界人士欢聚一堂，共叙发展，喜迎新春。区四套班子领导；区公、检、法三长；廊坊高新区、龙河高新区主要领导；各乡镇党委书记，各街道党工委书记；区委各部委、区直各部门、各人民团体主要负责人；曾经担任区四套班子职务的处级领导；曾经担任区直单位、乡镇、街道“一把手”的离退（休）干部；各界人士代表，专家人才代表，企业代表出席会议。张平通报 2016 年全区经济和社会发展情况，薛振泽主持会议。

是日，区委召开第 3 次常委（扩大）会议，传达中国共产党第十八届中央纪律检查委员会第七次全体会议及中国共产党河北省第九届纪律检查委员会第二次全体会议精神，开展区委理论中心组 1 月份理论专题学习，安排部署安次区相关工作。区委书记张平主持会议。

26 日，安次区召开禁止燃放烟花爆竹工作专题调度会，对烟花爆竹禁放工作进行再安排、再部署。区委书记张平，区委副书记、区政府副区长、代区长薛振泽，区政府副区长马崇浩出席会议。张平指出，当前，全区大气污染防治形势依然严峻，相关单位和部门要高度重视，出实招、重行动，全力以赴做好烟花爆竹禁放、祭祀品禁烧、散煤禁烧等工作，促进移风易俗，保障工作落实。

2月

3日，在收听收看全市大气污染防治电视电话调度会议后，安次区立即召开会议，安排部署相关工作。区委书记张平，区委副书记、区政府副区长、代区长薛振泽，区政府副区长马崇浩出席会议。张平指出，安区大气污染防治形势严峻，大家要撸起袖子加油干、拼命干，全力做好大气污染防治工作。相关单位和部门要超前谋划，认真做好“气代煤”等大气污染防治核心工作。

是日，安次区集中收听收看省、市深化机关作风整顿电视电话会议后，立即组织召开会议，安排部署相关工作，区四套班子领导出席会议。张平指出，机关作风建设至关重要，事关营商环境、事关民心向背、事关安次发展、事关全面小康。各级各部门要进一步加强机关作风建设，成立相关领导机构，制定全区深化机关作风整顿工作方案，站在讲政治和对事业负责的高度，不折不扣地把机关作风整顿工作抓在手上、落到实处，用新作风推动安次的新发展。

4日，市委书记冯韶慧率队来安次区调研。市委秘书长张金波，区委书记张平，区委副书记、区政府副区长、代区长薛振泽，区委常委、办公室主任钱玉兵陪同。冯韶慧一行深入廊坊高新区，实地调研重大产业项目建设情况。在中安信科技有限公司，冯韶慧仔细了解新能源汽车碳纤维车体及部件项目建设情况，对该公司全力提升科技创新的生产实践表示赞赏。他鼓励企业要紧抓当前发展机遇期，加快项目建设进程，早日实现经济效益；他强调相关部门要为项目建设和运营提供优质服务，为企业发展创造良好的环境。

6日，区委书记张平，区委副书记、区政府副区长、代区长薛振泽率队到第什里旅游景区和现代农业园区调研并分别召开汇报会。区委副书记李军，区委常委、办公室主任钱玉兵，区委常委、区政府副区长张延政，区政府副区长寇东陪同。张平指出，经过一年多尝试，第什里旅游景区和现代农业园区建设进展迅速，影响力不断提升，取得一定成效。相关单位和部门要借力当前大好形势，找准突破点，加快建设速度，进一步提升景区和园区层次。

是日，安次区召开大气污染防治驻村工作组会议。区委副书记、区政府副区长、代区长薛振泽，区委常委、组织部部长赵建富，区政府副区长马崇浩出席会议。安次区将大气污染防治督导工作触角进一步延伸到最基层，立足工作实际，从区委各部委、区直各部门抽调80名精干力量成立38个大气污染防治驻村工作组，自2月6日起至3月15日，派驻主城区重点村街和社区，督导并协助开展大气污染治理重点工作，促进空气质量持续好转。

17日，安次区设立分会场，收听收看全市大气污染防治电视电话调度会议。区委书记张平出席会议并汇报相关工作进展情况。张平要求，相关单位和部门要高度重视，脚踏实地，坚持高标准、严要求，严格落实各项管控措施，全力以赴做好大气污染防治各项工作。要全力配合好环保部督察组工作，对照督察重点内容认真开展排查整改。

19日上午，中国共产党廊坊市安次区第六次代表大会在廊坊宾馆会议中心开幕。张平代表中国共产党安次区第五届委员会向大会作了题为《敢于担当　激情创业　为率先实现全面小康　加快建设强区新城而努力奋斗》的报告。大会由薛振泽主持。上午9时，中国共产党廊坊市安次区第六次代表大会开幕。全体代表起立，雄壮的国歌声响彻会场。这次大会应出席代表261人，实到会代表261人，符合规定人数。

是日，参加中国共产党廊坊市安次区第六次代表大会的代表分团讨论五届区委、区纪委工作报告等。区委领导分别来到各代表团讨论地点，听取代表们发言，与代表们一起共谋安次发展大计。张平先后来到杨税务乡、龙河高新区、葛渔城镇代表团，认真听取代表们的讨论。薛振泽参加了码头镇代表团的讨论。

21日，中国共产党廊坊市安次区第六次代表大会在廊坊宾馆会议中心胜利闭幕。张平作重要讲话，薛振泽主持大会。担任大会执行主席并在主席台就座的有张平、薛振泽、李军、马建强、王振宇、刘海军、唐福贵、王俊杰、寇东、钱玉兵、解军舰。主席团其他成员及部分特邀人士也在主席台就座。不是本次党代表大会代表的五届区委委员，区委候补委员，区纪委委员和区直单位主要负责人列席大会。应出席大会代表261人，实际到会代表252人，符合规定人数。

是日，中国共产党廊坊市安次区第六届委员会举行第一次全体会议。张平受区第六次党代会主席团委托主持会议。六届区委委员、候补委员出席会议。六届区纪委委员列席会议。会议宣读《中共廊坊市委关于中共廊坊市安次区委、区纪委换届候选人预备人选的通知》，表决通过全会议程、选举办法、监票人名单，表决通过六届区委常委候选人建议名单和六届区委书记、副书记候选人建议名单。本次全会应到区委委员40人，实到39人；应到区委候补委员9人，实到9人，符合法定人数。

25日，政协廊坊市安次区第八届委员会第一次会议在廊坊宾馆会议中心开幕。区政协八届一次会议主席团常务主席马崇浩、王泽芬、张志荣、杜春意、张冬青，秘书长高桂新在主席台前排就座。应邀出席大会并在主席台就座的有区委、区人大、区政府领导，全区其他副处级以上领导和区政协老领导。区直有关部门负责任人列席会议。

26日上午，廊坊市安次区第八届人民代表大会第一次会议在廊坊宾馆会议中心隆重开幕。肩负38万人民的重托，来自全区各条战线的区人大代表出席大会。大会主席团执行主席张平、薛振泽、李军、刘承永、赵建富、蒙永红、宛亚利、马建强、卢维华在主席台前排就座。张平主持开幕大会。区委、区政府、区政协、廊坊高新区不是代表的领导；区人大、区政府担任过副处级以上实职的离退休老干部；区委、区政府各部、委、办、局，区政协不是代表的主要负责人；不是代表的街办处主任；市垂管部门不是代表的主要负责人和出席区政协八届一次会议的全体委员列席大会。市委派出的换届风气督导组到会指导。大会应出席代

表180人，实到代表175人，符合法定人数。上午8时30分，张平宣布：廊坊市安次区第八届人民代表大会第一次会议开幕。全体起立，奏响国歌。区委副书记、区政府副区长、代区长薛振泽代表安次区人民政府向大会作政府工作报告。报告分四个部分：一、本届政府工作回顾；二、今后五年工作总体要求和主要任务；三、2017年工作安排；四、高标准、全方位加强政府自身建设。

是日，参加区八届人大一次会议的代表分团讨论《政府工作报告》。区领导分别来到各代表团讨论地点，听取代表们发言，与代表们一起共谋安次发展大计。张平先后来到杨税务乡、光明西道街道代表团，认真听取代表们的讨论。薛振泽参加码头镇、落垡镇、仇庄乡、调河头乡、永华道街道等代表团分组讨论，认真听取代表们意见建议。

27日，历时3天半的政协廊坊市安次区第八届委员会第一次会议，完成各项议程于2月27日胜利闭幕。通过无记名投票，马崇浩当选为区政协第八届委员会主席，王泽芬、张志荣、杜春意、张冬青当选为区政协第八届委员会副主席，高桂新当选为区政协第八届委员会秘书长。靳照路、李博等25人当选为区政协第八届委员会常务委员。

28日，廊坊市安次区第八届人民代表大会第一次会议完成各项议程，胜利闭幕。大会主席团执行主席张平、薛振泽、李军、刘承永、赵建富、蒙永红、宛亚利、卢维华、高宝奎、孙庆军、付少民在主席台前排就座。在主席台就座的有区委、区政府、区政协及全区副处级以上领导和部分担任过区级领导职务的老领导。大会主席团其他成员也在主席台就座。大会应出席代表180人，实到代表177人，符合法定人数。会议通过大会选举办法，选举赵建富为新一届区人大常委会主任，蒙永红、宛亚利、臧爱林、邢云魁为区人大常委会副主任；卢维华、齐晓青等21人为区人大常委会委员；薛振泽为新一届区人民政府区长，王振宇、赵玉、张辉、黄运然、汤学军、吕伟为区人民政府副区长；张继斌为区人民法院院长；孙贺增为区人民检察院检察长；蒋洪江、王金忠、王永威、张平、薛振泽、李军等38人为廊坊市第七届人大代表。

是日，安次区召开当前重点工作会议，安排部署相关工作。区委书记张平，区委副书记、区长薛振泽，区委副书记李军，区人大常委会主任赵建富，区政协主席马崇浩等区四套班子领导出席会议。张平指出，干部职工们面临的发展形势十分严峻复杂，广大干部要进一步认清形势，提高认识，认真贯彻落实省、市相关会议和领导讲话精神，以高度的政治责任感和时不我待、勇于担当的精神，全力以赴做好信访稳定、安全生产、舆情监控、大气污染防治等工作，维护和谐稳定的良好局面，推动经济社会各项事业加快发展。

3月

3日，在收听收看全市大气污染防治工作电视电话调度会后，安次区立即召开会议，安排具体工作。区长薛振泽、副区长汤学军出席会议。薛振泽指出，当前大气污染防治形势依然严峻，容不得有丝毫放松和懈怠。相关单位和部门要高度重视，以硬举措、硬作风应对当前的硬挑战，全力以赴做好大气污染防治的各项工作。

9日，区长薛振泽率队实地调研重点水利工程，副区长黄运然陪同调研。薛振泽一行深入廊坊高新区永南干渠、北遥堤朱官屯村北、廊霸路与胜天渠交口、廊霸路—护路堤老水管处等地进行实地调研，认真听取相关负责人情况汇报，并就具体工作提出指导意见。

10日，安次区设立分会场，集中收听收看全市大气污染防治电视电话调度会和全市全国（全省）文明城市创建工作电视电话调度会，安排部署相关工作。区委书记张平，区长薛振泽等区领导出席会议。张平指出，大气污染防治和文明城市创建工作事关百姓切身利益。相关单位和部门要高度重视大气污染防治和文明城市创建工作，统筹推进、综合部署。

是日，安次区举行2017年重点项目集中开工现场会，22个重点项目集中开工，总投资175亿元，2017年实际投入30亿元，为全区可持续发展打下坚实基础，积蓄后劲。区委书记张平，区长薛振泽，区人大常委会主任赵建富，区政协主席马崇浩，区委常委、常务副区长王振宇，区委常委、办公室主任钱玉兵出席。据悉，当日开工的22个项目中，产业类项目10个，现代服务业项目4个，基础设施项目8个。其中，投资超30亿元的有中国宏泰市镇发展有限公司北田曼城国际小镇项目，投资超10亿元的有台湾汉诺实隐形眼镜、第什里风筝小镇等4个项目，投资超5亿元的有富鑫不锈钢制品加工基地、美好现代农业产业化示范项目等3个项目，投资超1亿元的有泉安物流、高迪电子等8个项目。项目实施后，预计年销售收入88.58亿元，上缴税金13.2亿元。

14日，区委召开第九次常委（扩大）会议，开展区委理论中心组3月份理论专题学习，安排部署安次区创建文明城市相关工作。区委书记张平主持会议。张平指出，党的十八大以来，习近平总书记多次视察河北，多次作出重要指示批示，对河北改革发展作出科学深入的指导。干部职工们一定要学习好、宣传好、贯彻好习总书记对河北的重要讲话精神，扎实做好各项工作，推动安次又快又好发展。

是日，区人武部党委第一书记任命大会召开。市委常委、市军分区司令员焦加根宣读任职命令，增补张平为中共廊坊市安次区人民武装部委员会委员、第一书记。市军分区政委吕双平出席，区委书记、区人武部党委第一书记张平作表态发言，区委副书记李军主持，区委常委、人武部部长马建强出席。

15日，安次区召开文明城市创建"百日攻坚"行动动员大会，深入贯彻落实市文明委全体（扩大）会议暨文明城市创建"百日攻坚"行动动员大会精神，安排部署全区文明城市创建相关工作。区委副书记、区长、区创城指挥部指挥长薛振泽，区委副书记、区创城指挥部副指挥长李军，区委常委、宣传部部长、区创城指挥部副指挥长、指挥部办公室主任寇东出席会议。薛振泽作讲话，李军主持会议。

17日，在集中收听收看全市大气及水污染防治工作电视电话会后，安次区立即召开会议，安排部署相关工作。区长薛振泽，副区长汤学军出席会议。薛振泽指出，当前大气污染防治工作任务重、压力大，相关单位和部门要进一步增强责任感和压力感，全力做好各项工作，确保完成任务。

20日，安次区召开2016年度土地卫片执法监督检查暨建成区违法建设专项治理集中行动动员会议，安排部署相关工作。区委书记张平，区长薛振泽等区领导出席会议。张平指出，此次会议是区委、区政府研究召开的一次重要会议，会议主要任务是对全区2016年度土地卫片执法监督检查和2017年建成区违法建设专项治理工作进行安排部署，这是2017年区委、区政府召开的第一个专项会议。

是日，区政府召开全体会议，全面落实区第六次党代会和区“两会”精神，安排部署2017年区政府重点工作，动员各级部门进一步统一思想，振奋精神，认清形势，再鼓干劲，确保完成各项工作任务。区长薛振泽，区委常委、常务副区长王振宇，副区长赵玉、张辉、黄运然、汤学军、吕伟出席会议。区人大常委会主任赵建富、区政协主席马崇浩应邀出席会议。

21日，安次区召开信访维稳工作总结暨百日攻坚集中行动会议，安排部署相关工作。区委书记张平，区长薛振泽，区委副书记李军，区委常委、政法委书记解军舰出席会议。张平指出，全国“两会”已经闭幕，在全区各级各部门和广大党员干部的共同努力下，全面完成了“两会”信访维稳任务。

是日，安次区开展违法违规“小散乱污”企业取缔集中行动。区长薛振泽宣布集中行动开始。24日，安次区召开“小散乱污”企业清理取缔工作调度会。区长薛振泽、副区长汤学军出席。会后，区领导一行深入光明西道街道进行实地视察。

27日，区委召开第十次常委（扩大）会议，进行区委理论中心组3月份理论专题学习，传达省委书记赵克志在传达学习全国“两会”精神领导干部会议上的讲话精神和中国共产党廊坊市第六次代表大会会议精神，第一时间将思想和行动统一到中央和省、市委决策部署上来，推动全区经济社会加快发展。区委书记张平主持会议。

30日，区委书记张平，区长薛振泽到廊坊高新区就园区建设工作进行现场办公，并召开座谈会。区委常委、办公室主任钱玉兵，廊坊高新区党工委副书记、管委会主任郭海峰出席。张平对廊坊高新区在园区建设、招商引资等方面取得的成绩给予充分肯定。他指出，廊坊高新区成立以来，全体干部职工面对困难、压力，上下齐心、共同努力，各方面工作、特别是项目工作取得良好成绩，受到省、市领导高度关注、认可。

31日，安次区组织收听收看省大气污染综合治理电视电话会，区四套班子领导出席会议。会议指出，要正确认识形势，增强抓好大气污染治理的责任感和紧迫感。要深入学习贯彻习近平总书记系列重要讲话精神和治国理政新理念、新思想、新战略，切实增强政治意识、大局意识、核心意识、看齐意识，坚决维护核心、维护党中央权威和集中统一领导。

4月

1日，安次区举办市第六次党代会议精神宣讲报告会，深入学习宣传贯彻市第六次党代会精神，引导广大党员干部群众把思想统一到党代会精神上来，把力量凝聚到落实党代会确定的各项任务上来，推动兴起学习宣传贯彻市第六次党代会精神的热潮，市委第一宣讲团成员、区委书记张平宣讲授课，区委副书记、区长薛振泽主持报告会。区四套班子全体领导及其他副处级以上领导干部，各乡镇、街道、园区党政正职和分管副职，区委各部委、区直各部门、各人民团体主要负责人参加会议。

5日，安次区举办新一届市人大代表、政协委员培训班，区委书记张平，区委副书记、区长薛振泽，区委副书记李军，区人大常委会主任赵建富，区政协主席马崇浩，区委常委、组织部部长唐福贵，区委常委、统战部部长王俊杰出席，安次区新一届市人大代表、政协委员参加培训。张平指出，2017年的市“两会”，是在全市上下深入学习市第六次党代会精神，全市发展提前进入全面建成小康社会、加快建设创新驱动经济强市崭新阶段召开的一次承前启后、继往开来的重要会议，是全市人民政治生活中的一件大事。

是日，区委全面深化改革领导小组召开第十一次会议。区委书记、区委全面深化改革领导小组组长张平出席会议并讲话，区委副书记、区长、区委全面深化改革领导小组副组长薛振泽主持会议，区委全面深化改革领导小组各专项小组组长参加会议。张平指出，各专项小组和各级各部门认真贯彻落实中央和省市区委部署，把改革工作放在心上、抓在手上，改革推进有序，改革工作取得了初步成效。今后工作中，各专项小组和各级各部门要深入贯彻落实中央和省、市、区委相关会议精神，下定决心，加大力度，坚定不移地全面深化改革。

6日，区四套班子领导带领200余名干部职工和志愿者在京台高速调河头乡绿化节点参加义务植树活动。活动现场，张平、薛振泽等四套班子领导纷纷拿起铁锹，带头投入到热火朝天的植树活动当中，与广大干部职工和志愿者一起搬运树苗、挥锹铲土、提桶浇水。一上午时间，栽植树木1200余棵，为安次大地再添新绿。

7日，全市基层党建提升年动员大会召开，安次区设立分会场，收听收看会议。区委副书记、区长薛振泽，区委副书记李军，区委常委、统战部部长王俊杰出席会议。会议指出，开展基层党建提升年活动是市委推进全面从严治党向基层延伸，促进基层党建工作全面提升做出的重要决策部署，关系全市改革发展和稳定大局。

17日，区委召开第十一次常委（扩大）会议，进行区委理论中心组4月份理论专题学习，深入学习贯彻中共中央、国务院决定设立河北雄安新区的重大决策部署，传达市“两会”精神，安排部署相关工作。区委书记张平主持会议。张平指出，设立河北雄安新区，是以习近平为核心的党中央深入推进京津冀协同发展做出的一项重大的历史性战略部署，是千年大计、国家大事，是继深圳经济特区和上海浦东新区之后又一具有全国意义的新区。

19日，安次区召开基层党（工）委书记抓党建工作述职评议会议，全面贯彻落实中央和省、市组织部部长会议精神，抓牢基层党建主体责任，探究基层党建存在的问题及原因，着力补齐基层党建短板。区委书记张平主持会议。区四套班子领导出席会议。

22日，区委召开第13次常委（扩大）会议，传达省委九届三次全会精神，安排部署相关工作。区委书记张平主持会议。会上，与会人员集中学习省委书记赵克志，省委副书记、代省长许琴代表省委所作的讲话，大家一致认为，省委九届三次全会的胜利召开，对于广大干部群众统一思想、提高认识，扎扎实实做好各项工作，确保雄安新区规划建设开好局起好步，具有重大而深远的意义。

24日，区委书记张平率队现场调度安次区“煤改气”工作，区长薛振泽，区委常委、常务副区长王振宇陪同。区领导先后深入码头镇李庄村，葛渔城镇杜家场村进行实地调研，随后召开汇报会。

25日，全省第四次县（市、区）委书记工作交流会召开，安次区设立分会场，收听收看会议，区委书记张平，区委副书记、区长薛振泽等区四套班子领导出席。会议指出，2017年是党的十九大召开之年，全省各项工作要紧紧围绕迎接、宣传、贯彻党的十九大来展开。

是日，区委书记张平、区长薛振泽就重点工程建设情况进行现场调研。区领导一行深入半截河与护路堤交口、小麻村南口、朱官屯扬水站、龙河污水处理厂等地进行调研，并详细听取相关负责人情况汇报。

27日，安次区设立分会场，收听收看全市大气污染防治电视电话调度会和安全生产例会。区长薛振泽，副区长汤学军出席会议。薛振泽要求，相关单位和部门要做好“小散乱污”企业整改取缔工作，确保按时按标准取缔到位。要认真做好VOCs企业治理工作，保证工作效果。要做好垃圾坑、渗坑治理和垃圾清运工作，有效改善辖区环境。要加大10蒸吨以下工业燃煤锅炉取缔力度，确保按时完成任务。

5月

1日，区委书记张平深入调河头乡、仇庄乡现场办公。区领导一行深入调河头乡第什里景区进行现场办公并召开座谈会，详细听取相关负责人情况说明。会后，区领导深入仇庄乡宋王务村美丽乡村片区等进行现场办公。

2日，区委书记张平、区长薛振泽率队深入龙河高新区，就园区建设情况进行现场办公，区委常委、常务副区长王振宇，区委常委、办公室主任钱玉兵陪同。区领导一行深入龙河高新区新能源汽车基地项目、美浆电池有限公司、河北航兴机械科技有限公司等地进行实地调研，认真听取相关负责人情况汇报，并召开座谈会。

5 日，安次区设立分会场，收听收看全市全国（省级）文明城市创建电视电话调度会，区委书记张平，区长薛振泽，区委常委、宣传部部长寇东出席会议。张平指出，全国文明城市是城市形象和发展水平的的集中体现，是一个地方综合文明素质的综合体现。未成年人思想道德建设测评工作，在全国文明城市创建中发挥着举足轻重的作用。相关单位和部门要列出清单，认真推进，严格按照时间节点，抓好存在问题的整改落实。

是日，安次区设立分会场，收听收看全市大气污染防治电视电话调度会。区委书记张平、区长薛振泽、副区长汤学军出席会议。会议指出，大气污染防治是一场持久战、攻坚战，做好大气污染防治工作，既需要科学分析、精准施治，更需要扎实的工作作风和强力的执行意识。各级各部门要进一步增强忧患意识、责任意识，主要领导亲自过问、亲自研究、亲自部署，切实保障各项工作顺利开展。

6 日，由国家体育总局社会体育指导中心、中国风筝协会、河北省体育局、省旅游发展委员会、省文化厅、省农业厅、河北省电视台公共频道、省书法家协会、廊坊市人民政府主办、廊坊市安次区人民政府、市体育局、市旅游发展委员会、市文广新局、市美丽乡村办公室、市农业局、市精神文明建设委员会办公室、团市委、市广播电视台、元辰丰华文化产业发展有限公司具体承办的“元辰丰华”杯第三届中国廊坊·第什里风筝节暨全国风筝锦标赛（北方赛区）在第什里风筝小镇启帷，本届风筝节以“一曲风筝谣、相约第什里”为主题，紧紧围绕建设经济强省、美丽河北的战略目标，按照“四美”乡村和乡村旅游的总体要求，以建设河北省首批特色小镇为契机，以传承风筝文化、做大文化产业、搞活乡村旅游、带动群众致富为目标，将办成“南有潍坊风筝会，北有廊坊风筝节”的国家级风筝盛会。国家体育总局社体中心主任范广升，省体育局局长何江海，省发改委副主任张国洪，省旅游委副主任赵雪峰，省体育局副巡视员王春，市人大常委会副主任王相仁，副市长张春燕，市政协副主席张纬东，廊坊师范学院纪委书记袁鸿昌，区委书记张平，区长薛振泽，区委副书记李军，区人大常委会主任赵建富，区政协主席马崇浩等区四套班子领导出席开幕式。范广生宣布开幕，何江海、张春燕、张平致辞。与会领导为 2017 年全国传统风筝制作技艺大赛获奖者进行颁奖。

7 日，市委书记冯韶慧，市长陈平，市委常委、常务副市长贾永清，副市长张春燕来安次区调研创新创业工作。区委书记张平，区长薛振泽，区委常委、常务副区长王振宇，区委常委、办公室主任钱玉兵，副区长吕伟陪同调研。冯韶慧、陈平深入京津冀（廊坊）协同创新创业基地，参观中国科学院电工研究所储能技术中试基地，日医集团等，详细了解在实施创新驱动、吸引科技人才、打造发展环境等方面的具体情况。他们强调要加快引进京津科技成果，建设好交流、展示和研发平台，让更多高新企业、科技成果、高端人才进入廊坊，努力将基地打造成为高新产业聚集、科技设施完善、创新平台完备的科技成果孵化转化基地。随后他们还实地参观了风行未来汽车科技有限公司。

12 日，安次区举办国家安全形势报告会，邀请中国人民解放军海军网络安全和信息化专家咨询委员会主任尹卓教授作专题报告。廊坊军分区司令员焦加根、廊坊军分区政委吕双平、区四套班子领导出席报告会，区委书记张平主持报告会。

13日，区委召开第14次常委（扩大）会议，传达市委六届二次全体会议精神。区委书记张平主持会议。会上，与会人员集中学习市委书记冯韶慧代表市委常委会作的重要讲话和市委副书记、市长陈平就做好当前工作的具体安排部署。

14日，区委书记张平就安次区全国（省级）文明城市创建工作开展情况进行督导检查。区委常委、宣传部部长寇东陪同。张平一行深入开源里社区、常青小区、院校区社区、北昌综合农贸市场等地，实地检查文明城市创建工作开展情况。每到一处，区领导都认真听取相关负责人汇报，对照标准仔细检查，现场指出不足，并要求有关负责人立即落实整改和完善措施，确保相关工作符合具体创建标准。

17日，安次区举行2017年投资环境推介会暨重点项目签约仪式，投资2092.9万美元的年产80万台血压与动脉硬化指数测量仪项目，投资56亿元的安次农施综合发展园区项目，投资15亿远的联东U谷·廊坊国际企业港项目等14个重点项目集中签约，总投资120.7亿元。副市长张秉舜，区委书记张平，区长薛振泽，区人大常委会主任赵建富，区政协主席马崇浩，区委常委、常务副区长王振宇，副区长黄运然、吕伟出席。会议期间，张平、薛振泽等领导亲切会见重点客商、签约项目代表，并介绍安次区投资环境。据悉，此次集中签约的14个重点项目是战略性新兴产业、高端制造业、“大智移云”产业和现代农业项目。经洽会期间，5月19日，安次区总投资15.5亿元的河北卫星大数据应用产业项目、总投资10亿元的高铁可视系统项目等4个重点项目在市会签约，总投资48.9亿元。

19日，省政协主席付志方一行来安次区就园区重点项目情况进行调研。市政协主席李波，区委书记张平，区政协主席马崇浩，区委常委、办公室主任钱玉兵陪同。付志方一行首先来到第什里风筝小镇，一下车，书有“中国风筝小镇”古色古香的牌楼便映入眼帘。在实地考察风筝文化馆、中国风筝小镇规划馆、风筝放飞广场期间，他详细了解小镇投资建设情况、经营情况及后期发展规划，对小镇整体发展定位给予充分肯定。他表示，安次区把产业深度融合、实现创新供给作为有效推进农业供给侧结构性改革的抓手，以第什里村为中心，带动周边20多个村街发展风筝产业，打造特色风筝小镇，为农业文化旅游统筹推进、生产生活生态同步改善树立了典范和标杆。今后要继续扎根本土，充分挖掘自然、文化、历史资源，打造更多特色鲜明、人文气息浓厚、生态环境优美、多功能叠加融合、体制机制灵活的特色小镇。在华路天宇集团朗世坤成房屋科技有限公司和康得复合材料有限公司，付志方首先了解企业情况和生产经营情况。随后，他深入到生产车间，实地察看生产流水线的每一个环节，叮嘱一线工人要严格按照操作标准安全生产、精准生产，严格保证产品质量。

23日，安次区设立分会场收听收看计划生育工作电视电话会。区委书记张平，区长薛振泽，副区长赵玉出席会议。会议要求，相关单位和部门要进一步提高认识，坚决执行“以基层为重点，以改革创新为动力，预防为主，中西医并重，把健康融入所有政策，人民共建共享”的新时期卫生与健康工作方针，坚持计划生育基本国策不动摇，继续推进实施全面两孩政策，改革完善计划生育服务管理，按照“促融合、强队伍、夯基础、上水平”工作思路，完善配套保障措施，优化生育全程服务管理，让百姓享受到更集约、更便捷的健康服务。

24 日，区政协召开八届政协委员培训会，邀请江苏省常州市政协原副秘书长顾维宪进行授课，区政协主席马崇浩主持，区政协副主席王泽芬、张志荣、杜春意、张冬青出席，区八届政协全体委员参加了培训会。培训会上，顾维宪围绕人民政协是什么、政协委员为什么要履职等 4 个问题，就怎样做一名懂政协、会协商、善议政的政协委员进行授课。

25 日，安次区举行“气代煤”工作拉练观摩活动，区委书记张平，区长薛振泽，区委常委、常务副区长王振宇出席。区领导一行深入杨税务乡民芦村、仇庄乡北崔庄村、码头镇码头村、调河头乡调河头村、东沽港镇东五街村、葛渔城镇北街村、落垡镇东张务村、龙河高新区西孟村等地进行现场观摩，认真听取相关情况汇报，随后召开调度会。

26 日，中共党史出版社、河北省委党史研究室、廊坊市委党史研究室在安次区联合举办“学党史、感党恩、跟党走”党史教育进社区赠书活动，努力营造书香社会的气氛，推动全民阅读，进一步丰富人民群众精神文化生活。中共党史出版社副社长姚鸿，中共党史出版社营销部主任李波，河北省委党史研究室副主任姚建敏，市委常委、秘书长、政法委书记张金波，区委副书记李军，区委常委、办公室主任钱玉兵出席活动。河北省委党史研究室、廊坊市委党史研究室、区委党史研究室相关负责人，光明西道街道工作人员及社区居民代表 200 余人参加了活动。姚鸿、姚建敏讲话，张金波致辞。

27 日，区委召开第 16 次常委（扩大）会议，传达省委书记赵克志在中国共产党河北省代表会议上的讲话精神，进行区委中心组 5 月份理论专题学习。区委书记张平主持会议。会上，与会人员集中学习赵克志在中国共产党河北省代表会议上的讲话精神和《习近平总书记在“一带一路”国际合作高峰论坛开幕式上的演讲》《赵克志、许勤同志在省委理论中心组学习会上的讲话》等文件。

31 日，区领导开展“六一”儿童节慰问，向全区广大少年儿童祝贺节日，向辛勤工作的园丁们表示慰问。区委书记张平，区委常委、办公室主任钱玉兵一行深入杨税务乡杨税务小学，实地参观学校微机室、少科室、实验室等，现场观摩新少先队员入队仪式，并向学生代表赠送书籍、向学校赠送慰问金。区长薛振泽、副区长赵玉深入仇庄乡大王务小学。

6 月

1 日，安次区组织重点项目拉练观摩活动并召开经济运行调度会议同时安排部署相关工作，活动分为 3 个阶段：第一阶段，区领导一行到富智康公司就企业发展有关问题进行座谈。第二阶段，区领导一行深入龙河高新区中核研发基地项目、码头镇史庄村村道改建工程现场和廊坊高新区马哈汽车尾气检测设备项目、隐形眼镜项目进行实地拉练观摩。第三阶段召开项目建设和经济运行调度会议。区委书记张平，区长薛振泽，区委常委、常务副区长王振宇，区委常委、办公室主任钱玉兵出席。

2日，安次区设立分会场，集中收听收看全市大气及水污染防治电视电话调度会议。区委书记张平、区长薛振泽、副区长汤学军出席会议。薛振泽指出，大气及水污染防治工作进入最关键时期，容不得丝毫放松和懈怠。相关单位和部门要进一步增强责任感和使命感，直面问题、深刻反思，全力以赴做好大气及水污染防治各项工作，推动大气质量持续好转。

是日，安次区召开全区农村工作暨美丽乡村建设推进大会，深入贯彻落实市农村工作会议精神，检视现阶段安次区农村工作暨美丽乡村建设成果，全面总结经验、查摆不足、强化措施，进一步提质增效，安排部署2017年安次区农村工作和其他重点工作。区委书记张平、区长薛振泽、区委副书记李军、区人大常委会主任赵建富、区政协主席马崇浩等区四套班子领导出席会议。

7日，安次区召开农村垃圾收集转运处理工作调度会，安排部署相关工作。区委书记张平、区长薛振泽、副区长吕伟出席会议。张平指出，做好农村垃圾收集转运处理工作意义重大，农村垃圾不除，美丽乡村就无从实现。相关单位和部门要从服务38万安次百姓的角度出发，从服从市委、市政府的要求出发，集中力量，立即行动，全力做好农村垃圾收集转运处理工作，清除日常生活垃圾和积存垃圾，还广大百姓一个良好的生活环境，为率先实现全面小康、加快建设强区新城奠定基础。会上，吕伟就相关工作讲了意见。会后，区领导一行深入仇庄乡东麻村垃圾点、码头镇垃圾中转站选址地块进行实地调研。

是日，区委书记张平率队现场调度“煤改气”重点村街。区领导一行深入东沽港镇郭庄村和磨汊港村、调河头乡黄堤村和小沈庄村“煤改气”施工现场进行实地调研，听取相关负责人情况汇报，随后召开“煤改气”工程推进调度会。会上，王振宇、刘海军、钱玉兵分别就相关工作讲了意见。

9日，安次区在收听收看全市干部警示教育大会和“两个专项”工作推进会后，立即召开会议，安排部署相关工作。区委书记张平、区长薛振泽、区人大常委会主任赵建富、区政协主席马崇浩等区四套班子领导出席会议。张平指出，开展“一问责八清理”和“微腐败”专项整治，是为了推动解决改革发展和党的建设中的突出问题，强力优化政治环境、自然环境和营商环境，推进安次经济发展。各级各部门一定要站在讲政治的高度，充分认识开展“两个专项”工作的重大意义，切实把思想和行动统一到整治活动中。

是日，区八届人大常委会召开第二次会议。区人大常委会主任赵建富，区人大常委会副主任蒙永红、宛亚利、臧爱林、邢云魁及其他区八届人大常委会组成人员出席会议，副区长吕伟列席会议。会议学习《中华人民共和国科学技术进步法》，听取和审议区政府关于《中华人民共和国科学技术进步法》贯彻落实情况报告，听取区政府关于区八届人大常委会第一次会议所提审议意见办理落实情况报告，讨论通过区八届人大常委会第三次会议主要议程。

14 日，区委书记张平、区长薛振泽率队到北史家务乡调研，并召开座谈会。区委常委、政法委书记解军舰出席会议。张平指出，此次到北史家务乡开展调研，并召开全体干部大会。

16 日，省市安全生产电视电话会议召开，安次区设立分会场，收听收看会议。区长薛振泽、副区长汤学军出席会议。会议指出，各级各部门一定要充分认识当前安全生产工作的严峻性、特殊性和紧迫性，切实增强政治责任感和社会使命感，坚决采取一切有利于安全生产的有力措施，确保安全生产形势稳定。

是日，安次区召开 2017 年防汛抗旱工作会议，分析当前安次区防汛抗旱形势，研究部署 2017 年防汛抗旱工作。区委书记张平，区长薛振泽，副区长黄运然、吕伟出席会议。张平指出，防汛抗旱工作事关人民群众生命财产安全，事关经济发展与稳定大局，责任重大，任务艰巨。相关单位和部门要紧急行动，进入临战状态，严格按照 2017 年全区防汛抗旱工作安排意见要求，突出重点任务，把握关键环节，切实做好充分准备和科学安排，以雷厉风行的工作作风，强化责任，落实措施，确保防汛工作取得全面胜利。

20 日，安次区举办“提升全媒体素养”干部大讲堂，邀请中国传媒大学媒介与公共事务研究院副院长郭晓科就全媒体舆论引导作专题讲座。区四套班子领导及其他县处级领导干部；各乡镇、街道党政正职、宣传委员；区直单位全体科级干部；廊坊高新区、龙河高新区正科级干部；区委组织部、区委宣传部、区委党校全体干部 500 余人聆听讲座。区委书记张平主持。

21 日，区委书记张平、区长薛振泽率队就全区防汛工作开展情况进行检查。副区长黄运然、吕伟陪同。区领导一行先后深入市第五小学，光明西道街道荣昌里，常青路污水临时提升泵站，常宁路污水临时提升泵站，银河南路街道青云里，杨税务乡安乐村、朱村等重点部位进行实地检查，在杨税务乡窑上村观摩防汛应急演练。每到一处，区领导都详细了解安次区各项水利设施建设、维修情况及防汛工作准备情况等。

27 日，区委书记张平来到杨税务乡为全乡机关党员干部及所辖各党支部书记进行专题授课，并慰问优秀党员，调研基层党建工作。区委常委、办公室主任钱玉兵陪同。党课上，张平结合杨税务乡实际情况，以“实施‘十三五’规划、深化供给侧结构性改革、做好全面落实省九次党代会精神开局之年的各项工作”为题进行授课，畅谈自己学习体会和认识，并与大家进行深入交流。

是日，安次区召开国土领域“微腐败”集中整治行动动员部署会议。区委书记张平出席会议并讲话，区长薛振泽主持会议。区委常委、纪委书记刘海军，副区长吕伟出席会议。张平指出，开展土地卫片执法和打击违法用地工作是中央和省、市部署的一项年度重要工作，是一项必须坚决完成，而且必须完成好的重大政治任务。

29 日，安次区设立分会场，收听收看省、市国务院安委会第四巡查组巡查河北省安全生产工作反馈会，区长薛振泽、副区长汤学军出席会议。薛振泽指出，安全生产事关人民群众生命财产安全，各级各部门要统一思想，提高认识，增强政治责任感和社会使命感，坚决采取有力措施，确保安全生产形势稳定。

30日，安次区召开“基层党建提升年”工作推进暨“三十佳”评选情况通报会，区委书记张平，区委副书记、区长薛振泽，区委副书记李军，区人大常委会主任赵建富，区政协主席马崇浩等区四套班子领导出席会议，并为“十佳基层党组织、十佳共产党员、十佳为民村官”代表颁奖。张平作讲话，薛振泽主持，李军宣读《中共廊坊市安次区委关于“十佳基层党组织、十佳共产党员、十佳为民村官”评选情况的通报》。

是日，市长陈平来安次区走访慰问老党员和困难党员，向他们送上节日的祝福和亲切的问候。区委书记张平，区委常委、组织部部长唐福贵陪同。陈平首先来到落垡镇柴刘杨村困难老党员王福泰家中。与他促膝聊天，关切询问了他在生活、身体情况中遇到的困难。他说，老党员为党和国家做出重大贡献，各级各部门一定要真情关心关爱他们，照顾好他们的生活，让他们安享晚年。同时，希望老党员充分发挥自身优势，积极建言献策，把宝贵经验分享给年轻党员，继续为村街发展贡献力量。

7月

5日，区委书记张平率队就社区创城工作及农村道路建设进行调研。区委常委、办公室主任钱玉兵，副区长吕伟陪同。张平一行先后深入光明西道街道蔡豆庄社区蔡庄小区、北方水果批发市场等地进行实地调研，并认真听取相关情况汇报。张平指出，创城已经到了关键时期，相关单位和部门要切实增强责任感和紧迫感，全力以赴做好文明城市创建各项工作，坚持问题导向，对照文明城市测评标准，努力查找存在的薄弱环节，采取措施精准发力，迅速整改。

6日，区委书记张平率队到丰收渠仇庄段进行实地调研。张平一行深入丰收渠仇庄段现场检查丰收渠水污染及治理情况，并认真听取相关情况汇报。张平指出，丰收渠综合治理工程是一项民心工程和民生工程，相关单位和部门要进一步提高思想认识，强化责任落实，扎实推进水污染整治工作，确保水质得到根本性改善。副区长黄运然陪同。

7日，安次区设立分会场，集中收听收看全市大气污染和水污染防治电视电话调度会议，并安排部署全区大气污染和水污染防治工作。区委书记张平、区长薛振泽出席会议。张平指出，大气污染和水污染防治工作任务重，责任大，相关单位和部门要坚持问题导向，靶向治理，将每周确定的工作任务形成任务清单，明确责任，倒排工期，全力推进，确保按时完成工作任务。

12日，区委书记张平、区长薛振泽率队就大气污染防治工作进行视察。区领导一行深入北史家务乡小王庄村南口、杨税务乡廊南第一集北侧、龙河高新区董常甫村西口进行实地视察，随后召开会议。张平指出，大气污染防治是一场持久战，攻坚战，做好大气污染防治工作，既需要科学分析，更需要扎实的工作作风和强力的执行意识。薛振泽要求，相关单位和部门要突出做好“小散乱污”企业整治取缔工作，对污染严重的废品回收站坚决取缔，依法严惩，切实减少污染物的产生。

13 日，全市集中打击刑事犯罪百日攻坚行动动员大会召开，安次区设立分会场，收听收看会议。会后，安次区立即召开会议，安排部署相关工作。区委书记张平，区委常委、政法委书记解军舰出席。会议要求，相关单位和部门要把握好目标任务和总体要求，按照“准、快、狠、深、稳、细”要求，全力实现“两个明显下降”和“三个确保”目标。

17 日，区委书记张平、区长薛振泽率队到安次高新产业园进行实地调研。区领导一行深入安次高新产业园御龙河景观改造现场、中国移动（河北廊坊）数据中心项目现场进行实地调研，并认真听取相关情况汇报，随后召开座谈会。区委常委、常务副区长王振宇，副区长吕伟陪同。

18 日，安次区召开集中打击刑事犯罪百日攻坚行动动员大会暨安次区拆违工作推进会。区委书记张平出席会议并讲话，区委副书记、区长薛振泽主持会议，区委副书记李军、副区长吕伟出席。张平指出，保障人民安居乐业是政法工作的根本目标，全区政法机关和相关部门要充分认识到开展百日攻坚行动是为党的十九大胜利召开营造和谐稳定社会环境的迫切需要、是确保新的发展任务顺利推进的迫切需要、是维护人民群众切身利益的迫切需要。

19 日，安次区组织码头镇及国土、公安、法院等相关部门集中拆除东辛庄、中响口等村街违法用地建筑物，拆除违法用地建筑物 15 处 2.8 万平方米。区委书记张平、区长薛振泽、副区长吕伟深入一线指挥。

20 日，安次区召开两个专项工作调度推进会，对“一问责八清理”和“微腐败”专项整治两个专项工作进行再动员、再部署。区委书记张平，区委副书记、区长薛振泽，区委常委、常务副区长王振宇，区委常委、纪委书记刘海军，区委常委、办公室主任钱玉兵，区委常委、政法委书记解军舰，副区长赵玉出席会议。张平指出，开展“一问责八清理”和“微腐败”专项整治，是推动解决改革发展和党的建设中的突出问题，强力优化政治环境、自然环境和营商环境，推进全区各项事业健康发展的重要工作。

21 日，安次区联合市综合执法局，集中拆除北史家务乡祖各庄村、小王庄村 10 个地块的城市违法占地建筑物。北史家务乡及国土、公安、法院等单位协调联动，全力推进拆违工作。当日，出动 150 余人、9 辆工程作业车，拆除 60 余亩（约 4 公顷）城市违法占地建筑物。区长薛振泽、副区长吕伟现场指挥。

26 日，区委召开第 20 次常委（扩大）会议，进行区委理论中心组 7 月份理论专题学习。区委书记张平主持会议。会上，与会人员集中学习《习近平总书记在庆祝香港回归祖国二十周年大会暨香港特别行政区第五届政府就职典礼上的讲话》《以习近平同志为核心的党中央着力推进全面深化改革落实工作纪实》《中国共产党巡视工作条例》。

是日，区委书记张平，区长薛振泽，区人大常委会主任赵建富，区政协主席马崇浩，区委常委、办公室主任钱玉兵，区人武部部长马建强，副区长黄运然深入廊坊军分区、南京炮兵学院廊坊校区、武警学院、廊坊市消防支队、预备役后勤保障旅等地进行走访慰问。每到一处，区领导都与驻军部队官兵亲切握手交谈，并为他们送上慰问品。张平代表区四套班子领导和全区广大干部群众向驻军部队官兵表示慰问和感谢。

27日，安次区组织杨税务乡及法院、综合执法、国土、公安、交警、消防、供电、司法、建设、卫计等部门，集中拆除杨税务乡军芦村、东风村、麻儿营村等村街的违法用地和违法建设。当日，出动400余人、30余辆工程作业车，拆除违法用地和违法建设10余宗、3万余平方米。区委书记张平、区长薛振泽、副区长吕伟深入一线指挥。

28日，安次区组织码头镇及法院、国土、公安、交警、消防、供电、司法、卫计等部门180余人，15辆工程作业车，集中拆除码头镇北响口、金官屯等村街的违法用地11宗、24.5亩（1.63公顷）。区长薛振泽、副区长吕伟深入一线指挥。

29日，区委书记张平率队实地视察城区路网建设，并召开座谈会。区长薛振泽、副区长吕伟陪同视察。张平一行实地视察永华道拓宽工程、永兴路南延工程、常青路建设等，认真听取相关负责人情况汇报，并就具体工作提出指导意见。

8月

1日，区委书记张平率队到安次高新产业园就园区企业发展情况进行调研。张平一行先后深入鑫佳机电有限公司、百思图工具制造有限公司、亚新科美联（廊坊）制动系统有限公司等地进行实地调研，并认真听取相关情况汇报，了解企业发展情况。

2日，安次区召开问题楼盘调度会，安排部署相关工作。区委书记张平，区委副书记、区长薛振泽等区领导出席会议。张平指出，解决问题楼盘工作关系到广大群众的切身利益，直接影响社会和谐稳定。全区上下要集中精力，加大力度，全力推进解决问题楼盘工作，确保按时间节点完成工作任务。

6日，区委召开第二十一次常委（扩大）会议，进行区委理论学习中心组8月份理论专题学习。区委书记张平主持会议。会上，与会人员集中学习7月26日《习近平总书记在省部级主要领导干部“学习习近平总书记重要讲话精神，迎接党的十九大”开班式上的重要讲话要点》等，进一步学习领会习近平总书记重要讲话的丰富内容、精神实质和实践要求。

15日，全市城区所属乡镇、城乡接合部等点位文明创建工作现场调度会议召开，会前，市委书记冯韶慧率队来安次区实地察看文明创建工作。市委常委、宣传部部长、统战部部长王曦，市委常委、廊坊开发区工委书记王金忠，区委书记张平，区委常委、宣传部部长寇东陪同。冯韶慧一行深入落垡镇便民服务中心、东张务小学进行实地察看，对存在的问题进行“一对一”调度。

17 日，中青城投控股有限公司董事长张鹏飞一行，来安次区就田园世界旅游度假区项目进行对接。市委常委、宣传部部长、统战部部长王曦，区委书记张平，副区长黄运然出席对接会。中青城投控股有限公司是以旅游投资、景区开发与运营为主要业务的资源密集型大型企业集团，秉承“创领中国旅游＋”的品牌理念，以丰富的开发运营经验、强大的资源整合能力和雄厚的资本实力，着力打造国际高端全域旅游生态链。对接会上，中青城投控股有限公司相关负责人详细介绍该项目建设思路、运营模式及发展愿景，与会人员进行深入交流探讨。

23 日，省委第九巡视组巡视廊坊市安次区工作动员会召开。省委第九巡视组组长李寿松就即将开展的巡视工作作了讲话，省委巡视办有关负责人就做好巡视工作提出要求，廊坊市委常委、市纪委书记魏国东出席会议并讲话，安次区委书记张平主持会议并作表态发言。

省委第九巡视组副组长冯慧洁、石增亮及巡视组全体成员，安次区“四大班子”成员，区法院院长、检察院检察长出席会议。其他在职县级领导干部，各乡镇、办事处和区直各单位主要负责人，区纪委、区委组织部领导班子成员等列席会议。

是日晚，安次区召开四套班子联席会议。区委书记张平、区长薛振泽、区委副书记李军、区人大常委会主任赵建富、区政协主席马崇浩等区四套班子领导和其他县处级领导干部出席会议。会议传达学习省委第九巡视组组长李寿松，市委常委、纪委书记魏国东及省巡视办有关负责人在安次区巡视工作动员会上的讲话精神，《被巡视地区（单位）配合省委巡视组开展巡视工作的规定》等。张平指出，广大处级干部要高度重视，以实际行动，全力以赴支持配合巡视组在安次区开展好巡视工作，要严格按照时间规定提供资料，说明情况，确保巡视工作完成。

28 日，省安全生产巡查组督导巡查安次区安全生产工作汇报会召开。省安全生产巡查组副组长、省安监局总工程师周景玉出席会议并讲话，省安全生产巡查组其他成员和市安监局相关负责人出席会议，区委书记张平出席会议并主持，区长薛振泽出席会议并作全区安全生产工作汇报，副区长赵玉、黄运然、汤学军、吕伟出席会议。

29 日，区委召开第二十三次常委（扩大）会议，调度部署全区重点工作。区委书记张平，区委副书记、区长薛振泽，区委副书记李军，区人大常委会主任赵建富，区政协主席马崇浩等区四套班子领导出席会议。张平主持会议。张平指出，此次常委（扩大）会议是在特殊时期召开的一次重要会议，主要是贯彻《中共河北省委关于深入学习贯彻落实习近平总书记视察河北重要讲话和指示要求的意见》精神，进一步统一思想，确保全年既定各项目标任务完成，要深刻理解习近平总书记所说的“惟其艰难，方显勇毅；惟其磨砺，始得玉成”。这一至理名言，结合区情对重点工作，难点工作进行分析研判，推动各项工作顺利开展，取得实效。

31 日，安次区再次重拳出击，依法集中拆除码头镇祁营村、史庄村等村街的违法用地。码头镇及国土、司法、法院、公安、交警、消防等部门各司其职，协调联动，高效推进拆除行动。当日集中拆除行动出动160余人、4辆大型工程作业车，拆除违法用地3宗、25亩（1.67公顷）。区长薛振泽、副区长吕伟深入一线指挥。

9月

1日，全市综合治理暨打击传销专项行动动员大会召开，区委书记张平在主会场参加会议并作表态发言。区长薛振泽、区人大常委会副主任臧爱林、副区长吕伟、区政协副主席张冬青在安次区设立分会场收听收看会议。

7日，区委书记张平，区委常委、办公室主任钱玉兵，区人大常委会副主任宛亚利一行走访慰问杨税务乡在职优秀教师吴秀梅和在职贫困教师孙文娟，为她们送去慰问金，并向她们致以节日的问候。在吴秀梅老师家，张平与她亲切交谈，详细了解了她的工作和生活情况，对他为全区教育事业发展作出的贡献表示感谢。区长薛振泽、区人武部部长马建强、区政协副主席张冬青一行先后来到码头镇教师刘守财、付贵家、为他们送上节日的祝福和诚挚的问候。

8日，区委书记张平、区长薛振泽率队视察区二幼、第二十一小学、第四中学，并召开教师座谈会。区人大常委会副主任蒙永红、副区长赵玉、区政协副主席张志荣陪同。张平代表区委、区人大、区政府、区政协向广大教师和教育工作者致以节日的祝贺，对他们为全区教育事业发展作出的贡献表示感谢。张平指出，在全区上下共同庆祝第三十三个教师节之际，区委、区政府领导们通过视察、召开座谈会等形式对全区教育工作进行调研，结果让人非常激动，非常感动，也很受启发。

是日晚，全省第五次（市、区）委书记工作交流电视电话会召开，会议以“贯彻落实新发展理念，坚定走加快转型、绿色发展、跨越提升新路，抢抓机遇，攻坚克难，推动经济社会平稳健康较快发展，以优异的成绩迎接党的十九大召开”为主题，围绕深入学习落实习近平总书记系列重要讲话精神和治国理政新理念新思想新战略，在经济结构转型、深化改革开放、鼓励创新创业、优化营商环境等方面，交流工作思路、措施、成效和体会。安次区设立分会场，集中收听收看会议。区委书记张平、区长薛振泽、区人大常委会主任赵建富、区政协主席马崇浩等区四套班子领导出席分会场会议。

11日，安次区召开科技创新指标工作暨科技企业座谈会，对全区科技创新工作进行再总结、再动员、再部署。区委书记张平，区长薛振泽，区委常委、常务副区长王振宇，副区长吕伟出席会议。廊坊北斗神舟测控仪器有限公司、廊坊奥瑞拓石油机械有限公司等20家高新技术企业、科技小巨人企业、科技型中小企业、重点企业主要负责人参加会议。

14日，安次区召开财税工作调度会，安排部署相关工作。区委书记张平，区长薛振泽，区委常委、常务副区长王振宇出席会议。张平指出，2017年财税面临的形势非常严峻，造成这种情况的内因，外因很多，相关单位和部门要坚持从内部找问题，坚定信心，推动全区经济不断向好发展，要充分把握财税工作的“三个背景”。

13 日，15 日，安次区分别设立分会场，收听收看全省秋冬季大气污染综合治理攻坚行动电视电话会议和全市《京津冀及周边地区 2017—2018 年秋冬季大气污染综合治理攻坚行动方案》宣贯工作电视电话会议，区长薛振泽，区委常委、常务副区长王振宇，副区长赵玉、汤学军、吕伟出席。

15 日，区政府召开 2017 年第二次全体会议，贯彻落实市委、市政府重点工作会议和市政府第一次全体会议精神，对照年初既定任务清单，总结全区 1 月至 8 月各项重点工作完成情况，研究当前工作中存在的突出问题，动员全区上下进一步统一思想，坚定信心，鼓足干劲，迎难而上，确保完成年度各项目标任务。区长薛振泽，区委常委、常务副区长王振宇，副区长赵玉、黄运然、汤学军、吕伟及区政府党组成员、区政府组成部门主要负责人出席会议。区政协主席马崇浩，区委常委、纪委书记刘海军应邀出席会议。

16 日，安次区设立分会场，收听收看省、市做好党的十九大期间信访稳定安全生产工作会。会议结束后，安次区立即召开会议，安排部署相关工作。区委书记张平，区长薛振泽，区委副书记李军，区委常委、政法委书记解军舰出席会议。张平指出，做好党的十九大期间的安全生产、信访维稳工作至关重要，各级各部门要强化纪律意识，把纪律和规矩挺在前面，严格执行值班制度，确保信息畅通，反馈及时。

21 日，区长薛振泽率队就“9·26”农交会相关筹备工作进行现场调研，并召开调度会。区委常委、政法委书记解军舰，副区长黄运然出席会议。薛振泽强调，相关单位和部门要扎扎实实，提高标准，全力做好各项筹备工作，要牢守安全和稳定底线，做好防恐防爆、消防安全、秩序保障、食品安全等方面工作，为活动开展创造良好条件。

27 日，廊坊市宾馆会议中心三楼大会议室内，共青团廊坊市安次区第一次代表大会在这里隆重召开，126 名来自全区各地的团员代表，肩负着安次共青团员的重托出席盛会，以饱满的政治热情和认真负责的态度，共商安次共青团事业发展大计。区委书记张平，区委副书记李军，区人大常委会主任赵建富，区政协主席马崇浩，区委常委、组织部部长唐福贵，区委常委、宣传部部长寇东，区委常委、办公室主任钱玉兵，副区长吕伟出席大会。

28 日，安次区召开 2017 年科技创新大会，对 2016 年认定的高新技术企业、企业研发中心、科技小巨人、众创空间、孵化器和专利等 62 个符合条件的项目进行奖励，推动全区科技创新工作突破发展。区委书记张平，区长薛振泽，区人大常委会主任赵建富，区委常委、组织部部长唐福贵，副区长吕伟，区政协副主席张冬青出席会议。张平作讲话，薛振泽主持，吕伟宣读《中共廊坊市安次区委廊坊市安次区人民政府关于 2016 年度创新发展工作相关奖励的决定》。

26 日至 29 日，第二十一届中国（廊坊）农产品交易会在廊坊国际会展中心举行。区长薛振泽、副区长黄运然出席活动。农交会上，安次区与鲁能集团有限公司合作的开发建设绿色生态现代农业园区项目在河北省农业项目签约仪式上成功签订合作框架协议，双方将围绕安次区北部绿色生态板块现代农业园区的规划建设，在区域综合开发、东安田园综合体、基础设施（交通基建、生态环境治理）等领域展开全面战略合作。

30日，是中国第四个烈士纪念日，正值新中国成立68周年之际。当天上午，市委书记冯韶慧、市长陈平、区委书记张平、区长薛振泽等市、区领导来到廊坊烈士陵园，与社会各界代表一起，向烈士纪念碑敬献花篮，深切缅怀革命先烈的不朽功绩，继承弘扬革命先烈的崇高精神，表达全体廊坊儿女铭记历史、面向未来，不忘初心、继续前进，励精图治、真抓实干，推动廊坊在全省率先走新路、奋力走前列，加快建设创新驱动经济强市的坚定信念和坚强决心。

10月

1日，安次区组织四套班子机关干部举行“升国旗、唱国歌”活动，共同庆祝中华人民共和国成立68周年，迎接党的十九大胜利召开。区委书记张平、区长薛振泽、区人大常委会主任赵建富、区政协主席马崇浩等区四套班子领导出席活动。四套班子机关干部及区委相关部委机关干部参加活动。区委书记张平带领大家回顾了中华人民共和国建国68年来的光辉历程，总结安次区经济社会各项事业取得的可喜成就。

9日，安次区召开十九大期间环保、安保工作推进动员大会，贯彻落实省、市关于党的十九大期间环保、安保等重点工作部署要求，安排部署安次区党的十九大期间环保、安保工作。区委书记张平，区委副书记、区长薛振泽，区委副书记李军，区人大常委会主任赵建富，区政协主席马崇浩等区四套班子领导出席会议。李军主持会议。张平指出，党的十九大召开在即，各级各部门一定要充分认识做好党的十九大期间环保、安保工作的重大意义，切实增强责任感、使命感，进一步强化担当，提高站位，凝神聚力，全力以赴组织动员各方面力量，在各自的岗位上把责任肩负起来，把工作落到实处，为党的十九大胜利召开营造良好环境。

13日，区长薛振泽率队视察城建系统重点项目建设情况。区领导一行深入后南昌村、国家电投项目施工现场、西南外环施工现场、龙河以南污水管网施工现场等地进行视察，认真听取相关情况汇报，并就具体问题提出指导意见。

14日，区委书记张平率队就安全生产工作进行现场检查。区领导一行深入壹佰剧院、第四中学及周边小午托、中国移动廊坊数据中心、杨税务乡民芦村、红星美凯龙家居广场进行现场检查，并听取相关负责人的情况汇报。张平要求，相关单位和部门要充分认识安全生产的重要性、紧迫性，扎实做好安全生产各项工作，严防各类事故发生，切实保障广大群众生命财产安全。

16日，安次区举行2017年重点项目集中开工现场会，投资27.34亿元的国家电投集团廊坊热电有限公司燃气热电项目等9个重点项目集中开工，总投资45亿元。据悉，当日开工9个项目，涵盖生物制药、大智移云、高端制造、现代服务、民生保障等多个领域，分别落户廊坊高新区、龙河高新区、安次高新技术产业园等。

18日，中国共产党第十九次全国代表大会在人民大会堂开幕，安次区组织收听收看开幕会，认真听取习近平总书记代表十八届中央委员会向大会作的报告。区委书记张平，区委副书记、区长薛振泽，区人大常委会主任赵建富，区政协主席马崇浩等区四套班子领导出席。

27日，党的十九大代表、市委书记冯韶慧深入安次区银河南路街道亿合社区、龙河高新区科技成果孵化园和仇庄乡宋王务村，面对面向基层党员群众宣讲党的十九大精神，在第一时间把党的声音带到最基层、传播到最基层。他强调，全市上下要迅速兴起学习宣传贯彻党的十九大精神的热潮，切实把学习党的十九大精神所焕发出的激情，转化为走新路建强市的精神动力和实际行动，以新气象新作为推进党的十九大精神在廊坊落地生根、开花结果。市委常委、宣传部部长、统战部部长王曦，区委书记张平，区委常委、宣传部部长寇东陪同。

是日，重阳节前夕，安次区召开离退休老干部重阳节座谈会。区委书记张平，区委副书记、区长薛振泽，区委副书记李军，区人大常委会主任赵建富，区政协主席马崇浩等区四套班子领导出席。会上，张平代表区四套班子领导向老干部们致以节日的问候和良好的祝愿，衷心感谢老干部长期以来对区委、区政府工作的理解、帮助和支持。

28日，区委理论学习中心组举行学习会，专题学习贯彻党的十九大精神。区委书记张平，区委副书记、区长薛振泽，区人大常委会主任赵建富，区政协主席马崇浩等区四套班子领导出席会议。会上，与会人员集中学习中国共产党第十九次全国代表大会精神。张平指出，学习宣传贯彻党的十九大精神是当前和今后一段时期的首要政治任务，全区上下要原原本本、原汁原味学习领会党的十九大精神的丰富内涵，反复学习，学深悟透。

是日，安次区召开当前重点工作推进会议，庆祝党的十九大胜利闭幕，贯彻落实党的十九大精神及安排部署当前各项重点工作，全面掀起学习、宣传、贯彻落实党的十九大精神的热潮。区委书记张平，区委副书记、区长薛振泽，区人大常委会主任赵建富、区政协主席马崇浩等区四套班子领导出席会议。

30日，区委书记张平、区长薛振泽率队深入龙河高新区，就园区当前重点工作进展情况进行调研，并召开调度会。区委常委、常务副区长王振宇，区委常委、组织部部长唐福贵出席会议。张平指出，龙河高新区在安次区扮演着举足轻重、不可或缺的角色，承担着推进安次区第六次党代会确定的211战略任务的重担。薛振泽指出，龙河高新区发展方兴未艾，肩负着安次未来发展的希望。2017年龙河高新区在税收、固定资产投资等方面为全区经济社会发展做出了重要贡献，园区村街改造提升走在了全区的前列，基础设施和项目建设有了新进展，工作成绩值得肯定。

11 月

8 日，中国共产党廊坊市安次区第六届委员会第二次全体会议在廊坊宾馆召开。全会深入学习宣传贯彻党的十九大精神，落实省委第九届五次全会、市委六届三次全会工作部署，进一步动员全区上下以习近平新时代中国特色社会主义思想为指引，自觉践行“四个意识”，牢固树立“四个自信”，为率先实现全面小康社会、奋力开创新时代建设强区新城新局面、谱写中华民族伟大复兴中国梦的安次篇章而努力奋斗。出席全会的有，区委委员 34 人，区委候补委员 8 人。全会由区委常委会主持。区委书记张平在第一次全体会议和第二次全体会议上讲话。区委副书记、区长薛振泽主持第一次全体会议。全会进行分组讨论，认真学习党的十九大报告、中央纪律检查委员会工作报告、《中国共产党章程（修正案）》，认真学习省委九届五次全会精神、市委六届三次全会精神；审议通过《中共廊坊市安次区委关于深入学习宣传贯彻党的十九大精神奋力开创新时代建设强区新城新局面的决定》《中国共产党廊坊市安次区第六届委员会第二次全体会议决议》。

9 日，区委书记张平率队就冬季供暖工作进行实地视察。区委常委、办公室主任钱玉兵，副区长吕伟陪同视察。张平一行深入汇源热力公司、常甫热力站、阳光供热站、银河供热站等地进行实地视察，听取相关负责人的情况汇报，并就相关问题提出具体意见。

12 日，市委书记冯韶慧来安次区就城区集中供暖工作和污水处理厂工程进展情况进行检查。市委常委、秘书长、政法委书记张金波，副市长王凯军，区委书记张平，副区长吕伟陪同。冯韶慧首先深入凯发新泉污水处理厂改扩建工程现场进行检查，认真听取相关情况汇报，并提出具体意见。随后，冯韶慧来到南城热力有限公司银河供热站检查城区集中供暖工作情况。

13 日，区委副书记、区长薛振泽深入码头镇政府、码头镇东安庄村、蓝菱华远包装印刷有限公司，用群众能听懂、听得明白的语言，为基层党员群众解读党的十九大报告，讲解群众关心、关注的事项，深入宣讲党的十九大精神。薛振泽指出，党的十九大是一次不忘初心、牢记使命、高举旗帜、团结奋进的大会，对于决胜全面建成小康社会、开启全面建设社会主义现代化国家新征程，具有划时代的重大意义。

14 日，省委常委、统战部部长、省财政厅厅长高志立率队来安次区就学习贯彻党的十九大精神、全面加强统一战线领域各项工作进行调研。市委副书记、市长陈平，市委常委、宣传部部长、统战部部长王曦，区委书记张平，区委常委、统战部部长王俊杰，区委常委、办公室主任钱玉兵陪同调研。高志立一行深入廊坊市清真寺进行实地走访调研，详细了解安次区学习贯彻党的十九大精神情况和统战领域各项工作开展情况。高志立对安次区学习宣传贯彻党的十九大精神及统战工作给予了充分肯定。他指出，学习宣传贯彻党的十九大精神是当前和今后一个时期的首要政治任务，也是一个长期任务。要全方位、多角度、立体式地开展宣讲，迅速掀起学习宣传贯彻党的十九大精神的热潮。

是日，区委召开2017年议军会议，全面贯彻习近平总书记关于国防和军队建设的系列重要讲话精神，深入落实省委、市委议军会议精神，围绕党的十九大关于新时代党的强军思想，结合安次实际，研究解决安次区国防后备力量建设中的相关问题。区委书记、区人武部党委第一书记张平主持会议并讲话，区委副书记、区长薛振泽，区委副书记李军，区委常委、常务副区长王振宇，区委常委、办公室主任钱玉兵，副区长黄运然，区人武部部长马建强出席会议。

15日，区委书记张平走访看望集中供养儿童，并到东沽港镇调研。区委常委、办公室主任钱玉兵，副区长赵玉、黄运然陪同。张平首先看望了廊坊市第十二中学集中供养儿童和码头镇孙披庄村分散供养儿童晁阳阳，详细了解他们的基本情况，向他们赠送慰问品，并鼓励他们坚定信心，克服困难，努力学习，长大后多为家乡发展做贡献，为实现中华民族伟大复兴的中国梦贡献力量。张平叮嘱相关单位和部门，一定要将党和政府的关怀送到孩子们身边，帮助他们解决实际困难，为他们健康成长创造良好条件。随后，张平就秋冬季大气污染防治工作和“煤改气”工程，深入东沽港镇洸远金属制品有限公司和外澜城村等地进行实地调研。

16日，安次区召开农村土地确权和“两违”拆除工作调度会。区委书记张平，区长薛振泽，副区长黄运然、吕伟出席会议。张平指出，农村土地确权和“两违”拆除工作是省、市部署的政治任务，是全区发展的抓手工程，是广大百姓的强烈要求。相关单位和部门要进一步提高政治站位，认清工作形势，加大工作力度，集中力量发起“总攻”确保按时保质保量完成各项工作任务。

19日，区委书记张平主持召开区委理论学习中心组学习会议，带领区四套班子党员领导干部重温入党誓词，学习宣传贯彻党的十九大精神。区委副书记、区长薛振泽等区四套班子领导出席会议。张平强调，全区上下要认真学习宣传贯彻党的十九大精神，坚决维护习近平总书记在党中央和全党的核心地位，坚决维护党中央权威和集中统一领导，不忘初心，砥砺前行，奋力开创新时代建设强区新城新局面。

23日，区长薛振泽率队实地视察重点项目建设情况，现场协调解决具体问题，以实实在在的行动贯彻落实党的十九大精神。薛振泽一行深入国家电投项目施工现场、西南环线项目现场、永兴路南延项目现场等地进行实地视察，认真听取相关负责人的情况汇报，并就具体问题现场办公，提出指导意见，明确任务完成时限和标准。副区长吕伟陪同。

12月

3日，安次区召开2018年重点工作谋划会，安排部署相关工作。区委书记张平、区长薛振泽、区委副书记李军、区人大常委会主任赵建富、区政协主席马崇浩等区四套班子领导出席会议。张平指出，正值2017年工作收官和2018年工作开局的重要时期，各位区领导要对分管工作心中有数，认真查找差距和不足，主动对接上级相关部门，做好迎接考核等工作，确保2017年相关工作任务完成。要结合区情实际，认真谋划2018年整体工作，为2018年各项工作开好局、起好步奠定坚实基础。

4日，安次区召开重点工作大督查工作部署会议，深入贯彻落实省、市重点工作大督查动员部署会议精神，安排部署相关工作，标志着全区重点工作大督查全面展开。区委书记张平，区委副书记、区长薛振泽，市重点工作督查第五督查组组长、市工商局副局长、党组成员李暗柳，区委副书记李军，区委常委、常务副区长王振宇，区委常委、纪委书记刘海军，区委常委、组织部部长唐福贵，区委常委、办公室主任钱玉兵及市督查组成员出席会议。李军主持会议。

7日，区委书记张平率队就全区取暖工作进行视察。区委常委、办公室主任钱玉兵陪同视察。张平一行深入北史家务乡王庄小学、杨税务乡2户困难户家庭及铭顺公司燃气网络监控平台等地进行实地视察，听取相关负责人情况汇报，详细了解供热设备取暖效果和运行情况，以及设备的日常维护和技术保障情况等，并就相关问题提出具体意见。

8日，安次区召开扶贫脱贫工作推进会，全面贯彻落实党的十九大精神，全力打赢脱贫攻坚战。市重点工作督查第五督查组组长、市工商局副局长、党组成员李暗柳，区四套班子领导出席会议。区委书记张平作讲话并为中国宏泰产业市镇发展有限公司颁发荣誉证书，区委副书记、区长薛振泽主持会议并为廊坊市龙茂华园区建设投资有限公司负责人颁发荣誉证书，区委副书记李军宣读《廊坊市安次区扶贫开发领导小组关于建档立卡贫困户结对帮扶工作的实施方案》，区人大常委会主任赵建富、区政协主席马崇浩分别接受宏泰公司、龙茂华公司负责人捐赠牌。

是日，安次区召开组织千名干部进村入户开展“三送、三清、三查”活动动员会，全面贯彻落实省、市主要领导关于确保群众温暖过冬的重要指示精神，响应全市万名干部进村入户活动，安排部署相关工作。区委书记张平讲话，区长薛振泽主持会议。

12日，廊坊市安次区人民政府办公室《关于印发<廊坊市安次区发展改革局主要职责内设机构和机构编制规定>的通知》（廊安政办〔2017〕10号）精神，原区商务局、原区粮食局承担的全部职责划入区发展改革局。廊坊市安次区人民政府办公室《关于印发<廊坊市安次区民政局主要职责内设机构和机构编制规定>的通知》（廊安政办〔2017〕11号）精神，原区社区办、民政局整合为区民政局。廊坊市安次区人民政府办公室《关于印发<廊坊市安次区农业局主要职责内设机构和机构编制规定>的通知》（廊安政办〔2017〕12号）精神，原区畜牧兽医局、农业局整合为区农业局。廊坊市安次区人民政府办公室《关于印发<廊坊市安次区财政局主要职责内设机构和机构编制规定>的通知》（廊安政办〔2017〕13号）精神，原廊坊市安次区人民政府农业开发办公室于2017年底合并至安次区财政局，与财政局合署办公。廊坊市安次区人民政府办公室《关于印发<廊坊市安次区市场监督管理局主要职责内设机构和人员编制规定>》的通知（廊安政办〔2017〕14 号）精神，设立廊坊市安次区市场监督管理局，将原区政府食品安全委员会办公室、区工商行政管理局、区质量技术监督局、区食品药品监督管理局承担的全部职责划入区市场监督管理局。廊坊市安次区人民政府办公室《关于印发<廊坊市安次区卫生和计划生育局主要职责内设机构和人员编制规定>》的通知（廊安政办〔2017〕15 号）精神，原区卫生局、计生局整合为区卫生和计划生育局。

15 日，区委书记张平深入仇庄乡走访看望帮扶贫困户，为他们送去米、面、油等慰问品及党和政府的关怀。张平一行首先来到仇庄乡幸福村村民景卫民家中。关切地询问他们一家的生活情况，鼓励他们要以积极向上的心态面对目前的困难，要相信在党和政府的关怀和帮助下，他们的家庭困境一定会逐步好转，并叮嘱相关干部，要进一步加大因病致贫家庭帮扶力度，千方百计多为他们解决生活中的实际困难和问题。随后，张平到仇庄乡建设村村民王术军家中并详细询问他们一家人的生活情况，叮嘱他们要保重身体，并要求相关单位和部门详细了解掌握贫困户的家庭人口、致贫原因、存在困难、迫切需要等情况，诊好病根，一户一策，有针对性地制定帮扶办法。要充分利用全区资源，为贫困户排忧解难，让贫困户切实享受经济发展成果。

16 日，区委召开第三十三次常委会议，研究省委第九巡视组对安次区巡视工作反馈意见，部署安次区整改落实工作。区委书记张平，区委副书记、区长薛振泽等区四套班子领导出席会议。张平主持会议。张平指出，省委巡视组反馈的意见，为区委、区政府的领导们敲响警钟，拉响警报，是极大的警醒。区委、区政府的领导们要高度重视，提高政治站位，切实把思想和行动统一到省委的决策部署上来，统一到省委巡视组的工作要求上来。

18 日，安次区召开今冬明春火灾防控、消防安全隐患大排查大整治暨“八清零”工作调度会，会议分两阶段进行。区长薛振泽，副区长汤学军、吕伟出席会议。第一阶段，薛振泽就今冬明春火灾防控、消防安全隐患大排查大整治工作讲了意见。第二阶段薛振泽对源头至霾“八清零”工作进行安排部署。

19 日，区长薛振泽就贫困户慰问及《安全生产法》宣贯工作深入码头镇调研。区领导一行深入码头镇史庄村贫困户娄林勤、史洪波家，济南屯村贫困户王军家进行慰问，详细了解他们的健康、收入、子女就学等情况，并鼓励他们以积极向上的心态面对困难，早日脱贫致富。薛振泽叮嘱相关单位和部门要加大贫困家庭帮扶力度，详细了解掌握致贫原因、存在困难等情况，有针对性地开展帮扶，为他们解决生活中的实际困难和问题。要积极做好教育扶贫工作，努力为贫困家庭子女从接受义务教育到上大学提供保障，让他们感受到党和政府的温暖。随后，薛振泽就《安全生产法》宣贯工作召开会议，并听取码头镇《安全生产法》宣贯工作汇报。他要求，相关单位和部门要加大《安全生产法》宣贯力度，对企业、责任单位等有针对性地开展宣传，提高他们的安全生产意识。要做好民办幼儿园安全工作，采取授课、演练等形式开展宣传，提高幼儿的安全意识和自救能力。要加强“气代煤”工程安全宣传，不断提高百姓安全用气意识。要加大隐患排查力度，围绕重点领域加大检查力度，建立台账，发现问题立即整改。

23日，区委书记张平主持召开区委理论学习中心组学习会议。区委副书记、区长薛振泽，区委副书记李军，区人大常委会主任赵建富，区政协主席马崇浩等区四套班子领导出席会议。会上，与会人员认真学习党的十九大报告、长篇通讯《习近平：新时代的领路人》《弘扬"红船精神"走在时代前列、习近平谈治国理政（第二卷）》等。

安次概况

地　理

【区域位置】　安次区为廊坊市市辖区，位于河北省东北部。地处东经116°23′52″～116°53′41″，北纬39°08′28″～39°37′30″之间。安次区东与天津武清区连接，东南与武清区，南与霸州市为邻，西与永清县交界，北部紧邻广阳区。安次区距省会石家庄280公里，距北京、天津各60公里。距首都机场和天津机场各70公里，距天津港100公里，距京唐港、黄骅港各200公里，距秦皇岛港300公里。

【地势地貌】　辖区地属河北平原中的低平原部分，系永定河冲积物堆积而成，地形演变符合河流沉积规律。永定河故道遗迹，决口处甚多，属于典型的冲积平原地段。槽型洼地多见，沉积物交潜分布，河床两侧沉积物堆积形成缓岗、洼地重复出现，主要地貌类型为其冲积形成的缓岗、坡地、洼地，小地貌类型包括缓岗、小坡地、小低平地、小浅平洼地，以及河流沙滩等局部沙丘残留。受地壳运动影响，辖区处于凹陷区。随着地壳下沉，地表逐渐被第四纪沉降物堆积，使新生界地层沉降厚度较大，地貌比较平缓、单调，以平原为主，高程在2.5米—30米之间，平均海拔13米。由于大自然和人类活动影响，区域内微地貌差异性大，地形变化复杂，缓岗、洼地、沙丘、小型冲积堆遍布，地貌呈现“大平”“小不平”状态、整个区域地貌向天津海河下游逐渐低倾。

（区方志办）

气　候

【概述】　廊坊市安次区属于暖温带半干旱半湿润季风气候，其特点是冬季多西北风，寒冷干燥；夏季多偏南风，湿润多雨；春季干旱多风，气温多变；秋季风和日丽。具有四季分明、寒暑交错、干湿界限明显等特点。多年平均气温11.9℃；极端最高气温40.3℃，极端最低气温－25.5℃，平均气温年较差30.6℃，最大日较差27.3℃。0℃以上持续期286天。作物生长期平均242天，无霜期平均198天，最长256天，最短175天。年平均日照数2659.9小时。年平均降水量555.7毫米，年平均降水日数98.8天。极端最大降水量1087.0毫米（公元1994年），最小降水272.9毫米（公元1972年）。最大降水量在每年6月至8月，7月最多。

春季（3月—5月）气温回升迅速，平均从2月25日开始稳定通过0℃，各种植物开始萌芽，小麦返青。平均4月4日稳定通过10℃，各种喜温作物开始生长。光照资源为四季之首。由于春季是冷暖空气频繁交替的时节，因而天气多变，冷暖无常，大风天气较多，蒸发量大，降水少。

夏季（6月—8月）受太阳北移影响，气温继续上升，是全年最热的月份。夏季盛行西南风，暖湿的偏南风带来丰沛的水汽，降水日渐增多，是大雨、暴雨最集中的时段，降水高度集中，容易造成降水资源利用率不高，同时因降水强度大，往往沥涝成灾。

秋季（9月—11月）日夜温度差加大。随着夏季风的减弱，降水逐渐减少，秋季来临，气温开始下降，北风开始加大，天高云淡，光照充足。这一时期冷热适中，但若有冷暖空气交汇而造成秋雨，则雨后气温下降明显，故有“一场秋雨一场凉之说”。通常情况下在9月中旬气温即降至20℃以下，10月中旬普遍出现初霜冻。

冬季（12月—次年2月）多有极地冷空气南下影响廊坊市，偏北风增多，天气寒冷、干燥。其中1月份是一年中最冷的月份。冬季最低气温一般在-10℃至-20℃。冬季是全年降水量最少的季节。

【气象资料分析】 1. 降水。由于廊坊市位于燕山南麓，暖湿气流遇到山坡被抬升容易使降水增大的缘故。降水的四季分布不均匀，主要集中在夏季，6月至8月份降水量占年降水量的71.8%~74.2%。而夏季的降水量常常集中在几次暴雨过程中，因此，每年暴雨次数的多少决定了当年的旱涝情况。廊坊市不仅四季降水量差别大，年际变化也相当悬殊。安次区1994年年降水量为1087.0毫米是1972年年降水量272.9毫米的4倍。

2012年至2017年安次区降水量（图1）中2014年和2017年属于历史上降水异常偏少年份，2012年和2015年属于降水偏多年份，2013年和2016年属于降水正常年份。每年的7月至9月份为降水比较集中的月份，占年降水量的70%以上。

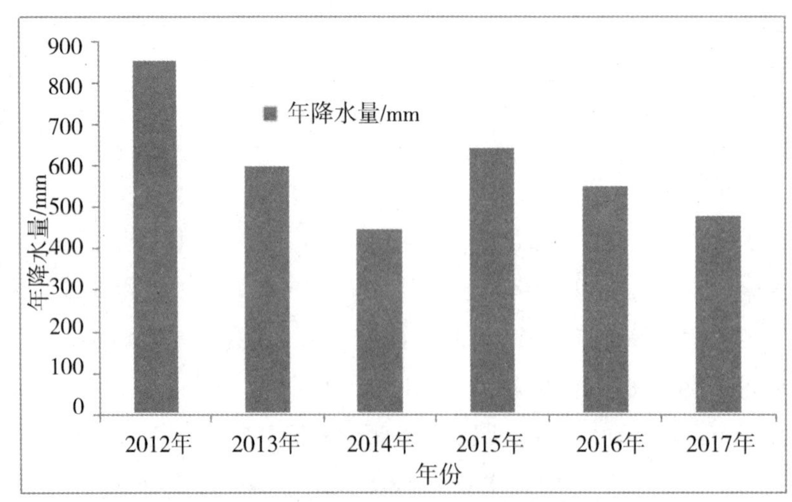

图1　2012-2017年降水量/毫米

2012年平均降水量为855.9毫米，比常年（513.5毫米）偏多66.7%，属于降水异常偏多年份。各月平均降水量与同期气候平均值比较来看，3 月、4 月、6 月、7 月、9 月、11 月和 12 月降水偏多，其中 4 月、7 月、11 月、12 月降水量较常年同期异常偏多；9 月显著偏多，3 月和 6 月接近常年；其他月份比常年同期偏少，特别是 1 月和 2 月降水量异常偏少。

2013 年平均降水量为 599 毫米，比常年（513.5 毫米）偏多 16.7%，属于降水正常年份。各月平均降水量与同期气候平均值比较来看，6 月、7 月、8 月和 9 月降水偏多，其中 9 月降水量较常年同期异常偏多；6 月显著偏多，7 月和 8 月接近常年；其他月份比常年同期偏少，特别是 4 月、5 月和 11 月降水量异常偏少。

2014 年平均降水量为 446.9 毫米，比常年（513.5 毫米）偏少 13.0%，属于降水偏少年份。各月平均降水量与同期气候平均值比较来看，1 月、3 月、7 月至 8 月、10 月至 12 月降水均偏少，其中 1 月、3 月和 11 月降水量较常年同期异常偏少；7 月显著偏少，8 月和 10 月接近常年；其他月份比常年同期偏多，其中 9 月降水量显著偏多。

2015 年平均降水量为 641.7 毫米，比常年（513.5 毫米）偏多 25.0%，属于降水偏多年份。各月平均降水量与同期气候平均值比较来看，2 月、4 月至 5 月、7 月、9 月和 11 月降水偏多，其中 2 月、9 月和 11 月降水量较常年同期异常偏多；5 月显著偏多；其他月份比常年同期偏少，特别是 3 月降水量异常偏少。

2016 年平均降水量为 551.9 毫米，比常年（513.5 毫米）偏多 7.5%，属于降水正常年份。各月平均降水量与同期气候平均值比较来看，2 月、5 月至 7 月和 10 月降水偏多，其中 2 月和 10 月降水量较常年同期异常偏多；6 月、7 月显著偏多，5 月接近常年；其他月份比常年同期偏少，特别是 3 月和 12 月降水量异常偏少。

2017 年平均降水量为 479.9 毫米，比常年（513.5 毫米）偏少 6.5%，属于历史上降水偏少年份。从各月全市平均降水量与同期气候平均值比较来看，3 月、6 月、8 月和 10 月降水较常年同期偏多 15% ~288% 不等，其中 10 月降水量达到 93.6 毫米，偏多 288.4%，除上述月份以外，其他时段降水较常年同期均不同程度偏少，11 月偏少最多为 100%，其余偏少 2% ~97% 不等。

2. 气温。廊坊市年平均气温为 11.8℃ ~12.8℃，最热月为 7 月，月平均气温为 26.0℃ ~27.1℃，最冷月为 1 月，月平均气温为 -4.8℃ ~ -3.8℃，气温年较差为 30.6℃ ~31.2℃。极端最高气温为 40.3℃ ~41.9℃，出现在 6 月或 7 月。极端最低气温为 -24.4℃ ~19.9℃，出现在 12 月或次年 1 月。气温日较差多年平均为 10.9℃ ~12.0℃，其中春季日较差最大，平均为 12.7℃ ~ 13.4℃，夏季为 10.1℃ ~ 10.7℃，秋季为 11.2℃ ~ 12.3℃，冬季为 10.8℃ ~11.8℃。

2012 年至 2017 年安次区年平均气温（图 2）中 2012 年、2013 年属于气温正常年份，2014、2017 年均属于气温偏高年份。

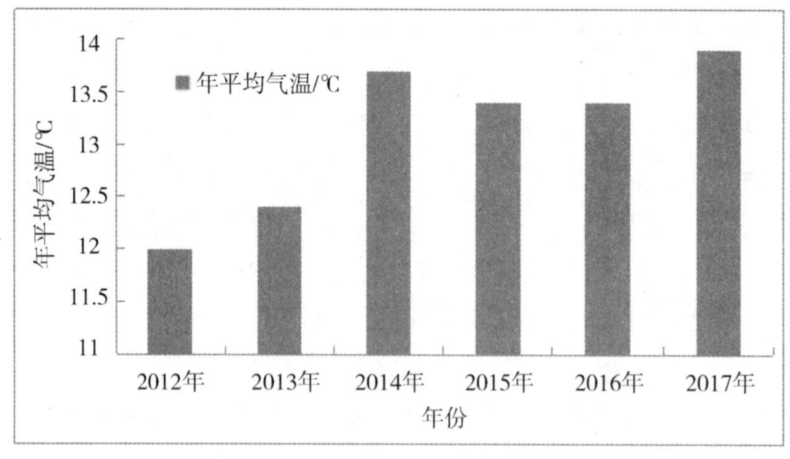

图2 2012－2017年平均气温/℃

2012年平均气温为12.0℃，较常年（12.3℃）偏低0.3℃。各旬平均气温与同期气候平均值比较来看，2月上旬、12月上旬、12月下旬气温异常偏低；1月下旬、3月上旬、3月中旬显著偏低；5月上旬异常偏高，4月中旬显著偏高；其余大部分时段接近常年。

2013年平均气温为12.4℃，较常年（12.3℃）偏高0.1℃。全年大部分时段气温接近常年或偏高，仅1月上旬、4月中旬比常年异常偏低，3月下旬、4月上旬、6月中旬比常年显著偏低。

2014年平均气温为13.7℃，较常年（12.3℃）偏高1.4℃。年极端最高气温40.3℃，最低气温－10.9℃，属于历史上气温偏高年份。全年大部分时段气温接近常年或偏高，其中1月上旬、1月下旬、3月中旬、3月下旬、4月上旬、5月下旬、12月下旬比常年异常偏高，1月中旬、4月下旬、7月中旬、10月下旬、11月下旬比常年显著偏高。

2015年平均气温为13.4℃，较常年（12.3℃）偏高1.1℃。年极端最高气温38.8℃，最低气温－9.3℃。全年大部分时段气温接近常年或偏高，其中1月上旬、1月中旬、2月中旬、3月下旬和4月上旬比常年异常偏高，1月下旬、2月上旬、3月中旬、5月下旬、8月中旬和10月中旬比常年显著偏高，只有11月下旬比常年异常偏低。

2016年平均气温为13.4℃，较常年（12.3℃）偏高1.1℃。年极端最高气温37.2℃，最低气温－15.2℃。属于历史上气温偏高年份。旬平均气温的变化显示全年大部分时段气温接近常年同期或偏高。

2017年全市平均气温为13.9℃，较常年（12.3℃）偏高1.6℃，属于历史上气温偏高年份。全市年极端最高气温为39.0℃，6月15日出现在三河，年极端最低气温为－15.2℃，1月20日出现在霸州，市区年极端最高气温为38.8℃，出现在8月4日，年极端最低气温为－11.0℃，出现在1月23日。

3. 积温和霜冻。2012年至2017年稳定通过0℃的平均活动积温为4787.8度．日～5130.7度．日，呈现逐渐增加的趋势；稳定通过10℃的平均活动积温为2395.5度．日～2567.8度．

日，呈现波动增加的趋势。

对于农作物来讲，大多数喜温作物，当地面温度降至0℃或0℃以下时，就会遭受霜冻的危害。农业生产中，常以地面最低温度≤0℃的初日、终日及其终日至初日的天数即无霜期作为衡量作物大田生长时期的长短。根据多年累计资料，廊坊市每年霜冻出现及结束日期变幅较大。平均无霜期初日出现在4月1日，平均无霜期终日出现在10月18日，多年平均无霜期202天。

4. 日照。2012年到2017年年日照小时数分布不均，多数较常年日照时数偏少（2012年到2017年日照小时数变化趋势见图3）。

2012年安次区均日照时数为2570.2小时，比常年增加6.2%，属于日照正常年份。2013年安次区平均日照时数为2341小时，比常年偏少，属于日照异常偏少年份。2014年安次区平均日照时数为2487.8小时，比常年偏少，属于日照显著偏少年份。2015年安次区平均日照时数为2439.7小时，比常年偏少，属于日照异常偏少年份。2016年安次区平均日照时数为2487小时，比常年偏少，属于日照显著偏少年份。2017年平均日照时数为2683.6小时，属于日照比常年偏多年份。

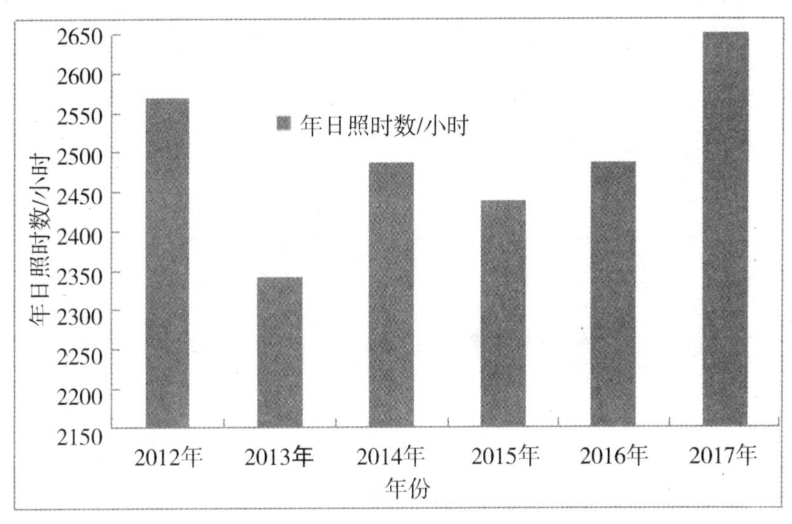

图3　2012－2017年日照小时数

【主要气象灾害及其影响】　1. 干旱。干旱通常指淡水总量少，不足以满足人的生存和经济发展的气候现象，一般是长期的现象，干旱是人类面临的主要自然灾害。虽然安次区年降水量正常，但阶段性干旱特点依然明显。

2012年1月到2月安次区降水比常年明显偏少，连续两个月无有效降水，使旱情逐渐发展，到3月中旬，达到中等干旱程度。4月下旬出现一次明显降水过程，降水较常年偏多，旱情有所缓解。另外，6月中旬安次区也出现了轻度干旱。上半年的干旱对农业生产造成了不同程度的影响。

2013 年 1 月份至 3 月份期间安次区降水较常年同期正常或偏少，4 月份至 5 月份降水较常年同期偏少 9 成，属于异常偏少时段，4 月中旬开始安次区达到轻度干旱，4 月下旬降水至 5 月上旬干旱持续发展达到中等干旱程度，5 月中下旬至 6 月上旬进一步发展为重度干旱。另外，11 月中下旬至 12 月也出现了不同程度的阶段性旱情。

2013 年 12 月 18 日至 2014 年 2 月 6 日，安次区连续 50 天无有效降水，对小麦安全越冬构成了威胁。2 月 28 日至 4 月 10 日安次区连续 40 天无有效降水，旱情进一步加重，3 月下旬至 4 月中旬达到中等干旱程度。另外 7 月至 8 月、11 月至 12 月降水较常年不同程度偏少，出现阶段性旱情。

2015 年出现 2 个不同程度的气象干旱时段。1 月至 2 月中旬、6 月至 7 月上旬安次区降水量较常年偏少，降水的偏少使 1 月、2 月中旬、7 月上旬至 7 月 17 日安次区出现了轻度至中度干旱。随后 7 月 18 日、8 月上旬安次区出现两场降雨天气过程，旱情得到缓解。

2016 年 8 月、9 月安次区降水量较常年偏少 3 成～5 成。整个 9 月至 10 月上旬安次区出现轻度干旱。10 月 7 日前后出现明显降雨天气过程，旱情得到缓解。

2017 年春季和深秋至冬季，廊坊市出现阶段性干旱。其中，4 月份，廊坊市仅部分地区出现小雨或零星小雨天气，最大雨量仅有 1.8 毫米，全市平均降水量较常年偏少 97.7%；5 月中上旬，廊坊市仅出现一次弱降雨天气，降水异常偏少，造成廊坊市大部分地区表墒较差，对冬小麦生长及春播造成一定不利影响。进入 10 月下旬后，除文安和大城在 12 月 14 日出现少量降雪外，其余各县（市）自 10 月 22 日后连续 70 余天无降水。

2. 风沙。多年平均出现大风日数为 14 天，但是 7 月底到 8 月初的局地性雷雨大风天气，影响范围虽然不大，但造成了部分地区基础设施和农作物受灾，损失比较严重。

扬沙是由于本地或附近尘沙被风吹起而造成的。在气象学上将浮尘，强度最弱的叫浮尘天气，浮尘是由于远地或本地产生沙尘暴或扬沙后，尘沙等细粒浮游空中而形成，俗称“落黄沙”。

2012 年到 2016 年安次区没有出现沙尘暴天气，出现扬沙天气 13 次，其中 2012 年 4 次，2013 年 3 次，2014 年 3 次，2015 年 3 次，2016 年没有出现扬沙和浮尘天气，2017 年出现了 1 次沙尘暴天气，5 月 4 日—5 月 5 日出现了近 10 年来范围最大、强度最强的大风沙尘天气。此次天气过程中，落垡镇瞬时极大风速 23 米/秒（风力 9 级），在强风作用下，上游源地大量沙尘输送至本地后沉降或被扬起，形成区域性的浮尘和扬沙天气，致使多个时段能见度不足 2 千米。除了本次沙尘天气以外其余时间未出现沙尘天气，本地区的扬沙和浮尘天气明显减少，说明本地区园林绿化和大气污染防治效果显著。

3. 雾霾。雾是由大量悬浮在近地面空气中的微小水滴或冰晶组成的气溶胶系统，是近地面层空气中水汽凝结（或凝华）的产物。全区出现大雾天气的天数每年都不一样，具有明显的变化性，廊坊市年平均大雾日数为 20.5 天，安次区常年平均出现雾的日数 23 天。2012 年至 2017 年安次区出现大雾 87 日，其中 2012 年 6 天，2013 年 14 天，2014 年 12 天，2015 年

17 天，2016 年 19 天。2017 年 19 天其中部分过程的最小能见度不足 50 米，对交通造成了严重影响。

霾也称灰霾（烟霞）空气中的灰尘、硫酸、硝酸、有机碳氢化合物等粒子也能使大气混浊、视野模糊并导致能见度恶化。如果水平能见度小于 10000 米时，将这种非水成物组成的气溶胶系统造成的视程障碍称为霾（Haze）或灰霾（Dust－haze）。2012 年至 2017 年安次区出现霾 324 日。其中 2013 年 92 次，2014 年 66 次，2015 年 87 次，2016 年 53 次，2017 年 26 次。

4. 冰雹。冰雹（Hail）是一些小如绿豆、黄豆，大似栗子、鸡蛋的冰粒。冰雹是廊坊市夏半年主要的灾害性天气之一。廊坊市每年在 4 月—10 月都可出现冰雹。廊坊的冰雹以 6 月份出现的机率最高，其次是 5 月和 7 月，这 3 个月内出现的冰雹日数占总日数的 69%。冰雹发生的时间主要是在午后的 13 时至前半夜的 23 时前，此期间出现的雹日数占总日数的 87%。冰雹持续时间多为 1 分钟—15 分钟，在 10 分钟以上的占 20%。

廊坊市每年都会不同程度的遭受冰雹的影响，带来粮食减产等不利影响。安次区冰雹天气发生次数较少，2012 年至 2014 年本区没有冰雹的观测记录，2015 年出现冰雹 1 次，2016 年出现 2 次，2017 年未出现冰雹。

5. 雷暴。雷暴（Thunderstorms）是伴有雷击和闪电的局地对流性天气。雷暴是一种局地的但却很猛烈的灾害性天气，具有极强的破坏性，直接威胁着人们的生命和财产安全。它能毁坏通信、电力设施以及油库、气站和建筑物等，引起火灾，造成严重损失。

雷暴为灾害天气之首，具有明显的季节性，雷暴主要发生在春、夏季，全区全年平均出现雷暴天气 10 余次至 30 余次不等，常年雷暴日数 31 天。最早雷暴日是 3 月，出现在霸州。最晚的雷暴发生在 11 月。2012 年是安次区雷暴日数出现较多的年份（见图 4），为 28 次，造成了不同程度的经济损失。雷暴最明显的天气特点就是与其他天气相伴出现。统计结果表明，

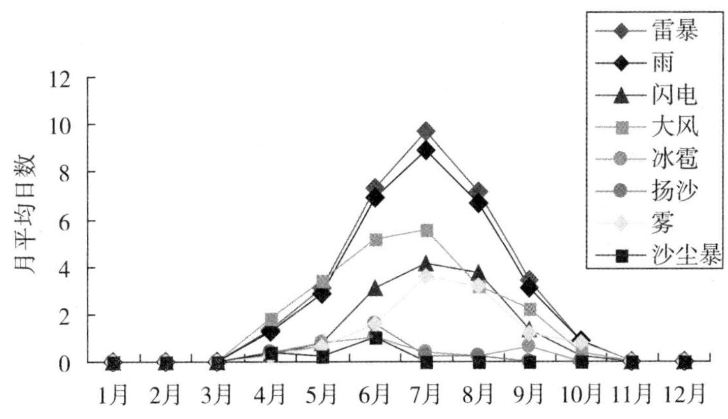

图 4　安次单站雷暴的天气特点（公元 2012 年）

在雷暴日中，平均有92.5%与降水天气相伴出现，8.2%伴随大风，分别有3.5%和2.5%伴有雾和冰雹，此外，个别站还出现过沙尘暴，因此对于雷暴的预报往往不是单一的。

6. 暴雨。24小时降水量为50毫米或以上的强降雨称为“暴雨”。统计表明，廊坊市暴雨具有明显的季节特征，主要发生在4月—10月，并主要集中在7月—8月。暴雨以100毫米以内出现为最多；大暴雨日占暴雨总数的8.2%~27%，大于且等于200毫米的特大暴雨占0%~2%，平均暴雨强度71.7毫米/日~84.3毫米/日。

廊坊市最早的暴雨出现安次地区，发生在1998年4月22日。本地区暴雨的产生时间以夜间发生频率为最高。安次站产生暴雨，持续降水时间一般需要6小时~20小时。其中从20时延续的次数最多，其次，22时~凌晨4时为暴雨开始发生的另一高峰时段，降水持续时间小于且等于3小时和大于且等于20小时的个例安次区只有14.3%。

2012年按降水过程统计，有1次区域性达暴雨天气过程，7月20日至21日（全市过程平均降水量162.9毫米，下同），有1次区域性暴雨天气过程，7月30日至7月31日（全市过程平均降水量55.7毫米）。2013年降水天气过程统计，有1次达到区域性（4个市县及以上）暴雨标准，即7月8日至7月9日（全市过程平均降水量46.4毫米）。2014年至2015年未出现区域性暴雨天气过程，以局地暴雨为主。2016年出现1次区域性大暴雨天气过程，7月19日至7月20日（全市过程平均降水量162.9毫米）。2017年出现3次区域性大暴雨天气过程，6月21日至6月24日（全市过程平均降雨量为65.0毫米）、7月5日至7月7日（全市过程平均降雨量为57.8毫米）和10月8日至10月10日（全市过程平均降水量75.0毫米）。安次区从2012年到2017年的暴雨及大暴雨天气给局部地区造成道路积水，引发交通不便，同时也造成不同程度的经济损失。

7. 高温。高温，词义为较高的温度。在不同的情况下所指的具体数值不同；日最高气温达到35℃以上，就是高温天气。高温天气会给人体健康、交通、用水、用电等方面带来严重影响。廊坊市有记录以来极端最高气温40.3℃。2012年安次区最高气温达到35℃为7天，其中2012年6月7日最高气温达到38.5℃。2013年安次区最高气温达到35℃为10天，其中2013年7月24日最高气温达到38.3℃。2014年安次区最高气温达到35℃为16天，其中2014年5月29日最高气温达到40.3℃。2015年安次区最高气温达到35℃为7天，其中2015年7月13日最高气温达到38.8℃。2016年安次区最高气温达到35℃为5天，其中2016年6月25日最高气温达到37.2℃。2017年安次区最高气温超过35℃为23天，天数明显增多，其中2017年8月4日最高气温达到38.8℃。

（张艳艳）

河　流

安次区境内现有永定河、龙河、老龙河三条河流。

永定河是海河北系主要水系之一，发源于山西省雁北地区。永定河是国家重点防守四大江河之一，也是洪水易发漫溢决口变迁的河道，1271 年至 1911 年的 640 年间，曾发生 124 次决口，洪水 5 次进袭北京城，8 次淹没天津，1924 年卢沟桥洪峰流量多达 4900 立方米/秒。1939 年梁各庄决口后永定河由故道地区变迁至泛区。2004 年至 2011 年间，永定河无径流。

龙河源于大兴节城乡，在原安次区长 36.6 公里，面积 344.82 平方公里。1974 年、1975 年按二十年一遇标准疏挖河道 32.4 公里，下口流量 203.2 立方米/秒，建闸 6 座，桥 13 座。龙河自永丰改入新龙河，永丰闸下 9.8 公里两岸有堤防护，为地上河，进入泛区后，小水在河槽行洪，大水将漫溢而行。龙河平均年径流量 0.25 亿立方米，1979 年达 0.87 亿立方米，1985 年以来未产流，主要承泄廊坊市城区污水。

老龙河始于岳庄子北，向东穿越京津铁路至武清大南宫汇入北京排污河，全长 19.5 公里，其中安次区内长 9.3 公里，流域面积 175.97 平方公里。1978 年按十年一遇标准进行清淤，落垡铁路桥处流量为 30 立方米/秒。

（孙夕利）

行政区划

2017 年安次区辖 4 个镇：落垡镇、码头镇、葛渔城镇、东沽港镇；4 个乡：北史家务乡、杨税务乡、仇庄乡、调河头乡；3 个街道办事处：银河南路街道办事处、光明西道街道办事处、永华道街道办事处；2 个省级园区：河北廊坊高新技术产业开发区、河北廊坊龙河高新技术产业开发区；有 284 个行政村。辖区总面积 578.40 平方公里，耕地面积 32194 公顷，户籍人口 37.3 万人，人口自然增长率 10.27‰，城镇人口 13.2 万人，境内居住民族以汉族为主，有回、满、蒙古族等 32 个少数民族，少数民族人口 5584 人，占全区人口的 1.5%。

（蔡雨欣）

建置沿革

上古黄帝时，安次为古安墟地。禹治水奠定九州，安墟在冀州域。舜曾设十二州，因冀州南北宽阔，遂以卫水为界分设并州、幽州，安墟地属幽州。

夏、商、周时期，安墟属幽州。

春秋战国时，属燕国。

秦统一天下，设 40 郡，安墟先后属上谷郡、广阳郡。

西汉。高帝初年，始设安次县，属渤海郡。高帝五年（公元前 202 年）八月，立卢绾为燕王，安次属燕国。高帝六年（公元前201年），分燕国置涿郡，安次属之。吕后时，又分燕国之地置涿郡、广阳国，辖安次县。武帝元狩六年（公元前117年），设十三州，安次县先后属幽州、涿郡、广阳郡。宣帝本始元年（公元前73年），改广阳郡为广阳国，安次属之。

东汉。建武十三年（公元37年），取消广阳国，并入上谷郡，安次属之。永平八年（公元65年），设置广阳郡，于安次设置幽州刺史治署（后汉《郡国志》载：世祖省并上谷，永平八年复五城：蓟、广阳、昌平、军都、安次）。和帝又置幽州，安次隶如旧。

三国。属魏国范阳郡。魏甘露三年（公元258年）燕王曹宇之子曹奂，封常道乡公，封地在安次。

西晋。太康初年（公元280年后），属幽州燕国。

东晋。永嘉之后，安次历属赵、燕、秦、后燕，北魏改安次为安城，后周属幽州总管府。

隋。炀帝大业初年，废府改为涿郡，复名安次。

唐。武德初年，安次隶属涿郡。武德四年（公元621年）移县治至石梁城（今调河头乡朱官屯村北，原村名为灰城。1950年，因永定河水患，村民移民安置县内其他村）。贞观八年（公元634年），移县治至常道城（今广阳区九州乡北常道村）。武后如意元年（公元692年），分安次置武隆（今永清县），署幽州。开元二年（公元714年），安次从武隆析出。开元二十三年（公元735年），县治移于耿就桥行市南（今广阳区九州村）。天宝元年（公元742年）改幽州为范阳郡，辖安次。开元中期，改幽州为范阳郡，安次属之。乾元元年（公元758年），复属幽州。

五代十国。晋天福初年（公元936年后），石敬瑭割“燕云十六州”以赂契丹，安次为辽地。县治移至崧城（今广阳区万庄镇稽查王村）。

辽。会同元年（公元938年），以幽州为南京幽都府，安次属之。保大（1121—1125）末年，安次入于金。

北宋。宣和五年（公元1123年）幽州入宋，置燕山府路，收复山前州县，安次属之。七年（公元1130年）后，郭药师以燕山叛没于金。

金。天会七年（公元1129年），安次属河东北路。天德三年（公元1151年），迁都燕京，改为中都路，以析津府为大兴府，安次属之。

元。中统元年（公元1260年），改安次为东安，隶属霸州，后改称燕京路，又为总管大兴路，仍属之。中统二年（公元1261年），升东安县为东安州。至元初年（公元1264年后），改燕京为中都路，以析津府为大兴府，东安州属之。至元九年（公元1272年），改中都为大都，又改大兴府为大都路总管府，直属中书省，东安州属之。

明。洪武元年（公元1368年）八月，改大都路为北平府；九月，置大都督分府于此；十月，隶山东行省。洪武二年（公元1369年）三月，置北平行省，东安州属北平府。是年，因浑河（永定河）水患，州治迁至常伯乡张李店（今仇庄乡光荣村）。洪武九年（公元1376年），改东安州为县。永乐元年（公元1403年），以北平为北京，改北平府为顺天府，东安县属之。

清。东安县隶属顺天府南路同知。康熙二十七年（公元1688年），属顺天府南路厅。

中华民国。民国三年（公元1914年）改东安县为安次县，为京兆区所辖。民国四年（公元1915年），安次县属直隶津海道。民国十七年（公元1928年）直隶省改为河北省，安次属之。民国二十五年（公元1936年），日本侵略军侵占热河察北，华北危急，河北省设立行政督察专员区，安次县属第五督察区。民国二十六年（公元1937年）抗日战争爆发，中共冀中区地方委员会成立，安次属冀中十分区。民国二十七年（公元1938年）6月，在冀中区党的领导下，成立安次县抗日民主政府。民国二十八年（公元1939年）4月，冀中区五地委、冀中区第五专署成立，安次县抗日民主政府隶属五专署领导。民国二十九年（公元1940年）8月，冀中区五地委改称冀中区十地委，冀中区第五专署改称冀中区第十一专署，安次县抗日民主政府属之。民国三十年（公元1941年）9月，冀中区十地委决定，永清、安次、固安、霸县建立第三联合县，中共安次县委撤销，安次县划归第三联合县，属一联区管辖。民国三十三年（公元1944年）12月，建立中共安次县临时县委、临时县政府。民国三十四年（公元1945年）8月，安次县人民政府建立，临时抗日民主政府随之撤销，隶属冀中第十专区。民国三十七年（公元1948年）底，全县解放。民国三十八年（公元1949年）3月，安次县属冀中第十专区。是年8月7日，河北省天津区行政督察专员公署建立，安次属之。

中华人民共和国。1950年2月，因永定河水患，县治从老县城（今仇庄乡光荣村）迁到廊坊。是年11月，河北省天津区行政督察专员公署改名为河北省人民政府天津区专员公署，安次属之。1955年4月5日，河北省人民政府天津区专员公署改为河北省天津专区专员公署，安次属之。安次县人民政府改称安次县人民委员会。1958年6月，天津专区与沧县专区合并，称天津专区，安次属之。12月20日，国务院第八十三次会议决定，撤销安次县，划归武清县。是年12月22日，国务院批准，撤销天津专区，划归天津市，武清属之。1961年，国务院批准恢复天津专区建制，受天津市、河北省双重领导，武清属之。是年6月1日，安次、武清分设，安次县建制恢复建立，隶属不变。1967年1月，县党政机构、群众团体“造反派”夺权。11月，河北省天津地区革命委员会建立，天津专区改为天津地区，安次属之。1968年2月，成立安次县革命委员会，负责原安次县委、安次县人委会的工作。1969年3月，天津地区机关驻地由天津市迁至安次县廊坊镇。是年4月，建立中共安次县革命委员会核心小组。1971年8月10日，中共安次县第三次代表大会选举产生中共安次县第三届委员会，并撤销了安次县革命委员会党的核心小组。县委建立后，工作部门与县革命委员会为一套班子。1973年12月，国务院批准，天津地区更名为廊坊地区，驻地仍在廊坊镇。1974年1月，正式起用廊坊地区名称。河北省天津地区革命委员会改为河北省廊坊地区革命委员会，安次属之。1978年，河北省廊坊地区行政公署建立，河北省廊坊地区革命委员会同时撤销，安次县革命委员会同时撤销，恢复县人民政府建制，安次县隶属关系未变。1981年12月7日，国务院批准，撤销廊坊镇，设立廊坊市（县级），以安次县的廊坊镇及尖塔、桐柏、北旺3个公社为廊坊市的行政区域，隶属廊坊地区行政公署。安次县仍隶属廊坊地区行政公署。1982年3月1日，廊坊市建立，下辖北史家务（1981年12月，经省政府批准，撤销廊坊镇，镇内6个街道办事处体制不变，组建成立北史家务公社，原廊坊镇30个生产大队归北史家务公社管辖）、北旺、桐柏、南尖塔4个公社和镇内6个街道办事处。1983年3月17日，经国务院批准，撤销安次县建制，将安次县行政区域划归廊坊市，经过筹备于7月1日安次县并入廊坊市，安次县名称停止使用。1988年9月，国务院批准，撤销廊坊地区和廊坊市（县级），廊坊地区改为廊坊市（地级），廊坊市（县级）改为安次区。1989年2月，根据国务院和省七届人大四次会议关于“撤销廊坊市（县级），设立廊坊安次区”的决定，廊坊市（县级）正式改称廊坊市安次区。是年4月1日，廊坊市（地级）正式建立，驻地廊坊，安次属之。2000年10月，根据国务院函〔2000〕19号批复和省政府冀政函〔2000〕13号文件，对安次区行政区划进行调整，划出南尖塔镇、万庄镇、九州乡、北旺乡、白家务办事处及城区内的小廊坊、北大街、北门外、新开路街道办事处和北史家务乡的7个村街，成立广阳区；安次区辖落垡镇、码头镇、葛渔城镇、东沽港镇、北史家务乡、杨税务乡、仇庄乡、调河头乡和光明西道、银河南路街道办事处，仍隶属廊坊市。2007年根据省民政厅冀民函〔2006〕116号批复和廊坊市人民政府〔2006〕46号批复，增设安次区永华道街道办事处。2016年8月15日，按照《河北省人民政府关于廊坊市开发区优化整合方案的批复》的要求，将廊坊龙河高新技术产业开发区与河北廊坊龙港经济开发区合并，实行“一区两园”。整合更名为“河北廊坊龙河高新技术产业开发区”。2016年8月15日，按照《河北省人民政府关于廊坊市开发区优化整合方案的批复》的要求，将廊坊高新技术产业开发区与河北安次经济开发区合并，实行“一区两园”，整合更名为“河北廊坊高新技术产业开发区”。

（区方志办）

人　口

2017年安次区户籍人口37.3万人，人口自然增长率10.27‰，城镇人口13.2万人，境内居住民族以汉族为主，有回、满、蒙古族等32个少数民族，少数民族人口5584人，占全区人口的1.5%。

（武瑞娟　梁松）

民族·宗教

【民族】　安次区2017年有少数民族人口5584人，占全区总人口1.5%，涉及满族、回族、蒙古族等 32 个少数民族。人口较多的有：满族 2956 人，占少数民族人口的 53%；回族 1361 人，占少数民族的 24%；蒙古族 738 人，占少数民族的 13%。辖区内现有清真食品经营单位 119 家，兴安街少数民族社区 1 个。

【宗教】 安次区现有群众信奉佛教、伊斯兰教、天主教、基督教、道教等五大宗教。2017 年，安次区辖区内信教群众 1 万余人，其中佛教 4648 人，伊斯兰教 1753 人，天主教 2075 人，基督教 1626 人，道教 128 人。宗教活动场所 13 处，其中清真寺 1 处（廊坊市清真寺），天主教堂 4 处（廊坊市天主堂、调河头村天主堂、冯村天主堂、大沈庄天主堂），佛教 8 处（观音院、慈航念佛堂、地藏寺、西莲念佛堂、石佛寺、进忠念佛堂、大观音院、隆福寺）。宗教主要教职人员 8 人，其中阿訇 1 人、神甫 1 人，其他为僧人。

（李钰）

资　源

【土地资源】 域内长期受永定河和大清河影响，构成冲积平原，地势自西北向东南缓斜，属于河北省低平原区。域内土层深厚，潮土沙壤土居多，适宜农作物生长。

2017 年，辖区总面积 57840. 32 公顷，其中耕地面积 31913. 56 公顷，园地面积 1475. 39 公顷，林地面积 6969. 78 公顷，草地面积 555. 26 公顷，城镇、村及工矿用地面积 10692. 82 公顷，交通运输面积 2810. 85 公顷，水域及水利设施面积 2750. 55 公顷，其他土地面积 672. 11 公顷。全区土层深厚，潮土沙壤土居多，适宜农作物生长。

（郭锐）

【水资源】 安次区矿化度不大于 1 的水资源总量均值为 2530 万立方米，矿化度不大于 2 的均值为 7247 万立方米。其中矿化度不大于 1g/L 浅层地下水多年平均水资源量为 1148 万立方米，可开采量为 1244 万立方米，矿化度不大于 2g/L 浅层地下水多年平均水资源量为 5680 万立方米，可开采量为 5151 万立方米。深层地下水允许开采量为 330 万立方米（不含全淡区深层地下水允许可开采量）。地表水资源量多年平均值为 1323 万立方米。

（孙夕利）

【旅游资源】 安次史称安墟，汉高祖刘邦始定名安次。曾走出吕端、黄诚、骆玉笙等一批历史文化名人，曾发生震惊世界的“廊坊大捷”，至今仍保留着义和团坛址和国家级非物质文化遗产义和团军乐。此外，安次保留着唐代遗留的隆福寺长明灯楼、辽代石经幢、回龙亭碑、公议制田碑、刘体乾墓等古迹。

安次区旅游定位为依托市区，开发湿地，打造休闲、养生、绿色采摘为主的旅游区。依托“绿色生态板块”的优势资源，以“三区同创”农业科技旅游片区为基础，着力做大观光农业、休闲农业，依托现有基础，规划建设都市农业观光园、生态主题公园等一批现代农业休闲旅游项目。

随着安次区经济社会快速发展，旅游业发展呈现繁荣景象。安次区有4A级景区1个（自然公园）；3A级景区1个（第什里风筝小镇）；省级旅游示范村1个（仇庄乡东褚村）；市级农业旅游示范点7个（宋王务现代农业休闲小镇、亚绿湾种植有限公司、何搪月色有限公司、欧华农牧股份有限公司、幽州小镇农业科技发展有限公司、宏顺园农业科技有限公司、奕台夕照农宅旅游专业合作社）；市级工业旅游示范点3个（河北康达畜禽养殖有限公司、普兰打击乐器有限公司、京津冀（廊坊）协同创新创业基地）；全省首批特色小镇2个（第什里风筝小镇、北田曼城国际小镇）。推出旅游精品线路1条：自然公园—隆福寺—宋王务景区—第什里风筝小镇。安次区民间音乐会、花会、五谷粮食画等艺术门类异彩纷呈，拥有众惠小麻花、蜡杆制品、京南御绣、第什里风筝等众多旅游商品。2017年，接待游客312万人次，实现旅游收入7058.4万元。

永定河自安次区西部的杨税务乡大北市村入境，经大北市村、朱官屯村、麻屯村、前所营村，至后沙窝村出境入武清县境，境内全长29.8公里。安次区中部地处永定河泛区，农业发展优势明显。杨税务乡、仇庄乡、葛渔城镇等乡镇特色林果种植和生态观光农业初具规模，金都蜜瓜、牛角葡萄、晚秋黄梨等特色农林产品有着较高的市场占有率；宋王务农旅小镇、幽州小镇、富强农牧观光园等均开展果蔬采摘、生态观光等相关休闲旅游活动。优良的自然条件和丰富的农产品为安次区开展休闲农业旅游奠定良好基础。

（冯东伟）

2017年国民经济和社会发展统计公报

2017年安次区辖4个镇：落垡镇、码头镇、葛渔城镇、东沽港镇；4个乡：北史家务乡、杨税务乡、仇庄乡、调河头乡；3个街道办事处：银河南路街道办事处、光明西道街道办事处、永华道街道办事处；2个省级园区：河北廊坊高新技术产业开发区、河北廊坊龙河高新技术产业开发区。有284个行政村。辖区总面积578.40平方公里，耕地面积32194公顷。户籍人口37.3万人，城镇人口13.2万人。2017年，地区生产总值205.5亿元。其中：第一产业增加值10.8亿元，第二产业增加值93.2亿元，第三产业增加值101.5亿元；规模以上工业增加值70.8亿元；粮食总产量10万吨，棉花总产量0.3万吨；财政收入48.4亿元，财政总支出64.1亿元，全社会固定资产投资179.3亿元，社会消费品零售总额64.6亿元，在岗职工（含劳务派遣）平均工资62380元，农村居民人均可支配收入资金15232元，城镇居民人均可支配收入资金34409元。

（武瑞娟　梁松）

2017年全区党政机关、直属单位、党派团体和部分市直属单位及其领导名单

中国共产党廊坊市安次区委员会

书　　记　张　平
副 书 记　薛振泽
　　　　　李　军
区委常委　王振宇（2月任）
　　　　　马建强（任至2月）
　　　　　刘海军
　　　　　唐福贵（2月任）
　　　　　王俊杰（女，2月任）
　　　　　寇　东（2月任）
　　　　　钱玉兵（回族）
　　　　　解军舰（2月任）
　　　　　王秋女（任至2月）
　　　　　赵建富（任至2月）
　　　　　曹新田（任至2月）
　　　　　姚运涛（任至2月）
　　　　　李焕金（任至2月）
　　　　　张延政（任至9月）
办公室主任　钱玉兵（回族）
常务副主任　吴树鹏
副 主 任　邵东旭
　　　　　李　勇
　　　　　顾焕彬（任至2月）

中共廊坊市安次区纪律检查委员会

书　　记　刘海军
副 书 记　杜宝国（任至4月）
　　　　　周立娟（女）
　　　　　刘向新（2月任）
常　　委　于莉慧（女）
　　　　　李春政（2月任）
　　　　　仇广军（2月任）
　　　　　闫玉文（2月任）

政法委员会

书　　记　曹新田（任至2月）
　　　　　解军舰（2月任）
专职副书记　彭志刚
副 书 记　徐志贵
综治办主任　徐志贵

组织部

部　　长　赵建富（任至2月）
　　　　　唐福贵（2月任）
常务副部长　冯振永（任至1月）
　　　　　郭　峰（1月任）
副 部 长　郭　峰（任至1月）
　　　　　杨　鹏（1月任）
　　　　　刘国胜

宣传部

部　　长　王秋女（女，任至 2 月）
　　　　　　寇　东（2 月任）
常务副部长　李华东
副 部 长　华　杰
　　　　　　冯连海
文明办主任　华　杰

统战部

部　　长　曹新田（任至 2 月）
　　　　　　王俊杰（女，2 月任）
副 部 长　靳照录
　　　　　　陈志新（1 月至 5 月）

信访局

局　　长　李　勇
副 局 长　肖　飞
　　　　　　李　宁

农村工作部

部　　长　接　军
副 部 长　刘延辉
　　　　　　袁亚芹（女）

老干部局

局　　长　刘克芸（女）
副 局 长　李会英（女，任至1月）
　　　　　　卢瑞君（女，任至1月）
　　　　　　王淑君（女，1月任）
　　　　　　夏江萍（女，5月任）

政策研究室

主　　任　吴树鹏
副 主 任　李　民（任至1月）
　　　　　　空　缺（1月至12月）

机构编制委员会办公室

主　　任　徐崇礼（任至1月）
　　　　　　韩凤志（1月任）
副 主 任　孙秀娟（女）
　　　　　　王俊伟
事业单位登记
管理局局长　李铁军

区直工委

书　　记　吴文利（1月任）
副 书 记　吴文利（任至1月）
　　　　　　赵万城（1月任）

党史研究室

主　　任　刘建新（女，回族）
副 主 任　高增云（女，任至 5 月）
　　　　　　空　缺（5 月至 12 月）

党　校

常务副校长　荣维胜
副 校 长　王耀鹏
　　　　　　胡怀立

廊坊市安次区人民代表大会常务委员会

主　　任　刘承永（任至 2 月）
　　　　　　赵建富（2 月任）
副 主 任　刘仲祥（任至 2 月）
　　　　　　宛亚利（回族）
　　　　　　臧爱林（2 月任）
　　　　　　邢云魁（2 月任）
　　　　　　蒙永红（女）
　　　　　　李福奇（任至 2016 年 2 月）
办公室主任　卢维华
副 主 任　李　娜（女，任至 1 月）
　　　　　　李书印（1 月任）

财政经济工作委员会

主　　任　齐晓青
副 主 任　空　缺（1 月至 12 月）

法制工作委员会

主　　任　李永祥

副　主　任　马　驰（1月任）

选举代表人事工作委员会

主　　任　王福义

副　主　任　空　缺（1月至12月）

教育科学文化卫生工作委员会

主　　任　曹建新

副　主　任　刘颖雪（女，1月任）

廊坊市安次区人民政府

区　　长　薛振泽（2月任）

副　区　长　王振宇（2月任）

李焕金（任至2月）

梁国周（任至3月）

张延政（任至9月）

张　辉（2月任、5月去世）

赵　玉（女，2月任）

黄运然（2月任）

汤学军（2月任）

吕　伟（2月任）

马洪涛（9月任）

常　辉（任至2月）

马崇浩（任至2月）

王铁桥（任至2月）

寇　东（任至2月）

办公室主任　马洪涛

副　主　任　边体健

王磁生（2月任）

马富凤（女）

闫玉坤（1月任）

于金刚（任至2月）

罗　伟（任至5月）

杨　鹏（任至1月）

王卫星（2 月任）

行政审批局

局　　长　王振宇（4 月任）

副 局 长　王洪亮（5 月任）

胡宝华（5 月任）

数字化办公室

主　　任　穆立新（任至 5 月）

王宝剑（5 月任）

副 主 任　王宝剑（任至 5 月）

空　缺（5 月至 12 月）

中国人民政治协商会议廊坊市安次区委员会

政协主席　杨广恒（任至 2 月）

马崇浩（2 月任）

副 主 席　徐文刚（任至 2 月）

王泽芬（女）

张志荣（女）

杜春意

张冬青（2 月任）

秘 书 长　高桂新

经济工作委员会

主　　任　杨令友

社会法制祖国统一委员会

主　　任　邓建军（任至 1 月）

李会英（女，1 月任）

学习文史委员会

主　　任　刘淑华（女）

提案工作委员会

主　　任　马景森

社会团体

总工会

主　　席　刘仲祥

常务副主席　李振生（任至1月）

曹福来（1月任）

副 主 席　王志武（任至3月）

朱　虹（女）

董艳会

工商联

主　　席　吴广利

常务副主席　崔丙岩

副 主 席　张宏城

刘园园（女）

王泉壹

张书武

刘家庆

李增祥

邵　坤

赵　杰

胡万臣

靳卫国

蔡洸远

张　波

丁广兵

李志强

刘江来

刘春英（女）

李志信

张玉涛

秘 书 长　王文智

共青团

书　　记　卞雪涛（任至1月）
冯东刚（1月任）

副 书 记　孙　艳（女）

妇　联

主　　席　李桂兰（女）

副 主 席　陈广慧（女）

科　协

主　　席　张文利

副 主 席　蒋素香（女）

残　联

理 事 长　孙永和

副理事长　刘玉梅（女，任至1月）
闫宏剑（1月任）

计生协

常务副会长　王旭梅（女）

秘 书 长　孙佳新

消费者协会

秘 书 长　高海峰（女）

私营个体协会

秘 书 长　李洪林（女，任至9月）
秦德荣（女，9月任）

法治・国防

安次公安分局

局　　长　马今爆（任至2月）
邢哲杰（2月任）

政　　委　李　博

副 局 长　孙友明
岳首山
李景田
王建永

检察院

检 察 长 尹志国（任至2月）

孙贺增（2月任）

副检察长 陶连海

朱 旭

张学慧（女）

法 院

院 长 张继斌

副 院 长 王双月

马甄红（女）

邓云华（女）

司法局

局 长 化克臣

副 局 长 孙玉民

孙之海

人武部

部 长 马建强

副 部 长 王 佳（任至4月）

空 缺（4月至12月）

邱 鹏（12月任）

国防办

主 任 赵新华（女）

副 主 任 何志才

人防办

主 任 张 生

综合管理

发改局

局 长 何海波（任至12月）

副 局 长 吕克云（女，任至12月）

厉福波（任至12月）

杨振梅（女，任至12月）

（2017 年 12 月区商务局、粮食局划入区发展改革局）

局　　长　何海波（12 月任）

副 局 长　刘树旺（12 月任）

孙伯孝（12 月任）

王国强（12 月任）

施庆山（12 月任）

吕克云（女，12 月任）

厉福波（12 月任）

杨振梅（女，12 月任）

马同芝（女，12 月任）

统计局

局　　长　解延胜

副 局 长　崔世发

荣　毅

审计局

局　　长　杨敬玉

副 局 长　张爱军（女，任至 1 月）

王　伟

曹新萍（女，1 月任）

国土资源安次分局

局　　长　黄　豹

副 局 长　高德举

邵秀凤（女）

工商局

局　　长　王晓辉（任至 12 月）

副 局 长　刘兆永（任至 12 月）

刘彦江（任至 12 月）

刘建华（女，任至 12 月）

市场监督管理局（安次区食药监、安次区工商管理局、安次区质监局 2017 年 12 月合并）

局　　长　王铁桥（任至 2 月）

空　缺（2 月至 4 月）

吕　伟（4 月至 12 月）

马洪涛（12 月任）

副 局 长　李国彬（12 月任）

王晓辉（12 月任）
宋连杰（12 月任）
安　政（12 月任）
康有堂（12 月任）
闫长影（女，12 月任）
史利明（12 月任）
张俊国（12 月任）
刘兆勇（12 月任）
刘彦江（12 月任）
刘建华（女，12 月任）
杜万硕（12 月任）

物价局

局　　长　解延庆（任至 1 月）
张庆贤（1 月任）

副 局 长　解延军（1 月任）
陈秀梅（女）

质监局

局　　长　李国彬（任至 12 月）

副 局 长　闫长影（女，任至 12 月）
史利明（任至 12 月）
张俊国（任至 12 月）

安监局

局　　长　周克俊

副 局 长　韩立国
李福海（2 月任）

人力资源和社会保障局

局　　长　臧爱林（任至 2 月）
张　雷（1 月任）

副 局 长　王志强（1 月任）
曹　敏（女，任至 1 月）
董桂凤（女，满族）
李　俊（女）

食品药品监督管理局

局　　长　宋连杰（任至 12 月）

副　局　长　安　政（任至12月）
　　　　　　杜万硕（任至12月）
　　　　　　康有堂（任至12月）

城市管理综合执法局安次分局

局　　　长　王润东

支油支铁办公室（2017年12月合并到区建设局）

主　　　任　郭宝志（任至12月）

副　主　任　石卫东（任至12月）

农业・水利

农业局

局　　　长　崔克明

副　局　长　赵光清
　　　　　　王艳霞（女）
　　　　　　张　戈

林业局

局　　　长　曹福来（任至1月）
　　　　　　冯振永（1月任）

副　局　长　肖玉国
　　　　　　李　杰
　　　　　　闫玉坤（任至1月）
　　　　　　杨　杰（1月任）

畜牧水产局

局　　　长　吴桂亮

副　局　长　张占金
　　　　　　陈建军

农业开发办

主　　　任　郭洪杰（任至12月）
　　　　　　张瑞海（12月任）

副　主　任　崔跃洪（任至12月）
　　　　　　刘奇峰（任至12月）

农业产业化办公室

主　　任　于金刚

水务局

局　　长　邢云魁（任至1月）

李宝东（1月任）

副 局 长　李荣艳（女）

张宏波

李志宏

工　业

工信局

局　　长　解艳春

副 局 长　邢继东

高连柱

供电公司营销部

主　　任　刘　琦（任至7月）

王国威（7月任）

副 主 任　孙一兵

李普查

商贸服务

商务局

局　　长　刘树旺（任至12月）

副 局 长　施庆山（任至12月）

供销社

理事会主任　李昱铮（1月任）

监事会主任　王光前

理事会副主任　李昱铮（任至1月）

陈秀敏（女）

李　丽（女，1月任）

粮食局

局　　长　孙伯孝（任至12月）

副 局 长　王国强（任至12月）

马同芝（女，1月至12月）

财政·税务

财政局

局　　长　张瑞海

副 局 长　高　岩（1月任）

崔跃洪（12月任）

刘广斌

单大林

刘奇峰（12月任）

国税局

局　　长　于国艳（女）

副 局 长　刘　成（任至3月）

张名达（任至7月）

王文阁

陈宝训

地税局

局　　长　王克友（任至7月）

刘伯海（7月任）

副 局 长　王长忠（任至3月）

邢　丽（女）

刘玉忠

李　东

杨光发（3月任）

金融·保险

农行安次区支行

行　　长　王　智（任至1月）

宋书彦（1月任）

副 行 长 刘振军
王洪升
李增贵

农业发展银行安次支行

行　　长 苏亚军

副 行 长 纪贵明
李大睿

城郊农村信用合作联社

理 事 长 张胜良

主　　任 张永康

监 事 长 杨文军

副 主 任 华国旺
张志国
何广福

邮储银行安次支行

行　　长 刘　勇（任至9月）
李　健（9月任）

副 行 长 空　缺（1月至7月）
葛　睿（7月任）

行长助理 王振芳（女）

城乡建设

规划局

局　　长 张慧明

副 局 长 陈　蕾（女）

建设局

局　　长 曹永强

副 局 长 张　生
孙德军
张冬梅（女）
郭宝志（12月任）
石卫东（12月任）

城改办

主　　任　胡志纯（任至4月）

　　　　　　空　缺（4月至12月）

副 主 任　高　峰

社区办公室

主　　任　张福刚

副 主 任　霍艳东（女）

环境保护

大气污染治理办公室

主　　任　汤学军（1月任）

专职副主任　穆立新

环保局

局　　长　高宝奎（任至1月）

　　　　　　关庆月（1月任）

副 局 长　夏江萍（女，任至4月）

　　　　　　张荣强

交通·邮电

交通局

局　　长　张　辉（任至1月）

　　　　　　符　震（1月任）

副 局 长　李洪涛（任至5月）

　　　　　　邢德智（任至1月）

　　　　　　文大全（5月任）

　　　　　　贾　琳（5月任）

　　　　　　周　人

郊区邮政分公司

总 经 理　赵永刚（任至7月）

副总经理　崔德强（任至7月）

杨宏伟（任至7月）

营业局（原郊区邮政分公司）

总　经　理　靳普吉（7月任）

副总经理　成　芳（女，7月任）

杨丽君（女，7月任）

文　化

文广新局

局　　　长　张春林

副　局　长　董卫平

广播电视台

台　　　长　王　妍（女）

副　台　长　范颖林

档案局

局　　　长　解延河

副　局　长　王丽艳（女）

高玲阁（女）

科学技术

科技局

局　　　长　徐连玉

副　局　长　谢　强（任至2月）

窦宏伟（2月任）

白文清（女）

气象局

局　　　长　管　林

教　育

教育局

局　　长　张冬青（任至 1 月）

　　　　　　张德新（1 月任）

副 局 长　张凤芝（女）

　　　　　　刘　峰

　　　　　　曾宪勇

幼儿教育

安次区第二幼儿园

园　　长　万立勇

基础教育

廊坊市第五小学

校　　长　孟繁宇

廊坊市实验小学

校　　长　王凤良

廊坊市第十四小学

校　　长　李玉良（任至 12 月）

　　　　　　高　山（12 月任）

廊坊市第十七小学

校　　长　刘爱国

廊坊市第二十一小学

校　　长　赵云兵

廊坊市第四中学

校　　长　解素女（女）

廊坊市第五中学

校　　长　张宝俊（女）

廊坊市第十中学

校　　长　骆永祥

廊坊市第十二中学

校　　长　曹　利

廊坊市第十三中学

校　　长　马爱国

廊坊市第三职业中学

校　　长　张作斌（任至8月）

解用胜（8月任）

廊坊市第十八中学

校　　长　郭玉生

北史家务乡教办室

主　　任　姚志安（任至1月）

张俊达（1月主持工作，12月任）

杨税务乡教办室

主　　任　巴春向（任至12月）

郁建立（12月任）

落垡镇教办室

主　　任　李学智（任至7月）

胡国良（7月任）

仇庄乡教办室

主　　任　解用胜（任至8月）

安金波（8月主持工作，12月任）

码头镇教办室

主　　任　李　健（1月主持工作，12月任）

调河头乡教办室

主　　任　秦树东（任至1月）

刘志伦（1月主持工作，12月任）

葛渔城镇教办室

主　　任　解延涛（任至7月）

马慎杰（7月任）

东沽港镇教办室

主　　任　王立合（任至6月）

解　清（6月主持工作，12月任）

职业教育

廊坊市安次区教师进修学校

校　　长　张福海

廊坊市安次区职业技术教育中心

校　　长　张启岳（常务副校长，牵头负责全面工作）
　　　　　　艾景茂（3 月任）

民办教育

润峰小学

校　　长　边奉泰

神宇小学

校　　长　李西芬（女）

神舟小学

校　　长　董瑞玺

义华小学

校　　长　李　杰

长城小学

校　　长　刘淑文

龙河小学

校　　长　李树志

卫　生

卫计局

局　　长　张庆贤（任至 1 月）
　　　　　　房　青（1 月任）

副 局 长　房　青（任至 1 月）
　　　　　　李　婧（女，任至 1 月）
　　　　　　安　政（任至 12 月）
　　　　　　黄卫红（女）
　　　　　　邸海燕（女）
　　　　　　张春妹（女，1 月任、试用一年）

社会生活

民政局

局　　长　马昌钊

副 局 长 郭文莲（女）
孙丽红（女）
洪 永
张福刚（12月任）
霍艳东（女，12月任）

民宗局

局 长 王磁生（任至12月）
马洪涛（12月任）

副 局 长 王卫星

乡镇、街道办事处、园区

北史家务乡

党委书记 张德新（任至1月）
高宝奎（1月任）

副 书 记 关庆月（任至1月）
王文江（任至1月）
杨 宇（1月任）
李建悦（1月任）

乡 长 关庆月（任至1月）
杨 宇（1月任）

副 乡 长 李建悦（任至1月）
齐竟凯（任至1月）
钱 凯（回族，1月任）
孙 泉（1月任）
王晓璇（女，1月任）

人大主席 郭宝华（任至1月）
张玉昆（1月任）

人大副主席 钱 凯（回族，任至1月）
郭威娜（女，1月任）

杨税务乡

党委书记 刘洪超

副 书 记 杨 宇（任至1月）

翟伯华（任至 1 月）
安芝柏（1 月任）
黄建忠（1 月任）

乡　　长　杨　宇（任至 1 月）
安芝柏（1 月任）

副 乡 长　王旭东（任至 1 月）
刘海洋（1 月任）
刘贺明
张　丹（女，1 月任）

人大主席　张玉昆（任至 1 月）
翟伯华（1 月任）

人大副主席　沈　洋（任至 1 月）
胡　蝶（女，1 月任）

仇庄乡

党委书记　符　震（任至 1 月）
陈滟澎（1 月任）

副 书 记　张继东（1 月任）
李亚利

乡　　长　陈滟澎（任至 1 月）
张继东（1 月任）

副 乡 长　杨桂海（任至 1 月）
袁长精（1 月任）
王海旭（1 月任）
王会轩（1 月任）

人大主席　张继东（任至 1 月）
侯国富（1 月任）

人大副主席　徐　娟（女，1 月任）

调河头乡

乡党委书记　黄运然（任至 1 月）
张洪波（1 月任）

副 书 记　张洪波（任至 1 月）
邢德智（1 月任）
刘　涛

乡　　长　张洪波（任至 1 月）

邢德智（1月任）

副 乡 长 李杰英（女，任至1月）

姜海军（1月任）

张雯倩（女，1月任）

杜金澎（1月任）

人大主席 徐嘉良（任至1月）

张海峰（1月任）

人大副主席 陈海杰（1月任）

落垡镇

党委书记 孙庆军

副 书 记 齐乃敬

郭海滨（任至1月）

刘虎元（1月任）

镇　　长 齐乃敬

副 镇 长 徐洪剑（任至1月）

刘虎元（任至1月）

毛占国（1月任）

王　涛（1月任）

解忠艳（1月任）

人大主席 魏文浩

人大副主席 李向阳（任至1月）

刘炳松（1月任）

码头镇

党委书记 张　雷（任至1月）

常占国（1月任）

副 书 记 安芝柏（任至1月）

王　雷（任至1月）

齐德勇（1月任）

刘　远（1月任）

镇　　长 安芝柏（任至1月）

齐德勇（1月任）

副 镇 长 乔志勇

李　鑫（1月任）

陈　雪（女，1月任）

人 大 主 席 齐德勇（任至 1 月）

李悦昌（1 月任）

人大副主席 李　鑫（任至 1 月）

张广富（1 月任）

葛渔城镇

党委书记 王　震

副 书 记 尹义涛

张海峰（任至 1 月）

王洪波（1 月任）

镇　　长 尹义涛

副 镇 长 王洪波（任至 1 月）

齐洪良（1 月任）

付　鹏（1 月任）

刘志元（1 月任）

人 大 主 席 刘光华

人大副主席 张健平（1 月任）

东沽港镇

党 委 书 记 汤学军（任至 1 月）

解治国（1 月任）

副 书 记 解治国（任至 1 月）

张庆春（任至 1 月）

刘刚元（1 月任）

孙万成（1 月任）

镇　　长 解治国（任至 1 月）

刘刚元（1 月任）

副 镇 长 姚海峰（任至 1 月）

马　亮

赵沿深（1 月任）

赵建伟（1 月任）

人 大 主 席 刘刚元（任至 1 月）

张庆春（1 月任）

人大副主席 赵建伟（任至 1 月）

万　挺（1 月任）

银河南路街道办事处

工委书记 常占国（任至1月）
付少民（1月任）
副书记 付少民（任至1月）
王　立（回族，1月任）
沈晓春（女，任至1月）
崔　良（1月任）
人大主任 路俊波
人大副主任 王锡杰（任至1月）
于　辉（1月任）
办事处主任 付少民（任至1月）
王　立（1月任）
副主任 李艳梅（女，任至1月）
靳　健（1月任）
王　尧（1月任）
王锡杰（1月任）

永华道街道办事处

工委书记 王政权（满族，任至1月）
王贺年（1月任）
副书记 王贺年（任至1月）
卞雪涛（1月任）
尹莉娟（女）
赵玉国（任至1月）
人大主任 崔永椿
人大副主任 李耐宏（女，任至1月）
韩　雪（女，1月任）
办事处主任 王贺年（任至1月）
卞雪涛（1月任）
副主任 殷振兰（女，任至1月）
沈　洋（女，1月任）
李绍波
张　青（任至1月）
张　义（1月任）

光明西道街道办事处

工 委 书 记 李宝东（任至 1 月）

张　超（1 月任）

副　书　记 张　超（任至 1 月）

郭宝华（1 月任）

李　静（女，任至 1 月）

薛会健（任至 1 月）

赵金秋（1 月任）

人 大 主 任 杨　杰（任至 1 月）

李　静（女，1 月任）

人大副主任 肖　锋（任至 1 月）

黄　刚（1 月任）

办事处主任 张　超（任至 1 月）

郭宝华（1 月任）

副　主　任 阚国娟（女，任至 1 月）

赵金秋（任至 1 月）

苏　翔

刘承东（1 月任）

胡绍武（1 月任）

河北廊坊龙河高新技术产业开发区

工 委 书 记 张　平（2 月任）

郝亚明（任至 9 月）

工委副书记 郝亚明（9 月任）

王　立（任至 1 月）

王　建（5 月任）

工 委 委 员 胡金龙

陈敬涛

张旭东

文大全（任至 6 月）

管委会主任 薛振泽（2 月任）

郝亚明（任至 9 月）

管委会常务副主任 王　立（任至 1 月）

副　主　任 郝亚明（9 月任）

胡金龙（5 月任）

陈敬涛（5月任）

张旭东（5月任）

王　建（任至5月）

文大全（任至6月）

河北廊坊高新技术产业开发区

工委书记　张　平（任至4月）

贾永清（4月任）

副书记　张海川（任至2月）

薛振泽（9月任）

郭海峰

工委委员　韩国友

王玉龙

葛永海

郝亚明（任至9月）

金泽年（任至9月）

刘洪超（9月任）

曹永强（9月任）

管委会主任　张海川（任至2月）

郭海峰（2月任）

副主任　郭海峰（任至2月）

韩国友

王玉龙

中国共产党廊坊市安次区委员会

区委常委会会议

【区委第一次常委会议】 于1月10日召开。区委书记张平主持。会议研究区政协换届工作有关问题相关事宜；研究安次区关于开展2016年从大学生村官中考核招聘县以下事业单位工作人员相关事宜；研究区教育局、区交通运输局、区工信局党组职务任免事宜；研究《乡镇领导班子换届人事安排方案》。

【区委第二次常委（扩大）会议】 于1月17日召开。区委书记张平主持。会议传达全市经济工作会议精神；传达全国党内法规工作会议精神；传达市委办公室《关于认真学习宣传贯彻省“两会”精神的通知》精神；传达出席市第六次党代会代表推选工作会议精神，研究安次区贯彻落实意见；研究《各乡镇出席区六次党代会代表候选人预备人选名单》。

【区委第三次常委（扩大）会议】 于1月24日召开。区委书记张平主持。会议传达中国共产党第十八届中央纪律检查委员会第七次全体会议及中国共产党河北省第九届纪律检查委员会第二次全体会议精神；区委理论中心组1月份理论专题学习；传达市七届人大代表、政协委员推选工作部署会议精神；研究出席区六次党代会代表相关事宜；研究其他事宜。

【区委第四次常委会议】 于2月6日召开。区委书记张平主持。会议学习贯彻中组部《党委（党组）讨论决定干部任免事项守则》；研究区政协委员初步建议人选有关事宜；研究区人大内设机构改革更名后涉及相关人员职务调整事宜。

【区委第五次常委会议】 于2月9日召开。区委书记张平主持。会议研究《关于向市委呈报区领导班子换届人事安排意见》和《区纪委领导班子换届人事安排意见》。

【区委第六次常委（扩大）会议】 于2月13日召开。区委书记张平主持。会议研究区委常委分工相关事宜；研究中国共产党廊坊市安次区第六次代表大会相关事宜；研究关于部分人员党内和兼任部门职务的任免职事宜；研究安次区出席市第六次党代表大会代表候选人预备人选的相关事宜；研究区级党代表处级领导干部下派参选的相关事宜；研究召开区委五届九次全会相关事宜；研究区委委员、区委候补委员、区纪委委员预备人选的相关事宜。

【区委第七次常委会议】 于2月17日召开。区委书记张平主持。会议研究政协廊坊市安次区第八届委员会常务委员初步提名人选相关事宜；研究《关于召开安次区第八届人民代表大会第一次会议的请示》；研究《关于召开区政协八届一次会议的请示》；研究部分人员相关职务任免职事宜；研究区六次党代会相关事宜；研究《关于召开区委五届十次全会的意见》；

研究区人大、区政府、区政协、区法院、区检察院换届选举各职候选人建议名单；研究《八届人大一次会议期间成立临时党委的决定》；研究安次区出席市七届人代会代表候选人初步人选建议名单。

【区委第八次常委（扩大）会议】 于2月22日召开。区委书记张平主持。会议研究《安次区政府工作报告（讨论稿）》《安次区2016年国民经济和社会发展计划执行情况与2017年国民经济和社会发展计划（草案）》《安次区2016年区本级预算及全区总预算执行情况和2017年区本级预算及全区总预算（草案）》；区委理论中心组2月份专题学习；传达赵克志在省委全面深化改革领导小组第二十六次会议上的讲话；研究《关于调整和成立我区深化公立医院改革领导机构的建议》。

【区委第九次常委（扩大）会议】 于3月14日召开。区委书记张平主持。区委理论中心组3月份专题学习；会议研究安次区文明城市创建相关工作；研究安次区全面深化改革相关工作事宜；研究《区委2017年工作要点》；研究《安次区2017年深化机关作风整顿推进方案》；研究廊坊高新区、龙河高新区人事和薪酬制度改革相关事宜；研究确定市政协委员初步建议人选相关事宜。

【区委第十次常委（扩大）会议】 于3月27日召开。区委书记张平主持。会议通报《中央、省、市纪委查处的典型案例》；会议传达《中共中央办公厅　国务院办公厅关于印发〈领导干部报告个人有关事项规定〉和〈领导干部个人有关事项报告查核结果处理办法〉的通知》精神（中办发〔2017〕12号）；传达《中共中央关于印发〈中国共产党工作机关条例（试行）〉的通知》精神（中发〔2017〕7号）；传达赵克志在传达学习全国“两会”精神领导干部会议上的讲话精神；传达《中共河北省委办公厅　河北省人民政府办公厅关于印发〈河北省健全落实综治维稳领导责任制办法〉的通知》精神（冀办字〔2017〕3号）；传达中国共产党廊坊市第六次代表大会会议精神；区委理论中心组3月份理论专题学习；传达中央和省、市政法综治工作会议精神，研究安次区贯彻落实意见；研究《区委宣传部2017年工作要点（讨论稿）》；研究《乡科级领导班子和领导干部年度综合考核评价办法（试行）》和《乡科级领导班子和领导干部2016年度综合考核方案》；研究关于成立区委巡察机构和区委政法委、区纪工委相关事宜；研究关于调整安次区纪检监察机构设置批复相关事宜；研究《关于纪检监察机构改革和党委巡查机构建设的方案》及相关事宜；研究《区行政审批局主要职责、内设机构和人员编制规定（草案）》相关事宜；研究《廊坊高新技术产业开发区党工委、管委主要职责、内设机构和人员控制数规定（草案）》相关事宜；研究《龙河高新技术产业开发区工委、管委主要职责、内设机构和人员控制数规定（草案）》相关事宜。

【区委第十一次常委（扩大）会议】 于4月17日召开。区委书记张平主持。区委中心组4月份理论专题学习；会议传达市“两会”精神。

【区委第十二次常委（扩大）会议】 于4月18日召开。区委书记张平主持。会议传达省委办公厅《关于贯彻<中国共产党党委（党组）理论学习中心组学习规则>的实施办法》；传达省委办公厅、省政府办公厅关于印发《河北省信访工作责任制实施细则》的通知；传达市委《关于深入学习贯彻落实习近平总书记视察河北重要讲话和指示要求的实施意见》；传达《中国共产党统一战线工作条例》（试行）精神；研究《〈中国共产党统一战线工作条例（试行）〉责任分工方案》；传达全市统战暨宗教工作会议精神及《中共廊坊市委统战部2017年工作要点》；研究《安次区全面深化改革落实问责办法》（试行）；传达省、市军队退役人员政策落实工作会议精神，研究安次区贯彻落实意见；研究《安次区人民政府与中国银泰投资有限公司签订关于建设安次农旅综合发展园区的投资协议》；传达全市县（市、区）委书记抓基层党建工作述职评议暨全市基层党建提升年动员大会、全市组织部长会议和全市领导干部个人有关事项报告工作专题培训会议精神及研究安次区贯彻落实意见；研究其他事宜。

【区委第十三次常委（扩大）会议】 于4月22日召开。区委书记张平主持。会议传达省委九届三次全会精神；传达全省维护稳定工作情况通报会议精神。

【区委第十四次常委（扩大）会议】 于5月13日召开。区委书记张平主持。会议传达中发电〔2017〕5号文件和省委办公厅冀办密传〔2017〕17号文件精神；传达冀办传〔2017〕11号文件精神；传达市委六届二次全体会议精神；研究《安次区落实省委第七巡视组反馈意见涉及我区相关问题的整改工作建议方案》；研究《关于河北廊坊高新技术产业开发区事业单位设置意见的汇报》；研究《关于河北廊坊龙河高新技术产业开发区事业单位设置意见的汇报》；研究《关于河北廊坊龙河高新技术产业开发区纪检监察机构设置意见的汇报》；研究《关于廊坊高新区和龙河高新区人事和薪酬体制机制改革总体方案的汇报》《廊坊市安次区高新技术产业开发区人事和薪酬制度体制机制改革考核评价办法（试行）》；研究《安次区2017年统战工作要点》。

【区委第十五次常委（扩大）会议】 于5月19日召开。区委书记张平主持。会议传达市综治委2017年第一次全体（扩大）会议精神及研究安次区贯彻落实意见；研究《关于推动区委常委会议定事项落实制度（讨论稿）》；研究《关于加强“四个意识”专题教育的实施方案（讨论稿）》；研究《关于2016年度科级领导班子和领导干部综合考核况的报告》；研究其他事宜。

【区委第十六次常委（扩大）会议】 于5月27日召开。区委书记张平主持。会议传达市委办公室关于转发《〈中共河北省委领导议事纪要〉（2017年第4号）的通知》精神；传达赵克志在中国共产党河北省代表会议上的讲话精神；区委中心组5月份理论专题学习；研究《关于全市推进“两学一做”学习教育常态化制度化工作座谈会会议精神暨我区贯彻落实意见的汇报提纲》；传达冀发〔2017〕12号文件精神；研究《关于进一步贯彻落实中央八项规定精神改进工作作风的实施办法（讨论稿）》；研究《关于表彰2016年度计划生育工作先进单位和先进个人有关事项的汇报》；研究《关于2016年度科级领导班子和领导干部综合考核情况的报告》；研究《关于2016年度全区股级及以下工作人员考核评价情况的报告》；研究《关于开展准则、条例贯彻执行情况监督检查专项行动的实施方案》。

【区委第十七次常委（扩大）会议】 于6月14日召开。区委书记张平主持。会议传达中办发电〔2017〕13号文件精神；传达赵克志在省委常委会（扩大）会议上的讲话精神；传达《关于新形势下党内政治生活的若干准则》和《中国共产党党内监督条例》文件精神；研究《关于推进“两学一做”学习教育常态化制度化的实施方案》；研究安次区2017年防汛抗旱工作有关事宜；研究《廊坊市安次区村级班子和村干部绩效管理办法（试行）》《廊坊市安次区村级班子和村干部绩效考核办法（试行）》；研究《廊坊市安次区社区班子和社区工作人员绩效考核办法（试行）》；传达河北省委办公厅《新的社会阶层人士统战工作实施方案》精神；传达省委办公厅、省人民政府办公厅《关于推动党政机关和领导干部通过网络走群众路线的指导意见的通知》；通报全区信访形势并安排部署当前信访工作；研究《廊坊市安次区区乡机关和事业单位工作人员目标绩效管理办法（试行）》；研究《中共廊坊市安次区委巡察工作实施办法（试行）》《关于成立区委巡察工作领导小组的通知》。

【区委第十八次常委（扩大）会议】 于6月28日召开。区委书记张平主持。会议传达赵克志在省委常委会听取唐山工作汇报时的讲话精神；传达《省委办公厅学习贯彻中共中央〈关于加强新形势下党的督促检查工作的意见〉精神的通知》精神；区委理论中心组6月份理论专题学习；研究《关于安次区强力推进2017年大气污染防治重点工作方案》；研究《廊坊市安次区XXX乡（镇）机构改革实施方案》；研究《廊坊高新区、龙河高新区经济工作考核评价办法》；传达廊坊市国土领域“微腐败”集中整治行动动员部署会议主要精神及安次区贯彻落实意见；研究《关于评选“十佳基层党组织、十佳共产党员、十佳为民村官”活动的情况汇报》；研究《关于成立廊坊市安次区互联网信息办公室的意见的汇报》；研究《关于区委政法委调整内设机构的意见的汇报》。

【区委第十九次常委（扩大）会议】 于7月9日召开。区委书记张平主持。会议研究《关于区管“问题楼盘”解决方案的汇报》《关于区领导分包重点“问题楼盘”方案的汇报》；传达《河北省信访工作联席会议办公室印发〈关于“八一”期间集中开展军队退役人员走访维稳活动的实施方案〉的通知》精神；研究《安次区2017年上半年安全生产工作情况及下半年重点工作安排的汇报》；传达《关于贯彻省纪委〈关于给予杨杰、尹广泰纪律处分的通知〉要求并组织开展警示教育活动的通知》精神；传达《赵克志在省委常委扩大会议上听取秦皇岛市工作汇报时的讲话》精神；传达《关于对王社平严重违纪案件及其教训警示的通报》精神。

【区委第二十次常委（扩大）会议】 于7月26日召开。区委书记张平主持。会议传达全省领导干部会议精神；传达赵克志在省委常委会（扩大）会议听取上半年经济运行情况及下步工作建议汇报时讲话精神；传达《中共河北省委关于认真组织学习〈习近平总书记关于河北工作重要指示摘编〉持续兴起学习贯彻习近平总书记系列重要讲话精神热潮的通知》精神；区委中心组7月份理论专题学习；研究《2017上半年意识形态工作汇报》；研究《关于落实党委（党组）网络意识形态工作责任制的实施方案》；研究《安次区突发公共事件舆情导处置应急预案》(试行)。

【区委第二十一次常委(扩大)会议】 于8月6日召开。区委书记张平主持。区委中心组8月份理论专题学习;会议通报近期土地管控政策调整情况;通报安次区文明城市创建情况;传达全市领导干部会议精神;传达《中共河北省委印发〈关于改进领导作风的若干规定〉的通知》精神;传达《中共廊坊市纪委关于开展学习〈微信使用莫“任性”〉的通知》精神;传达《河北省委办公厅、河北省人民政府办公厅关于认真学习贯彻全国金融工作会议精神进一步做好全省金融改革发展稳定工作的通知》精神。

【区委第二十二次常委会议】 于8月29日召开。区委书记张平主持。会议听取区长薛振泽传达廊坊市政府全体会议精神;听取区委副书记李军汇报全区美丽乡村建设情况;听取区委常委、区政府常务副区长王振宇汇报全区总体经济形势、“气代煤”工程情况;听取区委常委、纪委书记刘海军汇报“一问责八清理”专项行动和基层“微腐败”专项整治开展情况;听取区委常委、组织部部长唐福贵汇报“基层党建提升年”活动开展情况;听取区委常委、宣传部部长寇东汇报文明城市创建工作情况;听取区委常委、政法委书记解军舰汇报信访和维稳工作情况;听取区政府副区长汤学军汇报安全生产情况;听取区政府副区长吕伟汇报“两违”拆除、城中村改造、断头路贯通、问题楼盘解决、农村垃圾清运、科技创新等工作情况。

【区委第二十三次常委会议】 于9月2日召开。区委书记张平主持。会议研究其他事宜。

【区委第二十四次常委(扩大)会议】 于9月6日召开。区委书记张平主持。会议传达市扶贫开发领导小组印发《关于〈王留根在全市贫困人口建档立卡“回头看”工作调度会上的讲话〉的通知》精神;研究关于加快推进贫困人口建档立卡“回头看”工作的汇报;传达省委、省政府《关于推进安全生产领域改革发展的实施意见》精神;传达中共河北省委印发《河北省委贯彻落实〈中国共产党问责条例〉实施办法》的通知精神;传达省委办公厅《关于认真学习贯彻新修改的〈中国共产党巡视工作条例〉的通知》精神;传达省委办公厅《关于组织学习〈习近平的七年知青岁月〉和〈习近平总书记在河北正定工作的难忘岁月〉的通知》精神;传达市委办公室、市政府办公室印发《关于开展全市“争创长安杯、献礼十九大”综治攻坚月活动的实施方案的通知》精神;研究廊坊市安次区新的社会阶层人士统战工作事宜;研究安次区关于农村土地承包经营权确权登记颁证工作进展情况的汇报;传达全市当前重点工作推进会议精神,对当前全区重点工作进行安排部署;研究关于成立廊坊市安次区环卫局意见的汇报。

【区委第二十五次常委(扩大)会议】 于9月27日召开。区委书记张平主持。会议传达梁田庚在全省党政领导干部扶贫专题培训班上的讲话精神;传达全省农村党建、“两新”组织党建、城市基层党建会议精神传达提纲暨贯彻落实意见;传达全国社会治安综合治理表彰大会精神;研究《关于省推进县乡人大工作和建设经验交流会暨“人大代表之家”建设现场推进会精神和安次区贯彻落实意见的汇报》;研究安次区关于对2016-2017学年度“优秀教师”和“优秀教育工作者”进行表彰相关事宜；研究区人武部办公用房调整相关事宜。

【区委第二十六次常委（扩大）会议】 于10月3日召开。区委书记张平主持。会议传达中共中央关于孙政才严重违纪案审查情况和处理决定的通报、全省领导干部会议、市委常委会（扩大）会议精神。

【区委第二十七次常委（扩大）会议】 于10月17日召开。区委书记张平主持。会议传达中办发〔2017〕54号文件精神；传达省委办公厅《赵克志同志在传达学习习近平总书记和中央领导重要指示批示时的讲话》精神；研究全区法制建设相关事宜；研究《关于强化年青一代民营企业家理想信念教育的实施方案》；研究《安次区建档立卡贫困户结对帮扶工作的实施方案》；研究《安次区推进防灾减灾救灾体制机制改革实施意见》。

【区委第二十八次常委会议】 于10月28日召开。区委书记张平主持。会议传达市委常委会议精神，高举习近平新时代中国特色社会主义思想伟大旗帜，在全区迅速兴起学习宣传贯彻党的十九大精神热潮；传达省委办公厅、省政府办公厅《关于印发〈河北省党政主要负责人履行推进法治建设第一责任人职责实施办法〉的通知》（冀办发〔2017〕31号）文件精神；研究《关于农村产权交易中心建设相关事宜的汇报》；研究《中共廊坊市安次区委巡察工作规划（公元2017－2021年）》。

【区委第二十九次常委（扩大）会议】 于11月7日召开。区委书记张平主持。会议传达《中共中央办公厅印发〈关于五年来中央政治局贯彻执行中央八项规定并以此带动全党加强作风建设情况的报告〉的通知》精神；研究区委六届二次全会安排方案；研究区委六届二次全会相关文件材料；研究安次区《关于深入落实管党治党政治责任的实施办法（审议稿）》；研究安次区《关于认真学习宣传贯彻党的十九大精神的通知（审议稿）》和《关于做好党的十九大精神学习宣传工作的实施意见（审议稿）》。

【区委第三十次常委会议】 于11月19日召开。区委书记张平主持。

会议传达省联席办《关于落实省委书记王东峰重要批示的通知》精神；会议传达学习王东峰在省委常委会（扩大）会议上的讲话（办公厅通报第88期）精神；传达省、市领导对信访工作重要批示精神，并研究安次区贯彻落实意见；传达王东峰在省委九届五次全会上的讲话（办公厅通报第87期）精神；研究《廊坊市安次区村级组织工作规则（试行）》；研究《关于安次区深化监察体制改革试点工作小组及其办公室组成人员建议名单及职责的汇报》；研究《廊坊市安次区扶贫领域监督执纪问责专项行动实施方案》；传达张家口市审计组对安次区委及王永威的审计报告。

【区委第三十一次常委（扩大）会议】 于12月1日召开。区委书记张平主持。会议研究《关于〈加强和完善城乡社区治理的实施意见〉的汇报》；传达《全市安全生产工作电视电话调度会议精神》研究《关于近期安全生产工作情况及下步工作安排的汇报》；研究《关于实行河长制工作情况的汇报》；研究《关于民办无证幼儿园整治和校车安全管理工作的汇报》；研究《关于廊坊市安次区编制管理工作存在问题的整改报告》。

【区委第三十二次常委会议】 于12月8日召开。区委书记张平主持。会议研究《关于解决街道办事处与区工信局、区安监局机关无行政编制问题的意见》；研究《关于解决部分单位编制未调整到位问题的意见》；研究《廊坊市安次区农业局主要职责内设机构和人员编制规定（草案）》；研究《廊坊市安次区卫生和计划生育局主要职责内设机构和人员编制规定（草案）》；研究《廊坊市安次区市场监督管理局主要职责内设机构和人员编制规定（草案）》；研究《廊坊市安次区发展改革局主要职责内设机构和人员编制规定（草案）》；研究《廊坊市安次区民政局主要职责内设机构和人员编制规定（草案）》；研究《廊坊市安次区财政局主要职责内设机构和人员编制规定（草案）》；研究其他事宜。

【区委第三十三次常委会议】 于12月16日召开。区委书记张平主持。会议研究省委第九巡视组对安次区巡视工作反馈意见，部署安次区整改落实意见；研究《关于贯彻落实中央八项规定实施细则精神的实施办法》。

【区委第三十四次常委（扩大）会议】 于12月16日召开。区委书记张平主持。会议传达中共中央办公厅印发《习近平总书记关于进一步纠正“四风”、加强作风建设重要批示》的通知精神，并安排部署安次区贯彻落实意见；传达省委印发《关于维护党中央集中统一领导的规定》的通知和市委印发《关于维护党中央集中统一领导的规定》的通知精神，并安排部署安次区贯彻落实意见；传达学习市委督查室印发《落实〈王东峰同志重点工作交办单〉（2017第01号）的工作清单及职责分工》的通知精神，并安排部署安次区贯彻落实意见；研究关于监察体制改革监委办公地点选取有关事宜。

区委办公室工作

【概况】 安次区委办公室2017年核定编制35人，内设11个职能组（室）：秘书组、综合一组、综合二组、综合三组、综合四组、综合五组、信息调研组、事务管理组、督促检查室、区委办公室值班室、综合协调办公室。2017年，区委办公室强化责任担当，弘扬实干作风，加班加点，无私奉献，全面抓规范、提标准，抓精细、提质量，抓执行、提效率，完成迎接服务保障、学习宣传贯彻党的十九大这一重大政治任务，组织区六次党代会、区委六届一次、二次、三次全会四个重大会议，完成省委对安次区巡视、审计两项重大活动，推动办公室在思想政治、能力素质、班子队伍、机关作风、团队文化、道德修养六方面实现新的提升和发展。

【开展“三抓三提”主题活动】 扎实开展“抓规范、提标准，抓精细、提质量，抓执行、提效率”主题活动。围绕适应新形势、新任务、新要求，区委办从2017年3月起，就谋划开展“三抓三提”主题活动，专门制定具体方案，以激发干事创业为目的，以开展主题活动为载体，以实行组织推动为手段，全员参与，全力推动，把办公室建设推上高效发展的轨道。

整个活动分为3个阶段9方面内容，先后开展“集中学习”等活动，完善《区委办公室公文运转管理制度》《区委办公室考勤备案制度》《区委办公室卫生管理制度》等10余个规章制度，在全区率先实施工作日志、工作清单等制度，引导区委办全体工作人员强化责任心，保持平常心，激发上进心，推动办公室工作实现创新发展，提质提效。2017年，区委研究室被市委研究室评为研究工作先进单位，区委信息中心被市委办公室评为党委系统信息工作先进单位，区委值班室被评为2017年党委值班工作优秀单位，区委机要局被市委机要局推荐为全省县级密码工作先进单位。

【强化精品意识，提高文稿质量】 2017年按照“效率+精品”的工作要求，全力以赴完成好“主业”工作。截至年底，起草编发领导讲话、汇报材料、会议纪要、工作总结等130余篇，是2016年同期的2倍，有效文字量达到45.2万字。特别完成省委九届三次全会分组讨论安次区典型发言、省安全生产巡查工作汇报会的主持词、省委第九巡视组巡视反馈意见会议的主持词及表态发言、全市综合治理暨打击传销专项行动动员大会表态发言、区委六届二次全会、六届三次全会的报告及讲话等20余篇重要文稿起草工作。对全区上下全面学习宣传贯彻落实党的十九大精神、中央经济工作会议精神、省市委全会精神起到重要的辅助作用；对区委总结2017年全区经济、政治、文化、社会、生态等各项事业发展起到重要的协助作用。全力办好《安次通报》，2017年编发《安次通报》11期，确保各单位各部门全面透彻领会领导精神，更好推动工作开展。高度重视公文审核工作，全年审核把关文件438件，均做到规范零差错。

【加强协调沟通，做好服务工作】 2017年区委办充分发挥承上启下、协调内外、沟通四方的综合协调作用，全力推动区委各项事务性工作顺利开展。全年参与组织区第六次党代会、区纪委全会、区委六届一次、二次全会等各类会议60余次；组织区委常委会34次、书记会5次；组织接待各类活动30次。特别是省委巡视组对安次区巡视期间，按照区委统一安排，主动协助区委领导建立落实日汇报、周例会、沟通协调、内部通报等工作机制，协调区四套班子办公室、区纪委、区委组织部和区直有关部门做好材料审核、工作汇报、个别谈话等工作，完成巡视工作，得到主要领导高度认可。全年处理电话会接500余次，下发电话通知40余次，印发红头文件97件，起草印发明传电报99件，处理机要件323件，收发、传阅中省市文件1345件，机密文件63件，做到及时、准确、规范，无错发、无遗失。

【强化督导检查，把好执行关口】 2017年及时登记市、区领导批办的工作事项，细化梳理，不等不靠，第一时间调查，了解工作真实情况，真督实查，推进工作落实，为领导呈报第一手准确、可靠的工作报告。全年完成风筝节筹备、去产能、学习借鉴任丘信访工作经验、涉军人员稳控、主城区重点公共设施建设、问题楼盘等30多期市、区领导批办事项的督查落实和反馈上报工作，确保领导批办事项落实到位。有针对性地开展决策督查，全年完成弱势群体帮扶救助、安全生产、春季植树、项目建设、土地卫片执法、问题楼盘、信访稳定、VOC企业治理、“散乱污”企业治理、水污染防治、“气代煤”、农村垃圾一体化、文明城市创建、冬季取暖等40期决策督查专报，发挥以文辅政、参谋助手的作用，推动各项问题有效解决。细化制定全区2017年重点工作任务清单，确定75项重点工作任务，印发全区各部门贯彻执行。按照时间节点，全面督查整体推进情况、专项督查重点工作，及时向区主要领导反馈情况。年底，对各部门重点工作任务完成情况进行全面汇总，作为全区综合考核依据。

【注重及时高效，做好信息反馈】 围绕全区热点、难点问题，及时、准确、全面地收集、选编各类信息，信息服务质量实现新提升。2017年累计报送各级各类信息550篇，上报市委信息中心舆情分析类、情况报告类信息35篇，被市刊《每日汇报》《快讯》采用40余篇，被市刊《呈阅件》《情况交流》采用长篇信息5篇，特别是《深学细悟　笃行实做　严查严改》台企非公党建长篇信息，先后被省委和中办内刊采用，并得到中央领导批示肯定。截至2017年年底，累计编发内刊《安次快报》43期，编发《服务决策》45期，其中，16期得到区委主要领导批示肯定。同时，按照区委主要领导指示精神，开辟《领导工作动态》内刊，累计编发44期，重点刊发区委、区政府领导工作调研、督导调度等工作动态类短篇信息，其中8期得到区委主要领导批示肯定。编发《重点工作进展》2期，充分发挥内刊上情下达、下情上报、决策参考、促进工作的作用。为进一步拓展信息来源渠道，改版增容《信息业务通讯》，在每期《信息业务通讯》后整理附印各级各类省、市采用范例精品信息，实行双月编发通报，供各单位、各部门学习阅研。同时，印发2016年和2017年《安次快报》全集供各单位学习参考，切实提高全区信息工作者素质和能力，推动全区信息工作上档升级。

【做好机要保密工作，加强值班值守】 区委办作为全区工作的“指挥中枢”，是保证信息畅通，确保核心机密的重要枢纽。2017年，收发、办理各类电报4200余份，跟踪办理区委电报963份，分发、传阅上级文件2308件，未出现任何差错，是全区政令畅通，有效服务党委和政府的可靠保障。面对日益严峻的保密形势，紧贴区情实际，全力做好全区保密工作。落实省、市保密工作精神，专门组织召开全区保密工作培训会，重点学习定密工作、保密法等内容，不断增强涉密人员保密意识，提升保密队伍整体素质。党委值班工作有序推进。认真做好日常和节假日、重要时间节点的值班工作；加大值班检查力度，全年开展实地检查8次，电话抽查10次，下发通报3期，对检查中发现的问题，及时通知责任单位，要求立即整改，确保全区值班工作高效畅通。认真落实紧急重大事件报告制度和领导干部外出报备制度，截至2017年年底，未出现1例迟报、压报、误报、漏报、瞒报的问题。

【改革工作扎实推进】 2017年组织召开全面深化改革领导小组会议13次，审议文件50余件，编发改革信息30篇，被省采用3篇，就全区30余项改革工作进行督查督导，新获批省级改革试点1项，各项改革工作顺利进行。

【主体办工作有序落实】 全区全面推进主体责任落实。2017年起草关于维护党中央权威和集中统一等文件20个印发全区。全面推进不作为、慢作为专项治理，机关作风整治整改等活动，得到上级肯定和表扬。

【加强干部队伍管理，发扬实干作风】 加强干部管理，注重干部提拔使用，为年轻干部群体制定规划、创造机会，让年轻干部“多参与、多学习、多体验”，最大限度拓宽大家成长空间；特别是加强与组织部门的沟通，努力打破瓶颈，千方百计地为大家进步创造条件。2017年提拔科级干部1名，副科级干部3名，股级干部4名，切实让全室工作人员普遍看到亮光，感受到付出所值。全室始终坚持“高起点谋划、高效率运作、高质量服务”工作要求，充分发扬“5+2”“白+黑”精神，遇到紧急重要任务，主动加班，自觉加班。以工作为重，以事业为重，完成任务，拒绝理由，干事奉献、提升效能，确保完成各项任务。

【全面加强廉洁自律建设，打造忠诚、干净、干事的创业团队】 区委办公室高度重视党风廉政建设，多次召开办公室专题会议，研究部署党风廉政建设工作；严格执行党的政治纪律、工作纪律、经济纪律和群众纪律，会同区政府办，建立完善公务用车管理制度、财务管理制度、接待制度等各项规章制度，并严格按照标准执行落实；凡是重大事项、重要决策，都是通过班子会集体研究决定，并请区主体办主要负责人进行把关。同时，全面加强办公室全员教育管理，凡下基层检查工作、调查研究，办公室人员都做到轻车简从，不影响基层工作，不加重基层负担；办公室所有的办公用品和设备都是由区财政统一采购和定制，办公室上下做到遵守规矩、严于律己、廉洁自律。

虽然办公室工作取得一定成绩，但与区委的期望及基层群众的愿望相比还有一定差距。主要是：政治理论学习抓得不够紧，没有很好坚持定期学习制度；服务水平还有待进一步加强，不严不细的现象还时有发生；整体素质能力还有待进一步提高，全体工作人员独挡一面的能力有欠缺；团结干事的氛围还需要进一步叫响等。全体工作人员继续立足本职，严格落实区委和区政府各项决策部署，继续围绕中心、服务大局，尽力、尽心、尽情工作，努力提升“三服务”工作水平，完成区委交办的各项工作任务，努力为全区经济社会发展做出新贡献。

（李元春）

纪律检查、监察工作

【概况】 中共廊坊市安次区纪律检查委员会、廊坊市安次区监察局2017年领导班子成员8人：其中书记1人，副书记2人，纪委常委4人；廊坊市安次区监察局局长1人（由纪委副书记兼任），副局长2人（其中1人由纪委常委兼任）。自1993年合署办公至2017年，专职干部职工78人，其中处级干部1人，科级干部58人，普通干部17人，职工2人；大专以上学历77人，平均年龄38.1岁。

2017年1月—5月，29个派驻纪检组有干部29人（科级干部28人）。设11个内设机构：办公室、第一纪检监察室、第二纪检监察室、第三纪检监察室、第四纪检监察室、信访室、党风政风监督室、宣传部、组织部、案件审理室、案件监督管理室（纪检监察干部监督室）。5月，按照纪检监察机构改革和党委巡察机构建设要求，撤销29个派驻机构和区法院、检察院、司法局纪检组（监察室）。成立区纪委监督室（区委巡察组）及纪检监察干部监督室。区纪委、监察局机关内设机构增至17个，即办公室、组织部、宣传部、党风政风监督室、信访室、案件监督管理室、第一至第四纪检监察室、第一至第五监督室（区委第一至第五巡察组）、案件审理室、纪检监察干部监督室，同时设立安次区委巡察办、区委政法委纪工委，形成“17+2”的机构改革模式。2017年，安次区纪委、监察局在市纪委、监察局及区委、区政府的正确领导下聚焦主责主业，监督执纪问责，始终把纪律和规矩挺在前面，坚持不懈正风肃纪，坚定不移惩治贪腐，抓关键、善作为、务实效、求突破，扎实推进全区党风廉政建设和反腐工作取得新成效。

【领导批示情况】 安次区纪委瞄准“三小”（管住“小人物”，全方位遏制源头腐败；盯紧“小事情”，多渠道挖掘问题线索；整治“小问题”，广角度加大查惩力度），整治“微腐败”做法得到市委常委、市纪委书记魏国东批示；区纪委以工匠精神提高案件工作质量的做法被市纪委简报刊登并受到市纪委副书记、监察局局长李晓鹏肯定；安次区纪检监察系统信访分析工作得到区委主要领导认可；安次区创新载体推动宣传工作向基层延伸的经验做法相继被中纪委网站、河北纪检监察网、《河北日报》等媒体刊载。

【严格党内监督，压实管党治党责任】 一是科学运用“四种形态”（第一种：党内关系要正常化，批评和自我批评要经常开展，让“咬耳扯袖、红脸出汗”成为常态。第二种：党纪轻处分和组织处理要成为大多数。第三种：对严重违纪的重处分、做出重大职务调整应当是少数。第四种：而严重违纪涉嫌违法立案审查的只能是极极少数）。推动“咬耳扯袖、红脸出汗”成为常态，2017年运用“四种形态”处理192件，其中，第一种形态106件，占比55.2%；第二种形态68件，占比35.4%；第三种形态8件，占比4.1%；第四种形态10件，占比5.2%，形成第一种形态占比较多，第三、四种形态保持相对均衡的规划布局，惩治极少数、教育大多数的效果更加彰显。二是着力构建管党治党制度体系。开展落实“两个办法”、准则条例贯彻执行情况、落实意识形态工作专项检查，推动各单位部门做到知责明责、履职尽责。各单位部门对照落实主体责任存在的问题，梳理制定整改措施100余条，细化完善财务管理、机关作风建设、党的建设等制度机制170余个，党员干部执政行为更加规范，制度机制效应进一步彰显。三是深入开展政治巡察。组建区委巡察机构，制发《中共廊坊市安次区委巡察工作实施办法（试行）》《六届廊坊市安次区委第一轮巡察工作方案》，自2017年6月份，组织开展第一轮巡察区农业开发办、廊坊市第十四小学、区畜牧水产局、区粮食局、区农业局5家单位，发现党的领导弱化、党的建设缺失、全面从严治党不力三方面具体问题54个，问题线索20个，其中涉及科级干部11人，科级以下干部2人，按规定移送有关部门处理。

【从严清理问责，开展“两个专项”行动】 按照省市“两个专项”工作安排部署，瞄准重点领域，聚焦突出问题，强力集中整治。2017年“一问责八清理”专项行动清理问题1050

件并整改完成，组织处理338人，纪律处分11人，问责领导干部45人；基层“微腐败”专项整治发现问题线索983件，追责869人，问责34人，纳入整改664件并整改完成。在完成“规定动作”基础上，聚焦国土领域“微腐败”、民生保障不规范、挪用截留农村卫生室建设资金、惠农资金不落实等问题，开展“1+3”自选动作，发现问题442个，立案12件，党纪处分12人。实施扶贫领域监督执纪问责专项行动，受理问题线索14件，查结9件，处理14人，党内警告处分5人、党内严重警告处分2人、移送司法机关1人。

【持续整治“四风”，作风建设深入开展】 制定下发《关于继续开展严防“四风”问题反弹检查工作的通知》《关于开展违规公款购买消费高档白酒问题集中排查整治工作的通知》《全面深化机关作风整顿监督检查的通知》等一系列文件，紧盯重要节点，围绕重点热点领域，强化日常检查，对隐形变异“四风”，特别是官僚主义、形式主义，快查严处、通报曝光。2017年区纪委开展明察暗访71次，发现问题64个，约谈提醒25人（次），下发《问责通知单》42份，问责违反中央八项规定精神4人，3个单位的主要负责人因违规使用工会会费被问责。大力开展机关作风整顿，检查单位61家，发现问题95个，党政纪处分2人，运用“第一种形态”65人（次），形成对各单位部门的监督检查全覆盖，狠刹不正之风，不断优化全区党风政风环境。

【强化高压震慑，加大纪律审查力度】 坚持力度不减、节奏不变、尺度不松，明确主责主业，抓好纪律审查工作，以踏石留印的作风、零容忍态度反腐惩恶。2017年，受理信访举报403件，处置线索212件，立案89件（同比增长8.5%），结案86件，党政纪处分86人（科级干部19人），移送司法机关3人。强化反腐败协调小组职能作用，区纪委与公检法相互移送、通报案件线索11件。探索实行区乡片区联组协作办案的工作机制，建立健全线索备案管理制度，紧密结合《监督执纪工作规则（试行）》，完善乡镇纪委自办案件模拟卷，乡镇自办结案19件。制作《纪律审查工作流程示意图》，编制本委直查模拟案卷，线索处置、谈话函询、初核、立案审查、案件审理、复议复查、案件移送等办案环节更加规范，案件质量大幅提升。严守办案安全生命线，制定《“走读式”谈话安全管理工作细则》，高标准建成8个乡镇纪委谈话室，为纪律审查提供有力保障。

【突出宣传教育，营造崇廉尚洁氛围】 2017区纪委从解决不想看、看不懂、摸不到问题入手，创作“一问责八清理”口袋书和“微腐败”宣传漫画等作品，印发8000余册，广大党员干部集中学习，廊坊电视台、廊坊日报专访报道，省专项办专刊登载，扩大安次廉政文化影响力。将全区警示教育大会参会人员范围扩大到村街党支部书记、村委会主任，通报典型案件8起，实现警示教育全覆盖。拓宽廉政宣讲渠道，开展传承良好家风家训、“喜迎十九大”诗朗诵、“轻松一课话廉洁”、《践行十九大　纪委来护航》廉政快板宣讲等系列活动，大力宣传全面从严治党的新思想、新理念、新部署，崇廉尚廉、学廉践廉成为党员干部的一种自觉思想行动。“两微一网”（“廉洁安次”微信公众平台、“龙河之畔”廉政微博、“安次纪检监察网”）推送信息3000余条，节假日、敏感时期发送廉政短信10期9000余人次，在社区、村街、学校等场所发放《问责歌行》提醒卡、廉政三字经、廉政书签等8000余份，组织开展“星期六文明行动”志愿服务廉洁创城，形成横到边、纵到底、全覆盖的廉洁宣传教育工作格局。

【深化“三转”改革，强化队伍自身建设】 一是顺利完成六届纪委换届选举，领导班子的年龄结构、知识结构、学历结构得到进一步优化，健全完善领导班子议事规则，委局班子成员带头加强学习，带头转变作风，带头团结干事，发挥“领头雁”作用，带动委局上下形成撸袖前行、激情干事的浓厚氛围。二是完成纪检监察体制改革和党委巡察机构建设，撤销原纪检监察派驻机构，增设区纪委第一至第五监督室（区委第一至第五巡察组）及纪检监察干部监督室，设立安次区委巡察办、区委政法委纪工委，制发《区纪委监督室日常监督检查管理的若干规定（试行）》《派驻（派出）机构日常管理办法》，做到运行有章可循，监督有据可依。三是稳妥推进县级深化国家监察体制改革试点工作，参照省、市要求，建立工作日志、台账管理、周报告等6项痕迹化管理制度，制发任务分工，倒排工期、挂图作战，推动监察委转隶组建工作。四是深入学习宣传贯彻党的十九大精神，组织开展机关大讲堂、纪检监察干部培训、跟班学习、外出学习考察，全面提升素质能力。全区96名纪检监察干部签订《廉政承诺书》《安全办案责任状》，建立电子《廉洁从政档案》，进一步强化对纪检监察干部的监督管理。

（陈　颖）

政法工作

【概况】 中共廊坊市安次区委政法委员会机关（安次区社会管理治安综合治理委员会办公室与其合署办公）2017年人员编制12人，现有人员10人，内设4个科室，即：办公室、政治处、综治组、维稳办。2017年，安次区委政法委全面落实中央、省、市关于政法综治维稳工作的安排部署，牢牢把握全面推进依法治国的总要求，努力提升人民群众安全感和满意度，积极构建大维稳格局，突出重点、完善举措、强化落实、不断创新，扎实推进政法综治维稳各项工作，为全区经济社会发展创造和谐稳定的社会环境。

【做好十九大期间安保工作】 全力保障各敏感时期的安全稳定。一是强化措施，确保各重要节点安全。2017年区委政法委紧紧围绕“六个确保”工作目标，扎实推进全国“两会”“一带一路国际合作高峰论坛”“5·18廊坊国际经济贸易洽谈会”和“六四”、暑期安保、建军90周年期间等各敏感期的各项工作措施落实。重点时期安保工作期间，开展各类安全隐患排查，将全区各类重点矛盾纠纷、重点人员、重点部位、重点行业等全部纳入安保台账。对各个重点纠纷隐患逐一明确责任单位、责任领导、责任人员，限期办结。对重点人员全部纳入视野，实行五包一措施，24小时专人监护，并要求所辖区域每天报告重点人员情况，坚决防止脱管、失控。对重点单位逐一建立台账，与负责人签订治安责任状，落实管控责任人，确保不出任何问题。二是全力抓好党的十九大安保工作。区委政法委始终把为党的十九大顺利召开营造稳定环境作为首要政治任务来抓，高密度召开会议、分领域安排部署，对历次省、市专题会议都不折不扣地贯彻落实。精心部署，科学谋划，织密维稳安保网络。制定全区总体方案，为全区党的十九大安保工作指明方向。签订责任状。区委书记与各乡镇、街办处、园区及重点部门“一把手”逐一签订责任状，确保做到“一把手”抓“第一政治任务”。夯实基础，筑牢维稳第一防线。启动党的十九大安保“日报告”。从 2017 年 10 月 10 日开始至党的十九大安保任务结束，要求各地各部门每天下午 3 点前向区维稳办报告当天安保工作情况。区维稳办针对重点信息，及时进行研判，提出工作建议和具体措施，形成维稳工作专报区委、区政府主要领导和相关领导，为领导决策提供可靠依据，期间，区维稳办编辑上报《安次区党的十九大安保工作专报》17 期。强化举措，全力抓好十九大维稳安保。加大进京非访打击力度。发动群众，为党的十九大保驾护航。充分依靠和动员群众，全区新增 10000 名佩戴统一标识的平安志愿者，设立 100 个“平安守望岗”，全部由平安志愿者自发值守。自 10 月 9 日起，高铁站迅速启动一级勤务。每日安排 6 名警力配备个人防护器材和移动核查终端在站内执勤，巡特警大队出动 2 辆警车，在站前广场及周边区域进行巡逻。十九大期间，累计安检 109349 人，查获涉毒人员 60 人，检查涉疆人员 1 人，查控、劝返信访人员 15 人，查控涉军人员 5 人；查获管制刀具 2 把；查获制式步枪弹 1 枚。加强铁路护路工作。区委政法委创新工作思路，结合工作实际，启用对越参战退役老兵 50 名充实到十九大安保护路工作中，这一做法得到市里领导充分肯定。区护路办组成专项督导组，不间断地对护路点开展巡查，确保铁路护路万无一失。加强危险物品管控。对使用剧毒危险品的单位逐一落实存放、管理办法，并坚持日检查制度。十九大安保期间，对进入北京的邮件、快件严格执行“实名收寄、收寄验视、过机安检”三项制度，确保绝对安全。加强应急处置准备。对处置暴恐袭击、个人极端、集体上访、规模聚集等突发情况工作预案进行全面梳理，完善“三同步”机制，确保一旦发生突发事件，能够第一时间快速反应。加强督导，压实责任。区委政法委牵头成立 5 个督导组，以暗访为主，对十九大期间信访、维稳、安保、安全生产、问题楼盘等重点工作持续明察暗访。同时，又成立 8 个安保工作推进组，深入基层一线，全面指导安保工作。区委政法委以必胜信念、决战作风、担当精神，扎实做好各项工作，全面打赢党的十九大安全保卫战。

【抓好军队退役人员稳定工作】 为推进退役军人优抚安置政策真正落实到位，确保全区社会大局稳定，2017 年区委政法委按照《全区做好军队退役人员工作集中攻坚行动方案》工作安排，认真做好军队退役人员有关工作。一是走访慰问，3 月 31 日以“两办”名义下发《关于走访慰问全区军队退役人员的工作方案》，3 月 28 日至 4 月 10 日，有关区领导、各有关单位部门班子成员走访慰问全区军队退役人员，广泛开展暖心活动。对市通报安次区 8 名重点涉军退役人员，区委、区政府主要领导逐人走访座谈，面对面交流，并亲自分包重点人员。

二是建档立卡，全区现有14类涉军退役群体，5527人，全部建档立卡；区联席办梳理2015年至2017年参与赴省进京上访涉军人员，进京上访14人、赴省上访5人，到市访21人、到区访162人，涉及重点人员全部建档立卡；区公安分局对80名现实表现活跃的涉军重点人员全部建档立卡。三是政策落实，2017年全区符合政府安排工作条件的军队退役人员有643名，妥善安置537名、安置后下岗失业106名，对安置后下岗失业退役人员，扶持就业，通过开发公益性岗位予以托底安置。四是全面落实稳控，针对各个敏感时期，区委政法委多次召开专门会议，安排部署军队退役人员工作。对军队退役重点人员全面摸排，全面落实稳控措施。对于解决不了的问题，耐心做好当事人教育疏导工作，稳控当事人情绪，实现涉军人员在各个敏感时期的平稳可控。

【整合资源，推进综治中心建设】 2017年初，中央及省、市政法工作会议都将综治中心建设作为全年综治工作重点任务进行安排部署。对此，区委政法委高度重视，认真研究贯彻落实具体意见并向区委常委会进行汇报。区委常委会经过认真充分讨论，研究明确加强和保障综治中心建设的一系列具体措施，决定将综治中心设为区委政法委（区综治办）管理的财政全额拨款事业单位，增设事业编制3名，向社会力量购买服务5名，将综治中心建设经费120万元列入财政预算。建设之初，区综治办派人随市综治办领导到山东考察学习当地综治中心建设情况，组织各乡镇、街道分管领导到北京大兴区学习区乡两级综治中心发挥职能作用等情况，为安次区综治中心建设奠定基础。在充分考察学习的基础上，按照上级要求标准，安次区迅速完成中心选址，完善各种手续，仅用时3个月就完成中心基础建设，搭建起加强和推动综治措施落实的工作平台。

【健全完善基础信息，着力夯实基层基础】 健全台账信息。综治中心建成后，区委政法委对相关职能进行认真研究，确定要将综治中心建成全区综治维稳综合研判指挥平台，全面发挥好各项上级规定的职能。为确保有针对性地开展工作，2017年区委政法委针对综治“9+X”信息系统中包括的综治组织、实有人口、特殊人群、重点青少年、社会组织、矛盾纠纷、社会治安、校园及周边安全、护路护线等模块信息，更新完善、梳理汇总原有的各类台账。统计包括涉军涉众、“双清”协解等35类利益诉求群体9593人，其中重点905人；10类重点部位846处，其中油库、阀室等重点部位43处，铁路、输油输气管线等重要管线11条，高铁站、大型超市等人员密集场所277处，重要桥梁27座，学校、幼儿园、商业场所、金融机构450所，易制爆危化物品单位38家；涉及邻里纠纷、土地征迁、干群矛盾等方面的重点矛盾纠纷、苗头隐患137件。上述这些信息全部建立安保责任台账，真正做到重点人员有人稳控、重点事件有人解决、重点部位有人守护、重点物品有人管理。并录入信息系统，绘制分布图，形成纸制台账、全区总图、电子信息于一体的基础台账信息体系，为有针对性地进行分析研判、对全区工作统一指挥奠定基础。

完成综治“9+X”信息系统信息采集录入。在健全各类重点人、地、事、物台账的基础上，根据上级要求，安次区启动全区实有人口基础数据信息采集录入工作。区综治办3次召开综治办主任会，研究部署安次区信息采集录入工作，逐一研究解决工作中遇到的问题。按照既定部署要求，2017 年 7 月初，临时聘用 10 名暑期大学生组成录入专班，投入到信息录入工作。制定信息采集工作周报表，对各乡镇、街道信息采集工作进行周通报。经过 3 个月的艰苦努力，于 9 月 8 日完成上级交给的涉及 38.4 万人的实有人口信息采集录入任务，得到市综治办领导充分肯定。

【加强主动治理，深化预防和化解社会矛盾综合机制】 重点加强社会稳定风险评估工作。为不断推进社会稳定风险评估工作科学化、规范化、制度化建设水平，下发《关于对 2017 年重点建设项目组织社会稳定风险评估工作的通知》，要求各单位、各部门对 2017 年度出台或拟出台的关系广大人民群众切身利益的重大决策、重大政策，重点工程项目等，进行社会稳定风险评估。区委政法委对全国“两会”“一带一路国际合作高峰论坛”“5·18 廊坊国际经济贸易洽谈会”“暑期安保”“党的十九大”进行社会政治稳定风险评估。按照市委政法委《关于对 2017 年全市重点建设项目组织社会稳定风险评估工作的通知》要求，对涉及安次区的 1 个省挂账督办重点项目（廊坊市富奥汽车零部件有限公司轻量化高端自动汽车座椅），进行社会稳定风险评估。通过社会稳定风险评估，切实从源头上预防和减少影响社会稳定的矛盾和隐患，使“关口”前移，变被动化解为主动预防，形成改革、发展、稳定的良性互动。

深入开展影响社会稳定矛盾纠纷和问题隐患摸排化解专项行动。为确保全区社会大局持续平稳，深入推进平安安次建设，在全区开展影响社会稳定矛盾纠纷和问题隐患摸排化解专项行动。一是全面排查各类矛盾纠纷；二是全面掌握影响社会稳定的重点问题、重点领域和重点群体基本情况；三是全面摸清潜在安全隐患和治安隐患，登记造册；四是全面清查危险物品和要害部位，掌握危险物品来源、渠道和使用权限；五是全面梳理、集中解决各类信访问题。行动期间发现矛盾纠纷 168 件，安全隐患 18 件，都得到及时有效地化解，保证社会环境稳定。

【壮大平安志愿者队伍，筑牢基层防控网络】 结合贯彻中央和省市政法工作会议精神，区委政法委认真研究具体落实举措，将充分依靠和动员人民群众参与社会治安作为一项重点工作，向区委常委会进行汇报并得到肯定支持，在 2017 年初全区政法工作会议上以让“红袖箍遍布安次城乡”为目标进行专题部署。经过精心研究，明确人员标准和工作范围，召开专门会议调度推动，迅速在原有基础上将全区平安志愿者增至 10000 名，佩戴统一标识，并在城区人员聚集地设立“平安守望岗”100 个，全部由平安志愿者自发值守，辖区派出所片警负责加强与志愿者联系，进行宣传国家法律政策、参与基层治安巡防、排查化解矛盾纠纷隐患等方面业务指导。

自平安志愿者队伍组建，在各项工作中都发挥较好作用。在治安巡逻防范上，他们的身影遍布城乡，成为公安民警眼中的前沿哨“侦查员”；在大气环保治理上，他们坚决抵制污染环境行为，提供线索；在创建文明城市上，他们弘扬社会主义核心价值观，身体力行劝阻各种不文明行为；在打击非法传销上，他们搜寻传销窝点，举报传销线索；在提倡文明祭祀上，他们身现街头制止传统烧纸行为，劝说群众按规定文明祭祀；在化解矛盾纠纷上，他们及时发现身边问题，化解邻里纠纷，在各领域中都做出较大贡献。2017 年全区平安志愿者参与各类宣传活动，帮助发放各类宣传资料 86000 余份，向公安机关提供各类线索 367 条，其中有价值信息 120 余条，发现报告大气污染隐患 62 处、安全生产隐患 153 处，化解各类矛盾纠纷 234 起，捡拾并归还失主物品 160 余件。

【强化“百日攻坚”行动，全面提升人民群众安全感】 政法部门充分发挥主力军作用，认真落实市、区两级安排部署，密切配合，协调联动，迅速掀起严打刑事犯罪高潮。2017 年在“百日攻坚”行动开展期间，区公安分局破获各类刑事案件 175 起，抓获犯罪嫌疑人 66 名，其中刑事拘留 62 名；打掉犯罪团伙 6 个，其中黑恶团伙 2 个，侵财犯罪团伙 4 个；抓获网上逃犯 48 名，其中历年逃犯 6 名，命案逃犯 1 名。区检察院批准逮捕各类刑事案件 16 件 17 人，移送起诉 28 件 40 人。区法院审结刑事案件 19 件，判决生效被告人 14 人。其间，侦破一批有较大影响的案件，鼓舞了群众，有力震慑犯罪。

在行动中进一步研究部署开展 13 个领域专项行动，将各项任务分解细化，延伸到具体领域，精准打击、精准发力，切实推动百日攻坚行动取得实效。活动开展期间，在打击传销专项行动中端掉传销窝点 15 个，查获传销人员 375 人，解救被骗人员 66 人，教育遣散 295 人。在流动人口和出租房屋清理整治专项行动中，当场抓获 3 名

非法经营药品犯罪嫌疑人，查获波利维、立普妥等药品价值 20 余万元。

（潘　凡）

组织工作

【概况】 中共廊坊市安次区委组织部是主管全区组织工作的综合职能部门，业务受中共廊坊市委组织部指导。2017 年，区委组织部核定编制 33 人，领导班子成员 4 人，其中区委常委、组织部部长 1 人，常务副部长 1 人，副部长 2 人。内设职能组室 9 个：办公室、干部组、科干组、组织组、组员办、研究室、新闻和网络宣传组、远程办、信息中心；另有区委干部考核领导小组办公室和区委非公经济和社会组织工委设在区委组织部。2017 年，在区委正确领导下，区委组织部深入贯彻党的十八大、十八届六中全会及省、市、区委党代会精神，坚持“整体推进抓落实，重点突破抓创新”工作思路，牢牢把握“实”字，以“基层党建提升年”为有利契机，突出问题导向，明确重点任务，紧紧围绕全区中心大局抓基层打基础、抓班子带队伍、抓作风优环境。特别是党的十九大后，坚持新时代要有新作为，实干担当、激情创业，实现常规工作有规范、基础工作有巩固、重点工作有突破、特色工作有创新，党建工作整体水平得到新的提升，为“率先实现全面小康、加快建设强区新城”提供坚强组织保

证和人才支撑。

【活化载体、突出长效，“两学一做”常态化制度化建设取得新成效】 聚焦求深求实抓引领。中央对“两学一做”学习教育作出部署后，区委以高度的思想自觉，精准有效抓推动，切实筑牢“两学一做”学习教育的思想基础、参与基础、融合基础。区委多次召开常委会专题研究“两学一做”学习教育工作，制定各领域党组织推进学习教育常态化制度化实施方案。作为具体组织者、推动者，区委组织部认真履行职责，组织召开座谈会专门部署，列入各级党组织书记抓党建“三个清单”和考核述职重要内容，挂账督办、痕迹管理；注重抓好机关、基层“两个重点”，用活书本、现场“两类资源”，用力夯实“学”这个基础。2017年6月22日，《廊坊日报》报道安次区学习教育常态化制度化推动情况。

聚焦常态开展促深学。区级领导带头示范，2017年区委理论中心组组织集中学习15次，区级领导带头讲党课30余场次。健全制度规范。制定出台《关于进一步严格党内组织生活的意见》，对“三会一课”、党员活动日等基本制度统一规范，细化《党支部工作手册》，把学习教育融入组织生活，嵌入学习制度。实施分类导学。在农村、社区，采取专题辅导、送学上门、结对帮学等方式，提升学习效果；在企业，通过开展党员“读书悦”、配发“红书包”、网上自学等方式，解决工学矛盾；在机关事业单位，采取党小组集中学、印发材料自学等方式，将学习抓在经常。搭建信息平台。推广“互联网＋党建”做法，创办“安次党员之家”微信公众号、开通新浪微博、组建QQ及微信群，打造“指尖上的微课堂”。2017年，刊发栏目343期，推送各类信息1300余条。

聚焦知行合一笃于行。抓队伍、强服务。广泛开展“亮身份、树形象、展风采”活动和“先锋带群众、党心连民心”党员志愿服务活动，强化党员角色意识、党性意识。2017年组建党员志愿者队伍330多支，分两批集中组织300余名入党积极分子和预备党员，到15个社区开展志愿服务，助力文明城市创建。分类推、促履责。农村、社区重点落实设岗定责、承诺践诺、夺旗争星，推行“七权七责”“1＋10”党员联户等做法；机关事业单位完善党员到社区报到、直接联系服务群众制度，促进党员调状态、转作风、提效能；国有企业和“两新”组织广泛开展“筑树促”“为发展增能量”等主题实践活动；窗口单位和服务行业重点落实挂牌上岗、亮明身份制度，提升服务效能和服务质量；学校重点增强党性意识，引导教师党员做为人师表的榜样。树典型、增活力。广泛开展“寻找身边的感动、选树身边的典型”活动，大力宣传先进典型与先锋模范人物。深入挖掘富智康党委深化“两学一做”经验做法，两次得到赵乐际肯定性批示，梁田庚实地调研指导，新华社、《人民日报》《光明日报》《中国组织人事报》等23家主流媒体集中报道。

【优化结构、提升能力，领导班子和干部队伍建设得到新加强】 完成区乡领导班子换届。在区乡领导班子换届工作中，坚持严格各项工作程序，在乡镇换届考察基础上，分析研判各班子情况，扎实做好换届人事安排工作，进一步优化干部队伍学历年龄和结构，增强乡镇领导班子综合素质。同时，严把代表、委员审核关，成立身份审核认定小组，确保代表、委员质量，为换届奠定良好基础。工作中，认真落实“四必看”“四必训”要求，组织代表、委员和工作人员集中观看《警钟》《镜鉴》，成立换届风气督查组督导换届纪律，确保换届风清气正。大会期间，严把程序，强化引导，确保选举工作顺利进行。乡镇领导班子换届工作和区级领导班子换届工作分别于2017年1月底和2月底完成，顺利选举产生新一届区、乡两级领导班子，完全实现市委、区委换届人事安排意图，完成换届预定的各项工作任务。

全面规范选人用人机制。围绕发展坚持选优配强领导班子，2017年，全区调整区委管理干部3批463人次，其中提拔128人。干部选任工作中，注重在一线岗位培养锻炼年轻干部，2017年在乡镇、办事处、高新区等一线岗位提拔副科级干部76人，正科级干部22人，其中，在大学生村官、优秀村干部、乡镇事业编中选拔优秀干部7人，“90后”优秀年轻干部8人。从工作表现看，大多数新调整干部能够快速适应工作角色，在全区各项中心工作中表现比较突出。在选优配强领导班子的同时，注重提升领导干部综合能力和素质水平，邀请中央党校、国家行政学院、中国传媒大学的专家教授为全区领导干部专题授课，累计培训1000余人次，邀请市委党校教师就市、区党代会精神开展集中宣讲活动，累计培训1600余人次。充分发挥域外培训基地作用，在浙江大学、西安交通大学、武汉大学、厦门大学组织举办四期专题培训班，培训200余人次。在做好日常培训工作的同时，依托河北干部网络学院，组织全区各级干部开展网络学习，完成注册学员1931名，进一步丰富干部培训渠道和内容。

切实抓好干部监督管理。不断加强对领导干部的日常管理监督，2017年继续扎实做好领导干部档案专项审核工作，集中审核管理的995本档案，其中，重新认定档案信息196人，确保干部信息真实性和准确性。严格按职数配备干部，认真自查全区科级领导职数设置和干部配备情况，并协调区财政局、区编办等部门以及核对科级干部名册、编制手册、工资核定和发放表，确保“四账”统一，坚决杜绝超职数配备干部的发生，切实提升全区职数管理和干部配备工作规范化水平。做好市管干部向市委报告个人事项工作，并做好区委管理干部及亲属经商办企业的报告和清理整改工作，从严约束干部。进一步加强领导干部出入境管理，对全区719名区委管理干部备案信息全面自查，及时按程序履行备案和撤备手续，做到应备尽备，切实强化对乡科级领导干部监督管理。

大力实施人才强区战略。坚持党管人才原则，认真贯彻落实省市人才工作新精神，围绕全区《中长期人才发展规划纲要》，把人才作为创新驱动的核心要素，履行好组织部门管宏观、管政策、管协调、管服务的职能。强力发挥京津同城优势、战略平台优势、产业基础优势、科技创新优势、生态环境优势，以区内省级园区为着力点，以夯实高新科技项目发展为基石，推进“两区一带一基地”建设，以科技成果孵化示范区为载体，依托智慧众创空间、技术孵化转化和展示交易平台，推动“产学研”基地建设，有367家科技创新型企业加速聚集。畅通人才引进绿色通道，定期开展各层次人才对接会，建立健全引才引智配套服务政策，消除人才引进中的体制性障碍。调整充实全区科技专家咨询队伍，2017年区委组织部联合有关部门组织20余名技术专家，定期开展主题下基层集中咨询服务活动，让更多的民生科技惠及农民生产生活。

【全员覆盖、分类评价，考核“指挥棒”作用得到新发挥】 人员覆盖更加全面。2017 年区委组织部把建立科学考核体系作为深化干部人事制度改革，引领经济社会持续健康发展的重要环节和有效载体，抓好顶层设计，全力打造加快强区新城建设的新引擎。立足安次实际，矢志改革创新，认真总结过来考核工作经验成果，通过反复征求乡镇、街道和园区等基层单位，相关区直部门，区四大班子领导等多个层面意见建议，结合实际制定出台《安次区科级领导班子和区委管理干部年度综合考核评价办法（试行）》《安次区区乡机关和事业单位科级以下工作人员目标绩效管理办法（试行）》《安次区村级班子和村干部绩效考核办法（试行）》《安次区社区班子和社区工作人员绩效考核办法（试行）》四套办法，将科级领导班子和区委管理干部，区乡机关和事业单位科级以下工作人员，村级班子和村干部，社区班子和社区工作人员“四个层面”全部纳入考核范围，形成一套全员覆盖、导向明确、科学合理、务实管用的考核评价体系。同时，配合相关部门研究制定《关于廊坊高新区、龙河高新区经济工作考核评价办法（试行）》，为稳步推进园区人事和薪酬制度改革工作提供保障。

结果评定更加科学。把“围绕中心、推动发展”作为考核的一条主线贯穿始终，在考核内容确定上，将全区中心工作和阶段重点任务层层分解，作为各层面考核指标的核心，特别是将经济发展、环境保护、土地执法、安全生产、信访稳定等列入重点考评内容，根据各单位和个人工作性质不同，科学设定考核项目的分值权重，做到“中心任务在哪里，考核就考到哪里；问题短板在哪里，考核就指向哪里”。打破单纯“唯分定档”的定量评价模式，将传统的“民主测评”评价方式进行充分拓展，探索推行“实绩考核 + 民主评议 + 上级党委评价”模式，实施目标台账动态管理，综合运用“上评下”“下评上”“社会评价”综合评价方式，实现定量考核与定性评价的有机结合。合理划分考核等次，细化对应标准，按照量化得分情况“对号入座”，初步评定考核等次。综合考虑年度重点工作、考核测评情况以及个人德才表现等多种因素，明确规定班子和个人取消评优资格及直接评定不合格（不称职）等次的若干情形，设定考核“高压线”。

服务全局更加精准。强化考核结果刚性运用，将考核结果和奖与罚、升与贬紧密结合，围绕发展大局选干部、配班子、建队伍，真正使考核工作成为促进全局发展的“助推器”，通过鲜明的奖惩，牢固树立争先进位的干事导向。建立考核结果反馈告知制度，及时将考核情况反馈给被考核单位和被考核对象，提出整改要求和建议，实行动态跟踪管理，促进改进提高。建立考核结果信息库，对综合考核结果进行深入分析研判，为区委科学决策提供有力依据。根据考核中发现的问题，研究提出加强领导班子和干部队伍建设的意见和建议，制定相应的制度和措施，用一项项务实有效的制度举措，将干部人事制度改革不断向纵深推进。在 2016 年度乡科级领导班子和区委管理干部年度综合考核工作中，不搞“普惠制”，严格控制评优比例，激励先进、鞭策后进，形成增比进位的浓厚氛围。自考评体系建立，市委主要领导作出重要批示，要求在全市推广学习，省市组织部到安次实地调研，唐山滦县、邢台巨鹿等兄弟县学习借鉴经验，全省《机关作风整顿简报》、河北新闻网等10余家报刊媒体相继刊发安次经验做法。

【夯实基础、借势推动，基层组织建设得到新提升】 党建工作责任机制全面强化。强化“一把手”主责主业意识，建立党委书记抓基层党建问题、任务、责任“三个清单”，在抓好区、乡两级书记讲党课、乡镇党委书记党建工作述职评议的基础上，全面推行村街（社区）党组织书记“联述、联评、联考”机制，严格述职标准，突出问题导向，2017年有315名村街（社区）党组织书记述职揭丑亮短、正视差距。24个被评为不合格等次村街干部，被扣发一季度基础职务补贴。同时，将抓基层党建工作实绩作为村级（社区）班子绩效考核的核心内容之一，严格实施“一票否决”，进一步强化村街（社区）党组织书记聚精会神抓党建的责任意识和行动自觉。着眼于健全完善基层治理制度体系，研究制定《安次区村级组织工作规则（试行）》，切实将推动全面从严治党向农村基层延伸。

软弱涣散基层党组织战斗力明显加强。强力启动“基层党建提升年”，瞄准问题短板确定九个方面重点攻坚内容。2017年区委组织部3次组织排查，将最难、最乱、最差的44个村街兜出来，逐村拉出任务清单，建立整顿台账，实行动态管理，挂账督办。建立“区级领导包、乡镇党委抓、‘第一书记治’、包村部门帮、组织部门督”五位一体责任制。每个后进村确定1名区领导分包，带头帮助协调解决问题；选派45个区直单位、44名第一书记驻村帮扶，实行捆绑责任制，不完成转化任务不能脱钩，全年44个村街完成转化任务。区财政按照每村补助资金5万元标准，划拨专项补助资金220万元，区、乡、村三级累计投入资金1400余万元，为后进整顿转化工作落到实处提供坚实保障。

基层干部“素质工程”深入实施。坚持“走出去、请进来”相结合，分层分级组织培训和外出考察。坚持正面教育与警示教育相结合，2017年组织部分基层干部赴保定太行监狱接受警示教育，强化农村干部廉洁自律意识，组织部分基层干部赴江阴、厦门等党建工作先进地区开展专题培训。举办全区农村党组织书记、村委会主任集中培训班，专门聘请专家学者就“两学一做”、反腐倡廉、新农村建设等方面内容进行授课。同时，组织村党组织书记赴浙江、山东、张家口等地参加省市调训，累计培训农村党组织书记300余人次。完善大学生村官“链条式”教育管理模式，鼓励引导大学生村官通过“五种模式”实现有序活动，2017年有5名大学生村官分别考录省委选调生、公务员。

农村干部待遇实现“三个覆盖”。认真落实“一定三有”机制，确保农村干部基础报酬、养老保险、离任补贴“零遗漏、全覆盖”。推进“收入有保障”。做好农村干部队伍动态统计，及时调整全区农村干部台账，规范农村“两委”干部基础职务补贴发放工作，2017年发放农村干部工资1408.13万元。确保“退后有所养”。结合全区新农保工作，扎实做好农村党支部书记、村委会主任养老保险基金缴费工作，确保应保尽保。全区近310名村书记主任参保，缴纳养老保险基金16.36万元。做到“关爱有机制”。落实老干部关爱机制，认真抓好离任干部补贴发放工作，全年发放离任干部补贴172350元。同时，按照省、市最新要求，修改完善有《离任干部补贴办法》，让村党组织书记、村委会主任“退后有所养”更加有保障。

城市基层党建根基有效夯实。探索实施购买租赁、改建扩建、共享共用、政府协调、强制预留“五位一体”工作模式，2017年投入资金2000余万元用于社区办公用房建设，31个社区办公用房面积全部达到300平方米以上。实施选拔、选派、选聘、兼任用人机制，社区“两委”干部平均年龄37.2岁，大专以上文化程度占总数的75%，结构更趋合理。坚持一手抓社区党组织服务群众制度建设，一手抓社区党员队伍分类管理，实行社区党员“五管模式”，有效提高社区服务质量。将社区服务群众经费、办公经费纳入区级财政预算，2017年初列支城市党建专项经费600余万元，用于社区党组织、服务平台、基础设施等方面建设，实现有场所议事、有能人管事、有制度定事、有资金办事。

“两新”组织党建拓面提升。以提升“两新”组织战斗堡垒作用为重点，推进党组织和工作“两个覆盖”。抓机制，建立健全工作运转、定期例会、督促指导制度，凝聚调动民政、工商联、工商局、统战部、教育局、卫计局等区直有关部门力量，合力推动“两新”组织党建工作，形成协调联动、齐抓共管的工作态势。将非公企业和社会组织党建工作纳入乡镇、街道、园区党（工）委书记抓基层党建述职评议考核的重要内容，切实履行主体责任。抓组建，走访辖区内重点攻坚对象，全面摸清摸透发展现状和党建工作存在的问题，“一企一策、一社一策”制定组建方案，建立“百日攻坚”台账，挂图作战、重点突破，惠民银行党支部、安次一幼党支部等一批党组织成立。2017年，通过单独、联合等组建方式，全区建立非公企业党组织87个，社会组织党组织35个，组建率分别达到95.4%和92.7%。抓规范，加强党群活动服务中心规范化建设，在廊坊高新区、龙河高新区、安次经济开发区、富智康打造集学习培训、管理服务、沟通交流、文化活动、成果展示为一体的高标准党群活动服务中心。宏泰党建展厅及服务非公企业法治宣教中心建成并投入使用，作为安次区“两新”党建教育基地之一。拍摄制作富智康《党旗引领企业兴》和铭顺《领航》2部党建专题片，不断加大宣传力度。严格按照“六有”标准，开展“五送”活动，推进“两新”组织规范化建设，营造党建氛围。抓培育，从服务组织发展、提升员工素质、提高经济效益出发，加强对“两新”党组织负责人和党员的培训。集中举办“两新”党建培训10余期，培训党员900余人次。文安、香河、平乡、兴隆、广阳等兄弟县（市、区）考察团，到铭顺集团、城南医院、科博锐诚、富智康党组织参观学习，通过教育引导，不断提升“两新”党务工作者整体素质和能力，进一步提高“两新”党建科学化水平。

【重视发展、管育结合，党员队伍建设迸发新活力】 党员发展质量不断提升。研究制定2017年发展党员工作计划，严格落实两推一定一建档、公示制、票决制、区委组织员谈话考察等制度，坚持做到“三见面”“十不谈、十不批”，继续推行“双培双考”机制，定期对入党积极分子和党务工作者两类人员，进行业务知识专项培训和考核，严把党员队伍“入口关”。规范党员组织关系转接工作，建立实行党组织转入开具接收证明、转出填写情况登记表做法，有效避免“口袋”党员、“挂空”党员出现。全力推动解决三年及以上不发展党员村街，通过建立《多年不发展党员村街转化工作台账》，研究制定11条具体解决措施，建立健全《安次区发展党员动态管理台账》，实行周报告、周通报、“预推”制度等，全力推动解决三年以上不发展党员村街21个。截至2017年年底，剩余需转化村街推选确定入党积极分子。

党员教育水平不断提升。提升党内生活质量，重点采取明确“三会一课”时间要求、健全集中学习“六有标准”、完善督导检查机制、建立讲党课人才库、充分发挥《党支部工作手册》作用的五项措施，确保组织生活常态化规范化。组织全区党务干部素质与能力提升培训班，采取区内集中辅导和域外联合办班两种方式进行，进一步强化党务工作者政策理论、业务素质和创新能力。发挥远教制片优势，服务党建工作大局。深入开展普查整改活动，以远程教育终端站点改版升级为契机，狠抓终端站点管理和使用、教学资源建设和骨干队伍建设，以远教节目户外集中播放活动为抓手，促进学用效果转化水平得到不断提升。发挥远教制片服务党建技术优势，精心编辑制作远教课件，其中《党旗引领企业兴》和《小“村官”大作为》两部专题片被省委组织部认定为优秀命题，《逐梦》《风筝谣》分别荣获河北省影视艺术奔马奖“一等奖”和第十届中国旅游电视周“好作品”奖。

党员管理力度不断加强。扎实做好信息采集各项工作，严把“培训、采集、审核、导入”关口，第一时间组织由党组织负责人、信息采集员、党务工作者参加的信息采集业务培训班，加强业务指导；2017年制发700余份党组织和所在单位信息采集表、1.6万份党员信息采集表，印发《党组织和党员信息采集明白纸》，按照本单位自查、各单位互查、组织部终查的步骤，认真审核党组织和党员信息采集数据，保证信息采集质量。完善党员组织关系转接“双向反馈”制度，规范党员组织关系转入转出工作流程，有效避免“口袋”党员和“空挂”党员出现。严肃开展党费收缴工作，严格确定党费测算人数，以2017年年初“党统”信息核实后的党员数，作为2017年应收缴党费测算人员基数，制定《关于党员应交党费测算标准的要求》，编辑《关于党费收缴工作相关问题解答》，指导各党（工）委认真做好党员党费测算收缴。

党员作用发挥不断凸显。本着强化党员角色意识、党性意识和先锋意识的目标，助力文明城市创建工作，印发《关于组织开展2017年度党员志愿服务活动的通知》，指导开展“帮贫解困、洁美安次、社区科普、公共秩序维护”等形式的志愿服务活动，彰显党员先锋模范形象。创新入党积极分子、预备党员教育培训方式，将学习课堂由室内移到户外，在志愿服务活动中接受教育。认真组织开展专题组织生活会和民主评议党员工作，印发《关于在“两学一做”学习教育中召开专题组织生活会和开展民主评议党员的实施方案》，细化工作步骤、规范操作程序、加大督导力度，2017年全区617个党支部、15002名党员按要求开展组织生活会和民主评议党员工作，评议出优秀党员1535名，合格党员13425名，基本合格党员42名，确保工作不流于形式、不走过场，不留“死角”和“盲区”。

党内关怀机制不断完善。2017年“七一”节前夕，面向全区各级党组织和广大共产党员，评选“十佳基层党组织”“十佳共产党员”“十佳为民村官”，激发党员干部立足岗位争优秀、履职尽责做表率、奋发有为当先锋，在全区形成对标先进、真抓实干、进位争先的浓厚氛围。持续发挥“安次党员之家”微信公众平台作用，办好“网上党课”，定期推送学习辅导内容。2017 年，推送相关信息 336 期，1400 余条，关注人数达 6500 余人。依托全省 12371 党员教育服务网络平台，做好全区 12371 网络云平台分站管理及下级站点建设，引导广大党员关注，做好学习教育动态发布、党员咨询服务等相关工作。扎实推进党员慰问帮扶，“七一”节期间，继续组织开展慰问、帮扶党员活动，做好市委、区委领导走访慰问活动安排，为老党员、困难党员发放慰问金 11.04 万元、帮扶资金 3.6 万元。

【内提素质、外树形象，组工干部队伍展现新面貌】 强化学习，打造知行合一政治过硬组工干部队伍。作为管党治党的重要职能部门，区委组织部始终坚持“讲党性、重品行、做表率”。落实“周五学习日”制度，以“全员参与、学以致用、务实高效”为基本理念，按照“干什么学什么、缺什么补什么”原则，机关干部轮流登台授课，内容涵盖政治经济、组工业务、科学文化等方面内容。党的十九大召开后，第一时间组织机关全体干部在全区率先学习报告全文，多次开展专题学习、集中研讨。通过开设“组工讲堂”、设立“组工论坛”、开办“实践课堂”，2017 年组织学习 24 期，有效提升组工干部“能说会写善干”综合能力和部机关干部整体素质。

强化管理，打造务实高效作风过硬组工干部队伍。探索健全完善区委组织部工作落实督导管理体系，建立《工作落实督导管理台账》，不仅对全年工作量化细化，明确到岗、责任到人，还对应急突发事件处置流程提出具体要求，形成职责清晰、责权一致的合理格局。把全面从严治党引入机关管理之中，健全完善各项规章制度，做到用制度管人定事。以创建“星级机关”为目标，结合科室工作职能，进一步对行为规范、工作流程、接待用餐、费用报销等制度加以完善，重点修改《印鉴使用管理》《车辆使用管理》《财务管理》《紧急重大事件报告》《部务会议制度》等一系列规章制度，经过历次修改完善，建立部机关《制度汇编》，实现管理科学化、规范化。利用液晶电子显示屏全天滚动播放相关制度规范，时刻提醒全体机关干部按章办事。

强化关爱，打造团结向上素质过硬组工干部队伍。坚持严管与厚爱相结合，将人文关怀融入自身建设。在部机关开展“两个生日”活动，一方面，开展生日送祝福活动，完善干部信息，在每位干部生日之际送上生日祝福，带去对干部的祝福、肯定和鞭策；另一方面，坚持为干部过“政治生日”，设置党员干部入党时间展示牌，将当月入党的部机关党员干部姓名、入党时间进行展示，时刻激励组工干部坚定爱党、信党、跟党走的理想信念。每天两次组织全体机关干部集中做“颈椎操”，缓解工作疲劳，提升工作效能。通过对干部思想上关心、政治上关注、生活上关爱，不断增强干部归属感和荣誉感，激发队伍整体活力。

强化责任，打造开拓创新素质过硬组工干部队伍。扎实开展网络宣传，通过划分责任网站、对网站进行调查摸底、与国家和省级重点网站建立业务来往，不断加强与新闻媒体的沟通力度，2017 年组织撰写原创网评文章 100 余篇，40 篇被中央和省级重点网站采用，3 篇文章入选中组部优秀网评文章。坚持舆情监控常态化，落实专人负责制，加大重点网站的监控力度，11 条舆情得到省委组织部认可。围绕“服务大局、服务基层、服务群众”，运行好安次组工微信公众账号。稳步推进信息调研工作，将调查研究贯穿组织工作始终，区委组织部被评为 2016 年度全市组织系统重点调研工作先进单位，6 篇文章分获市级一、二、三等奖。紧紧围绕服务全区中心工作和组织工作重点任务，深入挖掘安次组织工作特色经验，全面总结提炼，加大反馈力度，形成调研成果 22 篇，编发《安次组工信息》15 期，编写组工信息 90 余篇，被市级以上组织部门采用 20 余篇，其中《安次区普通党员手绘百米画卷颂党情感党恩》被中组部、省委组织部刊发。做好综合文字撰写工作，起草综合性材料 40 余篇，较好发挥领导参谋助手作用。

（张　诚）

宣传工作

【概况】 中共廊坊市安次区委宣传部是区委主管意识形态方面工作的综合职能部门。2017 年区委宣传部有干部职工 20 人，设职能组（室）5 个，即：办公室、干部组、理论组、宣传组、思想政治工作研究室；下属事业单位 4 个，即：网络管理中心、网络舆情研究中心、《今日安次》编辑部、广播电视台。主要职责：负责指导全区理论学习、理论研究、理论宣传工作；组织协调有关部门负责基层党员教育工作，检查指导党教工作实施情况。负责引导社会舆论，组织、协调、指导全区新闻报道和对外宣传工作；负责与各级新闻舆论单位的联系和接待工作；负责《今日安次》编辑发行工作；负责管理区广播电视台工作；负责网络舆情的收集、管理、研判处置工作；负责指导全区精神产品生产和文化市场的管理工作；负责提出全区宣传思想文化事业发展的思路；指导宣传文化系统制定有关政策；对区文广新局实施政治方向和方针、政策的指导与协调。负责区文明办的日常工作；规划部署全区精神文明建设工作；组织指导全区群众性精神文明创建活动；负责宣传文化系统股级干部的审批、任免工作；负责企事业单位政工职称的评定工作；负责企业思想政治工作和研究工作。完成区委和市委宣传部交办的其他工作。

2017 年，安次区宣传思想文化工作坚持以习近平新时代中国特色社会主义思想为指引，以学习宣传贯彻党的十九大精神为统揽，紧紧围绕全面实施“211”战略任务，全力推进高质量发展，不忘初心、牢记使命，忠诚担当、继续奋斗，为建设新时代强区新城美丽安次事业发展新局面提供强大的思想文化和精神舆论支撑。

【宣传党的十九大精神】 在意识形态工作中把学习宣传贯彻党的十九大精神作为头等大事和首要政治任务切实抓紧抓好。区委理论学习中心组十九大后连续组织 3 次专题集中学习，组织重温入党誓词活动。全区各级党委（党组）组织专题学习活动239场次。区委书记张平带头，区四套班子领导第一时间深入到分包单位，面对面向基层党员群众宣讲十九大精神，各单位主要负责人紧随其后开展宣讲活动。2017年全区各部门纷纷行动，组织“翰墨颂中华”书画展、“共创文明城”系列文艺演出、“每周一星”送大戏下基层等主题群众性文化艺术活动50余场次。举办“宣传十九大　党史驻心间”党史展、“一带一路”教育展、“书香六进”读书展等5类30余场社会宣教活动。“一棵树一本书”市民室外阅读方式被打造成学习宣传党的十九大精神的亮点工程。利用LED屏、灯杆道旗、宣传展板来宣传十九大精神，在主干道两侧、公交站亭、建筑围挡等公共场所和显著位置安装、张贴、悬挂十九大公益广告，进行大张旗鼓的宣传展示，营造浓厚氛围。在《今日安次》开设“高举习近平新时代中国特色社会主义思想伟大旗帜　扎扎实实推动党的十九大精神在安次落地见效”系列专栏，组织“学习贯彻十九大　龙河岸畔气象新”主题采访活动。在中央和省主流媒体推出《用家常话聊大道理　多地组织开展形式多样的十九大精神宣讲活动》等一批深度稿件。在“网信安次”“安次发布”“安次宣传”微信公众号等政务新媒体平台开设“十九大回声”等专栏，刊发《新时代再出发　安次干部群众热议十九大报告》等热度稿件，制作“学思践悟十九大　不忘初心跟党走”H5创意作品，全区形成学习宣传十九大精神热潮。

【理论武装工作】　坚持不懈抓好理论武装，就要着力用习近平新时代中国特色社会主义思想武装头脑，指导实践，推动工作。围绕习近平总书记系列重要讲话、党的十九大精神等内容深入开展学习，制定印发《2017年全区党委（党组）理论学习中心组专题学习的安排意见》，为全区每名副科级领导干部统一印制学习笔记本，定期检查笔记，每月印发学习材料汇编。为每名党员领导干部配发了《十九大报告》单行本等学习资料。2017年，区委理论学习中心组组织集中学习16次，各乡（科）级党委（党组）中心组学习达到12次以上，在各级新闻媒体刊物发表理论文章50余篇。以“一把手讲党课”为载体，以“阵地”式、“谈话”式、“示范”式、“网络”式、“课堂”式宣讲为形式，实现区、乡（镇、区直）、村（社区）三级联动，实现理论宣讲常态化。构建理论宣讲网络，建立由区委、区政府领导为主体，区委宣传部具体负责，区委党校骨干教师为主要成员的区级理论宣讲队伍，由各乡镇、街道、园区和区直各部门人员组成的乡（科）级理论宣讲队伍，由各村（社区）支部书记及村（社区）老党员、老教师、老干部组成的基层理论宣讲队伍，区、乡、村三级理论宣讲队伍得到进一步规范完善。区委宣传部获省级“先进理论宣讲工作站”荣誉。

【新闻外宣工作】　区委宣传部始终按照“坚持正确舆论导向是宣传思想工作的灵魂”这一要求，做好新闻宣传工作。“攻头条、上大报”外宣发声有力。做精做深对外宣传报道，坚持每月邀请中央、省级主流媒体采访全区亮点工作。在《人民日报》刊发《“一棵树一本书”宣传党的十九大精神》，在《经济日报》刊发《河北廊坊富智康科技园党委将党建融入企业发展——突出“真”聚焦“实”把握“严”》等深度稿件。“中国·廊坊国际经济贸易洽谈会”“第三届中国廊坊·第什里风筝节”等大会期间，对接邀请中央、省级、市级媒体宣传安次重点项目集中签约、发展乡村特色休闲旅游等工作成果，为全面建设新时代强区新城美丽安次发展新局面营造良好舆论氛围。2017 年，在市级以上媒体发稿 1596 篇，其中在中央、省级媒体发稿 362 篇，在《廊坊日报》发稿 602 篇。宣传区域发展《今日安次》彰显影响力。坚持“为党办报　为民传声”办报宗旨，立足为全区经济社会发展鼓与呼。以报道区内重要政治活动为重点，通过消息、通讯、评论、解读、剪影、专栏等形式，综合报道和深入解析区第六次党代会、区“两会”、区委六届二次全会等。突出宣传经济社会综合发展，推出“见证安次发展”系列报道。突出经济发展和园区项目建设，集中报道重点项目集中开工、重点项目签约等。突出大气污染和水污染防治工作，开设“治理大气污染　建设美好家园”专栏。此外，广泛宣传民生提升、安全生产、美丽乡村建设、加强作风建设、创建文明城市等重点工作。开设“新闻眼看安次”专栏，转发新华社等重点新闻媒体对安次区宣传报道 35 期，刊发“理论与实践”专版 10 期、“龙河艺苑”专版 9 期，刊发“知识窗”“以案说法”等专栏 20 余期，2017 年《今日安次》发行正刊 50 期、增刊 2 期。

【网络舆论引导】　加强网络掌控能力，建立网络综合治理体系，努力提高互联网内容质量。网络控制力不断强化。开展“净网·2017”专项行动，净化网络舆论环境。2017 年成立网信办，更新完善网络舆情监测系统，区委宣传部全天候不间断监控热点问题。加强对微信公众号管理，落实整改有问题有苗头倾向的微信网主。完善网络舆情应急处置机制，及时处置负面舆情。网络引导力有效增强。积极回应网上热点，适时设置网评话题，引导广大网评员通过发表帖文、跟帖评论等形式有效引导舆论走向。每日整理网评数据，每月通报评比，发布网络评论 186673 条（篇）。2017 年搜集、整理、分析热点舆情 1100 余篇。提升“网信安次”“今日安次”“安次发布”等微信公众号关注度和点击量，及时推送全区亮点工作稿件，多篇特色稿件受到广泛关注。网络学堂建设呈现品牌效应。加大对“网络学堂”平台的更新力度，重点强化“交流平台”和“学习动态”两个栏目的宣传引导，深入发掘、交流各单位的工作亮点和先进经验，“网络学堂”品牌影响力日渐扩大。

【文明城市创建】　全力做好文明城市创建工作。成立由区委书记任政委、区长任指挥长，区级领导全面参与的创城指挥部。提升改造所有老旧小区。采取共建解决一批、与开发单位协调一批等方式，各社区办公房全部解决并达标。加强城乡接合部及乡镇的综合治理，强化监管全区各市场，市区所有集贸市场均达到创建标准。在廊泊线、廊霸线、南三通道、龙河高新区主路等主干线更换大幅公益广告 100 块、新增灯杆旗公益广告 889 幅，在各商场超市、公交站亭、学校、社区、村街等重点迎检部位设置各种类型的公益广告累计 1.2 万块（面），营造浓厚创建氛围。

【精神文明建设】　深入开展市民文明素质提升活动。以“做文明有礼安次人”市民素质提升行动为载体，深入开展以宣传文明礼仪、诚信准则、道德规范为主题的“文明礼仪进课堂”活动，开展以“关爱生命、文明出行”为主题的文明交通行动，开展以建立节约型社会、倡导文明消费新风为主题的“文明餐桌行动”等分项活动，2017 年组织知识竞赛、培训、演讲、专家讲座等教育实践活动110余场次。在第一届“最美安次人”推荐评选和“安次好故事”活动中，挖掘、培育、推出全国“最美军嫂”吴秀娟等90多名“安次好典型”。全力做好农村精神文明建设工作。重点开展“建立完善一个村民中心、一个文化广场、一条乡村文明示范街”等农村创建“十个一”活动。全面美化近50个村街，累计粉刷、美化主街道3.3万平方米。采取发放宣传资料、出动宣传车、讲座等形式加强农民群众道德礼仪、文明风尚等知识的普及和宣传教育。组织开展花会灯会、球赛棋赛等各种广场和室内文化活动40余场次。广泛开展志愿服务活动。学雷锋志愿服务得到进一步深化，组织志愿服务集中行动和分散活动40余场次。重点组织“星期六文明行动”“访千楼、进万家、解民忧、聚民意”入户走访活动，为市民群众解决一批急事难事，受到一致好评。杨税务乡西太平庄村获“全国文明村镇”荣誉称号，文苑社区获“全国文明单位”荣誉称号，文苑、盛德社区获“省志愿服务示范社区”荣誉称号，王金山获“省优秀志愿者”荣誉称号，程春梅获“全省岗位学雷锋标兵”荣誉称号。

【文化事业产业发展】 抓好阵地建设。巩固维护第二批国家公共文化服务体系示范区创建成果，继续完善区文化馆、图书馆、壹佰文创大厦等场馆建设。2017年全区8个乡镇3个街道办事处建成标准的综合文化站。文化信息资源共享工程服务点、广播电视村村通、农家书屋实现全覆盖。构建区、乡镇（街道）、村（社区）三级文化志愿者服务网络体系，群众文体队伍200余支。搞活文艺赛事。以“迎庆十九大·创文明城市·做文明安次人”为主题，各级各部门组织首届公益文化论坛、第二届乒乓球大赛、第三届广场舞大赛等系列群众文化体育活动270余场次，放映电影3408场，开展书画展、征文、歌曲创作等宣传教育活动30余个，组织国学、书法、戏曲、非遗等传统文化进校园活动14场。非遗项目重阁会走进国家大剧院为党和国家领导人倾情演出。孟庆伟获省“燕赵文化之星”称号。做实专项服务。把“三下乡”“四进社区”等专项服务做成服务基层服务群众的有效载体，加强组织领导，加大投入力度，2017年组织集中服务2次，分线服务30多场，受益群众15000余人次。区文化馆、杨税务乡西太平庄村农家书屋获“年度省服务农民、服务基层先进集体”荣誉。做强文化产业。加快文化产业发展步伐，制定全区文化产业“十三五”发展规划，实施领导分包项目制，每季度一总结、一调度、一汇报。动漫《丢丢的马戏团》、漫画《漫画丝路》以及一批评剧、舞台戏开始创作。在特色风筝小镇举办全国（北方）第四届风筝节，壹佰剧院组织话剧、曲艺、音乐会等演出80余场，区域文化地标作用初显。全区文化产业各项指标位居全市前列。

【未成年人思想道德建设】 扎实做好未成年人思想道德建设工作。以“中国梦·做一个有道德的人”主题实践活动为载体，开展“勤善守礼”教育实践、“清明”网上祭英烈、“六一”童心向党歌咏比赛等活动20余场次。2017年组织青少年法庭观摩6场，建成青少年心理健康校外辅导站5个，在各中小学校广泛开展文明校园创建活动。

【干部队伍建设】 配齐基层宣传干部。牢固树立正确选人用人导向，切实“凭德才、凭实绩”选用干部，做到“四个注重一畅通”，把“靠得住、有本事、肯实干”作为评价和使用干部的重要依据。完善基层宣传文化系统编制机构设置，2017 年为各乡镇、街道办事处配备宣传委员 11 名，龙河高新区、新兴产业示范区配备主管宣传领导 2 名，各乡镇、街道办事处配备综合文化站专兼职站长 11 名。加强干部培训。组织新闻发言人培训、舆情培训、创城培训等系列专题培训 6 场，2000 余人次参训。邀请专家教授就意识形态有关内容进行 2 次专题授课。利用域外教学资源，以省、市干部调训工作为契机，组织部分宣传干部参加创新专题培训班、轮训班等专题培训 10 余次。提升宣传干部理论渗透力、舆论引导力等各项能力。抓好目标考核。细化意识形态工作责任目标，把党风廉政建设宣传、互联网阵地管理、安全生产宣传等一些新内容纳入对宣传干部的综合考核评价。采取自查、现场考核、综合评价等步骤考核全区各单位，结果作为年度考核评价的重要内容，纳入全区考核评价体系。

（吕婧含）

统战工作

【概况】 中共廊坊市安次区委统战部是区委主管统一战线工作的职能部门，是区委在统战工作方面的参谋和助手。2017 年，安次区委统战部有干部职工 6 人，内设 3 个职能组（室）：办公室、民族宗教组和党外干部组。主要职责是：贯彻中央和省、市、区委关于统一战线的方针政策；负责有关民族和宗教工作重大方针政策问题的调查和协调；做好台胞、台属、归侨、侨眷的有关工作；负责党外人士的政治安排；做好全区非公经济代表人士的思想政治工作；做好党外知识分子政策的落实工作；负责全区统一战线工作的宣传和联络工作；受区委委托，领导区工商联党组，指导工商联工作；代管区台办工作；完成区委和上级主管部门交办的其他任务。

【深入学习贯彻党的十九大精神】 一是多种形式掀起统战系统学习贯彻党的十九大精神热潮。第一时间组织统战系统集中收看习近平总书记作党的十九大报告，真正用十九大精神武装头脑、指导实践、推动工作，始终保持坚定正确的政治方向，坚决同以习近平为核心的党中央保持高度一致。在深入学习十九大精神的基础上组织统战系统召开座谈会，2017 年 10 月 31 日在区委三楼常委会议室组织区委统战部、区台办、区工商联和区民宗局全体机关干部对党的十九大报告和党章进行集中学习，并分别结合自身工作实际，畅谈学习体会和感想；11 月 1 日召开全区题为“奋力开启新时代安次统战新征程”的学习十九大精神座谈会，邀请区人大副主任蒙永红、区政府副区长赵玉、区政协副主席王泽芬等区领导出席座谈会，并分别结合分管工作谈体会、提要求、讲意见，在全区统战系统掀起深入学习贯彻党的十九大报告热潮。此外，与“两学一做”学习教育活动相结合，在深入推进“两学一做”学习教育活动常态化制度化的同时，把学习十九大精神融入日常工作和生活中，不断激发工作的积极性、主动性和创造性；在组织参加省、市、区十九大宣讲团学习活动的同时于 11 月 14 日接待省委常委、统战部部长高志立到廊坊市清真寺就学习贯彻十九大会议精神落实情况进行调研。二是注重理论培训不断提高统战干部整体素质。2017 年 5 月 25 日组织召开全区统战人士培训会，邀请河北省社会主义学院王树臣教授进行授课，培训约 70 人，推动全区统一战线工作再上新水平。结合安次区实际，为深入贯彻中央统战工作会议精神，落实《中国共产党统一战线工作条例（试行）》，制定责任分工方案，严格按照责任分工加以落实。

【探索新的社会阶层统战有效途径】 一是摸清底数，建立档案。按照省、市委统战部关于深入做好新的社会阶层人士统战工作的要求，安次区委统战部形成《关于开展新的社会阶层人士调研工作的实施方案》，2017 年 5 月 11 日召开新的社会阶层人士调研工作动员会，按照方案分工及相关要求对新的社会阶层人士统战工作进行摸底，重点掌握一批民营企业和外商投资企业中管理技术人员、中介组织和社会组织从业人员、自由职业人员和网络人士中有代表性、有一定影响力的党外人士，并将新的社会阶层人士基本情况分门别类地登记统计，建立详细的人士档案。二是深入调研，掌握详情。为及时掌握他们的思想动态，发现和解决工作中存在的问题，进一步掌握开展新的社会阶层人士统战工作存在的问题，制约瓶颈，区委常委、统战部部长亲自带队，对辖区新的社会阶层人士重点乡镇、街办处、园区进行为期两个月的调研活动。三是制定方案，狠抓落实。为推动全区新的社会阶层人士统战工作深入开展，按照省、市要求，结合安次区实际，研究制定《廊坊市安次区新的社会阶层人士统战工作联席会议制度》和《廊坊市安次区新的社会阶层人士统战工作实施方案》。按照相关要求，强化落实。四是搭建平台，开展活动。以社团组织、网络平台、交友联谊、实践基地为载体开展一系列活动，抓根本，注重思想引领，把活动开展起来。找到最大公约数，画出最大同心圆，为新的社会阶层人士提供更为广阔的新时代平台。五是发挥作用，培树典型。在充分掌握新的社会阶层人士思想动态的基础上，积极引导，抓目标，充分发挥优势，把作用体现出来。紧紧围绕全区“211”战略发展主线，着眼大局，引导新的社会阶层人士建言献策，为党委、政府决策提供重要依据；精准扶贫，为打赢脱贫攻坚战贡献力量；服务基层，为群众送温暖；加强团结，促进各民族和谐稳定；与时俱进，弘扬社会主义核心价值观；继承传统，弘扬传播非遗物质文化等方面让新的社会阶层人士潜能充分发挥。

【维护宗教领域和谐稳定】 一是加强宗教领域矛盾隐患排查，重点做好宗教敏感期稳控工作。集中开展排查安全隐患、化解矛盾纠纷、抵御境外渗透等，继续坚持“月巡查”活动，确保全区民族宗教领域和谐稳定。成功抵御“马可楼教会”和“玛利诺会”的渗透，对“雨花斋”组织进行细致排查，扎实做好“两会”“浴佛节”“圣母升天节”“开斋节”“库尔邦节”和十九大等重要节日节点稳控工作，协调解决中孟复兴堂拆迁问题。二是加强民宗领域敏感问题和突发事件的应对，着重做好清真食品专项整治。结合安次区实际，区宗教工作领导小组制定并下发《关于应对民族宗教领域敏感问题及突发事件的工作预案》。在妥善处理“4·25”事件后立即在全区范围内，联合相关部门对辖区内 110 余家清真食品经营单位进行排查、清理、整顿工作。三是加强宗教“三支队伍”建设，实现宗教工作全覆盖。调整充实区宗教工作领导小组和乡镇宗教工作领导小组，进一步充实乡镇、村街宗教工作力量，重点配齐村街宗教工作人员，实现宗教工作全覆盖。为适应新形势下安次区宗教工作的需要，提高全区民族宗教干部和教职人员的素质，以培训活动为抓手，以党的宗教方针政策、法律法规和民族宗教知识为主要内容，对全区基层宗教干部和宗教教职人员进行系统培训。邀请市委统战部副调研员马建辉就宗教政策法规等相关知识进行授课并印发《宗教基础知识》内部读本。四是加强民族宗教宣传、调研工作，营造和谐稳定氛围。广泛宣传宗教政策、法规和宗教基本知识，突出抓好宗教活动场所民主管理建设、和谐文化建设、思想道风建设等工作，引导信教群众纯正信仰、持守教规，与社会主义社会相适应；针对宗教领域复杂形势，调研全区范围内的天主教和基督教基础情况，并形成调研报告，重点掌握宗教人士管理中存在问题和信教群众如何中国化问题等。五是加强宗教场所依法管理，坚决抵御境外宗教渗透。着力做好重点宗教活动场所、重要宗教活动监管，使宗教活动依法依规进行。

【创新开展非公经济工作】 一是紧扣“教育、引导”这个大方针，努力培养建立一支坚决拥护党领导的非公人士队伍。通过组织座谈会、培训会等途径，向广大非公人士宣传党和国家各项方针政策及区委、区政府中心工作思路，增强发展信心，坚定走加快转型、绿色发展、跨越提升新路的决心。2017 年 9 月 22 日召开全区非公经济人士理想信念教育培训会，邀请河北省社会主义学院赵岐山教授授课，并指导企业开展“理想信念教育”等实践活动。二是紧贴参政议政这个主渠道，想方设法帮助非公企业提升政治生活水平。在认真考察、充分协商基础上，推荐 15 名贡献突出、代表性强、参政议政水平高的非公人士，做好非公人士政治安排工作。推动人大代表、政协委员通过议案提案发挥参政议政作用，认真做好组织协调工作。通过灵活多样的形式和渠道，让更广大会员企业享受政治生活。三是紧抓年轻一代非公经济人士教育培养，坚定理想信念助推企业上档升级。出台方案，深入推进安次区年轻一代民营企业家理想信念教育，强化年轻一代民营企业家的教育培养。按照市委统战部、市工商联《关于强化年轻一代民营企业家理想信念教育的实施方案》精神，根据区委领导批示意见，制定安次区《关于强化年轻一代民营企业家理想信念教育的实施方案》，并全区发放。开展活动，搭建服务平台，对年轻一代民营企业家多关心、多交心、多引导，切实帮助解决发展中的实际困难。9 月 3 日到 7 日，组织 3 名年轻一代民营企业家参加由市委统战部、市工商联组织的廊坊市年轻一代民营企业家理想信念教育培训活动，在革命老区井冈山接受红色教育；11 月 21 日，组织年轻一代民营企业家代表参加“全市年轻一代民营企业家理想信念报告会”，并由廊坊铭顺集团董事长赵杰作典型发言。11 月 23 日，由区委统战部、区工商联联合组织十九大宣讲进企业暨年轻一代民营企业家理想信念教育报告会活动，4 名年轻民营企业家结合十九大学习感受和自身经历进行理想信念报告。四是紧握“回馈社会”这个灵魂，协调引导非公经济人士投身公益事业。把提高非公经济人士思想觉悟和社会责任意识作为重点，通过教育引导，全区非公经济人士社会责任意识明显增强，参加非公经济人士综合评价。实施精准扶贫、精准脱贫方略，进一步发挥全区非公企业在脱贫攻坚中的重要作用，帮助贫困户增强自我积累和发展能力，加快脱贫致富步伐。每个帮扶企业都根据自身实际情况，结合被帮扶对象主要困难，制定切实可行的帮扶计划，采取“一对多”结对帮扶方式，结对帮扶167户贫困户。

【提高党外人士参政议政水平】 建立科级及科级以上党外干部信息卡，便于及时沟通，掌握信息动态。2017年对全区股级以上党外后备干部进行详细摸底并登记造册，为党外干部工作奠定基础。推荐6名各行各业党外知识分子加入廊坊市党外知识分子联谊会，引导他们参政议政，提出宝贵意见和建议，为全区各方面发展建言献策。

【热心细致做好台办工作】 一是加强组织领导，全力维护涉台领域安全稳定。成立由区委书记任组长，区委副书记、区委常委、统战部部长、区人大副主任、区政府副区长、区政协副主席为副组长，宣传部、统战部、政法委、台办、财政、教育、公安等13个部门为成员的对台工作领导小组，加强对台工作领导。大气污染治理期间，经协调属地和区直有关部门并耐心做好台胞思想工作，妥善处理一家台企因涉及环保问题导致停产搬迁事宜，维护涉台领域安全稳定。二是强化主动作为，为全区经济发展服务。确立“以台引台，借力招商”工作思路，邀请有实力、有投资合作意向的台商来安次区参观考察，详细了解安次区投资环境情况，为对台招商引资打下基础。三是增强领域拓展，深化两岸交流。通过积极争取，市台办与国台办海峡两岸出版交流中心共同策划“魅力东方—走进廊坊”系列宣传报道活动，首站走进安次，台湾中天电视台、台湾《旺报》等主流媒体就安次区文化产业发展进行采访拍摄，充分了解安次区蓬勃发展的文化产业，进一步提升文化认同。为深入推进安次区美丽乡村建设，加强安次区与台湾在美丽乡村建设方面的交流与合作，区台办配合市台办组团赴台就乡村旅游、民宿文创、休闲农业等方面进行实地考察，进一步加强与台湾地区交流与合作，建立良好关系。四是转变作用，不断提高对台服务水平。深入开展“温暖台企台商台胞”走访调研活动，区台办走访调研全区4家台企，形成调研报告，为企业解决实际困难3件；进一步落实对台专兼职干部联系台企台胞制度，持续做好联系、协调服务工作，帮助他们解决生产、用工等方面实际问题，工作得到上级领导及台企台商认可。组织辖区台企参加市台办组织“两岸情、同胞亲”消夏联谊活动并取得优异成绩，通过开展联谊活动，丰富台商台胞业余文化生活，同时还增进友谊、增进感情。搭建平台，助推台企发展，2017年8月25日，市第二届台企协会换届工作中，安次区泉恩公司总裁安宝宁被推选为副会长，星空制印总经理粟旭东被推选为副秘书长。

【加强党外代表人士队伍建设】 一是对全区党外干部进行摸底统计，完善党外干部数据库，建立科级及科级以上党外干部信息卡，实行动态管理。二是加大党外干部培训力度，协助廊坊市委统战部组织安次区科级党外干部参加在石家庄社会主义学院举办的科级党外干部培训班；组织安次区民主党派和无党派人士代表参加廊坊市委统战部举办的《零讯》信息员培训活动，进一步提高党外干部和民主党派人士参政议政能力。三是加强民主党派建设，配合民主党派开展各项社会服务工作。2017 年 6 月 3 日，民建廊坊市委组织为安次区仇庄乡白血病患者陈文俊捐款活动，奏响人间大爱优美乐章。四是严格程序，完成中央、省、市、区人大代表、政协委员中党外代表人士提名推荐工作。根据各级换届工作要求，区委统战部、区委组织部严格程序、严格把关，与有关部门充分协商酝酿、征求意见，推荐初步人选，并认真组织考察和综合评价，出色完成各级换届任务。五是按照相关工作要求，于 2017 年 12 月 29 日成立安次区党外知识分子联谊会（廊坊分会）。

【加强统战信息和调研工作】 2017 年，报送市委统战部关于优化营商环境调研报告 1 篇、喜迎党的十九大胜利召开主题征文 9 篇、统战信息 20 余条，完成天主教基础情况调研报告 1 篇、基督教基础情况调研报告 1 篇、安次区台资企业情况调研报告 1 篇、新的社会阶层人士统战工作调研文章 1 篇。其中，《安次区宗教工作情况汇报》和《安次区强力推进新的社会阶层人士统战工作》受到市委主要领导批示，并在全市范围内推广。

（李　健）

信访工作

【概况】 安次区信访局 2017 年机关人员编制总数 8 人，其中行政编制 6 人，事业编制 1 人，工勤人员编制 1 人，内设 2 个职能组（室）：办公室、查办室。2015 年 12 月 18 日批准成立廊坊市安次区群众工作中心，与信访局合署办公，增设 3 个正股级事业单位：信息中心、网上服务办公室、来访登记调度办公室。群众工作中心编制总数 16 人，股级领导职数 6 人。2017 年，在区委、区政府和区联席会议的坚强领导下，全区信访工作以落实信访工作制度改革为现实着力点，以确保十九大期间和谐稳定为目标，以严格控制进京非正常上访为重点，以攻坚化解信访积案为突破口，大力推动解决群众信访问题，积极维护群众合法权益，促进社会和谐稳定，为服务全区经济社会发展做出重要贡献。

【高度重视，推动工作有序开展】 区委、区政府把信访工作摆上重要议事日程，与经济发展、环境治理、民生改善、作风建设等工作同安排、同部署、同落实。党政主要领导上心上手、率先垂范。2017 年区委常委会 9 次研究部署信访稳定工作。区委书记张平、区长薛振泽 6 次出席全区性的信访稳定工作会议或专题调度会，亲自接待信访群众，处理疑难复杂信访问题，对信访工作或具体案件作出重要批示意见。区联席会议指挥有力，具体抓、抓具体。区联席会议召开信访工作专题会或重点案件调度会 12 次，有力促进一批重点疑难案件的化解。区委副书记李军，区委常委、政法委书记解军舰亲自到重点问题突出、非访量多的单位、部门督导检查，并现场办公。处级干部深入分包部门跟班工作。结合“两学一做”活动开展，全体处级干部深入到所联系的单位、部门，同基层干部共同接访下访，研究解决信访案件。

【源头治理，根源消除信访隐患】 大力加强信访苗头隐患的排查化解。安次区信访局每周排查重点群体、重点领域及重点苗头隐患工作，重要敏感时期每天排查，及时将排查的问题分门别类建立工作台账，按照“一个问题、一名领导、一个班子、一个方案、一个时限、一抓到底”的要求，逐案落实包案领导和责任单位，限时化解。2017 年，录入信访苗头隐患排查 589 件次，化解 327 件次。落实领导干部接访包案制度。区委、区政府主要领导坚持每周一、三到区群众工作中心开门接访，其他区级党政领导干部轮流接访，协调处理重大复杂信访问题。区级党政领导接待群众来访 465 件次，妥善化解问题 429 件次。全面做好区本级群众来访接待工作。在区信访局机关内部，实行全员接访，为来访群众实行一站式服务，听取群众意见，协调相关部门研究处理意见，督办处理意见的落实。

【治理非访，有效维护信访秩序】 抓好“依法信访百日宣传活动”。从 2017 年 1 月 1 日开始，集中开展为期一百天的“依法信访百日宣传活动”，重点围绕“冀公法〔2015〕100 号”文件和《河北省信访条例》等内容，引导群众不断增强学法、尊法、守法和用法意识，自觉依法逐级反映诉求、维护权益。逐案落实解决问题的主体责任。对 2016 年所有非访案件逐一进行交办，逐案落实责任主体，对重访次数多、解决难度大的，由各级党政主要领导亲自包案，办结上级交办重复非访案件 58 件。坚持依法依规、从严打击。对省、市交办及安次区自行梳理的重点非访人员，拉单列表，由公安机关牵头负责进行法制教育。对不服教育、执意非访的，公安机关依照《关于公安机关处置信访活动中违法犯罪行为适用法律的指导意见（公通字〔2013〕25 号）》，依法处置。2017 年，全区拘留非访人员 27 人次，警告训诫 36 人次。

【攻坚化解，夯实稳定工作基础】 定期开展积案攻坚行动。先后开展“集中化解信访积案专项行动”“重点信访问题集中化解百日攻坚”等活动，集中时间、集中力量、集中攻坚。落实包案责任，严格工作标准。对每件信访积案都明确处级包案领导、责任单位和具体工作责任人，制定攻坚化解信访积案的工作方案，按照“五个到位”“四不欠账”的标准，创新工作方法，扎实推进。加强督导检查，加大问题解决力度。区联席办坚持每半月研究一次信访积案化解情况，并组成专门督导组实地督查各单位、部门积案化解情况，回访重点案件当事人，帮助基层发现问题，改进工作。通过一系列活动的开展，2017 年化解各类信访问题 276 件。

【强化防控，确保全区大局稳定】 做好基础工作，加强源头稳控。2017 年在全国“两会”、暑期安保、十九大等敏感节点，实行“日排查、日报告”制度，有事报事、无事报平安。加大领导干部接访密度，保证每天有处级领导干部坐班接访，有效吸附上访群众，减少矛盾上行。梳理重点案件，落实稳控责任。为做好各敏感节点期间的信访稳定工作，安次区信访局向各责任单位集中交办梳理出的重点复杂信访案件。各责任单位对能解决的及时解决，一时解决不了做好稳控，所有案件当事人全部有效稳定在本地本单位。加强环京卡点检查，强化驻京信访值班。在环京治安检查站成立信访工作协调服务小组，配合公安部门及时发现、查控欲进京上访人员。建立进京上访人员数据库，把87名重点信访人员的名单、身份证号提供给治安检查站，发现进京上访人员及时做好拦阻、劝返工作。加强督导检查，严格工作问责。在全国“两会”及十九大期间，区联席办成立专门督导组，到各单位、部门进行实地督导，及时帮助基层发现问题，改进工作。

【狠抓作风，增强班子服务意识】 安次区信访局把勤政为民，努力为民办实事作为信访部门的工作之本。局领导班子以转变工作作风为重点，努力增强服务意识。树立群众观念。在信访接待工作中坚持“三心”即热心、耐心、真心，热心接待每一位来访群众，耐心听取来访群众意见，真心帮助群众解决实际问题和困难，变上访为下访，努力把问题解决在基层。向先进学习。结合“两学一做”活动，组织开展学习潘作良、张云泉等优秀信访干部先进事迹活动，在工作中比服务、讲奉献，克服厌倦心理、畏难情绪，以奋发有为、昂扬向上的精神状态做好新时期信访工作。开展文明接访活动。在接访过程中，领导班子成员坚持一线接访，职责制度上墙，自觉接受群众监督，树立窗口形象。同时，大力加强群众工作中心硬件和软件建设，改善接访条件，为人民群众创造和谐、舒适的信访环境。

（孙芳）

农村工作

【概况】 安次区委农村工作部（简称区委农工部）负责美丽乡村建设、农村中心村建设、农村基层民主政治建设、“三农”信息调研等工作。2017年，安次区委农村工作部现有编制8人，实有7人，内设3个职能科室，即：办公室、基层调研组、新农村建设指导组。2017年，安次区委农村工作部认真贯彻落实省、市、区关于农业农村工作的方针政策和重大决策部署，加强对全区农村工作重要部署的督促检查和重大问题的调查研究，了解和反映全区农村两个文明建设中的新情况、新问题，研究提出发展农村经济、深化农村改革、推进农村社会全面进步的政策建议和具体措施，及时了解农村工作中新情况、新动态、有针对性地提出解决的意见和对策，推动全区农村工作的开展。

【美丽乡村建设扎实推进】 2017年安次区申报省、市级重点村44个（省级重点村35个、市级重点村9个），重点打造落垡镇东张务村湿地市级精品片区。推进“十二个专项行动”：按照“十二个专项行动”工程任务，安次区美丽办深入各重点村，依照村街建设规划，与乡镇、村街干部、驻村工作组共同确定项目，建立工作任务台账。44个省、市级重点村清理各类垃圾杂物116710立方米、设置垃圾收集桶549个、垃圾清运车辆549辆、配备保洁员98名。完成“两改一清一拆”工作。村庄绿化62500平方米、完成“煤改气”9343户、建成电子商务网点44个，硬化连村道路、巷道136300平方米，安装路灯1978盏、新建文化活动广场17930平方米。十二个专项行动顺利完工。争取资金。争取市级补助资金2202万元，并将市级拨付各类专项资金全部落实到相关村街，区财政局拿出资金3000万元，专项用于美丽乡村建设工作，资金拨付到位。打造精品村。按照不低于15%精品村的要求，重点打造西太平庄村、麻儿营村、建设村、小刘庄村、西麻各庄村、东麻各庄村、南马庄村、东张务村、黄芦村、中响口村10个精品村，上报省、市，争列省级美丽乡村，等待省、市1月中旬验收。督导检查。认真推行周例会、要情直报、督导检查、干部培训等8项制度和民情调查、定期研究、目标考核等9项工作组管理制度，落实“每月一通报、两月一总结、年终一考核”工作推进机制。同时，采取明查与暗访相结合方式，定期不定期督查各村街美丽乡村建设工作，及时协调相关单位解决各村街美丽乡村建设过程中遇到的问题，并将各单位工作开展情况详细汇总上报，确保完成美丽乡村建设工作。

【市级重点片区东张务村建设工作】 安次区美丽办通过招投标选定央企公司（北方工程设计院）规划设计落垡镇东张务村湿地市级精品片区。规划编制于2017年7月19日通过市级审查和评议。制定完成《项目建议书》《可行性研究报告》，完成规划、国土等部门审批手续，《项目建议书》完成批复，组织专家对《可行性研究报告》进行评估，完成立项核准。完成工程一期施工图、工程清单、预算，基本完成财政投资评审，在进行最后工程量核对。确定工程最高限价，履行招投标程序。

【基层民主政治建设规范运行】 按照“五规范一满意”要求，2017年区委农工部从三个方面狠抓农村基层民主政治建设工作的规范化建设。一是在村务公开方面，在运行上，突出抓统一。工作中做到“六统一”，即公开阵地、公开时间、公开内容、公开程序、公开版面、档案管理等六个方面统一；在治理上，突出抓督导。集中开展4次督导检查活动，对发现的问题，就地提出整改措施，并将检查结果在全区进行通报。其中第4次通报得到张平书记的重要批示；在形式上，突出抓灵活。采取灵活多样的方式，创新公开形式，形成以公开栏为主体，高音广播、召开“两会”、印发明白纸等多种公开形式为补充的工作格局；在机制上，突出抓长效。要求各乡镇、龙河经济开发区对所辖村街的村务公开上墙内容进行录像，做到有据可查，经得起历史考验。二是在民主管理方面，坚持把加强制度建设作为推进农村基层民主管理的根本任务来抓，落实《安次区农村村务管理办法》，完善民主决策、民主监督等制度，规范村“两委”会、村民代表会等会议制度。通过建立健全一系列村级民主管理制度，建立起村党支部领导下村民自治运行机制，促进村级事务决策和管理的制度化和规范化。三是在业务培训方面，6月9日，组织召开全区村务公开和民主管理专题培训会，对全区各乡镇、龙河经济开发区主管副职和具体工作人员进行业务培训；9月7日，应葛渔城镇党委邀请，在该镇会议室培训全镇村街干部。

【信息调查研究工作成绩凸显】 一是强化学习意识。每位工作人员都坚持学习服务“三农”工作业务理论知识，并相互交流信息刊物收集编发经验和信息写作技巧，提高全体工作人员对区委方针政策等方面的理解能力。二是加强调查研究。围绕区委、区政府中心工作，深入基层一线开展调研，广泛收集安次区“三农”政策在落实中的经验做法等，深挖工作中存在的问题，解析难点，为领导科学决策提供服务。三是落实工作任务。2017年区委农工部开展关于农业保险情况、农民专业合作社发展情况、统筹城乡教育发展情况、小农生产经济情况等4个方面的调研活动，其中《关于安次区城乡教育均衡发展情况的调研报告》于11月4日被廊坊日报刊登。四是加强信息宣传。按照市委农工部关于开办《走进新农村，推进强富美栏目实施方案》要求，及时向市委农工部综合调研科报送各类信息、文章，及时、全面、真实地反映安次区新农村建设工作的发展动态，充分展示安次区新农村建设成果。2017年，向市调研科上报信息200余篇，被廊坊农村工作网刊登90余篇。上报信息数量及采用篇幅为全市农工系统第一。

【农村改革各项工作稳步开展】 一是加快推进农村股份合作制经济发展。摸清底数。2017年初，区委农工部协调区工商局，就安次区各类农民专业合作社发展现状，调取相关资料，经统计，在工商部门注册登记的农民专业合作组织355家。调查研究。安次区委农工部联合区农业局，深入到各乡镇及有关农民专业合作社进行座谈、走访，征求意见，形成专题调研报告，并呈报区委、区政府主要及分管领导，得到充分肯定和重要批示。积极申报。2017年，由各乡镇申报，经区委农工部筛选推荐，申报7家农村股份合作制经济组织参加市级评选，最终第什里放飞梦想农宅旅游合作社、落垡镇济民果蔬合作社，调河头乡绿之源种植专业合作社获批市级农村股份合作制经济示范组织。其中绿之源种植专业合作社由市委农工部推荐，申报参选省级农村股份合作制经济示范组织，2017年，省农工办在审批中。二是推进农宅旅游合作社建设。认真摸底。2017年初，区委农工部对全区284个村街进行摸底，并经过乡镇推荐和实地调研，选择地理位置优越、文化底蕴深厚、村“两委”班子团结有力的村庄作为备选村街。积极争列。按照3月15日省农工办《关于推荐上报2017年重点打造农宅合作社的通知》，杨税务乡党委申报左奕村“奕台夕照农宅旅游合作社”，仇庄乡党委申报东储村“凝瑞农宅旅游合作社”、宋王务村“思乡农宅旅游合作社”。经区委农工部推荐，将申报材料上报到市委农工部，再由市委农工部上报至省农工办进行批复。6月，按照省农工办《关于对已推荐上报的农宅合作社进行复审的通知》要求，又复审3个村的选定条件。截至年底省农工办仍在进行审核。巩固提高。在申报2017年省级农宅合作社工作的同时，继续加强督导2016年省级农宅合作社（调河头乡第什里村放飞梦想农宅旅游合作社）建设情况。2017年，第什里村有农家院18户。民宿主题鲜明，定位实用，均能够提供特色乡间住宿，农家粗粮餐饮等，能够满足不同层次游客的一站式服务需求。村街设置专门办公场所，各项规章制度，确保合作社规范运行。

【完成全国农村固定观察点调查工作】 廊坊市安次区杨税务乡前南庄村固定观察点成立于1985年，是廊坊市唯一一个国家级固定观察点，由140个日记账户组成，以种植京都蜜瓜和粮食作物为主。主要工作是：一是围绕安次区农业农村工作中出现的新热点问题，利用农村固定观察点系统开展多项专题调查。具体是：农户生产意向调查、农民现金收入调查、农村劳动力流动情况调查、农民培训情况调查，及时了解掌握安次区农村农业动态信息，及时送省固定观察点和全国固定观察点。二是农产品价格信息调查上报，安次区按照《农村固定观察点农产品价格调查管理规定》的要求，调查员亲自到指定地点进行实地调查农产品价格，并经过反复筛选和比较后再上报，保证数据真实、完整。三是在认真填好常规调查表的基础上，安排专人负责检查监督设立农户月度登记台账并准确汇总各项数据。按时保质上报到国家固定观察点办公室。通过调查前南庄村的经济工作，为各级党委及时提供许多有价值的数据和信息，为正确制定“三农”政策提供比较科学可靠的参考数据。

【落实农村设施安全隐患排查整治行动】 一是领导重视，落实迅速。2017 年初，省委、省政府安排部署农村设施安全隐患排查整治行动后，安次区第一时间安排部署此项工作。区委书记张平作出重要批示：各乡镇和相关部门要全力做好农村设施安全隐患排查整治工作，并形成专题报告，区委农工部负责统筹协调。立即建立在区农村工作领导小组领导下的联席会议制度，办公室设在区委农工部。结合市分解的 8 项任务，确定 15 项工作任务，逐项落实牵头部门，并进一步明确时间节点。建立实行责任分包制度，区级领导包乡镇、乡镇干部包村街、村街干部包片区，做到乡不漏村、村不漏户，建立起一级抓一级、层层抓落实的责任链条。同时，与各乡镇、龙河高新区签订责任状，确保安全隐患排查整治工作落到实处。二是突出重点，狠抓落实。按照全面排查整治任务安排，各牵头部门与各乡镇、龙河高新区密切配合，排查辖区内农村设施安全隐患工作，截至年底，全区排查出各类设施安全隐患 1267 处，整改 1267 处，整治完成率 100%。特别是结合环境综合整治工作，对全区坑塘清淤后用铁丝网进行围挡，有效防止事故发生。严格落实安全隐患动态销号制度和重大隐患挂账督办制度，排查出重大安全隐患 1 处，整治完毕。同时，在全面实现农村设施安全隐患排查整治工作台账化管理基础上，率先完成网格化电子管理录入审核工作，实现农村设施安全隐患排查整治行动工作台账化、档案电子化、管理动态化。三是建管并重，建立机制。区委书记张平在《全区农村设施安全隐患排查整治行动进展情况的通报》（第 1 期）上作出重要批示：农村设施安全事关民生福祉，务必高度关注。请各乡镇、园区对问题隐患整治到位。同时，要建立常态化动态巡查和整治机制。保证农村设施绝对安全。安次区建立“边排查、边整治”“边整治、边排查”动态排查整治机制，集中治理排查出的问题和薄弱环节、逐项销号，真正做到无死角、无盲点。同时，按照排查整治行动要求，结合安次区实际，制定《安次区农村设施安全事故应急预案》，成立安次区农村设施安全事故应急指挥部，进一步明确各相关单位的职责，及时有效地实施应急救援工作，最大程度地减少人员伤亡、财产损失。

【全国文明城市创建】 为巩固安次区文明城市创建工作成果，进一步提升创建整体水平，不断提高市民文明素质和城市文明程度，按照市委、市政府的总体部署，在创城任务分解中，区委农工部承担以城带乡，推动文明村镇创建拓展提升工作，主要是农村创建“十个一”，推动村民文化中心、文化广场、道德讲堂等基础设施建设，促进基本公共文化服务的标准化和均等化，通过全区上下的共同努力，均达到创城工作目标要求。

【大气污染防治秸秆禁烧】 2017 年，秸秆禁烧工作由农业局牵头，区委农工部确立为禁烧巡查组，主要分包杨税务乡和落垡镇，坚持做到巡查到位，督导到位，宣传到位，真正做到“不着一把火，不冒一股烟”为全区大气污染防治工作做好应承担的工作。

（付文艳）

老干部工作

【概况】 中国共产党廊坊市安次区委员会老干部局（简称区委老干部局）。2017 年，有干部职工 14 人，内设 3 个组（室），即：办公室、安置指导组和保健组。按上级要求，设有关心下一代工作委员会、老年人体育协会、老年大学 3 个副科级工作部门，同时指导老年书画研究会、联系老区建设促进会工作。全区有离退休干部 2415 人，其中离休干部 51 人，退休干部 2364 人。2017 年，安次区委老干部局在安次区委的正确领导和市委老干部局的指导下，认真学习贯彻党的十八届六中全会、十九大和习近平总书记系列重要讲话精神，以及省市区党代会精神，坚持“两学一做”学习教育活动常态化，改进作风，强化服务，落实离退休干部政治生活待遇，组织离退休干部发挥正能量，有效维护离退休干部队伍的和谐稳定，为强区新城美丽安次建设做出了贡献。

【加强离退休干部思想政治建设】 2017 年区委老干部局组织离退休干部认真学习十八届六中全会、十九大精神和习近平总书记系列重要讲话，精心编写印制《党的十八届六中全会学习材料》《十九大精神学习辅导材料》，并发放到全区离退休干部和专兼职干部手中。内容做到通俗易懂，简便易学，为全区离退休干部学习十八届六中全会、十九大精神提供有效指导。通过组织离退休干部学习，将离退休干部思想和行动统一到习近平新时代中国特色社会主义思想上来，统一到中央精神上来，统一到区委、区政府的决策部署上来。

【加强离退休干部基层党组织建设】 安次区有离退休干部党员 839 人，离退休干部党组织 88 个，其中单建老干部党支部 25 个，与机关支部合建的 42 个，与社区党支部合建的 11 个，与村街合建的 10 个，每名离退休干部党员都能在党组织的领导下过上组织生活。2017 年采取“抓典型带整体”方式不断加强基层党组织建设，培树了银河南路街道办事处前锋社区离退休干部党组织。前锋社区是全市唯一的社区党委，下辖 5 个离退休干部党支部，党支部真正发挥了战斗堡垒作用，实现了党员学习经常化、组织生活制度化、参与社区活动长期化。2017 年 9 月 21 日，全市老干部基层党组织建设观摩会到前锋社区进行了观摩，该社区党组织建设工作受到市里的充分肯定和表扬，受到其他区市县好评。老干部局将该社区作为基层党建工作典型，在全区离退休干部党支部中进行宣传、推广，助推了全区离退休党组织建设上档升级。

【重大节日走访慰问离退休干部】 重大节日期间，由老干部局组织购买慰问物品，由各涉老单位分别走访慰问离退休干部。2017 年春节期间，老干部局陪同区领导慰问副县级以上实职离退休干部22名；各涉老单位慰问所管理的离休干部及遗属58名；局机关由副科级以上领导带队，分成8个工作组，走访慰问直管离退休干部34名。中秋、国庆节期间，慰问全区79名离退休干部及遗属，同时还慰问看望在区关工委、区老体协、区老年书画研究会、区老促会担任主要领导职务的离退休老领导。

【做好离休干部医疗保健服务】 一是开展日常医疗保健服务。为离休干部提供健康咨询和用药指导，2017年接待1000余人次健康咨询。二是做好医疗保健知识宣传。编发《老年人保健知识》小册子，介绍养生、保健和治病方面的知识，指导离退休干部养生保健。三是组织健康咨询和健康义诊活动。10月26日，在区委老干部局院内组织“浓浓关爱情，重阳送健康”健康咨询和健康义诊活动。针对秋冬季节中老年人常见病、多发病，邀请广安医院内科、外科、康复科、中医科骨干医生，为安次区老干部们进行健康义诊。四是组织离退休干部进行健康体检。2017年5月5日、6日，区委老干部局组织全区离退休干部进行健康体检。体检工作中，工作人员提前到岗，搀扶、接送老干部，用轮椅推着行动不便的老干部体检，受到老干部们的称赞。体检后及时将体检结果整理归档，为以后就医提供有效指导。

【组织离退休干部外出参观学习】 2017年，组织全区离退休干部2次外出参观学习。5月组织全区离休干部、处级退休、退养干部和全区曾经担任过区直、乡镇、街办处“一把手”退休退养干部赴安平县台城村全国第一个农村党支部纪念馆参观学习；9月组织全区离休干部、处级退休退养干部和局退休干部到济南战役纪念馆、里峪村等地参观学习。通过参观学习，老干部们既开阔眼界，又愉悦心情。纷纷表示，继承和发扬老一辈革命家的光荣传统，为建设强区新城美丽安次发挥余热，贡献力量。

【组织开展重阳节系列庆祝活动】 2017年，为让老干部过一个欢乐、祥和、文明、向上的重阳节，安次区组织多层次庆祝活动。一是召开“庆重阳”老干部座谈会。10月27日，组织召开曾经担任区四套班子处级领导和曾经担任区直单位、乡镇、街办处“一把手”退休退养干部参加的老干部座谈会。会上，区委书记张平衷心感谢老干部长期对区委、区政府工作的理解、帮助和支持，并发表重要讲话，整个讲话张平书记始终站着，展现区委书记对老干部们无限敬意；区长薛振泽通报全区经济社会发展情况；原人大主任王云河进行发言，感谢区委、区政府的关心和厚爱，对于安次区发展取得的成果给予充分肯定和赞扬，并表示将一如既往关心支持安次发展。二是慰问离退休干部。节日期间，老干部局代表区委、区政府慰问处级离退休退养干部和原乡镇、街办处、区直单位的“一把手”，并送去慰问品。三是各涉老单位开展形式多样的庆重阳活动。各单位分别组织召开老干部茶话会、座谈会，或开展适合老年人特点的文体活动，共庆重阳。

【开展“畅谈十八大以来变化，展望十九大胜利召开”活动】 老干部局制定《关于组织离退休干部开展畅谈十八大以来变化　展望十九大胜利召开活动的实施方案》，印发到全区各涉老单位，迅速掀起“畅谈建言”活动高潮。2017年全区组织召开建言座谈会6场次，离退休干部参加200人次，发放调查问卷150余份，梳理建言成果2条，建议2条。畅谈建言活动中，老干部们充分肯定党的十八大以来在以习近平总书记为核心的党中央带领下党和国家各项工作取得新的重大成就，表达了对以习近平总书记为核心的党中央的坚决拥护和坚定支持。老干部们普遍认为，党的十八大以来，安次区领导班子一任接着一任干，措施得力，安次区发生着日新月异的变化，安次区正在成为幸福之区、希望之区，生活在安次感觉非常自豪。同时，老干部们对于廊坊市、安次区未来的发展建言献策：一是安次区发展要在科技发展上找出路。京津冀（廊坊）协同发展创新基地、河北泉恩高科技管业有限公司、中安信高性能碳纤维和碳纤维复合材料项目，都是高科技产业，只有科技创新，才能在激烈的市场竞争中立于不败之地。二是典型带路，加快小城镇建设。安次区打造的第什里风筝小镇是很好的典型，以典型带路，加快小城镇建设，是农村的根本出路，改变农村落后面貌，不断提高人民生活水平。三是改造龙河水域。政府要投放资金，加快龙河水域治理，改善龙河周边环境，将龙河打造成廊坊一景。四是整修道路，方便群众。整修建设路以西的永丰道路段和市人民医院门诊楼前建国道路段的“枕头路”，这两处道路人流量大，群众出行不便，特别是老人和儿童很不方便。

【为老干部庆祝生日，探望生病住院老干部】 按照《关于离退休干部生日祝贺、住院看望的制度》要求，2017 年为 7 名离休干部庆祝生日，并送去生日蛋糕和慰问金，探望多名患重大疾病的离退休干部，送去党的温暖和区委、区政府的关心。

【帮扶特困离退休干部】 自 2010 年建立特困离退休干部帮扶制度，安次区每年都对特困离退休干部进行资金帮扶。2017 年 10 月，向全区各涉老单位印发《关于做好 2017 年度特困离退休干部帮扶工作通知》，由个人提出申请，离退休干部所在单位审核上报帮扶对象，经安次区委老干部局、组织部、人力资源局、财政局 4 个部门共同复核，研究确定帮扶标准和帮扶对象。2017 年，帮扶 54 名特困离退休干部及离休干部遗属，帮扶资金 9. 75 万元，体现区委、区政府对困难干部的关怀。

【为离退休干部订阅报刊】 2017 年区委老干部局按规定为离退休干部订阅 2018 年度报刊。地专级离休干部订阅《人民日报》《河北日报》《廊坊日报》各一份；县级离休干部选订《人民日报》《河北日报》一份和《廊坊日报》一份；科级离休干部订阅《廊坊日报》；离退休干部人手一册《老人世界》。在订阅报刊过程中，逐一核实离退休干部居住地址，对于居住地址变化的离退休干部，通知投递站变更投递地点，保障老干部们能及时收到报刊。

【做好离休干部逝世善后工作】 2017 年去世离休干部 7 人，区委老干部局主管局长和工作人员都亲自到老干部家中进行吊唁，协助老干部家属处理老干部逝世后的事宜。

【发挥离退休干部作用，引导老干部为安次发展增添正能量】 区关工委不断加强青少年思想道德教育。2017 年 5 月，区关工委主要领导一行到杨税务乡孟村小学英雄模范人物教育基地、仇庄乡光荣村小学法制教育基地、廊坊第七小学雷锋教育基地调研并指导工作；“六一”儿童节前夕，区关工委深入 8 名贫困学生家中进行走访慰问，并送上慰问金；为响应创建文明城市的号召，与夕阳红关工委联合开展“千名老人牵手千名少年，为创文明城加油助力”

演讲比赛活动，约百名儿童参加；6月初，陪同省市关工委深入安次区康达畜禽养殖公司调研关心下一代工作；“七一”节以“童心向党”为主题，联合文明办、教育局、团委、妇联开展“童心向党”歌咏活动及“学习最美少年、美德少年”活动；8月，为廊坊市通岭朝阳幼儿园赠送170余册幼儿读物，内容涵盖科技百科、童话、安全教育等，孩子们爱不释手；9月，在安次区法制教育基地仇庄乡光荣村小学做题为“珍爱生命、远离犯罪”的法制安全知识讲座，全体师生100多人参加活动；11月，为“五老”服务中心馨视界社区的孩子们上了一堂生动的法制课。2017年，编印《不朽的精神，永恒的力量》一书3000册，发放到全区中小学校，激励广大青少年坚定理想信念，团结奋斗，刻苦学习。

老体协开展形式各样的体育健身活动。2017年，安次区老年体育活动紧紧围绕廊坊市第二届老年人运动会暨市直机关老干部体育健身大会展开。抓展演，促交流：区老体协组队参加市第二届老年运动会门球、健身球操、健身秧歌、健身腰鼓、柔力球等15个项目比赛，分获优秀表演奖和优秀组织奖；廊坊市第四十三届钓鱼比赛，获团体第一名；廊坊市老年门球重阳节交流赛获团体第一名，男、女个人单打分别获第一名和第二名；廊坊市第六届门球锦标赛，获团体第二名、男子个人单打第一名；选拔优秀队伍参加京津冀广场舞展示交流活动，荣获优秀表演奖；组织辖区500余人参加全市2017年老年人游园健步走活动。全年开展一系列太极拳、健身球操、腰鼓、健身徒步行、健身展示进乡村、进社区活动，吸引全社会老年人的关注和参与，收到很好的效果。通过组织和参加多项比赛和展示交流活动，老年人体育活动技能有了大幅提高，全面促进安次区老年体育事业发展。抓培训，促普及：全年举办4期辅导员培训班，培训各级辅导员120名，使全区300多个晨练点都有组织、有辅导员指导。组织健身球、柔力球、健身腰鼓、健身秧歌培训班4次，中老年人健身气功（易筋经、八段锦、六字诀）培训班3次，中老年持杖健步走培训班3期，共有400余人参训。

组织老年书画交流活动。2017年，老年书画研究会为提高老年人书画技艺，发展新会员11名。书画研究会经常组织区内书画会员参加全国、全省和全市书画展、赛，开展笔会交流、作品点评及会员辅导活动。春节，举办“迎新春　写春联　送祝福”活动，邀请协会9名会员现场挥毫泼墨，书写100多副春联和福字；组织区内笔会交流13次，涉及会员约160人次；组织区内书画展活动3次、县域之间书画联谊活动1次，展出230幅作品；十九大召开前夕，举办“安次区喜迎党的十九大胜利召开书画展”，并组织34名会员参加廊坊市纪念建军九十周年书画展、喜迎党的十九大召开书画展、全省老年书画展。各项活动的开展，提高了书画技艺，愉悦了老干部们身心，达到促进社会和谐、增进友谊、交流经验、切磋书画技艺目的，为繁荣安次区老年书画事业健康发展发挥重要作用。

老促会献计献策，助力新农村建设。安次区老促会自成立，积极开展工作，为安次经济社会发展献计献策。2017年，老领导们深入农村进行调研，撰写《风筝小镇三年巨变》的调研报告，对新农村建设提出了许多操作性很强的合理化建议，并受到区委、区政府主要领导的高度评价。

【认真审核离休干部医药费报销工作】 离休干部医药费核销工作中，严格按照《河北省离休干部医疗管理办法》按规定该报销的足额报销，不应报销的，坚决不予报销，既确保离休干部医药费实报实销，又为财政节约资金。2017 年为离休干部报销医药费为 209.34 万元。

（沈中伟）

政策研究

【概况】 中共廊坊市安次区委研究室围绕区委中心工作和总体目标任务，突出为区委决策服务这一核心，充分发挥文稿起草和调查研究两大职能，始终坚持“高起点谋划、高效率运作、高质量服务”工作要求，上下同心、恪尽职守、开拓进取、创先争优，完成2017 年各项工作任务。

【文稿起草】 根据区委不同时期的工作重点和领导关注点，做到超前谋划，提早介入，以高度的政治责任感和事业心，全力做好文稿起草工作。2017 年累计起草领导重要讲话、区委文件、工作汇报等各类文稿 115 篇，有效文字量达到 45 万字，特别是通过完成区六次党代会、区委六届二次全会、区委六届三次全会等一系列重要文件起草工作，协助区委谋划确定全区 2017 年及未来的经济发展、社会事业、新农村建设等方面工作思路，对于区委统一思想、凝聚人心，推动工作发挥应有参谋助手作用；全力办好《安次通报》，确保各级部门全面透彻领会领导精神，更好推动工作开展，2017 年，编发《安次通报》9 期。

【调查研究】 牢固树立“围绕中心抓调研、服务决策谋大事”的思想，紧紧围绕区委中心工作，根据 2017 年工作重点，对事关全区整体发展定位、经济社会发展思路举措等方面的问题，重点抓好三大课题调研：关于深入实施“211”战略任务课题研究；关于打响安次科技创新品牌课题研究；关于高质量发展现代农业课题研究，及时向区委提供有分析、有建议、有重要参考价值的调研报告，为区委推动整体工作提前谋划、超前服务。

【自身建设】 营造和谐氛围，打造建强团队。从提升素质、强化管理、锤炼作风等方面入手，切实加强科室内部建设，营造良好工作环境。开放式学习。把学习视为研究室的生命，不管工作多忙、时间多紧，每周都要抽出半天时间组织科室全体人员学习上级文件、领导讲话；同时，每天通过报纸、杂志和网络整理有参考价值信息相互交流，力求掌握上级的工作重点。创新工作方法，在日常工作中充分利用微信、讯飞等软件功能，极大缩短了录音整理、信息传递的时间，有效提升工作效率。研究室的主业是出思想、出精品，发挥每个人的想象力，坚持“开门有纪律，闭门无领导”，在写稿方面，百花齐放、百家争鸣，思想充分涌流，最后由主管负责人集中把关，坚持高标准、零缺陷完成文稿工作。注重思想作风建设。每周定期召开科室民主生活会议，针对工作中出现的新情况、新问题，交心、交流、交融，打造一支讲政治、能战斗、能开拓的过硬团队。

（郑殿锴）

机构编制

【概况】 安次区机构编制委员会办公室为区机构编制委员会的常设办事机构（正科级），负责全区机构编制管理工作，既是区委的工作机构，也是区政府的工作机构，列区委机构序列。2017年核定编制18人（含事业单位登记管理局），领导班子成员7人，实有在职人员13人，内设5个股室：综合股、党政机关股、事业股、机构编制监督检查股和行政审批制度改革股。下设事业单位登记管理局（副科级）。区编委办公室贯彻落实国家和省、市关于行政管理体制和机构改革以及机构编制管理的政策法规，组织拟订全区行政管理体制和机构改革以及机构编制管理的政策、规定并监督实施；管理和指导全区各级党政群机关，人大、政协、法院、检察院机关的机构编制工作；管理和指导全区事业单位机构编制工作。拟订区委、区政府机构改革方案。审核区委、区政府各部门及各部门派出机构的职能配置、机构设置、人员编制和领导职数。审核区人大、区政协、区法院、区检察院、区群团机关的职能配置、机构设置、人员编制和领导职数。审核并管理全区各级各类人员编制总额。协调区委各部门之间、区政府各部门之间、区委各部门与区政府各部门之间的职责分工。研究提出参照公务员法管理事业单位的行政管理职能认定意见。贯彻执行各类事业单位人员编制标准和管理办法。审核或审批区委、区政府直属事业单位或直属事业机构，以及区直部门所属事业单位的机构编制事宜。对全区事业单位法人登记管理和监督检查。对全区机构编制的总量控制、动态管理和机构编制标准化。对机构编制实名制管理，以及编制使用核准等。建立健全机构编制部门与有关部门的配合制约机制。对各级行政、事业单位管理体制和机构改革及机构编制执行情况的跟踪评估和监督检查。受理违反机构编制法规、纪律的检举、控告和投诉，对违反机构编制法规、纪律问题进行调查处理。对全区机构编制进行信息化建设。指导全区党政群机关、事业单位和其他非营利性单位网上名称管理工作。

【狠抓机构编制管理工作】 加强机构编制总量控制。一是按照“严控总量、盘活存量、优化结构、增减平衡”的要求，向深化改革要编制、向科学管理要编制、向提高效率要编制，通过转变职能、整合机构、提升人员素质等方式，深入挖掘现有编制资源的潜力，提高编制使用效益。二是探索有效的“挤压”措施，引导机构编制资源向最需要的地方流动，实现编制资源使用效益最大化。三是对确实需要加强的重点领域和关键部位，按照区别对待、有增有减的原则，在现有编制总量内进行动态调整，原则上在内部调剂解决；内部调剂难度大的，在本级总量中调剂，通过调剂划转保证编制需求。

严格控制机构编制审批。一方面坚决贯彻落实中编办《关于加强机构编制问题整改推进审批联动的意见》，严格执行机构编制“一支笔”审批制度，坚持机构编制集中统一管理和审批制度，凡涉及职能调整，机构编制和领导职数增减的机构编制事项，全部上报机构编制部门按程序专项办理。除专项机构编制法律法规外，各级各部门在拟订规范性文件中涉及机构编制事项的，都事先征求机构编制部门的意见，机构编制部门按相关政策进行把关，紧紧围绕实现财政供养人员只减不增要求，采取切实有效措施，严格控制机关、事业单位机构编制和人员。另一方面建立完善编制使用核准制度，明确要求各级各类机关事业单位招录、招聘、选调、调配、安置各类工作人员，必须先向机构编制部门申请编制使用核准，只有经核准存在空编的前提下，才可向有关部门申请补充人员，否则不得启动进人程序和办理列编登记手续。编制使用核准制度的实施，不仅从源头上控制编制使用，实现总量控制目标，还实现编制数、人员数及财政供养人员数相对应，把编制管理落到实处，从而杜绝超编进人现象。

深入推进机构编制信息实名制管理。为充分发挥机构编制实名制管理系统在机构编制管理中实时监管、分析研判的作用，明确专人负责机构编制管理信息平台的维护工作。2017 年 7 月，组织开展机构编制和人员核查工作，彻底核查全区各机关、事业单位的机构编制和人员，做到机构清、编制清、领导职数清、实有人员清。同时按照规定程序办理机关、事业单位工作人员的日常出入编手续，做好机关事业单位进人登记、管理工作。实行编制信息库动态管理，根据机关事业单位的人员变动情况，及时调整，确保实名制系统更新及时、数据准确。

【稳步推进行政管理体制改革】 全力推进开发区管理机构改革。2017 年 3 月，根据省委、省政府关于加快开发区改革发展的意见（冀发〔2016〕12 号）及省政府批复（冀政字〔2016〕36 号）、市编委通知（廊编〔2016〕27 号、35 号、廊编〔2017〕29 号）精神，撤销原廊坊新兴产业示范区，设立河北廊坊高新技术产业开发区管理机构，并与河北安次经济开发区合并，实行“一区两园”管理体制；设立河北廊坊龙河高新技术产业开发区管理机构，并与河北廊坊龙港经济开发区合并，实行“一区两园”管理体制。印发《中共河北廊坊高新技术产业开发区工作委员会河北廊坊高新技术产业开发区管理委员会主要职责内设机构和人员控制数规定》（廊安编〔2017〕11 号）、《中共河北廊坊龙河高新技术产业开发区工作委员会河北廊坊龙河高新技术产业开发区管理委员会主要职责内设机构和人员控制数规定》（廊安编〔2017〕12 号），明确两个开发区主要职责、内设机构及人员控制数等。解决开发区体制机制不健全不完善问题，促进开发区健康有序发展，有力提升工作效能。

顺利完成纪检监察体制改革。深入贯彻落实中央关于党的纪律检查体制改革的重大决策部署以及《河北省关于推进市县纪检监察机构改革和党委巡察机构建设的意见》（冀办发〔2016〕53 号）等有关要求，结合安次实际，充分利用现有编制资源，优化机构设置，统筹推进县级纪检监察机构改革和党委巡察机构建设。于 2017 年 3 月 8 日印发《廊坊市安次区机构编制委员会关于调整安次区纪检监察机构设置的批复》（廊安编〔2017〕9 号），按照改革要求，对区纪检监察机构进行合理设置，形成“五办一组”监察体系，为新形势下监督体制建立提供有力保障。

集中精力推进乡镇体制改革。全面贯彻落实中央、省、市、区决策部署，按照统筹城乡发展、转变政府职能总体要求及建立精干高效的乡镇行政管理体制原则，下大力实施乡镇体制改革。研究制定《中共廊坊市安次区委、廊坊市安次区人民政府关于印发〈廊坊市安次区北史家务乡机构改革实施方案〉的通知》等8个文件（廊安发〔2017〕14号、15号、16号、17号、18号、19号、20号、21号），打破以往乡镇“七所八站”式陈旧冗繁的管理模式，在每个乡镇均综合设置5个内设机构、4个事业单位，分别明确主要职责，核定人员编制。通过改革，进一步理顺职责关系，转变乡镇职能，创新体制机制，进一步强化社会管理和公共服务职能，实现行政管理与基层群众自治有效衔接。与此同时，借助乡镇机构改革有力契机，探索实施乡镇、街办处综合执法改革。借鉴外地综合行政执法体制改革经验做法，推进执法重心下移，打破区域、行业和部门界限，最大限度推进机构和职责整合。在全区8个乡镇和3个街办处分别设置“综合执法巡查中心”，探索综合设置行政执法机构，加强整体联动，与区域内市场监管、安全生产、环境保护等执法队伍建立联合执法机制，有效整合各类执法力量，实现“一支队伍管全部”。

下大力推进组建行政审批局。根据《中共廊坊市委全面深化改革领导小组印发〈关于开展相对集中行政审批权改革工作实施方案〉的通知》（廊改革字〔2016〕2号）和《廊坊市机构编制委员会关于同意设立安次区行政审批局的批复》（廊编〔2017〕5号）精神，坚持实实在在、细化操作，下大力推进组建区行政审批局相关工作。在明确划转行政审批事项103项的基础上，科学制定区行政审批局“三定”方案，第一时间研究制定调编方案，确保行政审批局如期挂牌运行，完成行政审批局组建工作。省、市编办以《明实早细抓组建、扎实稳妥见真章——安次区编委办行政审批局组建工作顺利完成》为题刊发简报。

彻底解决区政府机构改革不到位问题。严格执行上级关于区政府机构改革工作的总体要求，坚持精简、统一、高效原则，采取大部门制机构设置，将原区粮食局、商务局、发改局等14个职责相近、职能相似的区直部门整合为6个区直部门，印发《廊坊市安次区人民政府办公室关于印发〈廊坊市安次区发展改革局主要职责内设机构和人员编制规定〉的通知》等6个文件（廊安政办〔2017〕10号、11号、12号、13号、14号、15号）。分别将原区粮食局、商务局、发改局整合为区发展改革局，原区社区办、民政局整合为区民政局，原区畜牧兽医局、农业局整合为区农业局，原区农开办、财政局整合为区财政局，原区工商局、食药监局、质监局整合为区市场监督管理局，原区卫生局、计生局整合为区卫生和计划生育局。通过改革精简正科级机构8个、内设机构7个，精简科级领导职数23名（正科8名、副科15名）、股级职数7名。通过本轮机构撤并整合，彻底解决了历年来区政府机构改革不到位问题。配合做好相关领域工作。在充分发挥本部门职能作用的同时，积极配合相关部门，做好综合执法体制改革、义务教育迎检和安全生产大检查等全区重点领域工作。

【做好行政审批制度改革工作】 做好承接上级下放行政权力工作。按照《廊坊市人民政府办公室关于做好市政府部门下放行政权力事项的通知》（〔2017〕8号）文件要求，对市政府部门下放的涉及11项行政权力事项（行政许可事项10项，其他行政权力事项1项），结合区直各有关部门所反馈的承接落实意见，梳理汇总出《2016年安次区承接廊坊市政府部门下放事项目录》，向区直各单位印发《廊坊市安次区人民政府办公室关于做好承接落实市政府部门下放行政权力事项工作的通知》，并及时通过区政府网等媒体进行公开。

认真落实国务院取消中央指定地方实施行政审批事项工作。根据国务院、省、市关于国务院第三批取消中央指定地方实施行政许可事项进行衔接落实的通知要求，安次区相应取消行政权力事项10项，并印发《廊坊市安次区人民政府办公室关于衔接落实国务院第三批取消中央指定地方实施行政许可事项的通知》，并通过区政府网进行公开。

清理规范中介服务事项工作。2017年，安次区落实上级清理规范中介服务事项工作3批次，一是深入贯彻落实国务院、省、市关于第三批清理规范行政审批中介服务事项的通知精神，结合安次区实际，衔接保留中介服务事项2项，并印发《廊坊市安次区人民政府办公室关于衔接落实国务院和省政府部门第三批清理规范行政审批中介服务事项的通知》；二是深入贯彻落实国务院、省、市审改办关于衔接取消中央指定地方实施行政审批中介服务等事项的通知精神，结合安次区实际，衔接取消中介服务事项1项，印发《廊坊市安次区行政审批制度改革工作领导小组办公室关于做好衔接取消中央指定地方实施行政审批中介服务等事项的通知》；三是为深入贯彻落实《关于衔接落实国务院审改办等11部门取消27项中央指定地方实施行政审批中介服务和证明材料的通知》（冀审改办〔2017〕2号）精神，根据事权范围和安次区实际，决定衔接取消安次区行政审批证明材料2项。针对此次衔接落实情况，区审改办印发《关于衔接落实国务院审改办等11部门取消27项中央指定地方实施行政审批中介服务和证明材料的通知》（廊安审改办〔2017〕5号）。以上3批次清理规范中介服务事项，在印发衔接落实文件同时，均通过区政府网向社会进行公开。认真做好投资项目报建审批清理工作。按照国家和省、市有关政策要求，结合工作实际，认真研究，积极谋划，并广泛征求发改、建设、交通等13个部门意见、建议，区投资报建审批项目由28项减少为18项，其中保留15项，整合9项为3项，使行政审批效率得到提高。

扎实推进清单管理工作。根据区深化机关作风整顿领导小组“放管服”组印发的《〈廊坊市安次区完善清单管理制度工作方案〉的通知》要求（〔2017〕5号），2017年年底前编制完成安次区《权力清单》《责任清单》《行政许可中介服务事项清单》《行政许可事项目录清单》《市场主体行政审批后续监管清单》等10张区级综合清单；编制《生态环境保护监管责任清单》和《安全生产监管责任清单》2张专项责任清单；并将清单管理制度向开发区进行拓展延伸，组织龙河高新区、廊坊高新区编制《权力清单》《责任清单》《行政许可中介服务事项清单》，并通过安次区政府网站公开，在全区范围内逐步形成较为完善的“综合清单+专项清单”的清单管理制度体系。

【扎实开展“一问责八清理”专项行动】 2017年5月开展专项清理工作，严格按照省、市编办和省、市、区专项办工作部署要求，在全区范围内针对“放管服”改革不到位问题和

"政事不分政企不分政会不分"问题进行全面检查清理。"放管服"改革不到位问题专项清理工作，组织区直5个分项牵头单位和38个责任单位开展清理活动，全区自查自纠发现的问题涉及8个方面217件，且均整改完毕，并按区专项办要求对每一件问题进行组卷归档。"政事不分、政企不分、政会不分"问题专项清理工作，发现问题116件。针对每项问题进行建档立制，完善整改。2017年底此项工作进入完善制度、总结提高阶段，安次区编委办对照两个专项和1+3清理工作方面的制度规定进行全面梳理，在全面分析存在问题、总结有效做法和经验的基础上，在"废改立"上狠下功夫，持续推动构建实用管用的长效机制，防止同样问题回潮、反弹。

【认真做好事业单位法人登记管理工作】 认真做好事业单位年度报告和登记工作。按照省、市统一安排部署，开展2016年度事业单位法人年度报告工作，全区有112家事业单位成功提交年度报告。2017年事业单位法人登记管理工作继续按部就班正常开展，全年有5家单位办理事业单位法人设立登记，12家单位办理事业单位法人变更登记。在进行事业单位法人登记管理工作的同时，严格按照档案管理的要求，对事业单位登记管理相关档案统一编号、统一归类、统一制作索引目录和标签，进一步提高事业单位法人登记档案规范化管理水平。抓好机关、群团统一社会信用代码赋码工作。为加强机关、群团统一社会信用代码赋码管理工作，专门下发《关于开展全区党政群机关统一社会信用代码赋码工作的通知》，阐明办理统一社会信用代码工作的重要意义，督促各单位及时办理统一社会信用代码。同时，建立健全首问责任制、一次性告知制、服务承诺制，确保按要求在规定时限内，顺利完成赋码发证工作。2017年，12家单位申请机关、群团统一社会信用代码赋码领证服务，18家单位申请机关、群团统一社会信用代码证书信息变更服务。稳步推进中文域名注册管理工作。认真贯彻落实中央和省、市编办关于加强政务和公益机构域名注册工作的文件精神，通过与中央编办工作人员进行沟通，详细了解域名续费有关注意事项，在规定时限内，为全区303家机关事业单位完成续费充值，为网上名称管理工作长期、有效、持续开展提供有力保障。

（卢倩）

机关工委工作

【概况】 中共廊坊市安次区直属机关工作委员会（简称区直工委）是中共廊坊市安次区委的派出机构。2017年，区直工委所辖党委5个、党总支20个、党支部151个，党员2915人；安次区直工委党委委员5人，其中书记1人，副书记1人，组织委员1人，宣传委员1人，武装部长1人；另副主任科员1人。机关下设2个职能组（室）：办公室、综合组。主要负责对区直机关党的工作进行宏观规划、指导、监督和检查。工作职责是：规划区直机关党的建设；指导区直各部门机关及直属机关党的建设工作，结合区直机关党建工作实际，贯彻执行党的路线、方针、政策和区委的指示、决议；指导区直机关抓好党的思想、组织、作风建设和党员教育管理以及党员的理论学习培训；指导区直属基层党组织实施对党员的监督；审批区直机关直属党组织设置及委员会的组成，对入党积极分子进行培养和教育，做好党员发展工作；对区直机关党员进行党性、党风、党纪教育。

【学习贯彻落实党的十九大精神】 按照区委《关于党的十九大精神学习宣传工作的实施意见》要求，区直工委立即召开工委党委会议，研究部署区直单位党组织宣传贯彻党的十九大精神相关工作。对区直各党委、党总支、党支部下发《关于认真贯彻落实党的十九大精神的通知》，要求区直各党支部要严格落实“三会一课”制度，组织区直党员认真学习党的十九大精神，坚持带着信念学、带着感情学、带着使命学、带着问题学。以支部为单位，为区直151个党支部2915名党员下发测试题，测试区直党员学习情况，使区直党员对党的十九大精神、党章修正案有更加深入地了解。要求区直每名党员结合工作实际撰写一篇学习十九大精神体会文章。要求区直各党组织召开党的十九大精神专题学习会，党支部书记结合党支部抓党建实际为全体党员做学习辅导。同时，区直各单位就学习十九大精神开展形式多样的宣传活动：一把手讲党课、聘党校教师讲原文、区地税局举行“聚焦十九大、公主税收梦”演讲比赛。区直党员通过各种形式学习宣传十九大精神，大家纷纷表示，要牢固树立“四个意识”，不忘初心、牢记使命忠诚担当、继续奋斗，为全面建设强区新城提供坚实保障。

【发展党员工作】 落实发展党员工作规划，不断改善全区党员队伍结构。按照“坚持标准、保证质量、改善结构、慎重发展”的工作方针，2017年区直工委发展新党员23名，按照年初发展党员工作计划完成发展党员工作。

【培训工作】 为加强区直党建工作，区直工委2017年举行22次党务干部及党员发展对象培训班，既培训党务干部如何做好本单位的党建工作又推动党的各项活动在区直所有单位开展。在培训过程中，区直工委采取多种多样的方式，既有警示教育专题片播映、党校老师专题授课、区委领导及相关人员党务知识辅导，还有外出赴革命圣地实地参观等方式。5月28日—6月3日，联合井冈山干部教育学院，区直25名党务干部赴江西井冈山红色教育基地学习参观，在7天的参观学习中，区直党务干部采取现场教学、体验教学、互动教学的方式，把继承党的优良传统与弘扬时代精神结合起来，把井冈山斗争的成功经验与改革开放和现代化建设的实践结合起来，进一步坚定参训学员的共产主义理想信念。

【党员志愿服务、学习活动】 一是开展“星期六文明行动”志愿服务活动。2017年区直工委组织全体干部到分包社区—蔡庄小区开展志愿服务活动。二是组织区直党组织以支部为单位，多项活动庆祝“七一”党的生日。开展区直党组织书记讲党课、“学习廖俊波同志先进事迹”“重温入党誓词、集中宣誓”等活动。三是走访慰问困难党员活动。工委排查区直单位困难党员情况，并进行走访慰问，涉及区直19个单位28名困难党员。

【党费收缴工作】 党费收缴工作是区直工委的一项重要工作，量大、人多、任务重。工作中区直工委结合“两学一做”学习教育对区直全体党员加强思想教育，提高每名党员的自身素质，同时专题培训各单位党务干部，提高党员交纳党费的意识，把党费收缴工作同严格党的组织生活、同党员教育、同党员目标管理结合起来，提高党员缴纳党费自觉性，2017 年，区直收缴党费 861415.98 元。

【组织开展“为困难党员献爱心”活动】 2017 年区直有 1457 名党员募集捐款 46155 元，存入区委组织部“困难党员帮扶专项资金”专用账户。七一前夕，区直工委通过摸排区直各党支部困难党员情况，救助吴广辉等 7 名困难党员，每人帮扶资金 1000 元。

【建立完善制度】 针对工作中存在的问题，工委制定工作方案，组织开展“大排查、大梳理、大整改”活动，对“三会一课”、发展党员、党费收缴管理、基层党组织换届选举等工作进行自查自纠、专项督查和规范完善。制定年度计划及党员发展培训、党费收缴等在内的相关制度，用制度巩固成果，不断提高党建工作的规范化水平。加强组织建设：围绕区委中心工作抓好党务干部及发展对象的管理和培训，针对不同时期的党建安排，聘请相关人员进行专题辅导。抓好班子带好队伍：坚持贯彻民主集中制，严格落实党委中心组学习制度，严肃认真开展批评与自我批评，不断增强党委班子的凝聚力、向心力和战斗力。

【“两学一做”学习教育常态化、制度化扎实开展】 2017 年区直工委按照区委组织部《关于对推进“两学一做”学习教育常态化制度化开展“回头看”的通知》要求，区直工委高度重视，立即召开党委会专题研究，分成 3 个检查组督导检查区直单位党支部“两学一做”学习教育常态化、制度化和各项党建工作。针对学习教育和党建相关工作中存在的问题，对区直各党支部下发整改通知单，要求相关单位采取有效措施进行整改。

结合“两学一做”学习教育常态化、制度化，区直工委分两批召开上半年区直单位党组织书记述职评议会。区直工委书记吴文利主持会议。在听取区直各党组织书记的述职后，吴文利对每位党组织书记的述职进行点评，在肯定区直各单位党组织上半年抓党建成绩的同时，重点指出存在的问题和不足，安排部署下半年区直单位党组织在党员发展、“两学一做”学习教育常态化、制度化、深化机关作风整顿等工作。

【围绕增强“四个意识”统领全区机关作风整顿工作】 一是以区、乡（局）级中心组理论学习为抓手集中开展学习研讨；二是与全区文明城市创建有机结合，广泛开展各类主题实践活动。2017 年区直工委组织志愿服务累计出动志愿者 10000 余人次，发放各类宣传资料 11 万余份，铲除小广告 10000 余平方米，清除垃圾 20 余吨；三是强化宣传工作，助力机关作风整顿工作。对外宣传上，在中央、省、市主流媒体介绍安次作风整顿的好做法，新成效。对内宣传上，在《今日安次》开设“加强作风建设　提高工作效率”专栏，搭建区内相互交流的平台。自活动开展发简报 260 期，市里刊发安次区信息 4 期，“廊坊市安次区探索建立差异化全员考核评价体系”被省深化机关作风整顿办公室刊发。

【认真学习《廉政准则》，提高廉洁从政自觉性】 区直工委领导班子坚持每周五由纪委派出纪检组长闫永胜组织廉政学习。认真学习《中国共主党党员干部廉洁从政若干准则》，对准则内容有较深入细致了解，也进一步统一思想提高认识。进一步坚定要严格按照“廉洁从政行为规范”去规范领导班子的言行，自觉做到廉洁从政，同时认真落实中央“八项规定”，坚决反对“四风”，坚持做廉政、勤政的模范，树立正气，弘扬党的优良传统和作风，永远保持共产党员的先进本色。

（李元春）

党史工作

【概况】 党史研究室是区委直属事业机构，2017年有干部职工4人，根据2002年8月机构改革方案，未设内部机构。主要职能是：通过各种渠道广泛征集党史资料，科学研究总结党领导安次人民进行革命与建设的历史经验；编纂党史资料书刊，编纂党的地方史、党史大事记及党史人物传记；开展党史专题研究，为党委和政府决策提供历史借鉴，为党委和政府解决和处理历史遗留问题提供依据与咨询；运用党史资料和编研成果对党员干部、广大群众进行党史宣传教育，为促进党的自身建设和社会主义精神文明建设服务。2017年，在区委、区政府正确领导下，在市委党史研究室的精心指导下，安次区委党史研究室深入学习贯彻党的十八届六中全会和党的十九大精神，深入学习习近平总书记系列重要讲话，深入贯彻落实区委第六次党代会精神，在新的起点上不断开创党史工作新局面。以纪念中国人民抗日战争全面爆发80周年活动为契机，以党史“资政育人”为目标，着力推进党史宣传教育工作，灵活运用党史征、编、研成果，进一步宣传中国共产党的光辉历史，增强全区各级党组织的凝聚力和战斗力，提高广大党员的党性意识和宗旨意识。

【完成《中共廊坊市安次年鉴》（2017年卷）编辑工作】 《中共廊坊市安次年鉴》全面反映全区政治、经济、文化建设。分特载等15个部分，涵盖区委、区政府、武装部和纪检等80多个单位的工作成果。按照要求每年出版一卷，每卷总字数都达八九十万字。2017年，安次区委党史研究室争取区委领导的支持，于4月份以区委办公室红头文件向全区88个单位发放《关于做好〈中共廊坊市安次区年鉴〉（2017年卷）征集编纂工作的通知》，向各单位征集基本情况。经过认真核实和编辑，截至10月底征集齐全并完成初稿。另外，按照省、市委党史研究室文件要求，征集、撰写、上报完成《中共河北年鉴（2016）》《中共廊坊年鉴（2016）》所需的安次概况和典型经验材料。

【完成2016年党史大事记资料征编工作】 通过参考区委《安次快报》、宣传部《今日安次》、《廊坊日报》和区人大、区政府、区政协相关资料，查阅组织部门人事任免通知，2017年，完成《中共廊坊市安次区委2016年大事记》资料搜集整理工作。

【开展改革开放新时期专题资料调研工作】 2017年通过查阅档案，克服区委党史研究室人员缺少困难，走访老干部，完成市委党史研究室要求上报的《安次县大王务公社率先实行家庭联产承包责任制》《平反冤假错案》和《全面拨乱反正与工作重点转移》三篇专题材料。

【广泛开展征集党史图片资料工作】 按照市委党史研究室通知精神，2017 年区委党史研究室向全区各部门和离退休老干部广泛征集 1921 年至 2016 年间反映廊坊新民主主义革命、社会主义建设、改革开放各历史阶段政治、经济、文化、各项事业发展的图片影像以及上级领导或知名人士来廊坊区域视察、访问、演出等活动的图片影像。经过全室工作人员的努力，征集到有价值的历史图片 300 余幅，按时上报市委党史研究室，也为研究安次党史留下珍贵资料。

【编辑《领导参阅资料》，为领导提供参考】 2017 年区委党史研究室紧紧围绕区委、区政府的中心工作，坚持唯物史观，坚持历史与现实工作紧密结合，以纪念中国人民抗日战争全面爆发 80 周年和中国人民解放军建军 90 周年为契机，编辑《领导参阅资料》6 期，展现老一辈无产阶级革命家的光荣风范以及中国共产党早期成立各项机构的原由和背景等，发至全区各大班子领导。用党的光荣历史和革命传统教育广大党员干部，热爱家乡，统一思想，凝聚力量，坚定信心，扎实工作。

【围绕爱国主义教育，做好革命历史宣传】 一是把原安次县部分英烈事迹精心制作成图文并茂、内容丰富的《缅怀英烈　爱我家乡》宣传册，集中开展“创建文明城市之清明节”主题宣传教育活动。为全面做好宣传活动，安次区委党史研究室全体工作人员在现场做专业讲解。自 2017 年 3 月 31 日开始到 4 月 1 日，宣传教育全区中小学广大师生以及各部门机关干部 1200 余人，发放宣传册 1000 余册。通过举行烈士祭奠仪式和缅怀英烈先进事迹，达到坚定党的理想信念、提升党性修养和宗旨意识、牢固树立廉洁从政的理念效果。二是协助中共党史出版社、河北省委党史研究室、廊坊市委党史研究室在光明西道办事处西小街社区开展“学党史、感党恩、跟党走”党史教育进社区赠书活动。安次区委副书记李军，安次区委常委、办公室主任钱玉兵，安次区委党史研究室全体工作人员出席会议，中共党史出版社领导向光明西道办事处领导赠送“捐赠图书牌”，中共党史出版社、河北省委党史研究室、廊坊市委党史研究室向光明西道办事处及西小街社区和居民捐赠图书 135 种近 1000 册，受到社区干部和居民的热烈欢迎。此次赠书活动，是对党史宣传教育的一次新的探索，把党史知识传播到基层，让社区干部群众了解党的光辉历程，激发人民群众对党的了解和信任，坚定跟党走的信念，弘扬时代精神，激发广大群众热爱党、热爱家乡、热爱安次，建设新安次的热情。三是向全区发放《中国共产党廊坊历史》第一卷（1926—1949）和《抗日战争时期廊坊人口伤亡和财产损失调查资料汇编》。为庆祝中国共产党成立 96 周年，喜迎十九大胜利召开，纪念全民族抗战爆发 80 周年，安次区委党史研究室将中共廊坊市委党史研究室编著的《中国共产党廊坊历史》第一卷（1926—1949）和《抗日战争时期廊坊人口伤亡和财产损失调查资料汇编》发至区委、区政府、区人大、区政协四套班子全体领导，以及 8 个乡镇、3 个街道办事处、2 个高新区、区直各部门，引导广大党员领导干部“学党史、感党恩、跟党走”，成为修好党史必修课的传播者，成为社会主义核心价值观的实践者，成为“红墙意识”的践行者，为助推安次协同发展、加快建设美好安次贡献一份精神力量。四是在抗日烈士林峰的故乡廊坊市安次区码头镇中响口村举办“纪念全民族抗战爆发80周年”林峰烈士事迹展活动。安次区委常委、宣传部部长寇东，区委常委、办公室主任钱玉兵出席开展仪式。原廊坊地委副书记、政法委书记、曾任安次县委书记的离休干部彭庆彬应邀出席活动。仪式由区委党史研究室主任刘建新主持。码头镇、区委宣传部、区民政局、区档案局、区文广新局、区广播电视台、区地方志办公室、团区委、区妇联的主要负责人和码头镇30多名党员代表、群众代表参加此次活动。林峰生前所在学校河北师范大学、河北民族师范学院、河北工业大学、廊坊师范学院等也应邀派出代表参加开展仪式。参观林峰烈士事迹展后，区领导对此次展览活动表示充分肯定，并表示要经过相关部门申报，努力将此处建成安次区爱国主义教育基地。

【认真开展《党史博采》杂志的征订工作】 《党史博采》杂志是展示全省党史工作及编研成果的窗口，也是宣传党的历史、弘扬党的优良传统的重要阵地，更是全省党史系统一项有明确指标、年度排名的工作。能不能完成任务，直接关系到安次党史研究室的工作在全市乃至全省的位次。党史研究室把杂志征订当成一项严肃的政治任务来完成，加强领导，主任亲自抓，把征订任务进行分配，责任到人，大力宣传《党史博采》杂志内容和征订意义，营造良好舆论氛围。争取上级领导支持和重视，以区委办公室文件形式下发关于征订《党史博采》通知，并以亲自到各单位宣传或电话联系方式征订，超额完成上级规定征订任务。

【齐心合力，完成保障中心工作】 全面落实党风廉政建设“双责任”。按照区委统一要求，党史研究室认真召开民主生活会，领导班子成员开展批评与自我批评，根据工作特点制定相关制度，针对问题严格整改落实。以求严的态度正风肃纪。根据中央八项规定和市委八条禁令，严格做到厉行节约、勤俭办公，不搞迎来送往、吃吃喝喝。单位每位干部严格遵守上下班纪律和请销假制度，带头遵守工作纪律。完成“一问责八清理”“三严三实”班子民主生活会等规定动作。完成党支部党员信息登记、党费收缴工作专项检查等基层党建工作。

（刘建新）

党校工作

【概况】 中共安次区委党校是隶属于区委，培养安次区范围内党员干部及行政系统干部的教育机构。2017有在职人员16人，内设4个科室：办公室、教研室、函授室、总务室。2017年，安次区委党校认真学习马列主义、毛泽东思想、邓小平理论、“三个代表”重要思想、科学发展观、习近平新时代中国特色社会主义思想，深入学习贯彻党的“十九大”会议精神。努力推动安次区党员干部教育事业发展，以马克思列宁主义毛泽东思想的基本理论、党的方针、政策和必要的现代科学知识、业务知识武装党的干部，并通过各种班次为全区培训具有共产主义思想觉悟的领导干部和理论骨干，提高全区党员、干部的基础知识、理论水平及学历层次。加强党校教师队伍建设，加强科研工作，完善各项制度，提高办学水平，完成区委交办的各项工作。

【完成“六大工程、五大保障”工作】 根据安次区2017年“六大工程、五大保障”目标管理体系，安次区委党校承担的全年目标任务完成。安次区委党校协调相关职能部门，认真抓好科级干部、新提拔干部、组工干部培训等主体班次及精神文明建设、廉政教育、党的统一战线理论等专题讲座组织实施，深入到区直单位、乡镇、村街进行宣讲，把理论知识送到最基层，不断提高党员干部队伍综合素质。全年培训1800人次，以下是2017年培训班次。

1. 安次区委组织部区直工委入党积极分子和党务工作者培班

时间	地点	人数	内容	主讲人
4月27日	安次区职教中心	180	党史	黄江红
4月27日	安次区职教中心	180	党章	温春颖

2. 安次区科级干部学习市六次党代会及两会精神培训班

时间	地点	人数	内容	主讲人
5月9日上午	廊坊宾馆 三楼	300	市六次党代会及 两会精神解读	市委党校 刘菲
5月9日下午	廊坊宾馆 三楼	300	市六次党代会及 两会精神解读	市委党校 刘菲

3. 安次区委组织部区直工委预备党员培训班

时间	地点	人数	内容	主讲人
5月7日上午	安次区 职教中心	180	《廉洁自律准则》 《党纪处分条例》	安淑俊
5月7日下午	安次区 职教中心	180	《党内政治生活准则》 《党内监督条例》	曹春艳

4. 安次区委组织部市区党代会和市两会精神宣讲

<table>
<tr><th>时间</th><th>地点</th><th>内容</th><th>人数</th><th>教师</th></tr>
<tr><td rowspan="2">5月31日</td><td>杨税务乡</td><td rowspan="2">市区党代会和市两会精神</td><td rowspan="4">安淑俊</td><td rowspan="4"></td></tr>
<tr><td>北史家务乡</td></tr>
<tr><td>6月1日</td><td>落垡镇</td><td>市区党代会和市两会精神</td></tr>
<tr><td>6月5日</td><td>仇庄乡</td><td>市区党代会和市两会精神</td></tr>
<tr><td>5月31日</td><td>调河头乡</td><td>市区党代会和市两会精神</td><td>60</td><td rowspan="3">黄江红</td></tr>
<tr><td>6月1日</td><td>码头镇</td><td>市区党代会和市两会精神</td><td>50</td></tr>
<tr><td>6月8日</td><td>龙河高新区</td><td>市区党代会和市两会精神</td><td>50</td></tr>
</table>

续表

时间	地点	内容	人数	教师
5月31日	葛渔城镇	市区党代会和市两会精神	60	温春颖
6月1日	东沽港镇	市区党代会和市两会精神	50	
6月2日	廊坊高新区	市区党代会和市两会精神	40	
5月31日	光明西道	市区党代会和市两会精神	50	曹春艳
6月1日	银河南路	市区党代会和市两会精神	60	
6月2日	永华道	市区党代会和市两会精神	50	

5. 科级干部转任能力提升及优秀青年干部培训班

时间	地点	人数	内容	主讲人
8月2日	廊坊宾馆三楼	500	卓越领导力塑造与修炼	国家行政学院 教授　刘志伟
8月3日	廊坊宾馆三楼	500	严肃政治生活 全面从严治党	中央党校 教授　高中华
8月4日	廊坊宾 馆三楼	500	两学一做之 严管就是厚爱	廊坊市检察院 隋永高主任

6. 安次区直单位学习十九大精神培训班

单位	时间	地点	人数	内容	主讲人
区委办	11月30日下午	区委常委三楼会议室	30	十九大报告解读	区委党校 安淑俊
区妇联	12月1日上午	廊坊宾馆三楼	105	十九大报告解读	区委党校 安淑俊
兴安街	12月8日上午	兴安街 居委会	50	十九大报告解读	区委党校 安淑俊
宣传部	12月13日上午	创业大厦 二楼	80	十九大报告解读	区委党校 安淑俊

【迅速行动、认真部署学习、宣讲十九大】　第一时间学习，争当十九大精神学习的先行者。安次区委党校组织全体教职工收看十九大开幕会，认真聆听习总书记所做报告。十九大闭幕后，党校召开座谈会，组织全体人员第一时间认真学习领会十九大精神。党校作为党的理论宣传主阵地之一，把学习、领会、宣传十九大精神作为重大政治任务，力求对全会精神率先学习、学深学透。第一时间宣讲，争当十九大精神宣讲的主力军。党校教师分赴全区8个乡镇、3个街办处进行宣讲、解读十九大精神，将党校的理论优势转化为宣传优势，推动十九

大精神深入人心。

【加强教研工作，打好培训工作基础】 2017年把教学研究工作作为党校教师之根本。安次区委党校宣讲教师长期坚持集中备课、单位试讲的集体备课传统做法。教师拿出初稿后要进行试讲，试讲一般在教室或者大的会议室进行，党校领导班子会邀请区委党校全体教职工参加。每一位教师试讲后，从领导到单位全体职工畅所欲言，分别发表自己听后的感受，帮助宣讲教师找出不足或不妥之处。有关领导对宣讲内容全面把关，确保在导向上与党中央高度保持一致。每位教师都能够心怀感激之情接受宝贵意见。完成上级部门安排的教研任务。2017年省委党校图书馆给党校教师们安排读书任务，然后撰写书评或读后感。安次区委党校安淑俊等5位老师分别阅读《追问》《心灵的拷问》《知之深爱之切》等书籍，撰写书评、有感、随笔等。教材、理论文章收获奖项。2017年11月，安淑俊老师撰写的讲稿《关于十八届六中全会精神亮点学习》获得廊坊市委宣传部先进报告奖。曹春艳老师在2017年市委宣传部组织的党员教员五项竞赛中获得优秀党课教材奖。

【办公室工作有成绩、有创新、有提升】 区委党校日常工作琐碎繁多，安次区委党校办公室在人手少任务重情况下，在校长、主任正确领导下，完成上级下达各项任务和党校各项工作。人事、劳资工作复杂繁重，每次任务下达都是时间紧、任务重。为保证准确无误又不延迟，办公室每次都要加班加点反复计算核对；党务工作也是单位重头任务，组织党员学习和党内各种活动，按时收缴党费，进行党员情况统计等；文秘工作，完整齐全地收集上级下达和本单位形成的各种文件，按时保质地上报上级要求的各种材料；关于老干部工作，耐心细致的对待每一位老干部，及时进行药费报销，老年杂志按时领取。办公室工作人员团结协作，工作上从不推诿扯皮，创新工作思路、改善工作方法，2017年提升工作效率，取得有目共睹的成绩。

【积极落实党风廉政建设责任制】 安次区委党校党总支承担防腐倡廉建设主体责任，把反腐倡廉纳入党校工作总体规划，与教育教学和日常工作同部署、同落实。党校常务副校长荣维胜履行党风廉政建设第一责任人职责。对重要工作亲自部署，重大问题亲自过问，重点环节亲自协调。班子成员根据分工抓好职责范围内的工作，制定《惩防体系建设五年任务规划》，将任务规划分解到办公室和教研室，切实保障惩防体系建设顺利开展。

【严格执行工作人员目标绩效管理】 自2017年6月，《廊坊市安次区区乡机关和事业单位科级以下工作人员目标绩效管理办法（试行）》推行，安次区委党校领导班子高度重视，按照要求成立目标绩效管理工作机构，制定《安次区委党校科级以下工作人员目标绩效管理实施方案》。工作中严格坚持全员参与、责任传递原则；坚持全面覆盖、突出重点原则；坚持动态监控、过程管理原则；坚持方法多样，追求细致、精致、极致原则；坚持领导评价与群众评议相结合原则。党校全员参与，履行个人目标，改进工作作风，提高工作质量和效率。

（刘金霞）

廊坊市安次区人民代表大会

重要会议

【区第八届人民代表大会一次会议】 廊坊市安次区人大第八届人民代表大会第一次会议，于2017年2月25日至2月28日在廊坊宾馆举行，会期4天。安次区第八届人民代表大会全体代表出席会议；区委、区人大、区政府、区政协、廊坊高新区不是代表的领导，区人大、区政府任过副处级以上实职的离退休老干部，区委、区政府各部、室、委、办、局、区政协办不是代表的主要负责人，市垂直管理部门不是代表的主要负责人列席会议。会议通过区人民政府代区长薛振泽关于安次区人民政府工作的报告；区发展改革局局长何海波关于安次区2016年国民经济和社会发展计划执行情况及2017年国民经济和社会发展计划（草案）的报告（书面）；区财政局局长张瑞海关于安次区2016年区本级预算及全区总预算执行情况和2017年区本级预算及全区总预算（草案）的报告（书面）；区人大常委会主任刘承永关于安次区人大常委会工作的报告；区人民法院院长张继斌关于安次区人民法院工作的报告；区人民检察院检察长孙贺增关于安次区人民检察院工作的报告；表决通过了关于设立安次区第八届人民代表大会法制委员会等四个专门委员会的决定；投票（选举）结果：根据大会选举办法的规定，赵建富得赞成票超过全体代表的半数，当选为廊坊市安次区人大常委会主任；蒙永红、宛亚利、臧爱林、邢云魁4人得赞成票超过全体代表的半数，当选为廊坊市安次区人大常委会副主任；卢维华、齐晓青、李永祥、王福义、曹建新、仇广民、王文林、刘洪刚、赵艳红、刘向新、郭峰、曹福来、李桂兰、冯东刚、周洪柱、靳卫国、张书武、胡万臣、魏志德、李桂军、赵杰21人得赞成票超过全体代表的半数，当选为廊坊市安次区人大常委会委员。

薛振泽得赞成票超过全体代表的半数，当选为廊坊市安次区人民政府区长；王振宇、赵玉、张辉、黄运然、汤学军、吕伟得赞成票超过全体代表的半数，当选为廊坊市安次区人民政府副区长。

张继斌得赞成票超过全体代表的半数，当选为廊坊市安次区人民法院院长。

孙贺增得赞成票超过全体代表的半数，当选为廊坊市安次区人民检察院检察长。

蒋洪江、王金忠、王永威、韩同银、刘桂龙、张海川、尹静、张平、薛振泽、李军、赵建富、唐福贵、张继斌、王广东、王立才、邓苗苗、任雪飞、杨春平、陈国洲、范森林、赵兴华、侯万贵、訾玉江、宋文娟、张万波、张宝俊、张明珠、罗静、魏文双、马英亮、王旭东、王新永、李萍、李增祥、陈秀梅、李春露、王建军、邵坤38人得赞成票超过全体代表的半数，当选为廊坊市安次区出席廊坊市第七届人大代表。

【区人大常务委员会会议】 2017年2月19日在廊坊宾馆会议中心二楼一号会议室召开安次区第七届人大常委会第三十一次会议，讨论通过了代表资格审查报告；讨论通过区人民政府关于2016年财政预算调整的报告；根据安次区人民政府代区长薛振泽的提请，决定任命赵玉为廊坊市安次区人民政府副区长。决定免去李焕金廊坊市安次区人民政府副区长职务。马崇浩廊坊市安次区人民政府副区长职务。王铁桥廊坊市安次区人民政府副区长职务。寇东廊坊市安次区人民政府副区长职务。常辉廊坊市安次区人民政府副区长职务。根据《中华人民共和国地方各级人民代表大会和地方各级人民政府组织法》的有关规定，经区人大常委会主任会议研究，区七届人大常委会第三十一次会议审议并接受尹志国辞去安次区人民检察院检察长职务；决定任命孙贺增为安次区人民检察院副检察长、代检察长。通过关于安次区第八届人民代表大会第一次会议有关事项；讨论通过区人大常委会工作报告；讨论通过区人大常委会2017年工作要点。

2017年4月20日在廊坊宾馆会议中心二楼一号会议室召开安次区第八届人大常委会第一次会议，学习《中华人民共和国大气污染防治法》部分章节；听取和审议区政府关于《中华人民共和国大气污染防治法》《河北省大气污染防治条例》贯彻落实情况的报告；表决通过安次区第八届人大常委会代表资格审查委员会名单；讨论通过《廊坊市安次区人大常委会议事规则》《廊坊市安次区人大常委会组成人员守则》《廊坊市安次区人大常委会人事任免办法》《廊坊市安次区人大常委会关于人大主任会议成员联系委员、指导乡镇（街道）人大及代表工作的实施意见》；讨论区八届人大常委会第二次会议议程；根据安次区人大常委会主任赵建富的提请，决定任命：齐晓青为安次区人大常委会财政经济工作委员会主任；李永祥为安次区人大常委会法制工作委员会主任；王福义为安次区人大常委会选举代表人事工作委员会主任；曹建新为安次区人大常委会教育科学文化卫生工作委员会主任；李书印为安次区人大常委会办公室副主任；刘颖雪为安次区人大常委会教育科学文化卫生工作委员会副主任；马驰为安次区人大常委会法制工作委员会副主任。

根据安次区人民政府区长薛振泽的提请，决定任命：王振宇为廊坊市安次区行政审批局局长；吕伟为廊坊市安次区市场监督管理局局长；马洪涛为廊坊市安次区人民政府办公室主任；何海波为廊坊市安次区发展改革局局长；张瑞海为廊坊市安次区财政局局长；张雷为廊坊市安次区人力资源和社会保障局局长；杨敬玉为廊坊市安次区审计局局长；马昌钊为廊坊市安次区民政局局长；解延胜为廊坊市安次区统计局局长；化克臣为廊坊市安次区司法局局长；张德新为廊坊市安次区教育局局长；曹永强为廊坊市安次区建设局局长；解艳春为廊坊市安次区工业和信息化局局长；崔克明为廊坊市安次区农业局局长；冯振永为廊坊市安次区林业局局长；李宝东为廊坊市安次区水务局局长；符震为廊坊市安次区交通运输局局长；房青为廊坊市安次区卫生和计划生育局局长；周克俊为廊坊市安次区安全监督管理局局长；徐连玉为廊坊市安次区科技局局长；关庆月为廊坊市安次区环境保护局局长。

2017 年 6 月 9 日在廊坊宾馆会议中心二楼一号会议室召开安次区第八届人大常委会第二次会议，学习《中华人民共和国科学技术进步法》部分章节；听取和审议区政府关于《中华人民共和国科学技术进步法》贯彻落实情况的报告；听取区政府关于区八届人大常委会第一次会议所提审议意见办理落实情况的报告；讨论区八届人大常委会第三次会议议程。

2017 年 7 月 28 日在廊坊宾馆会议中心二楼一号会议室召开安次区第八届人大常委会第三次会议，学习《中华人民共和国预算法》部分章节；听取和审议区政府关于 2017 年上半年国民经济与社会发展计划执行和 2017 年上半年财政预算执行情况的报告；听取区政府关于区八届人大常委会第二次会议所提审议意见办理落实情况的报告；讨论区八届人大常委会第四次会议议程；根据安次区人民政府区长薛振泽的提请，决定任命周立娟为安次区监察局局长。根据安次区人民政府区长薛振泽的提请，决定免去梁国周安次区人民政府副区长职务。根据安次区法院院长张继斌的提请，决定免去曾莹安次区法院审判委员会委员、立案庭庭长、审判员职务；决定免去王星元、刘国影、杜金童、李国栋、柯东华 5 人安次区人民法院陪审员职务。根据安次区法院院长张继斌的提请，决定任命：丁广兵、马超、王岩、王进、王泽春、王建、王建中、王涛、王德增、王颢璋、王耀鹏、毛万刚、田晓桥、付永久、冯贺林、孙艳、朱文瑶、朱欣荣、朱虹、刘凤云、刘征、刘坤梅、刘春伯、刘振利、刘海强、刘娜、刘淑华、许朝敬、杜会臣、李士红、李卫平、李凤侠、李玉华、李红东、李金燕、李继承、李银环、李静、杨亚菊、杨红、杨雨衡、杨喜杰、张万兴、张云帆、张凤雷、张丹凤、张立为、张冬梅、张会、张守芬、张芝旺、张培生、张志鹏、吴鹏、吴薇、武海燕、邵静擘、孟祥云、孟宪海、陈向强、陈伟、陈宝利、庞凤山、周建松、周宇杰、赵大光、侯万贵、侯云义、高玉梅、唐菲、黄刚、郭春兰、韩殿莽、董珍、蔡长波、蔡劲松、蔡蕾、雷丽、路娟、谭秀玲、魏兰芳 81 人为安次区人民法院陪审员职务。

2017 年 9 月 29 日在廊坊宾馆会议中心二楼一号会议室召开安次区第八届人大常委会第四次会议，区人民检察院副检察长张学慧就有关公益诉讼的法律知识进行辅导；听取和审议区政府关于 2016 年区本级财政决算和全区财政总预算有关情况的报告；听取和审议区政府关于 2016 年区本级财政预算执行及其他财政收支情况的审计工作报告；听取和审议区政府关于安次区 2017 年预算第一次调整有关情况的报告；听取区政府关于区八届人大常委会第三次会议所提审议意见办理落实情况的报告；讨论区八届人大常委会第五次会议议程；根据安次区人民政府区长薛振泽的提请，按照有关法律规定和《廊坊市安次区人大常委会人事任免办法》，表决通过了薛振泽的提请，决定任命马洪涛为廊坊市安次区人民政府副区长。区人大常委会主任赵建富为马洪涛颁发了任命证书。按照《廊坊市安次区人大常委会关于实施宪法宣誓制度的规定（试行）》，区人大常委会为马洪涛举行宪法宣誓仪式，区人民政府副区长马洪涛作就职发言。

2017年12月6日在廊坊宾馆会议中心二楼一号会议室召开安次区第八届人大常委会第五次会议，学习党的十九大精神及全国人大《新时代、新使命、新作为》社论文章；听取和审议区政府关于区八届一次人代会代表所提意见、建议办理落实情况的报告；听取区政府关于区八届人大常委会第四次会议所提审议意见办理落实情况的报告；听取和审议区政府关于安次区2017年区本级预算第二次调整方案（草案）有关情况的报告。

主要工作

【概况】 廊坊市安次区人民代表大会常务委员会（简称区人大常委会）。区人大2017年有干部职工30人，2016年11月22日根据廊坊市安次区机构编制委员会《关于调整安次区人大常委会内设机构的批复》廊安编（2016）18号文件精神，区人大由原来机关内设5个科级机构，即“四处一室”：代表联络处、财经处、科教文卫处、政法处、区人大办公室改为内设6个科级机构，即“五委一室”。具体设置如下。1个综合性办事机构：区人大办公室；5个工作委员会：选举代表人事工作委员会、财政经济工作委员会、教育科学文化卫生工作委员会、法制工作委员会、城乡建设环境保护工作委员会。

2017年，在区委的正确领导下，区人大常委会党组以习近平新时代中国特色社会主义思想为指导，全面贯彻党的十九大和省、市、区委党代会精神，坚决贯彻中央和省市区委决策部署，坚持以人民需求和区委重点工作为导向，紧密团结依靠全体人大代表，依法履职，开拓创新，各项工作取得新进展、新起色，实现开好局起好步，为推动全面建成小康社会加快建设强区新城做出贡献。

【坚持依靠党的领导，人大工作保持正确的政治方向】 坚持和依靠党的领导，是人大依法行使职权的前提和根本保证。区人大常委会始终绷紧讲政治这根弦，时刻把维护和捍卫习近平总书记的核心地位作为最大政治，牢固树立“四个意识”，自觉在思想上政治上行动上同以习近平为核心的党中央保持高度一致，与省、市、区委同心同德。坚持把中央、省、市、区委《关于进一步改进和加强人大工作的实施意见》作为工作的方向和指针，自觉接受区委的领导，主动贯彻区委意图，做到在工作部署上与区委同向，在工作推进中与区委同步，在大事决定上与区委同心。坚持向区委请示报告制度，始终与区委同频共振。把坚持党的领导贯穿于人大依法履职的全过程。认真学习贯彻落实省委推进县乡人大工作和建设经验交流会暨“人大代表之家”建设现场推进会精神，深入研究，向区委提出安次区贯彻落实意见并在工作中落实。2017年对全区脱贫攻坚、土地确权、“两违”拆除、环保、“煤改气”、信访维稳等11项重点工作深入所包乡镇、村街亲自坐阵，亲自调度，亲自解决，主动作为，勇于担当，为全区重点工作落实做出积极贡献。

【依法监督持续发力，推动“一府两院”工作取得新实效】 坚持把依法监督作为工作重心，秉承监督也是支持的理念，寓支持于监督之中，开展全链条式监督，以监督成效助推全区重点工作的开展。一是搞好会议审议。2017 年，区人大常委会召开主任会议 12 次，常委会会议 6 次，听取和审议区“一府两院”工作报告 16 项，提出审议意见 57 条。开展视察和调研 26 次，组织执法检查 6 次，作出决议决定 9 项。对常委会审议情况，区委、区政府领导高度重视，多次作出批示，责成有关部门对审议意见研究落实。二是聚力服务全区大局，助力全区环保工作。按照区委主要领导要求，精心安排组织全区环保工作全方位调研活动，是召开区八届人大一次会议后规模最大的一次综合性活动。主要领导亲自谋划设计审定，对调研活动进行动员部署。调研组深入全区 8 个乡镇、3 个街办处、2 个高新区，听取各单位关于环保工作汇报，召开 13 次区、乡人大代表和乡、村两级干部座谈会，深入到 12 个村街（社区）、20 家企业、5 个现场实地调研检查，真正摸清了全区环保领域的家底，成果丰硕，为区委、区政府决策提供全面可靠依据，所撰写的调研报告得到区委主要领导高度评价，切实展示新一届人大常委会的新作为、新风采、新形象。持续助推民生工程。围绕办好医疗，组织赴全国医疗卫生服务体系建设的先进典型福建省三明市考察学习医改模式。借鉴考察经验，结合安次区实际，对全区医疗卫生服务体系建设和医改提出切实可行的建议 6 条。视察区疾控中心等 4 个单位，推动安次区公共卫生服务体系建设和医改工作顺利开展。围绕办好教育，视察大北尹小学改扩建工程，促进学校建设工程顺利推进。围绕补齐交通短板，视察廊新线等交通重点工程，推动全区路网工程的快速发展。对清洁能源替代工作进行专题调研，提出 15 条建议，农村环境得到有效提升。三是持续做好工作监督。区人大采取审议、调研、执法检查、视察等方式方法实施有效监督“一府两院”工作。关注经济运行，在调研经济运行工作基础上，听取和审议区政府关于 2017 年上半年国民经济与社会发展计划执行和 2017 年上半年财政预算执行情况报告。重点审查项目建设进度、重点支出安排和资金拨付使用情况。促进经济运行质量和效益提高。视察新兴产业示范区项目建设情况并进行调研，提出有分量、有质量审议意见 16 项，加快高新区成为动力引擎和战略支撑的步伐，助力推动安次区经济的中高速发展。加强法律监督。听取和审议大气污染防治法、大气污染防治条例、科学技术进步法贯彻落实情况的报告，有力推动了环保相关法律法规在安次区的贯彻落实，执法检查固体废物污染环境防治法等 5 个法律法规贯彻落实情况，多形式了解情况，多层面研究分析，要求执法部门对照检查，查漏补缺，推动政府部门依法办事，提高效率。视察全区贯彻落实治安管理处罚法工作情况，深入调研检察官法在全区贯彻落实情况，有效促进法律法规的贯彻执行。形成的 4 篇视察和调研报告均得到区委主要领导的肯定批示和高度认可，为区委决策提供可靠有效的依据，推动政府各项工作的开展。

【重大事项决定科学严谨，推动经济社会各项事业实现新发展】 区人大常委会紧紧围绕全区、全局、根本、长远性重大事项，科学行使重大事项决定权，依法作出决议和决定。区八届人大一次会议审议2017年度的政府工作报告、“法检”两院的工作报告和2017年度的计划、预算草案，并作出批准相关报告的决议，为工作良好开局奠定坚实基础。区人大常委会第3次会议决定2017年区本级预算调整情况，批准关于2016年区本级财政决算和全区财政总决算有关情况的报告、关于2016年区本级财政预算执行及其他财政收支情况的审计工作报告。区人大常委会第5次会议听取审议并批准2017年区本级预算第二次调整方案，对安次经济社会发展起到推动作用。

【人事任免程序规范严格，激发经济社会组织保障新活力】 2017年在人事任免中，区人大牢牢坚持党管干部与人大依法任免的有机统一，在坚决贯彻市委、区委人事意图的同时，完善任免办法，规范任免程序，严把资格审查关、任命程序关，依法选举产生任命新一届区政府组成人员23人、区人大常委会干部7人、法院人民陪审员81人，均全票通过，实现市委、区委人事意图，为工作依法有序开展奠定良好组织基础。召开任命书颁发大会，严格落实宪法宣誓制度，新任命人员切实增强人大意识、法律意识、责任意识和公仆意识，为安次区经济和社会各项事业健康发展提供坚强组织保障。

【代表素质和履职能力实现新提升】 2017年区人大常委会始终坚持突出代表主体地位，自觉地把人大代表工作摆上重要位置，发挥代表作用，提高履职能力。建议办理有序高效。区八届一次人代会后，常委会对代表们提出的33件建议、批评和意见进行梳理分类，建立台账，落实承办单位，提出办理要求，其中4件转交区委农工部，29件转交“一府两院”办理落实。并在区人大八届第五次常委会上专题听取和审议区政府办理落实情况报告，确保代表建议掷地有声、落到实处。承办部门对代表建议办理工作高度重视，措施有力，所有建议均在规定时限内办复，按时办复率100%，答复函规范化率100%，满意率100%。代表培训有声有色。把代表培训工作列入年度工作要点和基本任务，严格落实培训制度，制定培训方案，精心组织，细致安排，完成常委会组成人员、机关干部、乡镇、街道人大干部的普遍业务轮训。举办六期培训班，对代表进行初任、履职、专题、提升多层次培训。首期代表履职培训班上，邀请市人大陈立民教授为代表们精彩授课，由主要领导带队43名区级代表参加的湖南大学安次区人大代表履职能力提升培训班，开创安次区人大代表到外地高校脱产培训的先河。通过多层次多形式培训，切实提高代表业务素质和履职能力，增强新时代创新人大和代表工作本领，为不断开创人大工作新局面打下良好基础。阵地建设施策发力。人大代表联络站建设是2017年代表工作的重头戏。区委高度重视、区政府鼎力支持，区委常委会专题听取区人大常委会关于代表联络站建设汇报，区政府划拨近200万元用于代表联络站建设。按照、省市人大要求，高标准完成全区27个人大代表联络站建设任务，实现区域全覆盖。得到市人大主要领导充分肯定和高度评价。为高标准建设好省市一流代表联络站，学习先进经验，由主要领导带队，组织人大干部和代表赴全国人大代表之家建设的典型标杆单位——内蒙古自治区满洲里市、呼伦贝尔市，观摩学习人大代表之家建设和代表在推动经济和社会发展方面发挥作用的经验，为安次区建设代表联络站提供典型经验和借鉴模式。布局上，在每个乡镇、街办处建设1个中心站，依托中心站，在园区、村街、社区、企业建2个基层站。模式上，实施“四个统一”即统一制作标准、统一制度内容、统一规格配备、统一规范管理。方式上，以3个街办处精品站为重点，重点带动、整体推进。乡镇中心站以街办处精品站为标杆，结合乡镇特色带动其他2个基层站齐头并进，实现联络站全覆盖，人大代表全参与。制度上，每个月第一周的周五为人大代表活动日，每季度中心站开展一次乡镇、街办处范围内的集中活动。保证每个联络站每月组织各级代表活动一次，人大代表每年至少六次进站活动。代表联络站的规范化建设为代表履职构筑坚固的阵地，也为代表发挥主体作用搭建优质平台。“双联”制度深入推进。全年邀请代表150余人次参加调研、视察、执法检查活动，邀请人大代表15人次列席区人大常委会会议，建立上下协调、沟通顺畅的联系工作机制。

【自身建设持续用力，人大工作与时俱进迈上新台阶】 思想政治建设持续用力。坚持把思想政治建设摆在首位，坚定执行党的政治路线，严守政治纪律和政治规矩，自觉尊崇党章，认真贯彻准则和条例，严肃党内政治生活，强化党内监督，扎实营造团结和谐、风清气正的良好政治生态。把坚定理想信念作为首要任务，牢固树立“四个意识”，坚定“四个自信”，强化责任担当，努力达到思想和行动自觉。强化理论武装，坚持用习近平新时代中国特色社会主义思想统领和指导工作。扎实推进“两学一做”学习教育常态化制度化，坚持党组书记亲自抓、带头学，党员领导干部做表率、跟进学，不断将学习教育引向深入。认真执行民主集中制，高质量召开民主生活会，开展批评与自我批评，党内生活显著增强。思想道德建设不断加强，强化内心修养，增强政治定力和思想定力。机关学习建设持续用力。把学习贯彻落实党的十九大精神作为首要政治任务和第一堂政治必修课，主要领导和班子成员切实增强政治意识、责任意识、率先意识，带头学习。第一时间召开党组扩大会议、常委会议和机关会议传达学习十九大精神，对人大系统的学习贯彻进行安排部署。深刻领会精神实质、核心要义，真正在学懂弄通做实上下真功夫、苦功夫，每周至少一次集中学习，为全体干部职工购买学习资料。班子成员深入分包乡镇、街办处和代表联络站进行宣讲，为代表辅导学习，掀起学习贯彻落实十九大精神热潮。健全完善机关学习制度，把每周五下午定为集中学习日，由区人大科级以上干部按年度学习计划轮流进行授课。主要是加强政治理论和宪法法律法规、人大业务知识等学习。建立干部学习档案，把参加学习情况计入工作考勤管理，并作为干部选拔任用及年终评优的重要依据，使学习真正成为指导人大工作深入开展“助推器”。辑印四期全国人大、省、市人大会议上的领导讲话和大会交流发言材料作为业务培训资料下发全区。通过学习，机关干部的政治素质明显提高，责任意识明显增强，工作作风明显改变，履职能力和业务素质得到质的提升。在区人大机关，学习成为一种常态，一种习惯，主动学习蔚然成风。常委会和机关制度建设持续用力。把建立健全常委会工作制度和机关管理制度作为一项基础性、重要性工作来抓，以制度促规范，以规范促提升。主要领导高度重视，亲自部署参与，建立或修订完善28项制度，形成一整套完善制度体系。健全完善《议事规则》等5个常委会工作规章制度，做到有章可循，有规可依。健全完善23项机关管理制度，涵盖财务管理、公车、公务接待、值班、考勤及请销假等方面，辑印成册，狠抓落实，实现依制度管权、按制度办事和靠制度管人，推进机关规范化管理，推动各项工作有序有力有效开展。健全完善人大主席（人大工委主任）、人大代表列席人大常委会议、应邀参加人大视察调研活动等制度，人大干部、人大代表的业务素质和依法履职能力得到较大提高，区、乡两级人大整体工作水平有较大提升。健全完善“每会学一法”制度，确保常委会组成人员参会学法律，发言不走板，提高依法办事的能力和水平。制度的健全完善与实施，促进形成目标明确、职责明晰、程序规范、科学有序、高效运转的人大工作新格局。党风廉政建设持续用力。始终把党风廉政建设摆上重要议事日程，与常委会年度各项重点工作同安排、同部署、同落实。强化党组全面从严治党主体责任和主要负责人为第一责任人，带头严格落实“一岗双责”，带头执行中央八项规定，驰而不息纠正“四风”。坚持把纪律规矩挺在前面，自觉用党规党纪规范约束言行。深化警示教育，重温入党誓词、重学党章，真正把党规党纪刻在心上。扎实推进“两学一做”学习教育常态化制度化。深入开展“一问责八清理”专项行动，持续不断开展机关作风整顿。认真落实“三重一大”制度，严格执行财务管理。牢记“两个务必”，切实增强廉洁自律意识，注重家庭、家教、家风，做廉洁自律的表率。拒绝公款消费活动，不超标配备公车、不超标使用办公用房、不公车私用。班子成员带头严格要求家属子女，没有利用职权为自己的亲属谋私利，收受红包礼金、有价证券及支付凭证等现象；带头执行领导干部个人重大事项报告制度。2017年未出现一例违规、违纪、违法案件和人员。区、乡人大建设持续用力。区人大常委会完成换届，并在全市率先选举产生第八届人大法制委员会、财经委员会、教科文卫委员会、城乡建设和环境保护委员会四个专门委员会；增加4名专职常委，专职组成人员占比53%，换出新气象，激发正能量，提振精气神，有效提升区人大常委会履职能力。争取区委、区政府的重视与支持，重新修订“三定”方案，内设机构由原来的“四处一室”调整为“五委一室”。明确各街道人大工作委员会为区人大常委会派出机构，3个街道人大工委按要求配备齐全。各乡镇人大主席全部专职配备，均任党委委员。代表联络站建设经费、代表活动经费和代表联络站工作经费全部到位，区、乡人大活动经费得到有效保障。信访接待工作持续用力。把做好人大信访工作作为倾听民声、为民解忧的重要途径，健全信访工作制度，规范信访工作程序，加大信访办理力度，2017年，接待群众来信11件，来访42人次，接待涉法案件群众来访8人次，批转信访件有回执、有答复、有结果，群众反映的合理诉求得到妥善解决。老干部服务工作持续用力。老干部是机关的宝贵财富，坚持尊重关心的原则，丰富老干部生活，为老干部订阅《廊坊都市报》和《老年世界》，购买党务书刊，增强精神关怀。关心老干部健康，组织机关离退休老干部进行健康检查，增强人文关怀。春节、“七一”节、中秋节、重阳节等重大节日，开展走访、慰问，增强组织关怀。无微不至的服务，使老干部们幸福感普遍增强。人大宣传工作持续用力。把宣传工作摆上更加重要位置。认真做好党报专刊征订发行工作。做好对外宣传报道。加强与市委、区委宣传部、市区电视台的沟通联系，对人大重要会议、代表视察、专题调研审议等活动进行全面宣传报道，扩大安次人大影响力。坚持向省市人大研究室和《公民与法治》《廊坊人大》等媒体报送稿件，宣传安次区人大亮点及经验。创建安次人大微博公众号，组织人大代表、人大工作者进行关注，打开群众了解人大支持人大工作的窗口。安次人大信息宣传工作继续保持在廊坊人大系统前列。

区人大协助配合省、市人大及省外人大到安次区进行新兴产业、高新技术、项目发展、节约用水、义务教育等工作调研和执法检查活动。

（李书印）

廊坊市安次区人民政府

区政府常务会议

【区政府第一次常务会议】 于1月6日召开。区长薛振泽主持。会议听取区安监局、区食药监局、区环保局关于全区安全生产、食品药品安全、环保底线工作汇报；听取区财政局关于安次区机关公务移动通讯费用补贴管理办法有关事宜的汇报。

【区政府第二次常务会议】 于2月22日召开。区长薛振泽主持。会议听取区政府办公室关于《政府工作报告（讨论稿）》汇报；听取区财政局关于《安次区2016年区本级预算及全区总预算执行情况和2017年区本级预算及全区总预算（草案）》汇报；听取区发展改革局关于《安次区2016年国民经济和社会发展计划执行情况与2017年国民经济和社会发展计划（草案）》汇报。

【区政府第三次常务会议】 于3月3日召开。区长薛振泽主持。会议听取区政府办公室关于区政府区长、副区长工作分工汇报；听取区安监局关于区政府区长、副区长实行安全生产"一岗双责"制度汇报。

【区政府第四次常务会议】 于3月15日召开。区长薛振泽主持。会议听取区城改办关于《2017年度棚户区改造工作实施方案》汇报；听取区政府办公室关于《2016年度土地卫片执法监督检查集中行动方案》汇报；听取区发改局关于《安次区2017年清洁能源替代工程实施方案》及《铭顺燃气公司煤改气治理工程合作协议》汇报；听取区编办关于《区直部门行政审批事项划转及入驻相关事宜》汇报；听取区供销社关于《廊坊市安次区中新农业产业示范区项目战略合作协议》汇报；听取区政府办公室关于《区政府全体会议筹备方案》汇报。

【区政府第五次常务会议】 于3月31日召开。区长薛振泽主持。会议听取区城改办关于《进一步规范棚户区改造行为的意见》汇报；听取区民政局关于《军队退役人员安置政策落实情况》汇报；听取区文广新局关于《安次区推动文化产业加快发展的若干意见》汇报。

【区政府第六次常务会议】 于4月7日召开。区长薛振泽主持。会议听取区现代农业园区管委会关于《安次区人民政府与中国银泰投资有限公司关于建设安次区农旅综合发展园区的投资协议》汇报，并就下一步工作进行安排部署。

【区政府第七次常务会议】 于5月5日召开。区长薛振泽主持。会议分别听取廊坊高新区管委会、龙河高新区管委会《关于人事和薪酬体制机制改革总体方案》汇报。

【区政府第八次常务会议】 于5月12日召开。区长薛振泽主持。会议听取区政府金融办关于《优卡特公司商业纠纷处置进展情况》的汇报；听取区环保局、区大气办关于《大唐木业有限公司违法生产、偷排偷放问题》及《市工信局发现我区六件“散乱污”企业取缔整治问题》汇报；听取区政府办公室关于《安次区打击违法用地专项行动进展情况》汇报。

【区政府第九次常务会议】 于5月25日召开。区长薛振泽主持。会议听取区人社局关于2016年度全区股级及以下工作人员考核评价情况汇报；听取区卫计局关于安次区表彰2016年度人口和计划生育工作先进单位、先进个人有关事项汇报；听取区监察局关于《对宋连杰调查情况及处理意见》相关事宜汇报。

【区政府第十次常务会议】 于6月9日召开。区长薛振泽主持。会议传达学习中共中央办公厅、国务院办公厅《关于甘肃祁连山国家级自然保护区生态环境问题督查处理情况及其教训的通知》（中办发电〔2017〕13号）文件精神；会议听取区水务局关于《安次区2017年防汛抗旱工作安排意见》、区建设局关于《安次区2017年城区防汛工作安排意见》汇报；听取区民政局关于《对符合政府安排工作条件的军队退役人员补发资金的实施方案》汇报。

【区政府第十一次常务会议】 于6月16日召开。区长薛振泽主持。会议听取区政府办公室《关于安次区强力推进2017年大气污染防治重点工作方案》汇报；听取区统计局关于《进一步加强“四上”企业统计工作实施意见》汇报；听取区人社局关于《区民政局、区国税局等单位申请增加工作人员及政府购买社会服务人员的管理及考核实施办法》汇报；听取龙河高新区管委会关于《龙河高新区产业规划调整》汇报；听取区政府办公室关于《高新区经济工作考核评价办法》汇报；听取区质监局《关于实施质量强区战略的意见》汇报。

【区政府第十二次常务会议】 于6月30日召开。区长薛振泽主持。会议听取区政府办公室《关于加快解决园区发展和项目建设中实际问题任务分工》汇报；听取区水务局《关于实行河长制工作方案》汇报；听取廊坊高新区建设发展有限公司《关于取消土地综合治理项目贷款有关事宜》汇报；听取区建设投资有限公司《关于取消安次区改善农村人居环境项目贷款有关事宜》汇报；听取区人社局《关于2017年公开招聘教师的实施方案》汇报；听取区监察局《关于对关庆月审查情况及处理意见》汇报；听取区安监局关于《安次区2017年上半年安全生产工作情况及下半年重点工作安排》汇报；听取区政府办公室关于《区管“问题楼盘”解决方案》和《区领导分包重点“问题楼盘”方案》汇报。

【区政府第十三次常务会议】 于7月21日召开。区长薛振泽主持。会议听取区政府办公室关于《安次区建立网格化环境监管体系实施方案》汇报；听取区政府办公室关于《安次区大气污染防治考核办法》汇报；听取区商务局《关于电子商务进农村战略合作协议有关事宜》汇报；听取区卫计局《关于安次区原“赤脚医生”养老补助发放工作有关事宜》汇报。

【区政府第十四次常务会议】 于8月9日召开。区长薛振泽主持。会议听取区人社局关于《廊坊市安次区房屋建筑和市政基础设施工程建设领域农民工工资预储金管理实施细则》汇报；听取廊坊高新区管委会关于《申请土地储备专项债券资金有关事宜》汇报。

【区政府第十五次常务会议】 于8月18日召开。区长薛振泽主持。会议听取区残联关于

《安次区残疾人事业发展“十三五”规划（公元2016－2020年）》汇报；听取区政府办公室关于《安次区大气污染环境违法行为电话、邮件等有奖举报实施办法》汇报；听取区财政局关于《河北廊坊高新技术产业开发区基础设施BT项目有关情况》汇报；听取区安监局《关于全区安全生产大检查开展情况及下步工作安排》汇报。

【区政府第十六次常务会议】 于8月25日召开。区长薛振泽主持。会议听取区卫计局关于《安次区城市公立医院综合改革有关事宜》汇报。

【区政府第十七次常务会议】 于9月1日召开。区长薛振泽主持。会议传达学习省委、省政府《关于推进安全生产领域改革发展的实施意见》文件精神；会议听取区民政局关于《加快推进贫困人口建档立卡“回头看”工作有关情况》汇报；听取区监察局关于《对朱文杰审查情况及处理意见》汇报。

【区政府第十八次常务会议】 于9月8日召开。区长薛振泽主持。会议听取区物价局关于《在市场体系建设中建立公平竞争审查制度的实施意见》汇报；区教育局关于《对2016—2017学年度“优秀教师”和“优秀教育工作者”进行表彰有关事宜》汇报；区财政局关于《向区人大常委会报告安次区2016年区本级财政决算和全区财政总决算草案有关事宜》汇报；区财政局关于《向区人大常委会报告安次区2017年预算第一次调整情况有关事宜》汇报；区政府办公室关于《区人武部、区卫计局办公用房调整有关事宜》的汇报

【区政府第十九次常务会议】 于9月15日召开。区长薛振泽主持。会议听取区发改局关于《安次区域内煤炭清理整治工作实施方案》汇报；区政府办公室关于《安次区2017－2018年秋冬季大气污染综合治理攻坚行动量化问责实施方案》汇报；区农业局关于《农村土地确权工作有关事宜》汇报。

【区政府第二十次常务会议】 于10月1日召开。区长薛振泽主持。会议听取区扶贫开发领导小组办公室关于《安次区建档立卡贫困户结对帮扶工作实施方案》汇报；区民政局关于《推进防灾减灾体制机制改革实施意见》汇报；区财政局关于《落实机关事业单位职工住宅物业服务补贴和提高医疗补助标准》汇报；区政府办公室关于《区管“问题楼盘”解决方案》汇报；区政府办公室关于《臻丽家园三期（水岸香榭）、金域蓝山项目解决方案》汇报；区政府办公室关于《高新区经济工作考核评价细则》汇报；区政府办公室关于《区政府区长、副区长工作分工》汇报。

【区政府第二十一次常务会议】 于10月20日召开。区长薛振泽主持。会议听取区建设局关于《铭顺燃气有限公司对南城热力有限公司供暖运营承包工作有关事宜》汇报；区教育局关于《启动2018年中小学新建项目有关情况》汇报；区教育局关于《启动2018年中小学改扩建项目有关情况》汇报。

【区政府第二十二次常务会议】 于10月27日召开。区长薛振泽主持。会议听取区大气办关于《廊坊市安次区职能部门生态环境保护责任清单》汇报；区建设局关于《“气代煤”工程安全工作有关事宜》汇报；区卫计局关于《在安次区医院成立新型混合所有制医院相关工

作》汇报；区人社局关于《安次区2017年公开招聘事业编制工作人员实施方案》汇报。

【区政府第二十三次常务会议】 于11月10日召开。区长薛振泽主持。会议听取区政府办公室关于《安次区人民政府 鲁能集团有限公司北京商业旅游管理分公司开发建设绿色生态现代农业园区项目合作框架协议》汇报；区水务局关于《安次安全区围堤工程建设管理委托合同》汇报。

【区政府第二十四次常务会议】 于11月18日召开。区长薛振泽主持。会议听取区民政局关于《深化城乡低保对象、特困人员精准认定精准核查机制改革工作实施方案》汇报；区政府办公室关于《建设绿色印包科技小镇框架协议有关事宜》汇报；区卫计局关于《对安次区医院进行临时托管有关事宜》汇报；区民政局关于《对一直未安置军队退役人员安置情况》汇报。

【区政府第二十五次常务会议】 于11月24日召开。区长薛振泽主持。会议听取区文广新局关于《安次区公共文化服务体系后续创建工作考核评价办法（试行)》相关事宜汇报；社区办关于《加强和完善城乡社区治理实施意见》汇报；区政府办公室关于《廊坊市安次区人民政府与河北银行股份有限公司廊坊分行战略合作框架协议》汇报；区水务局《关于河长制工作开展情况》汇报。

【区政府第二十六次常务会议】 于12月8日召开。区长薛振泽主持。会议听取区政府办公室关于《国家环保部、省环保厅巡查发现各类环保问题整改情况》汇报；区安监局关于《近期安全生产工作情况及下一步工作安排》汇报；区教育局关于《民办无证幼儿园排查整治和校车安全管理工作》汇报；关于《办理葛渔城镇南街小学附属幼儿园改建项目建筑工程施工许可证有关事宜》汇报；龙河高新区管委会关于《对园区集体土地集约管理情况》汇报；区供销社关于《廊坊市安次区盐业体制改革实施方案》汇报。

【区政府第二十七次常务会议】 于12月20日召开。区长薛振泽主持。会议听取区监察局关于《对齐乃静审查情况及处理意见有关事宜》的汇报。

区政府办公室工作

【概况】 2017年，安次区政府办公室核定编制57人，内设15个股（室)：综合一股（信息股)、综合二股、综合三股、综合四股、综合五股、综合六股、区政府应急管理办公室、秘书股、机关事务管理股、地方志办公室、区政府督查室、区政府金融工作办公室、区政府法制办公室、安次区政务公开办公室、安次区经济研究中心。2017年区政府办公室领导班子在区委、区政府的正确领导下，深入学习领会党的十九大会议精神，认真贯彻落实科学发展观，紧紧围绕全区中心工作，解放思想狠抓落实，完成上级领导交办的各项工作任务，为全区经济建设和各项社会事业发展做出贡献。区政府办公室紧紧围绕“四实主线”、构筑“四大板块”和推进“211”战略等重点工作，弘扬求真务实精神和奉献精神，出谋划策，协调服务，督促检查，发挥承上启下、沟通左右、上传下达的桥梁和枢纽作用。区政府办公室充分发挥“参与政务、管理事务、综合服务”的基本职能，统筹兼顾，合理安排，调动广大干部、职工的积极性，创造性地开展工作，按时保质保量完成领导交办的各项工作任务。

【深入调研、提供高层次、高水平的决策参考】 2017年区政府办公室狠抓事关全区经济和社会发展的重点、难点问题，开展调查研究。协助区政府领导深入企业、深入基层组织开展系列调研活动，并编发《工作调研》等相关参考材料10余期，为区政府制定和实施重大经济决策提供大量翔实准确依据。

【精于谋划、周密运作、重要会议、活动圆满落幕】 2017年办公室领导班子细致安排、精心部署，分解任务、责任到人。从方案制定、文件起草、项目调度、会务组织、接待准备等方面进行精心筹划，逐项逐环节地抓好落实。经过办公室上下共同努力，组织召开第二十一届中国・廊坊农产品交易会，项目拉练活动、项目签约等一系列重要活动，受到各级领导和嘉宾的高度评价，有力地宣传安次区良好投资环境，取得预期效果。

【善于总结、查漏补缺，推动工作深层次开展】 定期召开主任办公会议，回顾并总结区政府重点工作落实情况，认真查找薄弱环节，一抓到底。同时，根据区政府确定下一阶段工作做出分工和安排部署，协助每一位区领导抓好工作落实，并按照区政府主要领导要求，深入有关部门，听汇报、搞调研，拓展思路，集思广益，对区政府重点工作提出建议，为区政府工作思路形成奠定基础。

【狠抓重点、强化督导，促进工作全面落实】 区政府办公室在做好事务管理工作、保障机构正常运转的前提下，履行参与政务职责。紧紧围绕区委、区政府中心工作和各个阶段工作重点，抓住关键，针对决策落实中的薄弱环节，加大督办工作力度，主动开展服务，扎扎实实抓好工作落实。为完成政府工作目标和主要任务发挥积极作用。

【转变作风、强化服务，树立良好工作形象】 紧紧围绕建设服务型机关的目标，以改善服务态度、优化工作质量、提高办事效率为重点，努力塑造“务实、高效、廉洁、文明”的机关形象，办公室工作实现了由被动服务向主动服务转变，由浅层服务向深层服务转变，由传统型服务向创新型服务转变。教育和引导广大党员、干部时刻严于律己，敬业奉献，主动接受全区广大干部职工和群众的监督，自觉维护政府的良好形象。大力弘扬无私奉献、谦虚谨慎、敢想敢干和团结协作的团队精神。

【推进信息化办公，文件办理全程追溯】 2017年区政府内网办公系统正式运行，公文接收、传阅、办理、存储实现信息化，提高公文办理速率，提升工作效率，降低丢文、串文概率。在区行政服务中心设立政务内网文件交换站和智能文件交换柜，文件传递实现“双线”结合，效率大幅度提高。同时，认真贯彻落实《国家行政机关公文处理办法》和精简会议、文件的一系列规定，按照精简、高效、规范的要求，认真把好办文政策关、文字关和程序关，切实精简会议和文件，规范公文运转程序，提高办文质量和效率。全年印发各类文件522件，其中：区政府文件160件，区政府办公室文件149件，传真电报105件，区政府常务会议纪要27件，区长办公会议纪要81件。全年处理机要文件764件、传真电报3585件，同比增长52.35%，日均处理量达12件。处理下级请示报告1624件，同比增长33.3%，处理电话记录1000余次。组织大型公务活动50余次。

【信息、督查、法制、提案、信访工作取得新进展】 政务信息工作取得佳绩。坚持抓大事、抓重点、难点和跟踪反馈的原则，准确掌握、及时报送，及时反映经济运行中出现的新情况和经济社会发展的新思路、新举措和新经验。创新信息报送方式，2017年各乡镇基本实现通过电子邮箱报送信息，提高时效性，降低成本。全年累计编发《每日快报》72期、信息280余条，撰写《工作调研》10余篇，累计上报信息190余条，多次得到市、区领导批示。督查工作进一步加强。依托政府内网督办系统，重要事项交办、盯办、督办全程追踪。认真落实首办责任制，贯彻“谁承办、谁落实”的原则，把督办工作的任务分解到科室，切实加大督办、催办工作力度，促进机关作风转变和工作决策落实。全年发放督办卡90余张，编发《督查特刊》20余期，提高督查效率。政府法制工作取得新成绩。深入贯彻落实《全面推进依法行政实施纲要》和《国务院关于加强市县政府依法行政的决定》，切实转变政府职能，推进法制政府建设。聘请法律事务所数量达到5个，法律顾问团队更加强大，为区政府依法行政提供坚实保障。开展执法大检查和执法人员法律法规培训活动，执法水平明显提升。提案、建议工作全面完成。通过办理议案、提案，促进安次区经济建设和社会事业的发展。全年办理市、区两级人大代表、政协委员提案建议73件，办复率100%。确保人民代表建议和政协委员提案件件有答复，为推动政府决策民主化、科学化做出应有贡献。信访工作得到加强。建立和完善民意表达、矛盾纠纷排查调处等工作机制，全力推进《信访条例》贯彻落实。按照“分级负责，归口办理”“谁主管，谁负责”和“属地管理”原则，严格落实领导干部负责制和责任追究制，认真开展对热点、难点问题排查和调处，力争掌握主动，把工作做在前头，把信访问题解决在萌芽状态，并重视调处信访突出问题和群体性事件，着力控制越级上访。2017年，区政府办公室接到市长专线办公室转来电话反映问题、上访信件计6300余件次，对受理的信访案件，做到事事有回音，件件有落实，进一步密切党群干群关系，维护人民群众正当权益和社会稳定。

【后勤服务质量得到提高，老干部工作不断加强】 后勤服务质量不断提高。推进机关事务管理中心建设，拓展服务领域，丰富服务内容，增强后勤服务主动性，适应区委、区政府机关工作性质和特点，想方设法，创造条件，为每一名干部职工提供人性化、细微化服务；完善办公大楼和办公室硬件设施，全面优化办公环境；合理调配使用车辆，提高车辆使用率，保证机关公务用车需要，后勤服务质量得到进一步提高。老干部管理工作进一步加强。全面贯彻党的老干部工作方针、政策和有关规定，本着“单位尽责、财政支持”的原则，认真贯彻执行关于老干部待遇的政策规定，老干部管理工作目标责任制得到全面落实。

【加强干部队伍建设】 2017年，区政府办公室严格按照“转变作风、勤政务实、强化服务”的要求，健全和完善各项规章制度，全面加强干部队伍建设，强化内部管理。干部队伍思想政治素质有明显提高：通过开展集中学习及全体会等形式，办公室思想政治工作得到进一步加强，广大干部尤其党员干部进一步强化解放思想、实事求是、开拓创新和加速发展理念，进一步坚定全心全意为人民服务和为经济建设服务的信心，进一步增强深入贯彻落实科学发展观自觉性。领导干部率先垂范，深入基层，转变作风，立足本职，用实际行动落实科学发展观的具体要求。干部队伍业务素质和业务能力不断提高：区政府办公室广大干部、职工始终把学习作为促进社会发展的需要和搞好服务的前提来对待。为适应经济社会发展的新要求，努力增强自身综合素质，提高调研能力、组织协调能力、依法行政能力、联系群众的能力和文字综合能力。在做好各项日常工作的同时，妥善处理工作和学习的矛盾，充分利用一切零散时间进行“充电”，逐步形成与自身工作相适应的最佳知识结构和技能结构。

【提高工作效率】 区政府办公室根据工作需要和领导要求，将《规范公文签批程序办法》《请销假制度》《考勤制度》等规章制度集印成册，精心办文，悉心办会，细心办事。以雷厉风行、求真务实的工作作风和严谨周密、一丝不苟的工作态度，开拓进取，大胆探索，在政务服务上懂全局、议大事、当参谋，在事务服务上快节奏、高效率，提高了服务质量和工作效率。2017 年，区政府办公室紧紧围绕区委、区政府的中心工作，以提高整体服务质量和水平为核心，在工作开拓创新上有新突破，在机关建设上实现新跨越。

（王庆）

法治建设

【概况】 2017 年，在市委、市政府领导下，以科学发展观为指导，紧紧围绕中心工作，以大力推进依法行政、加快建设法治政府为核心，深入贯彻落实中共中央、国务院《法治政府建设实施纲要（2015—2020）》等有关文件精神及河北省推行的行政执法三项制度等重要改革举措，将加强依法行政作为政府自身改革和建设的根本途径，强本固基、开拓创新，扎实推进依法行政各项任务，为经济社会又好又快发展营造良好法治环境。

【全面部署，推进深化】 按照全市推进法治政府建设的工作安排，认真谋划，统一思想，提高认识，采取有力措施，做好各项工作。一是加强制度建设。健全完善决策机制与程序，对涉及全局的重大事项，广泛征求意见，充分咨询论证。坚持科学民主决策，提高制度建设质量，着力抓好促进保障和改善民生、维护社会和谐稳定等方面的规范性文件的制定工作。二是规范行政执法。加强行政执法主体资格管理，把好行政执法人员准入关；严格约束行政自由裁量权，规范行政权力运行；落实行政执法案卷评查等制度，促进行政机关合法、合理、规范行政。三是加强行政监督问责。完善监督体制机制，全面推进政务公开，强化行政执法责任追究。四是开展法治理念教育。加强与人民群众生产生活密切相关的法律法规宣传，建立领导干部学法制度，坚持和完善常务会议学法制度，加快形成学法、遵法、守法、用法的良好法治环境，确保法治政府建设工作扎实有序推进。

【加强领导，健全机制】 2017年坚持把全面推进依法行政作为提高执政能力、构建和谐社会、建设法治政府的一项重大举措，作为一项战略性、基础性、全局性工作。每年的区政府工作报告，都将全面推进依法行政作为法治政府建设的一项具体要求进行强调。完善组织领导，强化任务落实。组织规范行政执法专项检查，定期召开专题会议，对贯彻落实不同时期推进依法行政的重点工作进行研究部署。各乡镇政府、街办处、园区、区直部门设置相应的组织机构，指定专人负责，形成一级抓一级、层层抓落实的工作机制，为全面推进法治政府建设工作提供有力的组织保障。

【统筹兼顾，突出重点】 2017年，安次区按照上级统一部署，制定印发《2017年法治政府建设工作要点》，细化工作任务，提出具体措施，明确责任主体。重点安排全区领导干部学法，健全民主决策，加强行政规范性文件管理，规范行政执法行为，落实行政执法责任制等方面工作。对相关工作本着难易结合、突出实效为原则，在总体方案的基础上，每月就单项工作进行具体安排，实现月月有进展，季度有结果，年底出成效。

【加强法治思维，提升法治能力】 深化法治理论学习。严格落实领导干部学法制度。2017年政府常务会议学法6次；继续开展“法律大讲堂”活动，组织法律法规培训4期；开展专题法制讲座1期。参加人员包括区政府主要负责人，乡镇政府、街办处、区直部门主要负责人与主管负责人及行政执法部门执法科室工作人员，通过全员培训的方式，积极营造推进依法行政工作良好氛围。安次区把法治政府建设方面的知识列入“七五普法”和公务员培训的重要内容，并通过开辟宣传专栏、发放宣传资料等多种形式加大宣传力度，积极营造推进依法行政工作良好氛围。各部门建立完善领导干部学法制度、行政执法人员资格培训和定期轮训制度，通过多种形式，分级分类组织各级领导干部系统学习本部门专业法律知识和行政许可法、行政处罚法等公共法律知识。公务员培训机构举办行政机关公务员培训活动，将培训情况和学习成绩作为年终考核和任职晋升的依据之一。建立并实施领导干部任职前依法行政情况专门考察和法律知识测试制度。通过学习培训，行政机关工作人员特别是领导干部依法行政意识普遍增强。

建立科学民主决策机制。完善行政决策机制，推进政府决策的法制化、民主化和科学化。转发《廊坊市重大行政决策合法性审查规定》，要求全区各单位对重大行政决策关键环节的掌握做到合法依规。一是坚持重大行政决策合法性审查制度。充分发挥法制机构作用，对出台的规范性文件和重大决策均由法制机构进行会前审查、会后把关。2017年，区法制机构针对全区重大工作推进、合同协议签订等事项，出具审查意见400余条。二是坚持公众参与、咨询论证相结合的行政决策机制。对涉及面广或者与公民、法人和其他组织利益密切相关的决策事项，采取召开座谈会、论证会等方式公开征求意见，严格组织咨询论证，确保决策的科学民主。三是坚持社会稳定风险评估机制。通过重大决策的社会稳定风险评估，多方征求各界意见，实现风险的最小化，推进社会和谐稳定。四是落实重大决策事项报告。2017 年，安次区制定《安次区“四上”企业统计工作奖补实施意见》《安次区质量强区战略实施意见》等 10 件规范性文件，这些规范性文件的制定经过调研论证、征求意见、完善修改、讨论研究、会议审查等诸多环节，文件印发后按照有关规定及时报送市政府备案。

全面落实政府法律顾问制度。一是全面推行政府法律顾问制度。根据省、市有关工作要求，安次区印发《关于深入推进政府法律顾问制度的通知》，就政府法律顾问制度进行全面安排部署，对全区行政机关法律顾问制度建设工作提出明确要求。2017 年，全区所有乡镇、街办处、园区及 20 个区直部门均聘请了法律顾问，并明确 1 名本单位人员具体负责此项工作。二是加强区政府本级法律顾问队伍建设。2017 年 5 月，遴选出 23 名政治素质高、业务能力强的大专院校教授、执业律师、司法部门业务骨干作为第二届区政府法制咨询委员会委员；聘请“河北张克锋律师事务所”“河北律绎律师事务所”“河北陈玉芹律师事务所”等 5 家律师事务所的 7 名律师作为区政府法律顾问。三是区政府本级设立法律顾问办公室。配备办公桌椅、电脑、打印机、电话，开通互联网，为法律顾问开展工作提供了基础保障。四是充分发挥区政府法律顾问作用。区政府法律顾问主要负责区政府案件应诉，合同审查，参与政府重大决策审查、规范性文件制订等工作。截至 2017 年底，区政府法律顾问审查政府各类文件 200 余件，参与研究政府重要涉法事项 100 余次，提出法律意见 300 余条，工作能力得到各方面认可，法律顾问作用日益凸显。

深入开展“放管服”改革。行政审批制度改革方面，一是扎实做好简政放权。2017 年，安次区承接国务院、省、市政府部门取消和下放行政审批事项 11 批次，涉及安次区 106 项行政审批事项，其中取消 42 项，下放 64 项。另外，安次区承接国务院取消中央指定地方实施行政审批事项 3 次，衔接取消行政权力事项 63 项。所有项目落实到位，并严格按照审批程序运行。对于国家、省、市取消的行政审批事项，严格执行上级有关要求，令行禁止，完善投诉举报渠道，提升外部监督力度。对衔接取消、调整的审批项目，及时通过政府门户网等媒体进行公开。二是清理规范中介服务事项。严格坚持工作标准，逐条审核行政许可中介服务事项设定依据。同时，结合国务院和省、市政府相继开展的 5 批行政审批中介服务事项清理规范工作，采取集中研讨、比对筛查、认真审核等方式，取消 5 项行政审批中介服务事项，进一步减轻企业和广大群众干事创业负担，优化营商环境，提高服务效率。三是全面清理非行政许可审批事项。区编办认真组织各区直单位对照省、市人民政府关于取消市政府部门非行政许可审批事项的决定及本单位《行政权力清单》，对本单位本部门存在的非行政许可审批事项进行清理或调整，相关情况报送至区编办后统一汇总完成，并以区政府名义印发《廊坊市安次区人民政府关于取消区政府部门非行政许可审批事项的通知》，此次清理涉及区级 48 项非行政许可审批事项，其中，取消 23 项，直接转为行政许可 1 项，调整为区政府内部审批事项 2 项，调整为行政确认 2 项，调整为其他行政权力 20 项。区本级不再保留“非行政许可审批”这一行政审批类别。四是认真做好投资项目报建审批清理。按照国家和省、市有关政策要求，安次区结合工作实际认真研究、积极谋划，并广泛征求发改、建设、交通等13个部门的意见、建议，对涉及投资项目报建审批阶段的权力事项进行清理规范和科学整合，以区政府名义印发《廊坊市安次区人民政府关于印发〈安次区清理规范投资项目报建审批事项实施方案〉的通知》（〔2016〕58号）。经过优化整合，区投资报建审批项目由28项减少为18项，其中保留15项，整合9项为3项，切实提高了工作效率，有力推进安次区投资报建审批向“少、快、易”深度转变。在清单制度建立方面，一是权力清单和责任清单编制和完成情况。以“依法设定、权责一致、便民高效、动态调整、公开透明”为原则，于2015年11月底完成清单编制并对外公开。区级权力清单涉及区直33个部门和单位，11个类别行政权力事项2033项；责任清单涉及区直39个部门和单位，涉及部门主要职责482项、具体工作事项1502项，与相关部门的职责边界122项（包括管理事项、相关部门、责任分工、相关依据），公共服务事项169项（包括服务事项名称、主要服务内容、承办机构、联系方式），事中事后监督管理制度68项，4个方面内容计2343项。“两个清单”编制完成并经区政府常务会议研究审定通过后，上传到区政府网站、区编制机构系统网站对外进行公开，并辑印成册进行发放。区政府办公室专门印发《关于公布区政府部门权力清单、责任清单的通知》（以下简称《通知》），《通知》要求自权力清单、责任清单公开后，区政府相关部门要按照全面深化改革和政府职能转变的要求，根据部门职责调整和权力事项的增减情况，按照规定程序，及时对部门权力清单、责任清单进行动态调整，并通过印发文件、部门网站、公开栏、电子显示屏等形式进行对外公布。保证权力接得住、接得好。二是积极推动公共服务事项清单和办事指南编制公开工作，提升政府部门公共服务水平和群众满意度。按照国务院和省、市关于开展简化优化公共服务流程方便基层群众办事创业的统一部署，2016年在全区范围内启动公共服务事项和办事指南编制公开工作，由安次区审改办和安次区政务公开办联合印发《关于做好编制公开公共服务事项目录和办事指南工作的通知》，要求区直各部门要按照通知要求，认真开展研究，负责编制本部门公共服务事项目录和办事指南，及时在本部门门户网站、大厅显示屏、宣传栏等媒介上对外公开公示。区直各部门要对公共服务目录实行动态管理。三是编制公开行政许可中介服务事项清单。在完成行政许可中介服务事项清理工作后，为便于企业和群众及时全面掌握中介事项相关信息，及时编制公开行政许可中介服务事项清单，保留实施的35项以及2项纳入区政府部门审批程序的技术性服务事项（由部门委托中介机构开展），针对纳入部门审批程序的中介服务事项，及时提醒各相关部门按照清理规范总体要求，将办理中介事项所需经费列入本部门年初财政预算。四是编制公开《行政许可通用目录》清单。为进一步推动行政审批规范化、标准化建设，以《河北省县级行政许可事项通用目录（2016版）》为模板，结合安次区实际，在对区本级全部行政许可事项进行认真研究和审核把关基础上，编制《廊坊市安次区行政许可事项目录（2016年版）》清单，经区政府研究同意后及时对外公布。为保障《目录》准确性和时效性，在对各项取消、下放权力事项工作做到及时衔接落实到位的同时，对《目录》清单进行同步更新。截至2017年年底，本级保留实施行政许可事项150项。五是推进清单管理制度向开发区延伸。2017年按照市作风办《关于做好推进政府部门清单制度管理体系向基层延伸工作的实施方案》的要求，将权力清单、责任清单和行政许可中介服务事项清单向廊坊高新区、龙河高新区延伸，着力构建基层清单管理体系。详细说明工作目标、实施范围、工作内容、完成时间、工作要求等内容。根据省印发的关于完善清单制度工作方案，结合安次实际，以放管服组名义转发全市《完善清单管理制度工作方案》，在对现有清单进行完善调整基础上，要求有关部门抓紧编制公开4张综合性清单和2张专项清单。在推进相对集中行政许可全改革方面，根据《中共廊坊市委全面深化改革领导小组印发〈关于开展相对集中行政审批权改革工作实施方案〉的通知》（廊改革字〔2016〕2号）和《廊坊市机构编制委员会关于同意设立安次区行政审批局的批复》（廊编〔2017〕5号）精神，安次区下大力狠抓组建区行政审批局相关工作。涉及安次区21个区直部门103项行政审批事项，将区直部门行政许可权剥离，划转到区行政审批局统一实施。在涉及划转审批事项且符合编制调剂条件的11个区直部门中调剂出15名行政编制划转至区行政审批局。在区行政审批局内设办公室、政策法规股、综合一股、综合二股、综合三股5个股室，均为正股级，办公地点选址在原安次区行政服务中心，制作区行政审批局牌匾，刻制区行政审批局公章。

强化监督机制。自觉接受人大和政协监督。区政府坚持重大事项向区人大常委会报告、向区政协通报。认真办理人大代表建议、政协委员提案。2017年，办理人大代表建议、政协提案73件，按时办复率100%，代表委员满意率100%。

加强信息交流。安次区2017年累计向市法制办报送各类法制信息30余条。利用廊坊市政府法制信息网、区政府门户网站、《今日安次》等媒介平台，全区各级各部门累计报道和刊发各类法制信息200余条。

【健全完善程序，提高制度建设质量】 建立完善规范性文件合法性审查和备案机制。根据省、市关于规范性文件制定管理相关文件，制定《廊坊市安次区行政规范性制定管理规定》《廊坊市安次区行政规范性制定技术规范（事项）》等6个有关规范性文件管理的文件，编制文件汇编，发到全区各单位。完善公开征求意见、听证论证、社会风险评估、有效期、统计报告制度、公众提请审查监督以及责任追究等项制度。一是严格规范性文件制定程序。认真执行规范性文件制定制度，依法履行规范性文件制定程序，严格文件起草、审核、会议研究决定、发布、备案等环节。凡涉及人民群众切身利益及其他重大事项的规范性文件，必须通过先印发征求意见函，组织座谈会、论证会、听证会等形式，公开征求各方意见。二是完善规范性文件审查备案制度。区政府出台的规范性文件，经常务会议研究通过后发布实施，并通过外部媒体进行公布，同时按规定报送市政府法制办备案。各乡镇政府及区直各部门的规范性文件发布后，都要在规定期限内报区政府法制机构进行备案。三是认真做好规范性文件的清理工作。全面清理现行有效的规范性文件，对因内容不适应经济社会发展要求的规范性文件，予以废止；对因标题标注“暂行”“试行”的2年有效期已到或部分内容规定不适应实际管理需要的，予以修改；对符合现行法律、法规及国家政策的规定，适应经济社会发展要求，可以继续适用的，予以保留，并印发文件对外公布，接受社会监督。2017 年，组织全区行政机关开展 3 次规范性文件清理工作。经过清理，保留 30 件、修改 3 件、失效 1 件、废止 1 件。

【规范执法行为，优化发展环境】 深化行政执法公开。以行政执法三项制度试点工作为契机，要求各行政执法部门按照国家、省、市有关文件要求，继续着力做好行政执法公开各项工作。一是根据法律、法规对行政执法依据重新进行梳理。二是进行执法职权分解。在理清执法职权的基础上，确定执法机构、执法人员的具体执法责任。三是建立健全行政执法公开的相关配套制度。完善部门工作流程图、行政执法投诉、执法人员评测等配套制度。

严格执行行政处罚自由裁量权标准。为做好规范行政处罚自由裁量权工作，组织各单位依照市政府有关规定及市直部门行政处罚自由裁量权标准进行清理。涉及 260 部法律法规 1564 条弹性处罚条款，清理结果汇总后编印了《廊坊市安次区行政处罚自由裁量权标准汇编》。2017 年，组织区直行政执法部门对行政处罚自由裁量权标准依照省、市要求进行重新梳理，对省、市部门处罚裁量权标准有变化的，及时做好衔接，并报区政府法制办备案，确保标准统一，执行规范。

加强行政执法与刑事司法的衔接。完善行政执法机关移送涉嫌犯罪案件的长效机制，保证此项工作常态化。2017 年，安次区发生 3 起移送涉嫌犯罪案件，其中涉及林业领域 2 起、食药监领域 1 起。

严格执行案卷评查制度。以开展案卷评查活动为平台，提高行政执法质量。2017 年上半年，组织区直行政执法部门评查本单位 2016 年办结的行政处罚案卷。区政府法制机构采取随机抽查方式，查阅各执法部门 60 余宗案卷。从案卷主体是否合法，事实是否清楚，证据是否确凿中，程序是否合规，适用法律是否正确，处理是否适当等方面进行评查分析，将评查结果反馈被查单位，督促各单位对案卷中存在的问题及时整改。

加强政执法人员监督管理。一是严把准入关。对拟上岗执法人员，严格从所在单位是否有执法主体资格、是否在编、是否经过培训考核合格、是否从事行政执法工作、是否经过本单位政审合格等 5 个方面进行审查，确保执法人员主体合格。二是实行全员培训考试。区直行政部门对本单位行政执法人员专业法律知识培训不少于 2 次，全区规模的统一培训不少于 1 次。三是严把执法资格审验关。结合全区行政执法人员公共法律知识培训考试，加强对持证行政执法人员的资格审验，对调离执法岗位、因违法执法被追究责任、经培训考试不合格的执法人员，依据省、市有关规定收缴注销其执法证件。2017 年 10 月 10 日至 12 日组织全区执法人员进行公共法律知识培训和考试，合格率达到 99% 以上。

严格执行罚没许可证年检制度。2017 年完成 27 个部门的罚没许可证的年检备案。将年检工作与行政执法案卷评查相结合，做到边审核、边检查、边纠错、边整改。例如：对执法单位案卷出现重大问题并产生严重后果的暂缓罚没许可证年检；对办理罚没许可证，但连续

2 年无任何处罚行为的行政执法单位，要说明原因，陈述理由。没有合理理由的暂缓其罚没许可证年检，督促各执法部门进一步提升行政执法能力与水平。

【做好综合体系建设，推动复议应诉工作】 推进行政复议规范化建设。2017 年按照省、市要求加强软硬件建设，重点完善行政复议案件审理程序，做好行政复议案件审理。按照上级要求，完善复议办公场所，配备办案设备。建立健全复议接待制度、简易程序办理制度等配套制度。严格落实行政复议、行政诉讼工作的月度统计报告制度，做到按时报送。截至 11 月底，区政府受理行政复议案件 11 件，全区发生行政应诉案件 15 件，行政机关均按规定出庭应诉。

充分发挥行政调解作用。加大行政调解工作的组织力度，提高行政调解能力和水平。全面开展行政调解工作，妥善化解社会纠纷，截至 11 月底，全区发生行政调解案件 785 件，调解结案率 100%。

【深入推进各项改革，提升行政工作水平】 2017 年，安次区按照省、市关于推行行政执法三项制度改革试点工作的总体部署，及时谋划安排，迅速贯彻落实上级各项工作任务。一是及时安排部署。4 月 13 日以区政府文件形式印发《廊坊市安次区人民政府关于印发廊坊市安次区推行行政执法公示制度执法全过程记录制度重大执法决定法制审核制度试点实施方案的通知》，全面安排安次区推行行政执法三项制度工作，明确各项任务完成的时间节点和具体内容。同时，区政府成立推行三项制度试点工作领导小组，区政府区长任组长，常务副区长任副组长，区编办、发改局、财政局、人社局、工商局主要负责人为成员，领导小组办公室设在区法制办，负责日常具体工作推进。二是分步开展工作。5 月份，完成全区行政执法人员清理工作，完成全区《行政执法人员清单》梳理任务，并按时报送市法制办。同时，以区推进三项制度领导小组办公室名义转发省三项制度试点工作有关文件、示范文本等材料。建立三项制度工作推进联络制度与月报台账制度。同时，区政府法制办组织区直有关部门召开全区三项制度工作推进协调会，明确发改局、财政局、区林业局、区地税局等 31 个单位纳入行政执法三项制度试点范畴。6 月 20 日完成主体名录的报送，同时，完成各执法部门报送三项制度材料审核。6 月 30 日，所有在名录中的单位完成了三个制度、四类文本、五个清单修改完善，并报送加盖公章正式文本和编制执法手册。此外，区政府法制办会同区政务公开办，谋划建设区执法信息公示专栏，截至 2017 年年底，专栏已经建成上线。专栏分为“事前公开”与“事后公开”。“事前公开”部分，各单位三项制度所有内容基本上传公开；“事后公开”已经按照各单位执法权限，划分为若干子项，根据各单位日常执法工作开展情况，将结果性内容陆续上传公开。根据市法制办通知要求，区直各部门将 2017 年执法决定结果在“事后公开”板块上传公开。三是推进配套制度建设。区法制办、区财政局、区质监局联合印发《安次区行政执法音像记录设备配备办法》，同时，组织各执法部门开展执法记录设备配备情况的摸底调查，通过集中采购方式，在各单位原有执法音像设备的基础上，为存在缺口的 16 个区直部门增配执法记录仪 30 台。区法制办还印发《安次区法制审核人员定期培训制度》，对执法部门法制审核人员培训内容、次数、方式等事项进行规定，确保执法部门法制审核人员工作水平不断提高。为增加法制审核队伍力量，区编办、区法制办联合制定《加强法制审核队伍建设的通知》，区直执法部门根据自身实际配备了法制审核人员，确保部门日常执法活动监督及重大执法决定审核工作有序开展。

【存在的问题】 2017 年安次区在法治政府建设方面，虽然按照上级的有关部署，从各个方面有针对性地开展大量工作，也取得一些成绩，但是，依然存在一些客观或主观因素，制约整体工作的推进。部分单位对法治政府建设工作投入力度不够，具体承办机构人员不足，影响整体工作推进。部分单位对法治政府建设工作认识不足，具体工作人员业务水平不高，影响工作质量。部分单位对法治政府建设工作的紧迫感不强，缺乏自我加压，工作进度与总体要求存在差距。

针对以上问题，将采取措施及时整改：一是继续加强教育培训，切实提高部门和具体工作人员的责任感和使命感。二是规范工作流程，完善跟踪督导环节，进一步健全工作制度。三是探索创新方法，认真总结各项工作开展当中一些好的方法和经验，发挥其积极作用，将其作为工作程序和制度予以固定，用以更好地推进工作开展。四是树立工作典型，对工作开展好的单位，在全区范围进行推广，组织部门间的交流学习，以点带面，推动全区法治政府建设的各措施贯彻落实到位。

（何铁军）

政府调研工作

【概况】 2017 年，安次区全面贯彻落实党的十九大精神，坚持新发展理念，积极适应经济发展新常态，沉着应对社会转型新挑战，紧紧把握京津冀协同发展历史机遇，全力配合雄安新区建设，深入推进生态治理任务，着力补齐发展短板，团结一致、砥砺前行，经济社会事业实现快速发展、长足进步。调研工作以区委、区政府重点工作、重要安排部署为着眼点，坚持为决策服务、为发展服务、为强区新城事业服务，以更广阔视角、更深层次思考，取得新突破。

【文字工作】 科学研判形势，认真谋划发展。2017 年，起草各类文字材料 100 余篇，50 余万字。文字材料在思路上紧跟新形势、新常态，得到区领导充分肯定。《政府工作报告》、政府全体会议上讲话等事关全局的文稿，安排部署全区重点工作，得到上级领导和各级干部认可。

【调查研究工作】 坚持把调研作为掌握区情民意、提供决策参考的重要手段。2017 年，围绕领导关心的经济转型升级、土地卫片执法、大气污染防治、重点项目建设、民生事业提升等课题，组织深入乡镇、园区及企业进行调研；形成报告 8 篇，共计近 5 万字，为领导科学决策提供准确参考。

【刊物编发工作】 服务安次经济社会整体发展，关注工作成果、关注举措创新，突出时效性、真实性、准确性，编辑《每日快报》《情况交流》等刊物，使领导能够及时掌握最新工作动态，使先进的经验做法得到广泛推广。2017年编发《每日快报》74期，上报市政府信息100余篇，充分展现安次区良好发展态势和精神风貌，赢得市领导肯定。

（许超）

督查工作

【概况】 安次区政府督查工作在人员少、设备差、任务重的情况下，坚持“围绕中心、有令必行、实事求是、注重实效、客观公正、分级办理”的原则，确定督查工作重点，创新方法，狠抓落实。在工作中做到“三明确”，即工作目标明确、责任主体明确、完成时限明确。认真做好决策督查、专项督查，及时跟进了解，按时反馈上报，做到事事有回音、件件有答复。

【高度重视，增强力量】 为政之要，贵在谋事，重在执行。执行力高低、执行效果好坏，直接影响既定任务目标达成。区政府高度重视督查工作，用足用好督查手段，勇于开拓创新，构建督查网络，保证区政府重大决策和重点工作落到实处。政府领导高位督查。在部署工作后，主要领导亲自抓督查，深入一线抓落实，特别是在安排部署重点工作时，将督查工作贯穿始终，形成一手抓决策制定，一手抓督促检查落实的工作格局。提升督查工作水平。2017年督查工作人员紧抓督查工作的理论与实践，深入学习各级政策，改进工作方法，主动提升职业素养。各级各部门紧密配合。各乡镇、街道办、园区、区直部门明确督查联络人，严格落实督查工作责任制，增强督查工作针对性，形成上下联动、左右协调、运转高效的“大督查”格局。

【强化职能，抓好落实】 强化决策督查，2017年督查工作人员紧紧围绕《市委工作报告》分解、《市政府工作报告》分解、《区委工作报告》分解、《区政府工作报告》分解中涉及各项工作任务开展督查，细化分解各项工作任务，明确工作目标、责任部门、责任领导及完成时限，实行台账管理。对财政收入、固定资产投资等各项经济指标以及园区建设、项目建设、招商引资、城区建设等主要目标实行全程跟踪督查，定期归纳总结工作开展情况，分析问题，查找不足，促进各项工作推进到位、落实到位。强化专项督查。在做好决策督查的同时，不断加大对上级交办、区领导批示交办件和事关全局重要工作督查力度，认真制定督查方案，调动涉及部门积极性、主动性，确保各项工作落到实处。2017年，完成“散、乱、污”企业治理、VOCs企业断电、秸秆禁烧、应急取暖设备购置发放等20余件上级交办及领导批示的重大事项督查任务。

【健全机制，创新方法】 2017年安次区及时总结督查工作经验，探索创新督查工作举措，强化制度建设，探索形成督查工作长效机制。结合《安次区关于进一步加强和规范政务督查工作的暂行办法》（廊安政办〔2013〕20号），建立立项拟办—转办交办—督查催办—办理反馈—审核—立卷归档的政务督查工作程序。2017年，从政府工作实际出发，严格落实政务督查工作制度，厘清区政府办公室督查职责分工，将政务督查职责明确到相应股室，形成督查工作的有力抓手。同时，创新工作方法，从被动督查向主动督查转变，主动有预见性地安排督查工作；从纵向督查为主向纵横督查相结合转变，抓好各乡镇、街办处、园区的纵向督查，加强区直各部门的横向督查；从独立督查向合力督查转变，对区政府统一部署的重点工作，在报请政府领导批准后，组织有关部门，组成相应规格和规模的督查组进行重点督查。多措并举，强化"大督查"各局，促进全区督查工作走向制度化、规范化轨道。

（崔俊杰）

应急管理工作

【概况】 为全面加强应急管理工作，提高区政府预防和处置突发公共事件的能力，最大限度地减少突发公共事件造成的危害和损失，维护社会稳定，促进经济社会更好更快的发展，按照《廊坊市人民政府关于全面加强应急管理工作的意见》通知精神和区政府主要领导批示意见，于2008年12月，成立廊坊市安次区人民政府应急管理办公室，主任由区政府办公室副主任兼任。各乡镇、街办处、园区及区直有关部门按照区政府的统一要求，成立相应的管理机构，在区政府应急办的统一领导下，负责开展本地本部门的应急管理工作。

【应急预案体系不断完善】 区政府高度重视应急管理体系建设工作，成立区应急预案制定工作领导小组，负责组织全区突发公共事件总体应急预案、专项应急预案的编修工作，同时督促各部门制定完善部门应急预案。2017年初，按照区政府应急办工作安排，全区总体应急预案、部门及专项应急预案编修完成，其中包括：区级突发公共事件应急总体预案、专项应急预案、部门应急预案、企业应急预案、学校应急预案。

【推动值班工作标准化建设】 进一步完善值班工作制度，明确值班带班岗位职责，切实规范信息报送、领导批示指示办理、值班记录等工作。积极开展政府系统值班值守工作标准化建设，加强值班室软件、硬件设备设施的配备和使用，提高通信保障水平和指挥联络效率，妥善做好值班人员住宿等基本生活保障。配齐配强各级值班人员，将政治素质高、业务能力强、善于处理重要紧急情况的得力人员安排到值班工作岗位，提升值班工作能力和服务水平。

【加强重要紧急信息核实和报送工作】 2017年继续完善突发事件信息报告制度，发挥信息报告主渠道作用，加强信息收集核实、研判汇总和跟踪，重要紧急信息即发即报、边核边报，因情况紧急、来不及形成书面报告的，要第一时间电话报告、力争半小时内补报书面报告，强化通报和责任追究，按照条块结合、信息共享、协同联动原则，积极发挥传统信息网络、新兴媒体和即时通讯工具等载体优势，不断提高突发事件信息获取能力。强化基层信息员队伍建设和管理。做好领导批示督办反馈工作，提高转办督办、跟踪反馈效率，有效回应领导关切。

【切实抓好应急演练工作】 进一步加强和规范演练管理工作，推进演练工作长效机制建设。加强应急演练工作的统筹指导，健全应急演练常态化机制，有针对性地开展跨部门、联动性强的综合性应急演练。完善应急演练总结评估机制，及时对演练暴露的问题进行整改，切实达到通过演练完善预案、检验装备、磨合机制、锻炼队伍的目的。

【强化应急专家队伍体系建设】 深入贯彻落实《关于加强廊坊市安次区应急队伍建设的意见》，积极推进有关部门专家队伍建设和应急救援队伍建设。完善补充以公安、消防、安监、动监、卫计、人防、交通、环保、国土和等单位为主的应急专家和救援队伍，加强应急救援队伍的培训和演练，及时补充更新救援装备，强化救援联动机制建设，建立应急救援队伍综合保障体系。

【协调做好突发事件应急处置】 健全完善突发事件协助处置的部门间、地区间协调联动机制，细化各类应对处置方案，确保反应迅速、协调有序，处置高效，不断提升协助主要领导处置应对突发事件的能力。密切关注突发事件处置进展，协调做好情况核实、信息发布和舆论引导等工作，最大限度地减少突发事件造成的生命财产损失和社会影响。

【应急救援能力不断提高】 按照全区突发公共事件总体应急预案要求，对涉及自然灾害、事故灾难、公共卫生和社会安全四大类突发公共事件的有关部门，通过系统内开展的各类培训工作，不断提高应急救援队伍建设能力，促进应急处置工作的及时性、准确性。公安分局建立一支由刑警、巡特警和派出所为主力，容和其他警种、部门的应急处置力量，应急处置警力警用防护设备配备率达到 100%。警用车辆、通讯设施保障有力，安监局成立了安全生产应急救援队伍，卫生局、交通局、建设局分别成立了应急救援队伍。

【防灾减灾应急工作】 2017 年 5 月 15 日、20 日、26 日组织各乡镇、园区、街道办事处及区直有关部门分别在龙河园区、仇庄集市、码头集市、明珠兴安超市广场开展集中应急管理科普宣教暨“防灾减灾宣传月”宣教活动。活动中，发放防灾减灾知识宣传单 5000 余份，接受群众咨询 600 余人次，悬挂过街宣传横幅 50 条、张贴宣传标语 500 余条、树立受灾自救互救宣传画板 72 块。通过组织观看《防灾避险应急知识系列动漫宣传片》和开展防灾减灾宣传教育活动，进一步增强群众对防灾减灾工作的关注，提高全社会防灾减灾意识，普及推广全民防灾减灾知识和避灾自救技能，提高各级综合减灾能力，最大限度地减轻灾害造成的损失。

（王庆）

地方志工作

【概况】 安次区地方志办公室是区政府主管地方志编纂工作的事业机构。2017 年有工作人员 3 人，其中主任 1 人。区方志办坚持贯彻落实国务院《地方志工作条例》和《河北省地方志工作规定》精神，按时完成上级交给的《河北年鉴》《廊坊年鉴》的供稿任务，同时完成《安次年鉴 2017 卷》编辑出版工作。

【年鉴供稿】 组稿编写《河北年鉴》、《廊坊年鉴》安次部分是区方志办的重要工作，区方志办进一步强化工作责任，细化工作任务，做到提质提速并举。区方志办制定组稿方案，印发廊坊市安次区人民政府办公室《关于做好〈廊坊年鉴〉安次区部分组稿工作的通知》，加强督导，要求各乡镇、街办处、园区和区直各部门尽快保质完成稿件，确保按时完成上级交办的各项任务。区方志办还担负着《中共廊坊市安次区年鉴》涉及区政府及区政府办公室两部分内容的组稿撰写任务。并积极协调区政府办公室相关人员，尽可能多的查找资料，及时完成组稿上报工作。

【加强修志队伍建设】 区方志办以及各乡镇编写年鉴人员偏少，积极物色熟悉区情、写作水平高的人员，充实到修志队伍中来。同时，加强与各县（市、区）之间的学习交流，开展理论研讨，通过营造浓厚的学术氛围，提高理论素养，提升修志队伍整体水平，促进全区地方志事业稳步发展。

【加强沟通协调，开创地方志工作新局面】 一是向区委、区政府领导汇报、请示工作，协调解决地方志工作中的有关问题，做到事前请示、事后报告，争取领导的重视和支持。二是加强与各乡镇、园区、区委、区政府各部门的主动沟通、协调，得到各单位的大力支持。三是加强与市志办的沟通交流，由于加强请示汇报工作，得到区委、区政府的高度重视、各级各部门的大力支持，修志、编鉴等各项工作按计划稳步推进。

【年鉴编纂工作】 安次区地方志办公室于 2017 年 4 月 8 日向全区各乡镇、街办处、园区和区直各部门等 100 余个单位下发“廊坊市安次区人民政府办公室关于印发《安次年鉴（2017 卷）》编纂方案的通知”，要求各单位于 4 月 28 日前将稿件（包括打印稿和电子版）由单位一把手签字盖章后，报送区地方志办公室。根据资料征集情况，督促各单位报送稿件，采取电话催办、深入督导等方式，尽全力做好前期资料的收集整理工作。初稿完成后附《征求意见函》反馈到原单位，由各单位主管领导审核修改，然后签字盖章交回地方志办公室，编辑人员再次审核修改，力争高质量完成年鉴编辑工作。

【大事记资料征编工作】 通过参考区委《安次快报》、宣传部《今日安次》、和区委、区政府、区人大、区政协相关资料，查阅组织部门人事任免通知，完成《安次年鉴 2017 卷》大事记资料搜集整理工作，确保如期出版。

（张冲）

行政审批

【概况】 2017 年 3 月 28 日，区政府办公室印发《廊坊市安次区行政审批局主要职责内设机构和人员编制规定》（廊安政办〔2017〕2 号）精神，核定廊坊市安次区行政审批局（挂“廊坊市安次区政务服务中心”牌子）有行政编制 15 人，内设 5 个职能股（室），即办公室、政策法规股、综合审批一股、综合审批二股和综合审批三股。其中，综合审批一股主要负责经贸商务及市场监管方面的事务，综合审批二股主要负责文教卫及社会事务，综合审批三股主要负责涉农及交通事务。5 月 19 日首批 2 名区行政审批局领导班子成员到位，6 月 14 日启用公章，对外开展工作，同时划转人员和事项逐步到位。

截至 2017 年年底，有干部职工 26 人（划转编制 14 人，社会购买服务 12 人）。12 月 26 日，首批 2 个部门（安次区工商行政管理局、安次区食品药品监督管理局）7 项行政许可业务划转到位。包括原安次区工商行政管理局负责的 6 项行政许可业务，即名称预先核准（包括企业、企业集团、个体工商户、农民专业合作社名称预先核准）；企业设立、变更、注销登记；个体工商户注册、变更、注销登记；农民专业合作社设立、变更、注销登记；企业集团核准登记；广告发布登记。原安次区食品药品监督管理局负责的 1 项业务，即：食品（含保健食品）经营许可。

2017 年在区委、区政府领导下，安次区行政审批局全体干部职工以党的十九大精神为指导，坚持解放思想，求真务实，克服人员少、工作任务繁重等困难，为加快落实区委、区政府关于成立安次区行政审批局有关决定，全力打造安次区“一站式审批、一条龙服务”的政务服务新平台。安次区行政审批局在划转业务和人员、改善办公环境、提升服务水平、优化审批流程、推进二十三证合一、扶持市场主体等方面做了大量工作。

【对接区直部门，划转人员业务】 安次区行政审批局主动与各相关区直部门主要领导进行对接，研究业务划转事宜。经过对接，初步划转 7 项业务：原安次区工商行政管理局负责的 6 项行政许可业务，即名称预先核准（包括企业、企业集团、个体工商户、农民专业合作社名称预先核准）；企业设立、变更、注销登记；个体工商户注册、变更、注销登记；农民专业合作社设立、变更、注销登记；企业集团核准登记；广告发布登记。原安次区食品药品监督管理局负责的 1 项业务，即食品（含保健食品）经营许可。

【制定学习制度，提高人员素质】 2017 年，安次区行政审批局按照区委组织部要求，全面开展党的十九大精神学习活动，制定学习计划，每周五集中学习党的十九大精神。同时，针对区行政审批局人员都是新划转或者新招录的问题，区行政审批局特制定专门培训学习计划，提高工作人员工作素质，特别是窗口工作人员，定期开展业务知识、法律法规、行为规范培训活动，通过培训活动，提高工作人员整体素质，为办事群众提供更加优质服务。

【改善办公环境，提升服务水平】 一是增加政务中心受理台长度，扩展作业面积；二是增加窗口数量，由原来30个增加到37个，将自助区工位增加到6个；三是完善审批事项示范文本；四是增加触摸显示屏、公示屏，进一步优化大厅服务环境。通过上述措施，提升服务效率和水平，消除办事人员排长队现象。

【推行制度改革，优化审批流程】 一是推进“三十八证合一、一照一码”登记制度改革；二是对经营范围涉及工商登记后置审批事项的企业，继续实行“双告知”机制；三是在向新设立的规模较大的科技、电子商务类企业发放电子营业执照的基础上，按照省局要求部署，推进网上登记注册，加大推进全程电子化登记注册力度；四是推行“先照后证”登记制度改革工作，进一步优化审批流程，缩短审批时间。

【降低准入门槛，培育市场主体】 按照上级政策，2017年安次区行政审批局认真梳理业务，优化审批流程，降低市场准入门槛，大力扶持各类市场主体发展，加快实施市场主体增量行动。截至2017年底，新登记市场主体5529户，同比增长13.7%；安次区市场主体总数为25015户，同比增长17.3%，在全市排名第六位。万人拥有市场主体数达676户，在全市排名第六位。

【利用政务平台，推进网上办公】 积极对接市政务服务中心，充分利用市政务服务网络平台，逐步推进网上办公，提升审批信息化水平，减少群众跑腿次数，提高办事群众满意度。

（周建波）

数字化管理

【概况】 廊坊市安次区数字化城市管理办公室（简称区数字办）于2010年8月正式成立。2017年有工作人员5人，2017年5月调离1人，截至2017年12月有工作人员4人。2017年5月王宝剑任主任，为安次区政府领导下负责数字化城市管理工作的事业机构。区数字办接受安次区政府直接领导和市数字化城市管理办公室的业务指导，2017年区数字城管办接收到市级派遣案件12610件，结案12594件，结案率99.87%，按期结案11778件，按期结案率93.4%，继续保持三区第一水平。

【注重协调，形成多方合力、齐抓共管局面】 在区数字城管办处置案件过程中，协调沟通在工作中是重中之重。在区数字办在派遣督办案件过程中，并不只是简单的在网络上把案件派遣后就坐等结案，而是分析每个案件，遇有难以处置的案件，区数字办会及时和社区沟通并询问社区有无困难，是否需要帮助，如社区无力处置区数字办会协调办事处或区直相关部门进行处置。还有权属不清案件涉及到市级单位和广阳区，区数字办都会及时摸清现场情况并向市办反馈，以协助市办分清权属。这样，市级、区级、乡镇办事处、社区之间形成联动，多方合力，齐抓共管，数字城管案件得到有效解决。

【应急处置，及时消除安全隐患、做到“随手为之”】 遇有井盖类存有安全隐患的案件，都是特别关注，会及时和社区沟通，如社区终端无法及时解决，会派遣工人协助社区应急处置，及时消除安全隐患。

树挂类案件看似简单，其实有许多挂在高处，处置难度大，而且结案时限短，再加上社区没有专业工具，处置不及时，往往会造成按期结案率降低。为此，专门配备伸缩钩和铁锹等处置工具，在巡查案件过程中，遇有非装饰性树挂类案件，区数字办巡查人员就对这类案件“随手为之”进行处置，及时有效解决了许多这类小问题，并以此为表率带动社区也行动起来“随手为之”的处理情节轻微类案件，节省大量人力、物力、财力，美化了城市。

（王宝剑）

中国人民政治协商会议廊坊市安次区委员会

重要会议

【政协廊坊市安次区第八届委员会第一次会议】 政协廊坊市安次区第八届委员会第一次会议，于2017年2月24日至27日在廊坊宾馆举行，会期4天。应参加会议的委员170人，实到164人，因事因病请假6人。区委、区人大、区政府领导，全区其他副处级以上领导和区政协老领导应邀出席会议；区直部门负责联系政协工作的领导列席会议。2月24日下午，委员、列席人员报到，召开大会预备会议。25日上午，安次区政协八届一次会议正式开幕，27日上午胜利闭幕。会议听取并讨论区委书记张平重要讲话；听取并审议通过马崇浩代表区政协第七届委员会常务委员会所做的工作报告和王泽芬代表区政协第七届委员会常务委员会所做的提案工作情况报告；列席参加区八届人大第一次全体会议，听取并讨论代区长薛振泽作《政府工作报告》及其他报告、安次区人民法院工作报告、安次区人民检察院工作报告；采取投票方式，选举马崇浩为区政协主席，王泽芬、张志荣、杜春意、张冬青为区政协副主席，高桂新为区政协秘书长，李博、靳照路等25人为区政协常务委员；审议通过大会政治决议。

【安次区政协常委会会议】 2017年2月20日在廊坊宾馆召开区政协七届第二十二次常委会。会议研究讨论八届政协常委、委员名单。会议审议通过区政协八届一次会议有关事项：推举马崇浩作为区政协七届常委会工作报告的报告人；推举王泽芬作为区政协七届常委会提案工作报告的报告人。举手通过区政协七届常委会工作报告、区政协七届常委会提案工作报告、八届一次会议议程、八届一次会议日程、八届一次会议大会秘书长和副秘书长名单、八届一次会议委员编组办法、八届一次会议委员编组名单、八届一次会议各组召集人名单、八届一次会议提案审查委员会名单、八届一次会议选举办法等。

2017年3月29日在廊坊宾馆召开区政协八届第一次常委会。会议听取区文广新局局长张春林关于安次区公共文化基础设施建设情况汇报。区政府副区长赵玉讲话。与会人员共同学习政协历史、方针、组成和性质、职能等知识。会议审议通过《政协廊坊市安次区委员会关于加强民主监督　参政议政的实施细则》《常务委员会和主席会议工作规则》《委员管理办法》《关于委员履行职责考评办法（试行）》《委员视察工作规则》《委员调研工作规则》《提案工作规定》《政协廊坊市安次区第八届委员会各专门委员会组成人员名单》等文件。区政协主席马崇浩讲话。

2017 年 8 月 25 日在廊坊宾馆召开区政协八届第二次常委会。会议听取区农业局局长崔克明关于安次区农业工作情况汇报。与会政协常委、政协委员代表发言。区政府副区长黄运然讲话。区政协主席马崇浩讲话。

2017 年 12 月 5 日在廊坊宾馆召开区政协八届第三次常委会。区政协常委集体学习党的十九大精神。会议听取区政府办公室金融办主任张波关于区政协八届一次会议提案工作办理情况阶段性报告。会议听取区政协副主席王泽芬关于区政协八届一次会议以来提案工作说明。区政协常委发言。区委常委、区政府常务副区长王振宇讲话。区政协主席马崇浩讲话。

主要工作

【概况】 中国人民政治协商会议廊坊市安次区委员会（简称“区政协”），是人民爱国统一战线组织，是中国共产党领导的多党合作和政治协商的重要机构。人民政协由中国共产党、各民主党派、无党派民主人士、人民团体、各民族和各界的代表，台湾同胞、港澳同胞和归国侨胞的代表以及特别邀请的人士组成。安次区政协 2017 年机关核定编制 18 人，实有 25 人，区政协机关内设 5 个科级机构，即“一室四委”，具体设置为：政协办公室、提案工作委员会、经济工作委员会、学习文史工作委员会、社会法制祖国统一工作委员会。主要职责：政治协商和民主监督，组织参加政协的各党派、团体和各族各界人士参政议政。对安次区的大政方针以及政治、经济、文化和社会生活中的重要问题在决策之前进行协商和就决策执行过程中的重要问题进行协商。对国家宪法、法律和法规的实施，重大方针政策的贯彻执行，国家机关及其工作人员的工作，通过建议和批评进行监督。2017 年，在中共安次区委坚强领导下，在廊坊市政协指导下，在区政府大力支持下，区政协常委会团结和带领广大政协委员，深入学习贯彻习近平总书记系列重要讲话和党的十九大精神，坚持以习近平新时代中国特色社会主义思想为指引，牢牢把握团结和民主两大主题，紧紧围绕全区中心工作，认真履行政治协商、民主监督、参政议政三大职能，广泛凝聚共识、积极汇聚力量，努力画出最大同心圆，实现八届政协的良好开局。

【坚持旗帜引领，不断提升思想站位高度】 坚持党的领导，砥砺前行。在区委领导下，政协换届工作全面体现党委意图，完成新老交接。会前，区委先后召开书记办公会和区委常委会就常委配备、委员选聘听取专题汇报，提出指导意见。八届政协 170 名委员中，新提名 127 名，继续提名 43 名，吸纳一批政治素质强、工作业绩突出的各族各界人士，常委和委员结构更趋合理，素质明显提高。会中，委员们积极履职，建言献策、参政议政热情高涨。大会全票选举产生新一届政协常委会，构建干事创业、助推发展的坚强领导班子。此次换届，换出和谐，换出新风，换出干劲，为政协工作提供坚强的组织保障。

坚持党的领导，不忘初心。换届后，区委书记张平对政协工作高度重视，对政协党组

《关于区政协八届一次会议情况的报告》作出重要批示：八届政协一次会议圆满成功，得益于全体政协委员的共同参与和努力，希望新一届政协继承和发扬上一届政协的优良传统和作风，更加积极建言献策。同时，要创新工作方法和举措，形成强大合力，在全面建成小康社会，建设强区新城进程中做出更大贡献。区政协把贯彻落实好批示精神作为重要政治任务，坚决做到与区委同心同德、同心同向、同心同行。区委的重视和关心，为新一届政协工作再上新台阶打下坚实基础。

坚持党的领导，牢记使命。党的十九大报告进一步明确人民政协在协商民主大格局中的定位，就进一步履行职能、发挥作用提出更高要求，为做好新时代政协工作提供根本遵循。政协党组成员通过参加市区专题学习培训、政协集中学习和自学互学等形式，深入学习贯彻党的十九大精神。此外，还深入到分包乡镇、街办处、联系的区直单位、企业和委员活动组宣讲党的十九大精神。通过增进共识，引导机关干部和广大政协委员，牢牢把握“不忘初心、牢记使命”新时代主题，树牢“四个意识”，增强“四个自信”，夯实团结奋斗的共同思想政治基础。

【坚持聚焦中心，不断推进协商议政深度】 服务中心工作，政治协商取得新成效。精心组织全体会议协商。全会期间，组织委员通过大会提案、小组讨论等形式，就实施“十三五”规划，全力推进“211”战略任务落实等方面进行议政建言，许多意见建议被吸纳到党委、政府决策之中。认真开展常委会议协商。召开常委会议，把加快经济转型升级、新时代文化建设、推进“三区同创”等列为重要议题，进行专题建言。建言成果为区委研究部署和推进实施强区新城战略提供了智力支持。定期开展主席会议协商。召开主席会议，针对园区项目建设、深化改革落实、生态环境保护和民生事业等方面，进行专题协商，向区委、区政府如实反映有关工作现状，分析存在问题，并提出建议。此外，还利用参加市、区各类会议时机，将优化营商环境、建设瑞丰公园等建议带到会上进行协商，反映群众诉求。其中，瑞丰公园项目被列入2017年市重点工程开始建设。

深入调研视察，参政议政再上新水平。区委、区政府主要领导对政协调研视察工作非常重视，亲自出题目、交任务并进行指导。区政协将公共文化基础设施建设、社会组织建设、发展观光旅游农业和安次老区建设等作为重点课题，做到早准备、早动手。全年撰写调研视察文章10余篇，40多条建议得到相关部门的重视和采纳。政协围绕中心转、突出主题干的工作思路得到区委、区政府的一致认可。在《视察公共文化基础设施建设情况的报告》上，区委书记张平批示：新一届政协站位全局，主动作为，体现高度的政治自觉，该报告很接地气。同时，要求区委、区政府有关领导针对问题和建议，提出具体工作举措。在《关于培育和规范管理安次区社会组织的调研报告》上，区委书记张平批示：换届后，新一届政协积极主动作为，围绕区委中心工作，服务服从大局，体现责任和担当，该调研报告很好。要求区政府分类指导，鼓励互助性、公益性社会组织发展；以购买服务等形式鼓励支持社会组织发展，适度增加投入，打造安次典型。在《关于老区建设情况的调研报告》上，区委书记张平批示：政协就老区建设的调研报告很有深度，问题找得准，建议提得实。

聚焦热点、难点，民主监督实现新突破。认真开展提案监督。全委会上，区委书记、区长亲自在14件重点提案上作出批示。区政协党组高度重视，召开专题会议研究贯彻落实措施。会同区委办、区政府办以文件形式将批示精神印发全体政协委员和全区各单位，激发委员参政议政热情。精选重点提案，先后组织委员80余人次到承办单位现场督办，确保提案落实。在《关于合理分配资源，维护教育公平、解决“择校热”的几点建议》上，区委副书记、区长薛振泽批示：请区教育局受理并抓好落实，切实解决“择校热”问题，并逐步走向素质教育轨道。区政府和教育部门实施教育扩容提质三年计划，投资3.1亿元启动龙河高新区第一小学等22所学校新改扩建工程；安排100多名新招聘的中小学及幼儿园教师到农村学校任教，补充和优化农村教师队伍。积极开展视察监督。针对质量工作、道路建设、法治建设等课题开展视察监督活动4次，在促进工作落实的同时，又使委员们了解经济社会发展的实情。组织企业家委员针对全区质量工作情况进行专题视察，通过实地参观、召开座谈会、听取质监部门汇报等方式，进一步提高企业家委员的质量意识、品牌意识，为更好地推动全区高质量发展贡献力量。深化推进多元监督。组织委员参加全区各类民主评议会、征求意见座谈会等70多人次，助力改进工作作风、提升办事效能；重点选派40多名委员到执法执纪部门和窗口单位担任民主监督员，进行常态监督；组织委员60多人次参与旁听庭审、法院公众开放日等活动，扩大为民代言和监督范围。

【坚持发挥优势，不断拓展凝心聚力广度】 倾力参与重点工作。在党的十九大安保维稳工作中，主席、各位副主席定期深入分包乡镇、街办处视察督导，化解信访挂账案件，高质量完成区委布置的任务；机关抽调业务骨干，参加全区信访和环保工作推进组，重点工作督导组，坚持吃住在基层，走访进农户，把各种隐患消灭在萌芽状态。在精准扶贫工作中，政协分包领导积极为结对帮扶对象跑资金、解难题、办实事，确保真脱贫、脱真贫；发动企业家委员，与贫困户精准对接、倾情帮扶，发挥企业扶贫重要作用。在文明城市创建工作中，政协主席深入基层，按照创建标准逐项督导检查落实情况；广大政协委员在辖区党委领导下，争当宣传员、志愿者，使创建工作成为广大市民和社会各界的自觉行动。在信访接访工作中，主席、各位副主席按照区委统一安排，每天按时接访，倾听群众意见建议和要求，协助党委政府处理群众来信来访工作。在帮扶重点企业工作中，政协分包领导帮助企业协调解决生产经营中遇到的困难和问题，引导企业进行技术创新和转型升级，增强自身核心竞争力。在后进村整顿转化工作中，政协分包领导第一时间到村街走访、调研，并与村民代表、村街负责人、驻村工作组组长、乡镇包片领导进行座谈，共同研究转化措施，强力推动工作落实。

倾情服务民生改善。进一步发挥社情民意“直通车”作用，把重点放在反映人民群众最盼、最急的事情上，放在事关人民群众“衣、食、住、行”切身利益上，促进社会和谐。针对加强农产品质量安全的建议，农业部门不断配强9个农产品安全监管中心、8个乡镇监测站、9个乡镇检测站力量，累计检测771个样品，合格率100%；食药监部门开展食用农产品市场专项集中整治活动、与13家农贸市场负责人签订责任书、加大对各类农产品上市监管和检测，全力确保“舌尖上的安全”，得到群众一致好评。针对完善养老体系的建议，区委、区政府做了大量卓有成效的工作，全区31个社区配建养老服务站，城乡居民养老保险参保率99%，养老补贴标准持续上调，近5万名老人按月领取养老金；为社区老年人办理各类便民服务事项2.3万件；投入专项资金155万元，改扩建农村互助幸福院64个，惠及2000余名老人业余文化生活、满足互助养老需求。

倾心助推社会发展。届初，将委员活动组精简为13个，加强驻乡镇、街办处、廊坊高新区和龙河高新区委员活动组力量。在政协党组和辖区党委领导下，广大委员接地气、谋发展、干实事，为强区新城建设添砖加瓦。驻银河南路、永华道、光明西道委员活动组就优化城市发展格局、做大做强城市经济、加强社区建设等方面进行调研。驻北史家务乡委员活动组就完善城市功能、提升规划水平等方面征集群众建议。驻杨税务乡、仇庄乡、落垡镇委员活动组就加快美丽乡村建设、引进高端项目、加强现代农业综合示范区建设等方面进行视察。驻码头镇、葛渔城镇、调河头乡委员活动组就加快小城镇建设、推进城镇化进程等方面组织建言献策活动。驻廊坊高新区、龙河高新区东沽港镇委员活动组就调整产业结构、培育新兴产业等方面组织委员撰写提案。各政协委员活动组所提建议得到辖区党委、政府的充分认可，有些建议被采纳。

【坚持求真务实，不断创新履职实践精度】 团结各界合作共事。通过学习培训会、座谈会等活动，向民族宗教界、台胞台属侨眷界委员宣传党的政策，通报政协工作动态，主动征求意见建议。视察宗教场所，协助做好重大宗教节庆活动的维稳工作。动员委员密切关注社会出现的新矛盾，做好解释、说服和疏导工作，促进社会和谐稳定。注重发挥企业家委员的优势，鼓励和引导非公经济做大做强，增加社会就业岗位。

广泛联谊宣扬好事。先后接待朝阳市双塔区、大连市甘井子区、天津市津南区等兄弟政协到安次区参观考察，扩大了“朋友圈”，积极向外宣传推介安次。组织部分政协委员和机关干部赴咸阳市秦都区、铜仁市江口县和万山区等地学习考察，并将成果报送区委、区政府。在《关于赴咸阳市秦都区学习考察的报告》上，区委书记张平批示：新一届政协紧紧围绕区委、区政府中心工作，勇于担当，主动作为，体现“四个意识”，展现区政协参政议政的风采。下一步要继续发扬，要接地气，要团结带领全体政协委员主动作为，甘于乐于奉献，为强区新城事业、安次和谐助力。

加强宣传努力成事。2017年编发《政协工作信息》20期、《政协领导工作安排》40期，向区委、区政府反馈政协工作。在《人民政协报》、省政协机关刊物《乡音》、燕赵政协新闻网等各类报刊、媒体累计编发稿件50余篇，展示履职成果和委员风采。高标准制作专题片《绿色　生态　梦想——安次现代农业发展纪实》，展现安次发展魅力。深入挖掘安次历史文化，编辑出版《镜述老安次》画册，以老照片的形式多角度、多侧面地记述历史，追溯旧时光，进一步激发广大群众热爱家乡，建设安次的热情。举办学习宣传党的十九大精神“建新杯”书画展，用笔墨歌颂党的光辉历程和丰功伟绩，展示安次经济社会发展成果，传递正能量，增强凝聚力和向心力。

【坚持严实当头，不断加大政协自身建设力度】 狠抓政协党组建设。全面落实政协党组从严治党主体责任，履行“一岗双责”，扎实推进“两学一做”学习教育常态化、制度化，认真落实民主集中制和民主生活会制度，严肃党内政治生活和政治纪律，充分发挥政协党组把方向、管大局、保落实的领导核心作用。

狠抓常委会建设。2017年初，研究制定印发《常务委员会和主席会议工作规则》等规章制度，为更好地履行政协职能提供制度保障；把学习习近平总书记系列重要讲话、党的十八届六中全会、党的十九大和省、市、区委全会精神作为常委会议学习重点，提高常委政治素质；坚持常委会议邀请部分委员列席制度，接受委员监督；实行常委履职参会情况通报制度，不断改进会风，努力打造奋发有为、创新发展、务实为民的领导集体。

狠抓专委会建设。年初，区委选派5名工作经验丰富的干部到专委会任职，加强政协工作力量，改善专委会人员结构。实行专委会定期向主席会议报告年度计划、工作进展制度，促进相关工作落实。各专委会按照职责分工，组织本委组成人员开展学习培训、座谈交流、调研视察等活动，营造务实干事氛围。

狠抓委员队伍建设。坚持政协领导走访、约谈委员制度，加强委员管理。举办政协委员培训班，邀请专家教授对全体政协委员和机关干部进行系统培训，提高履职尽责的能力和水平。为每名委员订阅《乡音》《文史精华》等刊物，邮寄政协各项规章制度和学习资料，加强日常学习。对委员进行年度考核，将考核结果纳入委员履职档案，作为奖惩依据。2017年，政协委员参与各项社会公益事业，帮助群众解决困难，以实际行动体现社会担当，凝聚和弘扬正能量。委员综合素质明显提高，业务能力有效增强，建言献策水平不断攀升。

狠抓机关队伍建设。坚持每周一集体学习制度，提升政协机关干部业务知识水平；严格落实中央八项规定和省市区委相关要求，扎实开展“两学一做”学习教育等主题活动，建立健全机关作风建设长效机制；深入开展党风廉政教育，着力推进党风廉政建设责任制落实；加强机关党支部标准化建设，规范“三会一课”、精心组织专题民主生活会、组织生活会，做到红脸出汗、立行立改，逐步树立起“勇于创新、甘于奉献、忠诚担当、争创一流”的新时代安次政协精神。

（任志勇）

社会团体

总工会

【概况】 廊坊市安次区总工会隶属于廊坊市总工会和安次区委的双重领导。2017 年，有机关工作人员 10 人，内设 2 个部室，即：综合办公室、财务部。安次区总工会在廊坊市总工会和安次区委的领导下，全面贯彻落实十八大、十九大精神，围绕中心、服务大局，大力开展基层组织建设、素质工程建设、职工帮扶救助、劳动模范管理、女工工作以及经审工作等，各项工作取得长足进展。

【基层组织建设】 在基层组织建设工作上，坚持一手审核企业情况，一手抓建会。通过省总的会员录入软件，每年对其中的预置企业以乡镇（街办处）为单位，分解任务目标，认真核实其实际情况，对于名存实亡、倒闭破产企业坚决予以注销；真实存在的企业按其规模和实际生产经营状况，督促其建会，充分利用税务代征工会经费的杠杆作用，逐步形成企业主动上门建会的良好工作局面。进一步规范工会会员管理工作，依托省总会员管理软件，制定下发《工会会员会籍变更登记表》和《工会增加会员登记表》，使建会单位增加会员和域外会籍转接工作得到有效提升。深入宣传规范基层组织建设典型事迹，2017 年杨税务乡获得“省级示范乡镇”称号同时奖金拨付到位；落垡镇总工会和河北廊坊高新技术产业开发区总工会分别荣获“河北省示范乡镇（街道）工会”和“河北省示范开发区（园区）工会”荣誉称号；复查富士康、1206、富强、德仁、银河南路街道总工会 5 家职工之家，复查结果均在 95 分以上。

【素质工程建设】 在职工素质工程建设方面，2017 年出资帮扶落垡镇总工会建设职工活动场所，该活动场所室内部分为 150 余平方米，设有乒乓球室、台球室、图书室等，室外部分为篮球场；着力提升职工法律素质，组织参加市总“喜迎十九大”职工法律知识演讲比赛，分别取得一等奖、三等奖优异成绩，并代表市总赴省总参赛。

【普惠卡服务工作】 坚持“一手抓办卡、一手抓推广”的工作方向，通过发放宣传彩页，建立微信、QQ 等工作群，广泛发动和宣传办理会员普惠卡的目的和意义；把困难职工帮扶金、劳模救助金、金秋助学款及“一日捐”帮扶救助金等都通过会员普惠卡来发放，提高普惠卡的使用率；继续推进会员普惠卡的办理工作，2017 年全区发放会员普惠卡 3.73 万张，办卡率 84%。

【困难职工帮扶工作】 2017 年发放帮扶资金 38.27 万元，其中“金秋助学”救助 13 名困难职工子女，发放救助金额4.27万元；全年“两节”（中秋节、国庆节）帮扶救助活动为170名在册的困难职工发放救助金34万元。结合实际工作对省困难职工档案管理办法征求意见稿提出切合实际的意见和建议，形成报告上报市总工会。

【劳动模范服务与管理工作】 2017年全区110名各级劳动模范通过市总认证，登记在册管理；为22名市级退休劳模发放荣誉津贴3.5万元；为80名劳模进行体检；组织25名劳模参加疗休养活动。

【职工互助一日捐】 2017年“职工互助一日捐”募集资金30.84万元，参加活动人数为17639人（含富士康）。截至2017年年底，救助符合条件捐款职工44人，救助金额20万元。

【暑期“送清凉”活动】 暑期“送清凉”活动安次区总工会为中安信、富士康精密电子（廊坊）有限公司等10家企事业单位一线职工送去毛巾、矿泉水、白糖、解暑茶饮等消暑降温物品。

【安全生产工作】 2017年110家企业参加“安康杯”劳动竞赛，全区100名重点企业工会干部参加劳动保护监督检查员培训，系统学习劳动保护和安全生产知识。

【女职工工作】 2017年安次区总工会组织推荐“五一巾帼标兵岗”优秀集体评选，区水务局办公室获此殊荣；举办以收养、抚养、家暴、家庭财产关系为主要内容的“木兰有约”法治宣讲；推进“爱心妈妈小屋”建设，截至2017年年底建立13家“爱心妈妈小屋”；报刊发行工作：订阅《河北工人报》399份，《工人日报》154份，《华夏女工》杂志94份。

【经审工作】 召开三届八次经审委员全体会议，审议通过2016年度区总工会经费收支决算、2017年工会收支预算编制草案和“关于2016年工会经费审查工作情况和2017年经审工作安排的报告”（审议稿）；审查审计103家基层工会经费收缴情况并出具审计报告。

【创新和调研】 在创新、创优工作上，以关爱员工为抓手，选取富士康工会的“员工关爱平台”作为创新课题，形成创新报告，参加市总创新评选；在调研课题选取上，区总工会选取基层组织建设和困难职工帮扶两个调研课题，充分发挥河北省工会业务管理系统软件和工会帮扶工作管理系统在基层组织建设和困难职工帮扶中的作用，总结经验形成调研报告。

【班子建设情况】 召开区总工会三届八次全委（扩大）会。全会审议通过区总工会三届委员会工作报告、三届委员会经费审查工作报告和2017年全区工会工作要点，安排部署2017年全区工会工作。同时，全会还选举产生常务副主席和常委，增（替）补部分委员。继续深化“两学一做”教育实践活动，使之常态化；召开专题组织民主生活会，民主测评党员；加强党风廉政建设主题责任建设，班子成员签订“责任状”；加强《准则》、《条例》的贯彻学习；深入开展“不作为、乱作为、慢作为”和违规使用公务加油卡等自查自纠活动；组织观看《将改革进行到底》、十九大开幕式等，并以多种形式宣传贯彻十九大精神。

（张书然）

工商业联合会

【概况】 安次区工商联是党和政府联系非公有制经济人士的桥梁和纽带，是政府管理非公有制经济的助手。是由安次区工商企业和经济界人士组成的人民团体。本会以团结、帮助、引导、教育广大会员爱国、敬业、诚信、守法、积极投身社会主义现代化建设事业为方针，全心全意为安次区非公经济服务。2017 年，安次区工商联编制 3 人，实有人数 4 人。工作地点在安次区南龙道 39 号，安次区行政服务中心南楼 B 座 506、5071、5072、508 室，办公用房均符合规定标准。2017 年 11 月 23 日，经由区委统战部主要领导审阅同意并报请区委主要领导通过，安次区工商联召开五届二次执委会，届中增补张明、朱强峰、刘成、张冬春、赵知松、赵绍龙、聂伟、李福江 8 人为安次区工商联执委。截至 2017 年 12 月 31 日，安次区工商联现有驻会人员 4 人。非驻会执委情况：其中主席（会长）1 人，名誉主席 1 人，专职副主席 2 人，非公经济副主席 16 人，秘书长 1 人；商会会长 1 人（由工商联主席兼任），副会长 8 人，执委 55 人。2017 年，安次区工商联紧紧围绕党的十八大、十九大精神和党中央决策部署，深入贯彻落实习近平总书记对河北提出的“四个加快”“六个扎实”“三个扎扎实实”等一系列重要指示精神，以习近平新时代中国特色社会主义思想为统领，不忘初心，牢记使命，围绕“两个健康”主题充分发挥职能作用，在推动区域经济社会发展中积极作为。2017 年，安次区工商联获得“河北省先进县级工商联”荣誉称号。

【做好非公人士的思想政治工作】 即全面深入贯彻落实党的十八大、十九大和省委第九次党代会精神，始终把做好非公人士的思想政治工作作为重中之重，常抓不懈，努力培养建立一支坚决拥护党领导的非公经济人士队伍。一是通过组织座谈会、培训会等途径，向广大非公经济人士宣传党和国家的各项方针政策及区委、区政府的中心工作思路。综合各地各优秀企业实践，汇总整理《加强民营企业文化建设的指导意见》，倡导和推进积极进取、健康向上、诚实守信的企业文化建设。二是在开展“争做优秀社会主义建设者”“学新奥、比创新、促转型”等活动的同时，每年开展两次会员企业观摩拉练活动，通过典型带动和互学互促，扩大企业影响，提高企业知名度，增强企业家的荣誉感、成就感和社会责任感，特别增强了自我完善、发展提高、回报家乡的内生动力和使命感。三是配合组织部门，高标准谋划建设非公组织党委，进一步加强非公企业党建工作。主动深入企业调研，指导企业开展“创先争优”“党的群众路线教育”“两学一做”等实践活动，党组织在企业发展中的战斗堡垒作用显著增强。四是第一时间组织会员企业集中收看十九大开幕式，在不断搜集辅导资料和各种网络汇编、第一时间向会员企业推送学习的基础上，精心组织十九大精神宣讲活动，第一时间送十九大精神进企业，将广大会员企业紧紧团结在党的周围。五是开展理想信念教育实践活动。组织多次座谈会、报告会及演讲活动，引导非公有制经济人士特别是年轻一代民营企业家致富思源、富而思进，倡导会员企业要有战略眼光，善于研究政策，善于自我革命，善于坚守底线，遵纪守法，诚信经营，不能脱离政治搞企业；要有责任担当，不计较眼前得失，着眼大局，增强政治意识；要懂感恩回报，投身光彩事业，做一个有善心、有爱心、有良心、有家国情怀、懂感恩、不忘初心、激情发展的企业家。

【工商联例会活动】 2017 年年初至年末，一个多月一期的主题例会活动，举办内容以坚定企业家理想信念、提升企业家综合素质、拓展企业家发展思维、丰富企业家生活为主；举办形式以银企对接、专家授课、观摩拉练、高校学习、外出考察、会员联谊等为载体，有穿插、有结合；举办时间坚持“两错开”，即与企业生产高峰错开、与传统佳节时间段错开；参加人员，除执委以上企业家外，每期固定邀请区委、区政府领导人，区直涉企行政部门负责人及战略合作银行负责人，每期不固定的是每次邀请的领导不同，每次邀请的职能部门不同，基本做到月月都有银企对接会、月月都有政企直通车，周而复始，连续开展近 10 年时间，2015 年—2017 年逐步实现完善和提升。

安次这条线，不仅是区工商联发展的主心骨，也是安次开放包容的一个品牌。如 2017 年 11 月份主题例会活动，观摩拉练、执委会、十九大精神宣讲会、理想信念报告会“四位一体”举办，内容丰富，形式灵活，得到广大会员企业的高度赞扬，品牌聚集效应不断增大，众多非公人士纷纷争先而来，会员人数不断壮大，经过各方推荐和严格筛选，五届二次执委会一次就增补吸收了 11 名执委。即使会议结束后，仍有 4 名非公人士要求加入，龙河高新区孵化园负责人意向带着 70 余家孵化企业集体加入。通过例会活动，不仅最大限度地将广大会员企业紧紧地团结在党的周围，更为重要的是，增强工商联凝聚力和影响力，增强会员企业“比学赶超”、自我革命、自我创新的内生动力，为促进安次区民营经济发展起到巨大推进作用。

【全心全意为会员企业服务】 即时刻向会员企业敞开服务之门，全心全意发挥桥梁纽带作用，随时随地为会员企业排忧解难。2017 年虽然安次工商联机关仅有 4 人，而且主要精力疲于应付会议、财务、市、区两级交办事项等日常事务性工作，但一把手带头、班子成员齐心协力，采取见缝插针式的工作方法，竭尽全力为会员企业去做方方面面的服务工作。小到企业家子女就学、老人就医、员工购房，再到沟通职能部门、接待企业客户、带队赴外参展等，以至对接银行领办贷款、协调土地跑办手续等，只要是会员企业的问题，就是安次工商联的工作；无论事大事小，都尽心给予帮助；虽然机关人少，但活动不少；作为会员企业的娘家，无论 8 小时内还是 8 小时外，时刻敞开家门，主动担当，履职尽责，切实解决企业后顾之忧，让会员企业安心发展、轻松发展。一是打造沟通服务平台。开通政银企直通车，主动加强与党委、政府及职能部门联系，主动加强与各金融单位的联系，确保工商联的桥梁更畅、纽带更紧。坚持每周走访制度，扑下身子，嘘寒问暖，主动征求会员企业意见建议，第一时间反馈，脚踏实地帮助协调解决。二是打造协调维权服务平台。一方面，利用工商联机关内常设的“会员之家”提供一般性咨询服务；另一方面，常年聘请两位法律顾问免费帮助会员企业法律援助，切实维护民营企业的合法权益。三是扩大经济服务平台。积极牵线搭桥，招商引资，为民营企业抓项目、抓品牌、抓创新创造机会。每年除组织参展“5·18”“9·26”以外，还定期组织外出考察和推介活动，同时开展域外友好商会建设，为会员企业走出去搭桥引路。2017年，谋划筹建安次区工商联“一路一带海外合作商会”，为会员企业谋求更广阔发展空间。四是搭建银企合作平台。除一年组织两次专题银企对接会、每月例会活动都邀请金融部门领导参加交流外，安次工商联主动作为，促成政府1000万财政资金分别与建设银行、邮储银行“助保贷”合作项目，从根本上解决中小企业融资难问题。五是打造培训服务平台。2015—2017年，组织各类培训活动21场，培训会员企业3000余人次。

【做好非公人士政治安排工作】 一是拓宽渠道，做好非公人士政治安排工作。定期组织会员企业中的人大代表、政协委员，瞄准全区当前重点工作，深入一线开展调查研究，同时想方设法安排会员企业参加区委、区政府有关会议活动及行风评议，为会员企业参政议政创造条件、提升水平。二是固本强基，加强工商联机关建设。按照“政治坚定、业务精通、作风过硬”要求和“亲、清”原则，坚持每周集中学习制度，不断提高政策理论水平；坚持月通报制度，沟通工作情况，统一思想；坚持党组成员带队参加省、市培训，做到与会员企业理论同步、思维同频、行动同向；坚持走出去、请进来，加强与外省、市工商联交流与合作，开阔眼界、拓宽思路；坚持定期召开民主生活会，严格落实八项规定，正确处理新型政商关系。三是广泛联系，发展会员。结合安次区非公企业现状和非公人士诉求，在注重质量、严格考察的前提下，逐年递增，把一批有社会影响、行业影响的企业和热心工商联事业的非公人士吸纳进来，始终保持安次工商联队伍的稳定性和先进性。四是配强班子，关注关心商会发展建设。一批政治思想素质强、年富力强、责任心强、经济实力强的企业家充实调整到商会领导班子，保证商会建设的高效运行。充分发挥理想信念教育实践活动主阵地作用，以报告会、座谈会扩大参与面，增强凝聚力；以树典型、立标杆带动覆盖面，增强影响力；以评分、述职、考核加强商会队伍动态管理，保证商会组织的长足发展。五是精准扶贫，推动“光彩事业”深入开展。牢牢把握光彩事业的宗旨和原则，加强宣传发动，强化组织协调，失学儿童救助、贫困学生资助、白血病患儿施助、见义勇为瓜农帮助等不间断的公益活动，以及向全区大病统筹基金捐款、每年支出20万元教育基金和资建小学，一次次彰显了安次工商联会员企业的社会担当。认真落实习近平总书记“精准扶贫”要求，2017年组织7家会员企业赴张家口对口帮扶7个贫困村，加强联系，精密谋划；主动承担全区259户中167户建档立卡贫困户的扶贫任务。六是注重创新，不断开创工商联工作新局面。为弥补基层商会的职能空缺和解决联谊不够等问题，实行“主席联系执委制度”；为了解决工商联机关人员少、思路窄、活动形式单一等问题，实行了“会员企业轮流争办例会制度”。这些做法获得市委统战部唯一的“优秀实践成果创新奖”，并在省委信息中心内刊上全省刊发推广。2017年，安次区工商联被河北省工商联评为“河北省先进县级工商联”。

（王文智）

共青团

【概况】 中国共产主义青年团廊坊市安次区委员会（简称团区委）是中国共产党领导的先进青年群众组织。2017 年区团委有职工 6 人，内设 2 个部（室）：办公室、创业指导部。2017 年，团区委深入贯彻党的十九大和区六次党代会精神，严格按照全年“全力推进团省委确定改革任务清单任务和团市委重点考核工作、全力落实区委、区政府各项部署要求”的工作主线，扎实推进改革试点各项任务，充分发挥吸引青年、凝聚青年、服务青年的作用。为全面提高广大团员青年的素质，增强历史责任感和使命感，组织团员青年学习习近平总书记重要讲话精神；加强基层组织建设，整合团组织自有资源开展团建；为激发青年实干热情，表彰 2016 年度共青团、少先队工作先进集体和个人；为不断完善志愿服务组织，提高志愿服务质量，组建廊坊师院、职业技校、安次文化等多支志愿服务队，相继在全区开展“学雷锋志愿服务月”“文明创建、青年争先”“与学子同行、高考爱心驿站”等志愿服务活动；为深入推进社会主义核心价值观教育，帮助全区青少年树立正确人生观、世界观和价值观，组织开展“我的家乡美丽安次”“社会主义核心价值观”“法制文化节”等主题宣教活动。

【不断加强思想引领】 把加强青少年理想信念教育作为基础性工作抓实抓牢。一是深入开展理论武装青少年。将学习总书记关于青年工作重要讲话精神与贯彻党中央和团中央的路线、方针、政策相结合，与安次的改革、发展及青年思想实际相结合，确保团员青年政治理论学习扎实有效。第一时间组织十九大精神的贯彻落实和宣传学习，召开全区青年代表学习十九大报告座谈会，要求各基层团支部政治学习在内容和时间上与党支部的学习同步。同时，在区青年中心、馨视界青年中心等地还开展习近平讲话精神学习读书班，社会主义核心价值观朗读会，在新时代旗帜下成长，歌颂党的十九大诗歌朗诵比赛等活动，有效推动团员青年政治学习，达到以理论学习促进政治素质提高的目的。二是不断加强团员先进性教育。在基层团组织和广大团员青年中深入推进“一学一做”主题教育活动。充分利用各个重要时点，加大对团员先进性教育。2017 年五四青年节期间，组织召开全区纪念五四运动暨表彰大会，表彰先进集体和个人。督导辖区内各中学“择优入团”工作，严把入团门槛，确保团青比 30%的红线不动摇。连续组织开展“安次，我可爱的家乡”“我的中国梦”等主题教育活动，宣传社会主义核心价值观，宣传安次大好发展形势，真正让广大青少年热爱党、热爱祖国、热爱家乡。三是注重新媒体教育。把握新时期时代特征和青少年心理特点，探索和应用微信、微博、QQ 等新媒体手段对十九大精神、共青团活动进行宣传。推广和应用“青年之声”云平台，组织 100 名青年专家和志愿者常态化在线帮助青年解决各类问题，2017 年，青年之声网站浏览量达到 50 万人次，累计解决问题近万条。做实安次青春集结号微网站，定期将共青团重点工作、社会关注热点与青年一起分享，推送 30 期 200 篇信息，开辟共青团“互联网+"新格局。

【主动服务发展大局】 突出青春建功。2017年初，为深入落实区六次党代会精神，向全区广大青年发出"实干担当、激情创业"的号召，激励广大青年干部、企业家和各个战线工作者在全区科技创新、"三区同创""美丽乡村"建设等工作中勇于担当、发挥作用。一是服务经济发展。紧紧围绕加快转变经济发展方式这一核心要点，用开阔的眼界、创新的思维、实在的效果鼓励广大青年创新创业，投身安次建设。开展青年文明号、安次好青年评选活动，以榜样力量鼓励青年热爱岗位、扎实奉献。扎实组织"安全生产月"活动，与区安监局联合开展"青年安全生产示范岗"建设活动。3月9日，团省委统战部部长董骥，带领全省青联考察团来安次区龙河科技孵化园和青年中心参观考察，团区委不仅向各团市委负责人和全省部分青年企业家介绍安次区共青团组织发展情况，也宣传安次区良好投资发展环境。注重协同发展机遇，4月份组织壹佰剧院众创空间、星火众创空间、龙河科技成果孵化园等30余家青创项目参加廊坊市京津冀青年"创新创业"成果展，帮助他们打响名声，为全区科技创新做出贡献。10月份帮扶京津冀协同创新创业园作为省级青年创新创业基地顺利通过省检工作。二是服务和谐稳定。不断完善志愿服务组织，进一步规范志愿者注册、招募、培训和激励保障工作机制。组建廊坊师院、职业技校、安次文化等多支志愿服务队。全程参与第三届第什里风筝节开幕表演、赛事引领、秩序维护、交通疏导等多项志愿服务工作500人次，取得赛事主办方的高度认可。相继在全区开展"学雷锋志愿服务月""文明创建、青年争先""与学子同行、高考献爱心"等志愿服务活动，涌现出安次文化服务队等多支社会公益性服务组织。三是助力创城建设。面对廊坊"精神文明城市""国家卫生城市"双创验收之年的关键时期，响应区委号召，实施4+2志愿服务行动，连续3个多月，利用周末时间，走入馨语、盛德、开源里等20余个社区，开展"青春志愿服务行活动"。走进东储、杨税务大集等场所，摆放宣传板、发放宣传单，宣传"社会主义核心价值观、未成年人保护法"等内容，累计发放宣传材料近20万份。助力形成全社会共同关注和支持创建文明城市、共同关心青少年健康成长良好氛围。

【服务青年成长成才】 把"让青年群众有获得感"作为一切工作的出发点、落脚点。一是满足青少年基本生活需求。关注困难青少年成长和生活，深入推进对困难家庭、留守儿童家庭、低收入家庭、单亲家庭的青少年关爱行动。组织全区各中小学对外来务工子女、失独家庭子女、留守家庭子女进行信息登记，全面掌握情况，定期进行帮扶。在2016年年底调研入户220户的基础上，2017年1月份，争取市级贫困生救助资金1.3万元，救助13名困难中小学生；3月份为符合条件的192户发放团中央希望工程救助金17万元；9月份，协调上级团委、区政府，为区内12名优秀贫困大学生申请发放救助金3.2万元。联合般若昀家庭教育中心，开展辅导讲座，针对青少年易发的心理问题进行讲解和解决。二是满足青少年幸福生活需求。把促进青年就业作为一项长期性任务。充分发挥基层团组织的阵地优势，开辟外来务工青年求职直通车服务项目，定期收集和整理企业用工、招工信息，为求职问职的青年提供帮扶。重视青少年文化需求。在区委、区政府和区文广新局的大力帮助下，累计投资9万元，3月份在安次区壹佰剧院与安次区文化馆共建区青年中心。共享影音室、书画教室、中西音乐教室、电子阅览室等近2000平方米的文化服务资源。满足市区近10万名青少年的文化需求。团中央权益部、农业部人事劳动司团支部、团省委统战部、团市委领导和各兄弟县、市、区团委相继来到安次区青年中心参观学习，创建工作经验得到上级高度认可和推广。特别是6月29日，在中联部、中国国际青年交流中心、团省委等领导陪同下，非洲青年领袖代表团20名非洲朋友来到青年中心参观，安次文化得到更好的宣传。截至10月底，全区8个乡镇、3个街道和1个龙河园区的青年中心全部挂牌成立，配齐办公桌椅和电脑等设施，实现区、乡两级全覆盖。三是满足青少年健康生活需求。组织开展“我的家乡美丽安次”“我的中国梦”主题宣教活动。把思想引领作为抓手，在学校等领域深入推进社会主义核心价值观教育，帮助青少年树立正确人生观、世界观和价值观。注重青少年综合素质提升。组织第十二中学、第十七小学等市区中小学参加全市科学知识竞赛并取得三等奖，第十三中学受邀参加廊坊市首届青年科技节开幕式，进行表演。严格预防青少年违法犯罪。利用区青少年爱心帮教小组，开展法律救助工作，9月份开展中小学“法制安全文化节”，对广大青少年进行普法教育。进一步发挥廊坊四中市级青年维权岗的阵地作用，不断拓宽青少年诉求渠道，解决青少年法律难题。团省委统战部部长董骥实地调研其建设情况。安次区青少年爱心帮教小组工作经验被团省委宣传推广。

【不断加强自身建设】 把团区委机关自身建设和基层团组织建设作为夯实基础的重要保障。一是优化班子机构设置。2017年年初，在党委领导和关怀下，进行班子的补充和调整。增添1名区少先队辅导员和1名副主任科员，形成“一正三副”的领导机构。班子成员的调整，为团区委集中精力开展工作创造良好条件。优化内部机构设置，增设网络工作部、创业指导部，保证适应形势的工作运转机制。二是夯实组织基础。9月27日，在区委、区政府高度重视和关怀下，成功召开分区后第一次共青团代表大会，135名青年团代表参加会议，区委书记张平在开幕式上作重要讲话，大会安排部署今后一个时期的工作，并选举产生共青团廊坊市安次区第一届委员会。书记、副书记、委员和候补委员实现全票当选。团代会的顺利召开，标志着安次区共青团改革试点工作任务全面完成。三是加强自身学习。针对基层团组织覆盖不广、服务不够的短板，团区委更加注重服务青年能力、自我运转能力的培训与提升。领导干部参加团市委、市、区组织部组织的各类培训活动，团区委5名团干部赴井冈山、石家庄等地就十九大精神，团、队改革等工作培训学习；其他干部自觉按照要求上网培训。深入开展党员干部“两学一做”和团员青年“一学一做”专题教育和团组织基层建设提升年活动，着力加强团组织领导班子和干部队伍建设。特别是认真学习党的十九大会议精神，收听收看习近平总书记作报告，并集中学习区委六届二次全会精神，通读张平对学习十九大的贯彻落实意见和要求。四是注重廉政建设。按照上级要求，认真开展“一问责八清理”和“微腐败”专项整治活动。班子成员查摆问题、自查自纠，警钟长鸣，确保不出问题。全面推进从严治团，2017 年组织全体会 12 次，集中学习 10 次，深入学习习近平总书记重要讲话和市、区党代会，区纪委全会等会议精神。推进作风整顿，再部署再强调工作纪律、生活纪律，严格要求作息时间、请销假、上班纪律等易发生问题，确保树立团干部勤奋务实良好形象。

【所授表彰】 2017 年 5 月被共青团廊坊市委授予 2016 年度“廊坊市五四红旗团委”；2017 年 12 月被共青团廊坊市委授予 2017 年度“廊坊市青年之声工作先进集体”；2017 年 12 月被共青团廊坊市委、廊坊市教育局授予 2017 年“廊坊市少先队辅导员技能大赛优秀组织奖”。

（马啟超）

妇 联

【概况】 廊坊市安次区妇女联合会（简称区妇联）。2017 年安次区妇联有工作人员 4 人，内设 1 个办公室。全区乡镇街道妇联换届后，8 个乡镇、3 个街道办事处各选举产生妇联执委 15 人至 17 人，其中包括妇联主席 1 人、专职副主席 1 人、兼职副主席 2 人至 7 人。截至 2017 年底，全区 284 个村街，26 个社区妇代会改建妇联比例达到 63%。区妇联在党政机关、科教文卫等 8 个事业单位设立妇委会，其他区直单位也均设有兼职妇女干部，2017 年，发展巾帼者 160 多人，形成以专职妇联干部为主体、兼职妇联干部为骨干、巾帼志愿者为依托的“三位一体”的妇联组织网络。安次区妇联的组织性质是全区各族各界妇女在中共安次区委领导下为争取进一步解放而联合起来的社会群众团体，是党和政府联系妇女群众的桥梁和纽带，是国家政权的重要社会支柱。妇联组织作用：代表和维护妇女权益，促进男女平等。妇联组织任务：团结、动员妇女投身改革开放和社会主义现代化建设，促进经济发展和社会全面进步；教育、引导广大妇女发扬自尊、自信、自立、自强的精神，提高综合素质，促进全面发展；代表妇女参与安次的民主决策、民主管理、民主监督、参与有关妇女儿童法律、法规、规章和政策的制定，推动安次妇女、儿童发展纲要的实施，维护妇女儿童合法权益；为妇女儿童服务；加强与社会各界的联系，协调和推动社会各界为妇女儿童办实事；巩固和扩大各族各界妇女大团结。

【发挥妇联组织服务妇女的作用】 一是开展关心关爱妇女儿童特殊群体，开展节日“送温暖”活动。2017 年春节前夕，区妇联和市妇联联合走访慰问安次区老妇联干部代表高桂敏、仇庄乡贫困女童张颖、调河头乡病困母亲李俊敏、葛渔城镇贫困母亲宋兆平。“六一”节前夕，区妇联主席一行 3 人来到落垡镇，慰问优秀春蕾女童信富娆等 3 人。“七一”建党节，区妇联慰问安次区银河南办事处开源里社区、钰海社区退休妇女党代表贾玉琴、陈洪霞。重阳节，区妇联又看望老妇联干部高桂敏。2017 年区妇联为社会爱心人士和贫困儿童牵线搭桥，救助 7 名贫困儿童，募集发放救助资金 5000 元。二是关爱妇女儿童身体健康，开展形式多样的健康服务。开展妇女健康检查。2017 年 3 月，区妇联联合永华社区卫生服务中心，为 300

多名妇女进行“两癌”免费检查。8月9日，来到杨税务乡孟村村，进行免费妇科检查，为近百名妇女提供妇科常规检查、B超检查、血糖检测等免费健康检查项目。开展向贫困妇女儿童发放钙片活动。2017年9月23日上午，区妇联在孟村村举行“盖天力·妇女儿童关爱健康活动”钙片发放仪式之后，区妇联又在全区各乡镇、街道发放钙片，累计发放2250瓶。关爱贫困妇女，提供健康保障。根据省市妇联的工作安排，联合中国人寿保险股份有限公司河北省分公司为安次区100名贫困妇女免费投保“国寿关爱女性生殖健康”团体疾病保险。三是关注儿童健康成长，开展家教公益活动。2017年由廊坊市安次区妇联主办、安次区公益亲子读书会承办“书香润家 亲子共读”年度系列公益活动，读书会走进农村、社区、图书馆举办30场公益读书活动，受益家庭3000余个。四是服务妇女发展，支持女性创业就业。开展家政培训，促进妇女创业就业。安次区妇联依托四通职业教育培训学校建立妇女培训基地，2017年培训安次区妇女200多人。推报省级示范点，助推妇女家庭手工业。2017年5月，区妇联推报天置御绣有限公司、安次区调河头乡宗华风筝厂为全省手工旅游大数据平台示范点；推报天置御绣有限公司为河北省“手工进家 妈妈在家”项目基地。

【提高妇联组织参与和谐社会创建能力】 一是表彰先进妇女代表，安次区妇联于2017年3月3日下午，在区二招会议中心召开安次区庆三八表彰大会，对2016年度21个“三八红旗集体”、125名“三八红旗手”、43个“最美家庭”进行表彰。区委、区人大、区政府、区政协四套班子领导出席大会并为获奖单位和个人颁奖。二是开展妇女普法维权宣传活动和妇女信访接待工作，促进社会和谐稳定。开展“木兰有约”法治知识宣讲活动。廊坊市“木兰有约”宣讲团就“家庭理财风险防范及法律责任”进行宣讲。全区各界妇女代表100余人参加活动。开展三八维权宣传活动。2017年3月4日上午，区妇联在明珠兴安超市前开展维权宣传活动，向过往群众发放《中华人民共和国反对家庭暴力法》《中华人民共和国婚姻法》等与妇女权益相关的法律法规知识宣传折页300余份，并现场接待咨询20余人次。切实做好妇女信访接待工作，依法维护妇女权益。2017年，区妇联接待妇女来电来访14次，经妇联协调，为权益受侵害妇女提供法律援助6次，为受家暴妇女提供庇护1次。动员各级妇联和社会各界开展国家宪法日宣传活动。12月3日，安次区公益亲子读书会在安次区图书馆举办国家宪法日主题宣讲活动；中国白丝带志愿者廊坊市服务站在盛德社区开展“拒绝家庭暴力 促进性别平等”等主题宣传活动；12月4日国家宪法日当天，区妇联在市区明珠兴安超市开展《中华人民共和国反对家庭暴力法》《中华人民共和国婚姻法》的维权宣传活动；银河南路办事处，开展题为“建设法治中国 巾帼在行动”国家宪法日网上宣传活动。三是发挥职能作用，助力文明城市创建活动。在全区上下共同开展文明城市创建的过程中，区妇联充分发挥职能作用，广泛招募巾帼志愿者，以“星期六文明行动”等多形式开展文明城市创建活动。四是开展最美家庭评选活动，以家庭文明促社会和谐。4月初，区妇联在全区启动2017年度寻找“最美家庭”活动。区妇联于5月14日下午，在安次区文化馆举办主题为“寻找最美·感受最美·传递最美”的安次区“最美家庭”事迹报告会，庆祝“母亲节”和5月

15日国际家庭日。截至2017年年底，有20个家庭入围区级最美家庭，区妇联将其中3个家庭向市妇联推报，参加全市“最美家庭”评选。五是推动美丽庭院创建活动。下发专门文件，开展“美丽安次·十佳百优美丽庭院”评选活动，经基层筛选推荐了58户为美丽庭院示范户。召开美丽庭院观摩现场会，11月2日区妇联组织各乡镇妇联干部近20人深入仇庄乡宋王务村2个示范户家中实地进行观摩，并为宋王务村的12户示范户颁发牌匾，赠送美丽庭院大礼包。发挥志愿讲师作用，到村民讲习所开展宣讲活动。2017年讲师团深入孟村、第什里、宋王务等村民讲习所进行宣讲，提供服务达10余次，惠及妇女群众500余人。六是协调联动，示范创建，不断优化儿童成长环境。组织开展2016年安次区妇女儿童发展规划监测评估工作。按照市妇儿工委办通知要求，区妇联协调各成员单位开展监测工作。区妇儿工委办在各成员单位提供资料、数据的基础上，收集全区2个规划2016年的监测数据，完成安次区2016年2个规划数据监测统计工作。开展儿童之家示范创建活动。按照省、市妇儿工委要求，结合区儿童发展规划相关内容，积极推进“儿童之家”创建工作，2017年在部分乡镇、社区建立起2个市级儿童之家和2个县级儿童之家，2017年银河南钰海社区的儿童之家被确定为省级“儿童之家”，省妇联为钰海社区儿童之家配备价值数万元大型室外滑梯、室内儿童玩具和儿童图书。

【不断推进妇联系统改革，加强基层妇联组织和阵地建设】 一是以党建带妇建，强力推进乡镇妇联换届工作。安次区妇联和组织部联合制定《关于加强乡镇（街道）妇联建设的意见》，并以组织部红头文件形式下发，同时，安次区妇联制定《乡镇（街道）妇联换届选举工作实施方案》，2017年4月22日召开全区乡镇（街道）妇联主席工作会，并于5月底全区各乡镇、街道全部完成妇联换届选举工作。二是以点带面，推进妇代会改建妇联工作。2017年下半年，区妇联启动村、社区妇代会改建妇联工作。9月底，全区26个社区完成“会改联”工作。11月2日，安次区妇联召开妇联重点工作推进会，在各村街迅速启动村街“会改联”工作，截至2017年12月底全区80个村街完成“会改联”工作。三是加强妇女阵地建设，推进妇女之家示范创建活动。2017年2月份，区妇联创建11个区级妇女之家示范点，统一制作上墙展板，规范妇女之家各项规章制度；5月份区妇联在安次区文化馆挂牌建立区级“妇女之家”；6月份为调河头乡调河头村妇女之家申报省级“示范妇女之家”。四是开展妇联组织区域化建设工作。2017年调河头乡被列为省级乡镇（街道）妇联组织区域化建设示范点。调河头乡有省级示范妇女之家1个——第什里村妇女之家，2017年又在安次区妇联的支持和指导下建立乡妇女之家。2017年9月6日省妇联领导到调河头乡督导乡镇妇联组织区域化建设后，为调河头乡妇联配备了电脑、多功能一体机、照相机、音箱、大鼓、镲、演出服装等物品。五是学习宣传贯彻十九大精神，加强妇联干部队伍建设。2017年12月1日，区妇联在二招会议中心举办妇联干部培训暨十九大精神宣讲报告会，邀请区委党校教研室主任安淑俊授课，区妇联副主席陈广慧对妇联业务知识进行辅导，全区各级妇联干部120人参加培训。

（尹志敏）

科 协

【概况】 廊坊市安次区科学技术协会（简称科协），是安次区科学技术工作者的群众组织，是区委领导下的人民团体，列区委机构序列。2017 年有编制 4 人，下设 1 个综合办公室。在区科协在区委、区政府领导下，在市科协指导下，充分发挥党委和政府联系科学技术工作者的桥梁和纽带作用。深入贯彻落实科学发展观，创新载体，开展形式多样，丰富多彩的科普活动，促进科学技术与经济结合，为社会主义物质文明和精神文明建设服务。维护科学技术工作者的合法权益，为科学技术工作者服务。区科协加强与各学会联系，围绕富民强区，打造和谐安次，科技人员代表结合自己工作业务范围，坚持送科技下乡，以讲座、现场指导等多种形式，开展科普活动。

【科普进社区活动】 亿合社区力争打造“园林式智慧创新型科普示范社区”的特色社区。社区结合“交通安全进社区”“法律服务进社区”等活动，以及健康教育、计生、消防、禁毒、暑期教育等内容，组织科普培训、咨询、文艺演出、宣传等活动，2017 年区科协发放各类科普宣传材料 1500 多份，接受群众咨询 2000 多人次。使社区居民受到良好的科普教育。开展食品安全等科普知识讲座 1 场次，在南苑社区宣传传染病防治科普知识讲座。

【参与“文化科技卫生”三下乡活动】 2017 年 3 月，区科协在市区兴安明珠超市广场参与廊坊市委宣传部组织的“文化、科技、卫生”三下乡活动，活动现场，区科协结合工作职能和百姓实际需要，设立展牌、发放宣传资料等方式，为百姓送上政策、技术和生活科普知识，受到广大群众称赞。科协在杨税务大集市场上为百姓发放宣传材料 1800 多份。

【科技（科普大篷车）进校园活动】 安次区科协在 2017 年 10 月份组织一次科技进校园活动。与廊坊市科协共同组织科普大篷车，开进廊坊第市十三中学，在校园内营造科普氛围，使广大师生受到教育。

【专家义诊咨询活动】 区科协与市科协一起组织 1 次专家义诊咨询，服务百姓活动。2017 年 9 月下旬有 40 多名专家在落垡镇东张务村大集为 300 多名老百姓进行义诊，收到良好效果，得到百姓称赞。

【全国科普日主题活动】 2017 年 9 月下旬举办全国科普日主题活动，为期一周。走上街头闹市区，集中开展科普宣传活动，进一步倡导科学健康的生活方式和行为，提高全民科学素质。发放宣传材料 2500 多份。

【主要工作成效】 深入贯彻落实科学发展观，创新载体，开展形式多样，丰富多彩的科普活动，促进科学技术与经济结合，为社会主义物质文明和精神文明建设服务；维护科学技术工作者的合法权益，为科学技术工作者服务。进一步加强安次区农村基层科普组织和队伍建设，提升农村科技服务水平和能力，推荐和培育安次区西小韩村葛凤刚作为农村科普带头人。搭建平台，发挥农村龙头企业科技示范带动作用，通过与市科协沟通，2017 年继续将“廊坊市欧华农牧股份有限公司”定位种猪繁育培训基地。此项目受到市科协领导的一致肯定，并予以资金扶持。维护和定期更新科普画廊内容。在有科普画廊的 17 个社区开展以“节能环保　低碳生活”“倡导健康生活　养成科学饮食习惯”“食品药品安全科普知识”等为主题的科普展，定期更新科普画廊内容，提高社区居民科学素质。开展科普 e 站建设。2017 年按照省市科协统一要求，区科协建成示范科普驿站 1 个、重点科普驿站 4 个、基础科普驿站 18 个。主要问题：由于缺少资金投入，不能充分发挥科普宣传作用。培养青少年从小“学科学、爱科学、用科学”的思想意识为主，以省级青少年科技创新大赛和科学幻想绘画大赛为契机，做好参赛作品征集上报工作。加强科技示范校创建工作。全区有 6 个科技示范校被市科协命名，其中廊坊市第五小学为“省级科技示范校”。

（蒋素香）

残　联

【概况】　廊坊市安次区残疾人联合会（简称残联）成立于 1989 年 12 月。残联常设办事机构为执行理事会，负责处理残联的日常工作，执行理事会实行理事长负责制。安次残联是在区政府领导下的残疾人事业团体，是中国残疾人联合会的地方组织，受上级残联的指导。2017 年有干部职工 5 人，下设办公室。全区持证残疾人 8731 人，其中视力残疾 733 人；听力残疾 562 人；言语残疾 122 人；肢体残疾 5476 人；智力残疾 828 人；精神残疾 357 人；多重残疾 653 人。各级残联机构不断健全，队伍素质不断提高，残疾人事业取得长足进步。2017 年，残联在区委、区政府正确领导下、在上级残联的指导和相关部门的大力配合下，恪守“人道、廉洁、服务、奉献”的职业道德，以关爱残疾人为己任，尽心尽职，爱岗敬业，全心全意为残疾人服务，围绕区委、区政府年初的工作部署，不断探索新时期残疾人工作新思路、新办法，努力创新服务手段，增强服务能力，不断提高残疾人服务水平，全力抓好残疾人工作。

【加强残联系统队伍建设】　残疾人专职委员培训工作。2017 年残联工作人员按照区残联、区财政局、区民政局、区人社局等部门联合下发的《安次区乡镇（街办处）、村街（社区）残疾人专职委员管理办法实施细则》（廊安残字〔2011〕6 号）的有关规定，建立区、乡残疾人专职委员电子信息档案。并对 12 名乡镇级残疾人专职委员进行电脑基础知识及专职委员业务的培训。

【做好残疾人康复工作】　开展肢体矫治手术工程。2016 年安次区残联与城南骨科医院合作为肢体残疾人进行肢体矫治手术，手术成功率 100%，补贴资金发放及时到位，患者满意度很高，2017 年残联继续与城南医院合作。手术矫治范围包括：儿童各种肢体先天畸形、成人髋关节和膝关节坏死、严重变形、脊柱畸形所造成的严重功能障碍的患者。补贴标准：肢体矫治手术平均每例补贴资金 5000 元，由新农合（城镇居民医疗保险）、残联、患者三方面出资完成手术，残联与城南医院签订协议。全年完成肢体矫治手术 40 例，投入资金 20 万元。肢体功能康复。由于心脑血管疾病的后遗症，导致很多人肢体残疾，但这部分残疾人经过专业康复训练是可以成为行为自理甚至完全康复的正常人。2017 年安次区残联与市残联定点康复机构——廊坊市广安医院合作开展肢体功能康复工程，为 20 名因心脑血管疾病造成的肢体功能障碍患者进行康复训练，每人补贴资金 5000 元。对视网膜病变、青光眼等可至盲的眼病进行康复手术，与市残联评定的康复机构—洛基眼科医院合作，资助 24 名安次区籍患者做眼科手术，平均每例补贴资金 2000 元。其他类精准康复 29 例，平均每人补贴资金 2500 元。精准康复。根据安次区残疾人精准康复服务行动实施方案的具体要求，辖区内经 2016 年普查初步认定有康复需求的残疾人为 1015 名，并且针对这些残疾人实际情况确定各项康复项目。经过审核确定广安医院、博康医院、洛基眼科医院和睿聪学校作为安次区精准康复的评估和康复服务机构。2017 年安次区为 1015 名残疾人完成康复服务，其中获得辅具残疾人有 874 人，转介广安医院肢体残疾需要药物 88 人，需要肢体功能训练 8 人、转介博康医院的精神残疾需要药物 30 人、转介洛基眼科医院的视力残疾 5 人、转介睿聪、复聪学校的残疾儿童 10 人。

【抓好残疾人教育、就业工作】 举办残疾人职业技能培训班。安次区残联一直把残疾人技能培训当作一项重要任务来抓。2017 年的残疾人技能培训更注重实效和实用，力争做到培训完就能掌握，掌握就能有效益，能为残疾人家庭创收。2017 年区残联举办互联网就业、电子商务、美甲、手工艺礼品盒等残疾人技能培训班，并组织残疾人参加上级残联举办的各种残疾人技能培训，全年培训残疾人 450 人。扶持贫困残疾人实现稳定脱贫。为提高农村贫困残疾人的劳动技能，使贫困残疾人通过养殖稳定脱贫，残联购买鹅雏发放给贫困残疾人进行养殖扶持。通过政府采购办招标，廊坊市残疾人扶贫基地——廊坊市安次区落垡镇永旭养殖场中标。由养殖基地负责育雏、残疾人养殖户在养殖期间的技术指导、成鹅的回收销售等工作，残联和养殖基地、养殖基地和残疾人养殖户都签订扶持协议，为全区 766 户贫困残疾人发放雏鹅 76600 只。资助考入中高等院校的残疾学生。2017 年为 4 名残疾人大学生及残疾人子女大学生申请资助。扶持残疾人创业。2017 年扶持 2 名残疾人创业，以创业带动就业，进一步改善残疾人就业状况。组织残疾人参加市残联举办的就业招聘会。4 月下旬，区残联 2 次组织 25 名残疾人参加由市残联举办的 2017 年残疾人专场就业招聘会。为残疾人搭建就业平台，让残疾人能够根据自身的残疾程度，找到适合自己的岗位。

【维护残疾人合法权益】 认真做好信访工作。认真落实《以创先争优为契机加强残疾人信访干部队伍建设能力，以事要解决为标准做好残疾人信访工作的七项措施》，进一步完善信访工作新机制，加大对侵害残疾人权益事件的查处力度，切实维护残疾人合法权益，2017 年接待上访人次 4 次，无进京、赴省上访和集体访事件发生。燃油补贴。为残疾人机动轮椅车发放燃油补贴是一项惠民工程。残联广泛宣传，坚持公开、公正、透明原则，严格按照补贴条件和规定程序确定补贴对象，及时发放补贴资金。2017 年为 42 名残疾人提供燃油补贴资金 1.09 万元。贫困残疾人无障碍改造。为提高贫困残疾人生活质量，维护残疾人权益，促进残疾人充分参与社会生活。按照财政部、中国残联的要求，积极推进任务落实。对安次区贫困残疾人家庭进行无障碍改造，扩大受益面。残联经过认真筛选、严格审批，2017 年为 47 户贫困残疾人家庭实施无障碍改造工程。

【为残疾人做好事、办实事】 残疾人是社会大家庭中的弱势群体，对这个群体予以大力帮助，这是社会文明进步的标志，也是社会主义制度优越性的具体体现。帮助残疾人，扶助残疾人，让他们感受到来自社会的关爱，体会到社会主义制度的优越性，是残联工作者应尽的职责。贫困残疾人应急救助。对全区贫困残疾人因病住院造成的生活困难实施应急救助。2017 年为全区申请救助并经审核合格的 71 名贫困残疾人发放救助资金 42.5 万元。走访慰问，为残疾人送温暖。为让贫困残疾人愉快地度过节日，残联在元旦、春节、国庆、中秋及全国助残日期间走访慰问 1190 户贫困残疾人家庭及 2 个残联机构，并送去慰问品。残疾人日间照料工作。为城区精神、智力及其他重度残疾人提供日间照料服务。2016 年市残联将安次区作为开展残疾人日间照料试点，经过市残联安排协调，依托民政部门老年人日间照料中心的站点（安次区 6 个站点）以及成熟工作模式，为残疾人提供照料服务，实行资源共享。2017 年区残联为 381 名残疾人提供日间照料服务。残疾人用品用具。残疾人用品用具是重度残疾人走出家门，参与社会生活必备的工具，是康复服务工作中的一项重要内容。做好残疾人用品用具供应工作，是实现“人人享有康复服务”目标的具体体现。2017 年为残疾人免费发放残疾人轮椅、拐杖、助行器、坐便器、助听器等用品用具 1371 件。

（张靖雯）

计划生育协会

【概况】 安次区计划生育协会以协助动员广大群众自觉实行计划生育，推动全区人口与经济、社会、资源、环境协调发展和可持续发展为主要任务。2017 年安次区计生协会有干部职工 4 人，下设 1 个办公室。根据党的路线、方针、政策和安次区委的要求，拟定安次区计划生育协会中长期发展规划和全面工作的部署意见，为会员代表大会、理事会、常务理事会和会长会决策提供依据；执行会员代表大会、理事会、常务理事会和会长会决议，落实其工作部署。贯彻落实国家的计划生育方针、政策和法律、法规以及人口与计划生育政策，发动会员带头实行计划生育，促进人口计划的落实。指导各级协会组织理事会员向群众宣传国家计划生育方针、政策和法律、法规，宣传人口科学理论，传播计划生育和生殖健康等科学知识。动员和协调社会各方面的力量，大力开展计划生育“三结合”活动，向群众提供生产、生活、生育服务；开展计划生育系列保险，发展人口福利事业，帮助群众解决实行计划生育中的实际困难和后顾之忧；开展“幸福工程”救助贫困母亲活动。履行民主参与和民主监督职能，反映群众意愿和要求，依法维护广大群众在计划生育和生殖健康方面的合法权益，充分发挥党在计划生育工作中联系群众的桥梁和纽带作用。深入基层，调查研究，了解基层干部群众的意见和计划生育工作全面情况，为区委、区政府和有关部门科学决策提供参考、意见和建议，促进计划生育工作开展。进行国内和国际交流与合作，学习国内外先进经验，促进国内国际交往，争取国际援助，开展计划生育项目工作。承担区委、区政府和廊坊市计生协交办、委托的有关事项。

【基本情况】 2017年，安次区计划生育协会坚持抓基础，抓基层，加强组织建设，建立健全区、乡（镇）、村三级计划生育协会网络。为育龄妇女实行计划生育、优生优育、生产生活提供各种服务；团结计划生育及热心于计划生育工作的各界人士，共同做好计划生育工作，抓好计划生育科研攻关和学术交流；帮助计划生育家庭脱贫致富；组织会员深入基层调查研究，发现问题及时向领导反映情况，提出建议，提供信息，当好参谋。

【增强基层队伍建设，发挥计生协会作用】 一是夯实基层计生协会工作基础。2017年，安次区以创建优秀“会员之家”活动为抓手，加强会员之家阵地建设，投入资金30万元，加大村（居）“会员之家”活动室建设。二是深入推进“幸福家庭”示范户评选活动。为充分展示安次区幸福家庭创建活动成果，评选活动围绕“弘扬安次社会正能量”这一主题，2017年评选出“幸福家庭”示范户120户（其中荣获优教家庭奖25户、致富家庭奖13户、美德家庭奖20户、和谐家庭奖35户、爱心家庭奖27户）。三是开展“亲情关爱”行动。2017年，安次区女性在45岁以上的独生子女死亡家庭99户（166人），伤残家庭48户（80人）。7月份，投入资金5.7万元为147户特殊家庭送去毛毯、电水壶等慰问品。投资2万元分别在仇庄乡和葛渔城镇举办普法知识讲座和心理健康知识讲座。四是开展生育关怀救助活动。2017年，安次区为49名贫困计生大学生开展救助活动，每人发放救助金3000元；对2户患有重大疾病的计生家庭开展救助，分别发放3000元和5000元的生育关怀救助金。

【完善管理制度，加强村级计划生育组织网络建设】 2017年，安次区继续强化“县聘、乡管、村用”“月报月发月训”和“星级管理”工作机制，村计生专干和育龄妇女小组长工资报酬全部纳入区级财政预算，采取基础工资+绩效工资的模式予以发放。定期组织村专干和育龄妇女小组长开展业务培训。2017年，组织12轮培训，培训1326人次，并在重要节日期间，走访慰问48名优秀村级计生专干和优秀育龄妇女小组长并送去慰问金和慰问品，激励效果明显。

【探索新途径，推进“新家庭计划”活动】 为深入贯彻落实党的十八大全会精神，把实施“新家庭计划”纳入安次区社会经济建设总体规划，充分发挥公共服务网络优势，以家庭为主体，以群众需求为导向，促进提高群众生活健康和生活质量，推动安次区和谐社会发展。2017年，安次区继续开展“新家庭计划”试点项目，在杨税务乡太平庄村开展省级“新家庭计划”试点；在调河头乡第什里村启动市级“新家庭计划”试点；在落垡镇东张务村启动区级“新家庭计划”试点，围绕“家庭保健、科学育儿、养老照护、家庭文化”四方面内容，开展主题专家培训活动4次，提高家庭发展能力；建立图书阅览室，购置摄像机、照相机、音箱等器材，组织群众跳广场舞，丰富村民业余生活，提高群众生活质量。

【建立新举措，开展“圆梦女孩”志愿行动】 2017年，安次区开展一系列“圆梦女孩”活动。在关注女孩生存环境、帮助女孩改善生活现状，实现人生梦想活动中，邀请河北师范学院老师给社区女孩授课，讲解“快乐生活、建立自信、实现青春梦想”为主题的课程，女孩们倍受鼓舞，纷纷表示，要努力学习，积极乐观，敢于有梦、勇于追梦、勤于圆梦。9月26日在落垡镇东张务村建立“圆梦女孩书屋”，推动女孩学习科学文化知识，帮助女孩播种梦想、点燃梦想、成就梦想。书屋每周开放时间不少于5天，定期组织女孩开展读书活动。“圆梦女孩书屋”的建成，帮助村里孩子们解决实际困难，为促进女孩快乐成长、健康成才，实现她们的快乐成长梦、上学梦、健康梦和就业梦提供有力保障。

【建立长效惠民机制，推行精准帮扶活动】 一是建立医疗补贴优惠制度。2017年安次区将符合条件的低收入计划生育特殊困难家庭夫妻纳入城乡医疗救助范围，在医疗方面给予优惠，本人持《居民身份证》和《计划生育特别扶助家庭优惠保障册》在安次区医院进行治疗时，在享受城镇居民基本医疗保险或新型农村合作医疗报销后，再给予剩余部分80%的补贴，每年每人补贴最高不超过1万元。二是建立社区医疗服务巡诊和优惠服务制度。计划生育特殊困难家庭夫妻在安次区医院开通就医“绿色通道”，就医时本人持《居民身份证》凭《计划生育特别扶助家庭优惠保障册》免除挂号费，直接安排专家级人员优先诊治。对行动不便人员进行进村入户诊治，对重症需要住院治疗的免费接送。同时安次区医院提供2间专用病房，专门用于计划生育特殊困难家庭夫妻住院治疗。三是免除计生特扶对象参加城乡居民医保个人负担部分。2017年安次区为参加城乡居民医保的计生特殊家庭父母的个人负担部分给予买单，减轻他们生活压力。2017年安次区女性在49岁以上的计划生育特殊家庭父母211人，参加城乡居民医保个人负担部分为150元，其中有7人属于残疾、低保等双重身份，由区民政、残联负担，其他204人，由区卫计局负担，投资3.06万元。四是为计生特殊家庭成员购买团体意外保险。为了打消计生特困家庭后顾之忧，安次区自2016年，连续两年为计生特困家庭成员量身定制集意外伤害保险、意外伤害医疗保险、意外伤害住院津贴保险、疾病身故保险、疾病住院津贴保险、重大疾病保险、超龄人员保险于一体的全方位高保障组合团体意外险。2017年，除继续为安次区女性在49岁以上计划生育特殊困难家庭成员（包括伤残子女）购买团体意外保险外，同时将保费提高到每人每年1050元；增加120急救的救护车费用保险责任；提高疾病住院护理补贴，由原来的每天50元提高到100元。2017年，安次区女性在49岁以上的计划生育特殊困难家庭成员281人，每人保费1050元，投资金额29.51万元。投保以来，安次区为计生特困家庭中涉及到保险理赔的家庭14户，理赔金额26.49万元。五是为特别扶助对象进行免费体检。2017年组织安次区计划生育特殊家庭人员180名（即特别扶助对象），在安次区医院进行免费体检活动，检查费用标准为每人1050元，计投入资金18.9万元，让参检人员切实感受到党和政府的关怀。六是针对计生特殊困难家庭建立区、乡（镇）、村三级联系人制度。为每个计划生育特殊困难家庭确定3名联系人，村（居）、乡镇（街道）、区卫计局各1名，确保遇有急事难事时，能够得到及时帮扶和救助。七是独生子女死亡、伤残家庭特扶补助提标发放。2017年区委、区政府将奖励优惠政策所需资金纳入财政预算，对辖区内独生子女死亡家庭特扶补助从每人每月400元提高到900元，伤残家庭特扶补助从每人每月300元提高到750元。2017年，安次区女性在49周岁以上的失独家庭91户（156人），伤残家庭49户（80人），发放一次性救助金172.08万元。

【开展流动人口管理工作】 一是建立健全流动人口健康档案。2017年，安次区流动人口健康档案管理与常住人口健康档案管理实行同等对待。截至2017年9月30日，安次区累计建立电子健康档案32.31万份，其中农村人口23.50万份，城市人口8.80万份。二是开展流动人口健康教育工作。安次区通过在社区、集市、村街设立咨询点和免费发放资料的形式多次开展健康教育宣传活动，同时在社区中心举办健康教育知识讲座20次，免费发放健康教育资料23000份，咨询人数6600人。三是加强流动孕产妇和儿童保健管理。流动人口中孕产妇与当地户籍孕产妇享有同样的孕产妇保健政策。2017年为43名流入孕产妇进行随访服务，为56名儿童进行健康体检。四是开展关怀关爱活动。2017年区卫计局开展流动人口“关怀关爱送温暖”走访慰问活动，慰问流动人口计划生育贫困家庭48户。五是开展流动人口工作典型创建活动。2017年在安次区开展典型创建活动，廊坊市富智康流动人口计划生育服务中心得到省、市领导肯定；银河南路亿合社区组建以留守儿童科普室、宣传教育放映厅，居家养老活动室为一体的“流动人口之家”，保证流动人口能够享受到与户籍人口同等待遇；光明西道西小街社区首创“流动办公车”工作模式，上门为流动人口办理应急手续，同时建立西小街社区省心公众号，将被动工作变为主动上门。六是开展流动人口“动车组”活动。2017年安次区按照省、市要求，制定下发《安次区流动人口健康促进与教育“动车组”活动实施方案》，5月27日在永华道馨语星苑社区召开安次区流动人口健康与促进“动车组”社区号活动启动仪式；6月15日在廊坊市富智康精密电子仪器有限公司召开“动车组”企业号活动启动仪式，为企业员工送政策、送健康；9月14日在廊坊市第二十一小学召开“动车组”青春号启动仪式，同时开展以“传承美德感恩奉献”为主题的感恩教育活动。投资3万元为廊坊市第二十一小学购置合唱台、足球等各类体育用品，用于开展各类教育活动，受到现场师生热烈欢迎。七是关怀关爱留守儿童。开展关爱农村计划生育家庭留守儿童活动，安次区有57名留守儿童，其中男孩35名，女孩22名。9月27日安次区开展“情暖留守儿童”慰问送温暖活动，深入村居走访慰问留守儿童困难家庭，为他们送去电热毯、电热锅、书包、等慰问物品，帮助他们解决实际困难。

【提高计划生育宣传工作力度】 一是安次区开设“安次卫生计生”微信公众平台，及时发布计生相关信息，提高群众对计划生育政策的知晓率。二是利用元旦、春节、“5·31”无烟日、"7·11"世界人口日等重大节日，组织疾控、区医院、技术站、爱卫办等相关科室开展形式多样主题宣传活动。2017年，安次区各级各类媒体刊登稿件394篇，其中新华网、中国新闻网、中央人民广播电视台等中央国家级重要媒体刊登37篇，《中国人口报》刊登19篇，长城网、河北新闻网等省级主要媒体刊登39篇，《廊坊日报》《廊坊都市报》、环京津新闻网、廊坊新闻网等市级媒体刊登各类稿件160篇，《廊坊卫生计生》杂志刊登18篇，廊坊卫生计生微信公众平台刊登53篇。结合美丽乡村建设，优化户外宣传环境，完善丰富健康文化大院、宣传一条街，营造大众化社会宣传氛围。三是扎实推进婚育新风进万家活动。2017年局党组高度重视此项工作，多次召开宣传部、文明办、区民政局等相关部门调度会，联合印发《安次区十部门关于"十三五"期间深入推进婚育新风进万家活动的实施意见》，明确相关职责和任务。四是加强舆情监测，提升舆论处置能力。及时化解反馈市12320卫生计生服务热线交办件，妥善处理各类业务政策咨询，以及投诉举报建议等，着力解决群众关心的焦点问题。

（赵洪村）

消费者协会

【概况】 廊坊市安次区消费者协会（以下简称消协）。机构设在区工商行政管理局，负责解决辖区内消费者的各类投诉案件。消费者协会宗旨是：依据国家有关法律法规，对商品和服务进行社会监督，保护消费者合法权益，引导消费者合理、科学消费，促进社会主义市场经济健康发展。消费者协会职能是：向消费者提供消费信息和咨询服务；参与有关行政部门对商品和服务的监督、检查；就有关消费者合法权益的问题，向有关行政部门反映、查询，提出建议；受理消费者的投诉，并对投诉事项进行调查、调解；投诉事项涉及商品和服务质量问题的，可以提请鉴定部门鉴定，鉴定部门应当告知鉴定结论；就损害消费者合法权益的行为，支持受损害的消费者提起诉讼；对损害消费者合法权益的行为，通过大众传播媒介予以揭露、批评。

【充分发挥消协组织的作用】 消协受理投诉有诉必接，有接必果。2017年录入中消协系统172件，每月上报典型案件2件，利用微信公众号发布消费提示警示。成功开展以"网络诚信、消费无忧"为主题的"3·15"国际消费者权益日宣传活动，现场解答群众咨询50多次，发放宣传资料2000余份。此次活动的开展，对提高消费者维权意识，保障消费者合法权益，促进安次区经济社会又好又快发展起到推动作用。

【深入开展消费教育活动】 围绕"老年消费教育"进行宣传活动。在安次区兴安明珠超市门前，围绕保健品购买及"集会式"商品销售陷阱等消费领域展开宣传咨询活动。此次活动出动宣传车辆1台次，宣传人员10人，发放宣传资料200余份，接受老年消费者咨询40人次。这次活动，向老年人提供实用科学的商品选购信息，正面引导老年人科学理性消费观念，有效地增强老年消费者自我保护意识。

（毕辉）

私营个体协会

【概况】 廊坊市安次区私营个体经济协会（以下简称个私协），机构设在区工商行政管理局。其主要职责：指导和推进个体私营企业的社会主义精神文明建设，组织开展社会公益活动，引导个体私营经营者守法、诚信、文明经营；组织管理个体私营经营者，开展个体私营经济组织的党建和工、青、妇工作，培养、推荐和宣传先进典型；调查研究个体私营经济的发展状况，了解掌握个体私营经营者的合理诉求，及时向党委、政府及有关部门反馈；为个体私营经济发展提供服务；维护个体私营经营者合法权益。

【拓宽服务发展通道】 为企业会员提供市场快捷服务，及时为会员发送工商政策法规优惠政策，帮助企业解决在年检登记中和注册登记中遇到的问题，据不完全统计，2017 年为 30 多户会员提供代理服务。

【同庆建党 96 周年】 为庆祝建党 96 周年，激发会员的爱国奉献热情，增强广大会员对党的热爱，歌颂党领导人民取得的辉煌成就，使广大会员为实现伟大的中国梦而创业、创新的热情，在“七一”节前夕，协会组织开展“迎七一歌颂共产党、畅想中国梦”诗歌创作评选活动。

【开展“协会会员杯”乒乓球比赛】 组织会员参加市个协组织的“协会会员杯”乒乓球比赛。通过这些活动开展，使大家创业热情、凝聚力进一步提高，同时加强彼此沟通，促进不同行业创业经验交流，受到广大会员欢迎。

【开展远山行公益捐款活动】 2017 年协会与区工商局工会、远山行公益捐款组织，为西藏康马县贫困小学捐款、捐物，全局干部职工和部分私营企业协会理事慷慨解囊，献上一份浓浓爱心。此次活动，筹得款项 8460 元，各类衣物 520 余件，款物在第一时间运送到涅如麦乡小学。

【“光彩活动日”宣传活动】 2017 年个私协通过“光彩活动日”的宣传活动，向社会传递正能量，树立协会新形象，增强社会和广大会员对个私协会的了解，促进个体私营经济持续稳定健康发展。活动当天发放法律法规宣传资料 300 余份，宣传手册 100 多份，宣传袋 150 多个，当场接受咨询 30 余人。

（毕辉）

法治·国防

公 安

【概况】 廊坊市公安局安次公安分局是主管全区公安工作的职能部门，辖8个乡镇（284个行政村）。3个街道办事处（26个居委会）。2017年全系统有公安干警267人，机关内设9个科（室、处、队）：指挥中心、政治处、警务督察大队、消防大队、装备财务处、信访科、法制科、外事科、纪检科。5个大队：国内安全保卫大队、治安警察大队、刑事警察大队、经济侦察大队、巡警特警防爆大队。下辖14个派出所：北史家务乡派出所、杨税务乡派出所、落垡镇派出所、仇庄乡派出所、调河头乡派出所、码头镇派出所、葛渔城镇派出所、东沽港镇派出所、龙河派出所。西小区派出所、南门外派出所、天桥西派出所、堤防派出所、市场派出所。主要职责：预防、制止和侦查辖区内违法犯罪活动，依法管理辖区社会治安，维护公共场所、群众集会秩序和安全；制止危害社会治安秩序行为，组织实施辖区消防工作，实施消防监督；综合研究、解决执法中存在的相关问题，为各单位和群众提供法律咨询；管理辖区公民出境入境事务和外国人在辖区居住、旅行的有关事务，受理本级公安机关管辖信访事件，组织、协调、督促重要信访事件查办工作；管理辖区户口、居民身份证，掌握辖区内破坏环境犯罪动态，落实环境安全保卫工作；规范收集、分析和研究辖区内经济犯罪情报、掌握经济犯罪动态；制定预防、打击对策，维护国内社会政治稳定和国家安全，搜集、掌握影响社会政治稳定和国家安全的情报信息，并提出对策；在辖区内开展巡逻，预防和打击各类违法犯罪行为，收集社会治安动态信息，维护辖区治安秩序；负责辖区内涉及食品药品犯罪的刑事案件的侦办工作。2017年安次公安分局在廊坊市公安局和区委、区政府的正确领导下，深入学习贯彻习近平总书记系列重要讲话精神，始终紧扣十九大安保维稳这一工作主线，牢牢抓住“一个中心、四个着力点”总基调，不断推动公安工作改革创新，全力维护政治安全和社会稳定，成功兑现“平安安次、法治安次”的庄严承诺。完成全国“两会”“一带一路”峰会、党的十九大、廊坊“5·18”等重大事项的安全保卫任务。为维护全区政治安定和社会稳定做出突出贡献。

【以政治安定为中心，打赢政治稳定“主动战”】 始终把确保国家政治安全特别是政权安全、制度安全放在第一位，坚决挫败敌对势力的各种破坏活动。坚守“隐蔽战线”保稳定。深入开展“法轮功”“全能神”等邪教组织专项打击行动，坚决削弱各类邪教活动能量。坚守反恐阵地促稳定。切实加强各类重点人和枪支弹药、管制刀具、散装汽油、易制爆等物品日常监管，严格落实物流寄递业“3 个 100%”制度，严防发生影响公共安全的重大事件。以开展战略支撑点建设为契机，在全区范围内构建三道排查线，以派出所为前哨，组织专门力量重点对伊斯兰教领域、涉军群体等板块展开专项排查，及时发现隐患规律，做好风险评估和预测，确保信息灵通、反应迅速。

【以社会安定为中心，打击犯罪活动稳、准、狠】 以持续深入开展冬季会战、打黑除恶灭霸扫痞、“三打击一整治”等专项行动为有利契机，突出打击严重暴力、电信网络诈骗、毒品、食品药品环境等领域犯罪活动，全力追捕各类逃犯，确保社会治安大局持续稳定向好。2017 年，全区立案各类刑事案件 1092 起，抓获各类违法犯罪嫌疑人 470 人，其中刑事拘留 436 人，批准逮捕 227 人，移送起诉 383 人；破获各类刑事案件 623 起，同比提升 13.2%，其中破现案 295 起，破现案率 27%；打掉各类犯罪团伙 25 个；破获刑事涉毒案件 5 起，抓获犯罪嫌疑人 5 人，缴获冰毒 176.62 克；抓获各类网上逃犯 137 人，其中抓获历年命案逃犯 2 人。

【打赢经济犯罪“阵地战”，建立严打犯罪常态机制】 健全完善涉众型经济犯罪案件发现、查处、维稳工作机制，保持对各类经济犯罪严打的高压态势，加大对赃款赃物追缴力度，最大限度挽回人民群众财产损失，当好服务经济发展先锋队。2017 年立案经济类案件 22 起，破案 15 起，抓获犯罪嫌疑 20 人，其中抓获网逃人员 11 人，挽回经济损失 1500 万余元。10 月 27 日，成功破获一起涉嫌假冒注册商标案，涉案金额 2500 万元。建立打击整治传销集中行动协作机制。与工商部门联合行动，及时掌握传销动态，彻底清除辖区传销活动，年度内，破案 21 起，抓获传销骨干人员 51 人，捣毁传销窝点 113 个，解救被困人员 139 人，教育遣返 951 人。

【打赢环境安全“保卫战”】 高度关注环境安全突出问题，会同安次区大气防治办公室、环保局等部门，加大对“小、散、乱、污”企业、涉气类企业、秸秆垃圾禁烧、祭祀用品禁烧、油品质量监管等执法巡查力度，配合相关行政部门排查“小、散、乱、污”企业 759 家，取缔拆除“小、散、乱、污”企业 149 家；有效开展“利剑斩污”专项行动，行动中，抓获犯罪嫌疑人 3 人，查处各类违法储存、运输、燃放烟花爆竹案件 45 起，行政拘留 35 人，处罚 10 人。

【以基础防控为着力点，社会治理取得新进展】 始终按照“打基础、管长远、利全局”目标要求，扎扎实实把基础防控工作抓紧、抓实、抓全面，逐步构建立体化、科学化的社会治安防控体系。一是全面优化以警务站为支撑的重点查控机制。重大安保节点期间，火车站警务站适时启动等级勤务模式，按照“三站联勤”“两次比对”“二次安检”工作要求，身份核查终端、人脸识别、人证比对系统等技术手段同步上岗，与北京铁路派出所联合执勤，对进站人员及物品逐一进行检查，切实发挥过滤网的职能作用。全国“两会”、暑期、党的十九大等重大安保期间，累计安检进站人员 198904 人，查控非访人员 27 人、查控涉军人员 5 人，查获涉毒人员 52 人，查获管制刀具 1 把、子弹 1 发、拳刺 1 个。二是全面优化以动态布警为支撑的巡逻防控机制。立足于辖区治安特点和城区主干路“四横四纵”的分布格局，科学划分巡逻区域和路线，在警力部署上做到“四个延伸”：向社区延伸、向城乡接合部延伸、向重点部位延伸、向厂企延伸，初步形成以分局视频巡逻控制中心为指挥室、以遍布辖区联网视频探头为网点、以街面实兵巡逻警力为支撑的巡逻防控模式，有效实现视频巡逻与实兵巡逻、便衣巡逻的无缝对接。三是全面优化以警民联调为支撑的矛盾调处机制。开展矛盾纠纷排查化解工作，及时将相关工作开展情况采集录入警综平台及可视化警务平台。2017 年，采集录入矛盾纠纷信息 452 条，化解 441 条，化解率为 97.56%。通过与政府、司法、综治等部门积极沟通，对日常工作中发现的治安案件、矛盾纠纷，按照警务类、非警务类进行分类分流，通过明确调解主体，充分发挥部门职能作用，确保矛盾纠纷“发现及时、控制得力、化解高效”。

【以科技应用为着力点，警务实战展现新作为】 主动适应公安网络科技的飞速发展，坚持运用改革思维、创新思维推进警务改革，以实战需求为引领，提升科技手段在各公安业务部门的应用率和贡献率。一是整合内外资源，提高情报信息实战效能。紧扣“大数据支撑”“大合成作战”目标，建立完善集研判预警、指挥调度、勤务部署于一体的情指联动、情勤对接机制，理顺情报信息收集、研判、通报、报告、处置、反馈的规范化工作流程，不断提升预测预警预防能力。强化情报导侦。以“大情报”应用建设为龙头，以服务实战为核心，探索服务实战的情报导侦新思路。情报线索落地核查。积极开展对取保候审、监视居住和违法犯罪嫌疑人员的监控手段布控，实现情报信息的集成化、动态化应用。二是依托信息技术，提高警务实战科学含量。使刑侦技术协助侦查破案。以服务侦查破案为出发点，从提高现场勘验率、痕迹物证提取率和应用数据比对率等方面不断加强刑事技术工作力度。2017 年，勘验刑事案件现场 1169 起，物证提取率 83%，物证利用率 75%，刑事技术起关键作用率 13%，通过指纹及 DNA 直接破案 27 起；采集 DNA 血样 2851 份，录入指纹 2737 份。8 月 2 日，通过向廊坊市公安局“指纹 DNA 数据库”发送外地提取的现场指纹，利用远程比对系统，成功比中本地一起盗窃案件并及时抓获犯罪嫌疑人。使网监技术应用于业务实战。利用网监技术侦查手段，通过泛控调查、虚拟信息比对、落地调查等工作方法，上报各类情报、舆情信息 1337 条，发布导控信息 6200 条；协助破案 30 余起，打掉犯罪团伙 3 个，抓获犯罪嫌疑人 13 人，抓获逃犯 9 人；三是推进“雪亮工程”，提高警务实战信息化水平。深化“雪亮工程”建设，监控探头在预防和打击街面现行犯罪方面成效显著，实现现行犯罪发案下降、破案上升的“一升一降”的预期目标。在“雪亮工程”一期、二期、三期的基础上，又向区政府申请 350 万元专项资金，用于全区监控探头、电子围栏的日常维护和升级改造，用于推进社会视频监控资源入网整合，扩大视频监控覆盖率，固化提升全区社会治安立体化防控体系建设水平。此项工程完工并投入使用。

【以规范管理为着力点，确保公正执法】 从案件办理的各个环节入手，深入推进执法改革创新，积极回应新时代人民群众对公正执法的新期待和新要求。一是办案流程全局架构，提升规范执法掌控力。健全完善刑事案件由法制部门统一审核、统一出口即“两统一”工作机制，全面整合案审力量，加强对案审工作的指导与沟通，真正负起案审职责，把好案件质量的最后一道关口。2017 年各类报捕案件 248 起，起诉案件 291 起。二是执法问题专项治理，提升规范执法约束力。瞄准执法重点岗位、关键环节，本着什么问题突出就治理什么问题的原则，开展关于刑事案件起诉退查阶段突出执法问题专项治理和涉案财物管理突出执法问题专项治理两项检查活动，发现整改不规范的执法问题 204 处；聚焦涉案财物管理存在的问题和漏洞，针对涉案财物性质不同、类别不同及保存期长短等不同特点，制定涉案财物管理实施办法，做到涉案财物管办分理，统一保存，责任明晰。分局党委划拨专项资金建立“涉案财物集中统一保管中心”和涉案财物管理信息平台，并积极探索建设涉案财物集中存放库房，与检法部门共享使用。三是执法监督全程覆盖，提升规范执法驱动力。强化内部监督力度，以执法质量考评促案件质量提升，规范刑事执法和行政执法活动。出台工作量化考核、执法质量绩效考核等一系列制度规定，将一线所队业务水平作为考核重点，考核结果作为基层所队和民警立功受奖、晋职晋升和干部任用重要依据。2017 年，网上巡查接处警案件 23806 起，发现问题 6822 处；全面考评各类案件 460 起，发现执法问题和执法瑕疵 56 处。

【以从严治警为着力点，队伍建设形成新常态】 以“五个过硬”要求为基准，从严治党治警，大力推进公安队伍正规化建设，努力打造一支对党忠诚、服务人民、执法公正、纪律严明的高素质公安队伍。一是政治建警凝聚合力，塑造对党忠诚的政治品格。强化理想信念教育，把“四个意识”内化为全警政治素养、外化为全警自觉行动。分局“活动办”每月下发学习计划，将学习内容和重点篇目列出清单，规定课时，并适时组织民警收听政法委、省厅、市局专题讲座，系统学习习近平总书记系列重要讲话精神，深入开展“熔铸忠诚·砺警为公”主题教育实践活动和以深化“两学一做”为主题的大讨论，统一思想认识，使广大民警始终保持忠于党、忠于祖国、忠于人民、忠于法律的政治本色。二是从严治警锻造韧力，锤炼务实严明的纪律作风。着眼全面从严治党新要求，牢牢把握习近平总书记“四句话、十六字”总要求，以更严的标准要求队伍、更严的措施约束队伍，推动形成纪律作风建设常态长效机制；充分运用“四种形态”加强监督执纪，强化警示教育，严格落实党风廉政建设“两个责任”和领导干部“一岗双责”，及时发现队伍违法违纪苗头，最大限度使民警不犯错误、少犯错误，不断开创全面从严治党治警新局面。三是宣传励警激发活力，营造警民互动社会环境。加强互联网主页、微博、微信等新型宣传平台建设，完善分局互联网主页——安次燕赵警民通网站建设，加强警民互动沟通；通过分局“平安安次”和“安次区公安网络发言人”两个官方微博发布微博 200 余条，为网民答疑解惑、解决问题 6 件次；通过“安次警方”微信公众号，利用新型宣传媒体宣传法律知识、便民利民服务措施以及公安工作成果。年度内，邀请媒体记者开展集中采访活动 3 次，在省、市、区各级媒体发稿 25 篇。

（吴新江）

检　察

【概况】 安次区人民检察院是中共安次区委和上级检察院领导下的国家法律监督机关。2017年该院核定干警编制49人（其中：中央政法专项编制42人，地方行政编制7人），内设10个职能部门（8部1局1室）：侦查监督部、公诉部、未成年人刑事检察部、反贪污贿赂局、刑事执行检察部、民事行政检察部、控告申诉检察部、案件管理检察部、办公室、政治部。主要职责：依据宪法和法律独立行使检察权，执行国家法律法规，贯彻落实上级人民检察院、同级党委工作部署，制定检察工作目标，完成各项检察工作任务，对安次区人民代表大会及其常务委员会负责并报告工作。主要工作思路：紧紧围绕和把握绩效考核这条主线。集中抓好服务大局、维护稳定、查办和预防职务犯罪、检查监督、司法改革和队伍建设六项工作，全面提升安次区检察院工作水平。2017年，在廊坊市检察院业务考评中，安次区检察院业务工作总分排名第六。没有发生涉检进京、赴省访，没有发生涉及检察干警信访案件。1人受到最高人民检察院奖励，1人受到省院奖励，2人受到市级以上奖励，14人受到区级以上奖励。

【强化检察职能，维护辖区和谐稳定】 一是严厉打击各类刑事犯罪。坚持总体国家安全观，把维护辖区发展和建设安全放在首位，依法打击各类刑事犯罪。2017年受理审查逮捕各类刑事案件247件345人，批捕183件241人，依法从快批捕社会影响恶劣的杨税务大集杀人案、狮子城杀人案。受理移送审查起诉案件308件441人，起诉272件372人，审慎办理社会影响大、数额特别巨大的杨某某等人诈骗案。二是积极促进辖区和谐稳定。落实宽严相济刑事政策，主张以温和方式依法办案，体现法律的温度，减少社会对抗。因无逮捕必要不批捕23人，因情节轻微不起诉7人。加强人权司法保障，依法对7人提出变更强制措施建议。依法对16名未成年人不批捕，对2名未成年人不起诉。三是主动参与社会风险治理。妥善处理信访案件，接待群众来信、来访、咨询等113件200余人次。依法化解社会矛盾，落实“谁执法谁普法”的普法责任制，围绕争议焦点释法说理，对不批捕案件都出具书面《不批捕理由说明书》，既解“法结”又解“心结”，增强人民群众对司法决定的认同。积极开展法治宣传，依托木兰有约、文明星期六、宪法宣传日、涉农检察宣传及送法进校园等活动进行普法，接受普法人数达5000余人次。

【强化责任担当，查办和预防职务犯罪】 2017年立案查处贪污贿赂、挪用公款和渎职侵权犯罪案件7件16人。其中反贪立案5件13人，完成全年立案基数的162%，位居全市第一；办理的安次区医院原院长涉嫌贪污案，为国家挽回经济损失6000余万元。反渎立案2件3人，完成全年立案目标。坚持惩防并举，通过梳理财政惠民惠企专项资金使用情况，有针对性地开展预防；通过走访企业、参与招投标等方式，对项目建设和行政执法行为，有重点地开展预防；通过法制宣传，对农村征地拆迁等突出问题开展专项预防，及时向相关乡镇政府及部门发出4份检察建议，均被采纳；走进机关单位进行预防职务犯罪专题讲座5次；组织100余名乡镇基层干部赴满城太行监狱进行警示教育。

【以人民为中心，依法延伸检察触角】 一是加强检察服务保障。重点惩治金融、涉税领域犯罪，对社会影响大的“黄金佳”案出庭支持公诉，对某印刷公司巨额逃税案追加单位提起公诉。努力服务非公经济发展，2次到龙河高新区进行专题调研。为招投标单位办理行贿犯罪档案查询900余次，临场监督12次。二是切实维护社会公益。严厉打击危害食品药品安全犯罪，保障群众“舌尖上的安全”，对一起制造假冒保健品案，监督行政机关移送刑事案件线索，监督公安机关立案，该案涉案金额2580余万元，为2016年全国查获同类案件金额的三分之一。强化对生态环境的司法保护，批捕破坏环境类案件4人，起诉5人。新增公益诉讼检察职能取得突破，在生态环境和资源保护、食品药品安全、国有财产保护、国有土地使用权出让等重点领域，摸排公益诉讼线索5件，制发诉前检察建议1份。三是推进社会治安综合治理。通过预防报告、座谈交流、业务数据分析等形式，构建更趋完善的社会治安防控体系，向有关单位制发检察建议59份。如针对非法传销和社会影响恶劣的刑事案件增加，向相关部门制发检察建议，督促其提高认识、制定措施、加强防范做法，得到区委、区委政法委领导肯定。

【深耕监督主责主业，捍卫宪法法律权威】 一是加强侦查活动监督。坚持疑罪从无，对事实不清、证据不足的案件，坚决不批捕、不起诉，严守防范冤假错案底线，2017年因证据不足不批捕79人，不起诉1人。对4起重大疑难案件启动提前介入程序，引导公安机关侦查取证，确保证据来源合法，证据链完整闭合。向侦查机关制发纠正违法通知书44份，均被采纳和纠正。追捕犯罪嫌疑人6人；追加起诉18人，判决15人，追加遗漏犯罪19人，判决13人。二是加强刑事立案监督。调取筛选各类刑事、行政案件执法档案272件，监督公安机关立案16件，撤案2件，监督行政执法机关移送刑事案件线索1件。三是加强刑事审判监督。综合运用纠正违法通知书、列席审委会、提出抗诉等方式，促进审判机关完善自身防错纠错机制。向审判机关发出纠正违法通知书17份，抗诉2件4人（其中3人改判），列席审委会审议讨论案件24人次。四是加强刑事执行监督。办理羁押必要性审查案件11件11人，立案10件10人，办理暂予监外执行1件1人，向社区矫正机关制发纠正违法通知书6份、检察建议9份；向审判机关提出财产刑执行检察建议10份，全部被采纳并回复。五是加强民事、行政监督。加强对行政机关怠于履职监督，向17家行政部门制发督促履职检察建议，全部采纳并回复；加强民事审判监督，对霍某某申请民事审判监督案作出支持监督决定，支持一起交通肇事案的受害人南某某提起附带民事诉讼。

【以党建带队建，打造一流检察队伍】 一是持续加强党的建设。以主题宣讲、专题研读、心得交流、集中轮训等多种形式，深入学习宣传贯彻党的十九大精神，特别是习近平新时代中国特色社会主义思想；深入推进“两学一做”学习教育活动常态化制度化，坚持领导干部带头讲党课。认真落实重大事项向安次区委报告工作制度，2017 年报告工作 13 次，区委领导作出重要批示 11 次。二是着力提升队伍业务素质。通过请进来讲、走出去学、轮训中练、实践中干，提升干警的综合业务能力。全年组织干警参加全国、省、市各类业务培训 18 次，集中学习 20 次，专题学习 30 次，赴先进检察院学习考察 3 次。三是不断强化文化育检。全面搜集有安次检察历史特征的文件、物品、影像等资料，向干警展示安次检察的光辉历史，增强干警的集体荣誉感；组织开展读书交流活动，鼓励干警广泛读书，不断丰富精神世界和做好检察工作的文化底蕴；组织开展篮球、台球、摄影比赛等多项文体活动，增强干警凝聚力。全年撰写检察信息 59 篇，市院转发 14 篇，撰写调研文章 3 篇，撰写宣传稿件 56 篇。四是认真开展主题教育活动。在“五四”“七一”等重要时间节点，举办“弘扬五四精神、坚定理想信念”主题演讲比赛，“颂歌献给党”诗歌朗诵比赛，重温入党誓词和向宪法宣誓等活动，激发干警爱国、爱党、爱检情怀。五是全面贯彻从严治党。认真落实“两个责任”，坚持全面从严治党永远在路上，持之以恒正风肃纪。全年召开 2 次党风廉政和反腐败工作大会，23 次党风廉政建设专题会议，并层层签订责任状。六是积极推进司法体制改革。紧紧牵住司法责任制这个“牛鼻子”，入额检察官全部到一线办案，实行“谁办案谁负责、谁决定谁负责”，对案件质量终身负责；健全检察权运行机制，对内设机构进行改革，实现专业化和扁平化管理；坚决拥护、全力支持、配合国家监察体制改革，做好机构、职能、人员转隶的各项准备工作，当好施工队主攻手，确保如期高质量完成监察体制改革任务。

【自觉接受监督，以检务公开倒逼司法公正】 一是自觉接受人大、政协、社会监督。定期向人大常委会报告工作，就公益诉讼工作向人大常委会做专题报告；邀请人大代表、政协委员参加 2 起案件公开审查活动；邀请人民监督员对办理的不起诉案件进行评议；组织人大代表、政协委员、人民群众参加检察开放日活动。二是深化检务公开，规范司法行为。2017 年区检察院公开程序性信息 603 条、重大案件信息 5 条，公开法律文书 213 份，接待会见当事人、辩护人及诉讼代理人 356 人次，接受律师网上预约 134 次。组织开展案件质量评查活动，规范司法行为，提升案件质量。三是加强新闻宣传，促进公众了解、监督检察工作。依托传统媒体和“两微一端”“今日头条 APP”等新媒体，持续宣传、报道检察工作。接受电视台专访 4 次，市级以上媒体发表文章 24 篇，门户网站、“今日头条 APP”各发布信息 30 条，推送微信 800 余条，微博 150 条。

（王亚宁）

审　判

【概况】 安次区人民法院成立于 1989 年，是隶属于安次区政府依法独立行使审判权的审判机关。辖区面积 595 平方公里，总人口 38 万，辖 8 个乡镇、3 个街道办事处、2 个省级高新技术产业开发区（河北廊坊龙河高新技术产业开发区、河北廊坊高新技术产业开发区），284个行政村、22个社区。2017年，安次区法院现有正式干警71人，本科学历57人，研究生10人；有聘任制人员116人。下设19个庭室，即：办公室、政治处、审判工作管理办公室、立案庭、刑事审判庭、民事审判第一庭、民事审判第二庭、民事审判第三庭、行政审判庭、审判监督庭、调解庭、未成年人案件综合审判庭、信访科、司法警察大队、书记官处、执行局、执行局综合科、第一执行庭、第二执行庭；9个人民法庭，即仇庄人民法庭、葛渔城人民法庭、龙河工业园区人民法庭、落垡人民法庭、东沽港人民法庭、码头人民法庭、杨税务人民法庭、调河头人民法庭和北史家务人民法庭。主要职责：依法审判刑事、民事、行政案件和上级人民法院交由审判的案件；依法按照审判监督程序审判刑事、民事和行政再审案件；执行本院已经发生法律效力的判决、裁定及国家行政机关依法申请执行的案件和委托执行的案件；调查研究审判工作中的法律、政策问题及疑难问题，提出解决办法、意见和司法建议，参与社会治安综合治理工作；对安次区人民代表大会及其常务委员会负责并报告工作。开展思想政治教育，组织专业培训和队伍建设工作；承办区委、区政府交办的其他工作。2017年安次区法院荣立三等功4个，市级以上奖项18个。

【工作成绩与措施】 2017年，安次区法院在区委坚强领导、区人大有力监督和上级法院监督指导下，在区政府、区政协和社会各界关心支持下，深入学习贯彻党的十九大和习近平总书记系列重要讲话精神，紧紧围绕“努力让人民群众在每一个司法案件中感受到公平正义”目标，忠实履行宪法职责，服务“十三五”规划实施，深入推进平安安次、法治安次建设，各项工作取得新进展。2017年，受理各类案件5394件，审结4943件，同比（多审结160件）增长3.35%；结案率91.64%，同比提升5.5个百分点，均创最好水平。

【刑事审判工作】 2017年受理刑事案件277件，审结273件，结案率98.56%。7月份积极参与全市集中整治社会治安环境“百日攻坚”专项行动，重点对传销、抢劫、危险驾驶等影响社会稳定的各类犯罪实施重拳打击，对8起由传销引发的刑事案件开展专项打击，判处罪犯29名，2人以抢劫罪、27人以非法拘禁罪判处重刑；组织召开2次集中宣判10案15人。专项行动中，审结各类案件75件，办案效率提升35%，办案周期缩短5天。为增强青少年的法制观念，有效预防青少年犯罪，先后6次到辖区内各中小学校开展法制宣讲，受教育学生达3000余人，发放宣传材料4000余份，收到良好社会效果。

【民事审判工作】 2017年区法院受理案件2915件，审结2652件，同比多审结124件。牢固树立和谐司法理念，加大案件调解力度，坚持“调解优先，调判结合”的审判原则，案件调撤率56.5%。慎重处理劳动争议、医患、民间借贷、房地产、物业服务等纠纷，保护弱势群体合法权益，维护社会和谐稳定；妥善审理婚姻、抚养赡养、继承等家事案件，保护妇、老、幼、残者合法权益，促进家庭和谐；积极探索多元化纠纷解决途径，大力开展诉前调解和诉调对接工作，诉前调解85件，协调各类调解组织诉外调处168件，使大量纠纷在基层得到有效化解，也使得2012年—2017年收案连续大幅度上升的势头得到有效控制，首次出现收案负增长。

【行政审判工作】 2017 年受理审结行政诉讼、国家赔偿案件 42 件，受理审查非诉案件 182 件，结案率均为 100%。其中裁定不予执行或不予立案 102 件。结合审判和非诉审查工作，为政府在土地征占、问题楼盘处置等方面提出意见建议，同时全力配合政府清除“两违”，取得良好效果。

【执行工作】 2017 年受理案件 1683 件，执结 1500 件，结案率 89.13%。坚持保护与打击并重，网上查控与实体执行并举，加大工作力度，用足用好法律政策，力促改革措施落实见效。公布失信被执行人个人信息 505 条，企业信息 90 条，同时启动“限高令”，联合公安机关反规避执行，对拒执人员进行网上查控。以打击“拒执罪”为抓手，充分发挥联席会议作用，案件线索实行“双移送”，司法拘留 10 人，向公安机关移送 7 件，推动执行工作良性开展。

【全面深化司法改革】 法官员额制改革到位后，严格落实司法责任制，规范法官办案，约束法官行为，制定《案件审判工作管理办法（试行）》《关于审判团队设置及法官办案指标确定的实施方案》等制度，并结合工作不断深入切实抓好落实。一是明确所有入额法官办案指标，压实办案责任，严禁院、庭长办案不实，委托办案、挂名办案等现象发生。院领导带头办案，2017 年结案 358 件，是 2016 年的 5.6 倍。二是科学组建审判团队。以“1+1+1”（员额法官+法官助理+书记员）审判单元为基本模式，综合考虑案件性质、办案任务量等因素，科学配备司法辅助人员，审判团队运行一年时间态势良好，员额法官工作积极性高涨。2017 年，入额法官审结案件 3854 件，占结案总数的 78.11%，案件质效均稳步提升。三是严格落实院、庭长监管职责，在审管办统一考评、统一监管的基础上，压实责任，重点采取日常网上巡查、系列关联案件协调、重点案件督导等办法，从员额法官的办案进度和质量、系列案件同案同判、敏感案件妥善处理等方面予以关注，落实监管职责。四是完成内设机构改革方案编制，在认真调研的基础上，结合本院实际，确定设立“两室一庭两中心”的内设机构改革方案，把原有的 20 个内设机构压缩合并为 5 个。尤其是对审判工作实现彻底一级机构设置和扁平化管理，只设立一个综合审判庭，方案得到省高院批准，待上级部署后实施。2017 年 10 月，最高法院司改办主任胡仕浩来安次区法院调研，对区法院司法改革成果给予充分肯定。

【推进信息化建设】 2017 年是全面深入推进信息化建设的攻坚之年。以提高应用能力和服务水平为目标，全面抓好信息化建设，助推审判执行工作提质增效，服务发展大局。以落实智审辅助办案系统和电子卷宗同步生成系统应用为重点和突破口，采取强化入轨、强劲推动、强力督导、强效落实等措施，信息化应用水平显著提升，实现“更好地服务审判，提高质效”的目标。员额法官智审系统使用覆盖率 100%，使用率 80% 以上；登陆 16454 次，生成文书 62803 份；电子卷宗合格率 100%，同步生成率 98% 以上，在全市乃至全省均处于领先水平。2017 年 10 月在全省法院系统专项检查中取得好成绩，为廊坊赢得了荣誉，并在最高法院随后进行的相关调研中，得到最高法院信息办主任许建峰、司改办主任胡仕浩等领导的充分肯定，经验做法被省高院转发。此外，全面完成新中国成立以来所有诉讼档案的电子扫描录入工作48725卷66546册3013194页，实现科学对接，方便当事人查阅。同时不断加大信息公开力度，实现案件流程信息公开率、执行信息公开率、开庭公告公开率、庭审同步录音录像率4个100%，庭审直播410件，公开裁判文书1287件。年度内组织新闻发布会2次，公众开放日3次，在各级媒体刊发稿件1003篇，其中国家级351篇，省级176篇，市级476篇，司法宣传工作在全市乃至全省法院系统领先。

【队伍建设】 安次法院认真学习贯彻党的十九大和习近平总书记系列重要讲话精神，认真开展学习宣传党的十九大精神系列活动，制定方案，引导干警统一思想。组织党组理论中心组、各支部分层次认真学习党的十九大报告等文献，精心组织开展重温入党誓词、党组书记讲党课、“国家宪法日”暨“法院开放日”宣传活动、“12·4”弘扬宪法精神等系列活动，在干警中掀起学习十九大精神热潮，推动法院工作科学健康快速发展。严格落实民主集中制、“三会一课”、谈心谈话等制度，认真开好党组民主生活会、支部组织生活会，坚持把党内各项监督机制落到实处。活化“基层党建提升年”活动载体，开展“岗位奉献、热情服务”竞赛活动，领导班子成员严格要求，率先垂范，当表率做楷模，努力营造团结和谐、风清气正的良好工作氛围。法院再度被区委评定为“优秀领导班子”，党组成员、专委郑建仿荣获全区“十佳共产党”称号，调解庭庭长李晓芳被推荐参评“最美政法干警”。坚持把“两学一做”学习教育作为重大政治任务，把思想政治建设抓在日常，把学习宣传贯彻党的十九大精神与“两学一做”学习教育常态化制度化相结合，2017年组织干警集中学习培训11次，开展迎“七一”学党章党规知识竞赛活动。引导干警始终高扬理想信念旗帜，坚定正确政治方向，坚守对党忠诚的政治立场，争做“忠诚、干净、担当、实干”的好党员、好法官。借力机关作风整顿和“一问责八清理”活动，结合自身实际，突出整治陈规陋习和不良作风，特别针对冷硬横推、消极怠工、精神不振、不思进取等问题，纪检监察部门不间断地进行巡查督导，发现问题及时通报处理，警示全体干警。同时充分利用短信平台、微信群等方式，即时播发相关纪律规定要求，提示干警严格遵守，灵活用好“第一种形态”，净化干警思想，营造风清气正、干事创业的良好政治生态。从严治院，对违法违纪问题零容忍，纪检监察部门查处违纪线索22件并及时回复当事人，组织执行工作纪律情况检查61次，对5名干警通报批评，全体干警特别是党员干警自律能力更强，法官队伍整体素质和战斗力明显增强。

（王晓羽）

司法行政工作

【概况】 廊坊市安次区司法局是隶属于安次区政府主管司法行政工作的职能部门。2017年有政法专项编制37人、干警42人，内设5个职能科（室）：办公室、法制宣传教育科（安次区法制宣传教育领导小组办公室）、法律援助管理科（法律服务管理科）、基层工作管理科、社区矫正工作管理科。主要工作职责：贯彻落实国家有关司法工作的法律、法规及司法行政工作方针政策；制定全区司法行政系统规章、制度，编制全区司法行政工作中期规划、年度计划并组织实施；制订全区法制宣传、规划普及法律常识并组织实施，指导全区各单位、各部门、各行业法制宣传、依法治理工作；负责全区社区矫正工作；指导、监督全区律师工作和法律顾问工作，对全区法律服务所进行管理；指导、监督各乡镇司法所、法律服务所建设和人民调解、基层法律服务和安置帮教工作；指导全区人民调解员协会工作；监督管理全区法律援助工作；负责机关和下属单位的经费、国有资产进行管理和监督；指导、监督全区司法鉴定人和司法鉴定机构工作；管理和指导全区司法行政系统队伍建设和思想政治工作。

【受表彰情况】 2017年安次区司法局法律援助管理科获“河北省维护妇女、儿童权益先进集体”；安次区司法局法律援助管理科获“廊坊市维护妇女、儿童权益先进集体”；崔婧（安次区司法局基层工作管理科副科长）获“廊坊市维护妇女、儿童权益先进个人”；刘子维（安次区司法局光明西道司法所司法助理员）获“安次区巾帼建功标兵”；孙震（安次区司法局银河南路司法所司法助理员）获“安次区青年岗位能手”；李恩年、孙之海、李国栋、杨磊、洪云、孙震分别获得“2017年安次区先进个人”（嘉奖）；许玉静（落垡镇人民调解员）获“2017年全国模范人民调解员、新时代最美法律服务人”称号。

【人民调解工作】 2017年安次区建立人民调解组织333个，人民调解员总数达到1300多名。开展村居调委会规范化创建，建立规范化调委会22个；推广建立许玉静等10家个人品牌调解室，培养树立“帮大哥”式调解员5名，其中许玉静、臧树茂被命名为《非常帮助调解室》后援团成员。特别是7月10日至7月14日，司法部办公厅下属《法制日报》《法制晚报》先后对许玉静调解工作及先进事迹进行宣传报道。2017年8月，许玉静被评为“全国模范人民调解员”。组织乡、村两级调解员培训14场次800余人次，进一步提高广大人民调解员的业务素质。2017年为284个村、31个社区专职调解员配备民调通数据采集终端系统，实现人民调解信息化全覆盖；按照《廊坊市安次区人民调解“以案定补”实施办法》，2017年通过民调通上报调解案件168件，以案定补调解案件114件，发放补贴资金1.6万元，有效增强广大人民调解员工作的积极性。结合春节、全国两会和党的十九大等重大时间节点，组织矛盾排查化解工作，围绕可能引发不稳定事件的民间纠纷，进行全面摸排梳理，年内排查调处民间纠纷766件，化解749件，调处率100%，调解成功率95%，无一件因调处不及时或调处不利造成刑事案件，无重大矛盾纠纷发生。

【社区矫正工作】 2017年社区矫正工作得到新加强。一是强化社区矫正规范化建设。组织开展社区矫正案卷评查活动，规范审前调查标准，完善审前调查走访记录表、社区矫正人员核实意见表、风险评估表等司法所日常矫正工作档案材料。二是全面实施队建制管理。制定《队建制管理的实施意见》并下发至各乡镇、街办处司法所及局机关相关科室。建立安次区矫正指挥中心，指挥中心下设3个监管大队，负责片区内社区服刑人员的衔接、监管、教育、帮扶等日常工作。同时，为解决社矫工作人员不足、力量薄弱等问题，通过政府购买服务方式，新招录15名司法协理员协助社区矫正工作，并进驻各监管大队开展工作。十九大期间组织开展社区矫正安全隐患排查整治“大会战”活动，编辑下发《社区矫正警示教育案例汇编》，利用9月、10月开展以“树立在刑意识、争做守法公民”为主题的警示教育活动。建立码头、杨税务敬老院公益劳动基地，依托廊坊市宏顺园农业科技有限公司建立社区矫正劳动教育培训基地，年度内各司法所及公益劳动基地组织公益劳动、教育培训40期1600多人次，安次区劳动教育培训基地组织32期1200余人次矫正人员参加，收到良好的效果。年度内全区累计接收社区服刑人员903人，解除650人，在矫253名，利用帮教通、移动平台管理225人，定位率89%。2017年接收145人，解除155人，其中撤销缓刑1人，审前调查83份，对违反规定的社区服刑人员进行个别谈话30人次，下达警告决定书18份，无因管控不到位而引发重新违法犯罪情况发生。三是加强社区矫正信息化建设。根据省司法厅和市司法局相关意见，投资40万元在全市率先建立区、乡两级社区矫正监管中心，统一配备摄像、终端显示、移动显示等设备，实现社区矫正工作管理平台动态管控、信息采集、证据固定、应急处置、远程教育等功能。2017年3月29日，沧州市司法局局长带领沧州市部分区县司法局相关人员来安次区司法局实地调研，参观考察社区矫正监管中心；2017年5月4日，全市社区矫正现场会在安次区召开，安次区司法局作为社区矫正信息化建设先进单位进行典型发言，其先进经验在全市推广；2017年6月30日，河北省司法厅及各市领导、相关工作人员一行40人视察安次区司法局社区矫正指挥中心、监管大队及信息化建设，对社区矫正工作给予高度评价。

【安置帮教工作】 结合工作实际，统一印制安置帮教卷宗档案，规范刑满释放人员登记、帮教责任书、帮教小组记录、年度考核鉴定等文书格式。2017年安次区5年内刑满释放403人，3年内解除矫正222人，做到一人一档，纳入视野，掌控到位。

【法制宣传工作】 以推进“法律八进”“法律八建”活动为载体，坚持法制教育与法治实践相结合，与道德教育相结合，提高工作的针对性和实效性。一是“法律八进”不断深化。充分利用各单位部门学习园地、网络阵地等，建设机关法制学习资料信息平台，采取聘请专业人员授课、法律知识竞赛等形式，切实提高机关单位工作人员的法律素质和业务水平；联合区教育局、安次公安分局、法院等部门，深入到四中、十中等学校讲法制课，使在校学生受到深刻的教育；联合工商、安监等部门深入企业，采取召开法制专题报告会、举办法制教育培训班等形式对企业员工进行法制培训，提高员工的法律素质。二是法制宣传深入人心。深入宣传以宪法为核心的中国特色社会主义法律体系，深入宣传与经济社会发展、与群众生产生活密切相关的法律法规，宣传创新社会管理、防腐倡廉，维护社会和谐稳定、促进社会公平正义的相关法律法规，在安次区形成自觉学法、严格守法、依法办事的良好氛围。三是主题活动丰富多彩。围绕全国“两会”“两节”等重要节日和时间节点开展专题法律宣传，采取悬挂标语、发放宣传材料、现场接受群众法律咨询等多种方式，广泛宣传各方面法律法规，深受群众欢迎。

【法律服务工作】 坚持以服务和保障民生为切入点，整合服务资源、规范服务秩序、强化监督管理，法律服务水平得到明显提高。一是法律援助工作成效明显。畅通法律援助申请渠道，加大法律援助力度，努力提高办案质量，对涉及农民工讨薪、群体性事件、可能影响社会稳定案件及其他紧急情况案件，实行即时受理，快速办理。二是“148”中心服务稳定作用明显。坚持方便群众，服务群众原则，指派专人解答来电来访，认真履行法律援助的义务；加强值班，确保“148”热线通信畅通，及时有效地为辖区群众提供优质、高效的法律服务。三是服务经济平稳较快发展效果显著。在市区繁华路段、农村集市等，组织开展法律宣讲活动，现场对户籍制度、土地承包经营权等敏感话题进行详细宣讲；引导律师积极开展新兴产业的法律服务业务研究；组织律师事务所律师开展“法律服务进产业园区”“进企业”等活动。

【司法所建设工作】 一是司法所组织建设进一步加强。全区有基层司法所 11 个，政法专项编制 21 人，司法所工作人员 24 人。二是深入开展司法所达标创建活动。按照《廊坊市司法局规范化司法所创建活动实施方案》要求，永华道司法所列为规范化司法所，同时解决办公用房问题，参照司法所规范建设标准进行装修，集中配备办公设施，规范上墙制度。2017 年全区 11 个司法所有 9 个达到市级规范化标准。三是加强司法所业务培训。新调整后的司法所工作人员及新招录的社工，大部分没有从事过司法行政工作，安次区司法局通过深入基层指导检查、召开业务培训会等形式使其尽快熟悉适应工作，进一步提高司法所工作人员专业业务能力。

【队伍建设工作】 2017 年，安次区司法局严格教育，规范管理，为各项工作顺利开展提供强有力的组织保障。一是强化领导班子建设。按照“以身作则、团结协作、开拓奋进、再创辉煌”的总体思路，注重发挥领导班子的核心作用，突出抓好司法行政部门领导班子的思想、作风、组织和廉政建设，以身作则，率先垂范，凡是要求干警做到的，局领导班子率先做到；进一步完善和规范党总支议事制度，坚持民主集中，涉及人事、财务的重大事项由班子成员集体讨论决策，确保决策执行力和公信力；班子成员分工明确，团结协作，工作相互通气，统一协调，优势互补，互相配合，做到分工不分家，心往一处想，劲往一处使，努力提高班子的凝聚力和战斗力。二是强化机关队伍建设。在全区司法行政系统扎实组织好各项学习实践活动，抓好干部队伍经常性思想政治教育，严格按照市司法局政治部和区委、区委政法委的政治学习安排，通过在线学习、集中培训等举措，组织干警学习，全面提高队伍建设的科学化水平。努力构建学习型队伍，定期组织开展业务培训，创新多种培训渠道，通过开发、应用干部网上学习平台、开展读书征文活动等方式，提升队伍的文化修养。积极参与岗位大练兵活动，尝试全员能力测试，对测试不过关的开展进一步培训，努力培养全能型、多能型干部。三是强化党风廉政建设。司法局坚持把反腐倡廉建设融入司法行政各项事业发展之中，融入到司法行政干部队伍建设之中，坚持教育、制度、监督并重的预防与惩治腐败体系原则，加强廉政教育、保证制度落实、强化检查监督，切实推进全区司法行政系统党风廉政建设和反腐败斗争。要求广大党员干部特别是领导干部要以身作则，自觉贯彻执行党风廉政建设的各项规章制度，自觉遵守“八项规定”，常思贪欲之害，常怀律己之心，真正做到为民、务实、清廉。

（崔婧）

人民武装

【概况】 廊坊市安次区人民武装部（简称区人武部）是廊坊市安次区地方军事组织及军事指挥机关。2017年有干部职工10人，内设3个职能科室：军事科、政工科、后勤科。主要职责：负责本区域民兵预备役部队组织建设，落实民兵政治教育、军事训练、武器装备管理，配合公安部门维护社会治安。负责本区域征兵、预备役人员登记统计工作。会同有关部门进行战争潜力调查，做好相关的动员准备工作。协调配合预备役部（分）队落实参训人员，做好兵员管理、动员集结等工作。协助有关部门开展国防教育，做好退伍军人安置前管理教育和烈军属优抚工作。同时完成区委、区政府交办的其他工作。

【强理论武装，夯基础建设】 2017年是省军区人武系统体系重塑之年，人武部围绕“喜迎十九大召开和学习宣传贯彻十九大精神”这条主线，全面把握“理论武装、战备训练、夯实基础、安全稳定”工作重点，发挥党管武装制度优势，坚持领导做表率，聚人心、鼓干劲、抓落实，单位建设呈现全面发展、稳中有升的良好态势。

【思想政治建设扎实有效】 坚持紧贴干部职工的思想实际，围绕“两学一做”学习教育常态化、制度化落实，扎实推进“维护核心、听党指挥”主题教育活动，采取领导串讲解读、干部职工手抄《报告》《党章》、宣誓重温入党誓词等形式，持续掀起学习贯彻党的十九大精神的热潮，确保所属人员思想稳定、政治纯洁、忠诚可靠。

【党管武装工作再上新台阶】 认真组织人武部党委第一书记任职仪式，邀请军事专家为全区所有科局级以上干部作国防安全形势报告，组织区“四套班子”过“军事日”活动，组织党管武装工作述职，完成廊坊市基层武装部规范化现场会任务，各级党管武装意识进一步增强。

【战备训练水平不断提升】 发挥应急应战指挥部作用，严格日常战备值班制度落实，围绕带兵打仗能力狠抓机关训练，分阶段分专业组织“应急、支援、储备”三支基本队伍训练，夏季防汛演练民兵分队作用突出，迎接河北省军区训练专项检查获得一致肯定。自2014年5月开始的高铁站民兵队员常态化协警执勤举措，收到良好社会效益。

【打赢年度征兵的主动仗】 加大依法征兵探索力度，有效夯实兵役登记基础，全方位多角度宣传征兵政策，全面推行使用网络版征兵体检系统，严格落实廉洁征兵“零报告”和监督员制度，2017 年顺利完成 3 名士官直招、110 名男性义务兵和 6 名女兵的征兵任务。

【共建工作富有成效】 充分发挥人武部的桥梁纽带作用，联合地方党委政府做好拥军优属工作，2017 年先后 5 次协调组织驻军及民兵 3000 余人次，参加春季植树会战、汛期演练、城区卫生及环保治理、村街“煤改气”工程集中行动等，为地方建设做出应有的贡献。

【后勤建设全面加强】 贯彻落实《厉行节约严格经费管理的规定》，压减行政消耗性开支，科学控制经费投向，有效加强公务用车和油料管理，严格固定资产统计管理，实现依靠管理促正规。

【注重严管理抓规范】 突出“人、车、密、财、网、酒”重点方面和要害部位的安全管控，扎实开展枪弹清查、手机和军人家庭上互联网整治、营区周边环境治理等工作，严格落实大项活动风险评估制度，做到筑牢安全底线，确保万无一失。新营区建设、国防教育、潜力调查、预备役管理等其他经常性、阶段性工作成效凸显，得到上级主管部门高度认可。

（马正杰）

国防工作

【概况】 廊坊市安次区国防教育领导小组办公室（简称安次区国防办）是区直党群部门，2017 年有干部职工 3 人。主要职责：按照上级指示精神并结合本地实际，拟定全区国防教育规划和指导意见，提请安次区国防教育领导小组审议并组织实施；掌握全区国防教育情况，反馈信息、抓好典型、推广经验、搞好培训；指导全区国防教育，强化教育功能，做好上级相关机构交办的其他各项工作。

【开展理论学习，提高自身素养】 结合“两学一做”学习教育，系统开展政治理论学习，提高领导班子和全体干部职工的自身修养和素质。国防教育是一项长期工作，要求职能部门必须具备一定素质才能开展工作。因此，每年针对全体工作人员进行国防教育专业知识培训，集中学习国防法规，并就如何开展国防教育进行交流和研讨。根据省、市、区委统一要求，结合“两学一做”学习教育，办公室制定学习计划，采取集中学习与自主学习相结合的方式，组织干部职工认真学习党的十八届五中、六中全会精神及习近平总书记系列重要讲话精神。认真开展“党员学习日”活动，深入学习《党章》《中国共产党纪律处分条例》《关于新形势下党内政治生活的若干准则》《中国共产党党内监督条例》等党规党纪。开展学先进、学典型活动，引导党员干部自觉学习党章、遵守党规党纪，发挥好党员先锋模范作用，进一步增强党员干部的使命意识和责任意识，推动各项工作的开展。通过学习培训，全体干部职工整体素质得到提高。规范“三会一课”制度，丰富党员干部组织生活。2017 年党支部召开支委会 12 次，讨论研究党支部各项工作。召开党员大会 6 次，其中：乡科级领导班子民主生活会 1 次，党支部书记讲专题党课并展开专题讨论 3 次；开展为民服务活动 4 次，民主评议党员1次。党支部通过健全党的组织生活，严格党员管理，加强党员教育，提高党员素质，全面加强基层党组织的战斗力。同时，有利于发扬党内民主，总结经验、纠正错误，使全体干部职工更好地接受批评和监督。

【认真开展国防教育宣传活动】 为使国防教育宣传深入人心，大力弘扬以爱国主义为核心的民族精神和以改革创新为核心的时代精神，2017年4月28日“国防教育法颁布纪念日”期间组织银河南路街道办事处、北史务乡、永华道街道办事处共同举办国防教育宣传活动；日常工作中，在辖区经常性开展国防教育进社区、进村街宣教活动；在第十七个国防教育日，结合“9·18”勿忘国耻全民教育宣传活动，着力宣传中国人民抗日战争胜利的伟大历史意义和中国人民抗日战争在世界反法西斯战争中的重要地位，激励和动员全区人民为实现中华民族的伟大复兴，促进世界和平与发展的崇高事业而努力奋斗。在各项国防教育宣传活动中，国防办编印、发放国防教育知识读本2000册、国防教育宣传页10000页、国防教育宣传布袋3000个，印制国防教育宣传布标40条，制作国防宣传展牌11套（每套10元），长期在所辖社区、村街巡展，旨在增强全民国防教育氛围，提高群众对国防教育的认知度，提升基层群众的国防意识。现场解答群众咨询有关国防教育知识问题、征兵宣传问题，起到宣传效果。

【“美丽河北·最美军嫂”推选活动】 根据市委宣传部、市民政局、军分区政治部、市国教办《关于开展“美丽河北·最美军嫂”推选展示活动的通知》要求，以迎接党的十九大为主线，以庆祝中国人民解放军建军90周年为主题，着眼培育和弘扬社会主义核心价值观，全面展示安次区广大军嫂支持国防和军队建设、助力建设“经济强省、美丽河北”“善美品德、奉献精神”，推动社会形成关心国防建设、关爱军人军属的浓厚氛围。在辖区各乡镇、街道广泛开展“寻找最美军嫂”推介活动，各单位推选出军嫂11人，其中2人入选“廊坊市最美军嫂”，并参加全省“最美军嫂”评选，最终经网上投票和专家评审，安次区永华道办事处工作人员吴秀娟入选河北省“美丽河北·最美军嫂”，受到河北省委宣传部、民政厅、省军区政治部通报表彰。同时将参选军嫂推介到军嫂网携手相关部门举办的“共筑钢铁长城·寻找美丽军嫂”活动，历经两个多月的网上投票及专家评审，军嫂吴秀娟以突出的事迹再次入选，并作为军嫂代表受邀参加于2017年12月底在北京举办的“最美军嫂情·共筑中国梦”风采展示晚会。

【积极开展主题征文活动】 2017年在建军90周年来临之际组织开展“我心点燃强军梦”主题征文活动，此次征文活动，着眼于建军90年来所取得的辉煌成就、强国强军伟大实践，军民团结一家亲，创新开展双拥工作以及爱国拥军、爱民奉献的生动事例、感人故事等。热情讴歌中国人民解放军的光辉历程，党领导下的双拥工作成果和军民鱼水深情，把广大军民紧密团结起来，把军地的优势资源和意志力量凝聚起来，形成服务实现中国梦强军梦的强大正能量，为党的十九大胜利召开献礼。此次征文收到各界人士作品573篇，经认真遴选，评选出优秀作品80篇进行奖励，旨在弘扬人民军队的历史功绩和优良传统，学习解放军爱国奉献精神，进一步提高广大干部群众爱党、爱国、爱军意识，增强全民国防观念和爱国主义精神，促进在全社会形成关心国防、热爱国防、建设国防、保卫国防的思想共识和自觉行动，为实施改革强军战略，推动实现中国梦强军梦提供精神动力，汇聚强大正能量。

【加强专业学习，做好国防教育宣传工作】 加强机关干部教育培训，制定年度学习计划，将《国防法》《河北国防教育条例》等内容纳入学习范围内，运用《中国国防报》《国防大视野》进行刊授教育，提升了干部素质，进一步增强了干部做好国防教育工作的责任感和使命感。在全区范围内开展国防教育，使每个公民认识到国防的重要性是安次区国防办的本职工作。根据安次区小城区、大农村的具体情况和群众国防意识比较淡薄的实际，在区武装部和区委宣传部的直接领导下，经过单位人员的群策群力，结合“两学一做”学习教育活动在全区范围内积极开展国防教育宣传工作，收到良好的宣传效果。

（吴秀娟）

人民防空

【概况】 廊坊市安次区人民防空办公室（简称区人防办）。2017 年，区人防办在区委、区政府的领导下，按照市人防办的工作部署，服务于全区经济建设大局，深入实际、实事求是、真抓实干，努力开创人防工程新局面，使安次区人防事业呈现出良好态势，同时完成 2017 年区级人民防空方案修订工作。

【加强人防宣传工作】 2017 年初对辖区内初级中学基本情况、人防教育专（兼）职教师个人信息、主管领导个人信息进行登记造册并统计上报，为下一步教学任务和宣传教育活动的开展做好准备工作。并在“7·7”防空警报试鸣活动期间，向安次区内 3 个街道办事处及所辖社区和学校发布试鸣公告 300 余份，防空防灾知识手册 600 余册，使人防宣传教育不断向社会各个层面渗透。

【积极开展人防通讯建设】 设立指挥通讯室，并在指挥室安装视频会议系统，经过多次调试，视频会议系统现正常运行。2017 年 5 月参加全省小型机动指挥通信车应急拉动演练和市办组织的预警报知及视频会议系统操作训练，通过训练进一步熟悉设备操作程序。

【规范审批程序，加强法制建设】 2017 年区人防办贯彻落实新的《河北省结合民用建筑修建防空地下室管理规定》。科室人员认真学习文件内容，疑难问题积极与市办领导探讨。在全区审计期间，区人防办认真细致整理历年来台账和工程档案，在区纪委查看区人防办资料过程中，区人防办就审批程序和工作中遇到的问题及困难与区纪委领导进行探讨和请教。通过区纪委领导的讲解，使区人防办工作人员更加规范安次区人防工程审批程序，台账及工程档案存档管理。

（蒋海波）

综合管理

发展改革工作

【概况】 廊坊市安次区发展改革局2017年有干部职工20人。按照区政府办公室《关于印发〈廊坊市安次区发展改革局主要职责内设机构和机构编制规定〉的通知》（廊安政办〔2017〕10号）精神，原区商务局、原区粮食局承担的全部职责划入区发展改革局。机构改革前机关内设股室：办公室、国民经济综合股（安次区国民经济动员办公室）、投资股、项目股（安次区重点项目建设办公室）、农业区划股（安次区农业区划办公室）。下属事业单位：廊坊市安次区节能监察监测中心。2017年12月8日机构改革后机关内设股室：办公室、国民经济综合股（廊坊市安次区国民经济动员办公室、固定资产投资股、重点项目建设办公室、农村经济股、对外贸易和投资服务股、市场运行调节和商业改革发展股、服务业管理股、社会发展与规划股、资源节约与环境保护股、廊坊市安次区整顿和规范市场经济秩序领导小组办公室、经贸粮食股）。下属事业单位：廊坊市安次区节能监察监测中心。2017年，安次区发展改革局充分发挥宏观调控、综合协调、谋划发展、咨询服务、参谋助手五大职能，坚持把建立一支政治素质好、思想观念新、业务能力强、工作效率高的发展改革队伍作为一项重要工作来抓。在全体班子的团结带领下，形成了思想解放、干事创业的浓厚氛围，各项工作运转顺畅，行政效能不断提高，开创了改革工作新局面，全面促进安次区经济又好又快发展。

【重点项目建设工作】 亿元以上建设项目进展顺利。2017年实施建设亿元以上项目92个，总投资669.1亿元，同比增长27%。其中：竣工项目20个，同比增加90%；续建项目50个，同比增加10%；新开工项目22个，同比增加53%。省市重点项目加快推进。2017年争列省重点项目4个，项目数位列全市第三，开工率100%，位列全市第一。争列市重点项目11个，争取土地指标300亩（20公顷），争取个数及土地指标数均位列全市第三。集中开工项目扎实推动。2017年安次区发展改革局组织参加3月份全市集中开工项目22个，2017年底，宇润电气、高迪电子等15个项目全部开工建设，开工率100%。

【综合经济工作有序开展】 综合分析经济社会发展各项因素，认真编制完成年度国民经济和社会发展计划执行情况与国民经济和社会发展计划（草案）的报告，并在此基础上，充分考虑各乡镇、办事处实际发展情况，结合各专业部门意见，下达年度国民经济和社会发展分解计划。同时，全面监测经济运行情况，有效把握经济发展优劣所在，提出建设性意见，保证全区经济平稳有序发展。

【引进京津技术合作项目再创新高】 围绕构建现代产业体系，加强对外推介，强化项目对接、产业对接、企业对接，不断加快引进省外资金技术与项目人才。2017 年实际引进经济技术合作项目 13 项，引进资金 904437 万元。

【“5·18”签约项目个数位居全市前列】 2017 年“5·18”，安次区上市会签约项目 4 项（外资 1 项，内资 3 项），总投资 48.9 亿元。外资项目，上会签约外资项目 1 项，为河北建轩贸易有限公司年产 80 万台血压与动脉硬化指数测量仪项目。内资项目，上会签约内资项目 3 项，分别为河北卫星大数据应用产业项目，总投资 15.5 亿元，引进省外资金 15.5 亿元；高铁可视系统项目，总投资 10 亿元，引进省外资金 10 亿元；中国科学院绿色纳米数字化新一代印装产业示范基地项目，总投资 22 亿元，引进省外资金 22 亿元，签约项目个数位居全市前列。

【争取上级资金支持】 2017 年成功争取到位项目 4 个，争取到位资金 5190 万元。分别为央企合作产业聚集和转移承接示范园区项目到位资金 2000 万元，廊坊市北辰创业树脂材料有限公司争取校企合作项目到位资金 50 万元，廊坊市铭顺石油天然气销售有限公司争取 2017 年中央预算内资金 3000 万元，廊坊市智泰环保材料有限公司争取 2017 年节能专项资金 140 万元。

【加强政府投资项目储备】 紧紧围绕安次区改革发展需要，充分发挥政府资金的引导、放大作用，保障重大项目资金需求，科学制定安次区三年滚动投资计划，安次区进入项目储备库的项目有 138 项，列入三年滚动计划项目 12 项。

【扎实推进“气代煤”工程任务】 切实将农村地区“气代煤”工程列为全区首要政治任务、生态任务和民生工程，全区上下牢固树立“一盘棋”思想，科学统筹、夯实责任、强力推动，高水平谋划，高速度推进。2017 年安次区“煤改气”工作涉及 7 个乡镇、1 个龙河经济开发区，215 个村街，经初步确户统计有 78331 户，截至年底，完成改造 75897 户，暂不具备条件的预留户 2434 户。除亭子头村拆迁外，其余 214 个村街基本完成点火通气。

【招标投标不规范及项目落地难问题专项清理工作】 招标投标不规范方面，重点针对 2016 年 7 月依法必须进行招标的工程建设项目招标投标不规范问题进行回头看，专项清理自 2015 年 10 月后政府采购项目招标投标、药品集中采购不规范问题，发现问题 45 项并整改到位。项目落地难方面，聚焦解决市场主体反映的审批效率不高，土地、资金及相关配套要素供应不及时，承诺条件不兑现，服务不到位等突出问题，发现项目落地难问题 41 个，全部整改到位。

【扎实推进安次区通用机场建设】 申报筹备建设瀚星集团廊坊通用航空产业项目，2017 年廊坊市政府将《关于申请瀚星集团廊坊通用航空机场空域的函》报往省发改委协调空域许可，并向省政府呈报向中部战区空军申请空域的请示。

【做好政府和社会资本合作 PPP 模式项目申报】 按照政府主导、社会参与、市场运作、平等协商、风险分担、互利共赢的原则，科学评估公共服务需求，确定运用政府和社会资本合作PPP模式新建或改造基础设施和公共服务项目，申报廊坊市交通能源市政公共服务等领域鼓励社会投资（含PPP）项目。做好河北省2018年传统基础设施领域PPP项目前期工作中央预算内投资计划申报工作，安次区申报第什里休闲农业风筝文化旅游项目和廊坊市安次区高级中学项目。

【审批监管平台建设及安全生产工作】 加快推进简政放权、放管结合、优化服务，2017年在线审批项目89项。严格按照安全生产职责分工，强化宣传培训，建立工作预案，完善安全生产工作制度，确保不出现安全生产事故。

【做好2017年农业区划调研工作】 完成对全区农产品生产供给及经济效益基础数据的采集，完成《安次区农产品生产供给及经济效益调研报告》，了解掌握全区农产品生产布局、生产水平，根据不同农产品纯收益等市场价格信息情况，反应农产品供给现状、种植结构现状，进而实现不断调整优化全区农业生产结构之目的。开展特色农产品调研工作，完成《安次区特色农产品调研报告》，为挖掘区域特色资源潜力，推广成功经验，进一步提高农业竞争力。

【行政审批制度改革工作】 完善安次区发展改革局行政执法公示制度、执法全过程记录制度、重大执法决定法制审核等制度。完善安次区发展改革局政务服务事项办事指南，完成政务服务工作报告、政务服务事项信息梳理表，制定相关示范文本。

【扎实推进“两学一做”专题教育制度化常态化】 制定党组中心组理论学习计划，有计划、有组织地认真学习党的十八届五中全会精神及党的十九大精神，学习中纪委有关会议精神，努力提高班子领导的理论素养。围绕区委统一部署，由机关党支部牵头制定学习计划，采取领导领学、专题研学、个人自学等形式，深入学习《中国共产党纪律处分条例》《中国共产党廉洁自律准则》，重温入党誓词，开展手抄《党章》活动，强化党员干部宗旨意识和党性修养。组织收看专题纪录片和中国共产党第十九次代表大会，强化机关干部“四个意识”，提高政策理论水平。扎实开展基层帮扶活动，2017年对口支援葛渔城镇段场村资金10000元，开展文明创城活动，深入嘉多丽社区开展活动10余次，以实际行动参与全市文明创城行动。

（张东阁）

统计工作

【概况】 廊坊市安次区统计局是隶属于安次区政府的职能工作部门。2017年，有在职人员23人，内设5个股（室），即办公室、综合核算股、工业能源股、农业股、服务业股，另有城市经济调查队，为安次区统计局所属全额拨款副科级事业单位。2017年，统计局机关上下按照工作目标任务，多措并举、精良管理、狠抓落实，各项工作高效有序推进。紧紧围绕区委、区政府中心工作，进一步完善统计服务机制，强化统计信息、咨询和监督三大职能作用，增强统计服务意识，充实统计服务内容，优化统计服务产品，促进安次统计服务水平进一步提升。2017 年 2 月，韩悦娟、赵大光被廊坊市安次区妇女联合会授予安次区“三八”红旗手荣誉称号。2017 年 6 月，安次区统计局被中共廊坊市安次区委授予“2016 年度计划生育工作先进单位”称号。

【抓机关规章制度建设，提升科学管理水平】 一是坚持周一科长以上人员办公会制度，研究部署全局重点工作，督促各项工作扎实高效推进。二是强化机关纪律制度建设，严格执行请销假、公务派车、外出登记和机关纪律检查等各项规章制度，对出现问题人员及时进行约谈，提高机关工作效能，提升机关管理水平。三是扎实有序推进人才培养战略，深入开展一岗双责和 AB 角岗位互换工作制，提升人员素质，积极打造全能型统计人才，2017 年，从安次区统计局提拔 2 名科级干部和 4 名股级干部。

〔2016 统计年报及 2017 年定报工作】 密切关注全区经济运行质量，强化统计监督职能。一是各专业在做好日常各项统计业务指导和统计监管的同时，加大统计数据质量检查，凡是违反统计操作规程、统计报送规定的责令其整改，从源头上确保统计数据质量，完成 2016 统计年报及 2017 年定报工作。二是在做好 2016 年年报及 2017 年定报工作基础上，超前谋划，充分利用工商、税务、质监等部门资料，积极做好“四上”及房地产企业核查及新增企业申报列统工作。三是密切关注经济指标走势和运行态势变化，利用经济指标月度分析评估会制度，对经济运行中苗头性问题进行专题调研和分析研究，为区领导提出可行性建议，并及时提出经济预测预警，为促进经济平稳健康运行发挥积极作用。

【年终考核指标工作】 夯实统计工作基础。2017 年，安次区统计局完成 2016 年小康社会统计监测、人口变动调查、城乡属性划分、城镇化率统计、村（居）委会基本情况调查、文化产业增加值测算、企业创新调查、企业研发统计调查等工作。2017 年各项工作正按照上级要求的时间节点顺利开展。

【龙头企业申报和粮食产量抽样调查工作】 区统计局于 2017 年 10 月份完成对列统龙头企业核查工作，对符合条件龙头企业及基地进行申报工作。根据《河北省县级粮食产量抽样调查实施方案》要求，完成秋冬播、春播、夏播面积报表，以及夏收粮食和秋收粮食预计产量、实际产量 7 次报表的报送和程序录入工作。其中通过抽选测量 54 个小样本得出秋收玉米实割实测的测量方法。

【做好统计分析及数据咨询服务工作】 为方便区委、区政府领导及时掌握经济运行情况，各专业人员在相关指标数据确定后，第一时间撰写统计分析，对安次区经济运行情况及走势进行分析和预测，2017 年，撰写专业及综合分析 41 篇。为区委、区政府领导决策提供依据，充分发挥参谋助手作用。认真做好数据咨询接待，2017 年为全区各级各部门及社会各界提供数据咨询服务达 200 余次。

【实行基层例会通报制】 2017 年区统计局组织召开 10 次月度基层统计例会，通报各乡镇、街办处和园区主要指标月度完成情况，指出存在问题，提出工作建议，对重点统计工作进行安排部署；利用例会平台对基层统计人员进行农普、名录等业务培训。月度基层统计例会的组织召开扎实推进基层统计工作有序进行。

【发挥部门统计联席会制度优势】 2017 年区统计局组织召开 4 次 GDP（含服务业增加值）核算部门联席会议会和 3 次投资信息共享联席会，通报行业指标发展和行业投资完成情况，指出存在问题，对发展缓慢行业提出发展意见建议，成员部门汇报分管行业指标数据完成情况、目标欠量、存在问题以及工作落实举措。联席会议的组织召开，确保 GDP 核算数据、固定资产投资统计数据真实准确和应统尽统。

【建立周工作督办卡工作机制】 为保证各项统计工作任务有序开展，区统计局在原有周例会工作制基础上建立周工作督办卡工作机制。由办公室牵头，对周例会上所安排工作逐项督办，确保日清日结，不拖不靠，每周五办公室将本周工作完成情况进行通报，要求对未完成工作注明预计完成时间并说明未完成理由，此举有效促进各项工作扎实推进，确保完成全年既定目标。

【完善统计工作】 认真落实“四上”企业统计工作实施意见，建立诚信档案机制。为落实区政府《关于印发〈安次区进一步加强“四上”企业统计工作的实施意见〉的通知》精神，全面调动基层统计人员工作积极性，与基层统计人员签订统计诚信承诺书，建立基层统计单位诚信档案，提高基层统计人员数据报送的及时性和准确性。

【完成第三次农业普查工作】 一是组建成立由副局长和业务骨干组成 3 支农普工作督导组，负责全区 9 个乡级普查区的农普工作督导任务，每周至少 2 次深入所包乡镇普查区和普查小区进行实地业务指导和工作督导，同时每周召开 2 次督导组工作会议，通报各地进度和存在问题，研究制定工作推进举措，促进各乡镇农普工作顺利有序进行；二是组织召开 7 次农普工作推进会议，安排部署各阶段重点工作，对工作缓慢地进行通报，确保安次区普查登记、录入、审核、上传及查询改错工作进度始终位居全市前列，2017 年高质量完成第三次全国农业普查工作。

【开展企业统计人员业务知识培训】 提高企业统计人员业务能力。为提高基层企业统计人员尤其是新列统企业统计人员业务技能，提高其业务素质和做好统计专业上报工作，2017 年区统计局分别组织“四上”列统企业和项目单位统计人员，进行统计基础业务知识和统计法律法规基础知识培训，累计培训 600 余人次，有效提高企业统计人员综合素质，增强统计工作驾驭能力。

【加强网站建设】 促进工作水平提高。一是安排专人负责网站日常信息更新和维护工作，加大统计外宣工作力度；二是要求干部职工加强内网关注，及时了解掌握兄弟县市工作动态，借鉴先进工作经验，增强兄弟县信息交流，提高区统计局宣传影响，促进安次区统计工作再上新台阶。2017 年累计更新各类信息 205 篇，位居全市第二位。

（武瑞娟）

审计工作

【概况】 廊坊市安次区审计局是政府履行审计监督的职能部门。2017 年有编制 20 人，机关内设 4 个职能股室，即办公室、金融审计股、行政事业审计股、工建交审计股。下设 1 个安次区经济责任审计局（为区审计局管理的股级事业单位）。2017 年，以十九大精神为引领，紧紧围绕经济社会发展和改革稳定大局，依法加大对重点领域、重点部门、重点项目和重点资金的审计监督力度，努力推进审计全覆盖。全年完成审计项目 31 项，其中：重大政策落实情况跟踪审计 1 项、预算执行审计 3 项、领导干部经济责任审计 11 项、固定资产投资审计 9 项、配合审计 4 项、其他交办审计项目 3 项，为促进全区依法行政，维护财经秩序，推进廉政建设，优化经济发展环境服务等方面提供有力审计服务和保障。

【确保审计全覆盖】 坚持以服务经济发展，推动宏观政策落地生根为目标，围绕重大政策落实、重大项目推进、重点资金统筹等方面开展审计。重点开展安次区“三去一降一补”及大气污染防治资金政策落实情况跟踪审计，注重审计政策执行、资金拨付、项目进度等重点关键环节。审计实施过程中坚持与预算执行、经济责任审计等其他项目并行开展，不断探索优化重大政策措施落实情况跟踪审计工作方法，力求做到着眼重大政策落实、着重提升审计服务，最大限度发挥好审计监督作用。

【深化财政审计】 以公共资金运行和重大决策落实情况为主线，以监督检查预算执行的真实性、完整性、规范性为核心，完成对区本级 2016 年度预算执行情况的审计，重点关注财税政策执行、政府预算体系完善等情况、关注专项资金的管理、使用情况，以及盘活财政资金存量情况。注重从机制、体制、制度方面揭露问题，分析原因，提出建议，促进财政管理规范，提高财政资金使用效率。同时，完成审计安次区水务局、安次区交通局 2016 年度部门预算执行情况，督促整改审计查出的问题。

【强化固定资产审计】 2017 年完成城郊快速路与西昌南延路交口节点园林景观补植工程、安次区医院迁建门诊工程、住院楼工程土地平整、围墙等工程、西昌南延路（安大道至廊霸路段）给水管网建设工程等结算审计项目 9 项。工程合计送审金额为 1963. 13 万元，审定金额为 1852. 34 万元，为国家节约政府资金 110. 79 万元。

【扎实开展领导干部经济责任审计】 认真贯彻落实《党政主要领导干部和国有企业领导人员经济责任审计规定》，进一步深化经济责任审计，根据组织部委托，结合审计工作实际，统筹安排、合理制定经济责任审计计划。2017 年完成 11 名区管党政主要领导干部任期经济责任情况的审计，充分发挥经济责任审计在干部管理监督中的作用，确保权力在阳光下运行。

【注重信息宣传】 时刻关注审计热点问题、及时总结审计经验做法，不断丰富信息内容，及时反映审计工作的新面貌、新情况、新思路，从不同方面展现全局各项工作开展情况。2017年向区委、区政府、上级审计机关、各类网站、报刊投稿60余篇，通过审计宣传，为群众多渠道了解、理解、评价和支持审计工作做出应有贡献。

【夯实队伍建设】 2017年区审计局组织各项业务培训，选派优秀干部参加市、区级各类培训20余人次。同时，认真组织"两学一做"各项学习教育内容，不断推进"三会一课"制度常态化。组织开展各种形式学习活动，其中组织集中学习16次、观看专题纪录片7次、班子成员带头讲党课6次。

【筑牢廉政防线】 严格做到业务工作和廉政建设两手抓、两促进。按照"一岗双责"原则，主要领导与分管领导、分管领导与股室负责人签订党风廉政建设责任状，明确一把手是第一责任人，一级抓一级，层层抓落实，将反腐倡廉工作与审计工作同部署、同检查、同落实，使得审计人员的依法行政、依法从审、廉政意识进一步增强，在审计工作中保持审计机关廉洁从审，洁身自好的形象。

（王　玉）

国土资源管理

【概况】 廊坊市国土资源局安次区分局（简称安次分局），隶属廊坊市国土资源局。2017年安次分局有职工105人，内设10个股室：办公室、财务审计股、规划股、耕地保护股、地籍管理股、土地利用管理股、监察股、用地股、矿政管理股（加挂测绘管理办公室牌子）、机关服务中心。另自设纪检室、工会办公室。下属事业单位2个：土地开发整理中心、土地储备供应中心。3个国土所：杨税务国土资源中心所、码头国土资源中心所、东沽港国土资源中心所。2017年，安次分局在区委、区政府、市局的领导下，结合"十三五"时期全区的经济社会发展战略、城市发展目标及建设重点，确定全区土地开发利用调控格局和指标，以保证基本耕地为主，优化生态环境，注重节约集约，从而促进全区经济社会平稳快速发展。围绕服务京津冀协同发展和全市经济社会发展，以推进国土资源各项重点工作为主线，做好规划调整完善工作，科学划定永久基本农田，着力加强对破解耕地占补平衡难题、落实占补平衡主体责任、拓宽占补平衡途径的宣传，全面推进节约用地、优化土地要素配置、开展国土资源节约集约创建活动，把握正确舆论导向，努力提高宣传质量，为做好全市国土资源工作营造良好社会舆论环境。安次分局于2017年6月被市精神文明建设委员会评为2016年度文明单位并获得奖牌；于2017年6月被安次区人民政府评为优秀单位。

【建设用地征收供应工作】 2017年上报至省厅的两个批次和一个单独选址的项目，全部获批，总面积13.95公顷，全部为农用地（耕地12.21公顷）。纳入政府储备库完成储备土地11宗，面积82.45公顷，完成供应建设用地11宗，总面积60.71公顷，出让金总额为

428784 万元。其中工业用地 4 宗，面积 23. 25 公顷；商住用地 7 宗，面积 37. 46 公顷。按照年初制定供地计划，完成供地总量的 68. 67%。处置闲置土地 10 宗，面积 39. 96 公顷。

【项目用地预审工作】 2017 年安次分局完成区级预审项目 4 宗，具体为：廊坊市第十三中学学生公寓、廊坊市第十八中学（原杨税务中学）教学楼新建项目、奥萨崎（廊坊）医疗科技有限公司年产 300 万台动脉硬化综合指数测量仪项目、廊坊市凯发新泉污水处理厂改扩建工程，涉及用地总面积 9. 60 公顷。协助市局和市行政审批局完成 5 个项目预审上报工作，具体为：廊坊市安次区外环西南环线工程项目、廊坊市公安消防支队新建八中队消防站项目、东沽港镇中学迁址新建项目、永兴路南延（南龙道—廊霸路）工程、廊坊市安次区南水北调沿线重点区域农村环境整治工程，涉及用地总面积 70. 90 公顷。

【土地开发整理工作】 完成 2 个土地开发整治项目，分别是安次区杨税务乡孟村村土地整治项目，总面积为 37. 27 公顷，新增耕地 21. 09 公顷；安次区东沽港镇高圈村土地整治项目，总面积为 6. 50 公顷，新增耕地 1. 29 公顷；累计新增耕地 22. 38 公顷。完成 2 个高标准基本农田项目，分别是安次区东沽港镇和调河头乡高标准基本农田建设项目，面积为 1956. 41 公顷，投资 2381. 71 万元；安次区东沽港镇等 3 个乡（镇）高标准基本农田建设项目，面积为 1672. 23 公顷，投资 2123. 76 万元。总面积 3628. 63 公顷。2015 年高标准基本农田建设项目任务为 4000 公顷，2017 年下半年进场施工，但由于大气环保原因停工。

【国土监察工作】 2017 年土地违法专项行动中主要包括 2015 年度省厅挂账图斑、2016 年度卫片违法图斑、2017 年全天候一期图斑，违法图斑总量 224 个，占地面积 100. 33 公顷，其中耕地 32. 07 公顷。通过整改，214 个图斑整改到位并通过省厅验收。国家土地督察北京局 2017 年例行督察期间发现的问题中，涉及安次分局批而未供问题 45 个。安次分局对 45 个问题进行全面核查清理，涉及 176 个地块，面积 478. 23 公顷，其中供应 66 个地块，面积 221. 83 公顷；批而未供 133 个地块，面积 256. 40 公顷。

【地灾防治工作】 廊坊市安次区东沽港一村、东沽港二村、东沽港三村房屋下沉、墙体开裂发生于 2011 年。根据《廊坊市东沽地面沉降地质灾害勘查报告》建议，需对该情况进行长期动态监测，对地下水位变化和地面沉降的影响进行分析，掌握地面沉降发展趋势。从被动应急防治转变为有组织的主动预防，最大限度避免和减轻地质灾害造成的损失。2017 年监测工作完成。

【“一问责八清理”工作】 通过“一问责八清理”活动，2017 年安次分局发现并上报问题 11 个，其中“土地占补平衡指标无法落实”类 3 个，“程序未按《河北省优化投资建设项目审批流程实施办法》要求进行优化”类 3 个，“城乡总体规划和土地利用规划衔接不够”类 5 个。现除“城乡总体规划和土地利用规划衔接不够”问题等待政府批准，其余问题全部解决。

【国土领域“微腐败”集中整治工作】 2017 年国土领域“微腐败”集中整治行动工作，安次分局第一时间组织集中学习，认真讨论，深刻领会方案精神。同时，对科股长及中心所所长等人员进行个别谈话，沟通思想，通过认真对照，自查梳理，查找问题。安次分局存在4个问题：对执法、审批或审核卷宗管理不严，卷宗不完整，造成一定影响；未按要求对辖区村街开展日常巡查，造成违法用地问题应发现而未发现；对违法用地行为制止无效未及时上报；未按规定程序和时限对违法用地问题进行查处。对自查中发现的问题线索，安次分局不隐瞒、不包庇，及时准确地向上级汇报。同时，每个党员干部填写“国土领域微腐败集中整治承诺书”。在办公场所，对服务对象进行发放“微腐败”专项整治明白纸，公开举报电话，设立举报箱，粘贴行动横幅，加强宣传力度。2017年所发现问题整改到位。

（郭锐）

工商行政管理

【概况】 廊坊市安次区工商行政管理局2017年有干部职工112人，设8个内设机构和6个派出机构；内设机构是：办公室（信息化建设办公室）、人事教育股、法制股、市场秩序规范管理股、消费者权益保护股（廊坊市安次区12315指挥中心）、注册股、企业监督管理股、商标广告监督管理股，另设监察室。派出机构是：城区分局、银河南路分局、仇庄分局、码头分局、葛渔城分局、经济检查分局。2017年被区委、区政府领导批示肯定6次，作为行政执法单位代表在全区集中打击刑事犯罪百日攻坚行动会议上作表态发言，银河南路分局支部被评为全区“先进机关支部窗口”，李东山被评为全区“十佳共产党员”，沈冰、孙云霞被评为全区“三八”红旗手，马潇、王丽颖被评为全区“青年岗位标兵”。

2017年12月，根据廊坊市安次区人民政府办公室《关于印发〈廊坊市安次区市场监督管理局主要职责内设机构和人员编制规定〉》的通知（廊安政办〔2017〕14号）精神，设立廊坊市安次区市场监督管理局，将原区政府食品安全委员会办公室、区工商行政管理局、区质量技术监督局、区食品药品监督管理局承担的全部职责划入区市场监督管理局。

【迎接省委第九巡视组巡察】 省委第九巡视组通过单位自查、个别谈话、受理信访、查阅资料等方式，对党组领导作用发挥情况、党的建设情况、全面从严治党情况等进行全面深入的巡视，巡视组对安次工商局的工作给予肯定，同时也指出不足和需要改进提高的地方。区局党组以积极的态度接受巡视巡察，对自身不足认真归纳总结，在最短时间内提出整改措施，并使之制度化、常态化。

【开展“一问责八清理”和基层“微腐败”治理专项行动】 制定并下发《安次区工商局开展“一问责八清理”专项行动和基层“微腐败”治理专项行动实施方案》及子方案。自2017年5月开始，至2017年11月底结束，围绕“一问责八清理”和“微腐败”重点问题及重点清理范围，在全局内开展自查自纠，做好数据报送工作，对查找出的问题制定整改措施，及时整改提高。

【加强机关作风建设】 为进一步改进机关作风，切实解决不作为、乱作为、慢作为问题，优化发展环境，制定下发《安次区工商局关于开展机关作风整顿的工作方案》，着力解决“不能为”“不想为”“不敢为”“乱作为”的突出问题，进一步改进机关作风。

【协助做好麦洼宿舍拆迁改造】 根据《廊坊市安次区2017年度棚户区改造工作实施方案》要求，原工商局麦洼宿舍被列入拆迁改造范围。2017年安次区工商局抽调专人负责协调拆迁工作，通过寻访当年经办人员、老职工确定具体分配图，配合银河南路街道办事处做好麦洼宿舍拆迁改造工作，国庆假期“不间断”为居民开具证明18份，维护保障居民合法权益。

【组织开展学习培训】 学习《关于新形势下党内政治生活的若干准则》和《中国共产党党内监督条例》并要求大家认真做好笔记。办好《每周必学》《半月摘抄》法制园地，及时刊发工商部门新出台的法律法规及新政策，激发执法人员的学习热情，提高执法人员素质，提升办案水平。2017年安次工商局组织干部职工参加国家局远程网络培训、省市局各项专题培训和区委、区政府能力提升培训、法律培训等200人次。

【抓好全局日常行为规范化】 2017年按照《安次区工商局四个规范考核办法》要求，对人员在岗、环境卫生及人员着装情况等方面进行8次联合检查，使全局干部职工能自觉做到按时上下班，按规定着装，持证上岗，亮证执法。有力地促进全局日常行为规范。按照《关于规范办公台账管理的通知》要求，相关股室、分局及时填写各类台账、整理装订，并按要求摆放到位。

【开展机关文化建设活动】 为丰富广大干部职工文化生活，增强全局干部职工工作凝聚力，制定《安次区工商局2017年度机关文化建设活动方案》，通过开展“我为机关露一手”厨艺大赛、“我为同志荐好书”等一系列机关文化建设系列主题活动，有效营造风清气正、劳逸结合的工作氛围。

【工会帮扶】 2017年安次区工商局帮助6名患病职工或家属申领“工会爱心互助医疗保险”；组织为“博爱一日捐”捐款4000元；开展“金秋助学”活动，为2017年重病职工子女（新考入大学）送去5000元助学金；联合安次区私营企业协会、远山行公益捐助组织开展为西藏日喀则市康马县涅如麦乡达巴村涅如麦乡小学捐款捐物活动。廊坊电视台《零距离》节目、《廊坊都市报》、环京津新闻网参与此次活动报道。

【推进商事登记制度改革，实施“多证合一”改革】 2017年，在实行企业“八证合一”和个体工商户“四证合一”登记制度后，又将商务部门的再生资源回收经营者备案登记、文化部门的艺术品经营单位备案、旅游部门的旅行社分社备案登记证明和旅行社服务网点备案登记证明等涉企证照纳入“多证合一”改革，以“减证”促进“简政”，进一步降低市场准入的制度性成本，促进市场主体快速增长。2017年，全区新登记市场主体5220户，同比增长20.4%，市场主体总数24842户，同比增长19.1%，万人拥有市场主体671户，比2016年增加125户。

【推进工商登记注册便利化】 2017年继续深入推行“先照后证”改革，工商登记前置审批事项调整为32项，企业变更登记、注销登记前置审批事项调整为30项，后置行政审批事项为307项。

【完善企业退出机制】 完善市场主体快速退出机制，2017年3月1日起，按照《工商总局全面推进企业简易注销登记改革的指导意见》，对领取执照后未开展经营活动、申请注销登记前未发生债券债务或债券债务清算完结的企业，由其自主选择适用一般注销程序或简易注销。截至2017年年底，办理企业简易注销登记103户。

【市场主体信息公示制度有效实施】 年报公示率稳步提升，2016年度内资企业年报公示率92.8%，个体工商户年报公示率79.4%，农民专业合作社年报公示率87.2%，完成年初制定的目标。

【“双随机、一公开”监管机制全面推行】 2017年全区21个应纳入“双随机、一公开”的部门全部纳入，均建立“一单两库一细则”；建立随机抽查事项清单，抽查事项达154项；开展随机抽查64次，检查对象2598户次；组织部门间联合抽查3次，实现“双随机、一公开”监管全覆盖。全年两次召开“双随机、一公开”工作推进会，以政府办名义下发通知2个，以区双抽办名义下发各类方案、通知等文件12个。按照“一问责八清理”专项行动中“放管服改革不到位”相关要求，组织各成员单位开展自查自纠，查找“双随机、一公开”方面存在的问题131件，并完成整改。

【落实“双告知”制度】 在办理登记注册时，根据省级人民政府公布的工商登记后置审批事项目录告知申请人需要申请审批经营项目和相应审批部门，并由申请人书面承诺在取得审批前不擅自从事相关经营活动；将市场主体登记注册信息及时发放至“双告知”专用邮箱中，告知相关审批部门，由相关部门根据职责做好后续监管工作。2017年按照“双告知”要求，向食药局、环保局、安监局、质监局、发改局等监管单位推送新登记市场主体5021户（企业1682户，个体工商户3339户）。

【强化煤炭市场清理整治】 2017年建立煤炭经营单位台账及档案，制定《煤炭及成品油市场监管方案》《2017年散煤清理、取缔实施方案》，并通过政府下发全区，将清理、取缔任务明确至各乡镇负责人、工商部门监管人员。在各乡镇主要路口设立禁煤提示牌、显要位置张贴《市、区政府禁煤通告》、发放《停止煤炭经营销售倡议书》、电台宣传等形式，对禁煤政策进行宣传；对辖区内68家煤站召开诫勉谈话会，签订《诚信守法经营承诺书》。制定《安次区劣质散煤管控专项实施方案》和《安次区劣质散煤管控“百日会战”行动方案》，并以区政府名义下发到各成员单位，组织召开全区劣质散煤联席会议。协调交通部门开展联合执法，由交通部门查扣（为供热站运送煤炭的车辆除外）所有向安次辖区内运送煤炭的车辆，对车主予以处罚。由工商部门对散煤进行查扣，对售煤户予以处罚，严格源头管控，每个乡镇建立1个散煤清理存储点，如有查扣散煤，就近集中存放。6月底，辖区内68户煤炭经营户全部办理变更或注销手续，其中注销58家，变更经营范围9家，公告注销1家，完成“散煤清零”目标；及时处置2起流动散煤销售行为。

【提升成品油质量监管水平】 2017年安次工商局对辖区内37家加油站进行5次全覆盖抽检，达到并超过年初制定的“每季度全覆盖”目标，抽检成品油279批次，其中汽油151批次、合格率100%，柴油128批次、合格率98%。立案查处3批次不合格柴油。另抽检13批次车用尿素，合格12批次，不合格1批次。

【祭祀用品禁售工作】 春节期间、清明节、寒衣节期间检查辖区市场内、沿街门店售卖封建迷信祭祀用品情况。2017年，出动执法人员100余人次、执法车辆30台次，巡查市场32个次、巡查门店342户次，悬挂横幅46条，张贴告示50张，发放《禁止焚烧祭祀用品告知书》350余份，没收违法销售封建迷信祭祀用品3车。

【餐饮油烟整治工作】 按照全区大气污染治理紧急调度会工作安排，会同区食药局、区环保局联合乡政府、办事处全面检查主城区、龙河工业园及廊霸路一带的餐饮（饭店）经营业。2017年检查餐饮经营户687户，安装油烟净化器468户，未安装油烟净化器206户，安装但无清洗记录143户，责令停业13户，责令办理营业执照57户。交由相关乡政府、办事处进行后续监管。

【校园周边环境专项整治】 制定《安次区工商局关于组织开展校园周边非法经营商贩监管治理工作的实施方案》，成立学校周边非法经营商贩专项整治领导小组，摸底排查辖区内16所中小学校周边经营户，实行网格化监管，责任到人，坚决取缔校园周边各类有照无证、有证无照、无证无照经营行为，做到动态监管，营造有利于青少年健康成长的良好社会环境。2017年，出动执法人员63人次，执法车辆28台次，检查经营户156户次，取缔无照经营户8户。

【防范和打击处置非法集资工作】 认真梳理排查辖区内预付费卡领域涉嫌非法集资风险的行业，预付卡消费主要集中在美容美发、洗车、健身、游泳、教育培训等行业，针对洗车、美容美发投诉量较为突出的情况，大力宣传利用预付卡进行非法集资的主要特征及危害，警示群众提高风险防范意识，进一步形成能识别、不参与、敢揭发的良好社会氛围。2017年，接到关于廊坊市优卡特电子商务有限公司的投诉、举报21件，信访件14件，涉及辽宁、山东等多个省份，涉嫌金额巨大，安次区工商局对此高度重视，及时向区委、区政府及市工商局进行汇报，依据相关法律法规给予妥善处理，并对优卡特电子商务有限公司下达《行政提示书》；区政府处非办组织公安安次分局、区工商局、区国税局两次对廊坊市优卡特电子商务有限公司法人代表、总经理进行约谈；配合区政府工作组就优卡特引发的信访问题展开维稳工作。2017年7月25日，按照程序为廊坊市优卡特电子商务有限公司办理注销登记。

【保持打击传销高压态势】 2017年3月28日，由13名区公安分局巡警大队干警会同区工商局5名执法人员共同组建“安次区打击非法传销中队”，配备制式警车3辆、行政执法车1辆，专职开展打击传销活动。2017年，通过制作打击传销宣传U盘，利用农村“大喇叭”进行广播；在社区楼道、电梯、门口以及村街明显位置张贴《廊坊市安次区人民政府关于依法严厉打击传销、建立有奖举报制度的公告》；制作打传宣传展板，在农村集市进行流动展示；

建立出租房台账，“以房管传”源头管控；制定被遣返人员与家庭进行联系的措施，杜绝传销人员回流等措施，形成全区打击传销高压态势，安次区传销活动呈现逐步减弱趋势，赢得辖区群众广泛赞誉。截至2017年年底，开展打击行动88次，取缔传销窝点156个、遣散传销人员1673人、解救254人，立案5起、刑拘21人、治安拘留2人，出动执法人员1573人次、执法车辆632台次；悬挂打传横幅300条，张贴打传公告6000张，设置打传展板150余块，制作打击传销宣传U盘80个，发放宣传资料12100余份。接到传销举报16件，处置率100%。收到表扬信9封、锦旗20面。

【安全生产及无照清理整治】 2017年结合全国全面推行的“先照后证”改革和全省工商系统“四个专项行动”，将清理无照作为安全生产工作重点。制定《安次区工商局2017年安全生产工作方案》，对安全生产工作多次召开专题工作会进行安排部署。出动执法人员130余人次、执法车辆30台次，检查经营主体2025户次，查处无照经营户609户，其中补办营业执照593户、取缔16户，抄告有关部门74户次；吊销2年未经营、未纳税企业52户。

【“红盾护农”行动有序开展】 制定《安次区工商局2017红盾护农行动方案》，认真落实农资商品市场准入制、监管责任制，督促农资企业和经营者建立健全自律机制和内部管理制度。2017年安次工商局开展春、秋两季红盾护农行动，出动执法人员80余人次，日常巡查经营户225户，下发宣传资料600余份；抽检化肥17个批次，合格16批次，立案查处1批次不合格化肥。

【深入实施商标品牌战略】 以保护驰、著名商标、涉农商标为重点，继续深入开展“打击侵犯知识产权和制售假冒伪劣商品”专项行动、虚假违法广告专项行动，2017年查处侵犯注册商标专用权案件1件、虚假违法广告案件1件。出动执法人员290人次，执法车辆75台次，检查经营户380余户次，检查大型超市、农贸市场32个次。

【网络市场监管进一步加强】 根据工作部署，结合当前实际，成立红盾网剑专项行动领导小组，制定具体工作方案，组织执法人员参加网监培训，提高网监业务工作能力；将网上巡查和实体巡查相结合，增加巡查频次，核查网站发布的企业信息、商品信息、广告内容等，严厉打击虚假宣传、冒用注册商标等违法行为。2017年，网上检查网站、网店299个次，实地检查网站34个次，责令整改网站2个，查处虚假违法互联网广告案件1起；通过入户宣传为辖区4户经营户领取“营业执照电子链接标识”，进一步规范网络商品交易及有关服务行为。

【合同格式条款整治工作稳步推进】 针对通讯服务、房屋中介、装饰装修以及大型商场和超市等群众关注的热点行业和公用事业领域合同格式条款作为整治重点，同时对以往合同格式条款整治工作中规范过的银行、饭店等重点行业，组织开展“回头看”行动，督促经营者整改落实到位。通过开展形式多样的宣传活动，加强消费知识宣讲，向消费者普及合同法律常识以及相关行业不公平合同格式条款表现形式。进一步增强企业诚实守信意识，树立社会诚信典型，强化信用管理，推进安次区企业信用体系建设。2016年辖区内有2家企业被评为廊坊市2016年度“守合同重信用企业”。

（毕辉）

物价管理

【概况】 中共廊坊市安次区物价局，2017年有人员编制18人，设有5个内设机构：办公室、价格管理（信息）股、收费管理股、物价（收费）检查所、价格认证中心。2017年，在区物价局在区委、区政府正确领导下，坚持为区委、区政府当好参谋助手；始终保持和区直各部门的密切联系，切实做好价格调控的综合协调服务工作。

【加强价格监管，保持价格总水平基本稳定】 一是日常监测工作准确到位。2017年区物价局对米、面、粮油等30余种日常生活用品做到及时监测，严格执行各项价格监测报告制度，完成省布置的50种商品价格月报和市布置的30种居民生活必需品价格月报，以及重大节日市场价格监测任务；在辖区内各大型超市、农贸市场建立15个监测点（市级6个，区级9个），对各监测点实行台账管理，对监测信息定时定点进行收集、分析、归档，每两周对价格变化情况进行对比一次，及时调整监测重点。二是专项价格监测工作准确及时。对春节、“五一”等重要节假日期间市场主副食品价格进行跟踪监测、检查。

【整顿规范收费秩序，维护民生价格权益】 一是在“全国收费动态监管系统”平台上，按时按要求完成2016年度96个单位行政事业性收费情况报告和收费统计工作，并在全国收费动态监管系统上完成上报，统计率和准确率达到100%。二是整理装订年度收费文件，整理规范年度收费报告制度档案。三是编制安次区执行的行政事业性收费目录清单、安次区涉企行政事业性收费目录清单、安次区执行的政府定价和政府指导价经营服务性收费目录清单，并在政府网站公开。四是认真落实财政部、国家发改委关于扩大18项行政事业性收费免征范围及关于清理规范一批行政事业性收费有关政策通知文件精神，对安次区涉及的农业部门、质监部门、林业部门等6个部门12项行政事业性收费予以免征停征。五是完成2017年价格惠民政策落实情况统计工作。六是大力清理规范涉企经营服务性收费工作。七是落实省、市政府《关于建立健全水价补偿机制的通知》精神，制定区物价局调整城市供水价格应急方案。八是完成一所民办小学调整学费和住宿费工作。九是按照上级要求落实好安次区医疗改革、农业水价综合改革相关工作。十是督促辖区内燃气企业认真落实市物价局关于完善天然气和采暖用电相关价格政策工作。

【加大监督检查力度，营造市场价格秩序】 一是开展元旦、春节期间市场巡查工作。检查辖区内兴安明珠超市、元辰超市及大型市场，主要检查明码标价、不正当价格行为、是否有哄抬物价、囤积货品等现象，规范市场明码标价，整顿市场价格秩序，保证市场价格稳定。二是开展“5・1”“5・18”和书博会期间市场价格监督检查工作。在“5・1”“5・18”和书博会期间为维护廊坊市价格秩序，提升城市形象，促进社会和谐稳定，区物价局检查安次区范围内的宾馆、饭店、商贸流通行业及相关服务行业，并发放宣传单和廊坊市物价局价格诚信自律倡议书。

【加强价格举报工作建设，畅通价格诉求渠道】 2017年区物价局发挥“12358”价格投诉举报电话作用，认真受理群众对价格、收费问题的投诉举报，及时查处各类价格举报案件，维护广大群众合法权益。截至6月底，受理各类价格投诉、举报39件次。其中：“12358”平台5件、市长热线15件、普通举报件6件，阳光理政平台8件，网上直通车5件，主要涉及物业服务收费、停车场收费等方面，均处理完毕，办结率100%。

【加强价格认证工作，促进社会和谐稳定】 2017年完成价格认证业务93件，标的额517余万元。未出现一例复议或显失公正、公平的案例，为维护司法公正，维护各方当事人合法权益，服务政府及经济社会发展，做出了努力，同时维护价格认证队伍良好社会形象。

【做好“三项制度”及“双随机一公开”工作】 按时、按质、按量完成三项制度工作，确保任务完成。根据国务院、省、市、区关于推行行政执法公示制度试点实施方案通知部署要求，制定区物价局“三项制度”的实施方案，成立领导小组，并编制《行政执法公示办法》《价格执法全过程记录具体办法》《重大行政执法决定法制审核办法》等制度；结合安次区“放管服”改革推进方案和权责清单，编制本部门《行政执法事项清单》，明确执法主体、职责、权限，依据事前公开内容报区法制办备案。

根据“双随机一公开”监管要求，编制区物价局《随机抽查事项清单》《行政执法人员名录库》《随机抽查市场主体名录库》。按照区“三项制度”实施方案的通知要求，完成四类文本制定，即各类行政执法流程图、行政执法服务指南、执法文书样本、重大执法决定法制审核流程图以及《音像记录事项指南》《重大执法决定法制审核事项清单》。认真用好音像记录设备。对执法记录仪、录音笔、照相机等执法音像记录设备，用于执法工作领域，并对设备进行严格管理，专人专管，加强日常维护，确保音像记录设备正常使用。2017年，“三项制度”工作均按区政府的时间节点要求按时完成并将区物价局的“三项制度”工作内容上报法制办审核备案，该公示的进行公示。

进一步推进“双随机一公开”工作。为进一步推进“双随机一公开”监管工作，促进“放管服”措施到位，区物价局高度重视，成立组织领导小组，制定区物价局工作方案并制定完善“双随机一公开”实施细则。一是建立完善随即抽查事项清单。对现有行政检查事项进行认真梳理，与市级部门沟通衔接，做到同类检查事项与市级部门清单基本保持一致，制定完善区物价局随机抽查事项清单。二是建立完善执法检查人员名录库。按照执法人员所属的检查行业、领域等进行分类，建立完善区物价局随机选派执法检查人员名录库。三是建立完善市场主体名录库。结合区物价局工作实际，把法律、法规、规章规定需要监管的检查对象全面梳理并纳入检查对象名录库。四是按照时间节点上报完成“双随机一公开”各类报表。五是在安次区政务网站对“双随机一公开”所需公示内容进行公示。

（邓小翠）

质量技术监督

【概况】 廊坊市安次区质量技术监督局2017年有干部职工13人，职能股室4个，即办公室（政策法规研究股）、综合业务股、稽查股（打假办公室）、特种设备安全监察股。2017年，安次质监局在区委、区政府领导下，以“两学一做”为动力，以“质量强区”为目标，以“民生保障”为根本，顺利完成2017年目标工作任务，为区域经济发展，社会稳定贡献质监力量。2017年区质监局获得2016年度市级文明单位称号。2017年12月，安次区质监局、安次区工商局、安次区食品药品监督管理局整合为安次区市场监督管理局。

【大气污染防治工作】 按照《安次区2017年大气污染防治重点攻坚行动方案》要求，制定煤炭抽检计划，对煤炭生产单位、常年用煤单位和取暖期用煤单位分类监管，实行每月抽检2次。2017年检测使用单位4家48个批次，经检测全部符合地方标准要求。其次是对“气代煤”工程中燃气炉具全覆盖进行抽检，建立入省边界运煤车辆检查站，对燃气表检定进行协调，全年检定7万多块，配合环保商务工商对油品，加油站、散煤进行管控；配合六部门检查VOC企业治理、复产复工企业。

【标准化工作】 安次区标准化工作紧紧围绕加快转变经济发展方式这一主线，不断加强农业基础地位，提升制造业核心竞争力，加快服务业发展，鼓励战略性新兴产业，充分发挥标准化对经济社会发展技术支撑作用。安次区质监局引导辖区内生产企业参与国标、行标、地标制修订工作，帮扶企业在制修订标准时向国标、行标、地标靠拢。2017年安次区泉恩管业、思科农业等公司主编参与制定国家标准5项、行业标准5项、河北省地方标准6项、河北省农业地方标准7项；获得河北省企业标准化良好行为试点和示范企业5家；其中泉恩管业获得河北省首批企业标准化示范单位，获得省局奖励资金3万元，该公司的《给水用高性能硬聚氯乙烯管材及连接件》行业标准获得主编奖，省局奖励资金20万元。安次区委书记张平批示：2016年—2017年，区质监局（市场监管局）主动作为，积极创新，实干担当。全区质监工作，尤其是标准化推进工作实现了质的提升。标准化工作是高质量发展的基础，也是引领高质量发展的龙头，标准竞争就是创业话语权和主导权竞争，务必高度关注，全力做优，要扎扎实实推进。安次区区长薛振泽批示：区质监局工作卓有成效，为全区经济发展做出贡献，望再接再厉，为质量，品牌强区做出更大贡献。

【打假工作】 深入推进“质检利剑”行动，2017年区质监局开展农资产品专项监督检查行动和消费品集中打假专项行动，检查涉农生产企业6家。开展强制性认证产品和生产许可证产品专项检查活动。以建材、汽车配件、儿童玩具为重点产品，严查企业无证生产、偷工减料、以不合格品冒充合格品和假冒他人厂名厂址等违法行为。

【质量强区和品牌建设工作】　安次区委、区政府高度重视质量强区工作，推进安次质量建设，大力实施“质量强区”战略，构建“大质量”工作机制，建立“四位一体”的战略布局，即“打造安次标准，铸就安次品牌，树立安次信誉，提升安次质量”，初步形成标准、质量、品牌、信誉“四位一体”推进路径，建立安次质量指标体系，全面提升经济、社会、城市、生态、文化和政府服务质量。推动政府出台系列纲领性文件。推动安次区政府出台《安次区质量发展规划2014—2020》《深入推进质量强区战略2017年行动计划》《安次区关于促进检验检测服务业发展的实施办法》《安次区关于加强农产品品牌建设工作的实施意见》《安次区人民政府关于实施质量强区战略的意见》等系列文件，部署实施质量强区和品牌建设工作。主要、主管领导高度重视。2017年安次区河北泉恩高科技管业有限公司获得市政府质量奖，也是安次区首家获此荣誉的企业。安次区区委书记张平对安次质监局《关于我区河北泉恩高科技管业有限公司获得第四届廊坊市政府质量奖的报告》进行批示：“质量强区”是建设强区新城的重要组成部分，是有效载体，务必强力推动。市政府质量奖是荣誉，更是动力。区质监局从培养、推荐和推动这项工作上做了大量卓有成效的工作，值得充分肯定。要更上一层楼，着力培养和推动。安次区区长薛振泽批示：很好，坚持质量优先，全力打造安次品牌形象，望再努力。

精准帮扶，打造安次知名品牌。一是大力实施“质量强区”战略。推进以质量促转型、促发展、提效益，促进安次区质量整体水平进一步提升。建立“大质量”工作机制，产品质量、工程质量、环境质量、服务质量均处于平稳提升的态势。二是大力推动品牌建设发展。严格按照安次区委、区政府的工作部署和重点目标安排，加大对名牌产品培育力度，不断探索创新服务举措，找准重点，精准帮扶。2017年，安次区获得市政府质量奖组织奖1项、省名优品牌4项，省著名商标3项；农产品地理标志1项、无公害认证13项，2个农业部蔬菜标准园，13个省级蔬菜标准园，邢官营村获农业部“全国一村一品示范村”；富智康获得河北省质量标杆；第什里风筝节声名远播，安次区成立第什里风筝、调河头乡蜡杆申报工作领导小组，在申报国家地理标志保护产品；龙河高新区在争创省知名品牌示范区；将朗世坤成、第四中学、东易日盛、昊宇白酒、红星美凯龙等企业列入品牌培育计划。三是编制《安次区2016年质量状况分析》。依据2016年考核情况，统计分析全区工业、农产品、食品、工程、旅游等质量状况、存在的问题、对策措施，受到安次区政府主要主管领导充分肯定，为政府制定经济发展目标提供参考数据。四是加强推广先进管理模式。2017年区质监局组织安次区泉恩管业、中建机械等15家重点企业参加市里举办的廊坊市政府质量奖申报暨卓越绩效管理标准培训班，落实市政府提出质量管理“百争创、千导入”活动。激励安次区企业学习卓越绩效模式，持续改进经营管理水平和经营绩效，形成示范孵化效应。推荐泉恩管业、鑫佳机电等20家企业列入《河北省名优产品和服务品牌培育“十三五”规划》。

【特种设备安全监察工作】　2017年未发生因履行职责不到位引发的重大以上特种设备安全事故，万台事故死亡率控制在廊坊市政府下达的目标内。全面贯彻落实《特种设备使用安全管理规范》，举办《河北省电梯安全管理办法》宣贯培训暨电梯安全责任事故警示教育培训班，现场各电梯使用单位和电梯维保人员160人参加培训。全面落实特种设备安全监管责任。完善基层安全监管网络，制定安全员管理制度，并指导监督安全员工作情况；深入开展特种设备使用单位现场安全监督检查，重点特种设备使用单位和公众聚集场所现场监督检查率98%；加强气瓶和移动式压力容器充装单位安全监管，充装站现场监督检查率100%。检查码头—永清—唐山—秦皇岛线安次减压分输站4家门站51台压力容器。

【计量惠民工作】 开展“计量惠民”服务活动，依法检查集贸市场、社区卫生单位和眼镜店在用强检计量器具，检测安次区内在用强检计量器具。2017年检测746台件；会同河北省计量院廊坊分院到社区开展计量惠民免费检测活动，检测566件，其中检测血压计133件，检测珠宝玉石433件；深入辖区加油站（点）、商场超市、医疗机构等领域，与140余家单位签订《诚信计量承诺书》，并制成牌匾要求承诺单位统一挂于明显处，向社会公开做出自我承诺。

【依法行政工作】 扎实推进“双随机一公开”抽查工作，根据安次区“双随机一公开”抽查工作总体安排部署，安次区质监局制定2017年度“双随机一公开”抽查计划，并对抽查计划进行任务分解，安排部署2次抽查活动，抽查计划、抽查内容、抽查结果都在安次区政务网上进行公开。按照安次区政府要求对质监行政执法依据、行政许可项目、规定和实施机关进行全面梳理，行政审批后续监管清单15项；行政权力清单263项。

（王娟）

安全生产监督管理

【概况】 廊坊市安次区安全生产监督管理局：（以下简称区安监局）主管全区安全生产工作，业务上受廊坊市安全生产监督管理局的指导。2017年安监局现有干部职工事业编制31人，局机关下设5个职能科（室）：办公室、综合协调科、监管一科、监管二科、监管三科；下设事业单位1个：安全生产监察执法大队。2017年区安监局向区政府请示增加人员情况，区政府批示10名劳务派遣人员。区安监局安全生产工作在区委、区政府正确领导下，在市安监局大力支持和指导下，坚持“安全第一、预防为主、综合治理”的方针，大力宣贯新《安全生产法》，深化重点行业领域专项整治，加大综合监管力度，强化安全生产“红线”意识，强化企业主体责任落实，强化县域安全监管规范化建设等基层基础工作，全面消除安全事故隐患，确保安次区安全生产形势持续稳定。2017年，安监局安全生产工作在区委、区政府正确领导和市安监局指导下，严格落实企业主体责任，强化地方属地监管和行业主管部门直接监管责任，促进安次区安全生产状况进一步好转。2017年按照《区委组织部关于乡科级领导班子2017年度工作目标台账》要求，安监局承担省市区及本单位年度工作目标任务8项，截至2017年底，该工作全部完成。

【党政同责进一步形成共识】 2017年区安监局把学习好、宣传好、贯彻好、落实好习近平总书记、李克强总理和省、市、区主要领导关于安全生产工作的最新要求作为首要任务，牢固对立发展不能以牺牲人的生命为代价这个理念，始终把人民群众安全放在第一位，精心筹划部署，科学组织实施，务求取得实效。协调区政府与各乡镇（街道、园区）和区直有关部门逐级签订安全生产责任书，区长与各位副区长分别签订安全生产责任书，各乡镇、街办处、园区及重点区直部门均建立安全生产责任制，明确责任，定期召开安全生产工作会议，严格落实安全生产相关制度及文件精神。

【安全生产专项整治工作】 按照省、市、区安委会的要求，结合安次区冶金、粉尘涉爆、涉氨涉氯、危险化学品、职业卫生等行业领域实际，安监局印发《安全生产专项整治工作方案》，明确各级各科室队的工作职责、工作任务、工作进度以及工作目标，2017年区安监局检查企业655家次，排查整改隐患900处。同时组成5个督导检查组，督导检查安全生产隐患排查整治工作。检查企事业单位283家次，发现隐患问题103处，现全部整改完毕。

【开展暑期、汛期、“两节”“两会”安全生产专项检查】 按照国家、省、市、区关于暑期、汛期、“两节”“两会”安全生产工作“早动员、早部署、早启动、早落实”的总体要求，在每个节日前都召开专题会议进行安排部署，下发有关节日期间安全隐患排查的通知，采取企业自查、部门联查、政府督查的工作机制，充分发挥政府主管、部门监管、企业落实的3个主体责任。着力解决高危行业和重点领域存在的突出问题，促使企业真正从思想上、管理上、投入上重视安全生产，并自觉地落实企业安全生产主体责任。

【安全生产宣传教育培训工作】 一是开展安全生产警示教育活动。2017年区安监局制作烟花爆竹、危险化学品、人员密集场所消防、有限空间、涉爆粉尘等15个重点行业领域的事故案例警示教育影音资料238套，发放至各乡镇、街办处、园区及区直有关部门，督促各有关单位开展为期2个月的安全生产警示教育活动，确保安全生产警示宣教工作全覆盖。二是开展职业卫生宣传周活动和安全生产宣传教育“七进”活动。按照活动要求，制定实施方案，深入企业、社区、学校、机关等发放安全生产知识宣传手册、宣传彩页1万余份。三是依托《安次安全生产》报，搜集反面案例进行宣传报道，提高全社会安全意识，强化全社会安全责任，提升全民安全素质，预防和减少生产安全事故发生，保障人民生命财产安全，形成强大声势，营造浓厚安全生产氛围。四是组织全区生产经营单位法人、安全生产负责人、安全员和特种作业人员1000余人分期分批参加市里组织的培训、复训班，并取得从业资格证书，进一步提高从业人员操作技能和水平。

【开展第16个安全生产月活动】 按照《廊坊市2017年“安全生产月”暨“安全生产廊坊行”活动方案》部署，在全区开展以“全面落实企业安全生产主体责任”为主题的安全生产月宣传教育活动，时间为2017年6月1日至6月30日，活动分为安全发展主题宣讲周、安全文化宣传周、安全法制宣传周、事故警示教育周4个主题阶段，全面开展安全生产月宣传活动。为认真落实安次区“安全生产月”宣传教育活动的安排部署，提升安全生产工作的社会影响，6月19日副区长汤学军代表区政府在《今日安次》上发表《树立安全生产红线意识，弘扬安全发展理念》的署名文章，为宣传安全生产理念起到推动作用。6月16日区安委会20余家成员单位在元辰超市门前开展“安全生产咨询日”专题活动。其间，发放各类宣传资料1万余份，解答过往市民咨询3000余人次。同时组织开展安全生产知识竞赛和用移动互联网开展手机微信答题活动。通过多形式的宣教活动，营造良好安全生产氛围，增强群众安全生产意识，提升全民安全素质。

【开展“气代煤”安全培训工作】 为确保全区“气代煤”工程正常运行及保障安全，提高乡镇、村街协管员安全责任意识及业务能力，进一步做好各村街燃气设施日常监管、隐患排查、事故预防及应急处置等安全管理工作，聘请河北福道注册安全工程师事务所有限公司廊坊分公司为顾问单位。2017年培训全区8个乡镇，273个村街的驻村干部、乡镇有关负责人、村街两委干部及燃气协管员讨论关于燃气安全使用问题。同时，组织专家排查全区8个乡镇“气代煤”工程的安全生产隐患问题，对于专家发现的隐患问题，印发提示卡，下发到有关乡镇及企业，同时要求立即整改发现的隐患问题。

【安全生产大检查工作】 按照国家、省、市统一部署要求，以区安委会名义印发《安次区安全生产大检查工作方案》，区政府多次召开会议进行动员、部署和调度，全区各单位在全面排查摸底的基础上，分别按照各自方案开展全面排查，确保检查全覆盖。2017年全区组织督导检查组120个，执法组32个，暗访组18个，检查单位及场所1206家次，突击暗查暗访单位和场所171家次，发现整治一般隐患936处，责令停业整顿1处（仇庄沐恒燃气无证无照经营）。

【深化隐患排查整治，营造安全生产环境】 做好省、市巡查及督导检查各项工作：充分借助省、市不间断督导巡查检查的契机，提高全区对安全生产工作的认识和重视程度，强化安全生产执法监察，有效防范各类事故发生。自2017年8月，迎接省、市巡查、安全生产大检查督导、十九大期间安全生产督导等各类督导检查13次，累计接待时间39天，查出各类隐患181条。区安委办坚持事不隔夜、立行立改，要求各乡镇（街道、园区）和区安委会成员单位制定整改方案，提出整改目标、时限等要求。截至年底各类巡查督导发现隐患问题均整改到位。强化专家查隐患机制：采取政府购买服务、专家查隐患模式，申请专项资金50余万元，聘请专家对全区“气代煤”、危化、涉氨制冷、烟花爆竹、可燃性粉尘、冶金等重点行业（领域）开展隐患排查活动，弥补专业技术不足的短板，降低事故发生率。根据停限产及去产能工作的需要，针对企业容易出现安全生产投入不足现象，区安监局专门聘请专家组对洸远金属制品有限公司每月进行一次安全检查。2017年，河北福道公司派出28人次专业安全工程师，检查洸远金属制品有限公司的竖炉、白灰、烧结、炼铁、炼钢、轧钢、煤气、制氧、电气等9大项安全生产工作，发现隐患375项，2017年年底整改完毕。努力打造“互联网+”综合治理平台：针对全区重点行业领域隐患排查治理工作和安全生产综合监管工作，区安监局和华讯方舟公司共同组织相关人员对平台进行规划和论证，2017 年组织论证会 2 次，有序推进相关工作。通过平台的建立，实现安全生产隐患排查治理工作科学化、规范化，从而提高安全监管效率。

【做好十九大期间安全生产工作】 制定工作方案：制定《安次区安监局十九大期间安全生产工作保障方案》（廊安监管〔2017〕64 号），要求各科室队结合自身实际制定十九大期间安全生产工作保障方案。领导带队检查：局领导班子成员领导率先垂范，带队检查全区各类重点企业，各领导带队检查辖区内本行业领域重点企业安全生产及暗查暗访工作。全区严防死守：对全区重大危险源单位，抽调人员，驻厂实行 24 小时死看死守。同时在十九大期间实行日巡查和日报告制度，及时帮助企业排查和整改各类事故隐患，严防事故发生。全局全体动员，全力以赴，坚持问题导向，强化执法监察，督促企业落实安全生产主体责任，努力消除各类安全隐患，坚决遏制较大及以上事故发生，确保全区安全生产形势稳定，为党的十九大胜利召开营造良好安全生产环境。

【开展安全生产“四大”“百日攻坚”行动】 高度重视、全面部署。按照省市区要求，下发《安次区安监局安全生产事故隐患大排查、大整治、大处罚、大问责“百日攻坚”行动实施方案》，规定各科室队分工及排查行业领域重点，明确时间节点和工作要求，同时，组织召开安全生产工作会议，党组书记局长周克俊亲自安排部署安全生产事故隐患大排查、大整治、大处罚、大问责“百日攻坚”行动有关工作。成立组织、细化责任。成立以党组书记、局长周克俊为组长，其他班子成员为副组长，各科室队负责人为成员的大排查、大整治、大处罚、大问责攻坚行动领导小组，负责全局大排查、大整治、大处罚、大问责攻坚行动的总体调度、指挥。各科室队分别按照会议及方案要求，结合安次区本行业领域实际制定工作方案，成立领导小组，明确包联责任，并及时部署工作，开展安全生产事故隐患大排查、大整治、大处罚、大问责“百日攻坚”行动各项工作，制定领导干部安全生产包联责任制，确保所监管重点企业有人包，所有违法行为有人管，所有隐患问题有人改。加强宣传，营造氛围。2017 年区安监局领导陪同区四套班子 17 位领导分别深入所联系乡镇、园区或分管行业领域，开展《安全生产法》宣贯并对“百日攻坚”行动再部署、再动员；12 月 22 日至 12 月 23 日，在廊坊新闻频道《安次时讯》分 6 个时间段对安全生产事故隐患大排查、大整治、大处罚、大问责“百日攻坚”行动进行宣传报道；印制《安次安全生产》报 5000 份，对安全生产事故隐患大排查、大整治、大处罚、大问责“百日攻坚”行动进行广泛宣传。印发《关于进一步加强 12350 有奖举报电话宣传工作的通知》，并印制 12350 有奖举报电话宣传单 2000 余份，通过《安全生产法》宣传周及安全生产“七进”活动分发至社区及农村，各地各部门分别利用悬挂条幅、海报等宣传手段，向社会公开举报电话。全面排查，全力整治。截至 2017 年年底安次区出动督察组 34 个，执法组 71 个，排查各类企业 1073 家次，突击暗查暗访企业 44 家次，停业整顿 14 家，关闭取缔 1 家，立案 3 起，问责企事业单位 3 人，发现隐患 460 项，整改隐患 411 项，其余隐患在整改中。各单位本着“隐患就是事故、发现就要处理”的原则，加大排查力度，确保工作实效。

【强化班子作风建设情况】 一是强化理论学习。2017 年区安监局坚持以“十九大精神”为指导，强化“四个意识”，建立“学习型、服务型、创新型”领导班子。坚持和完善党组中心组学习制度，集中学习和分散自学相结合，深入学习习近平总书记系列讲话及党的十九大精神，进一步提高班子成员的思想政治素质和理论素养。二是强化工作作风建设。以“转理念、转方式、转作风”为契机，宣贯落实省委、省政府《关于推进安全生产领域改革发展的实施意见》，进一步提高履职能力，提升办事效率，优化发展环境，解决安全监管监察工作中的突出问题，全面提升安全生产监管监察工作。把狠抓落实摆在首要位置，在深入实际上下功夫，不管工作多忙，都要坚持深入实际、深入基层、深入企业，及时了解情况、更好地督促和指导工作的开展。在工作实效上下功夫，出实招、办实事，做到工作扎实，效果实在，切实提高工作效率和服务水平。三是强化廉政建设。领导班子成员认真学习上级关于反腐倡廉的文件精神，严格行为规范，带头严守法纪，增强依法行政、廉洁从政的意识。同时，认真履行一岗双责，切实抓好分管科室的廉政建设，建立起分工合作，齐抓共管的党风廉政建设的工作机制。四是强化团结协作。领导班子成员相互尊重、相互支持、严于律己、以身作则、顾全大局，在团结中干事，在干事中团结，提升安监队伍整体素质，进一步推进“两学一做”，以良好的作风和形象，齐心协力地带出一支团结的安监队伍。

【存在的主要问题和不足以及改进措施】 2017 年全区安全生产形势总体平稳，与区委、区政府的要求和广大人民群众的期望还是有差距，全区安全生产工作还存在许多薄弱环节；主要表现在：一些行业产能过剩、效益下滑，生产经营单位面临较大困难，安全相对投入减少、职工队伍不稳；同时，安监人员专业结构、能力水平还与安全生产监管要求存在一定差距，这些都给安全生产工作提出新问题。

（吴卫娜）

人事劳动工作

【概况】 廊坊市安次区人力资源和社会保障局机关和下属事业单位。2017 年有干部职工 111 人；安次区人力资源和社会保障局内设 10 个股（室）：办公室、人力资源规划股、公务员管理股、职称评审股、工资福利股、事业单位管理股、就业监察股、调解仲裁股、工伤和医疗保险股、城乡保险股；安次区人力资源和社会保障局有 8 个所属事业单位：安次区就业服务局、安次区社会保险所、安次区机关事业社会保险所、安次区医疗保险所、安次区城乡居民基本医疗保险所、安次区工伤保险事业管理所、安次区城乡居民保险所、安次区劳动监察大队。2017 年，安次区人力资源和社会保障局在区委、区政府正确领导下，在市人力资源和社会保障局大力支持下，坚持以科学发展观为统领，深入学习贯彻党的十九大精神，结合开展

“两学一做”学习教育，进一步更新观念，创新举措，改进作风，团结带领全局干部职工，以“效率高效，服务满意”为目标，以就业再就业和社会保障等民生工程为重点，以点带面，整体推进，在全区干部队伍建设、构建和谐劳动关系、人才引进等方面都取得一定成绩。完成全区教师公开招聘工作，录用教师150名。对去产能企业职工情况进行详细调查摸底，制定实施方案。全区城乡居民基础养老金由每月120元提高到130元。城乡居民基本医疗保险财政补助标准由每人每年420元提高到450元。全区城镇新增就业岗位6679个，帮助下岗失业人员实现再就业1036人，筹集就业补贴资金773.61万元，支出资金1336.05万元。配合市人才中心，成功举办春季、夏季、秋季、冬季网络招聘会，提供600个工作岗位。实现农村劳动力向非农产业转移2213人次，城镇登记失业率为1.93%。

【就业再就业工作取得新进展】 2017年开展以“就业帮扶，真情相助”为主题的就业援助月活动，发放政策宣传材料900多份，组织就业援助专场招聘会1次，为就业困难人员提供就业岗位160个。举办“2017年春风行动大型专场招聘会”，提供就业岗位1300多个。在安次区东沽港镇、葛渔城镇等乡镇开展“春风行动”送万家活动，发放宣传资料1700多份。举办以“促进供需精准对接，助力创新驱动”为主题的“民营企业招聘周”活动，有19家民营企业参加，提供空岗信息1270个，签订就业意向352人。与廊坊市人力资源和社会保障局联合举办以“开展实名制精准服务，助推高校毕业生就业创业”为主题的就业服务月专场招聘会，提供512个就业岗位，达成就业意向209人。2017年，为334名初次创业成功者拨付社保补贴金额420.68万元；为518位就业困难人员申报灵活就业社保补贴金额315.92万元；为10家企业拨付社会保险补贴金额136.82万元，为148名高校毕业生申请就业补贴金额14.8万元；对吸纳58名残疾人员就业的富士康公司拨付社保补贴金额28.8万元、岗位补贴金额14.52万元。进一步加大公益性岗位开发力度，2017年全区有公益性岗位162个，在开发公益性岗位的同时，进一步严格岗位管理，促进公益性岗位管理制度化、规范化。

【社保体系建设得到进一步加强】 2017年，安次区人力资源和社会保障局按照省、市安排部署，推进社会保险制度改革，同时扩大社会保险覆盖面，强化基金征缴，社保体系建设得到进一步加强。企业养老保险：全区有参保单位492个、参保职工157742人，基本养老保险费征缴收入42400万元，支出基金21261万元，基金结余15957万元。城镇职工医疗保险：全区有参保单位543家、参保职工53539人，征缴基金19636万元，基金支出10473万元。为解决参保人员中特殊群体医疗费用负担过重问题，根据廊坊市城镇参保职工医疗救助管理暂行办法，对参保职工中医疗费用负担过重人员进行了医疗救助，申报救助且符合条件519人，合计救助金额349.04万元。城乡居民基本医疗保险：按照上级要求，深入推进城镇居民和农村居民基本医疗保险整合工程，在完成机构整合基础上，落实市级基金统筹，同时严格落实《廊坊市城乡居民基本医疗保险实施细则》等政策文件。全区参保人数为254521人，统筹基金收入15085万元，基金支出5827万元。上级补助收入资金5363万元，上解上级支出资金21793万元。工伤保险：全区有参保职工66737人，征缴工伤保险金2053万元，支付工伤保险费1489万元，基金累计结余6611万元。失业保险：全区有参保单位282家，参保人数35885人，基金收入1349.83万元，基金支出236.51万元，累计基金结余14288万元。机关事业养老保险：全区有参保单位191个，参保职工10319人，基本养老保险费收入26807.39万元，支出27049.87万元，基金结余2969.61万元。城乡居民养老保险：全区参保人数185129人，年度基金征缴1535.68万元，支出7902.61万元，基金累计结余18036.98万元。被征地农民养老保险：参保人数3383人，基本养老保险基金收入3544.93万元，发放养老保险金417.54万元，基金累计结余40789.87万元。

【工资福利工作扎实开展】 2017年完成全区机关工作人员5年考核晋升工资级别审批210人，人均月增资38元；2年考核晋升工资档次审批286人，人均月增资57元；机关工人审批9人，人均月增资80元。事业单位年度考核合格晋升薪级工资4031人，人均月增资74元。完成全区机关事业和企业退休人员基本养老保险待遇调整工作，其中企业养老金调整6641人，人均增长149.6元；机关事业单位符合条件的退休人员3265人，人均月增加161.64元。完成2016年公务员工资调查工作，涉及全区39个公务员单位707人。组织开展全区企业薪酬调查工作，调查全区17家企业12672名职工。联合区财政局、卫计局对安次区1987年年底前工作满5年的赤脚医生进行资格认定审查，全区涉及赤脚医生678人。根据廊坊市人民政府关于调整部分民生保障标准的通知，开展全区遗属补助调标及审查工作，全区符合调标要求360人，标准由原来的540元调整到600元。按照区政府要求，对区级国家公务员医疗补贴标准进行调整，全区涉及在职人员5273人、离休人员41人、退休人员2997人，医疗费月基础补助标准提高到400元，月工龄补助标准提高到20元。

【工伤医保服务工作稳步开展】 严格按照《廊坊市城镇职工基本医疗保险住院定点医疗机构医疗服务协议》和《廊坊市城乡居民基本医疗保险住院定点医疗机构服务协议》等规定，加大对定点医疗机构、定点药店的审核稽查和监督管理力度，发现问题，及时纠正、处理，有效杜绝分解收费、乱收费、以药换物等违法违规事件发生，维护广大参保职工利益。2017年受理并完成工伤认定申请296件；全区城镇职工基本医疗保险新增特病人员468人，复检换证人员494人；城乡居民基本医疗保险新增特病人员1167人。

【构建和谐劳动关系，劳动者权益得到有效维护】 充分发挥劳动保障监察职能作用，结合书面审查，检查辖区内中小企业劳动合同签订率，重点排查辖区内的建筑工地，规定辖区内建筑单位必须按要求实施三本台账（建立职工名册、职工考勤表、职工工资发放表），工资应当以货币形式按月支付给务工人员本人。认真做好来电来访工作，2017年接受日常投诉81件，立案81件，结案81件，法定期限内结案率100%。为劳动者追讨工资36万元，涉及劳动者96人，其中包括农民工47人。按规定全额缴存农民工保证金和预储金，其中缴存预储金3.95亿元、农民工工资保证金9312万元，发放农民工预储金3200万元。加强劳动争议调解仲裁工作，采取以调解为主、裁决为辅的方式不断完善劳动争议处理机制，使问题得到妥善解决，受理劳动争议案件254件，结案248件，仲裁案件按期结案率99%以上。

【全区干部队伍建设得到进一步加强】 完成全区行政机关公务员、事业单位工作人员考核及奖励工作，2017年全区有5594人参加考核，产生优秀人员852人、不定等次554人、不称职5人。严格按照《党政领导干部选拔任用工作条例》，把好机构职数关和干部考察关，使股级干部任免工作更加规范，2017年审批26个单位165名股级干部。稳步开展职务与职级并行工作，全区有16名公务员（股级及以下）符合职级晋升条件，全部审批完成并兑现相应工资待遇。按照市局统一部署，开展全区政府系统事业单位申报参照公务员法管理工作，全区审批安监局安全生产检查大队和文广新局文化市场行政执法队2个单位。按照上级要求，组织开展机关事业单位目标绩效管理工作。认真做好职称评审工作，评审通过人员537人，其中初级470人、中级67人。按照“竞聘上岗、按岗聘用、合同管理”的原则，对全区事业单位岗位聘用工作进行安排部署并组织推进，解除聘用合同19人，变更岗位95人次。

【各项人才工作进展顺利】 按照区政府要求，2017年组织开展全区教师公开招聘工作，按照招聘信息发布、报名与资格审查、考试、考察、体检、公示、拟聘人员审批及聘用8个步骤组织实施，最终经区政府批准后录用150名教师。配合市人才中心，成功举办春季、夏季、秋季、冬季网络招聘会，提供600个工作岗位。组织开展专业技术人员“三三三人才工程”申报评审工作，评审通过“三三三人才工程”3人、廊坊市有突出贡献中年优秀人才1人、高技能人才1人。

（李冬松）

食品药品监督管理

【概况】 廊坊市安次区食品药品监督管理局（简称安次食药监）对口廊坊市食品药品监督管理局。2015年4月，廊坊市安次区食品药品监督管理局安次分局划转到安次区政府属地管理，成立廊坊市安次区食品药品监督管理局。2017年现有机关人员编制17人，设6个内设机构：办公室、综合股（不良反应监测股）、食品生产监管股、食品流通监管股、食品消费监管股、药械监管股；3个乡镇（街道）派出机构：市区食品药品监督管理分局、码头食品药品监督管理分局、仇庄食品药品监督管理分局。2017年12月12日，根据安次区人民政府办公室印发的“三定方案”安次食药监局与安次区工商管理局、安次区质监局合并，成立廊坊市安次区市场监督管理局。

【保障安次食药安全】 2017年，在安次区区委、区政府领导下，食药监管工作以保障全区人民群众饮食用药安全为主线，结合辖区食品药品监管工作实际，围绕守底线、保安全、促发展目标要求，坚持抓基础促规范，抓重点促突破，抓关键促提升，全面加大监管力度，深入开展专项整治行动，严格排查各类风险隐患，严厉打击违法犯罪行为。有效推动各项监管工作落实，全年未发生重大食品药品安全事故。

【开展食药安全监管工作，做到亮证经营和监管公示】 2017年全区可控监管对象：持食品经营许可证食品生产加工企业33家、餐饮服务行业564家、学校食堂61家、食品销售单位949家、集贸市场11个、药品生产企业1家、药品批发企业2家、药品零售企业150家、医疗器械生产企业4家、医疗器械专营企业17家、保健食品专营企业30余家、化妆品专营企业5家；“三小”业态备案登记，小作坊26家、小摊点1485家、小餐饮1484家，监管服务对象累计4822家。

【食品药品专项治理工作】 在做好日常巡查监督工作的同时，针对食品药品安全存在的突出问题和群众反映强烈的问题。根据食药行业特点筹划部署专项整治工作，深化日常隐患排查。瞄准重点区域、重点品种、重点环节，紧盯中国传统节日等节点，立足保障重大活动、重要节日，开展《学校内及周边食品安全集中整治》《托幼机构食堂专项整治》《网络餐饮服务食品安全专项整治》《春季学校食堂食品安全专项整治》《食品集中交易市场食品安全整治提升》《互联网药品医疗器械经营专项监督检查》《疫苗流通环节专项检查》《城乡接合部和农村地区药店及诊所药品质量安全集中整治》《保健食品非法会议营销及虚假宣传专项治理》《化妆品安全专项整治》等10次专项治理工作，严打食品药品违法违规行为，均达到预期成果。

【培训宣传教育】 针对食品企业法人、食品药品质量负责人、学校食堂责任人等重点群体加强培训，提升从业人员责任意识，2017年区食药监组织《食品市场质量负责人培训》《食品生产企业负责人质量观摩会》《集贸市场整改提升培训》《“三小”监管平台企业端使用培训》《市场超市加强自律守法经营教育》《学校食堂食品安全管理员培训》《学校食堂食品安全管理员培训》《药品经营企业、乡镇以上医疗机构从业“不良反应”、医疗器械“不良反应事件”培训》等培训学习；秉承“宣传也是监管力”的理念，通过多形式宣传，利用“3·15宣传”“3·31宣传”“国际爱肤日”“食品安全周宣传”等系列宣传活动，努力提高全区公众食药安全意识。

【亮点工作】 一是联合区教育局开展区内学校及幼儿园食堂食品快检室建设“先快检再下锅”特色工程，2017年全区45家学校幼儿园配备食品原料监测快检箱。二是开展“食品安全娃娃知”“开学第一课”食品安全进校园活动。三是结合全国文明城市创建及省文明城区创建工作，参考“文明志愿者”“平安志愿者”模式，制作200件“红马甲”发放给辖区从业单位，要求各从业单位至少有1位工作人员做到“马甲上身，安全上心”。四是在元旦、春节、清明、五一、端午、六一、开斋节七个节假日；“两会”“风筝节”“5·18”“第二十七届全国图书交易博览会”“中高考”“法蒂玛圣母显灵100周年廊坊天主教朝拜活动”6个重大活动期间加强食药安全宣传、集中力量调配人手、组织各乡镇、街道办食品安全管理员完成食品药品安全保障工作。五是率先通过全省集贸市场整改提升评价验收。

【食药安全管理】 2017年在食药安全监管保障工作的基础上，继续加强食药安全监管力度，认真开展各类食品药械整顿和规范工作，安排部署食药安全隐患排查工作，制定辖区食药安全突发事故应急方案。努力抓好食药安全监管和重大节日活动安全保障工作。

（陶靖宇）

城市综合管理

【概况】 廊坊市城市管理综合执法局安次分局成立于2006年（以下简称安次分局），安次分局及其所属第一、第二执法大队，机构规格分别为正科级，分局领导职数1正2副，所属第一、第二执法大队领导职数分别为1正2副（分局副职由所属第一、第二执法大队大队长兼任）。安次分局在市局和区委、区政府正确领导下，分局全体干部职工坚持围绕中心，服务大局，不断推进城管工作又好又快发展，在“治理大气污染”“两违”拆除、创建国家级文明城市等中心工作，发挥先锋模范作用，把习近平主席提出的“城市管理要像绣花一样精细”切实落实，取得较好成绩。

【主要职责】 在规划区内行使市容环境卫生管理方面法律、法规、规章规定的全部行政处罚权，强制拆除擅自搭建非永久性建筑物、构筑物或者其他设施；行使城市绿化管理方面法律、法规、规章规定的全部行政处罚权；行使工商行政管理方面法律、法规、规章规定的对道路两侧及市场外各类商户、商贩影响市容行为的行政处罚权及监督管理权；行使公安交通管理方面法律、法规、规章规定的对侵占城市规划区人行便道、公共场地等行为的行政处罚权；行使市政、公用设施管理方面法律、法规、规章规定的全部行政处罚权，行使临时占道审批管理权及依法收取占道费；履行市城市管理综合执法局依照法律、法规、规章及省、市人民政府规定的其他职责；参与区人民政府组织的集中执法活动和专项治理活动；承办市综合执法局交办的其他事项。

【队伍建设】 2017年安次分局一直将队伍建设作为最重要的基础工作来抓，力争通过多种举措打造一支高素质的团队。牢固树立“亲民、文明、规范、和谐”的执法理念，不断创新城市管理模式，促进文明和谐执法。加强政治业务学习。安次分局坚持领导班子学习制度和民主生活会制度，努力提高领导干部学习创新、科学决策、依法办事、组织领导的能力。加大法律知识的培训力度，开展各种学习培训活动，全面提高工作人员法律水平，增强依法办案能力。加强依法文明执法。规范执法办案流程，强化执法质量考评，全面提高执法办案质量和现场处置问题能力，确保“城管执法零错案，行政复议零撤销、行政诉讼零败诉、群体性事件零发生”，积极化解矛盾风险，全力维护社会稳定。加强监督检查考核。全面落实行政执法责任制，严格追究行政执法过错责任，实行全天督察考核，每月一次公布考核结果，实时督办日常巡查和领导交办的工作任务，确保执法工作无缝衔接和整体管控。

【强化市容监管】 安次分局按照“城市管理精细化、全覆盖”的总体要求，全力开展市容环境整治行动。行动中，坚持严管重罚与宣传教育相结合，集中整治与长效管理相结合；市容整治与道路景观提升改造工程相结合，着力解决市容环境难点、热点问题，取得显著成效，为市民创造良好生活环境。2017 年拆除沿街单位违法搭建的影响环境景观的门斗 36 个；拆除乱圈乱占公共用地地锁 315 个，路障设施 382 处；清理小区周边僵尸车 53 辆。整治马路市场，按照“严格标准、提升档次、规范管理”的总体要求，实行错时执法、集中治理、加大巡查力度等行之有效的措施，整治辖区内主次干道及城市西、南出入口各类违章设摊行为，坚决取缔占道摊群、流动摊点，实现城市主城区消除占道市场管理目标。

【加大“两违”拆除】 分局按照责任分工，摸查辖区内私搭乱建情况，登记造册，按照法律程序集中对主次干道、2 个出入口道路严重影响市容景观的临建和私接乱建棚亭、遮阳网等建筑物设施实施依法拆除。在具体工作中分局创新工作思路，探索有效工作方法，变粗放式执法为精细式执法，统一标准，通过入户宣讲、逐户动员，拆违工作取得相对人理解、支持和配合，2017 年全年分局拆除违章建筑 76000 余平方米。整体优化道路环境景观，提升重点部位和地区城市容貌形象。

【大气污染防治攻坚】 加强和区大气办、区环保局、区食药监局、区工商局、区民政局等单位的协调配合，2017 年安次分局自行组织和配合市局、区大气办开展联合执法和集中行动 40 余次，召开专题座谈会 5 次。2017 年，分局累计取缔流动烧烤摊点（含铁板类经营商户）73 个，暂扣烤箱 37 个，烧烤三轮车 56 辆。清理经营性露天烧烤 60 处，家庭性露天烧烤 44 处，清理店外摆桌 258 处，暂扣桌椅 600 余件。严厉打击市区道路两侧店外餐饮加工、摆桌贩卖、露天烧烤等各种形式店外餐饮经营现象，进一步规范晚间道路环境秩序，消除食品安全隐患。

【精品户外广告整治】 2017 年安次分局按照市综合执法局统一要求，把规范整治门店牌匾作为一项重要工作常抓不懈，解决辖区内道路沿街门店广告牌匾陈旧杂乱、档次低、不规范等问题。实行一店一匾，达到“上下一齐、左右相接、厚度一致、材质高档、画面协调、亮化配套、安全牢固”的要求。拆除或更换设置不当、质量低劣、严重影响城市形象的广告牌匾，清理竖匾、落地灯箱、墙体广告和门窗贴字、乱贴乱画，使市区主要街路牌匾广告设置达到规范标准和整齐美观的效果。安次分局在辖区内沿街主次干道累计拆除小型灯箱及广告牌匾 2161 块。在文明城市创建工作中，拆除大型三页翻 6500 多平方米，并按照创城办的具体要求督导辖区商户按照公益广告的要求，进行户外广告投放和悬挂，全部达到“精致、高档、规范、美观”的景观效果。

【关注民生上实现创新】 改善校园周边环境。学校周边环境一直是领导和群众关注的热点难点问题。安次分局认真谋划、精心组织，主动开展校园周边环境综合治理活动，拆除市区学校周边私搭乱建，清理店外售货、乱摆乱卖，取缔违章占道经营，全面改善学校周边的市容景观和环境秩序。2017 年，安次分局出动 20 余次整治校园周边环境，全面拆除辖区内中小学校周边的私搭乱建，彻底清理市区学校周边 200 米范围内店外售货、乱摆乱卖行为，强制拆除学校周边广告文字和图案严重破损陈旧、广告内容不健康的户外广告设施，清理清除乱贴乱画、乱涂乱写小广告宣传品，消除视觉污染，此举措受到师生和家长一致好评。据统计，2017 年，安次分局清理违章乱挂条幅 2400 多条；清理违章晾晒 2300 多处；

（傅　莹）

支油支铁工作

【概况】 廊坊市安次区支油支铁办公室现有 2 名科级干部，其中郭宝志任主任，石卫东任副主任，2017 年有职工 21 人，内设 2 个职能股（室），即办公室、业务股。支油办紧紧围绕全区的工作中心，以全心全意做好支援建设服务为工作目标，主动加强与油田铁路部门的联系，全力协调安次区境内油田铁路各项工程建设，努力化解施工中遇到的矛盾和问题，认真做好对有关乡镇、村街补偿工作，确保油田铁路各项重点工程建设顺利施工，尽最大努力维护群众利益。2017 年 12 月合并到建设局。

【配合做好郑州到锦州成品油输油管线工程扫尾工作】 积极协调石油部门与各乡镇、村街之间的关系，加大服务力度，确保油田在安次区范围内的各项工作顺利进行，补偿工作足额到位。

【石油物探工作】 2017 年配合华北油田物探公司完成安次区境内 1 个园区、2 个乡镇、3 个街办处的地质勘探工作。在安次区新打油气井 1 眼，位于仇庄乡东德胜村的安探 6 井。

【京沪高铁沿线环境治理工作】 配合京沪高铁沿线所涉及的乡镇、街办处、市直、铁路有关部门清理铁路沿线的安全隐患。并建立长效管理，督查和整改机制，防止问题反弹，巩固和发展高铁沿线环境整治成果。

【配合中航油做好安次区二机场航空煤油管线工作】 2017 年，北京新机场供油工程在安次辖区范围内全长 30.18 公里，途径安次区 3 个乡镇，28 个村街，自此项工程开始，截至 12 月底，安次区范围内路由放线工作完成，为实际征地做好基础。

（蒋海波）

农业·水利

农　业

【概况】 安次区农业局是隶属于安次区政府的行政事业单位，是主管全区农业工作的职能部门。2017 年有干部职工 54 人，内设 14 个职能股（室、站）：办公室、人事保卫股、农村经济经营管理股、农业技术推广股、生产信息股、蔬菜站、植物保护站、农机监理站、农机技术推广培训站、种子监督检测站、农产品检测中心、土壤肥料环保工作站、农机技术培训站、新能源办公室。主要职责：负责全区农业和农村经济发展战略规划的制定，农业农机新技术试验、示范、推广。种子监督，植物防疫、检疫，无公害农产品检测、化验。农村财务管理及减轻农民负担、新能源开发利用等工作。2017 年 12 月 12 日，根据安次区人民政府办公室印发的“三定方案”安次区畜牧水产局与安次区农业局合署办公，2017 年，在区委、区政府的正确领导下，农业局全体干部职工奋发有为，团结一致投入到全区现代农业建设中去，完成省、市、区年度工作目标，全区农业发展保持良好态势。主要农产品供给保持稳定，全区粮食作物种植面积 27.2 万亩（18133.33 公顷），粮食总产 11.01 万吨，蔬菜播种面积 19.87 万亩（13246.67 公顷），总产量达 78.7 万吨。设施瓜菜发展壮大，建成 4 大瓜菜基地、30 多个设施蔬菜种植专业村，建成 15 个省部级蔬菜标准园，建成 2 大育苗场，实现蔬菜周年生产四季供应。培育“金都”蜜瓜、“茂雄”特菜知名品牌，全区有瓜菜绿色产品 7 个，“安次甜瓜”获地理标志认证。现代农业园区上档升级，全面完成现代农业园区核心区宋王务综合景观建设，2017 年 9 月，被市委宣传部和市农业局评为“大美廊坊·最美现代农业园区”。农村改革深入推进，农村土地确权登记工作全面完成，完成自查和数据库建设。全区在工商部门登记的合作社 368 家，创建省级农民专业合作社示范社 4 家，市级示范社 12 家。农业生态持续好转，2017 年完成秸秆还田面积 27 万亩（1.8 万公顷），玉米、小麦秸秆还田达到 100%。农产品质量安全有效防控，农产品安全监管体系建设稳步推进，在全区设立 9 个农产品安全监管中心、9 个检测站（8 个乡镇、1 个园区）。农业现代化建设稳步推进，建设“农业技术推广信息化平台”，开展基层农技员培训 400 余人，推广瓜菜新品种，应用新技术熊蜂授粉和土壤改良修复。休闲农业丰富多彩，休闲农业与乡村旅游资源不断开发，亚绿湾、幽州小镇等一批休闲农业产业园建设完成开园迎客。建成全国四星级休闲农业园区 1 家，省五星级休闲农业园区 1 家，省四星级采摘园 1 个，中国最美休闲乡村 1 个。

【优化产业产品结构，提升供给质量】 在稳定粮食综合生产能力的前提下，进一步加大推广小麦节水品种。推广冬小麦节水稳产配套技术0.6万亩（400公顷），该项目亩均节水50立方米，实现地下水压采30万立方米。加大优质粮食品种的引进、示范、推广力度，开展产油大县奖励资金扶持油料生产项目，通过项目创建2200亩（146.67公顷），项目区内花生平均单产达到280公斤，每亩提高经济效益900余元。重点发展高端精细果菜和设施蔬菜种植。年度内对金诺合作社300亩（20公顷）蔬菜基地进行改造提升，在廊坊市臻味农产品农业科技有限公司新建占地500亩（33.33公顷）的集种植、采摘、观光于一体的示范园1个。建成多个高端设施蔬菜示范基地，通过新建设施和改造提升，带动安次区新增设施农业面积0.5万亩（333.33公顷），设施比重增加2个百分点。2017年设施蔬菜播种面积13.47万亩（8980公顷），优势品种甜瓜播种面积5.1万亩（3400公顷），总产量19.38万吨，总产值4亿元；优势品种番茄播种面积6.16万亩（4106.67公顷），总产量27万吨，总产值3.7亿元。

【积极建设现代农业园区】 2017年，按照区委、区政府安排部署，开展现代农业园区、省级科技园区、农村旅游度假示范区“三区同创”建设工作，在现代农业园区整体推进的基础上，重点打造园区核心区宋王务综合建设项目。宋王务综合建设项目包括半环形日光温室、环形广场、人工湖、附属办公用房等综合景观生态园工程全部完成。实施基础设施和生产设施建设工程，完成省、市级园区补助资金项目。包括东储科技研发中心日光温室、物联网建设、康达日光温室、思科农业（市级园区）建设菊芋单品大规模现代生产。继续对接鲁能集团、银泰集团等公司，带动全区农业发展。2017年完成申报认定市级园区1个、认定区级园区15个。到2017年底安次区建成2个省级园区、3个市级园区和15个区级园区。

【实施品牌提升创建行动】 重点培育“金都”蜜瓜、“茂雄”特菜、“臻味浓”蔬菜三大知名品牌，积极组织品牌参展活动。在第三届第什里风筝节组织安次区20余家企业参加特色农产品展，甜瓜参展品种30多个，并评选出安次区十大农产品品牌。成功举办“廊坊市安次区2017‘闰沃杯’甜瓜优选赛”，在“9·26”农交会重点推介“安次甜瓜”。努力培育地理标志认证产品“安次甜瓜”成为区域公共品牌，在“三品一标”认证工作中积极组织意向企业做好认证的前期准备工作，年度内安次区有2家企业7个品种的绿色认证顺利通过材料初核，与市农业局沟通谋划安次区省级农产品质量安全示范县创建工作。

【全力推进农村土地确权登记工作】 在开展土地确权工作中，安次区农业局精心组织，广泛发动，稳步推进，规范实施。严格政策界限，做到承包户主、承包地块、承包期限“三个不变”，实行“四个严禁”，确保实现承包面积、承包合同、经营权登记簿、经营权证书“四相符”。实质开展确权工作的村街223个，占应确权村街总数的100%；完成二次公示223个村街，占比100%，完成二次公示面积38.89万亩（25926.67公顷），占应确权面积的103.1%；完善合同41764份，占比99.6%；建立登记簿41764份，占比99.6%；完成数据录入222个村，占比99.6%；完成全面自查和数据库建设，农村土地承包经营权确权登记颁证任务全面完成。

【积极培育新型经营主体】 把规范化建设作为重点，积极推进家庭农场认定、指导和服务工作。2017年，申报安次区九佳蜡杆农民专业合作社等6家参加市级示范社评选、申报安次区林悦家庭农场等4家参加市级示范场评选。扶持千林农场重点发展气雾栽培技术，100%解决韭菜质量安全问题。以种植绿色和有机番茄为目标，综合应用新型四季大棚等新技术，打造安次区番茄家专业种植合作社为安次区高端设施应用与高端蔬菜生产示范亮点合作社，形成示范带动效应。

【强力推进农业安全生产】 2017年区农业局开展农资市场拉网式排查4次、出动执法车辆150辆次、执法人员430人次、检查生产、经营企业380个次、立案处理3起。自检蔬菜10批次771个样品，合格率100%。监督指导8个乡镇检测站开展自检工作。分别在北方农贸、元辰超市增设2个风险监测站。

【开展农作物秸秆旋耕还田工作】 2017年春季全区秸秆还田面积27812.4亩（1854.16公顷），落叶杂草清理面积完成17282亩（1152.13公顷）。夏收期间8000亩（533.33公顷）小麦秸秆实现100%还田。秋季完成秸秆旋耕还田面积27万亩（18000公顷），6个农机合作社参加秸秆旋耕还田作业，投入作业机具202台套。采取聘请第三方的方法开展验收。充分利用广播、报纸、发放宣传手册、张贴明白纸等方式开展宣传，发放宣传资料3万余份，悬挂条幅800多条，展牌100多块，使农民提高对秸秆还田的认识。

【强力推进化肥农药减量增效】 2017年完成测土配方施肥面积20万亩（13333.33公顷），发放配方肥160吨，发放肥料直接作用耕地面积1.06万亩（706.67公顷），辐射耕地面积10万亩（6666.67公顷）。推广病虫害统防统治面积15万亩（10000公顷），专业化统防统治覆盖率38%以上，绿色防控技术覆盖率27%以上，发布病虫情报8期，周报35期，中短期预报准确率90%以上。完成欧华沼气循环生态农业模式试点项目建设。项目总投资800万元，建成年生产固体有机肥8000吨，液体有机肥10000吨，年处理无害化沼液沼渣20000吨。

【加快农业科技推广，强化创新驱动】 在现代农业园区内全面配备计算机和网络通讯、电子商务平台、园区网站建设逐步完善，推广熊蜂授粉和土壤改良修复新技术；大力推广蔬菜标准化生产技术，大力推广应用防虫网、诱杀虫板、耐老化防雾滴棚膜、水肥一体化等一系列无公害关键技术，累计推广防虫网、粘虫板面积0.1万亩（66.67公顷）。加强农业科技创新推广示范基地建设，与河北闰沃生物技术有限公司合作，以大北市为中心建立100亩（6.67公顷）生物技术示范基地，改善土壤板结次生盐渍化、减少化肥用量、提高产品品质。开展新型职业农民培育，遴选了示范主体77户和技术指导员77名，培训400余人次。推广引进新机具，提升农业机械化水平。全面加强国二升国三节能减排农机新技术新机具的推广应用，完成农机购置补贴资金130万元，补贴各类农机具109台套，积极培育新型农机社会化服务主体。

（钱丽）

林　业

【概况】　安次区林业局是隶属于安次区政府的行政事业单位，是主管全区林业工作的职能部门。2017 年有干部职工 19 人，其中：行政编制 9 人，事业编制 8 人，工勤编制 2 人。内设 5 个职能股（室）：办公室、林业股、果树股、林政资源股、森林植物检疫股。下设 1 个事业单位：安次区林业行政综合执法队，编制 4 人，其中设队长 1 人，副队长 1 人。主要职责：贯彻执行林业及生态建设、森林资源保护方面的法律法规和方针政策。负责林业行政执法工作，开展林业普法宣传教育。负责林业行政处罚和执法稽查工作，查处破坏森林资源的重大案件。负责全区造林绿化工作，承担森林资源保护、发展和监督管理责任。负责全区陆生、野生、动植物资源保护管理和合理开发利用工作。负责全区森林资源的病虫害、林业有害生物防治、检疫和预测预报工作。2017 年，安次林业以发展生态林业、民生林业为主题，以建设“平原森林城市”为目标，坚持“生态优先　绿色发展”，积极改善空气质量、改善人居环境，着力构建以城镇、乡村绿化为点，以河渠路堤等通道绿化为线，以田野绿化为面的绿色生态体系格局。安次区林业局紧盯区委、区政府制定的目标管理体系，把握全局，突出重点，完成年初制定的各项林业目标任务。2017 年，安次区实际完成造林绿化面积 30190 亩（2012.67 公顷）。

【造林绿化工作】　为全面贯彻落实廊坊市加快京津冀生态环境支撑区建设和创建“国家森林城市”步伐，安次区以打造绿色生态样板区为核心，以建设绿美安次为目标，立足区位，全域布局，加大投入。为调动群众造林的积极性，安次区大力推行“政府引导、社会参与、市场化运作、专业化造林”机制，不断完善造林绿化激励、奖励等优惠政策，鼓励造林大户、合作社、公司企业等多种主体通过承包、租赁等方式投入造林。2017 年，廊坊市下达安次区造林任务 1.6 万亩（1066.67 公顷），实际完成造林面积 30190 亩（2012.67 公顷），超出预期目标的 88.6%，超额完成 2017 年造林绿化任务，被授予市级“造林绿化先进县”称号。

【重点项目建设工作】　安次区林业局坚持把国家重点林业工程项目作为推动造林绿化的有效载体，2017 年，安次区林业局完成三北防护林项目造林 2000 亩（133.33 公顷），完成防沙治沙示范区项目造林 1600 亩（106.67 公顷），完成地下水超采综合治理试点林业项目造林 2000 亩（133.33 公顷）。完成京台高速（安次段）两侧绿化工程补植补造工作，同时建造大节点 3 个，小节点 20 个。完成永定河郊野公园一期项目建设，绿化面积 500 亩（33.33 公顷）。对于廊新线景观绿化项目，安次区林业局在廊新线与廊泊线交口处，打造一处 42.7 亩（2.85 公顷）的景观小游园，在廊新线与前围埝之间建造一条 4.5 公里的绿化景观带，形成独具特色的绿色生态景观。

【林业技术培训推广工作】　针对安次区果树管理现状，2017 年安次区林业局充分发挥职能作用，成立科技下乡“服务小组”，制定具体实施方案和日程安排，向各乡镇下发培训通知书，对村街、重点专业户进行林果技术、病虫害防治知识等巡回宣讲培训。安次区林业局“技术服务队”在码头镇史庄村，中响口村，杨税务乡前南庄村、大北市村，葛渔城镇东街、北街等村街举办培训班60期，1万余人次，发放技术资料2万余份，极大地提高林农技术水平和实践经验。

【食品安全工作】 2017年，安次区林业局与廊坊市林业局联手抽样检测辖区内超市及果品基地果品样品，安次区全年抽取样品100余个，对其进行农药残留检验，未发现超标现象。

【赛事活动】 2017年，安次区林业局借助“9·26”农交会，在调河头乡第什里“风筝小镇”成功举办首届安次区“元辰丰饶杯”果王争霸赛活动。该活动设有梨、葡萄、桃3个树种，43个样品，按照果形、果色、口感等多个标准，综合评选出5个金奖、3个果王。通过此次争霸赛活动，对安次区名优果品进行集中展示，打造一批知名品牌，进一步扩大社会影响力，增强市场竞争力。

【林政资源管理工作】 安次区林业局严格按照林木采伐审批手续，实行限额采伐。采伐过程中做到伐前公示、伐中监督、伐后验收制度。2017年审批采伐林木9079立方米，未存在超限额、超指标发放采伐许可证现象。

【森林病虫害防治工作】 2017年，安次区对112国道、廊大路、廊霸路、第三南通道、杨尹线、落禅线、廊新线、大二环等主要交通干线两侧林木的病虫害进行全面防治。安次区全年总防治面积40.72万亩（2.71万公顷）：春尺蠖防治面积15.62万亩（1.04万公顷），其中：地防8.62万亩（0.57万公顷），飞防7万亩（0.47万公顷）；美国白蛾防治面积23.1万亩（1.54万公顷），其中：地防7万亩（0.47万公顷），飞防16.1万亩（1.07万公顷）；其他病虫害防治面积2万亩（0.13万公顷）。同时，发放美国白蛾天敌周氏啮小蜂0.4亿头，建立监测点6个，发放监测器材53台，有效控制病虫害发生与蔓延。

【林业综合执法工作】 针对安次区日益增长的林地资源，安次区林业局积极维护绿化成果，2017年出动警车103台次，警力404人次，调解涉林纠纷案件16起，震慑涉林违法分子嚣张气焰，保护全区绿化美化成果。同时，认真落实防火责任制，签订防火责任状，及时、快速、妥善地处置火灾隐患。在野生动物保护方面，开展“清网行动”“金盾行动”等专项执法活动，在活动中拆除捕鸟网300多米，通过多措并举，在短时间内有效遏制捕杀野生鸟类等动物资源的违法行为。

（赵超）

畜牧水产

【概况】 安次区畜牧水产局是隶属于安次区政府的行政事业单位，是主管全区畜牧、水产工作的职能部门。2017年有干部职工78人，内设5个股（室）：办公室、畜牧兽医股、动物检疫股、饲料管理股、水产股。下设重大动物疾病预防控制中心、动物卫生监督所、畜禽定点屠宰管理执法队3个事业单位，向全区8个乡镇派驻动物防疫站。主要职责：贯彻落实国家有关畜牧、兽医、水产、渔政方面的法律、法规、方针、政策，并监督检查执行情况，调查处理违反法律法规事件。负责全区基层动物防疫检疫工作、畜牧水产行业统计，畜牧、兽医、水产新技术推广。负责全区动物防疫、检疫、动物及动物产品卫生质量安全监督，疫情监测工作。承担全区重大动物疫病防控工作的组织、协调和部署。2017年12月12日，根据安次区人民政府办公室印发的“三定方案”安次区畜牧水产局与安次区农业局合署办公，对外不保留“畜牧水产局”名称。2017年，在区委、区政府的正确领导下，紧紧抓住环京津一体化发展机遇，把畜牧业现代化建设作为跨越发展的突破口，坚持科学规划与技术培训并举、机制创新与体制保障并重、基础设施建设与队伍素质提升并行的工作方针，全区畜牧业正在呈现区域之间、产业结构之间协调发展、共同繁荣的良好态势。

【牢固树立服务意识确保政令畅通】 紧扣工作实际，从思想感情、联系服务、制度机制上打通“最后一公里”。教育引导全体干部职工自觉端正工作作风，自觉接受群众监督，自觉抵制不良影响，主动把畜牧服务与塑造良好发展环境、提高服务质量等问题结合起来，牢固树立以人为本、执政为民理念，切实为基层、养殖企业和人民群众搞好服务。深入开展为民服务、提质增效、政务公开、行政权利透明运行等活动。推进政务公开机制，围绕建设服务型机关的要求，进一步规范和完善权利透明运行公开平台建设，凡不涉密的与群众切身利益相关的信息一律在网上公开，方便企业群众查阅和监督。加强行政执法队伍建设，狠抓执法纪律和职业道德教育，督促和约束行政执法人员严格依法行政、秉公办事、文明执法、热情服务，杜绝办事拖拉、推诿扯皮、吃拿卡要、粗暴执法等不文明行为，提高服务质量、办事效率，转变工作作风，保障畜牧业发展环境大局稳定。严格按照要求控制“三公经费”支出和专项资金使用，深入落实“三项治理”工作；进一步规范班子和成员重大事项报告制度，认真执行单位主要负责人4个不直接分管和末未表态制度，促进民主、科学、规范决策；着力建立健全科学的制度体系和长效工作机制，健全和完善33项制度，以严格的刚性要求为标准，严肃工作纪律、转变全局干部职工的工作作风。加强局领导班子和重要岗位负责人的廉政教育，主动接受监督，增强自觉意识。建立规范管理的长效机制，切实加强各项制度的落实和执行力度。同时严肃组织纪律，强化监督能力，全局上下切实履行工作职责，各自发挥职能作用，坚决服从统一指挥，协调联动，确保各项工作在正确、一致的方向指导下进行，确保政令畅通。

【全区现代畜牧业发展迅速】 2017年通过政策激励、结构调整、规范管理等方面大力引导扶持，全区畜牧业呈现出以下特点：一是规模化程度显著提高。以发展规模化养殖为导向，促使畜牧产业逐步发展壮大。全区生猪、家禽、牛、羊存栏分别达到7.38万头、83.53万只、0.35万头、6.7万只。肉、蛋、奶产量分别达到1.98万吨、1.03万吨、1.69万吨。全区建成规模养殖场（小区）达到167个，规模养殖占总养殖量的80%。二是产业化水平不断提升。以提升产业化水平为突破口，延伸产业链条、巩固畜禽基础建设。实施2个畜牧项目建设，分别是总投资97.67万元（争取国家资金80万元）的畜禽规模养殖基地粪污资源化利用示范项目；总投资2008万元（争取国家资金500万元）的廊坊市安次区生猪制种基地项目（建设期2年）。三是安全生产得到保障。以实现安全化为核心，通过采取“科技进村入户”等措施，深入开展技术培训，转变养殖观念。通过普遍开展科技下乡宣传活动，采取宣传、示范、推广等形式，深入养殖场（户）、村街进行畜牧科技知识培训、咨询和畜牧法律法规及政策宣传等活动，大力推广新技术、新模式，提高农民科学养殖水平和遵纪守法的自觉性。发放明白纸8000余份，宣传册2000余份，使全区养殖业发展更安全、更科学、更规范，使畜牧业安全生产得到有效保障。

【有效开展重大动物疫病预防控制工作】 深入实施“科学防控、依法监管”工程，狠抓基础免疫，强化监测监管，组织实施全区春、秋两季重大动物疫情防控集中行动，免疫工作做到时间全贯通，空间全覆盖，管理规范有序，使全区无重大疫情发生。2017年累计实施免疫牲畜口蹄疫45.24万针、高致病性禽流感294.09万针、鸡新城疫272.54万针、高致病性猪蓝耳病24.59万针、猪瘟24.59万针；监测血样禽流感8983份、新城疫983份、口蹄疫1185份、猪瘟949份、高致病性蓝耳病544份、小反刍兽疫252份，各项免疫密度均达到100%，群体免疫抗体合格率达到97.5%；发放使用消毒药品1855.42万毫升，消毒面积110.01万平方米。

【动物源性食品安全保障能力得到加强】 陆续开展“瘦肉精”检测、无害化治理、兽医兽药整治、饲料添加剂治理等专项治理行动。2017年核发动物防疫条件合格证53个。认定畜产品无公害产地企业9家、无公害产品企业2家。认证GSP兽药经营企业2家。产地检疫生猪7.84万头、牛0.05万头、羊0.03万只、禽3925.89万只。屠宰检疫生猪2.2万头、禽2473.91万只。督导养殖场（户）1845个、饲料生产企业22次。抽检尿样6720批次，使用“瘦肉精”试剂条6720套。抽检奶样2批次14个样品。无害化处理（销毁）病死禽类38582只、病死生猪16489头。

【私屠滥宰专项治理常抓不懈】 组织实施“扫雷”行动，以屠宰环节病害猪无害化处理和生猪“代宰”行为为重点，严厉打击屠宰病死猪、注水或注入其他违禁物质等违法行为，2017年查出注水定点企业1家，销售白板肉商户2家。完成畜禽屠宰质量安全风险评估分级管理工作，确定A级2家，B级1家。完善生猪定点企业视频监管工作，为双丰生猪定点屠宰厂加装监控9部，实现远程实时视频监控无死角，减少定点企业违规屠宰风险。

【畜禽禁养区划定和整治工作】 按照廊坊市农业局、廊坊市环境保护局和区委、区政府要求，安次区畜牧局制定了《廊坊市安次区畜禽养殖禁养区限养区适养区划定方案》和《廊坊市安次区畜禽养殖禁养区专项整治实施方案》2个实施方案，根据方案规定，努力协调杨税务乡政府、区环保局、区物价局、区法院、区国土局、区公安局等职能部门，积极研究推进措施，制定拆迁补偿方案，2017 年 8 月底完成对杨税务乡天兴养殖场和兴旺养猪场 2 家禁养区养殖场的关闭拆迁工作，拆迁补偿款发放完毕。

【粪污处理设施建设】 按照市委、市政府和区委、区政府相关文件要求，2017 年安次区畜牧局经过调查摸底、认真研究、多措并举、扎实推进，指导全区涉及规模畜禽养殖场的配套建设，包括粪便污水贮存、处理、利用设施等。到 2017 年底实施比例达到 81%，超过目标要求 1%，超额完成 2017 年建设任务。

【畜禽养殖场清洁取暖替代工作】 为切实落实廊坊市大气污染治理工作领导小组办公室要求，督导全区禁煤区内的畜牧业生产用分散燃煤取缔工作，区畜牧局下发《关于开展畜禽养殖场冬季取暖情况调查函》，统计全区畜禽养殖场冬季取暖情况，全区改造清洁燃煤畜禽养殖场 149 家。

【突发重大动物疫情应急演练】 2017 年 11 月 17 日，区畜牧局牵头组织廊坊市重大动物疫病防治指挥部主办的廊坊市 2017 年突发重大动物疫情应急演练。协调财政、卫计、公安、工商、食药监等部门组成方队 10 个，按照扑灭疫情实战需要，分“疫情报告与现场诊断、先期处置与应急准备、应急响应与应急处置、终止响应与善后处理”4 个科目，全方位展示疫情处置的全过程。副市长张秉舜对此次应急演练给予高度评价，省、市、区各级政府及畜牧兽医主管部门有关人员 230 余人参加演练和观摩活动。通过此次应急演练，使各成员单位密切配合、科学操作、群防群策、扎实推进，充分锻炼了安次区动物疫情防控应急队伍的应急能力，极大提高这支队伍的宏观管理水平和现场处置能力。

（魏兴罡）

农业开发

【概况】 安次区农业开发办公室（以下简称区农开办）2002 年机构改革后由政府直属事业单位改为部门管理事业单位（正科级），由安次区财政局管理，是主管全区农业开发工作的职能部门。2017 年有干部职工 7 人，内设 2 个股（室）：综合股（办公室）、项目评审股。主要职责：贯彻执行国家农业综合开发方针政策，研究拟定全区农业综合开发政策措施。落实国家农业综合开发项目和资金管理，执行有关农业综合开发的法规、规章。并负责组织、指导和协调实施工作。制定并督促实施全区农业综合开发项目管理办法和财务管理工作。编制全区农业综合开发中长期规划和年度计划。组织评估、论证各项目区农业综合开发项目的规划设计、建设规模及投资计划。负责对各项目区农业综合开发项目的安排和调整，审批项目实施计划，并指导、督促农业综合开发项目实施，组织竣工项目验收。按照《廊坊市安次区人民政府办公室关于印发〈廊坊市安次区财政局主要职责内设机构和人员编制规定〉的通知》（廊安政办〔2017〕13 号）文件要求，原廊坊市安次区人民政府农业开发办公室于 2017

年底合并至安次区财政局，与财政局合署办公。

【土地治理项目】 安次区2017年农业综合开发高标准农田建设项目，涉及仇庄、码头2个乡镇12个行政村。规划面积为8600亩（573.33公顷），总投资1113万元。项目建设内容包括：维修井15眼，埋设地下防渗管道34.60千米，高压线3.96千米，新装变压器18台，新建涵洞5座，新建道路11.68千米，栽种树木10020株。

【产业化发展项目】 2017年涉及农业综合开发产业化发展项目4个，其中财政补助项目3个，贷款贴息项目1个。产业化财政补助项目总投资2373万元，其中财政资金1022万元，带动农户809户，新增就业户28户，直接带动农民增收484.58万元。

【多措并举保障项目顺利实施】 超前谋划是项目开展的前提，在项目立项之初，积极沟通、协调上级主管部门和其他相关单位及示范区乡镇、村街，抽调精干人员，组成调查小组，提前深入拟建项目村街，对项目进行实地摸底调查、勘测、制表绘图、编写报告，为项目建设顺利实施打好基础，掌握第一手资料。保质保量是项目开展的关键，首先成立三级质量监督体系，区农发办指定专人全程参与监督，村街推选代表全程反馈意见，同时聘请监理公司全程专业监管；其次做到监护到位，确保项目效益。招投标过程中严格程序，做到公开、公平、公正，制定出台一系列施工管理办法，明确项目工程合同约定、动态管理、考核及奖惩措施等，有效保证工程质量和工程如期完工。多措并举保障项目开发，首先进一步明确分管领导、各科室分工明确，同时加强合作，形成农发合力。平时注重加强队伍的学习和培训，走出去、请进来，为更好地开展工作武装头脑。其次建立定期调度制度，建立台账，每周召开例会，核实工作进度，明确工作目标，及时发现和解决项目建设过程中的各种问题，保障项目建设高质量完成。

（苏元萍）

农业产业化

【概况】 廊坊市安次区农业产业化办公室，是区政府主管全区农业产业化工作的职能部门。2017年，全区农业产业化工作围绕农业供给侧结构性改革，坚持以促进农业增效、农民增收为目标，大力实施龙头企业建设、一村一品等重点工程，农业产业化经营水平不断提升。全区产业化经营率58.54%，同比提高9个百分点，全市排名第六，增速全市排名第一。“林果、瓜菜、畜牧”三大特色产业深入发展，有力地促进农业增效和农民增收。

【龙头企业规模不断壮大】 2017年全区有市级及以上龙头企业51家，其中国家级1家、省级9家、市级41家。全区龙头企业年销售收入32亿元，带动农户75820户，实现户均增收3000余元。其中，康达公司月屠宰分割肉鸡300余万只，带动肉鸡养殖场700多个，间接带动农户1.6万户；欧华公司年出栏种猪、商品猪12000多头、生产固体有机肥5000多吨、液体有机肥1.6万吨，带动农户2500多户；熊氏、雪计兴、群成、亚绿湾、池林等种养企业直接或间接带动农户1.5万户。

【农业服务组织健康发展】 按照“搭台不唱戏、献策不决策、参与不干预、服务不增负”的原则，围绕农业主导产业和优势产品，鼓励、引导和推动多类型、多层次、多领域的农民专业合作经济组织建设并取得较快发展。2017年全区有农民专业合作社368家，家庭农场38家，建成葛渔城镇林果协会、调河头乡蜡杆协会和风筝协会、杨税务乡金都蜜瓜销售协会和养猪协会、码头镇史庄果品协会、北史家务乡种养协会、东沽港镇牛角葡萄销售协会等10余家重点专业协会，其中市级重点专业协会14家，有会员1.5万户。这些组织通过定单销售、基地建设、信息技术服务等方式与广大农户密切联系，实现农户与市场对接，有效增强农民抵御市场风险能力。

【特色专业村发展势头强劲】 2017年，安次区立足种植、养殖、加工等农产品生产的优势资源，通过大力实施“一村一品”工程，有力的推进农业专业化、特色化、品牌化建设，涌现出一批专业村，形成“一村一品”的发展模式，有效带动农村经济发展，促进农民增收。全区形成杨税务乡金都蜜瓜、调河头乡蜡杆、葛渔城镇林果等3个专业乡镇和杨税务乡孟村村、前南庄村、大北市村，落垡镇的邢官营村、刘七堤村，仇庄乡的陈家务村，码头镇的史庄村、东李庄村，葛渔城镇的葛北街村、于堤村，调河头乡的南马庄村，东沽港镇的牛角村等30余个种养专业村。其中，东沽港镇牛角村有人口300人、全村葡萄面积从1995年的50亩（3.33公顷）发展到2017年的850亩（56.67公顷），年总产量1560吨，创产值1000余万元，人均纯收入超过万元，被评为市级“林果专业村”。杨税务乡孟村村有1320口人，耕地2400亩（160公顷），是远近闻名的设施农业专业村，以生产棚菜为主，总占地2000余亩（133.33公顷），种植模式为早春甜瓜和秋延番茄，年产瓜菜1.6万吨，产值1700余万元。落垡镇邢官营村人口498人，119户，耕地939亩（62.6公顷），年经济总收入1600余万元，2017年发展棚室1000余亩（66.67公顷），主要品种为西红柿、芹菜等。调河头乡南马庄村有150户，602口人，耕地1631亩（108.73公顷），全村种植蜡杆1600余亩（106.67公顷），成为远近闻名的生产、加工、销售专业村，年产成品杆64万棵，销售收入近4500万元，形成家家种植蜡杆，户户加工蜡杆的格局。2017年全区一村一品专业村为31个，其中（邢官营村被评为全国一村一品示范村），全区专业村发展势头强劲。

【品牌创建成效明显】 2017年，通过参加“9·26”农交会、举办首届“安次甜瓜节”等活动，不断加大对全区优质农产品的推介力度。康达鸡、晚秋黄梨、金都蜜瓜、牛角葡萄、鑫银禾油用牡丹、美好鸡蛋、茂雄无公害蔬菜等优势农产品品牌继续做大做强，争取订单，扩大影响。截至2017年年底，全区认证无公害蔬菜产品10个，绿色蔬菜产品24个，地理标识认证2个，注册商标品牌13个，在北京开设蔬菜直营店10家，对接北京社区30个，实现品牌销售和安次精品瓜菜进京。省、市产品质量检测合格率100%。

（张植博）

水务管理

【概况】 安次区水务局是隶属于安次区政府的行政事业单位，是主管全区水务工作的职能部门。2017年有干部职工296人，内设9个职能股（室）：办公室、人事股、财务股、水保股、工程规划与建设股、农村水利股、水资源管理股、水利工程管理股、机关事务股。下设水管处、机井队、水业公司、水政监察大队、启严水利工程处5个事业单位。主要职责：贯彻执行国家有关水务工作的方针政策和法律法规。负责保障水资源的合理开发利用，起草全区水务工作的规范性文件，拟订全区水务发展战略、中长期规划。组织编制水利综合规划，负责提出水利固定资产投资规模和方向、财政性资金安排，提出水利建设投资安排建议。负责区级水利资金及水利国有资产监督管理工作。组织、协调、监督、指挥全区防汛抗旱工作，承担区政府防汛抗旱指挥部的日常工作。负责涉河涉渠环境治理工作，指导水务突发公共事件的应急管理工作。组织协调农田水利基本建设，指导农田灌溉排水、农村集中供水工作，组织实施农村饮水安全、高效节水灌溉工程建设与管理。2017年，安次区水务局以强有力水利支撑服务全区经济发展为主题。投资2352万元进行村内管网改造，在7个乡镇42个村街铺设自来水管100余万米，同时每户安装防冻水龙头和智能水表一套，受益人口约6万人。利用2014年、2015年规模化节水剩余资金239万元，完成在仇庄乡、码头镇和葛渔城镇，通过铺设地下防渗管道，发展节水灌溉面积5000亩（333.33公顷）。投资679万元，为12个农业合作社建设高效节水工程。投资660多万元，完成胜丰支渠清淤和朱官屯泵站干渠清淤治理工程。投资600万元，完成2014年市级土地出让收益计提农田水利资金高效节水项目。在杨税务乡前南庄村和仇庄乡大刘庄村安装滴灌工程，总计2844亩（189.6公顷）。投资563万元，完成安次区2015年市级农业高效节水灌溉项目。主要在东沽港镇牛角村、康达公司、落垡镇丈方河村和邢官营村安装滴灌工程，总计2930亩（195.33公顷）。安次区立足于防大汛、抢大险、救大灾，坚持以人为本，实行科学防控、加强设施建设，面对强降雨特别是"7·19"大暴雨，科学应对，安全度过汛期。

【农村饮水安全工程建设】 2017年投资2352万元进行村内管网改造，为全区7个乡镇42个村街铺设自来水管100余万米，为每个农户安装防冻水龙头和智能水表一套，受益人口约6万人。

【安次区安全区围堤项目】 2017年11月7日，廊坊市水务局与安次区人民政府签署《安次安全区围堤工程建设管理委托合同》，安次区政府委托安次区水务局全权负责项目施工管理，年底完成西昌路以西与外环路西南环线同步的7.5公里征迁任务，同时完成围堤工程建设招标工作。

【河长制工作】 按照国家、省、市关于河长制工作要求，2017年在安次区水务局成立实行河长制临时办事机构，将永定河、龙河、老龙河和17条渠道纳入河长制实施范围，按要求在各河段安装河长制公示牌294块。

【渠系涵洞治理】 2017年投资420多万元，完成胜丰支渠清淤治理工程。清挖长5公里胜丰支渠，重建涵洞5座，重建水闸1座，连通胜天渠和丰收渠，设计过水流量5.52立方米/秒。投资240多万元，完成长3.1公里设计过水流量6立方米/秒的朱官屯泵站干渠清淤治理工程。完成干渠清挖，重建涵洞7座。

【农业水价改革工作】 为促进农业节约用水，有效遏制地下水超采，安次区启动“超用加价”农业水价综合改革，改革范围为全区8个乡镇、1个龙河高新区、282个村街。2017年农业水价改革工作在东沽港镇、杨税务乡、调河头乡3个乡镇的9个村街5900亩（393.33公顷）农田进行水价改革，同时完成实施方案编制工作，并成立工作领导小组、安次区用水协会。完成节水台账、“以电折水”系数测算、农业水资源税纳税人认定等工作。

【防汛抗旱工作】 2017年汛前，安次区水务局组织清障组与乡镇积极配合，张贴标语80余条、张贴布告100余份，出动人员200余人次，清除永定河主河槽树障2万余棵。7月21日上午，在杨税务乡举行2017年防汛演练暨永定河泛区群众转移安置演习，演习活动投入工作人员170余名，车辆130多台，转移群众624名，参加观摩人员50余人。通过演习进一步增强广大干部、群众的水患意识和防洪能力，提高防汛指挥系统的应变能力。7月21日夜间降雨给安次区南部调河头乡等4个乡镇造成不同程度的自然灾害。面对此次暴雨灾害，全区上下广大干部群众全力以赴，把防汛抗洪作为当时首要任务，多措并举，取得防汛抗洪工作的又一胜利。抢险救灾工作累计出动干部职工200余人次，发动群众1000多人次，投入挖掘机、翻斗车、移动水泵等工程设备40多台，转移群众260多人，无人员伤亡。在廊坊市水务局大力支持下，年度内安次区水务局申请南水北调水源1500万立方米。投资30万元，建设2017年抗旱应急工程，在东沽港镇牛角村和调河头乡洛一村各更新1眼抗旱井，同时铺设部分管道。

【涉河环境治理工作】 2017年区水务局组织专业力量，对北昌橡胶坝至东张务闸段河岸垃圾及漂浮物进行打捞作业，水草生长旺期，投入运输车2辆，挖掘机1辆，装载机1辆，打捞船只3艘，累计出动作业人员700余人次，清理水面垃圾、水草等3000余立方米，在龙河及渠道两岸安装警示牌46块。水务局组织水利巡查人员24小时巡查龙河、老龙河等重要部位，重点加大对入河排污口的巡查力度，年度内安次区水务局责任区内未发生非法排污事件。

（孙乡利）

工　业

工　业

【概况】　安次区工业和信息化局（简称区工信局）成立于2011年10月，分别由安次区经贸局、发展计划局部分科室组建而成，是隶属于区政府的行政事业单位，是主管全区工业和信息化工作的职能部门。2017年局机关核定编制16人，内设4个股（室）：办公室、技术推进股、信息化股、企业管理股。主要职责：贯彻落实国家及省、市有关中小企业的法律法规和方针、政策。负责对全区中小企业的综合协调、指导和服务，推动建立完善中小企业服务体系。研究拟订全区中小企业的发展战略、中长期发展规划。拟订并组织实施全区工业行业规划、年度计划和产业政策，提出优化产业布局、结构的政策性建议。推进现代产业体系建设，组织实施行业技术规范和标准，指导行业质量管理工作。统筹推进全区信息化工作，组织拟订相关政策措施并协调信息化建设中的重大问题，负责提出全区工业、信息化固定资产投资规模和方向。2017年，在区委、区政府正确领导和市工信局指导支持下，区工信局深入学习贯彻党的十八大、十九大会议精神，以"打造班子、一流战队、一流工作、一流业绩"为目标，以开展"两学一做"专题教育为契机，深入推进作风建设，团结奋进，开拓创新，真抓实干，履职尽责，完成各项目标任务和各项工作部署，为加快建设强区新城、美丽安次，为全区工业经济快速健康发展和社会和谐稳定做出贡献。年内，区工信局承担各级工作目标26项，其中上级下达目标18项，本单位自定目标8项，全部如期完成。特别是工业经济主要指标仍保持高速增长，继续保持全市工业第一梯队。规上工业增加值累计完成70.77亿元，同比增长6.7%，居全市第三位。规上工业总产值累计完成268.8亿元，同比增长8.6%，占年度目标的100.3%，超0.3个百分点完成任务。新增规上工业企业7家，超额2家完成安次区确定新增规上工业企业5家目标，特别是中安信、裕展科技和优尔材料等工业项目投产入规，进一步增强规上工业整体实力。工业固定资产投资累计完成67.67亿元，同比增长11.3%，居全市第三位。工业技改投资累计完成44.06亿元，同比增长26.9%，居全市第二位。民营经济增加值累计完成110.2亿元，同比增长8%，安次区完成市下达增长8%的目标。

【强调度，保运行，推动工业经济平稳较快发展】　在宏观经济环境尚未根本好转和大气环境治理力度加大双重影响下，全区工业系统攻坚克难，强化调度，工业经济指标实现平稳较快增长。一是分解任务，压实责任：2017年初区工信局会同区发改局、统计局对全年工业经济主要指标任务进行分解，列入年度国民经济计划正式下达乡镇、街办处和园区，作为进度调度和年底考核依据，使乡镇、街办处和园区从年度伊始就对抓工业有目标、有措施、有责任，确保工业经济平稳运行、匀速发展。二是研判形势，实时监测：一季度虽然受宏观经济下行压力、大气环境治理形势严峻、投融资困难和“两节”“两会”等多重因素叠加影响，但由于富智康订单充足和满负荷生产的拉动，全区规模以上工业增加值指标仍实现首季开门红，增幅居全市第一，且这个优势持续发力，一直保持到年底。可是工业项目建设受季节影响突出，投资指标欠量较大，未实现首季开门红。为此，区工信局逐乡镇挖掘项目，逐园区筛选项目，逐项目搞帮扶，重点调度项目建设进度，上半年“双过半”时扭转被动局面，保证年底工业固定资产投资和技改投资指标完成。三是强化调度，健全制度：建立月通报、季调度、年底考核工作机制，定期召开乡镇、街办处和园区主管领导参加的工业经济分析调度会，研究解决工业运行中存在的问题。四是突出重点，狠抓规上企业：规上企业是工业经济骨干力量，代表区域实体经济规模实力。为此区工信局始终把培育规上企业作为重中之重，常抓不懈。一方面着力培育成长性企业，每年筛选营业收入1000至2000万元企业建立成长性企业库，会同统计、财政和国税等部门对其进行重点帮扶，关注和扶持其发展，帮助其做大做强，促其尽快达到入统规上企业标准；另一方面着力跟踪服务投资亿元以上新建大项目，督导和帮助其加快建设进度，促其尽快投产达效，争取早日入统规上企业。五是联合会商，强化调度：区政府建立联合会商机制，每月由常务区长组织发改、工信、商务、科技、财政、国税、地税、统计等经济主管部门与乡镇、街办处和园区面对面会商调度经济指标完成情况。工信局抓住这个平台每月分析通报工业经济主要经济指标完成情况，坚持问题导向，提出切实措施，扬长避短，补齐短板，确保工业经济平稳健康发展。

【上技改、增投入，推进结构调整和转型升级】 工业固定资产投资和技术改造投资实现较快增长，新建工业大项目和重点技改项目建设实现新的突破，工业转型升级迈出新步伐。2017年是安次区实施“211”战略的第一年，借助安次两大省级高新区平台，大上工业项目全面发力，中安信、康得复材等一批立区大项目相继投产试产，工业实力显著增强。其中工信部门职能重点是技术改造。为此，区工信局组织瑞立美联、百思图刀具2家企业成功申报省级重点技改项目，争取省级专项资金769万元；朗世坤成争取省第二批“专精特新”中小企业奖励资金20万元；康达畜禽、蓝菱华远、腾飞纸业等4家重点技改项目争取市政府委托无息贷款1180万元；裕展科技、优尔材料、泰科网络申报市“大智移云”专项资金奖补单位类项目，争取市级奖补资金70万元；富智康申报市“大智移云”专项资金奖补高端人才，争取市级奖补资金240万元，奖励高端人才48人。据不完全统计，2017年组织企业申报和争取省、市专项资金合计2279万元。同时还组织区级工业技改及发展专项资金申报兑付工作，有22家企业项目符合申报条件，扶持资金额度达480万元。总之，各级财政专项资金有效发挥“四两拨千斤”作用，有力推进安次区工业技术改造、科技创新和转型升级。

【抓管理、强服务，扎实开展企业帮扶活动】 一是集中开展入企帮扶：根据2017年10月

30 日区委、区政府制定印发的区四套班子领导对接联系帮扶企业制度（廊安办字〔2017〕72 号通知），重点对区内规上工业企业、高新技术企业、科技小巨人企业、规上服务企业、限上贸易企业、省市重点项目、集中开工项目开展问计问需活动，切实帮助企业、新开项目解决一批在生产、经营、建设过程中遇到的困难和问题，助推企业实现稳健发展和项目加快建设进度，为全区经济社会发展提供有力支撑。区工信局具体负责牵头汇总和情况反馈，较好地推进日常工作开展，确保取得扎扎实实的效果。二是成功组织政企面对面座谈：9 月 22 日，组织召开政府与企业面对面座谈会，区政府领导和市、区工信局领导出席，50 余家规上企业负责人参加座谈，与政府领导面对面交流沟通，汇总梳理问题 30 余项，分解落实到区直各有关部门及乡镇、街道办事处、园区协调解决，并如期答复落实。三是切实履行安全生产职责：积极贯彻落实“三个必须”要求，把安全生产工作列入重要议事日程，确保底线工作不出问题。除严格履行安全生产成员单位职责、参加各种安全生产大检查活动外，在入企调研和开展业务工作时，都要监督检查企业落实主体责任、安全教育和宣传安全生产制度等情况，发现问题及时督导整改。另外，还对酿酒厂、青啤公司两家企业开展安全生产解剖，逐项排查安全隐患，逐项落实整改措施，并组织车间主任和科股长座谈交流，观看安全生产宣传片，此举收到很好效果。

【举全力、拼干劲，打好大气污染治理攻坚战】　一是区工信局牵头负责整治“散、乱、污”企业：2017 年，区工信局多次组织乡镇、街办处和园区，按属地管理原则完成整治“散、乱、污”企业 746 家，其中关停取缔类 425 家，整改提升类 321 家。同时建立起长效机制，落实十项管控措施，建立网格化监管责任制、违法违规“散、乱、污”企业有奖举报制度，组织安装监控摄像头 199 个，实现人防、技防多措并举，为大气污染治理做出贡献。二是牵头负责工业企业采暖季错峰生产：组织制定全区错峰生产实施方案，明确属地主体责任和部门监管职责，确保错峰生产落到实处。全面组织开展采暖季工业企业错峰生产调查摸底，一企一策制定错峰生产措施，不定期对洸远公司、四国化研、大唐木业、东易日盛等重点错峰生产企业现场督导，确保错峰生产措施到位，停限到位。三是扎实推进污染企业搬迁工作：为确保青啤公司搬迁项目如期投产达效，区工信局临时受命组织实施一系列配套工程建设。根据区长办公会议研究意见，区工信局协调财政局落实青啤污水处理升级改造达到一级 A 标准增加的财政补贴资金 300 万元；协调财政局、供电公司等部门落实改造供电线路财政垫付资金和组织工程招标建设工作；协调区水务局商定青啤给排水工程建设工作。四是开展“地条钢”排查取缔：“地条钢”生产属坚决淘汰的落后产能，且严重污染环境，中央明令取缔，一旦发现严处重罚坚决取缔，还要追究属地和监管部门责任。为此，区工信局牵头组织乡镇、街办处和园区开展拉网式大排查。区工信局还组织精干力量对“地条钢”摸排取缔工作中各有关乡镇报送的 7 家铸造企业逐一进行现场核查，彻底地排除以上铸造企业生产“地条钢”的嫌疑。同时为确保万无一失，根据上级统一部署又集中开展一次“地条钢”排查取缔“回头看”工作，并安装监控设施，建立举报奖励制度，确保“地条钢”企业无藏身之地。五是压实环境治理责任：对区工信局牵头负责的大气污染防治和环境治理工作，落实分包督查监管责任制，局党组成员和分管股室划分4个组分包4个片区，对上述各项环境治理工作统筹巡查督导，做好巡查记录，以便追责问责。

【打基础、建平台，稳步推进信息化工作】 工业化和信息化两化融合及大数据产业发展，是谋长远、定方向的大问题。就工信部门信息化工作开展而言，全市乃至全省仍属短板。但在机关信息化自身建设方面，安次区走在了全市前列。从2015年开始，区工信局连续两年投资130万元建设区级公务网络平台，对接上游市工信局云计算中心，下联区直部门和乡镇、园区84个节点，率先实现省、市、县三级政务网络互联互通和政务内外网全覆盖，其他兄弟县纷纷前来区工信局参观学习。2017年又投资50万元扩建区级公务网络平台，机房硬件设备、软件系统和运维服务正常运行。加上网络服务费32.4万元，累计投资212.4万元。2017年10月，省、市要求全面推行“互联网+政务”服务，编办、审批局、工信局全力配合，最大限度地优化营商环境和方便百姓。经区政府批准再次追加投资340万元，对政务网络平台进一步改造升级。项目完成后，区直部门、乡镇、街办处和园区84个单位政务内外网贯通，基本实现省、市、区、乡（镇）四级联网全覆盖。

【化积案、保稳定，全力做好信访维稳工作】 工信系统国企改制遗留问题较多，信访压力很大，稳定形势严峻。局领导班子直面问题，不回避，不放弃，全力化解信访积案。一是死盯死守，包案包办：2017年，局党组数十次召开重点案件分析会，专题研究疑难重点案件，系统制定解决方案，要求包案领导担当责任抓落实，细化措施动真招，灵活处置破难题，一包到底，限时解决。特别是党的十九大、全国两会、建军90周年等特殊敏感期，举全局之力，全员上阵，死盯死守，付出艰辛努力，确保工信系统没有发生重大信访稳定问题。二是健全长效，彻查隐患：制定信访例会制度、值班制度、外出办公登记制度和信息报告制度，确保对各类信访隐患及不稳定因素及时掌握，全面掌控。2017年在日常排查的基础上，另进行了3次集中大排查，排查出集体访隐患10宗，个体访20余宗，通过及时化解，有效地消除苗头隐患。三是多方协调，化解积案：工信系统改制遗留问题多，信访量大，情况复杂，政策性极强，解决难度极大，往往需要协调多个部门才能有效解决。区工信局开展百日攻坚活动，坚持尊重历史、面对现实、把握政策、灵活处置的原则，坚持以切实解决问题为立足点、出发点，迎难而上，多措并举，多方协调，一大批群体性上访案件得到有效控制和解决。钢木家具厂商户、改制职工及职工宿舍住户三大利益群体轮番上访，区政府决定启动包括钢木家具厂在内的顺安街片区改造，钢木家具厂遗留的问题有望彻底解决。淀粉厂解散清算已经在区法院立案，通过司法程序彻底解决淀粉厂遗留的难题。酿酒厂改制不彻底，国企职工未买断。经区长办公会研究，在区财政局垫资补发下岗职工拖欠生活费和补缴保险以维护大局稳定的前提下，区工信局制定二次改制方案，核心是搬迁建厂置换国有土地，二次改制安置职工，资产清算退出国有股份，开发改造偿还财政垫资。上述方案政府正在积极组织论证和决策。化肥厂西家属区宿舍和隆芳食品厂宿舍及周边宿舍区改造拆迁户多年上访问题得以妥善解决，正在抓紧回迁楼建设。纺织厂、机械厂等一大批“老大难”问题相继得到彻底解决。

（王建华）

电力管理

【概况】　安次区电力客户服务分中心隶属于国网冀北电力有限公司廊坊供电公司营销部，分中心下设用电检查班、计量运维班，银河、永兴2个营业站，东沽港、葛渔城、码头、调河头、落垡、大王务、杨税务7个供电所。2017年，有员工291人，其中领导班子3人，一般管理人员24人，生产技能人员57人。分中心辖营业户129732户，其中高压客户2992户，综合台区698个，低压客户126740户，负责运维10千伏线路69条，拥有柱上开关291台，环网柜56台。10千伏线路总长度974.7公里，其中架空线路809.3公里，电缆165.4公里，0.4千伏线路913公里，供电人口38万人。主要职责：负责安次辖区内所有客户抄表收费、用电检查、低压业扩报装、低压计量拆装、优质服务和城郊高、低压配网运行检修等工作。

【电网建设】　发挥属地作用，紧密对接公司各职能部门，不遗余力支持公司各项工作开展，支援地方政府经济建设和政治任务。特高压和主网工程建设环境异常恶劣，积极发挥协调作用，扎鲁特—青州特高压直流工程在安次区境内有12个基塔，在码头镇境内，此工程于2017年9月底带电试运行，完成通道清理工作。锡盟—泰州特高压直流工程在安次区境内有13个基塔（其中1个在落垡镇境内其余12个在码头镇境内），此工程于2017年6月30日带电试运行。锡盟—山东特高压交流工程在安次区境内有14个基塔（其中1个在落垡镇境内其余13个在码头镇境内），完成通道清理工作。廊坊南配套220千伏线路工程在安次区境内有61个基塔（其中码头镇6个、葛渔城镇28个、东沽港镇27个），现协调完成35个（57.3%），施工完成29个。杨芬港—杨官屯220千伏线路工程在安次区境内有75个基础，开通完成10个，其中东沽港镇有27个基础，开通10个；码头镇（20基）与葛渔城镇（28基）暂未开通。完成大王务110千伏变电站工程可研工作。协调完成廊坊南500千伏线路工程N6、G6两基基础赔偿事宜，与户主达成协议。安次工业园220千伏变电站工程征地事宜与龙河园区管委会达成初步意向，由宏泰集团垫资进行征地。

【安全管理】　安全重于泰山，安全生产是企业的生命线，根据2016年安全管理情况，结合本单位实际，2017年初制定一系列安全培训计划，以提升员工安全意识，加强施工现场安全管控。通过安规普考、学习安全管理文件、观看安全事故视频，让职工直观感受安全事故带来的不良影响，以此提高职工安全意识。对于施工现场安全生产主要是依靠安全培训，分中心结合现场实际对“三种人”身份开展“两票”填写培训考核，提高施工现场安全管理水平。与此同时对进网作业单位开展进网作业安全培训考试，督促进网作业单位提升自身安全管理水平。提前部署防止发生人身触电事故，结合以往发生的各类触电事故，有针对性查找用电管理方面存在的薄弱环节和漏洞。一是重点检查容易出现人身触电的用电客户，重点检查客户用电设备老化严重、内部线路私拉乱接、带电线路对地、建筑物距离不够、带电设备外露、没有加装漏电保护器、电气设备预防性试验超期等情况，对存在问题的客户及时下发《用电检查结果通知书》，督促用户限期进行整改，对于发现的重大安全隐患，要以正式“报告”书面上报区政府备案。同时对发现的安全隐患要按照管理责任逐级分解，举一反三，制定并落实切实有效的防范措施。二是加强计量箱隐患排查工作。全面排查计量箱体、箱（柜）门的完好程度，箱锁封印、封签、警示标志是否齐全完备，金属箱体是否可靠接地，元器件外观是否完好，绝缘器件有无裂纹，有无漏雨、漏电等隐患情况，建立计量箱隐患台账。

【经营管理】 2017年分中心加大营配贯通治理力度、着力推进“全能型”供电所建设，做好营配贯通数据采集治理工作，提高营配贯通数据治理效率。对下发整改数据分析原因，减少错误问题再次发生。重点加强梳理营销系统线—变—户的对应关系，治理台区数据313台、变户关系错误数据22016户；开展高低压客户资料补录6777户，其中高压客户376户，低压客户6401户；提升标准地址维护率，通过对一级、二级、三级地址数据的治理，维护率提升到99.68%，提升25.28个百分点。并对重复出现同样问题的所、站加大考核力度。梳理职责、明确流程，推动“全能型”供电所建设。坚持提高运行效率和服务质量原则，结合自身实际，对葛渔城、码头、大王务、杨税务4个供电所组织构架和人员配置进行优化整合，明确职责定位，理清工作界面，内外勤密切配合、相互协作，切实打造业务协同运行，实现供电所业务组织一次到位，各项工作高效运转。加大高损台区治理力度，实现精准降损。客服中心坚决按照同期线损管理工作的各项要求，以采集全覆盖和营、配、调全贯通为依托，以供电量、用电量同步采集为基础，以公用变压器同期线损在线检测为核心，以台区线损达标治理和管理线损精准降损为重点，不断加强管理，排查问题，完善各类数据质量。截至12月底，同期线损完成合格台区536台，环比1月份上升179台，合格率78.79%，较1月份上升13.25%。对于在线监测率偏低和高损台区治理工作，重点加强台区档案信息的治理，确保系统台区数量与现场相符，提升电网PMS系统与营销SG186系统内变压器的一致性，梳理户变关系正确性，提高采集接入率和成功率，将考核管理措施细化，同期线损指标、降损成效与工作绩效挂钩。通过“查计量、查电费、查窃电漏电”等措施，完成线损相关指标。根据台区同期线损管理现状，每月定期对供电所、站进行考核评价，通过横向排名对比，建立竞争机制，促进指标提升。注重过程管控，及时发布指标动态，分析存在问题，指导各单位有针对性地开展治理工作。集中开展问题数据治理，对影响指标的问题数据分类筛选，下发给各单位进行整改，目标导向明确。

【配网管理】 客服中心围绕实现安全可靠供电的原则，按照“安全第一、组织严密、抢修及时、服务优质、保障有力”的原则，积极努力开展工作。在汛期及夏季大负荷期间，所有计划检修严格执行到岗到位制度，加大现场安全管理力度，严抓现场违章行为，所有抢修任务执行现场抢修单，现场负责人对抢修单中所列安全措施的落实负责执行，杜绝人身伤害事故，要求各台区管理员反复巡视所有低压设备，加大前期巡视消缺工作力度，加强对易发生故障的线路巡视测温工作，利用红外测温仪现代化检测工具对配电线路存在的隐患进行排查，详细记录并及时上报，对存在的隐患严密监控，随时掌握隐患发展情况，必要时及时停电消缺。重点检查台区变压器是否漏油，导杆、套管是否损坏等。对绝缘损坏、导体裸露、漏电保护器退出运行等安全隐患进行彻底巡查和消除，保证人民群众人身财产安全。同时，安次分中心被安次区政府纳入防汛应急抢险指挥组织，承担安次辖区内应急抢险期间的供电保障和抢险任务。2017 年汛期及大负荷期间，安次分中心出动抢修人员 860 余人次，抢修车辆 300 余辆次，安排抢修 151 次，其中 10 千伏抢修 42 次，低压抢修 109 次。10 千伏抢修主要内容集中在刀闸、跌开等设备烧毁，恶劣天气下导线断线和更换弓子线、引线、设备线夹等；低压抢修主要更换变压器 34 台、维修变压器 9 台、更换配电箱 28 台、更换二次电缆 36 个台区、低压线路切改 12 个台区等。完成运维任务，保证汛期及夏季大负荷期间的安全稳定供电。加大配网运行巡视和缺陷管理力度，提高设备检修质量，积极与政府部门沟通，及时消除故障隐患，完成属地化管理线路通道的树障巡护任务，为树障清理工作创造良好的外部环境，清理属地化管理线路 110 千伏—220 千伏树障 27 处，累计 8720 棵。结合属地化管理树障清理工作，分中心还对辖区内配网 10 千伏线路树障开展专项清理，清理树障 1060 棵，确保配网线路安全运行。

【优质服务】　2017 年做好分布式光伏发电项目并网服务，提高各层级业务人员技能，根治阻碍并网用户采集成功的“疑难杂症”。加强新装用户采集的及时接入与调试，确保并网一户，成功一户。对辖区内分布式客户进行线上数据核查，线下现场检查，坚决杜绝私自增加发电容量、私自改线等骗补行为，最大程度保证公司和客户的切身利益不受侵害。规范光伏业务，提升服务品质，增强业务人员服务意识，健全服务预案，加强光伏业务知识培训、服务技巧培训、廉洁从业培训。组织相关人员开展光伏业务知识培训工作，做到政策法规、业务知识、流程把控技巧等了然于胸。梳理光伏报装业务内部专业衔接流程，规范光伏业务市场秩序，加强服务指导。做到各环节无缝对接，各专业紧密配合，内外勤信息传递畅通无阻，尽量缩短环节办理时限，确保加快业务办理速度，截至 12 月底并网分布式光伏业务 358 户。全面推进台区客户经理制，推行“综合柜员制”。公示客服经理电话及服务职责。在台区、社区、表箱张贴台区经理公示牌等资料，逐户递送客户经理名片，让台区经理的联系电话和服务职责家喻户晓。通过宣传，提升台区经理服务品牌形象，帮助用户形成“有问题找经理，找了经理没问题”的意识。台区经理对用户反映的问题全程跟踪，防微杜渐，全面提高客户服务质量。截至 11 月底 4 个供电所完成台区张贴台区贴 560 张、表箱贴 16166 张，发放台区经理联系卡 84282 张。同时，推行“综合柜员制”，打造业务协同运行、人员一专多能、服务一次到位的全能型人才。着力对银河营业厅进行新业务展示，对葛渔城供电所营业厅进行改造升级，开展光伏发电业务，推广手机 APP、微信公众号等电子化交费渠道，实现各项业务“一站式”服务。

【社会责任】 认真履行社会责任，努力打造安全企业，坚强电网，精细运维，严控防范电网风险。2017 年全面开展春秋安全工作大检查及“安全日”活动，做到警钟长鸣，安全意识入心入脑。在夏季大负荷到来之前，开展迎峰度夏准备工作。制定严密的迎峰度夏工作预案，全面布置保电抢修工作。在发生重大故障时，所有抢修人员必须服从分中心统一指挥，做到“召之即来，来之能战，战之能胜”，确保配网稳定运行。建立突发事件应急处置机制，以各所、站为单位成立保供电抢修队，所、站长为各抢修队队长，遇有停电事故或突发事件，带班领导和管理人员要在第一时间深入现场、靠前指挥，快速有效开展应急处置。迎风度夏期间，所、站长要以身作则在岗带班，主要负责人离开廊坊必须履行请假手续，执行 24 小时值班管理，保证应急处置“响应迅速、到位及时、熟知预案、处置得当”。完成第什里风筝节、中考和高考、“5·18”经洽会等重要活动保电任务。增强供电能力，改善线路状况，分中心 2017 年内部大修项目 3 项，总投入资金 119.44 万元；其中：内部大修项目维修故障指示器 1000 组，对隔离开关、支柱绝缘子安装护套 130 余处，对码头 110 千伏变电站四路出线进行维修。低维项目 1 项，投入资金约 480 万元，对所辖 220 台变压器配电箱、40 台变压器低压出线电缆及 160 公里低压架空线路维修。积极配合安次区政府开展“小、散、乱、污”企业治理，完成“小、散、乱、污”企业供电情况排查整治。按照安次区政府统一部署，对安次区主城区及郊区各乡镇范围内 VOCS 企业，开展停断电措施。积极配合当地乡镇政府、办事处、管委会等职能部门，对辖区内涉及关停的 VOCS 企业进行停断电处理。按照各地乡镇政府部门现场停断电处理意见，分别对 239 家企业进行断电及拆除相关供电设备；并对其中部分企业做出停止三相动力供电，拆除三相动力供电设备，予以保留该企业照明供电的处理措施。通过一系列的整顿，对无法整改的依法依规采取停、限电措施，对存在私自转供电行为依规予以处罚。

（张文志）

商贸服务

商务工作

【概况】 安次区商务局是隶属于安次区人民政府的行政单位。2017 年有职工 19 人，内设 5 个股（室），即局办公室、对外贸易和投资服务股、市场运行调节和商业改革发展股、整顿和规范市场经济秩序领导小组办公室、商贸服务管理股。根据职能划分分别负责安次区的内贸管理、对外经济协调、成品油监管、组织实施重要工业品、原材料进出口计划、组织实施重要农产品进出口计划以及外商投资政策制定、对外开放、招商引资审批、服务和对外经济技术合作等工作。按照区政府办公室《关于印发〈廊坊市安次区发展改革局主要职责内设机构和机构编制规定〉的通知》（廊安政办〔2017〕10 号）精神，原区商务局承担的全部职责划入区发展改革局。

【招商引资重点工作任务完成情况】 按照区委、区政府安排部署，2017 年安次区计划引进亿元以上项目不低于 60 个，总投资 400 亿元。截至年底，招商引资集中行动任务全部完成。引入亿元以上项目 60 个，总投资 407.37 亿元。其中：市会签约重点项目 4 个，总投资 48.9 亿元。区会签约重点项目 14 个，总投资 128.97 亿元。各园区、乡镇、街道办事处签约重点项目 42 个，总投资 229.5 亿元。这 60 个项目中，落户 25 个，跟进项目 12 个，完成项目落户率 41%（其余未落户项目主要制约原因为土地指标问题）。为使安次区经济实现又好又快发展，区商务局全力做好 2017 年招商引资工作，组织园区参加省、市举办的各类会展对接活动。2017 年区商务局前往北京、上海、广州、厦门、沈阳、哈尔滨等全国一线城市参加大型展会、举办推介活动并拜访企业。在 2017 年举办的“厦门投洽会”期间，对接与会客商，成功签约项目 2 个，总投资 8 亿元，总占地面积 125 亩（8.33 公顷）。实现历届“厦洽会”新突破。其中：安次高新技术产业园与中领启天科技有限公司签署的纳米防腐材料项目，总投资 2 亿元，占地面积 25 亩（1.67 公顷）。龙河高新区与罗普特（厦门）科技集团有限公司签署的军民融合安全产业园项目，总投资 6 亿元，占地面积 100 亩（6.67 公顷）。廊坊市 2017 年在上海举办的“高新技术产业对接会”期间，安次区利用活动契机，大力对接上海高新技术产业项目，成功签约项目 1 个，即上海三盛宏业投资集团（民营 500 强企业）计划在安次区龙河高新区建设的中昌大数据科创小镇项目，总投资 15 亿元，占地面积 100 亩（6.67 公顷）。

【“5·18 经洽会”完成情况】 2017 年“5·18”经洽会期间，安次区坚持以突出重点、务求实效为统揽，主动参与市办活动，扎实开展自办活动，全区“5·18”工作进一步呈现出客商层次高端化、签约项目优质化的突出特点，现将此次活动的主要成果总结如下：一是成功举办安次区2017年投资环境推介会暨重点项目签约仪式。安次区于5月17日上午，在廊坊宾馆会议中心举办“安次区2017年投资环境推介会暨重点项目签约仪式”。区主要领导推介宣传安次区投资环境，并成功举行安次区14个重点项目签约仪式。二是招商引资工作实现新突破。“5·18”经贸洽谈会期间，安次区超前谋划、积极调度，签约引进项目17个，总投资168.5亿元。三是成功举办加拿大主宾国活动。加拿大主宾国活动作为市会重点活动之一，倍受省、市领导关注。5月17日下午，副省长王晓东在廊坊会见加拿大驻华大使馆参赞琼·克里斯蒂安·布里兰特一行。并会同省、市领导参加加拿大主宾国开馆仪式。四是涉及安次区分展区布展工作取得成功。按照市委、市政府工作要求，“5·18”经洽会期间安次区参加三项展出：合作信息发布安次展区、国际产能合作展区、特色出口产品展区，期间一系列特色产品吸引众多客商参观浏览，充分展示安次区创新驱动发展态势。五是出色完成市政府交代的对口接待任务。“5·18”经洽会期间，按照市组委会的安排，安次区接洽了“深圳创投团组”一行6人、“河北同乡会—埃及经贸团组”一行20人、“台湾经贸团组”一行20人、“中加国际经贸团组”一行93人、“宏泰市镇园区发展专家及客商”一行95人，5组经贸团组，234位重点客商。通过安次区的热情服务、积极接洽，各代表团均对安次区发展表示肯定，并争取寻找与安次区的合作机会。

【外资工作完成情况】 2017年安次区实际利用外资任务目标为9100万美元。截至年底，完成实际利用外资1999万美元（泉恩管业到位项目资金692万美元，康安仓储物流项目到位677万美元，汉诺实隐形眼镜项目到位130万美元，河北美恩科技建材有限公司到位资金150万美元，廊坊万京仓储有限公司到位资金350万美元），完成全年任务的21%。未完成全年任务目标。

【外贸进出口工作完成情况】 2017年安次区外贸进出口任务目标为：出口指标9439万美元。截至2017年12月，安次区实现出口7871万美元，同比下降36.67%，完成全年任务目标的83.39%。进口9164万美元，同比增长36.92%，进出口总额17035万美元，同比下降10.92%。2017年，安次区进口指标下降明显，主要原因在于因创城因素，限制企业生产，导致产业订单转移、出口产品减少。2017年，富智康完成出口2334万美元，2016年同期完成出口6815万美元，同比减少4481万美元，同比下降65.75%。同时，因为天津、上海等地区在海关出口费率、退税时限的优惠政策，以及其出口贸易公司能提供优质服务等原因，安次区朗世坤成、奥瑞拓、意达园林、海斯建材、百思图刀具等出口企业均有部分产品在天津、上海地区出口，一定程度上影响安次区外贸出口任务指标的完成。其他外贸企业如奥瑞拓、意达园林、海斯建材、百思图刀具均有不同程度的降低。同时，安次区部分企业出口态势保持良好：兰嘉斯进出口贸易有限公司完成出口423万美元，同比增长116%，耐迪机电设备有限公司完成出口2437万美元，同比增长18.75%，其他外贸企业如泉恩管业、万森工艺品、永信实业、斯尔曼乐器等企业均有小幅度增长。

【投资服务工作完成情况】 2017 年，区商务局贯彻落实省、市外经贸发展实施意见，为对外贸易企业争取上级资金，简化办事手续。按照省商务厅“外经贸发展专项资金管理办法”区商务局帮助飞腾印刷有限公司、百思图刀具有限公司、中安信科技有限公司、康得复合材料、耐迪机电设备有限公司等 5 家企业申报进口设备贴息资金，为万森工艺制品有限公司、意达园林塑料制品有限公司、凯麒斯包装机械有限公司、永信实业有限公司、廊坊市兰嘉斯进出口贸易有限公司、廊坊市汇钰模具有限公司、康德复合材料有限公司等 7 家企业申报境外展会补贴。同时，帮助朗世坤成房屋科技海外仓建设申报 50 万元扶持资金。

【营商环境整治工作完成情况】 2017 年开展营商环境整治行动，安次区承接国务院、省、市政府部门取消和下放行政审批事项 11 批次，涉及安次区 106 项行政审批事项，召开全区重点企业座谈会 12 次，深入企业调研 141 次，填报市场主体反映问题清单 233 份，收到企业反映问题 44 条，处理问题 44 条，处理率 100%。为进一步做好营商环境集中整治工作，增进政企信息交流，及时将中央和省、市支持扶持企业发展、鼓励创新创业、改善营商环境的政策文件落实到位。安次区建立“安次区政企服务微信交流群”，通过召开会议、入企宣传、网络公开等形式，将全区各类企业吸收入交流群。2017 年，“安次区政企服务微信交流群”在继续扩大当中，现有成员 154 人，189 家企业派工作人员进入，包括富智康、耐迪机电、泉恩管业、汉诺实隐形眼镜、华路天宇金属制品等安次区支柱企业。区政府、区商务局及各成员单位派驻领导及工作人员 12 人进入本群。

【园区管理工作完成情况】 2017 年，按照市商务局、安次区政府的各项指示，区商务局开展园区管理工作：一是配合区政府制定园区考评办法。按照区政府统一安排，考核高新区经济发展工作，区商务局分别对招商引资完成情况，限额以上贸易完成情况及实际利用外资完成情况制定考核标准，并根据标准及各园区全年工作完成情况向区政府进行评价报告，为整体的考核工作提供参照依据。二是组织做好园区相关人员培训工作。2017 年，区商务局配合市局组织园区负责人及招商工作人员赴成都、深圳等先进地区进行招商知识培训座谈会，通过鲜活的招商案例分析拓宽招商思维。三是为园区争取招商资金。按照市商务局“2017 年园区发展专项资金奖励办法”，区商务局组织园区申报相关材料，获得扶持资金 215 万元（廊坊高新区批复资金 20 万元，龙河高新区批复资金 90 万元，安次高新技术产业园批复资金 105 万元）。

【消费品零售总额及新增限额以上贸易企业任务完成情况】 2017 年安次区任务是：社会消费品零售总额总量必保完成 64.6 亿元，增速 11%；争取完成 64.6 亿元，增速 11.8%。第三季度，安次区社会消费品零售总额总量完成 46.8 亿元，全市排名第 7 位；增速 11.6%，全市排名第 2 位。1 月—10 月，限额以上贸易企业消费品零售额完成 34.06 亿元；同比增长 25.7%。区商务局按照市、区的任务安排，与相关部门进行沟通协调，在年初时与发改局和统计局沟通，将这两项任务列入区政府的指标谋划中，分解到所属乡镇、街办处、园区，进一步明确任务目标，以保障该项任务顺利完成。区商务局每月根据企业上报情况，及时与统计局协调配合，对指标进行调度。

【安全生产工作】 建立安全生产责任体系，强化责任主体。健全“党政同责、一岗双责”责任体系，履行行业主管部门的监管责任，开展县域安全生产规范建设。2017年初由一把手与区政府和市商务局分别签订《安全生产责任书》，编写《安全生产工作指南》，明确区商务局的安全生产职责，落实监管措施和监管责任，严格安全管理。狠抓任务落实，开展安全生产各项专项整治活动。按照商务系统行业特点，开展岁末年初安全生产隐患排查治理集中行动、做好“一带一路”高峰论坛期间安全生产及消防安全工作和“五一”“端午节”“十一”“中秋节”“十九大”期间安全生产工作、开展安全隐患排查整治攻坚行动、安全生产大检查等专项整治活动。通过企业全面自查自整与区商务局督导检查相结合，将排查治理工作与日常监管结合起来，查找安全生产隐患，及时发现及时治理。加强日常安全生产大检查，查隐患保安全。加强对安全生产隐患排查工作的日常检查管理，做好信息化管理，每月对企业定期进行检查，将隐患排查信息情况及时准确地通过市安监局官方网站的“智慧安监”登录并进行网上录入，实现网上信息管理。开展安全生产教育活动，提高安全生产意识。开展《中共中央国务院关于推进安全生产领域改革发展的意见》和《河北省安全生产条例》的宣传和贯彻活动。2017年6月区商务局开展“安全生产月”活动，6月16日在元辰超市店前广场开展集中宣传活动，在活动现场设置咨询台及宣传条幅，发放宣传资料100余份。

【市场运行监测工作】 做好日常和节假日期间市场价格监测分析工作，以便及时掌握市场动态，应对突发事件。2017年安次区有生活必需品监测企业1家（元辰超市），每周在网上填报周报和向区商务局报送纸质数据。还有北方农贸批发市场和元辰超市2家为重点商品流通监测企业，每月6日前在网上填报数据。在春节、五一、十一等重大节假日期间按照省、市的安排部署及时启动日监测。区商务局根据其提供的数据撰写监测分析报告，分析报告分为周报、旬报、月报、季度报、节假日分析报告、紧急事件市场波动报告等，2017年上报各类报告72篇。

【开展商贸流通大发展项目建设】 以提升安次区农贸市场建设标准，改善居民购物环境，方便居民消费为目的，2017年初区商务局调研安次区农贸市场升级改造情况。按照市商务局安排部署，将众源菜市场新建项目列入申报市级商贸流通发展补贴资金项目。

【做好肉菜惠民销售工作】 按照市里统一安排部署，廊坊市元辰超市有限公司在2017年春节期间（1月17日至1月26日）开展“省级惠民肉菜补贴销售活动”，在保证质量的前提下，蔬菜类价格低于周边农贸市场和同行业超市零售价的20%以上；猪肉每斤价格低于周边农贸市场和同行业超市零售价1元以上；牛羊肉价格每斤低于周边农贸市场和同行业超市零售价1元以上；销售肉类和蔬菜计7万多公斤，总计让利居民15.2万元。

【开展全国文明城市创建工作】 按照市、区创建文明城市工作的安排部署，区商务局在创城工作中承担重点商场、超市和农贸市场的创城工作。结合安次区实际情况，区商务局制订并印发《安次区商务局关于开展全国（省级）文明城市创建工作的实施方案》，加强领导，切实履行主体责任，摸清安次区商超底数，抽调精干力量深入超市（商场）、农贸市场开展督导检查，并做好相关督导检查记录和影像资料留存工作。由区商务局牵头制定《安次区农贸市场综合整治工作推进方案》，成立安次区农贸市场综合整治领导小组，通过综合整治，提升安次区农贸市场管理和服务水平，促进农贸市场提质升级。区商务局成立创城农贸市场分包小组，4组12人，深入1家商场、2家超市、10家农贸市场督导检查创城工作。为创建单位制作下发服务公约、诚信公约、行业规范等规章制度宣传展板，志愿者服务桌牌、条幅、袖标等。参加由市、区政府、创城办等组织相关职能部门的联合督导检查、学习考察、调度会议等。按照市局及安次区创城办关于创城工作相关要求，区商务局督促相关单位参照测评标准整改涉及到的商场、超市及农贸市场中存在的问题。经过整治，商超及农贸市场创城工作得到显著提高，各项规章制度秩序有所规范，清除市场内乱贴乱摆现象，各类证照张贴悬挂得到规范。各农贸市场对创城工作高度重视，增加创城的工作力度，农贸市场文明程度得到很大改善。在创城验收过程中积极配合，完成安次区的创城工作任务。

【促进服务外包企业发展工作】 为进一步加快产业结构转型升级，促进安次区服务外包业的发展壮大，按照廊坊市下达的服务外包业目标任务“安次区到2017年底，全区实现服务贸易增长10%，服务外包执行额增长100%的目标任务”。区商务局积极开展工作。2017年1月—10月安次区服务外包合同执行额完成237万元，完成全年任务目标。一是夯实基础，加大服务外包统计系统的企业注册数量和合同额的填报力度，使企业注册和上报合同形成常态化管理。争取更多的企业，尤其是龙头企业、规模企业在系统中注册，以壮大服务外包队伍。二是组织企业参加省、市举办的各类服务外包培训及展会活动。组织安次区多家企业在5月25日—5月26日参加在保定举办的河北省服务外包业务第三期培训班，8月29日—8月30日河北省在唐山市举办的“京津冀服务外包协同发展论坛”活动。三是组织企业申报各级补贴资金项目。上报河北环茂环保设备科技有限公司的国内服务外包业务项目申报市级服务外包发展专项资金。

【打击侵权假冒工作】 加强组织领导，明确工作部署。维护打侵“两法平台”，推进行政处罚案件信息公开。突出整治重点，开展专项行动。2017年，安次区出动执法人员2528人次，车辆801台次，检查经营户900户次，检查经营企业950家，检查印刷、出版发行单位956家，检查农贸市场18个，立案查处侵权和假冒伪劣违法案件5起，罚没款9.42万元。其中侵犯注册商标专用权案件3起，罚没款8.87万元，没收并销毁侵权足球及印制模板；假冒伪劣案件2起，罚没款0.55万元。公安分局以制售假冒商标案立案侦办3起案件，破案2起，抓获犯罪嫌疑人4人。检察院审查批准逮捕涉嫌非法制造注册商标标识犯罪嫌疑人1人。监督行政机关移送假冒注册商标案件1件，并就此案对公安机关进行立案监督。根据省、市打侵办工作部署要求，完成“两法衔接”平台密钥延期升级工作并继续做好打侵日常工作。

【预付卡、典当拍卖监督管理工作】 开展辖区内单用途商业预付卡专项检查工作，通过检查，安次区无新增企业备案，备案企业运作过程能够严格按照《单用途商业预付卡管理办法》规定操作。加强全区内典当企业的监督检查。2017 年对辖区内 4 家典当企业进行 5 次走访排查，根据排查重点要求现场检查企业财务记录、银行对账单、业务合同或凭证等资金往来情况，通过约谈股东、高管、财务人员及其他员工等方式进行摸排。截至年底，安次区没有典当企业参加非法集资活动。

【电子商务工作】 根据河北省人民政府办公厅《关于推进农村电子商务全覆盖的实施意见》（冀政办〔2015〕45 号），和 2017 年 2 月 25 日市政府《关于推进农村电子商务全覆盖的实施意见》（廊政办〔2016〕13 号）文件要求，区商务局全面开展农村电子商务全覆盖工作，截至年底，284 个村级服务站建设完成验收通过并发放补贴金额 170.4 万元。完成农村电商服务中心特色馆建设及特色产品的收集整理工作。联系新农人教育院讲师分两期培训村级服务站负责人。起草下发《安次区人民政府办公室关于深入推进“互联网 + 流通”行动计划的实施意见》征求意见的通知，征询各乡镇、龙河高新区、廊坊高新区和区直有关部门无意见报区政府。联合市商务局调研全区电子商务工作。

【“双随机一公开”工作】 成立“双随机一公开”领导小组并制定相关工作方案及实施细则，配合区双抽办完成日常上报的相关资料和市、区级相关检查。

【成品油零售经营企业资格年检工作】 2017 年全区有加油站 40 座，其中：中石化所属加油站 13 座，中石油所属加油站 7 座，民营加油站 20 座。经市局审查，全区各零售加油站均顺利地通过年检。截至年底汽油销售 25521.07 吨；柴油销售 6795.87 吨。

【做好加油油气回收监督检查工作】 2017 年第一季度区商务局配合区环保局检测全区加油站的油气回收装置工作。为加油站聘请具有 CMA 资质的第三方检测公司廊坊市科信翔宇检测有限公司检测全区所有加油站油气回收装置，覆盖率 100%，检测报告全部出具。在检测过程中，经过现场调试，全部合格，确保加油站油气回收装置的正常运转。

【加强对加油站的监督检查】 区商务局协调区工商局、区环保局等相关单位，开展对全区加油站的联合执法检查，以确保安次区油品质量合格及油气回收设施的正常运行。加强日常管理，细化监管督促到位。安次辖区所属“一区三路”以内加油站 33 家，“一区三路”以外加油站 7 家，油库 1 家，日常检查按照每半月一抽查，每季度一普查的频率检查全区成品油经营企业，并现场填写由市商务局统一印发的日常检查记录。检查内容：一看相关资质文件是否上墙明示；二看有无私自新建、迁建和扩建行为；三看进油渠道是否正规；四看台账是否规范填写；五看油气回收装置是否正常运转；六看是否存在超越经营范围行为。强化有效监管成品油市场，回收装置不合格油品和油气，不合格加油站发现一起，关停一起，顶格处理一起，形成高压态势和执法威慑力量，促使安次区成品油经营企业所销售的油品符合国家标准，从而减少机动车尾气排放污染。2017 年，区商务局日常检查出动执法人员 110 余人次，执法车辆 40 余台次，检查加油站 200 余户次。通过日常检查，安次区所有加油站油气回收装置均能稳定运行，未发现油气回收装置闲置或擅自停运现象。

【“国六”标准车用汽柴油置换、车用尿素销售及油气回收装置使用情况】 2017 年 6 月底前安次区内加油站完成销售符合产品质量要求的车用尿素。7 月份完成主城区内在营的 12 个加油站国六标准车用汽、柴油置换工作。8 月份安次区非主城区在营 23 个加油站全面完成“国六”标准车用汽、柴油置换工作。8 月份在成品油市场专项整治行动中区商务局检查辖区内所有在营加油站的进销台账、进油发票、供油协议、车用尿素销售情况、油气回收装置是否正常运行等内容。经过检查大部分油站均未发现问题，但有个别加油站存在台账登记不及时和“国六”标识不太规范问题，执法人员现场督导责令其限期整改，截至年底，以上存在问题完成整改。

【加油站更换双层罐工作进展情况】 区商务局配合环保局开展的水污染防治工作涉及辖区内 26 家加油站的防渗改造。2017 年有 18 家加油站在区商务局办理停歇业手续进行双层罐改造：完成改造 13 家（社会站 9 家：晋津油站、淘河油站、福利油站、富达油站、津港油站、金廊油站、兴港油站、乾坤油站、文义油站；中石化 4 家：17、18、11、13 站），等待环保局验收。有 5 家加油站在施工进程中（其中中石化 3 家：16、23 站开工，27 站开始对接准备前期工作；中石油 1 家：29 站开工；社会站 1 家：敬一油站改造接近尾声）。未改造加油站 8 家：4 家中石化（其中 2 家：8、9 站长期停歇业；其余 2 家：6 站总公司正与业主协商；14 站最近总公司专门针对廊坊召开各招投标会），4 家中石油（56、63 站正与业主协商，75 站等总公司回复，74 站长期停业）。

（何元元）

供销合作

【概况】 安次区供销合作社联合社（以下简称区供销社）为区政府领导下的事业机构。2017 年有干部职工 14 人，设 6 个职能股（室），即办公室、人事股、财务审计股、业务指导股、体改项目办公室、资产运营中心。职能范围：贯彻区委和区政府有关农村工作和社会发展的方针、政策，制定全区供销社发展战略和规划，指导全区供销社改革和发展；按照供销合作社章程赋予的合法权益，负责协调与政府各部门和社会组织的关系，促进合作经济的发展；按照区政府授权，对全区重要农业生产资料等进行组织、协调和管理，承担重要防汛救灾物资的储备工作；根据《河北省食盐加碘消除碘缺乏危害监督管理条例》和有关规定，按照区政府授权，具体负责安次、广阳两区流通领域盐业行政管理，食盐批发和零售市场的监督检查，做好全区食盐专营工作；负责指导全区供销社的业务活动，参与、推动和服务农业产业化经营，发展龙头企业、专业合作社和消费合作社，加快农业社会化服务体系和农产品市场体系建设，开拓城乡市场；负责指导全区供销社所属企业改革，建立现代企业制度，指导系统党风廉政建设；负责管理运营本级社有资产，对直属企业行使出资人职能，依法享有所有者的资产收益、重大问题决策和选择管理者的权力，决定资产受益办法和支配方式。负责机关及直属单位党建、精神文明建设和政治思想工作，按照干部管理权限考察任免干部；承办区委、区政府和上级供销社交办的其他事项。

【盐业市场管理和盐政执法工作】 2017 年，是盐业体制改革开始的一年，食盐销售区域放开，价格放开，外地盐纷纷进入市场，食盐展开价格竞争，对安次区食盐销售和盐政执法造成巨大冲击，区供销社迎难而上，使公司在盐改开局的一年也取得不俗业绩。全年购销完成情况：全年盐购进总量 3820 吨。其中食盐购进 3321 吨，小包装入口食盐购进 2363 吨，工业盐完成购进 564 吨；全年盐销售总量 3771 吨。其中食盐销售 3273 吨，小包装入口食盐销售 2230 吨，工业盐销售 498 吨；全年上缴税金 51 万元，其中上缴国税 36 万元，上缴地税 15 万元。完成上级下达各项盐产品任务。集思广益，多措并举，应对盐改开局之年：2017 年在盐业历史上是具有里程碑式的一年，食盐区域放开，价格放开，价格战必将打响。2016 年年底在优惠政策下商户都存储了 2 个月以上销量的食盐，一季度食盐销售虽有所下滑，但外地食盐基本没有侵占辖区内市场。为巩固这一良好开端，区供销社在强化服务，加大宣传的同时，优惠政策，以应对外来食盐入侵。进入 2017 年 5、6 月份，外来食盐用二级盐低价冲击辖区内市场，并蛊惑商户说手续完备，一些不明真相、贪图便宜的商户纷纷中招，致使公司食盐销量一度下滑。为此，区供销社多措并举，一方面加大盐政稽查和宣传力度，另一方面联合固安、三河 2 家盐业公司赴永大盐场寻求优惠政策，并最终以一次购进 1000 吨，每吨 1000 元的价格购买海水自然晶盐以微利 38 元每箱投向市场，使购进外来食盐商户后悔不已，表示盐业公司值得信赖，表示再也不会购进外地盐。使一些倒卖外地盐贩在无利可图的同时，也看到盐业公司实力和保护辖区市场的决心，纷纷退出。8 月份开始，公司小包装食盐恢复到每月销售 200 余吨，这在廊坊各县是首屈一指的。加强盐政稽查和宣传，是稳定市场的有力保障：盐改第一年，区供销社提高思想认识，树立甘当“服务员”的观念，更新管理上封闭运作的观念，经常到桑园和北方农贸两大市场、市区内几大超市走访，并宣传盐改的盐业法规，使他们充分认识到在盐业公司购进食盐最安全、放心、便宜。在“3·15”消费者权益日和“5·15”消除碘缺乏病日期间，执法人员向市民广泛宣传盐业相关的法律法规，宣传假冒食盐的识别常识，不明来路劣质食盐的危害等，让消费者明白消费，发挥群众的参与作用，为维护盐业市场的稳定提供保障。同时，区供销社检查辖区内的食盐批发零售商店、食品加工户和餐饮饭店，2017 年出动执法人员 1820 人次，检查食盐批发零售网点 2010 个，检查食品加工户 100 个，检查餐饮饭店 1500 个，起到很好的效果。为提高执法人员的综合素质，2017 年两次对执法人员进行法律法规培训学习考试。通过不断学习，区供销社在执法过程中，增强服务意识，实行人性化执法，文明执法，规范执法，把盐政执法打造成一支作风优良、素质过硬的执法队伍。2017 年安次区供销社被省供销合作社评为“2017 年度食盐专营工作模范单位”和“2017 年度盐政执法先进单位”称号。

【安全生产工作】 安全生产工作是供销社系统重中之重。结合 2017 年初制定的工作目标任务，按照各位领导的分包情况，区供销社开展 4 次下属企业、所属基层社安全生产大检查工作，检查危旧办公房屋和仓库，排查中发现8处安全隐患，修理和加固存有安全隐患的办公、仓库危旧房屋。消除隐患，整改到位。

【维护供销社系统的信访稳定】 信访是供销社系统一个老大难单位，企业改制遗留问题多，通过努力，全面做好信访稳定排查工作，确定企业法人为信访稳定第一责任人，区社领导班子成员和各科室人员对各基层社、企业、信访稳定工作承包，努力把信访稳定解决在基层。2017年全系统实现基本稳定的良好局面。

【做好人事、老干部、工青妇等人事工作】 为维护职工的合法权益，真正成为职工的贴心人，区供销社广泛开展“送温暖、献爱心”活动，在“金秋助学”活动中争取上级部门帮扶资金，使特困职工子女得到救助，在干部职工大病救助方面，向有关部门提出申请，按照政策，使有大病的困难职工得到救助，切实把温暖送到职工家中。

【农资供应工作】 为确保春耕、春播、“三夏”“三秋”农资供应。区供销社充分发挥主渠道作用，打好主动仗。2017年春季全系统调运化肥8000余吨、农药40吨、农膜113吨，总价值3000余万元，优惠供应给农民。

【安次区农村产权交易中心组建工作】 2017年区供销社根据市供销社、区政府要求，调研筹划安次区农村产权交易中心组建工作，制定《安次区产权交易中心组建方案》草案。经反复研究制定《安次区产权交易中心组建规划》，明确机构名称、组织机构、工作人员、业务范围、运行模式及在各乡镇级的分支机构，借鉴市供销社的成功做法，逐步完善组建方案。12月8日经区政府常务会议研究通过。截至年底完成注册登记、选址工作。

【构建有安次特色的农业社会化服务体系工作】 根据省、市政府和各级供销社的文件精神，成立区级和乡镇级农民合作社联合社势在必行，于2017年初具体安排此项工作，全年区级和乡镇级的农民合作社联合社登记注册8个，完成年初制定工作任务。

【做好后进村转化和美丽乡村创建活动】 按照区委组织部、区委农工部2017年初的工作要求，区供销社分包仇庄乡菜营村（后进村）和史各庄村（美丽乡村）2个村街，在帮扶活动中，区供销社筹措资金各1万元，支持2个村街建设。

（谢海云）

粮油流通

【概况】 安次区粮食局隶属安次区政府直属事业机构。2017年，有干部职工16人，机关设3股1室，即购销仓储股、财务审计股、粮食监督检查股、办公室。主要职能：落实国家、省、市有关粮食流通的法规、政策；组织协调全区粮食收购工作，贯彻《粮食收购条例》；建立和完善粮食储备制度，管理国家、省、市、区储备粮，指导全区安全储粮，执行粮食质量标准，落实粮食检验政策、制度和办法；培育和完善粮食市场体系，维护粮食流通秩序，依据有关法律、法规，对社会粮食流通进行行政执法；协助有关部门建立和管理粮食风险基金，监督和管理收购资金，管理国有资产，负责全系统财务、审计工作；指导全系统干部职工教育、培训工作，搞好队伍稳定，负责劳资统计和离退休人员工作；承办区委、区政府交办的其他事项。按照区政府办公室《关于印发〈廊坊市安次区发展改革局主要职责内设机构和机构编制规定〉的通知》（廊安政办〔2017〕10 号）精神，原区粮食局承担的全部职责划入区发展改革局。

【完成年度工作目标】 各级储备粮质优量足。2017 年，省级储备粮小麦 18500 吨、市级储备粮小麦 10000 吨、区级储备粮小麦 1000 吨、面粉 2000 吨，数量真实、质量可靠，随时可以使用。粮食市场规范平稳。各用粮企业收购现场均能张榜公布收购价格、质量标准、结算方式，做到政策上墙、样品上柜、挂牌收购、以质论价，并及时结算售粮款，原粮质量符合使用要求。全区粮食价格平稳，未发生坑农害农行为。粮食系统安全稳定。仓房安全牢固，透气排水设施正常可用，机械操作符合规范，药品存用符合要求，防汛、防火举措落实到位，粮食系统全年未发生一起安全生产责任事故。

【强化储备粮监管】 民以食为天，随着粮食流通市场化，区粮食局把守好群众的面缸、米袋作为中心工作来抓好，进一步增强风险意识，强化管理水平，加大监管力度，确保储备粮安全可靠，随时拉得出、用得上。一是开展清仓查库工作。2017 年 4 月，区粮食局严格按照“有库必到、有粮必查、有账必核、查必彻底”的原则，成立清仓查库工作领导小组，制订实施方案，明确清仓查库的检查范围、检查内容、检查时点和方式，组织会计、保管等人员，对省级粮食储备库、华强粮油购销有限公司承储的各级储备粮实物、粮食质量、安全管理等情况进行逐库逐仓检查。与此同时，认真核对保管总账、分仓保管账、统计账、会计账，确保“账账、账实”相符。二是开展储备粮轮换，按照轮换计划，抓住有利价格时机，灵活采取“先轮出、后轮入”和“边出边入”的方式，对省储 5582 吨小麦进行轮换，保障储备粮质量。三是加大日常巡查。定期深入企业，采样检测储备粮，掌握水分、容重等信息，检查仓房通风、排水、温度情况，确保保持最佳存储条件。四是落实粮食应急预案。与供应网点、加工点、运输点、仓储粮食周转点签订相关协议书，确保应对突发事件的粮食供应工作顺利开展。

【强化市场监督，维护流通秩序】 一是注重宣传。围绕“依法管粮、促进流通”的主题，加大社会宣传力度，在春耕秋收前后，深入农村组织开展宣传活动，使广大用粮企业认识到，必须按照《河北省粮食流通管理规定》，依法用粮，依法经营，使广大粮农能够用法律武器保护自己合法权益，也为区粮食局进一步开展好粮食执法工作奠定坚实基础。二是加强执法。采取季度执法和不定期抽查形式，执法检查全区用粮企业，详细核实购粮许可证是否过期，是否按照保护价进行收购，原粮质量是否以次充好以及粮食台账统计情况，确保企业合法收粮、规范用粮。三是做好统计。完成社会用粮平衡调查工作、夏粮和秋粮预产统计上报工作，为上级部门宏观调控提供准确依据。同时作为廊坊地区唯一的粮食市场价格监测点，定期将廊坊地区粮食价格上报国家粮食局。

【强化安全检查，消除隐患死角】 对国有粮食企业的安全工作始终做到常抓不懈。2017年采取专项检查、季度检查、突击检查等形式，检查国有粮食购销企业、粮站20余次。检查省储库、华强公司两企业及闲置库站安全生产工作，对下属企业包括线路检修、粮食质量、防汛安排、日常管理、节假日值班制度等提出具体要求，现东沽港粮站62件套消防器材全部更新。华强公司新安装隔爆装置电机，并全部更换防漏电插座，消防器材也全部更新。在对闲置库站拉网式排查中，落垡粮站排水沟不畅，现疏通完毕，东安庄粮站库房存在安全隐患，限期停止使用。在全省开展的“大快严”行动中，通过普查，发现东沽港省储库超装粮线10厘米装粮，存在安全隐患，并和市局取得联系，将超出的100吨小麦撤出，整改完毕。汛期中，区粮食局在严格单位工作人员值班制度、确保信息畅通的同时，重新制定完善防汛预案，督促企业加强对值班人员的管理，完备防汛物资准备。并多次排查两个公司及闲置库站的安全度汛情况，做到及时排除隐患。经过两次大雨的考验，区粮食局下属两个库站做到人、库、粮安全，检查重点分为防火、防电、房屋、仓房、机械设施；粮食水分、温度、虫害、仓房漏雨、漏气等储粮安全；以及消杀药品是否做到单独存放，严格进出手续，双人双锁。及时发现消灭安全隐患50余处，确保人员、库粮安全。

【项目工作按进度进行】 2017年严格按照规定利用好产粮大省奖励金（204万元），完成下属企业仓房改造维修（经局党组讨论决定，其中124万元交与东沽港省储库使用，用于变压器移位、仓房防水、地坪工程及排水管道修缮。80万元交与华强粮油公司使用，准备扩建简易仓。全部工程按照程序完成招投标，工作人员进场施工）。

【扎实开展“一问责八清理”专项清理工作】 区粮食局配合区巡视组巡查工作，认真开展自查自纠，针对存在问题积极整改。同时根据上级“一问责八清理”工作安排部署，对“放管服”不到位，“不作为、乱作为、慢作为”等问题开展自查自纠。就开展设立“小金库”等违反财经纪律问题专项清理工作成立以一把手为组长的领导小组。全面清理未按规定审批开设银行账户或公款私存设立“小金库”和超标准超范围支出等问题的重点自查内容开展自查自纠，并及时进行整改。

（孙绍侠）

财政·税务

财　政

【概况】　安次区财政局是隶属于安次区政府主管全区财政、经济工作的综合职能部门。2017年有干部职工75人，局机关内设15个职能股（室）：办公室、预算股、预算绩效管理股、国库股、社会保障股、农业财务管理股、经济建设和环境资源保护股、政府采购办公室、综合治税股、教科文股、条法股、国有资产管理办公室、政府性债务管理股、税政股、农业综合开发股。所辖11个乡镇（街办处）财政所：北史家务乡财政所、杨税务乡财政所、落垡镇财政所、调河头乡财政所、码头镇财政所、葛渔城镇财政所、仇庄乡财政所、东沽港镇财政所、银河南路街办处财政所、光明西道街办处财政所、永华道街办处财政所。主要职责：贯彻执行国家和省市财税方针、政策，拟定区财税规划、政策和改革方案并组织实施。分析预测经济形势，提出运用财税政策实施宏观调控和综合平衡社会财力的意见建议。区本级各项财政收支管理职责。负责编制年度区本级预算草案并组织执行。受区政府委托，向区人民代表大会报告区本级年度财政预算及其执行情况和财政决算情况。负责审核批复部门的年度预决算。完善转移支付制度，负责政府非税收入管理，按规定管理行政事业性收费、政府性基金及其他非税收入，管理财政票据。负责监督各项政府采购活动，贯彻执行国家和省、市级政府采购法律法规情况。负责全区社会保障资金的财务管理；承办区委、区政府交办的其他事项。按照《廊坊市安次区人民政府办公室关于印发〈廊坊市安次区财政局主要职责内设机构和人员编制规定〉的通知》（廊安政办〔2017〕13号）文件要求，原廊坊市安次区人民政府农业开发办公室于2017年底合并至安次区财政局，与财政局合署办公。

【财政收入与争取资金工作】　2017年，财政收入完成483785万元，占收入目标101.64%，同比增长16.84%；一般公共预算收入完成160229万元，占收入目标102.71%，同比增长15.05%。争取上级财政资金109940万元，进一步拓宽全区产业发展和重大项目建设的资金来源，确保各项民生工程顺利实施。2017年8月安次区财政局被河北省委、河北省人民政府授予“2016年度省级文明单位”称号。

【支持经济发展工作】　一是加大园区投入，2017年拨付园区基础建设资金105949万元，助推园区建设与运营；支持高新区土地储备，争取土地储备债券资金15300万元促进高新区快速发展。二是稳步开展助保贷业务，为小微企业提供贷款增信，撬动银行贷款2230万元。落实资金969.26万元支持安次惠民银行建设，联合人社局、邮储银行签订三方合作协议助力创业担保贷款业务顺利开局。三是落实收费减免政策，涉企收费目录、行政事业性收费和政府基金性事项三项清单及时在安次政务网公布。积极开展非税收入专项调研，出台长效管理制度加大乱收费乱摊派监管。四是开展全区税源摸底调查，全面掌握全区税源底数、结构及分布情况。强化综合治税专项检查，通过以地控税、存量房产专项检查及房地产开发企业收入专项评估增收1.44亿元。五是强化债务管理。开展政府性债务管理自查工作，制定《廊坊市安次区政府性债务风险处置应急预案》，规范举借和偿还政府债务行为。申请专项债券资金20300万元，用于辖区学校建设和高新技术产业开发区土地收储项目，推动义务教育和项目建设发展。

【民生领域支出工作】 一是支持教育优先发展。2017年拨付城乡义务教育保障资金5159.64万元，确保中小学日常工作有序开展。落实资金15584.74万元，支持中小学校舍维修改造。拨付资金11590万元支持龙河一小及银河学校建设，就学环境不断改善。二是全面落实社会保障资金政策。足额发放城乡居民养老保险资金8091万元，50474人领取养老金。积极落实五保供养政策，拨付供养资金249万元。落实高龄老人、养老服务等补贴资金及民政事业服务中心建设资金1934万元，促进民生事业进一步发展。三是支持医疗卫生事业发展。拨付基本公共卫生专项资金1903.90万元，基本公共卫生服务水平进一步提高。落实新农合补助提标政策，人均补贴标准提高至450元。落实社会救助资金1672.44万元；发放公益性岗位补贴及社会保险补贴622.45万元。筹措资金84万元对272名困难群众实施医疗救助，帮助农村五保户和低保户免费参加新农合。四是提高城乡环境质量。落实大气污染防治、环境整治资金34523万元，全力推动生态绿化建设，改善辖区内空气质量。投入资金2462万元开展“一事一议”财政奖补，争取资金260万元扶持村集体经济发展试点项目建设，助推村街公益事业健康发展。

【落实惠农政策工作】 一是加强农业投入力度，2017年拨付专项资金11413万元，用于基础设施、退耕还林、农业综合开发及美丽乡村建设等重点项目支出。二是落实农业综合开发。投入高标准农田建设项目1113万元，建设规模8600亩（573.33公顷）；投入产业化补助项目1022万元，助推种猪、奶牛及肉牛养殖扩建等优势特色产业迅速发展。积极开展农业开发“先建后补”省级试点推进工作，顺利完成农业开发项目申报。三是加强涉农资金管理。落实农业支持保护补贴政策，发放补贴资金3910.58万元，补贴面积30.94万亩（2.06万公顷）。落实棉花价格补贴资金10.96万元，补贴面积612.57亩（40.84公顷）。发放资金817.72万元积极支持农业保险保费补贴，投入资金162万元用于新能源汽车补贴发放。出台制度强化地下水超采综合治理，规范试点资金使用管理。

【深化财政改革工作】 一是全面推进财政支付改革，顺利实现一体化电子支付业务上线运行。深化财政专户规范清理，全面完成2001—2017年安次区预算单位账户清查、统计、备案工作，达到预算单位账户管理要求。严格“三公”经费支出管理，及时掌握预算单位公务支出具体情况。二是完善预算公开。政府预算和部门预算信息全部按时限进行公开，主动接受社会监督，打造透明财政。三是加大投资评审力度。组织筹建安次区评审中介资格库，完成工程预、结算财政评审165项，审减金额12391万元。四是政府采购有序开展。全面推行协议采购、定点采购，2017年完成采购业务195次，节约资金1207万元。五是规范国有资产管理。对全区行政事业单位开展土地房屋核查，实际掌握区属各部门办公用房使用情况、出租出借及闲置情况。开展公务用车信息化管理平台建设，参改单位人员、车辆信息录入及卫星定位系统安装全部完成。六是开展“一问责八清理”专项检查。深化“小金库专项清理”工作，查处“三公经费”超标、超范围支出问题78个，进一步规范全区财务行为。

【农业开发工作】 一是深化土地治理项目。安次区2017年农业综合开发第一批资金高标准农田建设项目，规模8600亩（573.33公顷），项目总投资1113万元，项目涉及仇庄乡及码头镇，2个乡镇12个行政村。项目主要建设内容包括：维修井15眼，埋设地下防渗管道34.60千米，高压线3.96千米，新装变压器18台，新建涵洞5座，新建道路1.68千米，栽种树木10020株。二是扶持产业化经营项目。安次区获得上级批复的2017年农业综合开发产业化发展财政补助项目3个，总投资2373万元，其中财政投入资金1022万元，带动农户809户，新增就业人户28户，直接带动农民增收484.58万元。

（冯敬轩）

国家税收

【概况】 安次区国家税务局是隶属于安次区政府的行政事业单位，负责全区国家税收行政管理的职能部门。2017年有干部职工102人，内设9个职能科（室）：办公室、政策法规科、收入核算科、纳税服务科、征收管理科、人事教育科、监察室、办税服务厅、财务管理科。另设事业单位信息中心，5个税务分局：第一税务分局、第二税务分局、杨税务税务分局、码头税务分局、葛渔城税务分局。主要职责：贯彻执行国家税收征收管理法律法规、部门规章及规范性文件。研究制定具体的实施办法，组织实施税收征收管理，税源管理、纳税评估、反避税和稽查工作，力争税款应收尽收。负责增值税专用发票、普通发票和其他税收票证的管理工作。2017年，安次区国税局在省、市局和区委、区政府的正确领导下，全面贯彻落实十九大会议精神和上级工作安排部署，牢记“为国聚财、为民收税”的神圣使命，以组织收入为中心工作，坚持服务发展大局，完成各项工作任务。

【坚持开展廉政建设】 安次区国税局深入学习贯彻党的十九大精神，通过多种形式，全方位、多层次学习解读习近平总书记新时代中国特色社会主义思想，紧抓党员干部思想教育不放松；不断推进合格党支部建设，撤销原8个党支部，重新设立以科室为单位的15个党支部。坚持“八项规定”事项“月报告”“零报告”和“双签字背书”制度，发现违规问题，立行立改；深入推进“两个专项”行动，坚持不懈反“四风”，做认识上的明白人、措施上的规矩人、执行上的实在人；坚决执行“三重一大”报告制度、廉政谈话制度、干部交流轮岗制度、述职述廉制度、领导干部重大事项报告制度等各项制度，确保党内监督廉政建设成为常态机制。

【税收收入圆满完成】 安次区国税局面对2017年严峻的收入形势，不断强化税收分析预测和税源管控力度，积极向区政府争取有力支持，形成组织收入合力，最终取得较为显著成效，全年组织收入25.83亿元，完成年初制定的税收任务。

【强化税收征管工作】 通过规范表证单书、简并涉税资料、简化审批程序、减少审批项目、减少税务检查等措施，降低企业交易成本；按照税收风险管理、专业化管理和专业化+区域管理的模式，对5个基层分局职能进行调整，取得显著成效。落实税收执法定向公示制度，办税服务窗口全部配置“一机双屏”，执法记录仪和触摸屏按要求配备到位。加强对增值税异常发票的核查，2017年核查处理异常发票2184份，并做好企业所得税汇算清缴工作和出口退税管理工作，组织培训3000余人次，为企业办理出口退税4亿余元。同时，持续强化与地税在业务、信息上的交流沟通，合作效果显著，获得区长薛振泽，区委常委、常务副区长王振宇的肯定性批示，得到市局领导好评。

【纳税服务逐步优化】 安次区国税局2017年举办各类辅导和培训12场，累计培训纳税人1万余户次；充分依托“互联网+政务”服务，完善网上领购发票、网上代开发票等功能，并将原国税、地税分别与纳税人签订纸质“税银扣税协议”升级为“互联网+电签四方协议”，节约纳税人95%以上的时间；全面落实税收优惠政策，全年为纳税人办理减、免、退税6.09亿元，政策受惠面100%，改革红利得到充分释放。

【队伍建设得到加强】 树立正确用人导向，按规定程序，选拔正股级干部，提高选人用人公信度。根据区局制定的《干部交流轮岗实施方案》，对基层税务分局干部进行交流轮岗，进一步优化人力资源配置。积极组织人员参加省、市局“岗位大练兵、业务大比武”活动、税务执法资格考试和注册税务师考试，努力提高税务人员从业水平。充分发挥绩效管理“指挥棒”作用，始终紧盯绩效管理目标，围绕绩效核心要求抓工作、促改进、提质效、争上游。高度重视数字人事工作，充分发挥数字人事联络员的作用，层层压实责任，并按月公布问题清单，强调整改落实。

（曹志明、刘颖）

地方税收

【概况】 安次区地方税务局（以下简称安次区地税局）是隶属于安次区政府的行政事业单位，是负责全区地方税收行政管理的职能部门。2017年有干部职工102人，机关内设6个职能科（室）：办公室、人事政工科、监察室、税政法规科、征收管理科、收入规划核算科。

下设3个分局：税源监控分局、稽查分局、征收分局（纳税服务分局）和5个风险应对分局：第一税务分局、第二税务分局、第三税务分局、第四税务分局、第五税务分局。主要职责：贯彻执行国家税收法律、法规、规章和方针政策，并结合安次区实际情况，研究制定具体实施办法；承担组织实施安次区地方税、附加、规费的征收管理责任，力争税款应收尽收；负责全区工商企业、个体私营户的地方税收和各项基金、社保费的征收管理工作。负责编报本单位税收、附加、规费收入年度计划并组织实施；开展税源调查，加强税收收入分析预测；制定和监督执行纳税人权益保障制度，保护纳税人合法权益，履行提供便捷、优质、高效纳税服务的义务；组织实施对纳税人进行分类管理和专业化服务；组织实施纳税宣传、税收政策咨询；负责本单位税收分析、纳税评估和税源管理工作；承办区委、区政府交办的其他事项。2017年，安次区地税局在区委、区政府的坚强领导下，团结带领地税系统广大干部职工深入学习贯彻党的十九大精神，紧紧围绕建设新时代“强区新城、美丽安次”奋斗目标，坚持以组织税收收入为中心，以开展“挖潜增收、征管质效、便利办税”三大专项行动为载体，严格依法治税，强化税收征管，优化纳税服务，加强干部队伍建设，在经济税收形势异常复杂的困难情况下，完成各项工作任务，为地方财力增长、保障民生建设提供有力支撑。2017年，安次区地税局荣获河北省省级文明单位、全省学雷锋活动示范点荣誉称号。

【收入任务超额完成】 面对宏观调控导致的税收严峻形势，安次区地税局于2017年8月迅速启动“挖潜增收攻坚行动”，认真研究收入短板和堵漏增收重点环节，组织地方税收清理，开展房地产纳税评估和税收清算，努力向落实政策要税收、向加强征管要税收、向风险管理要税收。系统上下坚定信心、迎难而上、团结奋战全局组织税收收入20.78亿元，可比增收2.74亿元，增长15.2%，完成全年各项收入任务。

【征管质效不断提升】 进一步强化纳税遵从管理，持续加大催报催缴和执法处罚力度，征管改革实施后，纳税人自主申报率稳中有升，保持全市系统前列。大力加强纳税基础管理，强化非正常户纳税管理手段，开展漏征、漏管和单管户清理。加大电子税务局推广力度，2017年全区有95%以上纳税人使用电子税务局申报缴税。加强综合治税组织建设，健全信息传递、先税后证、以地控税等源泉控管机制。

【办税服务持续优化】 以开展便利办税优化行动为载体，促进纳税服务水平不断提升。进一步深化国地税合作。2017年区地税局从办税服务融合、税源协同管理、风险联合应对等方面确定9大合作重点，实施“一人、一窗、一机单系统”，通过互设共建方式，对90多个服务事项实现协同办税，联合税收宣传，联合纳税辅导，涉税信息共享，探索联合清税退出机制，切实减轻纳税人办税成本，改善税收营商环境。不断提升窗口形象，从办税环境、智能化建设、服务规范、公开制度、质效管理入手，全面提升窗口软硬件实力。以办税便利化为核心，升级办税体验。增设第三代办税自助终端等智能化设备，积极推广电子税务局和12366APP，推进网上申报，使纳税人办税更便捷，享受服务更高端。

【法治建设扎实推进】 全面推进行政执法公示、全过程记录、法制审核等三项制度落实。

2017年区地税局聘请法律顾问，开设法律讲座，组织全体机关干部到廊坊市法制宣教中心参观学习，设立税务约谈室和纳税人维权中心。加强业务培训，规范执法程序。强化存量房交易税收执法内控管理，明确岗责、规范流程、严格制度、环节制约，对商业公寓采取个案评估、执法合议的方式，减少执法随意性。结合转变税收征管方式，主动防控注销清税风险，通过优化岗责管理、强化审核把关，有效化解税收执法风险。

【队伍管理明显加强】 深入学习贯彻党的十九大精神，开展“十九大精神学习月”活动，组织开展新党章百题问答和“聚焦十九大 共筑税收梦”主题演讲比赛，引导广大党员干部不忘从税初心，牢记税收使命，政治建设得到加强。推进全面从严治党，加强系统党建工作，落实“三会一课”组织制度，组织党员干部参加志愿服务活动，驻村工作组积极宣传党的路线方针政策，扎实开展帮扶工作，基层组织建设逐步深入。着力推进作风整顿、“一问责八清理”及基层微腐败专项整治，以落实“八项规定”和纪律作风建设为重点，开展警示教育、约谈提醒、纪律检查，健全抓早抓小工作机制，筑牢税务干部思想防线，持续转变纪律作风。

（杜辉）

金融·保险

农业银行

【概况】 2017 年，安次区支行全行上下始终保持上下一心，步调一致的良好氛围，始终坚持“实、细、严”的工作作风，在市分行党委正确领导和关心支持下，全行上下坚决贯彻年初支行确定的工作思路，周密部署各项经营管理活动，认真落实各项工作计划和工作措施，坚持发扬“守规矩、敢担当、讲奉献、勇争先”的安次农行精神，紧密围绕“抓党建、稳发展、控风险”工作主线，协力同心、真抓实干、迎难而上、拼搏进取，坚持有效经营，全面强化基础管理，促进各项经营管理工作的有序开展，完成上级行部署的各项工作任务，使经营管理水平和综合创效能力得到有效提升，内控管理水平进一步提高，企业文化氛围逐渐巩固。2017 年安次区支行有干部职工 108 人，内设 4 个部室：综合管理部、客户部、风险与信贷管理部、运营财会部。

【强管理、控风险，筑牢发展根基】 2017 年初，结合总行“双基管理建设年”活动，同时为落实省、市分行提出的“向案件宣战”各项工作要求和三大案防机制，按照上级行统一部署，相继开展“以案明纪、警钟长鸣”学习活动、案件防控风险大排查、“两个办法”学习活动，强化基层和基础管理，增强全员案件防范水平和合规操作意识，促进支行管理水平不断提高。通过签订《员工守规承诺书》，提高员工风险意识和底线意识，“我的合规我负责，他人合规我有责”的观念深植广大员工头脑当中。推进“三线一网格”管理模式落地，组织专题会议动员部署，形成“全行成网、网中有格、格中定人、人负其责”的网格责任区，按照“谁主管，谁负责”原则，建立“一级抓一级”的工作机制，做到员工行为管理全覆盖、无盲区，有效提升对员工思想行为管控能力。全力推进运营基础管理，不断提升操作风险防控水平和运营保障能力。提高安全生产管理水平，有效落实“平安农行”具体要求。开展线路清理、机关办公楼综合治理、高层建筑消防隐患整改系列活动，消除安全隐患。坚持开展典型案例教育、防诈骗教育、预案教育和消防安全教育等专题教育活动，提高全员防范意识。加强内部合规管理，提升内部控制能力，截至 2017 年末，支行始终保持内部控制一类行水平。加强声誉风险防控，牢固树立主动服务意识，创新服务举措，全年累计开展 6 次金融知识宣传活动，切实维护消费者权益。认真做好信访维稳和舆情管控工作，主动加强与党政和新闻媒体沟通，严密防范声誉风险，维护和谐稳定局面。

【树正气、聚能量，深植企业文化】 2017 年支行继续推广“12 字安次农行精神”，将口号融入日常工作中，用精神指导重要工作开展。年初组织召开以“铸和谐家园 展员工风采 创一流佳绩”为主题的企业文化建设推进会，充分展示员工才能与风采，弘扬安次农行企业文化精神。提出“萤之光”服务文化主题活动，通过提升员工内生动力和素养，传播正能量，营造阳光和谐工作氛围。注重人文关怀，推动“家园文化”建设，坚持每月员工集体庆生，组织拓展训练、羽毛球比赛、健走等文体活动，缓解员工压力。深入基层网点，开展谈心谈话，切实解决一线员工就餐等实际问题。持续开展“送温暖”“送清凉”、困难员工帮扶，提升员工幸福感和凝聚力。

【拓客户、调结构，推动业务发展】 2017 年，全行上下按照年初既定的工作目标，各项业务经营稳步推进，以拓展优质客户为抓手，通过优化资源配置，推进转型发展，拓宽增收渠道，继续保持主体业务领先优势，实现经营可持续发展。深入维护拓展个人优质客户。结合个人贵宾客户价值提升、主题营销、客户走访等营销活动，以及“迎新春有礼活动”“贵金属主题营销竞赛”“电子银行主题营销竞赛”等一系列专项竞赛活动，调动全行上下营销积极性，提升服务客户水平。相继制订《安次区支行优质客户管理办法》和《安次区支行私行客户考核办法》，通过设定定性与定量考核指标，真正实现“户户有人管、人人在管户、人人会管户”的成效，促进支行优质客户群建设。强化包户管理办法，实行存量客户包户包效。对存量客户落实包户责任，运用台账式管理，由支行行长、主管行长、客户部经理、网点主任、客户经理分层管理进行包户，量化考核指标，细化落实。对新目标客户营销采取提前报备制度，加大奖励力度，营销成果奖励直接并及时兑现给营销人员及营销团队。针对机构、公司、国际、有贷客户等不同类型重点目标客户，组建营销团队，制订走访计划，实行联动营销、方案营销。

【转思路，优结构，合理配置资源】 优化客户结构。认真落实客户分层管理办法，以客户分层管理为抓手，大力发展基金、理财等战略性中间业务，通过基金、理财、第三方存管等金融产品把高端个人客户集结进来，通过一系列服务介入，维护好存量的中高端客户，实现对客户的固化。深入开展价值提升活动，进一步优化客户结构，提高优质客户占比，促进客户价值提升。优化业务结构。调整存款结构，有意识降低高成本存款，减少两年期及以上存款，尽量将存款转化为理财产品，降低付息率，增加利润；调整信贷结构，落实总行信贷结构调整政策，提升三级行核心客户、行业重点客户和信用等级 AA 级以上客户，不断提升优质客户占比，提升贸易融资客户占比。优化人员结构。优化培训教育，针对不同层级、岗位制订不同的培训计划，提升全员素质。唯才适用，进一步优化中层干部队伍，2017 年新晋提拔任用的中层干部中，年轻干部占比 50%，提升中层干部队伍活力。优化网点结构。2017 年继续做好网点转型和固化工作，通过网点转型促竞争力提升，全面启动所有未转型网点的标准化转型工作；优化网点布局，提高产能。

【拟新策，求创新，拓宽创效渠道】 扩大客户群体。客户是发展业务的基础，用好扩户提质和专项营销两个抓手。加强与政府及其直属部门对接，从源头上抓好新客户营销，机构类客户营销实现新突破。深挖信贷客户潜力，绑定产品，做大信贷客户业务规模。组织阶段性产品专项营销、主题营销活动，促进扩户提质有效开展。增加贷款投放，发挥信贷业务增收带动作用，支持地方经济建设。拓宽收入渠道。开展新兴中间业务，培育中间业务收入新的增长点。发展国际业务、企业信息咨询服务业务，提高对公新兴中间业务收入占比。降低成本费用。在经济下行期，狠抓节约节支和内部挖潜，树立“过紧日子”思想。全行上下把“厉行节约，反对浪费”理念纳入日常管理范围，使勤俭办行成为每个人的自觉行动和良好习惯，最大限度地压缩费用支出，降低成本费用。

【争一流、创强行，提升服务影响力】 2017年全行上下在有先必争，有奖必拿，事事争先，誓争一流的工作理念指引下，以饱满的工作状态、昂扬的工作斗志，为实现争一流、创强行的目标奋勇拼搏，在经营管理上脚踏实地、迎难直上，在各类活动和竞赛中充分展现出朝气蓬勃、奋发有为的精神面貌，团队凝聚力和战斗力不断提升。在实际工作中，领导班子和中层干部以“实、细、严”的工作作风为标准，求真务实，工作不搞形式主义，不摆花架子，各项工作立足于“实”，注重实效，沉下心来，脚踏实地干事业，埋头苦干促发展，确保干一项成一项，取得实实在在的成效。领导班子深入基层，思考在先，行动在前，想基层所想，急基层所急，不满足于口头的号召和布置，加强具体指导，亲自参与，一级带着一级干，以积极的工作作风影响和带动全体干部员工用心搞经营管理。在队伍建设方面，2017年，各网点实现主任、大堂经理均为党员担任，旨在打造一支政治素质高、工作作风硬的干部队伍。在经营管理方面，通过“安次区支行党员先锋号”微信群每名党员每日公布营销业绩，带动全行形成“比学赶超”的良好氛围。在活动竞赛方面，党员处处当表率，敢于争先的精神为全体员工树立良好榜样。西大街党支部书记曹亚琳在省、市分行组织的“见微知著”微党课竞赛中均获奖项。全体员工团结一心、勇于争先。2017年，面对同行业和市场激烈的竞争，全体员工在支行党委正确领导下，坚定信心，敢于竞争，勇于竞争，不被指标任务吓到，挑战自我，迎难而上，在各自平凡的工作岗位上创造出不凡的工作业绩。营业室争创“百佳”示范网点，实现软硬件环境改善，员工整体素质提升，网点综合竞争力增强，最终在全省21家同业机构中获得第六名的好成绩。上级行组织的各类活动和竞赛中也不乏安次农行人的身影，在全市农行对公业务知识竞赛、柜面业务技术比赛、合规文化辩论赛、歌咏比赛、“三线一网格”标识设计大赛中安次支行员工均获得优异成绩，还获得第八届全国农行精神文明建设工作先进单位、全省农行系统先进职工之家等荣誉。此外，在2017年创建全国文明城市活动中，安次支行展现出良好的精神风貌，并因此在“创建全国文明城市　河北金融在行动”活动中获评优秀单位荣誉。

（李延年）

农业发展银行

【概况】 中国农业发展银行廊坊市安次区支行成立于1996年。2017年支行有员工15人，下设3个部（室），即会计结算部、信贷业务部、办公室。2017年，中国农业发展银行安次区支行累计发放贷款14850万元，累计收回贷款66500万元，各项贷款余额23877万元。各项存款日均余额31428万元，较年初增长726万元，中间业务手续费收入8万元，实现账面利润1185.88万元。在做好信贷监管的同时，确保收购资金封闭运行。克服粮食价格不稳定因素，指导企业边购边销、采取措施解决收息难问题，监督销售货款全部归行，并及时分解。减轻企业利息负担，保护企业合法利益。2017年收回贷款66500万元，累计收回贷款利息2526万元，收息率100%，未发生逾期贷款和利息情况。

【支持粮棉油收购】 2017年，按照《收购贷款管理办法》规定，安次区支行对所辖安次区省级粮储储备库等3个粮食购销企业进行收购贷款资格认定，按照相关规定和要求，进行合理测算，核定最高贷款限额。按照《中国农业发展银行客户信用等级管理办法》要求，“客观公正、分类管理、程序制约”的原则，从企业“管理能力、经营能力、偿债能力、信誉程度、发展前景”5个方面，对所辖11个企业进行量化测算和初评，经过有权行初评、审批，选择AAA级企业1家、AA级企业5家、AA+级一家，A级企业5家，支持粮食购销企业，发放2017粮食年度收购贷款。

【贷款发放与信贷监管】 严格管理相关企业贷款发放，逐笔核实，深入分析，制定整改措施。检查中发现问题建立问题台账，建立动态风险监测机制，重点跟踪监测发现的风险点，贷前重点审查，密切关注企业经营状况、财务指标变化及销售货款回笼情况，加强贷后监管，确保资金安全。按照“信贷审查标准化指引”审查客户提出贷款申请，尽职执行贷前调查相关制度，重点调查企业相关信息及贷款项目、资金需求的真实性、合法性。按要求收集客户基本资料，建立客户档案，核实资料确保合法、真实、有效。实地调查贷款项目可行性、效益性，以及还款来源。2017年累计发放贷款14850万元，其中地方储备粮贷款1笔，金额850万元；产业化龙头企业短期贷款1笔，金额14000万元。定期跟踪监测企业贷款资金使用的真实性、合法性，详细登记。按月为频度定期检查和分析企业经营管理状况和贷款风险状况，按规定要求形成书面监测报告存档。通过检查，没有发现企业挪用贷款的违法行为。对于购销企业，按月核查粮食库存情况，保证台账、仓卡的数量与企业保管账、统计账、会计账一致。

【强化风险管理】 加强监测分析贷款运行情况，掌握企业经营状况和资金流向信息，严格控制道德风险、市场风险、经营风险和操作风险。加强合同文本管理，确保合同文本合法有效。加强库存监管，强化贷后管理，重点监管粮食购销企业收购库存。监控企业的经营状况，按月分析其财务、经营情况，关注企业财务和经营风险。发挥系统风险防控功能，确保CM2006系统安全平稳运行。通过认真落实《CM2006操作手册》，实现信贷业务操作系统化、规范化、制度化。2017年，根据《河北省分行CM2006信贷风险预警信息处置管理暂行办法》规范客户预警信息查询和处置，按月采集企业财务报表，及时处置预警信息，发挥系统风险防控功能。落实系统运行考核机制，维护、监测系统各项信息，确保系统信息真实、准确、全面、及时。按照异地库存监管规定，完善河北中糖物流有限公司国家储备糖监管，定期实地核查库存，确保物资保障，生成相关影像资料、完善报关及利用操作，切实做到账实、账账一致，监管资料齐全完善。12月，企业库存原糖6.96万吨，白砂糖8.29万吨，库存余额15.25万吨，库存完整。

【完善服务功能】 加强信贷计划预测、编报工作，及时上报年度信贷计划、季度信贷计划和夏、秋两季农副产品需求预测，努力提高预测准确性，提高信贷计划宏观调控作用。坚持按旬监测信贷计划执行情况，提高商业性贷款计划编报准确性。做好收购信贷资金头寸（指投资者拥有或借用的资金数量）测算与调度，保证粮食收购资金能及时、足额供应。认真执行利率政策，确保国家利率政策贯彻执行。加强利率和现金管理基础性工作，做好存、贷款利率浮动、大额现金收付、审批登记及报告制度。坚持按季检查利率、现金执行情况，2017年未发生利率执行错误现象。对财政局等行政事业单位财政性存款，提供主动上门办理开户、汇划等手续便利服务。对所辖区域内的龙头企业、资金实力较强优秀中小企业群的流动资金存款，根据其结算需求提供个性化服务，通过电话温馨提示存款到账和询问资金需求，提供短信“约时提醒服务”等，监察开户企业经营活动，监督企业销售货款及时归行。积极与人保财险公司、平安保险公司签订保险兼业务代理合同。按照上级行下达的指标任务，结合企业贷款额度，足额收取财产保险费。严格执行银监会收费标准，合理收取咨询顾问费。全年实现中间业务收入资金7.81万元，受理国际业务66笔，实现国际业务收入资金5.68万元。主动了解客户资金需求，宣传农发行的信贷政策，通过降低结汇率和购汇手续费方式，吸引华日公司国际结算业务。年末，华日公司国际业务结算量为394万美元。

（李　伟）

信用联社

【概况】 廊坊市城郊农村信用合作联社隶属于河北省农村信用社联合社廊坊审计中心，在中国人民银行廊坊市中心支行、中国银监会廊坊银监分局的监管下，城郊联社始终坚持创新服务手段，拓宽服务领域，以服务“三农”为宗旨，以支持地方经济发展为己任，逐步发展为同级单位中存贷款规模最大，网点最多的金融机构。2017年，城郊联社在岗员工487人，机关下设18个部室：党委办公室、计划财务部、人力资源部、综合办公室、科技部、稽核部、纪检监察部、保卫科、授信审批部、业务拓展部、风险监控部、风险资产经营管理中心、资金营运中心、第一客户经理部、第二客户经理部、第三客户经理部、第四客户经理部、改制办公室（临时机构）。联社下辖51个营业网点，其中营业部1家、信用社20家、分社30家，网点遍布廊坊市广阳、安次和廊坊经济技术开发区，致力于为广大城乡居民提供灵活便捷的金融服务。2017年，联社依照《商业银行法》开展各项业务，本着客户至上、诚信服务、稳健求实、创新经营宗旨，竭诚为广大客户提供便捷、高效、优质、全面的金融服务。业务范围包括存款、贷款、结算、银行承兑、票据贴现等业务，储蓄通存通兑，结算全国汇兑，省内农贷宝、商贷宝产品灵活便捷，信通卡、网上银行、手机银行、微信银行、农信ETC、聚合扫码支付等服务全面高效。作为窗口服务行业，廊坊城郊联社十分注重文明服务，参与廊坊市“创建文明城市”工作，被授予省市级“文明单位”荣誉称号。

【各项业务迅猛发展】 2017年廊坊市城郊农村信用合作联社各项业务实现快速发展，在农村改革开放大潮中取得可喜成绩。截至年末，联社存款余额142亿元、贷款余额86.7亿元，净利润3亿元，在河北省农村信用社系统名列前茅。联社在发展过程中，不断优化信贷投放，改进金融服务，适应城乡居民日益多元化金融需求和“京津冀一体化”发展要求，拓展城乡业务，立足三农领域，服务小微企业，助力实体经济增长，深入农区、社区壮大基础客户群，深入商区、园区营销黄金客户群，开发开展优惠联盟、农信ETC、聚合扫码支付、微信银行等服务，推广电子银行业务。

【支持安次区农村经济发展工作】 廊坊市城郊信用联社始终不忘“服务三农”的初心，全体员工用“爱心、热心、耐心、责任心”服务乡里、服务安次经济。2017年廊坊市城郊农村信用合作联社确保各类政府补贴资金准确、及时、足额、快捷、透明地发放到农户手中，和安次区政府合作，全面负责农业补偿款及其他涉农资金发放工作；为满足广大农民日益多元化金融需求，加快电子金融进农村，通过“上门宣传、上门营销、上门办业务”主动服务，在农村商户中推广安装EPOS机、聚合扫码支付等服务，将现代化银行支付设备普及至安次区所有村街，并且通过推广网上银行、手机银行、微信银行、农信银行等多种业务努力在农村实现金融现代化，改变农村传统的支付方式。

【扶持安次区农民建设种植、养殖基地和特色产业】 为促进廊坊郊区农业产业化的发展，联社借助“京津冀一体化”的大好形势研发多款支农信贷产品，重点扶持种植业、养殖业、农业观光等产业项目。根据安次区各乡镇实际情况因地制宜地引导当地农民建设种植、养殖基地和发展特色农业，为农民发放助农贷款，促进当地农民在种植、养殖产业上扩大规模、提质量，形成集群效应。通过扶持廊坊康达畜禽养殖公司、廊坊天胜园农业种植有限公司等多家农业龙头企业，有效带动周边农民走上产业化经营道路。2017年，廊坊市城郊信用联社发放涉农贷款7亿余元，其中扶持种植大户、养殖大户及农村小加工户上万家，数万名村民借助贷款脱贫致富，联社被当地农民亲切称为“农民自己的银行”。

【支持实体经济发展】 支持培育新动能。城郊联社发展绿色金融，开展绿色信贷，加快退出“两高一剩”产业，把信贷资源更多地投向绿色环保产业，将业务重点定位于新能源、低碳行业等领域的实体企业。深入实施创新驱动发展战略，围绕“中国制造2025”提高金融服务水平。为区域性重大战略和重大项目的落地实施提供信贷支持。围绕支持交通、生态、产业领域项目建设为重点，推动乡村振兴战略实施，助力农业农村现代化建设。规范房地产融资业务。严禁发放各类违规贷款，严禁发放消费贷转化为购房贷和“首付贷”。打击挪用消费贷款、违规透支信用卡等行为，严控个人贷款流入股市和房市。破除无效供给，降低实体经济融资成本。压缩对产能过剩行业贷款，使之有序退出“僵尸企业”，控制对大型企业集团过度融资，挤出低效、无效使用信贷资金，投向效率高、质量好的行业，提高资金使用效率。同时，根据相关政策，减少中间服务费用，将国家各项减免费政策落实到位，降低企业融资成本，支持实体经济发展。

【积极拓展新业务】 开办农信e购聚合扫码支付业务，同其他的扫码支付手段相比，它具有如下优势：

农信e购收款平台与商户个人二维码收款对比

	农信e购	商户个人二维码
一码多用	支持微信支付和支付宝支付，一码多用	不能，需要绑定不同的二维码
安全性	后台为银行，有保障	后台为第三方支付公司，有时会超时退回
入账方式	款项自动清算至银行卡，资金安全无需提现	收款到微信钱包或支付宝余额中，无利息收入，提现到银行卡需0.1%手续费
金额限制	无限制	一年内转账和收付款累计不能超过20万元
活动支持	可享受微信、支付宝和银行多方举办的减免与优惠活动	无法参与微信、支付宝和银行的活动
多店支持	支持分店收银、可设置多个分店	不支持分店，资金不能统一清算到法人银行卡里
信用卡支持	支持信用卡消费，费率低，金额无封顶	不支持信用卡

开办随e汇业务，此项业务以手机为操作终端，采用智能芯片硬件加密的专利手机银行技术，通过加密通讯方式办理银行业务自助银行服务，用户是您可靠的金融管理专家和小巧的随身银行。

产品功能	账户查询、行内转账、缴费充值、转账查询、大额跨行转账、密码修改、小额实时汇款
产品特点	安全可靠，只能 CPU 芯片，点对点加密，双重密码保护，无须上网
兼容性	适用于智能机和非智能机，具备短信功能的手机都能使用
便捷性	汇款转账服务等金额业务一手操控，随时随地分分钟搞定
大额转账	行内、跨行转账大额度，单笔转账 50 万元，日累计金额 200 万元

开办 ETC 业务。ETC 业务即电子不停车收费系统，是指车辆在通过收费站时，通过车载设备实现车辆识别、信息写入并自动从预先绑定的银行账户上扣除相应资金，车主只要在车窗上安装感应卡并预存费用，通过收费站时便不用人工缴费，也无须停车，高速费将从卡中自动扣除。这种收费系统每车收费耗时不到 2 秒，其收费通道通行能力是人工收费通道的 5 到 10 倍，高速通行费享受 9.5 折优惠。

推广微信银行。微信银行是继网上银行、手机银行之后，又一全新金融服务渠道，欢迎用户关注开通。微信银行包括“微账户”“微金融”“微生活”三大功能菜单，提供手机银行下载、附近网点导航、热点优惠推介、电子银行产品介绍等，用户绑定信通卡认证后还可以提供免费动账提醒、账户查询、紧急挂失等服务。微信银行的成功推出，扩充廊坊城郊联社对外服务渠道，拓展移动支付业务领域，改善客户消费体验，为联社参与新一轮市场竞争提供坚实系统支撑。

（陈　旭）

邮政储蓄银行

【概况】 中国邮政储蓄银行廊坊市新华路支行自 2008 年 5 月份正式挂牌成立，2013 年 3 月进行机构拆分并更名为安次区支行。2017 年有员工 53 人，下设 3 个部室：综合管理部、三农金融部、公司业务部；3 个营业网点：安次区支行营业部、光明道支行、银河南路支行。在广大公众中树立社会知名度、值得信赖的品牌形象。经过努力工作，安次区支行在改革转型道路上取得可喜的成绩：各项制度体系基本建立，管理能力逐步提高，经营业绩大幅提升，盈利能力不断增强，从业人员队伍素质显著提升，初步树立全功能商业银行形象，为邮政金融长远发展夯实基础。特别是安次区支行以向广大城乡居民和小微企业提供金融服务为己任，坚持服务城乡、服务大众、服务“三农”，赢得社会各界好评，树立良好形象。

【加强队伍建设】 以“素质提升”为重点，以“推进业务发展”为目标，不断加强和改进安次区支行工作的形式和方法，进一步提高广大员工综合素质和工作热情，为促进全行发展提供有力人员保障。按照员工队伍建设工作要求，员工的学习和培训是员工队伍建设重要工作内容之一，安次区支行以“创新培训方式，促进终身学习”为理念，全面加强全行干部员工的教育培训工作。有针对性地制定教育培训工作实施规划，重点加强一线员工业务知识、金融法规、实际操作等方面的培训，着力提高员工业务知识水平和工作能力，把教育培训作为提高支行干部员工素质的着力点。依托远程教育培训系统，组织员工进行各业务种类、金融知识等方面的专项培训、考试。每季度组织一次业务理论、内控制度、岗位练兵，通过优化教育培训机制，强化教育培训方式，全面提高干部员工的业务和服务水平。坚持把推动工作与促进人才思想结合起来，以工作造就人才。一方面通过提供个人施展才华的舞台，尽量使每个人都能各尽所能、各得其所，根据业务发展情况，随时调整分配方式和用人措施，使之能够激励员工工作热情，充分发挥员工聪明才智。另一方面在制订激励和考核办法时，都有科学理论依据和广泛群众基础，特别是对关系员工切身利益的重大决策出台前必须广泛征求员工意见，保证激励和考核措施科学性和合理性。

【改进营销方法　拓宽业务范围】　2008年8月安次区支行正式开办信贷业务，客户群体不断地拓展，通过与相关政府部门、行业协会沟通，资产业务市场认知度得到提高，逐步受到市场和市民的认可。安次区支行坚决贯彻落实国家宏观调控和监管要求，紧密结合当地经济社会转型发展需要，依托覆盖城乡的网络优势，构建服务实体经济长效机制，在服务“三农”、服务民生、助力中小企业方面发挥积极作用，走出一条“普之城乡，惠之于民”的“普惠金融”特色发展道路。以“信用村”为载体，大力发展“小额信贷”。“好借好还”小额贷款“信用村”的建设，解决了农民生产经营资金短缺问题，促进农业增效、农民增收和农村经济稳步发展，走出一条信贷支农、助农增收新路子，使小额信贷业务成为新农村建设助推器。自2008年8月开办信贷业务起至2017年底安次区支行小额贷款服务覆盖全辖3个区的主要乡镇，包括伊指挥营奶牛养殖村、南营肉羊养殖村、葛渔城木口奶牛养殖村、杨税务乡孟村蔬菜大棚种植村、杨税务乡左弈村、九州乡垡上村蔬菜大棚种植村等“信用村”，扶持农村地区种植户、养殖户、农产品加工业主、畜牧业主等，成为支持“三农”的重要力量。2017年新开发安次区支行所辖周边市场的小额贷款与个人商务贷款业务，其中以北方农贸市场、兴安市场、蔬源蔬果批发市场为主，加快小额贷款与个人商务贷款发展。房屋按揭贷款满足置业者梦想。随着廊坊城市建设快速发展，民众对一、二手房贷款需求量日渐增强，安次区支行适时推出的房屋按揭贷款业务满足了很多置业者梦想。2017年，国家出台住房新政策，影响到房屋按揭贷款业务，安次区支行经过积极营销，持续推进开发商准入，不断扩大业务范围，年内与京瀚君庭、北辰地产等房地产合作多个楼盘项目。与此同时，随着国家房地产政策密集调控和打压，在这种形势下，安次区支行适时调整经营思路，一方面紧盯销售楼盘，另一方面加大二手房贷款营销力度；选取10余家优质中介机构建立畅通的交流机制，打造好二手房按揭贷款绿色通道，发挥整体联动优势，合理设置贷前调查、系统录入、贷款发放、贷后管理等分工协作模式；使各个环节衔接流畅，加快贷款审批流程，提升服务效率，赢得贷款客户、中介机构和房管部门的信任与好评。解决中小企业融资难题，助推企业发展。为缓解中小企业和个体工商户主融资难问题，在个人商务贷款成功运营基础上，安次区支行推出助保贷、邮享贷、邮薪贷等快捷、方便，专门针对优质企业客户的贷款，其贷款审批快、还款方式灵活，拓宽安次区支行贷款业务新领域，有力地支持地方企业发展。小企业贷款是继开办小额贷款、个人商务贷款、住房按揭贷款等业务后一项新的贷款产品，也是从个人贷款领域开始向公司贷款领域的重要跨越。针对中小企业“短、频、急、快”的资金需求特点，安次区支行以开拓新市场，培植新客户为目的，开展宣传活动，了解中小企业生产经营、融资需求等方面的情况，同时利用省个私协与邮储银行合作的为个体工商户、小微企业主搭建的“邮储百亿助会员”平台，与广阳区、开发区、步行街分局、市工商局企业注册分局个私协组织召开银企对接会，分层次、分行业、分区域，面对面与企业负责人进行交流、沟通，并为多家企业发放贷款。此外，安次区支行还陆续开办综合消费类、信用类、再就业贴息、经营性车辆贷款、小企业动产质押、担保贷款、联保贷款、保理业务等多项贷款业务，以满足市场和个人日益增长的资金需求。

【强化风险管理】 建立风险管理组织体系、制度体系和管理流程，培育合规风险管理企业文化，着力解决全行经营转型和业务发展中突出的风险问题。在树立理念、增进意识、强化内控等方面开展一系列务实工作，使风险管理有效渗透整个业务体系的各个环节，有效提升全行经营管理的规范性。经过对风险管理体系逐步推进和完善，2017 年安次区支行主要风险指标均满足监管要求，资产质量整体优良，风险成本控制在合理水平，全行呈现出稳健发展的良好局面。

【年度经营指标完成情况】 2017 年，安次区支行实现收入 5362 万元，利润 3216. 7 万元。

（李克伟）

城乡建设

城乡规划

【**概况**】 廊坊市城乡规划局安次规划分局（简称安次分局）隶属廊坊市城乡规划局。成立于2005年11月，未设内部机构。2017年，有干部职工5人。主要职责：负责中心城区规划建设用地范围外安次区属的规划管理；负责龙河高新技术产业开发区、安次高新技术产业园（原安次工业园）产业项目的规划管理。安次分局不断完善工作体系，坚持“规划即法、执法如山”，加强业务学习，深入实际创新工作思路，逐步健全规划体系，依法实施城乡规划管理。

【**服务安次**】 2017年安次分局配合安次区内各市重点、省重点项目前期规划管理工作。继续加强与各部门横向沟通，并随时与市规划局请示、汇报，努力取得市政府支持。

【**规划审批**】 把核发“一书三证”作为强化规划管理的核心环节。严格按照城乡规划法和省规划条例等相关法律法规和技术规范，进行“一书三证”核发和竣工验收工作。所有规划许可项目一律通过规管系统进行网上报审。2017年，安次分局出具规划设计条件5个；进行建设项目批前公示6个、批后公示18个；审定建设项目规划总平面图12个、尺寸定位图11个；办理选址意见书3个、核发建设用地规划许可证8个、建设工程规划许可证18个；进行工程验线29项；完成竣工验收13项。2017年5月16日廊坊市行政审批局正式成立，自2017年7月20日起安次分局原“一书三证”中的《乡村建设规划许可证》核发及竣工验收工作职能划转至廊坊市行政审批局。

【**规划编制**】 2017年安次分局组织编制《安次经济开发区片区控制性详细规划》，配合市规划局编制主城区其他新增建设用地控制性详细规划、《廊坊市中心城区燃气专项规划》《廊坊市公共服务设施专项规划》《廊坊市中心城区排水与污水治理专项规划》《廊坊市重点道路景观整治规划》《廊坊市中心城区总体城市设计》等规划及廊坊市中心城区规划路网和现状路网梳理工作。抓紧组织实施葛渔城镇、落垡镇、东沽港镇、码头镇总体规划和调河头乡规划的编制（修编）工作。

【**整体建设**】 全力打造学习型机关。一是“请进来”，继续参加市规划局举办“规划大讲堂”。2017年安次分局参加学习12期，邀请省委党校、清华大学、人民大学、国防大学等国内相关领域知名专家学者进行授课，培训内容涉及国家安全、政务礼仪、反腐倡廉等多个方面。二是“走出去”，参加市规划局组织的专业人员赴四川大学进修学习。三是按照市规划局要求开展“规划大讨论”活动，立足京津冀协同发展，深入查找当前城乡规划工作存在的不足，切实提出具体可行的改进措施，形成高站位、具有实践价值的实施意见，更好地推动城乡规划水平再上新台阶。四是继续协助做好《廊坊规划研究》的编辑出版工作，及时掌握上级政策要求、吸收前沿规划理念，充分发挥规划宣传窗口作用。

（陈　蕾）

城乡建设

【概况】　廊坊市安次区建设局2017年核定编制29人，设10个内设机构：办公室、人事股、房改业务股、工程质量安全监督与行业发展股（挂“公共事业管理股”牌子）、建筑市场管理股、村镇建设股、城乡建设综合执法股、环境卫生办公室、人民防空办公室、支油支铁办公室。2017年，在区委、区政府的正确领导下，在市建设局的指导支持下，区建设局紧紧围绕“建设现代化强区新城”目标任务，深入推进“两学一做”主题教育活动，以全区重点工作为抓手，按照局党组年初制定的建设系统工作思路，团结拼搏、自强创新、攻坚克难，完成年初确定的各项工作。工作目标涉及农村危房改造、龙河南污水管网建设、环境集中整治、大气污染治理、瑞丰道泵站建设、南城热力建设、城区防汛工作、机关作风建设等项工作。全系统广大干部职工在局党组的坚强领导下，按照“攻难点、抓落实、出实效”的工作思路，紧紧围绕工作目标任务，致力攻坚克难、合力谋求跨越、积极走在前列，不折不扣抓好各项工作目标的贯彻落实，扎扎实实抓出成效，较好地完成年度工作目标。

【努力做好基础设施建设】　路网排水工作完成预期目标。2017年针对K2狮子城及四季花语小区污水排放问题修建污水临时提升泵站2座分别是常青路、常宁路污水泵站。区建设局严格按照区委部署，提高认识、超前谋划，全力以赴抓进度、抓落实。严格按照施工方案要求开展工作，截至年底，2座泵站建设均完成。瑞丰道泵站建设完成年初计划。瑞丰道泵站工程主要是收集银河南路以东大面积雨水，解决南城汛期雨水排放问题，提升南城排水能力。泵站位于瑞丰道以南、规划五路以东，占地面积12.43亩（0.83公顷）。排污泵站排污能力0.93立方米/秒，雨水泵站排水能力6.78立方米/秒，此项工作在进行财政评审，2017年年底前进入施工监理招投标程序。龙河南污水管网建设实质性开工。为彻底整治龙河以南区域污水乱排、滥放问题，安次区政府开始启动龙河以南地区污水管网项目建设。工程一期长度3369米，2017年9月完成所有前期手续，10月10日工程正式开工，12月底完成总量的80%。

【做好城区大气污染治理工作】　加强建筑施工工地环境治理。区建设局严格按照河北省建筑工地扬尘治理十五条要求，全面落实建筑工地扬尘防治“七个100%”措施，加强扬尘整治，抽调专业人员全方位监督全区建筑工地，规范建筑工地施工作业，并加大现场巡查力度，对存在扬尘污染和污染隐患的工地坚决整改到位后方可施工，并加强对恶劣天气的预警，强化预防。将扬尘整治工作纳入全年工作目标，严格施工许可审批，对达不到开工扬尘治理要求的建设单位不予发放施工许可证，从源头上把好关。检查组检查在建施工工地17个，发现施工现场对于扬尘治理措施不到位问题15项，下发整改通知单15份，要求施工单位立即整改。加大所属热力站管理力度。为持续改善空气环境质量，减少煤炭使用以及燃煤污染物的排放，2017年根据《廊坊市35蒸吨及以下燃煤供热锅炉淘汰工作实施方案》要求，区建设局涉及淘汰燃煤锅炉11台，合计270蒸吨，其中：永兴站30蒸吨2台、20蒸吨2台；常甫站30蒸吨3台；阳光站20蒸吨2台；银河站20蒸吨2台。常甫站、阳光站、银河站需要全面落实“煤改气”工程。为确保2017年度正常供暖，区建设局集中人力物力，调集所有专业技术力量，统筹安排，精心组织，协调联动，整体推进，完成淘汰35蒸吨以下燃煤锅炉“煤改气”任务。2017年，投资1680万元，常甫站安装30吨燃气锅炉3台；阳光站安装30吨燃气锅炉2台，银河站安装20吨燃气锅炉2台。强化环境卫生治理工作。进一步加大城区内“湿扫”作业和“洒水”作业力度，全面清扫辖区内的城中村、城乡接合部、背街里巷等部位，清扫率100%，每天保洁时间不低于12小时；采用小型纯电动路面养护车和小型湿扫作业车交替作业，4台洒水车、3台清扫车及道路养护车和3辆雾炮车全部上路，对规定范围道路实施洒水降尘工作，根据不同预警天气，调整洒水次数，最大限度降低道路扬尘对空气质量的影响。加强秸秆、落叶及垃圾禁烧巡查工作。切实把秸秆、落叶及垃圾禁烧治理作为大气污染防治的重中之重。指派专人专车，明确责任，加强监督管理，强化巡查辖区，特别是预警天气、特殊时期加强巡查次数，最大限度杜绝焚烧行为，减少空气污染。

【主动服务，规范管理、狠抓建筑市场安全生产】 结合建筑领域治理工作，深入基层，主动对接项目，上门服务，征求项目单位意见，宣传政策，并在项目建设过程中热情服务，主动进行质量监督和安全监督，为项目顺利建设提供专业指导服务。深入一线，主动服务。严格执行首问负责制、服务承诺制，实施“网上申报、网上审批、一站式审批、一条龙服务”，缩短办理时限。进一步优化办事流程，推行一条龙保姆式全程跟踪服务，实现从“等企业上门”到“上门为企业服务”，广泛深入企业一线、项目工地，主动靠前服务，提前介入了解情况，掌握企业发展动态，并主动提供技术指导，为企业解决实际问题，给予企业零距离服务和最优质的帮扶。强化指导，规范管理。把普及提高企业技术人员业务知识和工作能力作为提高企业管理水平重要手段，采取以会代培、岗位练兵和传带等形式，对企业相关技术人员进行业务培训，提高企业技术人才的技能和素养。严格工程招投标各环节监管，确保辖区内每一项工程招标投标工作依法有序进行；推进全区建筑施工安全规范化、标准化工作，真正实现“查隐患、促整改、重落实、保安全”的责任目标；狠抓质量监督与专业技能培训，做好燃气企业管理和“煤改气”工作。加强现场监督检查，抓关键、查重点。配合做好防震减灾宣传工作，抓好地震救援疏散演练，建设监测点，健全网络建设。简化流程、办事高效。为方便群众办事，区建设局行政审批窗口不断缩短办事时限，精简办事流程，对照建设行业相关法律法规，所有事项的审批时限均在法定时限的基础上大大缩短。属职责范围的事项，严格按承诺时限办结。印制申办流程图及明白纸，实行一次告知，对所差的必要要件，制作书面告知书，注明所差的内容，并引导怎么办，让群众办事一目了然。2017 年监督在建项目 40 个，总面积 94.73 万平方米，完成图审备案项目 15 个，总面积 57.11 万平方米；监管燃气企业项目 7 家；审核施工合同 18 份，总建筑面积 56.70 万平方米，总投资约 76655.89 万元，完成招投标项目 3 项，直接发包 16 项；办理施工许可证 18 项，总建筑面积 22.86 万平方米，总投资约为 45635.78 万元。召开安全生产会议 4 次，下发文件 10 份，开展安全生产专项检查 8 次，下发检查记录 100 余份，停工指令 7 份，排查处理各类安全隐患 131 处。办理新建工程安全监督备案手续 17 项，建筑起重机械使用登记手续 43 台。处理规划建设违法案件 10 件，涉及金额 2300 余万元。

【供暖企业健康发展】 科学管理，促进供暖企业健康发展。按照 2017 年初制定的工作计划和目标，结合大气污染防治要求，着重加强脱硫除尘设备运行管理的同时，按照冬运整体工作安排，精心组织、合理调度，制定详细的设备、管网维修保养计划和进度安排，责成专人逐项组织实施，先后完成各站锅炉本体及辅机设备的维修保养，各小区锁、阀的维护，压力表、温度计和各类阀门的更换，以及各分配站主控井的检修、维护工作，为冬季供暖工作提供可靠保障。按照冬季供暖工作安排，南城热力于 2017 年 11 月 8 日正常供暖，供暖面积 320 万平方米。凝神聚力，全力推进供热站建设。2017 年永兴热力站有 65 蒸吨燃煤热水锅炉 3 台，入网面积 238.43 万平方米，实际供热面积 180 万平方米，可确保 48 个居民小区和企事业单位 20000 余用热户正常供暖。常甫热力站有 30 吨燃气锅炉 3 台，入网面积 119.2 万平方米，实际供热面积 90 万平方米，可确保 17 个居民小区及 4 个学校 9000 余用热户正常供暖。阳光供热站有 30 吨燃气锅炉 2 台，入网面积 50 万平方米，实际供热面积 29 万平方米，可确保大家新城、德荣帝景、尚德佳苑等小区 3000 余用热户正常供暖。银河热力站有 20 吨燃气锅炉 2 台，入网面积 52 万平方米，实际供暖面积达 20 多万平方米，可确保狮子城、盛德福苑、永兴商城近 5000 户居民和门店正常供暖。以节能环保为抓手，狠抓供暖技术改造。为降低取暖期燃煤粉尘和二氧化硫排放，按照市、区政府有关大气污染防治要求，把加大环保投入，推广先进技术，改造落后的生产设备和生产工艺作为工作重点，在淘汰 35 蒸吨燃煤锅炉同时，针对现有 3 台 65 蒸吨燃煤锅炉进行超低排放改造，全部按照国家最新环保要求设计、施工，减少烟尘及污染物的生成，确保供暖期间各项污染物达标排放。

【规范直管公房管理工作】 2017 年现辖直管物业小区 8 处，95288 平方米，1300 余户。按照年初局党组工作安排，全年完成防水维修 5000 余平方米，内外墙粉刷 16000 余平方米，外墙保温 5000 余平方米，路面翻修、整修 500 余平方米，更换排水井盖 10 套、雨漏管道 35 根 600 余延米、楼道灯 95 套，安装楼宇对讲门 12 套，砌筑暖气井 1 个、污水井 2 个，清洗排水管道 450 延米，清理污水井 56 个，化粪池抽污 16 处 32 车，水、电、暖便民维修 46 次。严格贷款发放程序、加大项目融资力度。

【建立机制，提高城乡环卫工作水平】 环卫机制建设得到进一步加强。从科学管理入手，狠抓环卫队伍建设，修订《城中村环境卫生检查考核实施细则》《城中村环境卫生工作奖惩办法》，完善《检查员工作制度》，《清扫工作制度》《清扫班（组）请销假制度》等规章制度，实施系统化、科学化、规范化管理。并采取分级管理办法，实行片包面、组包片、人包段的清扫保洁制和“三定一包”（定人、定面积、定质量、包质量），“一日两扫，全日保洁”管理措施，将城区环卫工作纳入常规化管理。开展各项环境整治活动。结合全区实际，扎实有效开展环卫工作。2017 年，按照市、区部署，开展“5·18”“9·26”环境卫生综合整治、“洁净社区，安全度汛”等活动 10 余次。在第三届中国廊坊·第什里风筝节活动中，区建设局出动辖区内环卫工人 1149 人次，调配 2 辆洒水车、2 台垃圾压缩车进行现场作业，尽最大能力保障活动现场的环境整洁，完成各项工作要求。深入推进城区小街小巷和无物业管理小区环卫工作。为深入开展大气污染治理工作，全面提高城区空气质量，提升城市整体形象，创造洁净、优美的城区环境，2017 年区建设局将城区 200 余条小街巷及 66 个无物业小区纳入安次环卫统一管理。委托物业服务公司清扫辖区内小街巷和无物业小区环境卫生场所及保洁日常管理。做好南水北调沿线重点区域农村环境整治工作。为切实改善农村人居环境，加快美丽乡村建设步伐，根据《美丽乡村建设实施方案》以及《关于全面推进农村垃圾治理的实施方案》文件精神，安次区建设局着力于城乡生活垃圾收运一体化工程建设，开展 PPP 模式，通过清扫、收集、保洁运转模式，实现生活垃圾日产日清，从源头上消除生活垃圾，基本实现农村环卫工作常态化。2017 年涉及 6 个乡镇 212 个村街 682 名环卫工人正式上岗，累计处理日产日清生活垃圾 10600 余吨。

【提高城区防汛工作实战能力】 细化防汛预案，落实责任。进一步完善城区防汛应急预案和转移安置预案，加强防汛工作的协调性。全面摸排登记全区低洼地段，调整防汛重点地段区域图，落实看护责任人，确保片片有人看，户户有人盯，实现防汛重点区域网格化管理。积极与驻军对接，规划驻军防汛责任分工，确保遇汛情能够主动应对，保证城区防汛工作有条不紊地开展。加强物资储备，及时演练。2017 年区建设局协调各类车辆 20 辆，储备编织袋 3 万条，汽油机水泵 9 台、柴油机泵 6 台、污水泵 13 台、出排水管 1000 米、铁锹 100 把、应急灯 150 台、雨衣雨鞋 150 套、对讲机 25 部、担架 12 架、皮筏子 4 艘。实行防汛物资专人专管，做好每个环节的衔接，确保随调随用。分析总结防汛抢险中的各种情况，及时组织建设系统 40 名抢险队员进行演练，做好抢险准备，确保抢险工作有备无患。突出网络建设，注重实效。保证汛期 24 小时通讯畅通，确保各种信息能够上下传达。对安次区城区重点区域防汛图重新绘制，进一步完善防汛通讯网络，突出重点低洼地区的防汛责任安排，结合南城排水设施的现状及全区城区内的各种危旧房屋的具体情况，最大限度地减少灾害损失。

【关注民生，解决各类热点难点问题】 把关注民生作为一项重要工作来抓，切实解决群众关心的热点、难点问题，做到事事有落实，件件有回音。解决农民工工资拖欠问题。为切实维护广大农民工的合法权益，维护社会稳定。认真贯彻落实《廊坊市建设领域农民工工资支付管理暂行办法》和《预储金管理办法》，新开项目足额缴纳农民工工资预储金和保障金，在开工后每月按时发放，在发放工资之前由人社局和区建设局对工资表共同审批，有效预防建设项目拖欠工资行为的发生。农村危房改造工程全面推进。农村危房改造工作2016年安次区涉及改造任务35户，其中翻建23户，修缮12户，此项工作完成验收。开展2017年危房改造户摸底工作。扎实开展危房普查工作。按要求逐一检查辖区所属乡镇、街办处及区直单位所辖、所属房屋安全工作。在2017年夏汛房屋安全排查中，北史家务乡小王庄，建筑面积114平方米，限期拆除；冬季危险房屋安全排查整治工作在进行中。逐步推进保障性安居工程。进一步深化保障性住房申请工作，切实加强安次区住房保障工作。在全区范围内开展对城镇居民低收入家庭中无房户和住房困难户住房情况调查，建立住房（信息）档案。经统计，2017年复核以前申请过的家庭，复核通过984户；完成公共住房实物配租申请484户(外来务工39户)；办理房改房上市交易150套。深入开展驻村帮扶活动。按照省、市、区的统一安排部署，区建设局抽调工作人员组成工作组积极开展驻村工作。2017年区建设局分别帮扶码头镇东安庄村和东沽港镇南泊村。针对各村实际情况制定详细帮扶方案，不等不靠，多方协调，确保将各项帮扶任务落实到位。区建设局协助帮扶村街两室组建完备，完成各村街美化工作，维修乡间路，清运积存垃圾等工作，使村街面貌焕然一新。关心关注弱势群体。广泛开展走访困难职工、慰问老干部、关爱农民工、社会公益捐助等活动。2017年，走访慰问老党员、老干部和困难职工32人次，为10名离退休老干部进行免费体检，慰问农民工3000余人次，申报特困职工2人。

（蒋海波）

城区建设

【概况】 廊坊市安次区城市改造办公室（简称区城改办）于2007年10月成立。2017年，有干部职工4人，机构性质为常设临时行政机构。负有棚户区改造管理职能，负责审核改造项目的改造实施方案，充分保障被改造居（村）民利益和政府收益。组织改造项目的招商工作，监督改造项目的实施及验收。协调解决改造过程中的相关问题。2017年，区城改办以国家相关政策为依据，根据区委、区政府指示精神为纲要，围绕城区规划区的计划改造项目，深入改造一线，调查摸清计划改造的基本情况，依据相关政策确定改造推进举措。在实施中强化监督管理，精细谋划，本着惠及百姓的原则加快城区建设，统筹发展城市经济在棚户区项目改造过程中产生良好社会和经济效益。棚户区改造项目按照相关政策法规制订改造实施方案组卷后通过市、区两级政府审批后实施，相关部门依规审核企业，在企业交纳信誉保障金后介入城中村改造项目。

【2017年棚户区改造项目进展】 棚户区改造项目按照相关政策法规制定改造实施方案组卷

后通过市、区两级政府审批后实施，相关部门依规审核企业，在企业交纳信誉保障金后介入城中村改造项目。按廊坊市《2017年市区棚户区改造计划》安排，安次区制订“棚户区改造工作实施方案”启动15个棚户区改造项目。其中城中村13个（中孟各庄、麦洼、北小营、中所、高孟各庄、亭子头、前南昌、后南昌、祖各庄、前进村、董常甫、小王庄剩余村址、西辛庄），旧城改造2个（永华道北侧、开源里夹缝区）。涉及约5412户村（居）民，5400余亩（360余公顷）建设用地（部分为农用地）。2017年征收补偿和拆除9个村街和1个旧城区，搬迁3900多户村（居）民，拆除建筑约200万平方米，整理约3300亩（约220公顷）土地。

【改造项目监管情况】 严格督导启动改造项目的回迁楼建设，依规对改造项目进行监管和资金返还。2017年启动城中村改造项目有小王庄、北昌三村、北史家务、永祥街、北小营三角地段等棚户区改造项目，其中：小王庄西区改造在进行施工建设工作；小王庄北侧改造回迁楼主体完成，部分进行回迁安置工作；于常甫二期回迁楼二栋364套在施工建设；北队和南队回迁楼在加紧施工建设，其中大部分封顶，2017年区城改办在做北昌北队和南队回迁安置前的准备工作；北史家务村2017年回迁1119户、4502套，回迁面积51万平方米；永祥街城中村回迁916户，1137套，回迁面积13.5万平方米；新月小区旧改项目拆迁户223户，回迁安置282户，回迁面积29187平方米。为这些启动的棚改项目，严格监督开发企业按时按期发放过渡安置费用，严格按工程施工计划加大项目开发企业进行回迁安置楼建设工作的督导，确保如期进行回迁安置，保障被征收户利益不受损失。

2017年为棚户区改造项目实施监管、转付、安置补偿回迁楼建设资金约8900万元；同时全程监管棚户区改造项目土地贷款抵押情况。在项目中分清回迁土地和开发土地，回迁土地不予以在相关金融机构办理与抵押融资相关的任何手续，项目较小不能分清回迁土地和开发土地的不予办理抵押融资业务。

（孙玉波）

社区建设工作

【概况】 廊坊市安次区社区建设办公室（简称社区办）。2017年有工作人员4人，其中主任1人，副主任1人，科员2人。主要职责：一是负责全区社区建设的规划、组织、指导和协调，研究制定社区建设的方针、政策和措施，总结推广典型经验。二是负责审核验收安次区新建小区并提供居委会工作用房情况。三是负责审批区级有关部门“工作进社区”的准入事项工作。四是负责制定社区工作人员管理办法，指导全区社区工作人员的选聘、培训、考核、奖惩工作。五是指导社区居委会的检查、评比、总结、表彰工作。六是指导、规范社区服务工作。七是完成市、区社区建设领导小组交办的其他事项。

【完善社区组织机构】 为使社区建设健康有序发展，2017 年安次区重新调整充实全区社区建设领导小组，由区长担任区社区建设领导小组组长，街道办事处和相关区直部门为成员单位，定期召开会议，研究解决社区建设工作中存在的问题。各社区以“四个组织”“六个工作委员会”为组织构架（四个组织：社区党支部、社区居委会、社区协商议事会、社区代表会；六个工作委员会：社区保障、治安民调、计划生育、公共卫生、文化活动、学习教育），同时建立以楼长、院长、单元长为核心的网格员的网格化管理体系，使社区组织体系上下贯通、横向联动、点面结合的社区管理服务新格局。

【社区干部待遇和素质进一步提高】 社区队伍建设是社区建设与发展的根本保障。2017 年社区办挑选政治素质高、工作能力强的人员担任社区党支部书记或居委会主任，为社区配齐配强班子带头人，并进一步加大社区书记、主任一人兼的比例。完善社区工作人员招聘机制，在保证居委会专职工作人员配备基础上，面向社会从大中专毕业生、退伍军人、优秀居民中择优聘任社区工作人员。加大财政资金投入力度，2017 年 1 月将招聘人员工资从 2000 元提高到 2500 元，并建立岗位激励机制，社区招聘人员在同一单位工作每满一年，月增加岗位津贴工资 50 元，有效稳定社区招聘人员工作队伍。

【完成《关于加强和完善城乡社区治理的实施意见》起草印发工作】 按照区委主要领导批示要求，根据安次区实际，通过深入街道办事处社区实地调研，结合市委、市政府《关于加强和完善城乡社区治理的意见》（廊发〔2017〕23 号）文件要求，起草安次区《关于加强和完善城乡社区治理的实施意见》；并经区政府常务会通过，下发到区直各相关单位、乡镇、街道办事处，此《实施意见》出台有效指导安次区城区建设与发展。

【加强社区基础建设】 一是严格按照“早掌握、介入到位，严把关、规划到位”的原则严格把关社区工作用房的签署，监督各乡镇、街办处、龙河高新区等部门督促开发建设单位按照协议规定落实好社区工作用房。其中：2017 年廊坊市北辰房地产开发有限公司、廊坊市坤昌房地产开发有限公司、廊坊市金桥房地产开发有限公司、廊坊市中建御澜华府房地产开发有限公司均与安次区龙河高新区管理委员会签订无偿提供社区工作用房协议。二是社区按照“便于管理、便于服务，便于自治”原则，对城区内具备条件小区适时成立居委会。2017 年，按照成立社区居委会的条件，审核批准阳光逸墅社区、花城社区、九园社区、江南水郡社区、瑞河兰乔社区 5 个社区居委会。并按每个居委会配备 5 至 9 名社区工作人员的标准，配齐社区工作人员，完善城市管理。

【养老服务健康有序发展】 完善社区养老服务体系建设。社区办领导亲自深入社区调研，经过反复对比标准衡量发展布局最终确定安次区医院下辖的蔡豆庄社区卫生服务站具备联合开展“医养结合”社区养老服务的试点单位，经过 1 年的装修、采购，蔡豆庄医养结合服务中心于 2017 年 4 月 1 日开始运营。2017 年社区办启动侍郎房养老服务中心建设项目，2017 下半年启动新朝阳医养结合服务中心的筹建工作，新朝阳医养结合中心完成立项研究，并经政府主管领导批准。这些项目投入使安次区居家养老服务工作覆盖能力进一步增强，提升安次区居家养老服务水平，同时也为社区居民提供更全面、更专业的医疗养老服务。

社区老年人日间照料中心活动惠及全区老年人。以“四位一体”为统揽开展养老服务工作，取得显著成效（“四位”即从事居家养老工作的四类服务组织；社区级居家养老工作站、街道级日间照料中心、区级居家养老服务中心、12349为老服务呼叫平台。“一体”即区、街道、社区三级养老服务机构，以“12349呼叫平台”为枢纽，上下贯通、横向联动、密切协作、互为补充形成一个完整的、运行顺畅的居家养老服务体系）。“四位一体”养老模式运行，做到为老服务全覆盖。2017年安次区建有1个区级中心，7个街道级日间照料老年人服务中心，31个社区养老服务站。累计服务老年人5万余人次，开展老年人活动30余次，为老年人、社区居民办理各类便民服务事项近23000件。使城区老年人实现“老有所助、老有所养、老有所学、老有所乐”的美好愿望。养老服务补贴发放工作。为保障社区老年人享受政府购买服务的惠民政策和社区养老服务站正常运营，2017年社区办发放社区老年人服务补贴卡资金26余万元；养老服务站运营补贴77.5万元，真正做到以“群众满意”为目标，以社区服务需求为根本，以社区大众需求、急需需求为切入点，以社会服务资源整合为着手点，开发便民养老服务项目，拓展便民服务内容，借鉴其他地区先进服务经验，将便民服务领域拓宽到更广层次，将便民服务能力提高到更高水平。

【其他社区建设工作】 一是指导和协调社区便民服务中心拓展为老服务项目，提高为老服务专业水平，并组织养老服务从业人员参加相关业务技能培训和社会工作师考试。二是按照市级运营标准完成安次区运营的1个区级便民服务中心、6个社区老年人日间照料中心和1个医养结合中心的全年考核。三是完成全区社区新招聘人员的档案归档工作。四是社区办抽调专职人员组成社区创建全国文明城督导协调办公室，具体负责相关社区创城工作，同时协调市创城办、市社区办做好安次区文明社区创建工作。

（杜春利）

环境保护

大气污染治理

【概况】 廊坊市安次区大气污染防治工作领导小组办公室（简称区大气办）。2017 年有工作人员 17 人，汤学军副区长兼大气办主任，穆立新区政府办公室主任科员兼大气办专职副主任，劳务派遣人员 8 人。2017 年 9 月份抽调乡镇工作人员 7 人。为深入落实“蓝天行动”，减少和缓解空气重污染，利用巡查、督导等方式促进各项重点工作落实。

【大气污染防治工作总体情况】 为确保空气质量持续改善，加大巡查力度，实现对污染源的常态化监管和综合整治，并确保各类污染源不再反弹。由区大气办牵头于 2017 年 9 月初组建区联防联控指挥部办公室，10 月份区大气办聘用 8 名环保巡查员，开展巡查“散、乱、污”企业新增、回流、整改不达标、违规排放、燃煤锅炉未拆除、散烧煤、劈柴、柴火大灶、各类影响空气质量问题的工作，全年区双联办巡查发现问题 633 件，环保巡查员发现问题 145 件，均移交属地督促完成整改。同时为发动群众监督并举报环境违法行为，区大气办制定并发布《廊坊市安次区环境违法行为有奖举报试行办法》，接到举报案件均督导完成整改。2017 年，环保部、环保厅及市双联办进行大规模、全覆盖检查工作，在这期间发现问题 424 件，均督促整改完成并及时汇总上报。

【空气质量改善状况】 达标天数（AQI 指数 100 以下）：2017 年度监测天数为 365 天，其中达标天数为 215 天。比 2016 年增加 10 天，占全年总天数的 59%。重污染天数（AQI 指数 201 以上）：2017 年度出现 26 天重污染天气，占全年总天数的 7%，比 2016 年减少 4 天。

【目标任务完成情况】 2017 年空气质量目标任务：到年底，全区空气质量持续改善，PM2.5 年均值 62 微克/立方米，年空气质量综合指数平均下降率 12.1%。2017 年空气质量完成情况：2017 年因年初重污染天气过程，造成空气指数同比上升，截至 2017 年 12 月 31 日，安次区 PM2.5 年均值下降至 60 微克/立方米，超额完成 62 微克/立方米的考核任务。大气污染防治工作关系到人民群众切身利益，是生态文明建设的一项重要内容。防治大气污染是一项复杂的系统工程，需要付出长期艰苦不懈的努力。区政府及其有关部门正在加快经济转型升级，完善政策、创新机制，进一步统一认识，树立大局观念，法治意识，增强大气污染防治工作的紧迫感和责任感，为改善廊坊市大气环境质量全力以赴。

（王宝剑）

环境综合治理

【概况】 安次区环保局成立于2002年5月。2017年，机关编制12人，实有人员14人；监测站编制2人，实有1人；推进办编制2人，实有1人；监察大队编制21人，实有10人。提前离岗1人，退休5人，劳务派遣24人，领导班子4人。机关内设3个科室，即办公室、环评股和污控股，3个所属事业单位，分别为监测站、推进办和监察大队。主要职责：贯彻执行国家、省和市环境保护方面的方针、政策以及法律、法规、规章，组织编制环境功能区划，组织拟订并监督实施重点区域、流域污染防治规划和饮用水源地环境保护规划，参与制订全区主体功能区划；负责重大环境问题的统筹协调和监督管理。牵头协调区内重特大污染事故和生态破坏事件调查处理，统筹协调全区重点流域、区域污染防治工作；负责落实全区减排目标。组织拟订主要污染物排放总量控制和排污许可证制度并监督实施。提出全区总量控制污染物名称和控制指标，实施环境保护目标责任制考核并公布考核结果；负责提出环境保护领域固定资产投资规模和方向、区级财政性资金安排意见，按区政府规定权限，审批全区规划内和年度计划规模内固定资产投资项目，并配合有关部门做好组织实施和监督。参与指导和推动全区循环经济和环保产业发展，参与应对气候变化；负责从源头上预防、控制环境污染和环境破坏。受区政府委托对重大经济和技术政策、发展规划以及重大经济开发计划进行环境影响评价，按规定审核辖区开发建设区域、项目的环境影响评价文件；负责环境污染防治监督管理。拟订水体、大气、土壤、噪声、光、恶臭、固体废物、化学品、机动车等污染防治管理制度并组织实施，会同有关部门监督管理饮用水源地环境保护，组织指导城镇和农村环境综合整治；指导、协调和监督生态保护。拟订生态保护规划，组织评估生态环境质量状况，监督对生态环境有影响的自然资源开发利用活动、重要生态环境建设和生态破坏恢复。指导、协调和监督自然保护区、风景名胜区、森林公园环境保护，协调和监督野生动植物保护、湿地环境保护、荒漠化防治。协调指导农村生态环境保护，监督生物技术环境安全，牵头生物物种（含遗传资源）工作，组织协调生物多样性保护；负责核安全和辐射安全监督管理。参与拟订有关政策、规划与核事故应急处理，负责辐射环境事故应急处理。监督管理核设施安全、放射源安全，监督管理全区核设施、核技术应用、电磁辐射、伴有放射性矿产资源开发利用中的污染防治。对核材料管制和民用核安全设备设计、制造、安装和无损检验活动实施监督管理；负责环境监测和信息发布。拟订环境监测制度和规范，组织实施环境质量监测和污染源监督性监测。组织对环境质量状况进行调查评估、预测预警，组织建设和管理区级环境监测网和全区环境信息网，建立和实行环境质量公告制度，统一发布全区环境综合性报告和重大环境信息；负责推进环境保护科技发展。组织环境保护科学研究和技术工程示范，推动环境技术管理体系建设；开展环境保护对外合作交流，参与处理涉外环境保护事务；组织、指导和协调环境保护宣传教育，制定并组织实施区环境保护宣传教育纲要，开展生态文明建设和环境友好型社会建设的有关宣传教育，推动社会公众和社会组织参与环境保护。

2017年，在区委、区政府坚强领导下，安次区环保局以贯彻实施《中华人民共和国环保保护法》为契机，以改善环境质量为目标，着力解决影响科学发展和群众健康的环境突出问题，攻坚克难，锐意进取，各方面工作取得积极进展。大气污染防治工作为廊坊市顺利推出全国重点城市倒排前十做出突出贡献，完成总量减排工作任务，水污染防治工作取得明显成效，顺利通过省环境保护督察，开展“利剑斩污”专项行动，始终保持对违法排污企业高压态势，环境宣传教育全面开展，ISO14001环境管理体系持续有效运行。

【燃煤锅炉淘汰】 2017年区环保局淘汰10蒸吨及以下燃煤锅炉245台、216.2蒸吨。全区5家高架源企业安装在线监控设施并与环保部门联网，随时掌握排放动态，对在线数据超标的及时移交执法部门现场查处。

【VOC企业治理】 2017年区环保局完成252家VOC企业深度治理，其中135家重点企业安装视频监控设备。对未完成达标治理的VOCs排放企业，停产整治或清理取缔；对未通过验收擅自生产的涉VOCs企业及时依法严厉处罚，同时追究相关负责人的责任。

【无组织排放治理】 2017年区环保局组织各属地，重点就钢铁、建材等行业和锅炉物料（含废渣）运输、装卸、储存、转移与输送以及生产工艺过程等无组织排放情况进行大排查，对发现的无组织排放问题严格按照要求进行整改，未落实无组织排放控制要求的企业，环保局依法予以处罚，实施停产整治，纳入冬季错峰生产方案。

【查处大气违法行为】 2017年区环保局配合部、省、市督导，组织开展环境执法集中强化行动和空气质量改善攻坚月行动。环保局工作人员取消一切休假，全员上岗，累计出动执法人员810人次，检查企业520家次。特别对无环评手续、原料露天堆放、治理设施运行不规范等行为，果断处置，依法处罚214起，处罚金额289.8万元，移送行政拘留1起，检查高架点源5个，燃煤锅炉淘汰关闭245台（216.2蒸吨）。

【强化应急响应】 完善重污染天气应急操作手册，经过排查，2017年辖区内255家涉气企业制定重污染天气应急响应停限产方案。其中三级停产企业91家，二级停产企业133家，一级停产企业255家。在启动重污染天气应急响应期间，区环保局加大巡查力度，开展晨查、夜查，2017年出动执法人员200多人次，检查企业100多家，确保应急停产到位。

【水环境质量】 辖区内有重点河流2条，分别是龙河和老龙河，龙河为国考断面，老龙河为市考断面，考核断面分别在倪官屯南丈方河扬水站（环保部叫龙河大王务断面）和落垡桥处，采样监测点分别在倪官屯桥和落垡桥。国控龙河大王务断面2017年1月—10月监测结果：化学需氧量、氨氮和总磷指标平均值分别为50毫克/升、1.78毫克/升、和0.82毫克/升，其中总磷于2016年平均值为0.61毫克/升，未达到河流水质变好不变差的目标任务。市控老龙河落垡桥断面1月—9月化学需氧量、氨氮和总磷指标平均值分别为36.5毫克/升

(40)、5.65毫克/升(2)、和1.90毫克/升(0.4),三项指标优于2016年的水质目标。

【水环境质量改善工程】 2017年重点推进五项工程:凯发新泉污水处理厂二期及配套管网建设工程年内完成总进度的60%、龙河以南地区污水管网建设工程在施工、龙河沿岸环境综合整治工程、老龙河沿岸环境综合整治工程、五干渠沿岸环境综合整治工程完成,排污口封堵,河道清障范围60公里,清理垃圾7600余立方米。

【规模化畜禽养殖治理】 规模化畜禽养殖废弃物处理利用设施建设93家,2017年完成71家,关闭3家,禁养区内养殖场关闭或搬迁1家,累计完成75家,完成率80.65%。

【纳污坑塘治理】 2017年环保局组织执法人员排查全区范围内的坑塘,排查315个纳污坑塘,各属地政府打捞纳污坑塘内垃圾。环保局聘请第三方监测公司对渗坑进行水质监测,年内完成治理306个。

【打击违法企业】 一是联合执法成为常态,联合公安、商务、工信等部门,连续开展危化危废综合排查治理行动、VOCs排放企业治理行动、"散、乱、污"企业排查、加油储油及油气回收设施等专项执法。2017年区环保局出动执法人员955人次、执法车辆570台次,检查各类企业499家次。二是实现执法科技创新。环境监察执法人员安装环保移动执法APP并在实际执法工作中进行使用;重点关注环保部卫星遥感监测及华航遥感监测发现的环境污染问题,积极响应和查处;重点检查热点网格内企业,严厉查处发现问题。三是执法制度得到落实。完善《廊坊市安次区污染源日常监管"双随机"抽查工作实施方案》及《污染源日常环境监管随机抽查工作细则》,明确污染源日常环境监管随机抽查清单,更新"双随机"抽查《企业动态名录库、执法检查人员名录库》,实现全区域"双随机"抽查工作落地生根。

【加强科学治霾】 安次区环保局加强与PM2.5专家组的沟通合作,通过无人机监测、膜采样数据分析、建立立体监测网数据采集等方式,综合分析安次区监测点周边空气质量,为安次区大气污染防治工作精准施治、靶向施治提供科学依据。

【环评审批服务】 2017年区环保局完成150家环保违规项目清理整顿,发放排污许可证454家。依法否定15个不符合国家产业政策、环境污染严重和选址不当的项目,审批各类环境影响评价文件40家,验收222家项目。

【环境宣教】 2017年区环保局以"4·22"世界地球日和"6·5"世界环境日为契机,开展2次大规模上街宣传活动,发放各类宣传材料10000余份,进一步提高全区人民环保意识,浓化全区环保氛围。

(高子文)

交通·邮电

公路、运输工作

【概况】 2011年10月10日“廊坊市安次区交通局”更名为“廊坊市安次区交通运输局”，位于廊坊市安次区银河南路4号，是隶属于安次区政府的行政事业单位，主管全区交通运输工作的职能部门。2017年全系统有在职干部职工445人，局机关18人，内设6个职能股(室)：办公室、人事股、计财股、工程股、安全股、政策法规股。下设5个事业单位：运输管理站、公路管理站、汽车综合性能检测站、路政执法大队、公路工程队。8个企业单位：安次区地方道路管理站、安通驾校、通利分公司、运输公司、安通汽修、装卸一队、通旺汽车维护保养服务中心、安次区汽车维护保养服务中心。主要职责：贯彻执行有关交通运输的方针政策和法律法规。承担全区公路运输市场监管责任。执行并监督全区交通运输有关准入制度、技术标准和运营规范。负责交通运输行政执法行为的监督管理，承担区级交通基础设施建设项目立项审查及申报工作。指导全区公路运输行业安全生产和应急管理工作，按规定组织协调重点物资和紧急客货运输。负责全区交通运输信息化建设工作，监测分析运行情况，发布相关信息。指导全区公路运输行业环境保护和节能减排工作。承办区政府交办的其他事项。

【公路工程建设开创历年之最】 2017年组织实施廊新线新建、大北尹支线养护改造、第三南通道中修、葛马线中修、落禅线中修、杨尹线中修及村道改造提升7项交通工程。总施工里程137公里，总投资15759.68万元，建设里程、投资规模均创历年之最。廊新线工程：全长5.66公里（2016年完成4.45公里，2017年完成剩余接转1.21公里），全段按照二级公路标准设计，路基宽12米，路面宽9米，路面结构采用4厘米细粒式沥青混凝土+6厘米中粒式沥青混凝土+36厘米水泥稳定碎石+18厘米级配碎石。大北尹支线养护改造工程：长2.18公里，路面宽9米，路面结构为9厘米沥青混凝土+透层油+34厘米水泥稳定碎石+16厘米灰土。第三南通道中修工程：长19.6公里，按照一级公路标准修建，路面宽22米，对旧路坑槽挖补后，进行拉毛（粗糙化）处理，统一铺筑6厘米沥青混凝土。葛马线中修工程：长3.26公里，路面宽9米，首先对葛马线旧路路面进行挖补，再对旧路面洒透层油，最后统一铺筑5厘米细粒式沥青混凝土。落禅线中修工程：长4.6公里，路面宽11.4米，首先对落禅线旧路路面进行挖补，再对旧路面洒透层油，最后统一铺筑5厘米细粒式沥青混凝土。杨尹线中修工程：长8.3公里，路面宽11.4米，首先对杨尹线旧路路面进行挖补，再对旧路面洒黏层油，最后统一铺筑5厘米细粒式沥青混凝土。村道改造提升工程：长为98.18公里，涉及7个乡镇、1个园区计79条村级公路。截至2017年年底，全区公路通车总里程885.6公里，国道高速路27.82公里、省道48.77公里、县道63.05公里、乡道145.26公里、专用道路40.3公里、村道560.4公里。与此同时，还积极争取省市资金1131万元，高标准完成国道112线辖区内全段和省道廊泊线5.5公里中修养护2项工程，保持辖区内2条主要干线公路良好路况。

【国省干线养护管理】 干线公路日常养护随时保持优质路容路貌。2017年完成投资476.8万元，清运垃圾5074.41立方米，清扫路面518.4千米，绿化管护325.1千米，沥青灌缝13470延米，整修平台、路肩452.58千米，新建、维修水簸箕24道，维修挡墙387.6延米，小修挖补1394平方米，疏通排水方沟200.3米/42.7千米，公路巡养414.72千米，补划标线23232.14平方米。真正将日常养护与环境整治融为一体，让环境整治寻常化、持久化。投资115.5万元，完成辖区内廊泊线、廊霸线交通标线补划和路树及沿线设施粉刷工作；投资151万元，对104线、廊泊线、廊霸线、第三南通道等重点干线公路绿化苗木进行补植，其中第三南通道首次新植鸢尾花6000平方米，大幅提升该路段景观效果。

【农村公路养护维修】 2017年完成投资226万元，组织实施廊新线节点绿化工程。投资215万元，组织开展码杨线、东高线、杨尹线、落禅线等县乡公路绿化美化工作；完成22座桥梁44块标志标牌更新更换工作；县道标准化整修52.05公里；小修挖补7940平方米；维修县道涵洞8道；县道挡墙维修600米；县道标线45.45公里，乡道标线31.25公里。同时，开展码头片区“四好农路”示范区创建工作。在廊坊市范围内组织开展“美丽乡村·最美农路”评选活动中，安次区村道廊泊线—第什里段获得廊坊市“美丽乡村·最美农路”称号；乡道大北尹支线、杨尹线、县道东高线分别获得廊坊市“美丽乡村·最美农路”提名。

【运输市场监管有序】 客运行业安全有序。顺利完成春节、暑期、“五一”“十一”等重要节假日及日常旅客运输保障任务，确保安全运送旅客无事故，同时客车年审、更新延续工作有序进行。货运市场稳步增长。2017年辖区内有货运车辆27567辆，道路货物运输企业15家，其中年内新增车辆1143辆（从事道路危险货物运输企业5家，危险货物运输车辆110辆），道路货物运输站场15家。维修、驾培市场规范开展。全面开展质量信誉考核工作，确保安次区运输行业健康向前发展。执法力度不断加大。针对扰乱运输市场秩序的违法违规行为进行严厉打击，查处各种非法改装、无证经营等违法车辆505辆。同时，不断强化对车辆维修、驾培市场的行业监管，有效维护运输市场秩序。

【路域环境严查严管】 安次区交通运输局与各有关乡镇政府、村街协调联动，重点治理112线、廊泊线、第三南通道等干线公路两侧擅自堆放物料、摆摊设点、违章建筑等违法行为。认真落实治超新政，积极协调公安交警等部门，深入开展超限超载车辆专项治理活动。2017年清理堆积物532立方米/112处，清理非标326块，清理摊点445处，处理路政案件43起，拆除违章建筑8处，私搭乱建3处。出动执法人员1850人次，检测货运车辆4208辆，查处超限超载车辆62辆，卸载货物339.1吨，超限超载率1.5%。

【大气污染有效防治】 按照安次区大气污染防治工作总体部署，重点对辖区廊泊线、廊霸线、第三南通道等干线公路延长保洁时间，采取抑尘清扫，有效防止路面扬尘。同时执法部门加大执法力度，加强督导巡查，做到严要求、全覆盖、零容忍、重实效。采用循环式上路巡查方法，加强对货物运输、劣质散煤运输的治理，及时制止焚烧秸秆、占用公路用地堆积秸秆、堆放土方等污染环境行为。对运输装载货运车辆掉落、遗洒或飘散等污染公路行为及运载石灰、砂石、矿粉等容易脱落、扬撒粉尘物品车辆未按规定苫盖进行治理。

【安全稳定常抓不懈】 安全无小事，责任重于泰山，2017年交通运输局扎实推进平安交通建设，层层分解和落实安全生产管理工作任务，按照与局属各单位签订的《安全管理目标责任书》，明确各个部门安全管理责任和各单位主体责任。全力做好安次区道路运输行业安全生产管理工作，认真组织开展安全生产月、安全生产攻坚、打非治违等专项活动，开展两节两会、雨雪凝冻、特殊时期客货运安全生产和安全隐患排查工作，投资74万元，完成县乡道水毁处理，投资139.07万元，完善更新农村公路标志标牌及交通安全设施。在年度省检、市检中安次区交通运输局安全生产工作得到上级主管部门充分认可；全面排查行业内不稳定因素，妥善化解矛盾纠纷，年内无重大上访事件发生，有效保持全行业和谐稳定大局。

【关于帮扶工作】 2017年交通运输局多方筹资22.75万元，为调河头乡中马庄村内500米道路进行硬化，进一步改善该村街群众出行环境，使村容村貌得到提升。

（徐玉平）

邮　政

【概况】 中国邮政集团公司廊坊市郊区分公司成立于2002年12月31日，位于安次区工业园内，有干部职工62人，内设2个职能部（室）：综合办公室、市场经营部。6个生产部室：包裹业务部、集邮业务部、分销业务部、发行投递部、代理金融业务部、函件广告部。11个邮政支局：银南、龙河、九州、码头、葛渔城、东沽港、后屯、杨税务、调河头、落垡、仇庄。4个邮政储蓄网点：银河大街营业所、解放道营业所、爱民道营业所、码头营业所。经办业务种类：函件、包裹、特快专递、集邮、汇兑、报刊发行投递、分销、邮政储蓄等。城乡投递段20条（总长度1278公里），农村投递线路15条（单程长度1110公里），累计建设三农服务站12个，村邮站27个，村邮乐购站点118个，覆盖辖区内各个乡镇村街。在信息网建设方面全部实现电子化办公，极大地提高办公效率。郊区分公司在廊坊市邮政分公司的领导下，在安次区委、区政府的大力支持下，承担和负责本辖区邮政业务管理、邮政事业统一建设以及经营服务工作。郊区分公司以市分公司经营理念和经营方针为指导，结合安次区实际情况，坚定发展信念不动摇，以效益为中心，不断优化业务结构，以市场为导向，做强做精各类业务。强化管理，深化改革，切实提高服务质量，履行好普遍服务义务，企业驶上持续、健康发展轨道。

【加强基础设施建设】 郊区分公司自成立一直秉承普遍服务义务，始终把服务工作作为重中之重来抓，面对寄递市场激烈竞争和中国邮政新的战略布局，郊区邮政始终秉承“全心全意、全年无休、全网通达、全程保障”的核心服务理念，为客户提供时限可保、价格实惠、安全可靠的邮政服务。郊区邮政不断理顺管理机制、优化生产流程，狠抓各生产环节，实施无缝隙衔接和协调联动，严控环节时限指标，从组网理念、时限保障、生产流程、处理工艺、规章制度等方面进行彻底改革，实现能力提升、运营提升、全程提速大突破。2017 年，全市邮政大力实施农村投递体制改革，加快邮路作业组织调整，加大投递能力建设，郊区分公司增开 2 条汽车投递线，将原先的 12 条电动车投递线改成机动三轮摩托车投递，切实解决投递最后一公里的能力问题。郊区邮政进一步完善线下服务体系。在城市，以社区为中心，重点以商超、社区物业等便民服务点为核心，构建“一公里服务商圈”；在农村，以较大的行政村为中心建立综合服务站点，让村民享受“购物不出村、销售不出村、生活不出村、金融不出村、创业不出村”的农村电商服务。截至 2017 年年底，累计建设村邮乐购站点 118 个，为百姓提供代缴通信费、水费、电费、代办金融业务、代收代寄快递包裹等农村电商服务。郊区邮政通过网点转型、整合资源、加大硬件基础设施投入，使窗口形象焕然一新。截至年底，郊区邮政分公司有邮政储蓄营业网点 4 个、邮政支局所 11 处。覆盖整个辖区内乡村，有效填补农村邮政服务空白，满足农村地区对邮政服务需求。立足新起点，谋求新发展。郊区邮政将秉承“人民邮政为人民”的服务宗旨，履行“情系万家、信达天下”的企业使命，不忘初心、继续前行，积极发挥行业优势，为加快全市社会经济发展贡献力量。

【加强组织建设，打造一流团队】 郊区分公司在市分公司党委的正确领导下，认真学习党的十九大会议精神和习总书记重要讲话内容，坚持开展以“围绕中心工作抓党建，抓好党建促发展”的发展思路，充分发挥党员先进模范作用，使广大党员干部政治素质、理论水平和业务能力得到新的提高。坚持从谋划科学发展方面着眼，以党的群众路线教育实践活动为契机，以加强班子队伍建设为抓手，以服务大局、服务群众为着力点，自觉把党建工作和各项工作有机结合，相互促进，有效推动全局各项工作顺利开展。坚持“三会一课”制度。加强党员廉政自律教育，增强党员干部政治素养，教育党员在新的历史条件下，自觉保持共产党员的无产阶级先锋队性质，在金钱和物质利益面前，在荣誉面前，保持清醒头脑，做到清正廉洁，无私奉献，全心全意为人民服务。大力开展社会公德、职业道德、家庭美德、个人品德教育，认真落实党内组织生活制度，经常性开展思想教育与交心谈心活动，关心干部职工思想动态，及时发现并解决职工工作、生活上的困难和问题，注重培养公道正派的思想品德，健康向上的思想情操，积极进取的人生态度，无私奉献的精神境界。广泛听取群众意见，认真查摆“四风”问题，建立长效机制，整改落实。进一步加强党员干部思想作风、工作作风、生活作风建设，打造党性强、品行正、作风好的党员队伍，全面提升党员队伍的整体素质和工作效率，努力打造让上级满意、让群众放心的党员队伍新形象。

【深化转型强化发展】 2017 年郊区分公司结合自身实际情况，根据“转方式、调结构、提品质、增效益”的工作方针，紧紧围绕集团公司“一体两翼”发展战略和“三个一把手工程”工作重点，着力狠抓金融、快递包裹以及电子商务业务。坚持效益为先，优化结构、明确责任、整合资源抓经营提服务，大力推进业务结构调整和增长方式转变，以深化改革促进发展，以加快发展推进改革，做大做强各类业务，强化管理，改善服务，转变作风，夯实基础。在工作中突出收入规模、突出效益、突出服务质量、突出员工收益、突出长远发展，切实把工作重点转移到提高经济运行质量和效益上来，提高邮政核心竞争能力，实现企业协调、持续、健康的发展态势。

【提素质促发展】 为提高员工的业务素质，郊区分公司结合省、市分公司员工技能鉴定工作安排部署，采取“月培季考”等灵活多样的业务培训、技术练功比赛活动，员工理论知识和业务操作能力明显提高。在 2017 年在省公司组织的五工种技能鉴定中，郊区分公司 21 名参加技能鉴定的员工通过考核，取得相应的技能证书。广大员工在参与技能鉴定培训的同时，参与市分公司组织的各项培训活动，同时，利用网络参加远程教育培训。通过培训，员工自觉以新视角、新理念、新思路、新措施来认识邮政，并以极大热情投入到实际行动中。运用学到知识充实自己，市场观念和竞争意识明显增强。主动开拓市场，在经营方式上不断创新。在营销中找准消费群体，加大宣传力度，不断开发新的业务市场，有效地提高邮政竞争能力，为全局创收增效发挥重要作用。同时把培训内容结合实践推陈出新，为企业发展注入活力。在营销体系建设、积分激励、员工素质提高等方面进行大胆创新，不断创新经营机制，提高运行效率，激发员工参与业务发展主动性。实践一再证明，只有推陈出新，企业工作才能更活，员工热情才能更高，发展形势才能更加良好。

【加强安全生产保障】 在企业发展过程中，安全生产是发展的前提，安保工作需要进一步加强，一是确定安保人员，重新整理制定安保措施，并对照安全生产制度每月逐项对照检查，发现问题及时处理，坚决杜绝安全隐患的存在。二是重点做好员工安全生产教育，从思想上让员工重视生产安全、交通安全，不违反生产操作规程和交通法规，保证集体、自身和他人的安全。三是加强安全防范意识。重点是金融网点，金融安全无小事，特别是在人身安全、资金安全、风险防范等方面显得尤为重要。三个金融网点平时利用班前会、周会时间对员工进行安全生产警示教育培训，使他们逐渐接受合规创造价值、风险管理提高价值等理念，工作中能够按照金融从业人员基本准则进行操作。四是加强机动车辆管理。严格落实车辆管理制度，认真遵守交通法律法规，坚决杜绝各类交通事故的发生。五是加强邮件收寄规格、质量检查，严格执行收寄验视制度，对邮件进行无缝隙验视，坚决杜绝禁限寄物品流入邮政通信渠道。

【改革创新，机构调整】 2017 年 7 月根据河北省邮政分公司机构改革统一安排，撤销郊区分公司编制，将原有业务和人员分别并入廊坊市邮政分公司营业局和包裹投递局，办公机构搬迁至廊坊市经济开发区华祥路 38 号，自此原郊区分公司邮政储蓄、邮政营业全部划归营业局管理，包裹投递、信件投递、报刊投递全部划归包裹投递局管理，郊区邮政步入一个新的发展阶段。

（王立群）

文 化

文化、体育、文物、旅游

【概况】 安次区文广新局是区政府下设的主管文化、广电、新闻出版、体育、旅游工作的职能部门。2017 年有干部职工 19 人，内设 6 个股（室）：办公室、行政审批股、公共文化股、文化产业办公室、体育股、旅游发展股。2017 年是实施“十三五”规划承前启后的关键一年，是文化改革发展的深化之年。区文广新局深入贯彻党的十八大、十九大会议精神和习近平总书记系列重要讲话精神，紧紧围绕区委、区政府中心工作部署，夯实文化发展基础，适应旅游发展新常态，拓展体育发展新空间，各项工作取得显著成效。

【公共文化服务体系建设】 为巩固国家公共文化服务体系示范区创建成果，召开全区国家公共文化服务体系示范区后续建设工作会议。依据《廊坊市关于推进基层综合性文化服务中心建设的实施意见》最新标准，建设基层综合性文化服务中心。2017 年招投标 3 项（安次区“一十百千”广场舞服装采购项目、安次区图书馆、文化馆总分馆系统及设备、“创文明城市·做文明安次人”综艺演出项目），累计投资 321.92 万元。为各乡镇（街道）拨付文化建设资金 59.6 万元，其中，公共图书馆文化馆（站）免费开放专项资金 25.6 万元；公共文化服务体系建专项资金 34 万元，进一步完善基层综合性文化服务中心建设，使安次区公共文化阵地日臻完善。

【区文化馆、图书馆建设】 2017 年区“两馆”正式开馆。制定《安次区关于推进文化馆、图书馆总分馆制建设的实施意见》，通过政府招标方式为各乡镇、街办处购置部分总分馆设备，并初步建成银河南路街办处、调河头乡、仇庄乡 3 个试点。“一棵树、一本书”读书创意活动实现“扫码即读”。亿合社区作为第一个“一棵树、一本书”活动试点，以小区的树木为“载体”制作标牌，建起便捷开放式数字图书馆，为广大居民提供免费的电子图书资源。社区居民利用手机扫码或者下载移动终端，可以免费共享养生休闲、文学艺术等 3000 余种图书资源。这一读书创意得到百姓广泛欢迎，得到区委、区政府以及市委书记冯韶慧高度关注，并作为经验在全市推广。新华社、河北新闻网、廊坊传媒网等多家媒体转载报道该活动，河北新闻联播做了报道，安次区成为“扫码即读”的领先者。

【文化惠民工程】 “农家书屋”工程进一步推进。2017 年初，为全区 284 个村街农家书屋配送图书 22152 册，并为村街农家书屋拨付购书专项资金 14.2 万元，用于充实更新农家书屋图书，满足广大群众读书需求。“四进活动”顺利开展。坚持把电影进社区、进乡村，文化进社区、进乡村“四进活动”作为重要工作内容，将群众喜闻乐见、体现时代精神和文化特色的文化活动送到群众身边。2017年，开展活动362场，电影放映3408场，观众人数55万人次，完成每村每月放映一场电影的任务，深受群众欢迎。“全民阅读”工程氛围浓厚。参加廊坊市全民阅读“书香系列”评选活动。安次区获得书香之乡（镇）1个（永华道办事处），书香之村2个（葛渔城镇老堤头、葛渔城镇杨家场），书香社区4个（文苑社区、南苑社区、蓝波湾社区、馨语社区），书香校园1个（第十三中学），书香家庭13个。开展全国书博会走进第什里大型图书展销活动，在风筝节盛会期间展出近3000种、40000余册优秀图书，受到群众喜爱，营造出浓厚的书香气息，掀起全民阅读热情，推动“书香安次”建设。

【非遗项目首次登上国家级舞台】 2017年12月29日晚，由中共中央宣传部和中华人民共和国文化部共同主办的“2018年新年戏曲晚会”在国家大剧院举行，安次区非遗项目“重阁会”参演入选。这是安次非遗项目首次登上国家级舞台。党和国家领导人习近平、李克强、张德江、俞正声、张高丽、栗战书、汪洋、王沪宁、赵乐际、韩正等观看演出。此外，区文广新局组织召开全区各级非遗保护项目传承人座谈会，深入探讨和研究安次区非物质遗产的挖掘、传承和保护工作；组织第什里风筝、团结村粮食画等非遗项目，开展非遗进校园活动。区文化馆举办非物质文化遗产展览，集中展出16个具有安次地域特色、经历百年传承的非遗保护项目，展品计百余件，迄今吸引数千人次参观学习；组织葛渔城镇重阁会、后屯彩船会等非遗项目参加“幸福廊坊”文化艺术节非遗展演、第什里风筝节非遗展演、固安县第四届非遗博览会、第三届京津冀非物质文化遗产联展等活动；组织开展首期第什里风筝与五谷粮食画传习体验活动，面向全区各小学，招收学员，由传承人讲解相关知识，教授制作技艺，学员在传承人指导下学习体验；组织区级非物质文化遗产申报评选，经全区各乡镇申报，专家研究评审后，将南马庄蜡杆、葫芦烙画等15项具有保护价值的项目列入安次区第三批区级非物质文化遗产名录。

【打响安次文化名片】 组织开展首届安次区篮球赛、首届体育舞蹈大赛、首届农民乒乓球大赛、安次区第三届广场舞大赛，依托风筝节成功举办“一十百千”广场舞展演，依托风筝节开展书博会走进第什里活动。以“我们的节日”为主题，打造“两节”期间送春联活动、安次区迎新春书画摄影展、安次区第三届广场舞大赛等一系列有影响的品牌公共文化活动，取得良好社会反响。

【配合文明城市创建】 自开展创城工作，文广新局累计组织大型文艺演出8次：安次区新年音乐会、安次区中央芭蕾舞精品晚会、中国（廊坊）第什里风筝节开幕式演出、文明创城汇报演出启动仪式（文苑社区）、安次区非物质文化遗产展演、安次区第什里风筝节系列文艺演出3场，并参加京津冀三地文化志愿者汇报演出（廊坊师范学院2场、天津音乐剧院1场、北京朝阳区文化馆1场），为创城营造良好文化环境。通过购买服务形式，以“创文明城市·做文明安次人”为主题，免费送戏、送演出综艺节目22场进社区、进乡村；以“喜迎十九大·做文明安次人”为主题，2017年组织10场消夏演出活动。并组织开展非遗进校园、武术进校园、戏曲进校园等系列文体活动，营造“天天有活动、周周有演出、月月有主题、欢乐伴全年”的浓厚文化氛围。

【群众体育活动蓬勃开展】 为贯彻落实国务院《全民健身计划》（2016—2020 年）文件精神，因时、因地、因需开展群众身边的健身活动，丰富和完善全民健身活动体系，区文广新局对安次区体育总会进行换届。成功举办首届“龙河杯”篮球赛；首届农民乒乓球大赛；首届体育舞蹈大赛；第二届“龙河杯”台球赛等系列竞技比赛。组织全区 200 余名干部群众参加廊坊市第二十四届元旦长跑活动，并获得优秀组织奖。国家体育总局授予安次区“2013—2016 年度全国群众体育先进单位”称号。2017 年 3 月，成功举办 2017 年三级社会体育指导员培训班，村街、社区 100 余人参加。通过各类活动的开展丰富了广大群众业余文化生活，营造安次区全民健身浓厚氛围，调动全民健身热潮。

【公共体育设施更加健全】 为更好开展全民健身运动，在成功消灭“白点村”前提下，2017 年区文广新局与上级部门争取健身器材 67 套、儿童滑梯 16 套，并通过政府招投标购买 25 套健身器材，对辖区内部分乡镇、街道、村街的健身器材进行补充、更新、维护。为进一步提高全区人民身体素质和健康水平打下基础，真正做到体育惠民。

【加强文物保护的宣传工作】 2017 年，文物所在文广新局组织协调下，多次到各乡镇进行文物保护工作的宣传教育活动，散发宣传册，悬挂文物保护标语，使人们更加了解文物保护工作，提高人们文物保护意识，调动人们保护文物的积极性。

【推进文物安全工作】 一是制定区、乡镇、村的文物保护网络和体系。二是在各级文物重点保护单位设立标志，划定保护范围和建设控制地带，建立健全档案资料。三是严格加强文物的消防安全管理工作，尤其是古建筑的消防安全工作，在一处古建筑解氏祠堂设立保护单位标志及消防标识，配备消防安全设施，检查用电线路安全情况，清理堆放杂草，转移祠堂内堆放的杂物。四是加强不可移动文物巡查力度，并组织村、乡镇等文物保护工作人员三级交替巡查，排除安全隐患，防止不可移动文物遭到破坏。

【古建筑的修复及维修保护规划】 安次区有古建筑一处即解氏祠堂，祠堂由于年久失修及长期作为教学场所使用，整座建筑受到影响，文广新局领导高度重视，研究决定进行修缮，按照文物保护工程的设计和施工管理规定，精心设计，精心施工，确保工程安全高效实施。分二期对祠堂进行修缮，一期投入国家级资金 40 万元，中标 30 万元，二期投入市级资金 50 万元，中标 38 万元，主要修缮项目包括祠堂墙面、瓦顶修缮，门窗装修及地面恢复。2017 年完成修缮工作。通过对古建筑“解氏祠堂”的修缮，更好地展现祠堂旧貌，使祠堂整体古建筑得到更妥善的保护，作为文化地标性建筑，更好发挥文物本身的文化、教育、科技等功能。

【旅游景区上档升级】 2017 年为完善景区公共服务设施水平，推动游客服务中心标准化建设，要求各景区按照《河北省游客服务中心设置与规范标准》进行改造建设，指导现有自然公园、第什里景区游客服务中心统一设置中英文名称、图形符号和标识（Logo），拨付资金

41 万元支持符合条件的景区建设旅游厕所。推荐第什里休闲农业风筝文化旅游项目和廊坊天山海世界 2 个项目成功申报 2017 年河北省旅游重点项目。组织推荐天山海世界等 2 个签约项目和康达畜禽养殖有限公司等 4 个招商项目参加河北省旅游投融资大会，拓宽安次区旅游项目投融资渠道。申报 A 级景区、工农业旅游示范点、“中小学生研学实践教育基地”“中国乡村旅游创客示范基地”“全国优选旅游项目”“金牌农家乐”等旅游项目。充分发挥安次区乡村旅游示范创建的带头作用，发动指导旅游基础条件好的工（农）业企业和村落参加申报创建市级工（农）业旅游示范点和市级乡村旅游示范村。2017 年，成功申报市级工（农）业旅游示范点 4 个，市级乡村旅游示范村 5 个。经过乡镇推荐初评、评定小组实地验收、授牌等环节，完成 15 家安次乡村旅游“金牌农家乐”挂牌工作。并优中选优，向市旅游委申报 2 家区级“金牌农家乐”，获得市级“金牌农家乐”称号，通过农家乐评选，促进农家乐上档升级，为安次乡村旅游发展树立标杆。

【文化市场在监管上抓创新】 推进全区文化市场技术监管与服务平台建设，严格依法审批。从申请到证照打印，全面实现平台办理，行政审批工作更加便捷高效，2017 年按照有关程序审批 1 家文艺表演团体设立、1 家文艺表演团体延续、3 家网吧设立、12 家出版物书店设立。完成许可证的年度核验工作。安次区有印装企业 490 余家，占廊坊市印装企业总数的 1/3。由于安次区企业数量较大，人员少，年审工作量相对较大。为此，区文广新局抽调力量，取消节假日休息，加班加点，为企业提供优质服务。经过区文广新局的努力，完成印装企业年审工作。

【“扫黄打非”网格化服务管理体系形成】 为贯彻落实全国、省、市“扫黄打非”工作会议精神，安次区“扫黄打非”工作领导小组召开全区“扫黄打非”工作会议。会上部署 2017 年工作，并与各乡镇、街办处、龙河高新区及各责任部门层层签订责任状，实现“扫黄打非”进基层全覆盖，扩大群众参与度，努力实现“十有十无”。通过深入推进“扫黄打非”进基层工作，全面建成基层“扫黄打非”网格化服务管理体系，努力使之成为巩固意识形态和宣传思想阵地的有效途径，成为维护群众利益并获得群众支持的主要措施，成为永葆“扫黄打非”生命力的源泉动力。通过“清源”“净网”“秋风”“护苗”“打击侵权盗版”五个专项行动的深入开展，有效推动安次区文化及出版物市场规范化、制度化建设进程。2017 年，通过采取日常巡查、专项检查等不同形式，区文广新局累计出动检查人员 1027 人（次），出动车辆 353 辆（次），检查集市、书报亭、各类摊点 220 个（次），检查印刷复制、出版发行单位 480 家（次），网吧、游戏厅等经营场所 346 家次，立案查处案件 5 家，全部结案，取缔无证经营 2 家，光盘地摊 11 家。查扣违规印刷品以及图书 20200 多册，有效震慑不法分子，全区文化市场呈现良好发展态势。

【安全生产工作】 按照区安委会安排部署，根据安次区实际，坚持“安全第一、预防为主、综合治理”的工作方针，结合文化行业自身特点，2017 年出台安全生产方面文件 12 个、悬挂宣传标语 12 条，张贴安全生产标语 48 条，发放安全宣传材料 6000 多份；检查文化、旅游、体育、文物、印刷复制企业600余家，出动车辆110辆（次），出动检查人员420人，全年未发生一起安全生产事故。

（冯东伟）

广播电视

【概况】 2017年，区广播电视台在区委、区政府领导下，秉承“政治建台、新闻立台、创新兴台”理念，围绕全区建设强区新城工作中心，坚定“四个自信”，践行“三贴近”原则，牢牢把握正确舆论导向，为安次区经济社会事业又好又快发展提供有力舆论支持与保障。2017年，区广播电视台有干部职工11人，内设3个部（室），即办公室、编播部、技术部。2017年，区广播电视台制播《安次时讯》135期，在市级以上媒体播发281篇（条）；录制专题片4部，完成2017年度电视宣传任务，尤其是外宣工作超额75%完成宣传任务目标，为宣传安次、推介安次、展示安次发展成就营造良好舆论氛围。同时，在省级新闻评选中获得优异成绩：《“草根词人”创作〈我们爱着你——李保国〉唱响网络》在河北省新闻奖（2016年度）评选中获二等奖。台内3人受到市级以上表彰：马宁被廊坊市妇联评为2016年度“廊坊市三八红旗手”；吴勇辉被共青团廊坊市委评为2016年度“廊坊市新长征突击手”；卢娜被评为“廊坊市优秀宣传干部”。

【强化“喉舌”职能，拓展电视宣传的广度】 2017年，区广播电视台围绕安次区委落实十八大和习近平总书记系列重要讲话精神，落实党中央治国理政新理念新思想新战略；落实“五位一体”总体布局和“四个全面”战略布局；围绕树立和贯彻创新、协调、绿色、开放、共享的发展理念和事关全区百姓的重大举措，进行浓墨重彩的报道。区“两会”、区委（扩大）会议、区政府全体会议、区人大常委会工作会议、区政协工作会议等重要会议期间，区广播电视台围绕各个活动阶段中心工作，克服时间紧、任务重、人员少等不利条件和困难，超前谋划，准确把握会议精神，找准切入点，制定详细报道计划，科学整合资源，责任到人，协同作战，使党和政府声音及时传达到千家万户。特别是在区“两会”报道中，区广播电视台总结以往工作经验，扩大报道规模，在关注热点、加强政策解读方面做出新尝试，确保“两会”报道全方位、多视角、大容量、有声势，且实现与市台的同步播发。

【强化特色专栏，挖掘电视宣传的深度】 2017年，区广播电视台遵循新闻传播规律，准确研判社会舆情，强化特色专栏报道，增强舆论引导针对性和有效性。报道中，区广播电视台围绕全区深化改革、园区建设、项目建设、城乡建设、环境整治、大气治理、“煤改气”“5·18”、第什里风筝节、“一问责八清理”“两学一做”扶贫攻坚、“十九大”召开与会议精神落实等重点工作开设27个专栏。同时，联合相关职能部门，对不同节点、不同阶段工作动态及成果进行全方位、多层次，多角度、特色鲜明的集群式报道，进一步凸显电视宣传的职能优势。对于大气污染治理工作，区广播电视台着眼关注全区大气污染治理动态，聚焦大气污染治理具体活动；在市、区两级电视媒体及时播发全区大气污染治理工作取得的成果："38个驻村工作组入住一线督导大气污染""城区油烟集中整治行动""晨光社区检测燃气，保用气安全"等条目在市、区电视媒体的播发，进一步唤起全区民众"同呼吸、共担当"共识，着力营造人人参与环保的浓厚氛围。对于学习宣传贯彻党的十九大精神的报道，区广播电视台超前谋划，开设"建强区新城，喜迎十九大""绿美安次，喜迎十九大""热烈庆祝十九大召开""十九大时光""深入学习贯彻党的十九大精神""十九大精神在基层"等6个专栏，从迎接十九大预热造势到十九大召开后学习、宣传贯彻进行多维度深入报道。区广播电视台记者深入村镇社区、学校工厂，以人民情怀记录安次发展时代好声音，在区域内营造良好的迎接、学习、宣传、贯彻十九大精神的氛围。

【强化典型推介，加强电视宣传的社会性功能】 2017年，区广播电视台强化先进典型报道，编辑记者以积极姿态奏唱先进乐章；以真挚情怀书写典型风采；"用人民情怀记录，以榜样力量带动"，对每一个典型都认真研究；努力做到精心、精准、精确、精当，强化效果导向。讲究舆论引导策略、艺术、手法，挖掘身边典型，以先进典型身上体现出来的干事创业、无私奉献、一心为民的时代精神和诚实守信、孝老爱亲的优秀品质教育全区干部群众，引领人们自觉践行社会以核心价值观。区广播电视台在不同节点推出不同系列报道："三八"节期间，推出系列报道《巾帼风采》；"五四"期间，推出系列报道《青年岗位能手》；"七一"期间，推出系列报道《优秀共产党员》；2017年11月推出系列报道"最美安次人"等。刘春英、苏红艳、刘爱国、张磊、范希连、马勘正等20余人次走上荧屏，以榜样的力量，营造区域内无私奉献、弘扬"最美"、追求"最美"的时代道德风尚。

【强化融合创新，激发创造活力】 一是时讯改版，创造视觉效应。2017年，区广播电视台改版《安次时讯》包装：包括片头、片尾及背景音乐等，经廊坊市电视台联系，由中央电视台合作单位进行技术制作，融合安次区最新发展与地域特色等元素，形成高度概括安次区改革发展成就的电视名片。改版后《安次时讯》于2017年7月24日正式上架运行，成为安次区在廊坊市新闻频道展示安次发展成就的一道亮丽风景线。二是创新考核，关注日常工作，融合大数据考核思维。2017年，区广播电视台开展考核创新，严格日常工作管理。台内印发《区广播电视台工作人员平时考核登记表》，与全区"科级以下工作人员目标绩效管理"工作开展相结合，用目标绩效激发全台人员积极性、创造性，用纪实性记录加强过程控制与目标达成。考核中，将每人每天的工作化为一个数据点，将全面工作量与质平均分配到每一天、每一点、每一条新闻的采访、摄录、播音与制作中，融合大数据考核思维，明晰每个人的"德能勤绩廉"相关情况，为全台营造清明工作环境。三是专题创新，融合电视宣传的聚合效应。为深入挖掘身边典型，集中反应全区各条战线取得的发展成果，区广播电视台关注全区重点工作，及时捕捉工作亮点，策划、制作新闻专题片。2017年策划、制作专题片4部：《范希连：小村庄里拓荒牛》《百姓餐桌守护者：刘春英》《最美环卫女工：张玉红》《马勘正：用生命勘正生命》，播发后在全区引发热烈反响。四是优化专栏，一栏一品，丰富“时讯”品牌内涵。2017 年，区广播电视台谋划专栏建设，针对大气污染治理、“煤改气”、机关作风整顿、“两学一做”学习教育、安全生产、创建文明城市、喜迎十九大、十九大精神在基层等重点工作开设专栏，通过不同专栏的不同品位，不断丰富完善《安次时讯》的品牌内涵。

【强化外宣拓展，共享市级以上媒体资源】 在外宣工作中，2017 年区广播电视台坚持内容创新为本。台领导作为安次的“首席记者”“首席编辑”，带头践行“三贴近”、深化“走转改”；新闻记者从基层一线捕捉鲜活典型，与中央精神有机结合，融合小故事与大格局，不断推出有思想、有温度、有品质的优秀作品；中央电视台《新闻联播》《朝闻天下》《中国新闻》《体育新闻》，河北电视台的《河北新闻联播》《你早京津冀》《今晚视界》《今日资讯》等栏目都有安次的新闻报道，在市级以上媒体逐步形成“天天有内容，周周有重点”的宣传态势。年内播发稿件 281 篇（中央级媒体 4 篇，省级媒体 11 篇；廊坊电视台《廊坊新闻》105 篇，《廊坊零距离》129 篇，《联播廊坊》32 篇）。一是专人负责，专业策划，由被动宣传转为主动宣传。2017 年，区广播电视台专门抽调一组记者（包括一名文字、一名摄像）负责外宣工作的策划、通联与采访制作等工作。二是主动对接，增强稿件针对性。每月月初及时了解市台重点选题，结合安次实际，进行新闻亮点挖掘。如第什里风筝节、“5·18”经洽会、大气治理、“煤改气”、文明城市创建等宣传中，区广播电视台与市台各栏目的宣传采访同步进行，共享宣传资源，使宣传安次、推介安次成效更加显著。三是投稿速度快，确保重大新闻及时播发。对于区委、区政府的重大活动以及社会突发事件，及时报送市台，并积极协调，确保第一时间播发。四是投稿数量多、质量高，尽最大能力做到稿件一投即中。五是依托廊坊市电视台和中央台、省台进行通联，将区内工作亮点与先进典型在中央台、省台、市台进行播发，不断扩大安次美誉度与知名度。第三届第什里风筝节期间，区广播电视台紧盯活动流程，在中央台、省台、市台、区台等电视媒体播发风筝节的新闻 26 篇，多角度、全方位地展示风筝节各阶段活动动态。尤其是对第什里风筝节开幕报道，实现中央台、省台、市台同步报道。

【强化作风建设，增强责任意识】 2017 年，区广播电视台扎实开展一系列作风纪律整顿活动。一是强化考勤制度，台长亲自抓考勤工作，要求全台人员严格遵守上下班制度，坚决杜绝迟到、早退和无故缺岗现象；同时严格执行请销假制度，半天以上必须经由台长签字。临时有事外出，必须到办公室登记报备。二是台内不定期开展纪律检查，随机检查工作日中午饮酒、值班期间不在岗、工作时间违规上网等，确保台内工作环境清明。三是在台内落实“安次区广播电视台加强作风建设的十项要求”“安次区广播电视台六项纪律”，做到制度上墙，要求入脑、入心。四是加强值守工作。2017 年，区广播电视台与部分单位联合值班，实行 24 小时值班，各值班人员认真遵守值班制度，坚决杜绝漏岗、空岗、脱岗现象。

【强化主体责任，提升廉洁自律意识】 2017 年，区广播电视台和区主要领导签订《2017 年度落实党风廉政建设主体责任承诺书》，并与台内班子成员签订《2017 年度落实党风廉政建设“一岗双责”承诺书》，在台内形成责任网络。日常工作中，台领导班子始终坚持按《廉政准则》办事，特别是对于较为敏感的财务问题，严格执行财务纪律，定期向班子成员和全台人员通报财务收支情况；涉及设备购置事项，班子成员反复研究，确保意见统一后再由科室负责具体工作，确保每个过程多方沟通，互相监督，公开透明。认真执行《领导干部廉洁自律若干规定》和《廉洁从政若干准则》，在台各项工作中实施“签字背书”；同时，为提升全台党员干部廉洁自律意识，台内制定“廊坊市安次区广播电视台廉政工作纪律”，将责任明确落实在每一名工作人员身上。

【贯彻中央八项规定，打造清明电视宣传生态】 2017 年，区广播电视台认真贯彻落实中央八项规定精神，严格控制“三公经费”支出；严格控制外出学习及参观考察活动，禁止公款旅游；严格按规定使用公务车辆。台内仅有 1 辆新闻采访用车，按照区委、区纪委相关要求，在节假日进行封存；严格执行办公用品采购审批、使用登记制度，在工作细节上不断减少办公消耗，确保八项规定执行到位。

【强化文明引领，扎实开展文明城市创建工作】 一是结合创建文明城市和文明城区工作，全台党员干部到亿合社区（豪邸坊小区）开展“星期六文明行动”志愿活动。全台党员干部在小区义务打扫卫生，向社区居民讲解安全知识；同时在社区内、街道上发放宣传单，宣传文明祭祀等。二是与亿合社区党支部共同策划、拍摄创城系列短片，由社区居民担任演员，激发居民参与创城热情，起到良好宣传效果。三是组织全台人员参加廊坊市文明城市创建“访千楼、进万家、解民忧、聚民意”入户走访活动。2017 年 8 月 18 日全台人员到豪邸坊小区开展走访活动，与小区居民深度融合，引导小区居民参加文明城市创建活动，为廊坊市文明城市创建添砖加瓦。四是与廊坊市电视台共同举办“文明在心、创城在行”社区大型服务季活动，走进安次区大家新城、德荣帝景、汇源名居、永华明珠广场等 7 个社区及广场；倡导并引领群众参加创建文明城市活动，为创建文明城市贡献力量。五是与区委宣传部共同承办“最美安次人”评选和表彰，拍摄“最美安次人”事迹及宣传短片 17 部，用“最美”在全区营造出崇德向善、甘于奉献、团结友善的浓厚氛围，为安次强区新城建设提供强大的精神动力和道德支撑。

【强化安全保障，确保制播安全】 2017 年，区广播电视台进一步完善和落实安全制播有关规章制度，不断增强电视制播人员工作责任心和业务素质。特别是在“春节”“两会”“汛期”等重要时期和敏感节点，台主要领导靠前指挥，新闻记者随时待命，确保广播电视节目安全摄录，制播零事故。

（闫凤义）

档案管理

【概况】 廊坊市安次区档案局（馆）2017年，有干部职工18人，内设4个职能组（室）：办公室、档案业务指导组、档案管理组、编研组。2017年安次区立档单位61个，档案全宗274个，案卷46619和1372卷（件）。土地延包档案1010卷；录音录像档案11盒；照片档案2039张；馆藏资料7100册；非典档案1200件。主要职责：对安次区档案事业实行宏观管理；编制档案事业中长期发展规划、年度工作要点并监督实施；指导、检查、协调档案业务工作。研究起草安次区档案工作的地方性规章和办法，依据有关法律、法规进行档案行政执法和监督。组织档案科学技术和理论研究，推进安次区档案工作的科学化、标准化与现代化建设。制定安次区档案干部队伍建设规划，组织档案干部进行业务培训。负责档案宣传工作，统一管理安次区档案资料的对外交流，协调安次区档案工作的外事活动。集中统一管理乡镇、街道办事处，安次区直各单位和撤并单位机关档案资料，保守党和国家机密，维护档案完整，确保档案资料安全。负责接收乡镇、街道办事处，安次区直各单位和撤并单位机关档案并进行系统化整理，调查、征集与安次区有关的档案资料。负责安次区档案信息开发、开放规划与管理，发挥档案信息资源作用，为社会各方面提供服务。负责馆藏档案的编纂、研究、出版和编研成果的交流、交换工作，编写局（馆）目标管理相应等级有关材料。承办安次区委、区政府交办其他工作。

【档案管理工作】 重点做好汛期及各种恶劣天气期间“七防”工作；保障档案安全，定期投放鼠药和防虫、防湿药剂；保障档案安全，定期更新库房消防设施。保障档案安全，每天定期、定时全面检查库房，记录库房情况，做好值班日志。提供多样化的档案利用服务，2017年接待档案查阅者1200人次，提供档案2000余卷，认真清理馆藏，完成年初制定任务目标，提高档案利用效果。依据《中华人民共和国档案法》和《河北省档案管理条例》，依法公开1986年文书档案，公民和组织均可凭有效证件、证明等进行查阅。提高服务质量，完善档案查阅室环境建设，推行微笑服务，保持室内适宜、整洁。继续完善查阅者登记制度，对每位查阅者身份、所查档案是由所属年份及档案内容等进行详细登记造册，以便再次查阅，也为领导决策提供有利数字分类依据。

【档案指导工作】 按照市档案局安排部署，安次区档案局从2017年5月份开始指导、检查区各立档单位档案业务工作，采取边指导边检查方法，利用6个月时间执法检查区直单位、乡镇、街办处61个立档单位档案工作。在5月26日召开安次区档案工作会议上，制定下发《安次区档案局关于做好2017年全区机关档案管理工的通知》，转发廊坊市档案局《关于转发河北省档案局〈关于开展全省机关档案工作年度检查的通知〉》。严格安次区档案规范化管理，并在具体工作中加强监管力度。

按照《河北省机关档案工作目标管理认定办法》要求，依照《河北省机关档案工作目标管理认定标准》内容逐一严格对照核实，2017 年执法检查各单位，从检查情况来看，各单位比较重视档案工作。安次区档案各立档单位管理情况：立档单位的档案组织机构健全，档案员素质高，业务能力强；档案基础设施完备，文件材料能及时归档；

档案信息化建设需进一步加强；档案资料得到较好利用。同时在检查中也发现一些问题：对依法管档的重视程度不够，存在档案员更换频繁、档案员业务不熟练现象。部分单位对应归档文件材料收集不齐全、不完整，严重影响档案收集保管和开发利用。档案安全隐患依然存在。部分单位没有单独档案室、档案室堆放杂物等情况，以至于档案库房严重不合格。深化行政执法体制建设，健全完善执法责任制、执法公示制和执法过错责任追究制；建立完善法律顾问制度。注重机关法治文化建设，加强领导干部法制讲座制度、职工学法制度，推动法律知识普及和法治文化创新。

【延续档案传承，做好编研工作】 2017 年区档案局完成区委、区政府交办的 2016 年安次党史办年鉴、2016 年地方志年鉴编纂工作、在《廊坊档案》简报上发表《义和团廊坊大捷》《永定河与安次县》《安次文化遗产简介》三篇文章。完成 2004 年、2005 年《档案利用效果选编》，及时完成各种档案资料编纂任务。

（常艳侠）

科学技术

科技工作

【概况】 廊坊市安次区科学技术局（简称区科技局）是隶属于安次区政府的行政事业单位，是主管全区科技工作的行政管理职能部门。2017年有干部职工12人，内设4个股（室）：办公室、科技股、市场办公室、综合股。业务上受廊坊市科学技术局指导。主要工作职责：贯彻执行党和国家有关科技的方针、政策和法律、法规；拟订全区科技发展规划和科技工作方针、政策，起草相关规范性文件，并组织实施；负责组织制订全区企业科技研发机构、重点实验室、科技孵化器、区域科技创新服务中心等各类科技创新载体和重大科技创新平台的规划，并组织实施和管理；负责拟订全区科技成果推广的政策和措施，做好科技成果管理和科技奖励评审组织工作；协同有关部门做好科技人才培养和引进工作，提出相关政策建议；指导协调区政府各部门与各乡镇（街道）的科技和知识产权管理工作；会同有关部门组织实施科技强区和知识产权强区工程建设及各行业科技进步。区科技局立足区位区情，在搞好经济性推广，科技宣传的基础上，搞好科技服务，将创建国家科技进步示范城和科技助推新农村示范基地建设作为重点工作，着力突出科技的引领和支持作用，进一步提升科技管理队伍水平。

【务实担当，科技创新工作成效显著】 全力推进市委、市政府下达的各项科技创新指标任务。2017年市级下达任务指标：新增高新技术企业数必保9个，力争10个；新增科技型中小企业数必保123家，力争133家；新增科技小巨人企业6家；市级以上研发机构8个；报市级孵化器1个；申报市级众创空间1个；申报市级星创天地1个。组织申报高新技术企业27家，通过认定24家，其中新增认证20家，复审4家，新增数量居全市第一；申报科技型中小企业142家；申报科技小巨人企业6家通过5家；组织15家企业申报市级研发中心，通过11家，全市排名第五；组织3家企业申报市级科技孵化器，通过2家，新晋全市排名第二；组织3家企业申报星创天地，全部通过。科技局积极发挥主动性，争先创优。组织2家企业申报建设院士工作站，并通过审批，实现安次院士工作站零的突破；组织1家企业申报市级农业科普基地；为廊坊美好牧业等9家农牧企业申报科技小巨人培育；组织3家企业申报产业技术创新联盟，其中2家获批市级产业技术创新联盟，组织3家企业申报廊坊市协同创新基地。专利申请400件，专利授权247件，全市排名分别第五位、第六位；万人发明专利拥有量2.31件，全市排名第六位；增量0.9件，全市排名第五位。安次科技创新多项指标跻身全市先进行列。7月12日，省科技厅组织第二批河北省创新型县（市、区）试点申报。区委、区政府高度重视，区科技局快速协调，起草试点方案，组织申报材料，报请区委、区政府审定，经市科技局择优推荐、省科技厅组织专家评审，8月16日，安次区成功获批第二批河北省创新型县（市、区）试点单位，成为廊坊市唯一获批的第二批河北省创新型县（市、区）试点单位。试点创建工作将推动全区科技创新创业环境更趋优化，创新功能更加完善，创新能力显著增强，综合科技进步水平明显提升。科技创新将助推高新技术迅速发展，成为引领经济社会发展的主动力，安次综合创新实力将会走在全市前列。积极配合市科技局做好“5·18”经贸洽谈会组织、高新技术企业知识培训、创新券培训、校企合作对接洽谈会、廊坊——中关村软件园人才与产业创新基地人才服务交流会等系列活动；组团参加第二十届中国北京国际科博会；完成2016年度国家科普统计调查和地方财政科技技术功能支出调查统计工作；完成各级领导到安次就科技创新调研、考察接待工作；安次科技创新工作成效得到领导肯定和上级部门的认可。年度内，承办上级下发文件540余件、邮件4100余件次，通过文件、以及邮件、微信等形式向各乡镇（街道、园区）以及科技企业下发申报科技项目、填报各类数据材料、组织培训、参加会议等件、函、通知3000多件次，及时有效的推动科技工作的全面落实。对科技局承担的2个项目和企业承担的4个项目组织验收。并协助上级主管部门和财政部门完成2014—2016年省、市项目专项资金审计和绩效考评工作。2017年落实省级科技创新项目专项资金和市、区政策奖励资金总计1159.48万元。其中：省级科技创新项目专项资金341.98万元，市级政策奖励资金235万元，区级政策奖励资金及京津冀（廊坊）协同创新创业基地建设发展专项资金补贴582.5万元。及时组织企业办理项目合同、资金申请等相关材料，并对每个项目逐一审核，帮助企业报请财政、国税、地税部门审核后及时拨付到位。科技创新政策的落实极大调动企业自主创新积极性，为企业发展和安次经济实力增长奠定基础。抓宣传营造创新氛围，做服务促企业转型升级。一是努力营造安次科技创新氛围，9月28日以区委、区政府名义组织召开2017年安次区科技创新工作大会，区四套班子主要领导出席会议，各乡镇、街办处党委、政府主要领导，园区、区直相关部门主要领导和分管领导，全区规上企业、重点科技型中小企业和所有授奖企业的负责人及业务主管300余人参加了会议，会上宣读区委、区政府对2016年创新奖励决定，并颁发奖金，区委、区政府主要领导做重要讲话。会后邀请市科技局领导、区统计局和区工信局业务科室分别就全市科技奖励政策、统计业务知识、技改政策等相关知识进行培训，同时给企业发放各种奖励政策汇编和相关知识手册，营造安次科技创新政治生态氛围。二是转变职能、转变作风，主动服务。为完成各项创新指标任务，将工作重心下沉到乡镇、企业，上门指导工作，主动服务，确保各项工作顺利推进。探索一站式工作模式，主动协调财政、国税、地税等相关部门，帮助企业办理相关手续，极大减少各部门和企业工作时间及工作量，节省大量人力物力。公仆意识、服务意识得到充分体现，并获得企业的赞许。三是为加大科技创新支撑政策的宣传力度，采取上街宣传、发放资料等多种形式广泛宣传，编印《安次区科技创新政策汇编》

分发给乡镇、园区、企业，让企业了解国家、省、市、区各级扶持奖励政策，激发企业创新热情，为企业发展奠定基础。四是抓业务知识、政策法规培训，8 月 17 日以政府办名义在区政务服务中心组织开展科技法律法规及高企知识培训。参加培训的人员有区科技局全体成员，各乡镇（街道、园区）、区直有关部门主管负责人及执法职能科室人员，域内高新技术企业、重点规上和科技型中小企业负责人，参加培训人员达 120 余人。会上下发《国务院六项减税政策宣传手册》《科技创新政策汇编》《河北省促进科技成果转化条例》和《中华人民共和国科学技术进步法》等相关材料。培训得到省科技厅和市科技局领导的大力支持，由省科技厅情报院战略研究所史新辉副所长带队，邀请河北师范大学王春城教授和河北科技大学陈焕章教授主讲授课。王教授就《中华人民共和国科学技术进步法》和《河北省促进科技成果转化条例》进行解读。陈教授就高新技术企业认定管理和申报相关知识、政策进行详细阐述。此次培训，使辖区企业对河北省促进科技成果转化条例和高新技术企业认定管理更加深入了解。同时，加强全区行政机关依法行政能力，提高机关人员整体法律素质和工作水平。五是实施人才引进战略。10 月 28 日，首届龙河高新区大型人才交流会在龙河高新区廊坊科技企业创新创业园慧谷梦工厂举办。此次会议由区科技局、组织部、人社局、龙河园区管委会为主办单位，廊坊星火孵化器和宏泰集团为承办单位，共同完成的一次探索性实践。此次人才交流会提供就业岗位 1000 余个，搭建廊坊龙河高新区企业与人才、企业与高校间的交流平台，建立人才引进机制，将科技人才作为驱动发展的第一动力，在全社会形成尊重知识、尊重人才的浓厚氛围，为加快廊坊龙河高新区创新团队聚集、人才引进步伐，实现安次科技创新的新发展做了一次大胆的尝试。六是通过政府网站向社会公开科技创新项目申报、高企申报、科技型中小企业认证等申报流程，方便企业申报、查询问题。按照省级农业科技园区、环首都农业科技示范带工作规划实施方案要求，协调各有关部门，立足本职为企业搭建平台和上项目，提升企业自主创新能力，组织廊坊市瑞海农业技术有限公司等 10 家企业申报科技型中小企业；组织 1 家企业申报市级农业科普基地；组织 3 家企业申报星创天地；为廊坊美好牧业等 9 家公司申报科技小巨人培育；组织 1 家企业申报院士工作站。完成省厅各项考核验收、调研数据收集等相关总结材料的撰写。配合省、市、区相关部门做好知识产权维权打侵工作，维护市场秩序和谐有序。

【深化管理，基础工作进一步夯实】 抓制度建设，做到有章可循。规章制度是机关干部依法行政和行为规范的准则，也是保证机关单位规范化建设和正常运行的重要措施。科技局党组把“讲规矩、守纪律”放在首要位置，研究建立、规范、完善各项规章制度，编印《机关管理制度汇编》，内容包括工作职责、党建、议事规则和日常管理 4 个方面计 21 项制度，机关干部人手一册。通过建章立制，让大家有法可依、有章可循，使工作更加规范、有效。抓管理落实，创建效能机关。工作效能提升的关键是不断夯实工作基础，严管理抓落实。一是坚持周例会制度，及时传达上级会议、政策、文件精神，分析总结工作进度，让每个人知晓政策精神，明了工作责任。二是坚持学习制度，集中学、网络学、自学、分享学形式多样，学理论武装头脑、学知识增长技能、学政策服务基层，干部自身综合素质不断提升。三是坚持“三重一大”民主决策制，对人事、项目、资金等严格执行民主决策，内容公开，2017年召开班子以上会议43次。四是严格落实岗位责任制和AB岗制度，明确职责分工，落实岗位责任制，公开考评机制。同时明确AB角互补机制，确保工作不缺岗、不空岗。五是加强信息反馈，及时报送信息，反馈工作亮点、经验做法，为领导决策提供依据，为部门间提供可复制经验，全年报送信息125篇，被市科技局网站选登16篇、区级选用6篇，其中：《安次快报》5篇、《今日快报》1篇（领导批示2件）。六是坚持谈心、谈话、约谈机制，一把手与班子成员、班子成员与分管科室人员，采取半年定期谈、发现苗头谈、出现问题谈，谈心打通心结、谈话查摆问题、约谈批评教育，有效解决思想认识问题。七是坚持请销假制度，领导和办公室做到人来见面、人走知去向。八是严格财务管理制度，一把手不直接分管财务，但大额资金必须亲自过问，做到财务公开透明。九是严格公车使用管理，按照公车使用管理规定，做到有人管、有登记，公车办公事，做到公私分明。十是坚持安全排查检查，对机关每个房间定期检查，对出租房屋确定责任人、签订责任状、不定期排查，对外部进出车辆严格管控。十一是倡导节俭传统美德，从节电、节水、节约每一张纸做起，让勤俭节约成为习惯。抓环境建设，振奋精神面貌。按照科技局工作职责，规范各科室、会议室及党员活动室建设。根据局机关布局将工作职责、廉政、党建、科技创新等主题内容宣传标语、知识政策上墙，让全体干部做到日警日醒，机关环境焕然一新，营造清正、廉洁、创新、实干激情向上的工作环境氛围。同时，抓好环境卫生、环境绿化美化，营造温馨的机关生态环境。

【“一问八清”工作常态化】 按照区委、区政府、区纪委“一问八清”有关要求，科技局成立“一问责、八清理”暨基层“微腐败”专项整治领导小组，针对专项清理“小金库”、政事不分、政企不分、政会不分等问题及“放管服”改革不到位等问题认真开展自查，通过自查自纠，将改革工作落到实处，并积极配合上级部门做好清查工作。同时，将“一问八清”内容作为局机关规范管理、强化作风准则来抓，成为治理机关作风涣散、不作为、乱作为、慢作为、强化纪律常规化有力抓手，切实转变工作作风。

（郭家坤）

气象测报

【概况】 廊坊市气象局始建于1958年12月，管辖三河、香河、大厂、安次、永清、固安、霸县、文安、大城、宁河、静海、蓟县、宝坻、武清等14个县。1983年7月，安次县气象局撤销，其业务工作归属廊坊市气象台承担。安次区气象局隶属于廊坊市气象局，安次区的气象观测预报业务、公众气象服务、农村气象服务、农村气象灾害防御、雷电防护检测、气象科普宣传、气象探测环境保护等工作由廊坊市气象局统一安排部署。安次区气象局主要职责：负责安次区域内气象事业发展规划的制定及气象工作的组织实施；对安次区域内的气象活动进行指导、监督和行业管理；组织指导安次区域内气象灾害防御工作；组织拟订和实施安次区域的气象灾害防御规划；组织气象灾害防御应急管理工作；指导城乡气象工作，组织推进农村气象灾害防御体系和农业气象服务体系建设，组织指导乡镇（街道）气象工作站和气象协理员、信息员队伍建设。组织重大活动、突发公共事件气象保障工作；承担组织宣传、普及气象科学知识及上级气象主管机构和本级人民政府交办的其他事项。坚持科学发展观为指导，坚持以人为本，以服务于经济社会发展和人民福祉安康为宗旨开展各项业务。

【气象观测】 按照廊坊市气象局的整体布局，2017 年在安次区设有自动气象观测站 6 套，小型农田气候观测站 3 套。正在筹划安次区的自动气象站和农田气候观测站的增设情况，安次区气象局与区政府以及各社区村镇协商自动气象站的增设地址，预计在未来的一年中陆续开始安装。建设 6 个粮食作物农田小气候观测站。

【乡村气象服务】 2017 年农村信息发布手段方面设有 LED 显示屏 11 台，气象信息宣传大喇叭 1 部。每个社区和村镇至少设有 1 至 2 名气象信息员，总计 230 余人。主要发布内容为日常天气预报，气象灾害预报和预警以及气象科普等。

【公众气象服务】 廊坊市气象灾害防御指挥部设在廊坊市气象局，具有完善的突发公共事件综合预警信息发布平台和发布体系。依托廊坊市气象局，安次区气象局在重要天气过程来临时和重大节日、活动、重点农时等气象服务中及时将气象预报、预警以及灾情、雨（雪）情等天气信息送到安次区政府、安次区水务局、农业局及其他相关部门手中，为领导及相关部门科学决策、科学防范提供有利可靠依据。

【科普知识宣传】 2012 年到 2017 年每年协助市气象局向各社区和街道发放气象科普宣传资料，更新宣传橱窗。深入社区和街道开展“3・23”世界气象日宣传活动、“5・12”防灾减灾日宣传活动、“12・4”全国法制宣传日宣传活动等。每年定期邀请中小学生来气象科普馆参观，为小朋友们讲解气象科普知识，开展气象科普宣传。

（张艳艳）

教　育

综　述

安次区教育局是隶属于安次区政府的行政事业单位，是主管全区教育工作的行政职能部门。2017 年局机关核定编制 34 人，内设 10 个职能科室：办公室、纪检监察室、人事股、教育股、廊坊市安次区教研办公室、安次区人民政府教育督导室、法制安全股、廊坊市安次区勤工俭学管理站、廊坊市安次区招生办公室、廊坊市安次区电教仪器站。主要职责：全面贯彻党和国家的教育方针，落实国家有关教育法律、法规。研究制订全区教育事业发展规划及年度计划，并指导、协调、组织规划和计划的实施。统筹规划、协调指导教育体制和办学体制的综合改革。综合管理全区基础教育（含学前教育）、职业教育、成人教育以及社会力量办学等工作。指导、协调各乡镇的教育教学工作。负责全区教育督导、检查与评估。

2017 年，全区现有各级各类学校、幼儿园 147 所，其中公办中学 7 所、公办小学 62 所、公办幼儿园 53 所、民办小学 6 所、民办幼儿园 16 所、培训机构 1 所、职教中心 1 所、教师进修学校 1 所，廊坊市第十二中学设有高中部。

2017 年全区义务教育阶段在校生 43134 人，其中初中生 13487 人、小学生 29647 人，高中部在校生 738 人，学前在园幼儿 9976 人。

2017 年全区有在编教职工 2820 人，其中专任教师 2711 人。幼儿园专任在编教师 17 人，均专科以上学历，学历达标率 100%；小学专任在编教师 1621 人，均中师以上学历，学历达标率 100%，专科以上学历 1548 人，占 96%；初中及高中专任在编教师 1049 人，学历达标率 99%，专科以上学历 1045 人，占 99%；中职院校专任在编教师 24 人，均专科以上学历，学历达标率 100%。

全区各级各类学校占地总面积 148.07 万平方米，其中，安次区教育局直属国办中小学占地面积 107.82 万平方米，中学 40.67 万平方米，生均占地面积 30.15 平方米；小学 67.14 万平方米，生均占地面积 22.65 平方米；幼儿园 6.05 万平方米，生均占地面积 14 平方米；职教中心、教师进修学校 6.27 万平方米；

安次区中小学建筑面积 47.99 万平方米，其中，安次区教育局直属国办中小学建筑面积 31.04 万平方米，中学 14.40 万平方米，生均建筑面积 10.68 平方米；小学 16.64 万平方米，生均建筑面积 5.61 平方米；幼儿园 6.05 万平方米，生均建筑面积 2 平方米；职教中心、教师进修学校 1.72 万平方米。

【推进标准化学校建设】 2017 年，重点实施学校新建、城区学校扩容提质、薄弱学校改造和农村学校改扩建四大工程，涉及学校 22 所，总投资 5.24 亿元。截至年底，仇庄乡光荣村小学、葛渔城北街小学等 12 所学校建设项目完工。龙河一小、银河学校等 5 所学校建设项目在加快施工。第十三中学教学综合楼项目、第四中学附属小学等 5 所学校建设项目在加紧推进前期手续办理。2017 年暑期，实施第十四小学南校区、安次区第二幼儿园、第五小学、实验小学、第十七小学、第二十一小学、第五中学等一批城区学校的扩容提质工程，新增学位 1600 个，有效缓解城区入学压力，学校硬件条件得到明显改善。同时，通过多方协调，重新启动祝马房小学、第二十一小学操场、南街小学附属幼儿园等一批长期停滞建设项目，学校建设工作得到整体推进。2017 年，安次区薄弱学校改造工作位列全市前三。

【德育内涵不断丰富】 全区教育系统以全国文明城市创建为契机，深入开展文明校园创建工作。围绕社会主义核心价值观和未成年人思想道德建设，相继开展健美操、校园舞、校园足球等阳光体育活动；清明祭英烈、学习身边榜样、争做美德少年等道德实践活动；庆六一、国旗下讲话、环保征文、读书教育、汉字大比拼、戏曲进校园等主题教育活动。爱国教育、国学教育、感恩教育全面开展。通过以上活动的开展为学生人生观、价值观、世界观的形成注入正能量。在 2017 年“第五届全国文明城市”评选活动中，廊坊市获得“全国未成年人思想道德建设工作先进城市”称号，安次区作为市主城区，全区各校在文明城市创建工作中做出突出贡献。

【教育教学质量不断提高】 全区教育系统广泛开展名师帮带、学区教研、集体备课活动，助推全区教育教学质量稳步提高。相继开展 11 个学科的优质课展评和学区主题教研活动，在“一师一优课、一课一名师”活动中，有 285 节录像课获得市级“优质课”荣誉。2017 年中高考喜获丰收：中考重点高中上线人数 874 人，同比增加 78 人，上线率 25.15%。普通高中上线人数 1885 人，上线率 54.24%。廊坊市第四中学一中上线人数 474 人，上线率 46.2%，继续高居市区首位。廊坊市第十中学一中上线人数 235 人，上线率 26.7%，继续保持市区前列。廊坊市第五中学、第十八中学中考成绩主要指标较 2016 年有显著提升。第五中学一中上线人数 50 人，同比增长 330%。第十八中学一中上线人数 42 人，同比增长 300%。2017 年高考再创新高，特长生一本上线 35 人，文化课二本上线 15 人，专科上线 106 人，上线率接近 100%。

【教师队伍建设不断加强】 教育局高度重视教育干部及教职工培训交流工作。2017 年有 75 人次参加国家、省、市级校长培训，近 100 人次参加省级以上骨干教师培训，1700 余人（一线教师）参加暑期业务培训。组织全系统教育干部、政教干部开展大练兵活动，为广大学校管理干部搭建展示成果和交流经验平台。同时，对全区 73 所学校教师编制进行重新核定，实施动态化管理。为缓解一线教师不足，将教育局机关 39 名超编职工分流到学校一线任教。大力推进干部教师交流工作，66 名教师参与城乡交流支教。新招聘教师 150 人，教师学科结构和年龄结构更加合理，教师编制得到有效补充。全区教育系统新增特级教师 2 人，新增省、市级骨干教师15人。全系统优秀教师团队总人数达到446人。有15人获得省、市级“先进个人”称号，有194名教师被区委、区政府授予“优秀教师”“优秀教育工作者”称号。

【校园安全整治不断深入】 教育系统全力推行1136校园安全工程，采取例会部署、包片督查、联合检查、整改复查的方式，严格落实一岗双责，深入开展校园安全及周边综合治理工作，2017年未发生校园安全事故。同时，高密度开展安全教育周、逃生疏散演练、重大安全教育日等活动，以购买社会服务方式为学校聘用专职保安人员217名，配备校园智能访客系统，购置食品快检设备，结合农村“煤改气”工程对全部农村学校实施管道燃气改造，多措并举确保全区教育系统安全稳定。

【民办校（园）管理不断提升】 教育局将民办校（园）纳入日常管理，定期督导检查，使办学能力和办学水平得到提高。2017年重点实施民办幼儿园集中整治工作。自8月起，配合各乡镇、街办处和相关部门，分3个阶段对全区128所民办无证幼儿园进行排查整治，逐一登记造册，建立整改台账。对经整改仍达不到颁发办园许可证标准的，坚决予以关停取缔。截至年底，取缔民办无证园19所，关停整改102所，7所民办幼儿园取得办学资质，民办幼儿园办学行为得到进一步规范。

（黄文雅）

基础教育

【概况】 安次区辖区面积595平方公里，城区规划面积54平方公里，总人口38万，其中常住人口36.3万。2017年全区现有公办中学7所、公办小学60所、公办幼儿园53所，廊坊市第十二中学设有高中部。截至2017年底完成农村中小学布局调整，初步实现学区一体化农村义务教育新格局。加之校园安全工程全面实施，教学装备上档升级，农村中小学标准化水平实现跨越式提高，城乡办学条件更趋均衡。

【德育工作稳步推进】 2017年组织开展中小学政教干部大练兵活动，为全区德育工作者搭建展示交流的平台。比赛分中学组和小学组，参赛选手计20名，200余名中小学政教干部观摩此次活动。按照既定比赛规程，经过紧张角逐，中学组杨瑞芳、付辉、孙洪宇，小学组王江红、刘宝建、王亚军、金素平、王瑶、刘伟，分获本组的一、二等奖。为真实反映德育工作者在日常工作中做出的突出成绩，2017年6月至7月组织开展中小学德育工作优秀案例征集评选活动，在各乡镇、学校积极配合下，收集中小学德育工作优秀案例102篇，经评审组认真评选，倪淑玲等4名教师获中学组一等奖，史月影等7名教师获二等奖，王斌等22名教师获三等奖；李姣等8名教师获小学组一等奖，陈皓等20名教师获二等奖，张璇等41名教师获三等奖，并对获奖者给予通报表彰。德育教育活动丰富多彩，根据相关部门和教育局的总体安排，全区各校因地制宜广泛开展具有鲜明特色的德育教育活动，主题明确，寓教于乐，让学生的思想受到教育，能力得到培养。一是为缅怀先烈、心存感恩，继承和弘扬革命先烈的大无畏精神。清明节期间，组织全区中小学生开展“清明祭奠英烈”主题活动，各学校分别组织学生登录网站，文明祭祀，表达对革命先辈的敬仰，立志报效祖国。市区中小学和部分乡镇学校组织师生到烈士陵园扫墓，祭奠英烈，进行爱国主义教育。二是“六一”期间，各中小学、幼儿园根据本单位实际情况，以集体入队仪式、自编自演、成果展示等形式庆祝自己的节日，向家长和社会展现孩子们积极向上的精神风貌。活动内容兼具娱乐性、趣味性、思想性和教育性，使全区儿童在活动中受到教育、促进成长。同时以儿童节为契机，为大力弘扬美德少年事迹，引导未成年人学习身边榜样，在全区范围内开展“美德少年”评选活动，评选出张耘浦等20名“美德少年”。三是在全区中小学中开展“传统文化进校园”“戏曲文化进校园”等活动，加强传统文化知识宣传教育和传统艺术展示展览活动。另外，根据中共廊坊市委宣传部文件指示精神，在全区中小学生中开展“百年追梦　全面小康”征文比赛、“最美河北”摄影大赛、讲故事、演讲比赛，弘扬中华传统美德，增强广大青少年文化自觉和文化自信，传承发展中华民族优秀传统文化。四是参加廊坊市委防范办等四部门关于在全市小学师生中开展反邪教绘画比赛活动，教育广大青少年认清邪教本质，远离异端邪说。上报作品106幅，东沽港镇磨汉港小学李瑞等27名同学分获一、二、三等奖，第十七小学闫俊昊等23名同学获得“优秀奖”。五是为树立典型、激励先进，引导学生在德、智、体、美等方面全面发展，组织开展市、区两级“三好学生”“优秀学生干部”和“先进班集体”评选活动，北史家务乡王庄小学秦艺宁等84名同学被评为市级“三好学生”，仇庄乡仇庄小学纪霖姗等23名同学被评为市级“优秀学生干部”，落垡镇落垡小学五一班等12个班级被评为市级“先进班集体”。第五小学张家瑞等152名同学被评为区级“三好学生”，实验小学张硕桐等53名同学被评为区级“优秀学生干部”，第十四小学六年级一班等47个班级被评为区级“先进班集体”。六是按照市委宣传部、市教育局的文件指示精神，组织开展青少年“阅读益人生，书香美廊坊”读书活动，“全民阅读，书香校园主题绘画摄影作品征集”活动、廊坊市首届“中小学朗诵大赛”活动。七是为传承和弘扬书法艺术，全面推进“书法进校园”活动，培养学生综合素质，提升学生学习书法兴趣和热情，各校分别开设书法课，加强书法知识宣传普及、开展书法文化教育培训和书法艺术展览活动。八是2017年是河北省文明城市复检、国家级文明城市创建的关键之年，以文明校园创建学校联系点为依托，组织开展讲文明树新风、向国旗敬礼、中华经典诵读、网上祭英烈等主题活动，培养学生阳光向上、爱国明礼的良好行为习惯。第四中学、第五中学、第十中学、第五小学、第十七小学和第二十一小学分别被评为“廊坊市文明校园示范校”，实验小学和第十四小学分别被评为“廊坊市文明校园”。

【关于体育工作】　一是提前制定预案，精心组织实施体考工作，2017年4月15日至4月17日，全区3700余名考生参加中考体育测试，测试过程中没有出现任何安全事故，完成体考工作。二是7月3日，在廊坊市第四中学体育馆举办第十七届全区中小学生健美操比赛。20支代表队，共计280余名运动员参加比赛，小学组四级徒手操、中学组三人操，以及自选动作比赛，赢得阵阵掌声。经过紧张角逐，第四中学和第十七小学代表队分获中学组和小学组团体总分第一的好成绩。健美操成为安次区一项非常成熟的学生社团活动项目。三是足球运动成绩凸显，廊坊市第十七小学和廊坊市第十三中学组织学生参加校园班级足球联赛、开设足球课、业余足球训练以及课外足球运动等足球活动，在校园足球普及和校园足球比赛活动中做出突出贡献，被评为“全国青少年校园足球特色学校”。6月，第十四小学、第十二中学和第四中学代表安次区参加京津冀中小学校园足球预选赛暨廊坊市中小学校园足球联赛，第十二中学安家海老师代表安次区担任裁判员。四是按照教育部要求完成各学校体育工作基本情况、学生体质健康状况、学校体育开课率、阳光体育运动开展情况的报告，并对照《指标体系》要求完成学校体育工作年度自评。五是按照教育局学期计划安排，5月15日—5月16日，市区中小学、乡镇中学和乡镇教办室分别组织各单位召开春季运动会，推进阳光体育活动的开展，活跃校园体育文化生活，增强师生体质健康。

【关于卫生工作】 安次区教育局协助卫生部门做好传染病防治工作，2017年暑假开学初完成住宿生入学、小学新一年级入学健康体检和防疫筛查工作。11月廊坊市广安医院与全区各校签订体检合同，用1个月的时间，对全区中小学生进行常规体检工作，并以校为单位出具分析报告及每生一份体检报告。

【学籍管理和小学招生工作】 教育科对进城务工人员随迁子女入学问题始终都非常重视，每年7月—9月，保证每天早8时至晚6时都有人在岗，按照“划片招生、就近入学”的原则及《安次区教育局关于做好2017年小学及小学附属幼儿园招生工作的通知》等规定，对来局咨询的家长进行耐心解答，为进城务工人员随迁子女创造平等学习环境。为解决上学难问题，督促市区学校千方百计拓展空间，尽可能多的解决孩子们入学问题。经过各校努力，2017年全区招收小学一年级新生6184人，仅主城区9所小学招收新生3500余人，用实际行动确保适龄人口免试、免费、就近入学。到2017年10月20日，6184名新一年级学生学籍注册工作、4900余名初一新生招生注册工作完成。同时，加强对学生电子学籍统一管理，对转入、转出、休学学生申请材料进行严格审核，特殊情况及时与上级主管部门沟通。

（黄文雅）

【安次区第二幼儿园】 廊坊市安次区第二幼儿园隶属于安次区的一所公立幼儿园，2012年9月正式成立，位于廊坊市爱民西道馨视界小区对面。占地面积381平方米，建筑面积1800平方米，固定资产总值852642.9元。阅读区藏书3000册。2017年，有教职工61人，其中专任教师53人，高级教师1人，一级教师12人，二级教师1人。安次二幼坚持以“四自”教育为办园理念，以“红苗教育”为特色，培养幼儿综合能力，促进幼儿全面、健康发展。举办安全逃生演练、迎“六一”趣味亲子运动会和“家长开放日”等活动，受到全体幼儿家长及社会各界广泛好评。

2017 年幼儿人数统计表

毕业生（人）	新生（人）	在园生（人）	教学班（个）
72	43	515	12

（赵文雅）

【廊坊市第五小学】　廊坊市第五小学（以下简称“五小”）隶属于安次区的一所全日制国办小学，始建于 1973 年，位于廊坊市光明西道常青路 2 号。学校占地面积 10158 平方米，建筑面积 6440 平方米，固定资产总值 658. 55 万元。2017 年有教职工 107 人，高级职称 4 人，中级职称 55 人，图书馆藏书 65603 册。廊坊第五小学坚持“以人为本、以德立校、依法治校、科研兴校、名师强校”的办学理念。依托教育信息化，加快课堂教学改革，2017 年开始，组织骨干教师制作语文、数学、英语 3 个学科的微课程视频资源，并应用于课堂实践，以课堂教学为中心，深化教学研究活动，有效促进学生学习方式转变，提高学生学习能力和课堂教学效率。走内涵发展路线是学校始终不变的追求。教育科研是学校长足发展的助推器，五小始终把教育科研作为一项主要工作，促使教科研团队活动更具针对性、时效性、可操作性，丰富内涵，创新发展。五小教师立足小题破解，参与课题研究。2017 年，国家级子课题《特色学校创建和特色课程开发与实施的研究》结题，市级课题《小学低年级绘本阅读的教学策略》《小学英语情景教学策略与研究》结题，另有两项区级课题结题。《小学特色课程开发与实施的研究》被立项为河北省教育科学研究“十二五”规划课题，《基于核心素养培养的小学数学课堂教学的研究》和《小学生文明礼仪的教育与研究》等被立项为廊坊市教育科学研究“十二五”规划课课题。这些课题涉及小学领域所有学科，有效地促进第五小学课堂教学改革。

【重大活动取得的荣誉】　被安次区教育局授予“2017 年度教育系统先进集体”；被安次区教育局授予“2017—2018 学年度第一学期教学成绩先进单位”；被廊坊市教育局、廊坊市语言工作委员会、廊坊市精神文明建设委员会办公室授予“2017 年度经典诵读大赛优秀组织奖”；被安次区团委授予“2017 年度优秀红旗大队”；2017 年安次区中小学健美操比赛集体第四名；被廊坊市体育局、廊坊市体育总会授予“2017 年廊坊市围棋进校园工作突出贡献奖”；被河北省教育厅、河北省语言文字工作委员会授予“语言文字规范化示范学校”。

2017 年五小学生人数统计表

毕业生（人）	新生（人）	在校生（人）	教学班（个）
373	399	2593	36

（刘红艳）

【廊坊市实验小学】　廊坊市实验小学是隶属于安次区的一所普通国办小学，始建于 1980

年。学校占地面积 11326.30 平方米，建筑面积 10214 平方米，固定资产总值 10261400.04 元。图书馆藏书 40600 册。2017 年有教职工 99 人，其中高级教师 6 人，一级教师 60 人；省级骨干教师 1 人，市级骨干教师 9 人，区级骨干教师 9 人。

2017 年 2 月、12 月，分别开展以“把青春献给我最爱的三尺讲台”“阅读悦美”为主题的师德师风演讲比赛、教师朗诵比赛。

继续推行“161”式教学法，取得良好教学效果。五年级语文学科测试获城区第一名，其他各年级各学科也取得明显进步。4 名教师获得区级“优质课一等奖”。

4 月 1 日下午，学校少先队大队组织四至六年级少先队员代表，到廊坊市烈士陵园开展以“缅怀革命先烈　感恩美好生活”为主题的清明扫墓活动。

聘请具有专业知识的“班级校外辅导员”，为师生进行专业讲座，开创家校沟通新平台。

2017 年度被评为“市级文明校园”、区级“红旗大队”。

2017 年实验小学学生人数统计表

毕业生（人）	新生（人）	在校生（人）	教学班（个）
237	398	2041	30

（张洪靖）

【廊坊市第十四小学】　廊坊市第十四小学隶属于安次区的一所普通国办小学，始建于 2003 年。学校占地面积 38176 平方米，建筑面积 9870 平方米，固定资产总值 4036304 元。图书馆藏书 6.22 万册。2017 年有教职工 119 人，其中特级教师 0 人，高级职称教师 4 人，中级职称教师 47 人；省级骨干教师 1 人，市级骨干教师 13 人，区级骨干教师 10 人。

2017 年十四小学生人数统计表

毕业生（人）	新生（人）	在校生（人）	教学班（个）
503	928	4130	62

（王　静）

【廊坊市第十七小学】　廊坊市第十七小学隶属于安次区的一所普通国办小学，始建于 2012 年 9 月。学校占地面积 21892 平方米，建筑面积 9650 平方米。固定资产总值 4969365.08 元，图书馆藏书 64540 册，2017 年有教职工 108 人（在编 63 人），其中高级教师 4 人，一级教师 36 人，二级教师 18 人；省级骨干教师 1 人，市级骨干教师 6 人，区级骨干教师 19 人。

2017 年廊坊市第十七小学学生人数统计表

毕业生（人）	新生（人）	在校生（人）	教学班（个）
132	560	2368	36

（王江红）

【廊坊市第二十一小学】　廊坊市第二十一小学是隶属于安次区的一所普通国办小学，始建于2012年，同年9月招生并投入使用。学校占地面积29952平方米，建筑面积9658平方米，固定资产1800万元，图书馆藏书55000册。2017年有教职工59人，其中高级教师2人，中级职称34人，特级教师1人。

【2017年学校活动大事记】　3月29日，少先队大队部组织200名少先队代表到廊坊市烈士陵园举行清明节祭扫烈士墓活动。3月31日，开展消防应急疏散演练活动。5月5日，廊坊市口腔健康科普宣传活动在第二十一小学举行。5月12日，上午举行防震应急疏散演练。5月26日，举行“喜迎十九大—我向习爷爷说句心里话”新队员入队仪式。6月1日，举行“放飞中国梦，做美德好少年”庆“六一”文艺汇演。6月15日，由安次区委宣传部、安次区文广新局、安次区文化馆联合举办的“戏曲进校园”活动来第二十一小学演出。9月14日，特邀国家二级心理咨询师赵昶水老师为师生做感恩教育专题讲座。9月18日，邀请安次区人民法院法官与河北陈玉芹律师事务所律师到学校开展“法治宣传进校园”活动。12月29日，举行教师迎新年联欢会。12月，学校获得“廊坊市文明校园示范学校”称号。

2017年二十一小学生人数统计表

毕业生（人）	新生（人）	在校生（人）	教学班（个）
168	642	2496	35

（刘艳霞）

【廊坊市第四中学】　廊坊市第四中学是隶属于安次区的一所普通国办初级中学，始建于1983年，于2014年9月1日迁入新校区，新校区占地面积8万平方米，建筑面积3.6万平方米，固定资产总值16836227.19元，图书馆藏书16.4万册。2017年有教师231人，其中，省级骨干教师9人，省级名师2人，市级骨干教师30人，市级名师6人，区级骨干教师4人，正高级教师2人，中学高级教师64人，中学一级教师126人（其中，特级教师24人，区级名师22人）。学校始终坚持“育人为本、德育为先”指导思想，在德育教育工作中形成以学生为主线、教师为主导、家长为依托管理模式，开展班主任素质大赛、名校之旅、百日誓师、“五十华里远足”“十四岁的担当”、毕业典礼等系列活动来丰富学生校园文化生活，用活动来凝聚人心，让学生在活动中体验、成长，开设篮球、足球、乒乓球、羽毛球、健美操等特色课程，努力为学生搭建展现自我、成就自我的平台。秉承“顶层设计、低端行动”的工作策略，以“以人育人、共同成长”为核心教学理念，全面推进学校教学的内涵式发展。成立课程研究中心，由备课走向研究教材到深入研究课标、研究教材。开展名师论坛《我就是教育》《我所站立的地方就是我的四中》《我的团队》等，青年教师论坛、名师示范课、师徒帮带等活动，让每一个层次的教师都获得长足发展。与优质学校联盟，到天津普育中学、山东舜耕中学“同课异构”，激活整个学科活力，真正实现相互合作和共同促进。2017 年中考再创佳绩：李睿同学以 626 分夺得廊坊市中考状元；1027 人参加中考，廊坊一中上线人数 474 人；2 人考入新加坡公费留学；4 名 2014 年廊坊四中毕业的学生 2017 年高考被清华大学、北京大学录取。

2017 年四中学生人数统计表

毕业生（人）	新生（人）	在校生（人）	教学班（个）
1027	1514	4452	61

【获得荣誉】

廊坊市第四中学 2017 年获奖情况

获奖名称	级别	发证单位	发证时间
廊坊市示范家长学校	市级	廊坊市教育局	2017 年 2 月
河北省示范家长学校	省级	河北省教育厅、河北省关工委	2017 年 2 月
在“穿越千年时光，感受诗经之美”2016 年度燕赵读书系列活动中，组织得力，成绩显著，特授予“优秀组织奖”	市级	廊坊市文化广电新闻出版局、廊坊市教育局、中国共产主义青年团廊坊市委	2017 年 4 月
廊坊市第十三届中学生运动会篮球比赛（初中女子组）第四名	市级	廊坊市教育局	2017 年 6 月
廊坊市第十三届中学生运动会篮球比赛（初中男子组）第二名	市级	廊坊市教育局	2017 年 6 月
第十七届中小学生健美操比赛中学组团体总分第一名	区级	廊坊市安次区教育局	2017 年 7 月
廊坊市文明校园	市级	廊坊市精神文明建设委员会	2017 年 2 月
在首创杯“爱廊坊　爱家乡　放飞理想”全市中小学生征文演讲大赛获组织奖	市级	廊坊日报社	2017 年 9 月
廊坊市中小学信息化教学示范学校	市级	廊坊市教育局	2017 年 12 月

（孙文艳）

【廊坊市第五中学】 廊坊市第五中学是隶属于安次区的一所普通初级中学，位于常甫路 82 号，始建于 1984 年。学校占地面积 46669 平方米，建筑面积 1.2 万平方米，固定资产总值 1411.09 万元，图书馆藏书 56771 册。2017 年有教职工 156 人，其中特级教师 0 人，中学高级教师 47 人，中学一级教师 88 人；省级骨干教师 2 人，市级骨干教师 19 人，区级骨干教师 16 人。11 个市级“十三五”规划立项课题顺利结题，孟晓曼、安国银、刘艳萍三个市级重点课题通过专家组鉴定。在教科研理论的指导下，教师们逐步由经验型向科研型转化。利用重要时间节点对学生进行德育教育。如："9・18"国旗下讲话、"9・30"烈士纪念日征文、"12・4"宪法日宣传、纪念"12・9"运动团员入团仪式、"12・13"国家公祭日系列活动等，营造浓厚的校园德育氛围。教育教学水平显著提高，年度内被评为省级"优秀传统项目校""绿色学校""依法治校示范校"、市级"文明单位""防震减灾示范校""平安校园""未成年人教育先进集体等"。《新华网》《廊坊日报》等媒体多次对第五中学德育活动开展情况进行报道。

2017 年五中学生人数统计表

毕业生（人）	新生（人）	在校生（人）	教学班（个）
478	570	1404	20

（胡学农）

【廊坊市第十中学】 廊坊市第十中学是隶属于安次区的一所普通国办初级中学，始建于2001 年。学校占地面积 66667 平方米，建筑面积 21448 平方米，固定资产总值 13684646. 88 元。图书馆藏书 128740 册。2017 年有教职工 180 人，其中中学高级教师 50 人，中学一级教师 99 人，中学二级教师 30 人；省级骨干教师 1 人，市级骨干教师 13 人，区级骨干教师 16 人；廊坊市中小学学科名师 2 人，安次区中小学学科名师 6 人。

2017 年学校以"立德树人"为根本宗旨，把德育教育目标放小，虚事实做，大事小做。以活动为载体，在班级、年级中开展拔河比赛，9 月"红领巾心系中国梦"演讲比赛、10 月"喜迎十九大颂歌献给党"歌咏比赛、"好习惯成就好人生"手抄报、黑板报比赛、"非物质文化遗产进校园"等丰富多彩的德育活动，加强对学生的理想、信念教育，营造积极向上的文化氛围。

建立"教务处—学科组—备课组—教师"的垂直教学科研组织机构，强化备课组长、学科组长的龙头带动作用，强化教研活动中"主题研讨"针对性和实效性。鼓励教师参加课题申报，截至年底未结题的市级课题 4 个，区级课题 1 个；结题省级课题 1 个，市级课题 3 个，教科研气氛浓厚，科研氛围蔚然成风。

学校先后获得"廊坊市文明校园"、安次区"教学成绩先进单位"、安次区"五四红旗团委"等多项荣誉。2017 年中考，880 名学生中，240 人达到廊坊一中录取线，542 人达到普通高中录取线，80 人被省内外名校录取，3 名同学在全省仅招 100 人的激烈竞争中，被中国空军青少年航空学校录取。

2017 年十中学生人数统计表

毕业生（人）	新生（人）	在校生（人）	教学班（个）
958	1031	3151	42

廊坊市第十中学 2017 年获奖情况

序号	级别	所获奖项	颁发单位	颁发时间
1	省级	2017 年度中央电视台“希望之星”英语风采大赛河北选拔赛优秀组织奖	河北省教育学会　中央电视台希望之星英语风采大赛河北组委会	2017 年 5 月
2	市级	廊坊市师生 2017 中华经典诵读大赛集体组三等奖	廊坊市教育局　廊坊市语言文字工作委员会　廊坊市精神文明建设委员会	2017 年 7 月
3	市级	廊坊市文明校园	廊坊市精神文明建设文员会	2017 年 2 月
4	市级	廊坊市第十三届中学生运动会田径比赛优秀组织奖	廊坊市教育局	2017 年 9 月
5	区级	2016 年度五四红旗团委	共青团廊坊市安次区委	2017 年 4 月
6	区级	2016 年度五四红旗团支部	共青团廊坊市安次区委	2017 年 4 月
7	区级	安次区首届“龙河杯”篮球比赛优胜奖	安次区文广新局	2017 年 5 月
8	区级	安次区第十七届中小学生健美操比赛中学组《五人操》三等奖	廊坊市安次区教育局	2017 年 7 月
9	区级	安次区第十七届中小学生健美操比赛优秀表演奖	廊坊市安次区教育局	2017 年 7 月
10	区级	安次区第十七届中小学生健美操比赛中学组《三人操》二等奖	廊坊市安次区教育局	2017 年 7 月
11	区级	安次区第十七届中小学生健美操比赛中学组《六人操》二等奖	廊坊市安次区教育局	2017 年 7 月

（李　静）

【廊坊市第十二中学】　廊坊市第十二中学是隶属于安次区的一所普通国办中学，由初中部、高中部组成，是安次区唯一一所集完全中学为一体的综合式学校。创建于 1956 年，位于河北廊坊高新技术产业示范区。学校占地面积 10670 平方米，建筑面积 47766 平方米，固定资产总值 24177971.71 元，图书馆藏书 109180 册，2017 年有教职工 228 人，其中高级职称 46 人，中级职称 109 人。2017 年高考一本上线 35 人，上线率 18.2%；二本上线 15 人，上线率 7.8%；本科上线 50 人，上线率 26%。

初中部，以素质教育为宗旨，重点打造精品课堂，落实以下工作：抓骨干教师、青年教师课例展示，立足推进高效课堂研究实践；抓外出培训提升，注重学科引领、方法和效果，引领中青年教师专业成长，深入教研组常规、主题教研，彰显教研团队创建工作，通过优秀教研组评比，教研制度强化教研组良性循环，继续组织好“双主六环”教学模式实践探究活动。

高中部，落实有校本特色的“113”课堂教学构建模式和“两轮六段”复习备课策略，借集体备课、同课异构、高考试题调研等教研活动助推教学质量提升。

2017 年十二中学生人数统计表

部门	毕业生（人）	新生（人）	在校生（人）	教学班（个）
初中部	724	805	2022	32
高中部	225	240	714	12

（李静）

【廊坊市第十三中学】 廊坊市第十三中学是隶属于安次区的一所普通国办初级中学，始建于 1956 年。学校占地面积 38686 平方米，建筑面积 8048 平方米，固定资产总值 4777590. 21 元。图书馆藏书 38750 册。2017 年有教职工 93 人，其中特级教师 0 人，中学高级教师 36 人，中学一级教师 51 人；省级骨干教师 1 人，市级骨干教师 3 人，区级骨干教师 12 人。

2017 年第十三中学生人数统计表

毕业生（人）	新生（人）	在校生（人）	教学班（个）
263	276	755	14

（岳树军）

【廊坊市第十八中学】 廊坊市第十八中学是隶属于安次区的一所农村寄宿制国办初级中学，始建于 1967 年，学校占地面积 33310 平方米，建筑面积 10177 平方米，固定资产总值 903. 1 万元。图书馆藏书 45446 册。2017 年有教职工 95 人，其中特级教师 0 人，中学高级教师 26 人，中学一级教师 50 人；市级骨干教师 3 人，区级骨干教师 13 人。学校积极推进素质教育及教学改革，深化实施小组合作学习教学模式，并初见成效，同时学校鼓励教师创新教学方法，培养出一批具有独特教学风格的教师，学校教育教学质量稳步提升，荣获“河北省教育系统先进集体”称号。

2017 年十八中中学生人数统计表

毕业生（人）	新生（人）	在校生（人）	教学班（个）
252	461	1092	20

（贯强）

【廊坊市第三职业中学】 廊坊市第三职业中学是隶属于安次区的一所普通国办初级中学，始建于 1956 年。学校占地面积 49657. 54 平方米，建筑面积 11990 平方米，固定资产总值

1482.19 万元。图书馆藏书 28752 册。2017 年有教职工 90 人，其中特级教师 0 人，中学高级教师 21 人，中学一级教师 34 人；省级骨干教师 0 人，市级骨干教师 3 人，区级骨干教师 11 人。

2017 年三职中学生人数统计表

毕业生（人）	新生（人）	在校生（人）	教学班（个）
359	367	969	18

（李　艳）

【北史家务乡教育工作办公室】　北史家务乡教育工作办公室隶属于乡政府主管全乡教育工作的职能部门，受乡政府和安次区教育局双重领导，辖农村中心小学 5 所，校属幼儿园 5 所。2017 年全乡有教职工 161 人，其中专任教师 160 人，工人 1 人，高级教师 6 人，一级教师 87 人，学历达标率 100%。全乡继续认真贯彻执行党和国家的教育方针，注重学生核心素养的形成。积极组织教师参加教研教改，年度内有 6 项教科研课题结题。同时，对群文阅读、整本书阅读展开探索与思考，带动全乡师生掀起读书热潮，编纂《古诗文诵读》校本课程，每周一课时写入课表，每学期定期组织乡级活动，跟进校本课程的开展，让中华传统文化浸润学生的成长。

表 1　北史家务乡各校创建时间、名称、校址

创建时间	名　称	校　址
1976 年	北史家务中心小学	永兴路永兴商城 8 号
1986 年	祖各庄小学	北史家务乡祖各庄村
1987 年	中所中心小学	十四小南校区
1989 年	西孟各庄中心小学	北史家务乡西孟各庄村
1998 年	王庄小学	北史家务乡小王庄村

表 2　2017 年底北史家务乡各学校占地面积、建筑面积、固定资产总值

学校	占地面积（平方米）	建筑面积（平方米）	固定资产总值（万元）
北史家务中心小学	2700	900	310
祖各庄小学	10170	2060	212
中所中心小学	0	0	0
西孟各庄中心小学	11000	1515	160
王庄小学	5900	1123	156

表 3　2017 年底北史家务乡教职工数、职称、图书室藏书量

学校	教职工（人）	高级职称（人）	中级职称（人）	图书室藏书量（册）
北史家务中心小学	47	2	26	13950
祖各庄小学	27	1	13	12000
中所中心小学	21	1	12	5000
西孟各庄中心小学	32	1	18	13500
王庄小学	34	1	21	9000

表 4　2017 年北史家务乡学生统计表

学校	毕业生（人）	新生（人）	在校生（人）	教学班（个）
北史家务中心小学	86	121	666	14
祖各庄小学	59	80	390	8
中所中心小学	31	0	211	5
西孟各庄中心小学	48	157	593	13
王庄小学	48	52	294	6

（李洁）

【杨税务乡教育工作办公室】　杨税务乡教育工作办公室隶属于乡政府主管全乡教育工作的职能部门，受乡政府和安次区教育局双重领导。辖中心小学 5 所，校属幼儿园 4 所，民办（有证）幼儿园 2 所，民办小学 1 所。2017 年全乡有教职工 144 人，其中专任教师 143 人，工人 1 人，高级教师 6 人、一级教师 94 人。学历达标率 100%。校办幼儿园在校生 634 人，民办园在校生 434 人，民办学校在校生 310 人。教办室认真贯彻落实党的教育方针，以科学发展观进行学校管理，“以德立校、依法治校、科研兴校、质量强校”是一贯的办学理念。各校校园环境整洁优美，实现绿化、美化、净化及路面硬化。在校园环境整体布局上，营造浓郁读书氛围，打造书香校园。创立舞蹈、篮球、太极扇等多个学校特色的社团，努力创设新的育人环境，为学生素质的全面提高奠定坚实基础。

表 1　杨税务乡各校创建时间、名称、校址

创建时间	名　称	校　址
1984 年	廊坊市安次区杨税务乡中心小学（中心小学）	廊坊市安次区杨税务乡民主村
1950 年	廊坊市安次区杨税务乡南庄小学（中心小学）	廊坊市安次区杨税务乡南庄村
1985 年	廊坊市安次区杨税务乡大北尹小学（中心小学）	廊坊市安次区杨税务乡大北尹村
1956 年	廊坊市安次区杨税务乡孟村小学（中心小学）	廊坊市安次区杨税务乡孟村

续表

创建时间	名　称	校　址
1988 年	廊坊市杨税务乡军芦村小学（中心小学）	廊坊市安次区杨税务乡军芦村

表 2　2017 年杨税务乡各学校占地面积、建筑面积、固定资产总值

学校	占地面积（平方米）	建筑面积（平方米）	固定资产总值（万元）
廊坊市安次区杨税务乡中心小学	14330	3366	432.6
廊坊市安次区杨税务乡南庄小学	10406	3350	5172.3
廊坊市安次区杨税务乡大北尹小学	5457	1878.45	320.19
廊坊市安次区杨税务乡孟村小学	6490	2180	425
廊坊市杨税务乡军芦村小学	6500	1450	240.01

表 3　2017 年杨税务乡教职工数、职称、图书室藏书量

学校	教职工（人）	高级职称（人）	中级职称（人）	图书室藏书量（册）
廊坊市安次区杨税务乡中心小学	48	2	46	24322
廊坊市安次区杨税务乡南庄小学	35	1	18	14500
廊坊市安次区杨税务乡大北尹小学	22	1	12	8260
廊坊市安次区杨税务乡孟村小学	19	1	8	8332
廊坊市杨税务乡军芦村小学	20	1	10	4000

表 4　2017 年杨税务乡小学学生统计表

学校	毕业生（人）	新生（人）	在校生（人）	教学班（个）
廊坊市安次区杨税务乡中心小学	120	197	875	14
廊坊市安次区杨税务乡南庄小学	105	122	570	12
廊坊市安次区杨税务乡大北尹小学	42	43	235	6
廊坊市安次区杨税务乡孟村小学	35	49	260	7
廊坊市杨税务乡军芦村小学	23	50	197	6

（杨立彬）

【落垡镇教育工作办公室】　落垡镇教育工作办公室隶属于镇政府主管全乡教育工作的职能部门，受镇政府和安次区教育局双重领导。辖农村完小 2 所，农村中心小学 2 所，农村标准化幼儿园 1 所，校属幼儿园 3 所。2017 年有教职工 100 人，其中专任教师 90 人，小学高级教师56人。学历达标率100%，其中专科以上学历86人，提高率16%。落垡镇教办室坚持发挥体育传统项目优势，多种形式长期训练，形成浓厚体育氛围，从而带动学校体育工作全面发展。成功举办“落垡镇2017年春季小学生运动会”和“迎新年长跑比赛”，在社会上引起了较大共鸣，得到广大家长对教育的支持。在教学工作中，充分发挥骨干教师带动引领作用，打造高效课堂。多位教师在“骨干教师示范课”活动中展示个人独特的教学风采，也为新教师专业成长加油助力。在“老带新”的师徒帮带模式下，把青年教师推向教学一线，给青年教师压担子。在区域学科优质课展评中，清一色的新教师参赛，取得4个一等奖、1个二等奖的好成绩。在安次区第一届学科名师评选中，三位教师喜获殊荣。在“一师一优课，一课一名师”活动中有15位教师获得市级奖励，3名教师获得省级奖励，1名教师获得部级奖励。廊坊市第三届微课大赛，有11位教师获奖，是安次区获奖人数最多的乡镇。在教科研活动中，路营小学的市级语文立项课题顺利结题，新批准立项的两个市级“十三五”规划课题，进入科研阶段。

表1　落垡镇各校创建时间、名称、校址

创建时间	名　称	校　址
1949年	落垡小学	廊坊市安次区落垡镇落垡村
1948年	路营小学	廊坊市安次区落垡镇路营村
1940年	东张务小学	廊坊市安次区落垡镇东张务村
1972年	柴刘杨小学	廊坊市安次区落垡镇柴刘杨村
2005年	西马圈幼儿园	廊坊市安次区落垡镇西马圈村

表2　2017年落垡镇各学校占地面积、建筑面积、固定资产总值

学校	占地面积（平方米）	建筑面积（平方米）	固定资产总值（万元）
落垡小学	9400	1385	109
路营小学	9600	1894	252.6
东张务小学	14060	1392	132
柴刘杨小学	13700	2671	388.1
西马圈幼儿园	3500	1134	360

表3　2017年底落垡镇各学校教职工数、职称、图书室藏书量

学校	教职工（人）	高级职称（人）	中级职称（人）	图书室藏书量（册）
落垡小学	21	1	12	6100
路营小学	27	1	15	11603

续表

学校	教职工（人）	高级职称（人）	中级职称（人）	图书室藏书量（册）
东张务小学	18	1	12	7890
柴刘杨小学	27	1	13	7700
西马圈幼儿园	7	0	4	960

表 4　2017 年落垡镇学生统计表

学校	毕业生（人）	新生（人）	在校生（人）	教学班（个）
落垡小学	26	35	199	6
路营小学	57	53	339	12
东张务小学	32	30	182	6
柴刘杨小学	22	33	243	6
西马圈幼儿园	0	0	0	0

（张莉红）

【仇庄乡教育工作办公室】　仇庄乡教育工作办公室隶属于乡政府主管全乡教育工作的职能部门，受乡政府和安次区教育局双重领导，辖中心小学 2 所，完全小学 7 所。农村标准化幼儿园 3 所，校属幼儿园 6 所。2017 年有教职工 159 人，其中专任教师 145 人，高级教师 5 人，一级教师 78 人，二级教师 67 人。区级骨干教师 7 人。其中专科以上学历 144 人，学历达标率 100%。坚持集体备课制度，定内容，定教材，使集体备课真正成为提高教师业务素质的平台。课堂教学初步形成利用任务单进行小组合作探究模式，提高学生自主学习能力。在全体教师中开展“读一本教学专著”活动，边读边写体会，每周不少于 800 字，装入个人档案袋，进一步夯实教师业务基础。为提高学生阅读能力，成立乡阅读领导小组，制定阅读计划，一是在校园内营造阅读氛围，让每面墙都凸现阅读特色。二是在班内布置“美文诵读”“英语天地”“习作欣赏”“古诗欣赏”。三是建立班级图书角，让全体学生把自己的课外书放在图书角，真正达到资源共享，让每位语文老师都能发挥自身特长上一节高水平阅读指导课。

开展“同课异构”赛课活动，新教师优质课比赛活动，教师全员录像课评比活动，25 名教师获得优质课证书，鼓励教师积极参与“经典诵读”和“规范汉字”大赛，9 位教师获得指导奖，15 名学生获得优秀选手奖。5 个市级科研课题结题，近 30 名教师参与课题研究。

表 1　仇庄乡各校创建时间、名称、校址

创建时间	名　称	校　址
1974 年	廊坊市安次区仇庄乡大王务中心小学	廊坊市安次区仇庄乡大王务三村

续表

创建时间	名　称	校　址
1945 年	廊坊市安次区仇庄乡光荣村中心小学	廊坊市安次区仇庄乡光荣村
1957 年	廊坊市安次区仇庄乡普照营小学	廊坊市龙河高新技术产业开发区普照营村
1996 年	廊坊市安次区仇庄乡祝马房完全小学	廊坊市安次区仇庄乡祝马房村
1980 年 8 月	廊坊市安次区仇庄乡景村小学	廊坊市安次区仇庄乡景村
1964 年	廊坊市安次区仇庄乡东储完全小学	廊坊市安次区仇庄乡东储村
1970 年 5 月	廊坊市安次区仇庄乡大刘庄小学	廊坊市安次区仇庄乡大刘庄村
1950 年	廊坊市安次区仇庄乡仇庄完全小学	廊坊市安次区仇庄乡仇庄村
1956 年	廊坊市安次区仇庄乡大麻庄小学	廊坊市安次区仇庄乡大麻庄村

表 2　2017 年底仇庄乡各学校占地面积、建筑面积、固定资产总值

学校	占地面积（平方米）	建筑面积（平方米）	固定资产总值（万元）
廊坊市安次区仇庄乡大王务中心小学	10589	2520	151. 11
廊坊市安次区光荣村中心小学	9633	2024	139. 789
廊坊市安次区仇庄乡普照营小学	11800	1314	346. 06
廊坊市安次区仇庄乡祝马房完全小学	2330	741	67. 35
廊坊市安次区仇庄乡景村小学	5500	893	52. 57
廊坊市安次区仇庄乡东储完全小学	3429	1227	67. 98
廊坊市安次区仇庄乡大刘庄小学	4861	1125	145. 02
廊坊市安次区仇庄乡仇庄完全小学	5776	1400	190. 66
廊坊市安次区仇庄乡大麻庄小学	3300	1300	73. 45

表 3　2017 年底仇庄乡教职工数、职称、图书室藏书量

学校	教职工（人）	高级职称（人）	一级职称（人）	图书室藏书量（册）
廊坊市安次区仇庄乡大王务中心小学	40	2	19	11000
廊坊市安次区光荣村中心小学	16	0	7	7800
廊坊市安次区仇庄乡普照营小学	28	1	15	5600

续表

学校	教职工（人）	高级职称（人）	一级职称（人）	图书室藏书量（册）
廊坊市安次区仇庄乡祝马房完全小学	9	0	5	2500
廊坊市安次区仇庄乡景村小学	13	0	6	800
廊坊市安次区仇庄乡东储完全小学	9	0	4	2960
廊坊市安次区仇庄乡大刘庄小学	15	0	7	4500
廊坊市安次区仇庄乡仇庄完全小学	19	2	9	5300
廊坊市安次区仇庄乡大麻庄小学	10	0	6	2500

表4　2017年仇庄乡学生统计表

学校	毕业生（人）	新生（人）	在校生（人）	教学班（个）
廊坊市安次区仇庄乡大王务中心小学	75	120	578	12
廊坊市安次区光荣村中心小学	12	20	104	6
廊坊市安次区仇庄乡普照营小学	27	84	350	9
廊坊市安次区仇庄乡祝马房完全小学	13	24	93	6
廊坊市安次区仇庄乡景村小学	8	17	63	6
廊坊市安次区仇庄乡东储完全小学	13	15	95	6
廊坊市安次区仇庄乡大刘庄小学	17	44	166	6
廊坊市安次区仇庄乡仇庄完全小学	29	37	180	6
廊坊市安次区仇庄乡大麻庄小学	12	15	85	6

（郭立群）

【码头镇教育工作办公室】　码头镇教育工作办公室隶属于镇政府主管全乡教育工作的职能部门，受镇政府和安次区教育局双重领导，辖中心小学1所，完全小学5所，不完全小学2所，教学点1所。标准化幼儿园3所，校属幼儿园6所。2017年有教职工178人，其中专任教师166人，高级教师7人，中级教师100人。学历达标率100%，其中专科以上学历153人。

表1　码头镇镇各校创建时间、名称、校址

创建时间	名　称	校　址
1957年	廊坊市安次区码头镇码头中心小学（中心小学）	廊坊市安次区码头镇码头村
1976年	廊坊市安次区码头镇惠家堡小学（完小）	廊坊市安次区码头镇惠家堡村
1975年	廊坊市安次区码头镇甄庄小学（不完全小学）	廊坊市安次区码头镇甄庄村

续表

创建时间	名 称	校 址
1991 年	廊坊市安次区码头镇济南屯小学（完小）	廊坊市安次区码头镇济南屯村
1992 年	廊坊市安次区码头镇祁营小学（完小）	廊坊市安次区码头镇祁营村
1953 年	廊坊市安次区码头镇团结村小学（不完全小学）	廊坊市安次区码头镇团结村
2010 年	廊坊市安次区码头镇西安庄小学（完小）	廊坊市安次区码头镇西安庄村
1958 年	廊坊市安次区码头镇后屯小学（教学点）	廊坊市安次区码头镇后屯村
2000 年	廊坊市安次区码头镇中响口小学（完小）	廊坊市安次区码头镇中响口村

表 2 2017 年底码头镇镇各学校占地面积、建筑面积、固定资产总值

学校	占地面积（平方米）	建筑面积（平方米）	固定资产总值（万元）
廊坊市安次区码头镇码头中心小学（中心小学）	8532	2832	347. 89
廊坊市安次区码头镇惠家堡小学（完小）	7260	1360	531
廊坊市安次区码头镇甄庄小学（不完全小学）	2958	774	97. 32
廊坊市安次区码头镇济南屯小学（完小）	10920	2956	420
廊坊市安次区码头镇祁营小学（完小）	5762	1750	138
廊坊市安次区码头镇团结村小学（不完全小学）	11200	1382	292. 1
廊坊市西安庄小学（完小）	29980	3770	386. 5
廊坊市安次区码头镇后屯小学（教学点）	5200	900	89. 5
廊坊市安次区码头镇中响口小学（完小）	21312	2586	231. 05

表 3 2017 年底码头镇镇教职工数、职称、图书室藏书量

学校	教职工（人）	高级职称（人）	中级职称（人）	图书室藏书量（册）
廊坊市安次区码头镇码头中心小学（中心小学）	35	2	17	13000
廊坊市安次区码头镇惠家堡小学（完小）	22		8	12245
廊坊市安次区码头镇甄庄小学（不完全小学）	8	0	3	4714
廊坊市安次区码头镇济南屯小学（完小）	31	1	18	10563
廊坊市安次区码头镇祁营小学（完小）	18	1	11	8100
廊坊市安次区码头镇团结村小学（不完全小学）	10	0	8	4660
廊坊市安次区码头镇西安庄小学（完小）	22	1	14	7600

续表

学校	教职工（人）	高级职称（人）	中级职称（人）	图书室藏书量（册）
廊坊市安次区码头镇后屯小学（教学点）	3	0	3	1800
廊坊市安次区码头镇中响口小学（完小）	29	1	16	11503

表4　2017年码头镇镇学生统计表

学校	毕业生（人）	新生（人）	在校生（人）	教学班（个）
廊坊市安次区码头镇码头中心小学（中心小学）	77	97	501	12
廊坊市安次区码头镇惠家堡小学（完小）	42	62	314	9
廊坊市安次区码头镇甄庄小学（不完全小学）	0	24	126	4
廊坊市安次区码头镇济南屯小学（完小）	63	77	422	13
廊坊市安次区码头镇祁营小学（完小）	34	61	324	7
廊坊市安次区码头镇团结村小学（不完全小学）	0	40	190	5
廊坊市安次区码头镇西安庄小学（完小）	73	51	320	7
廊坊市安次区码头镇后屯小学（教学点）	0	7	14	2
廊坊市安次区码头镇中响口小学（完小）	53	64	405	11

备注：

码头镇甄庄小学四、五年级学生转入码头镇码头小学。

码头镇团结村小学六年级学生转入码头镇西安庄小学。

码头镇后屯小学三、四、五、六年级学生转入码头镇西安庄小学。

（罗　超）

【调河头乡教育工作办公室】　调河头乡教育工作办公室隶属于乡政府主管全乡教育工作的职能部门，受乡政府和安次区教育局双重领导，辖完全小学5所，不完全小学1所，校属幼儿园3所。2017年有教职工107人，其中专任教师99人，高级职称4人，中级职称61人，学历达标率100%。

表1　调河头乡各校创建时间、名称、校址

创建时间	名　称	校　址
1949年	廊坊市安次区调河头乡调河头小学（完全小学）	廊坊市安次区调河头乡调河头村
1958年	廊坊市安次区调河头乡北马庄小学（完全小学）	廊坊市安次区调河头乡北马庄村

续表

创建时间	名　称	校　址
1954 年	廊坊市安次区调河头乡哈喇港小学（完全小学）	廊坊市安次区调河头乡哈喇港村
1993 年	廊坊市安次区调河头乡洛图庄小学（完全小学）	廊坊市安次区调河头乡洛图庄三村
2011 年	廊坊市安次区调河头乡大沈庄小学（不完全小学）	廊坊市安次区调河头乡大沈庄村
1949 年	廊坊市安次区调河头乡南郭庄小学（完全小学）	廊坊市安次区调河头乡南郭庄村

表 2　2017 年底调河头乡各学校占地面积、建筑面积、固定资产总值

学校	占地面积（平方米）	建筑面积（平方米）	固定资产总值（万元）
廊坊市安次区调河头乡调河头小学	10499	3248	131
廊坊市安次区调河头乡北马庄小学	6000	1780	143
廊坊市安次区调河头乡哈喇港小学	5579	1171	230. 7
廊坊市安次区调河头乡洛图庄小学	3262. 5	657	630
廊坊市安次区调河头乡大沈庄小学	2420	452	55. 4
廊坊市安次区调河头乡南郭庄小学	6400	1044	72. 6

表 3　2017 年底调河头乡教职工数、职称、图书室藏书量

学校	教职工（人）	高级职称（人）	中级职称（人）	图书室藏书量（册）
廊坊市安次区调河头乡调河头小学	32	1	31	13000
廊坊市安次区调河头乡北马庄小学	19	1	9	8420
廊坊市安次区调河头乡哈喇港小学	21	1	6	4495
廊坊市安次区调河头乡洛图庄小学	13	1	4	2600
廊坊市安次区调河头乡大沈庄小学	7	0	3	2500
廊坊市安次区调河头乡南郭庄小学	15	1	7	6000

表 4　2017 年调河头乡学生统计表

学校	毕业生（人）	新生（人）	在校生（人）	教学班（个）
廊坊市安次区调河头乡调河头小学	72	91	452	11

续表

学校	毕业生（人）	新生（人）	在校生（人）	教学班（个）
廊坊市安次区调河头乡北马庄小学	44	38	248	6
廊坊市安次区调河头乡哈喇港小学	31	28	141	6
廊坊市安次区调河头乡洛图庄小学	16	19	77	6
廊坊市安次区调河头乡大沈庄小学	15	24	65	4
廊坊市安次区调河头乡南郭庄小学	17	19	55	4

备注：

南郭庄小学因学校教学楼翻盖，学生分流到调河头小学和北马庄小学就读。

（焦健）

【葛渔城镇教育工作办公室】 葛渔城镇教育工作办公室是隶属于镇政府主管全乡教育工作的职能部门，受镇政府和安次区教育局双重领导，辖中心小学3所，完全小学1所，不完全小学6所，教学点1所。农村标准化幼儿园2所，校属幼儿园8所。2017年有教职工198人，其中专任教师189人，小学高级教师100人。学历达标率100%，其中专科以上学历173人，提高率0%。

表1 葛渔城镇各校创建时间、名称、校址

创建时间	名 称	校 址
1985年	廊坊市安次区葛渔城镇马柳中心小学（中心小学）	廊坊市安次区葛渔城镇张场村
1971年	廊坊市安次区葛渔城镇西街中心小学（中心小学）	廊坊市葛渔城镇西街村
1958年	廊坊市葛渔城镇苏家窑中心小学（中心小学）	廊坊市葛渔城镇苏家窑村
1976年	葛渔城镇东街小学（完小）	廊坊市安次区葛渔城镇东街村
1982年	廊坊市安次区葛渔城镇穆南小学（不完全小学）	廊坊市安次区葛渔城镇穆南村
1976年	廊坊市安次区葛渔城镇下官村小学（不完全小学）	廊坊市安次区葛渔城镇下官村
1956年	廊坊市安次区葛渔城镇孙坨小学（不完全小学）	廊坊市安次区葛渔城镇孙坨村
1990年	葛渔城镇北街小学（不完全小学）	葛渔城镇北街村
1973年	葛渔城镇南街小学（不完全小学）	葛渔城镇南街村
1958年	廊坊市葛渔城镇于堤小学（不完全小学）	廊坊市安次区葛渔城镇于堤村
1971年	廊坊市安次区葛渔城镇豆佃窑小学（教学点）	廊坊市安次区葛渔城镇豆佃窑村

表2 2016年底葛渔城镇各学校占地面积、建筑面积、固定资产总值

学校	占地面积（平方米）	建筑面积（平方米）	固定资产总值（万元）
廊坊市安次区葛渔城镇马柳中心小学	23026	4751	92.63

续表

学校	占地面积（平方米）	建筑面积（平方米）	固定资产总值（万元）
廊坊市安次区葛渔城镇西街中心小学	12567	1250	116.97
廊坊市葛渔城镇苏家窑中心小学	10051	1536	153.6
葛渔城镇东街小学	9788	4248	749.65
廊坊市安次区葛渔城镇穆南小学	8471	1300	155.90
廊坊市安次区葛渔城镇下官村小学	6667	1239	75.24
廊坊市安次区葛渔城镇孙坨小学	3068	954	141.22
葛渔城镇北街小学	10072	1156	114.25
葛渔城镇南街小学	6000	1780	102.5
廊坊市葛渔城镇于堤小学	8724	1436.51	100
葛渔城镇豆佃窑小学	3283	750	29

表3　2016 年底葛渔城镇教职工数、职称、图书室藏书量

学校	教职工（人）	高级职称（人）	中级职称（人）	图书室藏书量（册）
廊坊市安次区葛渔城镇马柳中心小学	30	1	16	12064
廊坊市安次区葛渔城镇西街中心小学	21	1	10	7200
廊坊市葛渔城镇苏家窑中心小学	0	0	0	0
葛渔城镇东街小学	43	2	23	18800
廊坊市安次区葛渔城镇穆南小学	18	1	8	6234
廊坊市安次区葛渔城镇下官村小学	19	1	8	4880
廊坊市安次区葛渔城镇孙坨小学	14	0	6	3860
葛渔城镇北街小学	20	0	8	5850
葛渔城镇南街小学	13	0	7	4056
廊坊市葛渔城镇于堤小学	13	1	8	4890
葛渔城镇豆佃窑小学	7	0	5	1323

表4　2016 年葛渔城镇学生统计表

学校	毕业生（人）	新生（人）	在校生（人）	教学班（个）
廊坊市安次区葛渔城镇马柳中心小学	68	69	360	7
廊坊市安次区葛渔城镇西街中心小学	0	54	218	4
廊坊市葛渔城镇苏家窑中心小学	0	0	0	0

续表

学校	毕业生（人）	新生（人）	在校生（人）	教学班（个）
葛渔城镇东街小学	193	226	704	15
廊坊市安次区葛渔城镇穆南小学	0	51	178	5
廊坊市安次区葛渔城镇下官村小学	0	52	233	5
廊坊市安次区葛渔城镇孙坨小学	0	38	143	5
葛渔城镇北街小学	0	44	193	4
葛渔城镇南街小学	0	36	147	4
廊坊市葛渔城镇于堤小学	0	30	156	4
葛渔城镇豆佃窑小学	0	22	33	2

备注：

葛渔城镇豆佃窑小学二年级18人转至葛渔城镇于堤小学上三年级。

葛渔城镇南街小学四年级41人转至葛渔城镇东街小学上五年级。

葛渔城镇北街小学四年级44人转至葛渔城镇东街小学上五年级。

葛渔城镇于堤小学四年级56人转至葛渔城镇东街小学上五年级。

葛渔城镇西街小学四年级63人转至葛渔城镇东街小学上五年级。

（马慎杰）

【东沽港镇教育工作办公室】 东沽港镇教育工作办公室是隶属于镇政府主管全乡教育工作的职能部门，受镇政府和安次区教育局双重领导，辖中心小学7所，标准化幼儿园1所，校属幼儿园6所。2017年有教职工191人，其中专任教师183人，小学高级教师97人。学历达标率100%，其中专科以上学历170人，提高率12.30%。

表1　东沽港镇各校创建时间、名称、校址

创建时间	名　称	校　址
1905年	东沽港镇淘河中心小学	廊坊市安次区东沽港镇淘河村
1949年	东沽港镇送流口中心小学	送流口村东街
1950年	东沽港镇磨汊港中心小学	廊坊市安次区东沽港镇磨汊港村
1986年迁入新址	东沽港镇马道口中心小学	廊坊市安次区东沽港镇马道口村
1905年	东沽港镇得胜口中心小学	安次区东沽港镇建国街
1956年	东沽港镇中心小学	东沽港镇三街村
1955年	东沽港镇外澜城中心小学	廊坊市安次区东沽港镇外澜城村

表2　2017年底东沽港镇各学校占地面积、建筑面积、固定资产总值

学校	占地面积（平方米）	建筑面积（平方米）	固定资产总值（万元）
淘河中心小学	6750	1847	179
送流口中心小学	4804	1472	102.65
磨汊港小学	5200	1024	149.99
马道口中心小学	10500	1375	348.39
得胜口中心小学	19456	2046	151.22
东沽港镇中心小学	15724.55	4429.89	376.84
外澜城中心小学	10065	1282	76.4

表3　2017年底东沽港镇教职工数、职成、图书室藏书量

学校	教职工（人）	高级职称（人）	中级职称（人）	图书室藏书量（册）
淘河中心小学	21	1	9	8000
送流口中心小学	24	1	13	8493
磨汊港小学	26	1	12	5798
马道口中心小学	22	1	12	10185
得胜口中心小学	38	1	21	15240
东沽港镇中心小学	48	2	25	28413
外澜城中心小学	12	0	5	4410

表4　2017年底东沽港镇学生统计表

学校	毕业生（人）	新生（人）	在校生（人）	教学班（个）
淘河中心小学	38	63	289	6
送流口中心小学	54	74	375	8
磨汊港小学	28	51	223	6
马道口中心小学	40	51	310	6
得胜口中心小学	83	97	571	14
东沽港镇中心小学	119	159	873	18
外澜城中心小学	24	24	147	6

（杨芳）

职业教育

【廊坊市安次区职业教育中心】 廊坊市安次区职业教育中心是隶属于安次区的一所普通职业中专学校，始建于1997年。学校占地面积50160平方米，建筑面积16917.8平方米，固定资产总值1184.44万元。2017年有教职工14人，其中特级教师0人，高级教师4人，一级教师10人。由于全国职业教育下滑，职业教育受到冲击较大，致使廊坊市安次区职业教育没有在校生就读。按照上级领导要求，绝大部分校舍被十四小学占用。

（李永山）

【廊坊市安次区教师进修学校】 廊坊市安次区教师进修学校是隶属于安次区的一所面对全区中小学教师进行业务培训的专门培训机构，始建于1984年。学校占地面积12504.2平方米，建筑面积4400平方米，固定资产总值459.51万元。2017年有教职工16人，其中，高级职称6人，中级职称6人。图书馆藏书12000册。

（宋玉栋）

民办教育

【概况】 全区有各级各类民办教育机构21所，其中，小学6所，幼儿园14所，培训学校1所。从民办学校的办学数量和办学规模上来看，民办教育事业成为全区教育事业的重要组成部分。安次区教育局认真贯彻落实《中华人民共和国民办教育促进法》《民办教育促进法实施条例》并加大宣传力度，提高全社会对民办教育的认识，通过座谈、展览、咨询、网络媒体等形式，将民办教育的性质、地位和作用向社会进行宣传，让全社会对民办教育的认知度逐年提高，为民办教育事业的发展奠定良好的基础。同时要求各民办教育机构认真学习相关的法律法规，依法办学，依法管理。

【狠抓常规、整体提升】 加强日常督导。针对民办学校（幼儿园）类型、层次、结构复杂、办学认识不到位、管理难度大等问题，区教育局多次召开会议，研究制定管理措施，建立每季度联查制度。要求各单位上报数据，教育局不定期抽查，发现问题，及时整改。将校园管理、教学秩序、环境卫生、行为习惯、校园文化等纳入经常性督查内容，建立检查台账，做到检查有记录，信息有通报，整改有落实，回访有反馈。加大培训力度。对民办学校校（园）长和办学投资人进行法律法规和管理工作培训，统一思想，端正办学目的，提高认识，强化法制观念，促其依法办学，规范管理。利用暑期对教师进行业务培训，不断提高教师的业务技能和校（园）长的管理水平，开展专项整治。2017年8月和11月由区政府牵头，安次区教育局协同安次区公安分局、安次区食品药品监督管理局等7个部门专项检查全区民办无证教育机构。检查民办无证幼儿园128所，将依法依规下发整改或关停通知书。无证开园的要依法主动补办审批手续；经整改、逾期仍达不到办学条件的，责令停止办学。

【依法办学，严格审批制度】 在审批民办教育机构工作中，坚持依法行政，坚持按《中华人民共和国民办教育促进法》和《中华人民共和国民办教育促进法实施条例》所规定的材料要求和审批程序开展工作：一是成立廊坊市安次区民办学校工作领导小组，组长为安次区教育局党组书记、局长，副组长为安次区教育局副局长，成员为教育科、办公室、法制安全股、人事股、核算中心、电教仪器站、督导室、招生办、勤工俭学管理站、教研办公室的科（股）长，这样就为依法行政提供了组织保证。二是在受理阶段，为方便举办者提供相应材料，印制“廊坊市安次区教育局民办学校审批流程”“申请举办民办教育机构材料目录”及各类材料样本，举办者可以根据目录及样本来组织申请材料，教育科对申请材料进行初步审查。三是在审核评估阶段，由廊坊市安次区民办学校工作领导小组对申请材料进行全面审查，并赴实地进行查看，最后提出综合意见。四是在发证阶段，凡经评估合格或经告知后改正符合条件的，颁发办学许可证；不予批准的，书面告知并说明理由。

【创新模式，成效显著】 探索管理模式，推行辖区管理制度。为扭转安次区民办学校、幼儿园点多、线长、面大的现状，解决办园条件差、发展不均衡的问题，教育局按照区政府会议精神，推行辖区管理制度。乡镇所辖民办学校、幼儿园由教办室负责管理，教办室要明确专人负责。具体制定本乡镇学前教育发展规划、管理制度、教学计划。负责组织教师的业务培训和视导活动。按教育局要求每季度进行一次民办校和幼儿园的全面检查，检查结果及时上报，做到不漏检、不瞒报。对安次辖区内无证园进行评估检查，达到办园条件的督促该园到区教育局申办“办学许可证”，不符合办学条件督促关停，做好幼儿安置工作。建立“家长满意幼儿园”评估制度。为使民办教育健康有序地发展，提高全社会对民办教育的监督意识，安次区教育局决定建立“家长满意幼儿园”评估制度，对2017年度无安全稳定事故、家长问卷满意度高的民办学校、幼儿园，颁发“家长满意学校（幼儿园）”奖牌，以激励优秀的民办学校、幼儿园，更好地为民众服务。教育局机关各股室通力合作，开展大量工作，成效日益凸显。全区民办幼儿园95%的城镇幼儿园达到省颁城市三类园及以上标准；50%以上达到省颁城市一类园及以上标准；农村规范化幼儿园90%以上达到省颁农村三类园及以上标准；50%以上达到省颁农村一类园及以上标准。所有学前班达到省颁三类班及以上标准。学前三年教育普及率、规范化幼儿园入园率均达到92%以上。幼儿教师学历达标率92%以上，专科学历占10%以上。园长全部持证上岗。其他民办机构也迅速发展。

（黄文雅）

【廊坊市安次区龙河小学】 廊坊市安次区龙河小学隶属于安次区的一所寄宿制民办小学，始建于2002年。学校占地10000平方米，固定资产总值50万元。2017年，图书馆藏书10000册。2017年有教职工22人，其中中学高级教师0人，小学一级教师6人。

2017 年龙河小学学生人数统计表

毕业生（人）	新生（人）	在校生（人）	教学班（个）
183	0	150	3

（李树志）

【廊坊市安次区义华小学】 廊坊市安次区义华小学隶属于安次区的一所寄宿制民办小学，始建于 2002 年。学校占地面积 14007 平方米，建筑面积 6709 平方米，固定资产总值 1195. 2 万元，图书馆藏书 12000 册。2017 年有教职工 51 人，专任教师 34 人，其中具有初级职称 19 人。

2017 年义华小学学生人数统计表

毕业生（人）	新生（人）	在校生（人）	教学班（个）
168	132	781	19

（李杰）

【廊坊市安次区润峰小学】 廊坊市安次区润峰小学隶属于安次区的一所民办寄宿制小学，位于廊坊市安次区落垡镇西马圈村。始建于 2004 年，学校占地面积 14007 平方米，建筑面积 4751 平方米，固定资产总值 350 万元。图书馆藏书 14180 册。2017 年有教职工 27 人，其中高级职称 1 人，中级职称 4 人。

2017 年廊坊市安次区润峰小学学生人数统计表

毕业生（人）	新生（人）	在校生（人）	教学班（个）
65	34	253	9

（李朋飞）

【廊坊市安次区神宇小学】 廊坊市安次区神宇小学隶属于安次区的一所寄宿制民办小学，始建于 2013 年。学校占地 10000 平方米，固定资产总值 20 万元，图书馆藏书 7000 册。2017 年有教职工 30 人。

2017 年神宇小学学生人数统计表

毕业生（人）	新生（人）	在校生（人）	教学班（个）
103	55	338	8

（李西芬）

【廊坊市安次区神舟小学】 廊坊市安次区神舟小学隶属于安次区的一所寄宿制民办小学，

始建于 1995 年。学校占地面积 9400 平方米，固定资产总值 528.50 万元。图书馆藏书 28500 册。2017 年有教职工 66 人，其中中学高级教师 2 人，中学一级教师 2 人。

2017 年神舟小学学生人数统计表

毕业生（人）	新生（人）	在校生（人）	教学班（个）
252		1054	20

（娄丰）

【廊坊市安次区长城小学】 廊坊市安次区长城小学是隶属于安次区的一所普通民办寄宿制小学，坐落于廊坊市安次区杨税务乡，始建于 1993 年。学校占地 20000 平方米，建筑面积 2950 平方米，固定资产总值 2000 万元，图书馆藏书 7000 册。2017 年有教职工 42 人，其中专任教师 22 人，行政人员 3 人，教辅人员 5 人；工勤人员 12 人。专任教师中小学一级教师 6 人，小学二级教师 1 人。毕业生 57 人，招录插班新生 58 人，有 10 个教学班，在校生 323 人。

2017 年廊坊市安次区长城小学学生人数统计表

毕业生（人）	新生（人）	在校生（人）	教学班（个）
57	58	323	10

（李德成）

卫 生

卫生防疫工作

【概况】 2017年12月12日，廊坊市安次区人民政府办公室印发《廊坊市安次区卫生和计划生育局主要职责内设机构和人员编制规定》，设立廊坊市安次区卫生和计划生育局，为区政府主管卫生和计划生育工作的职能部门。2017年安次区卫生和计划生育局有编制33人。其中，行政编制21人，事业编制9人，工勤编制3人。内设11个股（室）：办公室、人事股、体制改革股（廊坊市安次区深化医药卫生体制改革领导小组办公室）、疾病预防控制与卫生应急股（突发公共卫生事业应急指挥中心）、医政药政医管股（中医股）、基层与基本公共卫生股、妇幼健康服务股、综合监督与法规股、计划生育指导股（家庭发展与流动人口管理股）、宣传与健康教育股（廊坊市安次区爱国卫生运动委员会办公室）、财务与信息统计股。安次区卫生系统有下属单位11个，其中区医院1所、区疾病预防控制中心1所、区卫生计生综合监督执法局1所、乡镇中心卫生院3所，乡镇卫生院5所。

2017年卫计局的职责有所调整。取消的职责：取消安次区计划生育家庭妇女创业之星等达标、评比、评估和相关检查活动；将医疗机构服务绩效评价等技术管理职责转移给所属事业单位承担；按照事业单位分类改革要求，减少对所属医疗机构的微观管理和直接管理，落实所属医疗机构法人自主权；取消由国务院及省、市、区人民政府公布取消的行政审批事项。整合的职责：将原区卫生局、区人口和计划生育局的职责整合，划入区卫生和计划生育局；将区发展改革局承担的区深化医药卫生体制改革领导小组办公室的职责，划入区卫生和计划生育局；将原区人口和计划生育局的研究拟订人口发展战略、规划及人口政策的职责，划入区发展改革局；按照“应进必进”原则，将区卫生和计划生育局所承担的有关行政许可事项划入区行政审批局，由区卫生和计划生育局做好后续监管工作。加强的职责：深化医药卫生体制改革，坚持保基本、强基层、建机制，协调推进医疗保障、医疗服务、公共卫生、药品供应和监管体制综合改革，巩固完善基本药物制度和基层运行新机制，加大公立医院改革力度，推进基本公共卫生计生服务均等化，提高人民健康水平；坚持计划生育基本国策，完善生育政策；加强计划生育政策和法律法规执行情况的监督考核，加强对基层计划生育工作的指导，加强对出生人口性别比的综合治理，推进优生优育，提高出生人口素质；推进卫生和计划生育服务在政策法规、资源配置、服务体系、信息化建设、宣传教育、健康促进等方面的融合；加强食品安全风险监测、评估；鼓励社会力量提供卫生和计划生育服务，加大政府购买服务力度，加强急需紧缺专业人才和高层次人才培养；承接国家和省、市卫生和计划生育主管部门下放的相关职责。

【主要职责】　贯彻落实国家、省、市有关卫生和计划生育的方针、政策以及相关法律法规；负责拟订卫生和计划生育规划、政策措施和规范性文件，监督实施卫生和计划生育行业技术标准和技术规范；协调推进医药卫生体制改革和医疗保障，统筹规划卫生和计划生育服务资源配置，指导区域卫生和计划生育规划的编制和实施；协调、推动有关部门（单位）履行计划生育工作相关职责，推动卫生计生工作综合治理。负责疾病预防控制，制定实施重大疾病防治规划与办法，制定安次区免疫规划及措施，协调有关部门对重大疾病实施防控与干预；负责卫生应急工作，制定严重危害人民健康的公共卫生问题的干预措施并组织落实，组织制定卫生应急和紧急医学救援预案；制定突发公共卫生事件监测和风险评估计划，指导实施突发公共卫生事件预防控制与应急处置；组织调度安次区卫生技术力量，协助当地政府和有关部门对重大疫情、病情实施紧急处置，防止和控制疫情、疾病的发生、蔓延；组织和指导卫生应急队伍建设及应急演练、突发公共卫生事件预防控制和各类突发公共事件的医疗卫生救援，发布突发公共卫生事件应急处置信息。负责完善、规范卫生计生行政执法工作，按照职责分工负责职责范围内的职业卫生、放射卫生、环境卫生、学校卫生、公共场所卫生和计划生育的监督管理，并研究制定相应管理规范和政策措施，组织开展相关监测、调查、评估和监督；负责公共场所和饮用水的卫生安全监督管理；负责传染病防治监督；会同有关部门制定、实施安次区食品安全风险监测方案，组织开展食品安全监测、风险评估和预警工作，配合省、市卫生和计划生育主管部门开展食品安全标准跟踪评价工作。负责组织拟订基层卫生和计划生育服务、妇幼卫生发展规划和政策措施并组织实施；指导安次区基层卫生和计划生育、妇幼卫生服务体系建设；推进基本公共卫生和计划生育服务均等化；完善基层运行新机制和计生专干、乡村医生管理制度。负责安次区卫生和计划生育服务机构全行业管理。负责安次区卫生和计划生育机构、专业技术人员的准入、医疗技术临床应用等监督管理。负责安次区医疗机构药品使用管理、临床药事工作及合理用药的监督管理。负责计划生育药具供应和发放等监督管理。开展安次区卫生和计划生育机构的服务质量、运行安全等监管和考评。负责推进医药卫生体制改革，拟订安次区卫生改革与发展目标、规划和政策实施；负责组织推进公立医院改革，建立公益性为导向的绩效考核和评价运行机制，提出医疗服务和药品价格政策的建议。负责组织实施国家基本药物制度，监督和规范医疗机构基本药物使用。负责安次区计划生育统计工作，参与安次区人口数据的分析研究；组织实施安次区计划生育抽样调查，负责安次区计划生育目标管理责任制的落实和考核。负责完善地方生育政策，组织实施促进出生人口性别平衡的政策措施，监测计划生育的发展动态，研究提出与计划生育相关的人口数量、素质、结构、分布方面的政策建议，提出发布计划生育安全预警预报信息建议；会同有关部门研究提出促进出生人口性别平衡的措施办法，组织开展出生人口性别比的综合治理工作；依法管理计划生育技术服务工作，推动实施计划生育的生殖健康促进计划，拟订优生优育和提高出生人口素质的措施并组织实施，做好优生优育，提高人口素质，降低出生缺陷人口数量；围绕生育、节育、不育制定生殖健康服务规划与规范，并组织实施；检查指导安次区计划生育技术服务工作；制定计划生育技术服务管理制度并监督实施，依法规范计划生育技术和药具管理工作；组织实施计划生育成果和避孕节育新技术的转化和推广应用。编制区级计划生育事业费和基本建设支出的预算、决算，管理机关及所属事业单位的财务和国有资产；督促各乡镇（街道、园区）落实计划生育经费投入并检查其使用情况；对社会抚养费的征收使用情况进行监督检查；协同有关部门落实计划生育系列保险。宣传、贯彻、落实计划生育各项惠民政策，负责起草计划生育相关奖励扶助政策，检查、监督、指导乡镇（街道、园区）对计划生育惠民政策的执行情况；监督检查计划生育奖励优惠政策的落实，完善计划生育利益导向、计划生育特殊困难家庭扶助和促进计划生育家庭发展等机制；协调推进有关部门、群众团体履行计划生育工作相关职责，建立与经济社会发展政策的衔接机制，提出稳定生育水平的政策措施。负责规范流动人口计划生育服务管理，制定流动人口计划生育服务管理制度并组织落实，推动建立流动人口卫生和计划生育信息共享和“统筹管理、服务均等、信息共享、区域协作、双向考核”公共服务工作机制。负责指导、加强安次区卫生计生系统人才队伍建设，组织拟订安次区卫生和计划生育人才发展规划和卫生人员职业道德规范，制定并组织实施卫生计生系统干部教育培训规划，组织实施卫生技术人员资格审定；加强全科医生等急需紧缺专业人才培养。组织拟订安次区卫生和计划生育科技发展规划，组织实施卫生计生相关科研项目。坚持计划生育基本国策，落实计划生育目标管理责任制，对计划生育规划执行情况及目标管理责任制进行监督和考核评估，实行计划生育一票否决制；完善综合监督执法体系，规范执法行为，监督检查法律法规和政策措施的落实，组织查处重大违法行为。受理有关卫生计生工作的来信来访，调查处理违反政策、法律、法规的重要案件。负责拟订安次区卫生计生信息化总体发展规划、技术规范和标准并组织实施；组织实施安次区农村卫生发展规划和政策措施；制定实施社区卫生、妇幼卫生发展规划和措施。规划并指导社区卫生服务体系建设，负责妇幼保健计划生育技术服务的综合管理和监督。拟订中医药中长期发展规划，并纳入卫生和计划生育事业发展的总体规划和发展目标；组织制定医药卫生科技发展规划，参与制定医学教育发展规划，组织开展继续医学教育和毕业后医学教育。负责卫生和计划生育宣传、健康教育、健康促进等工作，拟订计划生育宣传教育工作规划，组织开展全民性计划生育宣传教育工作；负责重要会议与重大活动的医疗卫生保障工作。承担区计划生育领导小组、区深化医药卫生体制改革领导小组的日常工作；促进计划生育方针政策在教育、民政、农业、文化、就业和社会保障等工作中的衔接配合；联系协调区计划生育协会业务工作；负责区爱国卫生运动委员会相关工作；负责区红十字会相关工作。承办区委、区政府和上级主管部门交办的其他事项。

【基本情况】 2017 年，安次区卫生和计划生育工作在区委、区政府正确领导和大力支持下，紧紧围绕年度各项目标任务，强化措施，狠抓落实，各项工作得到稳步推进，并取得明显成效。2017 考核年度，期末总人口 361723 人，出生人口 5467 人（其中：男孩 2758 人，女孩 2709 人），符合政策生育率 97.88%，人口出生率 14.98‰，出生人口性别比为 102。2017 年 5 月安次区被省委、省政府授予“2016 年度计划生育工作先进县（市、区）奖”。

【推进安次区医院迁建工程建设】 为改善安次区医院的医疗卫生条件，更好地为辖区内群众提供医疗卫生服务，经 2013 年区政府第四次区长办公会研究决定迁建安次区医院。安次区医院新址坐落于龙河高新区建设南路西侧、三号路南侧位置，占地面积 3.53 公顷，概算投资 10598 万元，并确定一期工程建筑面积 18000 平方米。2017 年，安次区医院迁建一期工程门诊楼、住院楼完成封顶，在进行内部装修；区医院迁建二期工程经向区政府请示于 2017 年启动，并办理项目前期手续。

【乡级卫生院面貌改造提升和设备补充更新二期工程】 为清理乡镇卫生院一期面貌提升改造工程存留的一些死角问题，完善乡镇卫生院医疗设备配备，2017 年继续在乡镇卫生院开展面貌提升改造及设备更新补充二期工程，力争全面提升乡镇卫生院就医环境和医疗服务水平。2017 年底，面貌提升改造、设备补充更新二期工程完成，并通过验收。

【城市公立医院综合改革】 按照《廊坊市城市公立医院综合改革实施方案》（廊政〔2017〕27 号）通知要求，区政府制定并印发《安次区城市公立医院综合改革实施方案》，同时，成立安次区城市公立医院综合改革工作领导小组。安次区医院参照县级公立医院综合改革补偿模式和相关要求组织实施各项改革。按照全市统一安排部署，安次区医院于 2017 年 8 月 26 日零时，顺利实施药品零差率销售，公立医院综合改革各项配套政策，相关部门在制定中。

【家庭医生签约服务工作】 2017 年，区卫计局制定《安次区家庭医生签约服务工作实施方案》，及时召开安次区家庭医生签约服务工作动员会，建立健全签约服务激励机制，科学制定家庭医生签约服务的工作内容和操作流程。并通过组织卫生院和中心主任到省内先进地市考察，学习借鉴先进经验做法，拓宽思路开展工作。各乡镇卫生院采取召开村医例会、张贴上级下发的家庭医生签约服务海报等不同形式，宣传家庭医生签约服务工作的目的、服务内容、服务对象、工作要求等。2017 年安次区普通人群家庭医生签约服务覆盖率 34.98%，重点人群签约服务覆盖率 61%，完成年度目标任务；将建档立卡的贫困人口纳入家庭医生签约特殊人群，安次区贫困人口家庭医生签约率 100%。

【落实基本药物零差率销售机制】 2017 年区委、区政府高度重视医改工作，及时调整深化医改领导小组成员并下发《关于调整区深化医药卫生体制改革领导小组组成人员和设立深化医药卫生体制专题工作组的通知》，并多次召开医改调度会，研究部署安次区落实药品零差率销售补助测算和库存药品统计等工作。安次区现有常住农村居民 29.18 万人，现有承担村街基本药物零差率销售的村街卫生室 236 个。截至年底，通过政府采购平台采购入库药物 106.88 万元，所采购全部药品均为零差率销售，百姓降低医药负担比例为 13%。安次区医院于 2017 年 8 月 26 日零时，顺利实施药品零差率销售。

【基本公共卫生服务开展情况】 2017 年安次区累计建立电子居民健康档案 29.94 万份，建档率77.93%。安次区有27700名65岁及以上老年人接受免费健康查体，查体项目包括血常规、尿常规、肝功能、肾功能、空腹血糖、血脂、心电图、腹部B超等；有34000名高血压患者、9800名糖尿病患者和660名严重精神障碍患者，接受随访和免费健康查体服务；督导管理39名肺结核患者服药情况；检查27700名儿童生长发育情况，上门产后访视4300名产妇，访视4300名新生儿。健康教育以村、居为单位实现全覆盖。

【推进赤脚医生养老补助发放工作】 2017年，结合实际情况，制定《安次区原“赤脚医生”养老补助发放工作的实施方案》，并成立以副区长为组长的原“赤脚医生”审核认定及补助发放领导小组，监督、指导原“赤脚医生”养老补助审核认定工作。安次区审核认定原赤脚医生678人，并为年满60周岁604名原赤脚医生发放养老补助。

【做好人感染H7N9禽流感防控工作】 2017年，全国有多个省出现人感染H7N9禽流感疫情，廊坊市及周边城市也相继报告人感染H7N9禽流感病例，为贯彻落实省、市人感染H7N9禽流感防控工作视频会议精神，安次区卫计局推进安次区人感染H7N9禽流感防控工作。一是成立由局长任组长的“安次区卫计局人感染H7N9禽流感疫情防控工作领导小组”，做好疫情防控各项准备和应急工作。二是组织辖区各医疗机构召开安次区人感染H7N9禽流感疫情防控专业技术培训会，全面提高辖区医务人员防控意识，努力做到“早发现、早报告、早诊断、早治疗”。三是派出督导组深入乡镇卫生院、社区卫生服务机构、城区诊所等医疗机构，专项检查各医疗机构的禽流感疫情防控工作，落实预检分诊制度，规范病例救治和域外转诊工作。四是安排区疾控中心及安次区医院迅速盘点应急物资库存，并及时补充防护物资，确保一旦有疫情发生能够做到科学有效应对。五是加强部门联动，做好联防联控，由安次区疾控中心主动与工商、农业、林业等部门取得联系，了解安次区禽类养殖与屠宰加工现状，初步掌握辖区内危险人群详细数据，获取活禽交易停业名单，为辖区内关停的活禽交易店铺开展预防性消毒工作，对市场管理者进行健康教育并培训消毒防护方面知识。通过信息沟通和措施联动，努力降低人禽感染几率，全力把好禽流感防控工作的第一道防线。

【疾病预防控制工作】 基础免疫工作开展情况，继续加强基础免疫工作，保持基础免疫高接种率水平，2017年1月—10月底安次区报告基础免疫接种率：乙肝应种12762人，实种12747人，接种率99.88%；其中乙肝首针及时接种应种数1448人，实种是1288人，乙肝首针及时率88.95%；卡介苗应种1465人，实种1464人，接种率99.93%；脊灰应服11200人，实服11183人，接种率99.84%；百白破应种17118人，实种17100人，接种率99.89%；麻风应种6030人，实种6024人，接种率99.9%；流脑应种9852人，实种9836人，接种率99.83%；乙脑应种5552人，实种5546人，接种率99.89%；甲肝应种3431人，实种3421人，接种率99.88%。2017年1月至10月出生儿童6021人，建证5940人，建证率、建卡率98.65%。严重精神障碍患者管理情况，2017年区卫计局认真贯彻落实国家基本公共卫生服务项目，集中开展2次对安次区8个乡镇卫生院和3个社区卫生服务中心严重精神障碍患者管理督导检查活动，发现问题，及时制定措施，限期整改。截至年底，安次区登记在册确诊严重精神障碍患者数1004人。

【医疗机构集中校验工作】 为进一步加强医疗机构监督管理，规范医疗机构执业行为，保障医疗服务质量和医疗安全，安次区卫计局根据《医疗机构管理条例》《诊所基本标准》等有关规定，集中校验安次区28家社区卫生服务机构、70家诊所、376家村卫生室及8家乡镇卫生院。此次医疗机构集中校验工作严格执行医疗机构不良执业行为记分制度和医疗机构设置标准要求，重点检查医疗机构科室设置、人员配备、执业人员依法执业情况、医疗废弃物处置等方面工作。

【开展爱国卫生运动，城乡环境卫生得到有效改善】 做好病媒生物控制工作。以春季灭蟑为重点针对疾病极易通过鼠、蝇、蚊、蟑螂等媒介传播的实际，认真做好灭鼠、灭蟑螂等防四害工作。2017年区爱卫办招标购入10多万元消杀药品和制作防治“四害”宣教折页，下发辖区街道乡镇。广泛发动住户群防群治，确保灭鼠、灭蟑螂达标，保障人民群众身心健康。开展城乡环境卫生专项整治活动。为改善安次区空气质量和城乡环境卫生，着力解决环境方面存在的突出问题，安次区爱卫会在安次区范围内组织开展城乡环境卫生综合治理活动，有13860人次参与此次活动。2017年，安次区清理打捞河道垃圾约103吨，捡拾铁路沿线两侧白色塑料制品垃圾11吨，清扫背街偏巷死角卫生53处，动用装载机、回收车、清运车等机械248车次，拉运垃圾389吨，有效治理城乡环境卫生死角盲区。顺利通过省卫生城市复审。区爱卫办5月初将省级卫生城市考核复查的目标任务分解落实到安次区各部门、各单位。各部门、各单位将目标任务层层分解，做到有领导分管，有专人具体负责，群众自觉参与活动。在开展活动过程中，各责任单位切实履行职责，加强对本系统、本行业的管理和督导检查，确保创卫任务高质量完成。于11月1日，省创建卫生城市复审小组通过明察暗访的方式考核安次区创卫工作，安次区顺利通过省级卫生城市复审验收。

【开展无偿献血活动，确保临床用血需求】 探索无偿献血新模式，形成政府领导、卫计牵头、各部门协作、全社会广泛参与的无偿献血工作框架，实现从有偿献血、计划献血到自愿无偿献血的平稳转变。于2017年12月27日至12月28日在安次区开展无偿献血公益活动，这是安次区连续第6个年头组织安次区党政机关、事业单位干部职工参加无偿献血，安次区有1021人参加此次活动。

【推进安次区医院与社会资本合作办院】 根据《国家卫计委、国家中医药管理局关于加快发展社会办医的若干意见》（国卫体改发〔2013〕54号）、《国务院办公厅印发关于促进社会办医加快发展的若干政策措施的通知》（国发办〔2015〕45号）、《国务院办公厅关于支持社会力量提供多层次多样化医疗服务的意见》（国发办〔2017〕44号）等相关文件精神，尤其在《国务院办公厅关于支持社会力量提供多层次多样化医疗服务的意见》（国办发〔2017〕44号）第三条第十三点中明确指出“允许公立医院根据规划和需求，与社会力量合作举办新的非营利性医疗机构”。经政府法制办组织法律顾问和区卫计局共同研究区医院与社会资本共同投资办院的“PPP合作模式”，2017年10月19日区领导带领区政府法制办、区卫计局人员及法律顾问赴保定市徐水区中医医院进行实地考察，11 月 9 日安次区卫生和计划生育局组织安次区医院班子成员和部分科主任到保定市徐水区中医医院就公立医院与社会资本合作办院事宜进行参观考察。截至 2017 年年底，区政府同意通过“PPP 模式”引进社会资本与安次区医院共同投资办院，同时批准安次区卫生和计划生育局作为安次区医院与社会资本合作办院 PPP 项目实施机构。

【开展健康素养促进行动】 2017 年，安次区被省遴选为“全省新增第四批健康素养促进行动项目示范县”。卫计局开展健康素养促进行动，充分提高居民健康水平。

【创新机制，统筹协调，做好健康扶贫工作】 为进一步做好健康扶贫工作，成立安次区卫计系统扶贫工作领导小组，明确小组成员分工，责任落实到人，确保卫生计生健康扶贫工作落到实处。2017 年 11 月 17 日召开各乡镇政府、龙河高新区、人社局、民政局分管扶贫工作副职参加的安次区农村贫困人口“因病致贫、因病返贫”建档立卡工作调度会，会上对摸底调查的目标人群范围进行详细说明，要求各参会单位明确专人负责摸底调查工作，并按要求上报摸底调查资料。为有效缓解辖区城乡贫困人口“看病难、看病贵”问题，于 2017 年 7 月，卫计局联合区扶贫办、区民政局、区财政局、区人社局联合印发《安次区城乡贫困患者区域内住院先诊疗后付费工作方案》，确定安次区医院为“先诊疗后付费”定点医疗机构，安次区医院明确 1 名副院长牵头协调，指定专业科室具体安排此项工作，对辖区“建档立卡贫困人口、特困供养人员、最低生活保障家庭成员”等三类人群实行先诊疗后付费。贫困患者携带贫困证明或低保、特困供养、建档立卡贫困户证件及有效身份证件办理住院手续，经定点医疗机构审核后，医疗机构与贫困患者签订《安次区贫困患者区域内住院先诊疗后付费协议书》，贫困患者无需缴纳住院押金。同时，针对辖区建档立卡贫困人口就诊患者，安次区医院开通“绿色通道”，对救助对象提供“一免三减”服务（即免收挂号费、减收治疗费 5%：不含材料费、减收检查费 10%、减收住院床位费 50%）；在辖区乡镇卫生院就诊，减免门诊检查治疗费用的 20%。为切实减轻安次区农村贫困大病患者家庭经济负担，于 2017 年 11 月，卫计局联合区民政局、区人社局、区扶贫办联合印发《安次区农村贫困人口大病专项救治工作方案》，集中救治经民政部门核实核准的建档立卡贫困户、特困供养对象、低保对象及孤儿救助人群中，罹患食管癌、胃癌、结肠癌、直肠癌、终末期肾病、儿童白血病和儿童先心病等 7 种大病患者。安次区医院成立救治专家组，同时邀请京津廊三甲级医院专家为农村贫困大病患者进行会诊、手术治疗和查房，对贫困大病患者实行单病种付费管理，控制费用总额，确保将贫困大病患者实际自付费用降到最低。

医疗机构

【安次区医院】 廊坊市安次区医院于 1956 年建院。坐落在廊坊市区内，位于廊坊市光明西道100号。占地面积7437.83平方米，建筑面积9100平方米，其中门诊楼面积3000平方米，住院楼面积3900平方米，医技楼面积1370平方米，后勤用平房830平方米。新院区位于龙河高新区内，现正处于建设当中。区医院是一所集医疗、教学、科研、预防保健为一体的综合性二级医疗机构，为廊坊市城乡居民医疗保险定点医院、廊坊市职工医疗保险定点医院、安次区优抚定点医院。2017年，医院有职工379人，其中：正式职工118人，通过招聘程序聘任职工42人，临时聘用人员213人、返聘人员6人。医院开放床位200张，设有内一科（呼吸科、心内科、消化科）、内二科（神经内科、内分泌科、肿瘤内科）、内三科（肾内科、风湿免疫科、血液科）、骨一科（开展骨科微创手术）、骨二科（开展传统骨科手术）、外科、肛肠科、妇科、产科、儿科、急诊科、重症医学科、中医科、皮肤科、五官科、口腔科等临床科室及放射科、CT室、口腔CB－CT室、临检室、生化室、心电图室、彩超室、经颅多普勒室、耳鼻喉内窥镜室、胃肠镜室、乳腺扫描室、病理科等20多个医技科室。拥有日本东芝螺旋CT、东芝全数字化彩超、悬吊式DR设备、全自动血液生化分析系统、五分类血液分析仪、心脏除颤起搏仪、多功能生命监护仪、呼吸机、胎心监护仪、日本光电十二导电脑分析心电图机、多功能微波治疗系统、数码阴道镜、电子胃镜、电子肠镜、增强型乳腺扫描仪、双通道增强型超声经颅多普勒血流分析仪、日本进口肺功能检测仪、电测听、核磁共振、C形臂等高精尖设备，手术室配备椎间孔镜、关节镜、腹腔镜、宫腔镜设备。

医院为加快建设和发展，更好地为人民健康服务，始终坚持两手抓、两手都要硬的方针，一手抓精神文明，一手抓物质文明，以提高全院职工整体素质为重点，以行风建设为先导，以深化“百姓放心医院”创建活动为载体，精诚团结，与时俱进，开拓创新，扎实工作。通过深化改革，开展丰富多彩的活动，在全院大力营造文明行医、优质服务，净化、优化、美化环境的浓厚氛围，使医院的行风建设取得良好成效，医院在竞争的激流中呈现出大局稳定，社会、经济效益稳步提高，各项工作全面发展的良好势头。以思想教育为核心，行风建设为主线，加强医院内涵建设，致力打造医院品牌。大力倡导敬业、勤业和无私奉献精神。通过开展形势任务教育、公民道德教育、医务人员职业道德规范教育、《医疗事故处理条例》和卫生法规教育、医务人员服务礼仪教育、先进人物事迹教育等，注意挖掘、培养、推广工作中的先进典型，以榜样的力量教育人，感染人，激励职工昂扬上进，引导职工学先进，赶先进，努力形成先进事迹和崇高精神催人奋进的工作氛围，唱响正气歌。在丰富职工文化生活的同时，进行爱党、爱院、爱岗教育，既营造医院的文化氛围，又丰富职工业余生活。开展多种形式送温暖、献爱心活动。根据医院实际，医院组织医务人员常年到周围各乡村进行义诊活动，做到送医送药到家，方便广大农民朋友就医。通过全院努力工作，赢得社会各界和患者一致好评，实现业务收入增长，门诊住院病人日趋增长，人均平均收入增长，硬件建设不断增强。

安次区医院2017年与解放军总医院（301医院）、北京协和医院、北京积水潭医院、北医三院、北京同仁医院、北京天坛医院、北京阜外医院、北京安贞医院、中日友好医院、北京妇产医院、北京肿瘤医院、北京朝阳医院、北京中医药大学一附院、中国中医研究院、北京中医院、陆军总医院、海军总医院、火箭军总医院等顶级医院成为技术协作单位。专家组每周六、日均来区医院出诊、会诊、手术、查房、急救抢救、教学等技术支持。安次区医院服务宗旨：一切为病人、一切服务病人、一切方便病人。以高超的医疗技术、热情周到的服务、低廉的收费价格、优雅的住院环境真诚为广大患者服务。

【区疾病预防控制中心】 2007 年 6 月撤销安次区卫生防疫站，同时成立安次区疾病预防控制中心和安次区卫生监督所，为安次区卫生局下属事业单位（股级）。2017 年，有在职干部职工 24 人，内设 7 个科室：办公室、疾控一科、疾控二科、疾控三科、预防接种门诊、防痨科、检验科。区疾控中心担负着安次区所辖 284 个行政村和 216 个居委会近 35 万人口防、治、管、研、教等卫生防疫任务。坚持预防为主，防治结合，做好重点传染病的预防控制工作，着力提高处理农村、街道等地疫情和公共卫生突发事件，坚持遏制传染病、地方病、艾滋病、等重大疾病蔓延势头。按照廊坊市卫生和计划生育委员会办公室关于进一步规范狂犬病暴露预防处置工作通知（廊卫办疾控〔2016〕38 号）要求，县（区）城区所在地应设置 24 小时应诊的狂犬病暴露预防处置门诊。经报请局党组同意责成城区预防接种二门诊严格按照《廊坊市狂犬病暴露预防处置门诊规范（2016 版）》的相关要求，重新选址、规划、建设狂犬病预防处置门诊，在市犬伤处置门诊部领导大力支持下此项工作于 2017 年 12 月底完成，新门诊建筑面积 500 余平方米，功能分区、合理设施、设备齐全。

2017 年，区疾控中心继续完成空气污染（雾霾）对人群健康影响监测工作。年内完成 1084 名社区居民 2 周内的疾病和症状调查及人群出行模式调查工作。开展 3 年级至 5 年级 600 名小学生健康影响问卷调查工作和 150 名 3 年级至 5 年级小学生肺功能测试工作。11 月 16 日至 12 月 31 日期间，遇到雾霾天（AQI > 200）时开展小学生疾病和症状调查工作，并在年底之前完成各项工作任务。在廊坊师范学院、光明西社区卫生服务中心、中国人民武装警察部队学院武警学院食堂分别创建“健康小屋”，在廊坊市第十三中学创建“健康学校”。11 月 2 日，在中国人民武装警察学院完成“健康小屋”自助检测点建设。此项工作获得市卫计委、市疾控中心给予的大力支持，该自助检测点是安次区成立的第一个。11 月 23 日至 11 月 29 日，安次区疾控中心开展学校结核病处置工作，联系三院传染病报告负责人及患者家属，认真核实疑似病例有关信息，开展流行病学调查工作。对患者流调了解疑似病例信息及时电话报告区卫计局、市疾病预防控制中心有关科室。同时，将情况通报区教育局及患者所在学校。与区教育局领导对该疑似病例调查处理情况高度重视，责成区疾控中心、区卫生监督所、区教育局相关科室、第十二中学、第四中学、第八中学主要负责人于 11 月 24 日至 11 月 29 日上午召开现场会，依照《学校结核病防控工作规范（2017 版）》的规定，确定密切接触者 226 人，包括：同班级、同宿舍、同就餐的同学，任课老师并于 11 月 24 日至 11 月 29 日进行结核菌素试验筛查。为避免学校师生恐慌，防止疫情扩散，区疾控中心由专业技术人员对学校卫生工作相关人员进行《传染病防治法》《学校结核病防控工作规范（2017 年版）》

政策解读，现场培训结核病预防控制相关知识，校舍通风消毒的正确方法等专业知识，发放结核病防控知识宣传折页6000份，宣传画1000张。12月14日，在廊坊师范学院举办大型艾滋病防控知识讲座，区疾控中心林玉燕副主任结合她从事多年艾滋病防控工作经验，用数据说话，用鲜活事例为在校大学生讲述当下环境中防控艾滋病形势的严峻，指导青年人如何正确看待艾滋病及如何保护自己免受艾滋病威胁。此次讲座受到全体师生高度评价，为安次区在艾滋病防控知识普及发挥极大作用。

【区卫生监督所（区卫生计生综合监督执法局）】 2017年12月9日撤销原卫生监督所，设立廊坊市安次区卫生计生综合监督执法局。为区卫生和计划生育局所属事业单位。机构规格相当于正股级。核定事业编制10人，设局长1人（正股级），副局长2人（副股级）。所需人员编制由原卫生监督所划转（6名编制全部划转）和区疾病预防控制中心调剂（4名）解决。在安次区范围内开展包括：公共场所卫生监督与量化、学校卫生监督、传染病防治、职业卫生监督、放射卫生监督、生活饮用水卫生监督等卫生监管工作，工作半径达55公里。在加强卫生监督体系建设方面，加强卫生监督执法能力建设方面，履行卫生监督管理职责方面，开展整顿和规范市场经济秩序的卫生监督专项治理方面，加强日常监督和专项整治等方面做到领导重视、措施得力、规范执法、从严执法、从严管理。加强食物中毒预防控制，做好学校食品卫生及重大活动安全保障工作。

开展日常卫生监督执法检查，2017年公共场所被监管单位有583户，重点检查内容：是否亮证经营，是否持证上岗，消毒设施是否运转正常，集中空调通风系统卫生管理情况及预防空气传播性疾病的各项措施和应急预案是否落实到位等。全年出动卫生监督人员486人次、车辆136车次、检查经营单位621户次，监督覆盖率100%，从业人员体检率达95%以上。继续开展公共场所的量化分级管理工作。各单位的量化100%，并且量化等级管理标识100%上墙悬挂。建立公共场所一户一档，根据前期摸底、检查以及年检复核工作资料，整理归档公共场所经营单位。行政卫生许可审批工作：全年受理卫生许可申请83件，进行现场验收审核110余次，办理卫生许可证83件，从业人员健康证1543人。

开展专项整治工作：2017年3月份根据市卫计委统一部署，开展针对生活美容场所违反开展医疗美容行为专项整治的“春季行动”。出动卫生监督人员32人次，车辆9车次。检查经营单位52户次。自4月份起，根据市监督局的统一部署，在辖区内公共场所经营单位进行一次专项整治，发现主要存在问题是普通旅店、招待所无布草间和消毒间，采用空调的单位未落实空调系统清洗消毒制度，部分场所工作人员无健康证上岗，极少数单位未办理卫生许可证即进行营业等问题。针对上述问题，监督员进行反复监督检查，责令整改。同时事后进行巡回检查，直至整改合格。通过此次专项整治，安次区公共场所卫生状况得到进一步规范，为社会各界创造良好卫生安全环境，促进安次区发展，保障广大群众身体健康。

【仇庄中心卫生院】 2017年总人数33人，其中在编15人，聘用18人；专业技术人员21人。科室设置有：内科、外科、妇科、预防保健科、治疗室、B超室、化验室、放射科、手术室、药房、护理部。仪器设备有：救护车2辆、全自动生化仪1台、全自动血液粘度动态分析仪1台、三分类血细胞分析仪1台、五分类血细胞分析仪1台、尿液化学分析仪2台、糖化血红蛋白分析仪1台、微量元素分析仪1台、红外乳腺检查仪1台、数字化医用X摄影系统（DR）1台、医用胶片打印机1台、12导心电图机3台、便携式黑白超1台、全数字彩色多普勒超声诊断仪2台、智能通络治疗仪1台、麻醉机1台、多参数监护仪4台、除颤起搏监护仪2台、呼吸机1台、输液泵6台、高频电刀1台。

【葛渔城中心卫生院】 2017年，卫生院总人数34人，在编人员11人，聘用人员23人；专业技术人员11人。科室设置有：内科、外科、妇科、儿科、化验室、放射科、预防保健科、超声波室、手术室、药房、公卫科、国医堂。仪器设备有：救护车1辆、彩色超声机1台、DRX光机1台、医用胶片打印机1台、全数字彩色多普勒超声诊断仪1台、全自动生化仪1台、五分类血细胞分析仪1台、经颅多普勒诊断仪1台、全自动血液黏度动态分析仪1台、12导心电图2台、微量元素分析仪1台、除颤起搏监护仪2台、麻醉机2台、呼吸机2台、红外乳腺检查仪1台、智能通络治疗仪2台、多参数监护仪5台、高频电刀1台。

【码头中心卫生院】 2017年，卫生院总人数42人，在编人员13人，聘用人员29人；专业技术人员29人。科室设置有：内科、外科、妇科、医学检验科、医学影像科、预防保健科、中医科、公共卫生科、农合办公室、中药房、西药房、综合门诊、治疗室、手术室。仪器设备有：救护车1辆、全自动生化仪1台、五分类血细胞分析仪1台、尿分析仪1台、电解质分析仪1台、数字化医用X摄影系统（DR）1台、12导心电图2台、三导心电图2台、立式高压灭菌锅1台、多参数监护仪1台、彩色超声1台、黑白超声1台、经颅多普勒1台。

【落垡镇卫生院】 2017年，现有职工25人，其中在编人员9人，临聘人员16人，卫生技术人员5人。科室设置有：内科、外科、中医科、妇科、化验室、放射科、手术室、药房、收费室、彩超室、心电图室、公卫科、防保科。仪器设备有：救护车1辆、12导心电图机2台、全数字彩色多普勒超声诊断仪1台、经颅多普勒诊断仪1台、五分类血细胞分析仪1台、多参数监护仪1台、微量元素分析仪1台、DR1台、彩超1台、红外线乳腺诊断仪1台、全自动生化仪1台、同时配备针灸器具、火罐、电针仪、艾灸仪、宝葫芦温灸仪、中频电疗仪（离子导入仪/中药透药设备）、TDP特定电磁波治疗仪（神灯）等中医设备及（电动）多功能腰椎牵引床、推拿治疗床、针灸治疗床、等中医康复治疗设备等。

【调河头乡卫生院】 2017年，调河头乡卫生院总人数12人，在编人员4人，聘用人员8人；专业技术人员5人。科室设置有：内科、外科、妇科、儿科、预防保健科、公共卫生科、中医科、针灸科、疼痛骨病科、康复理疗科、超声科、心电图室、药房、化验室、放射科。仪器设备有：救护车1辆、彩色超声机1台、红外乳腺诊断系统1台、经颅多普勒1台、同步12导心电图机2台、12导心电图机1台、全自动生化分析仪1台、血细胞分析仪2台、尿分析仪2台、微量元素分析仪1台、心电监护仪1台、麻醉机1台、数字X线摄影机（DR）1台、电动牵引床1张。

【杨税务乡卫生院】 杨税务乡卫生院是一所政府举办集体所有制公益性医疗机构，成立于1951年，位于杨税务乡政府所在地，占地面积2088平方米，建筑面积1206平方米，承担全乡49个行政村，3.5万人口的医疗保健任务。2017年，卫生院总人数20人，在编人数5人，临聘人数15人；专业技术人员16人。卫生院现开放床位20张，设有内科、外科、妇保科、儿保科、放射科、B超室、检验科、预防保健科和公共卫生项目办等科室。设备有全数字彩色多普勒超声诊断仪1台、全自动300速生化仪1台、五分类血球仪1台、12导心电图1台、微量元素分析仪1台、尿分析仪1台、并配备基本公共卫生体检用车1辆。

【东沽港镇卫生院】 2017年，卫生院总人数33人，在编人数9人，临聘人员24人；专业技术人员17人。科室设置有：内科、外科、妇科、化验室、放射科、手术室、药房、彩超室、公卫科、防保科。仪器设备有：救护车1辆，彩超机1台、黑白便携超声机1台、血常规1台、血流变1台、全自动生化仪1台、尿常规1台、心电图机1台、人流吸引器1台、胎心监护仪1台、微波治疗仪1台、可视人流1台、阴道镜1台、妇科治疗仪1台、心电监护仪1台、C形臂1台、电子肛肠治疗仪1台、麻醉机1台、DRX光机1台、经颅多普勒1台。

【北史家务乡卫生院】 2017年，北史家务乡卫生院因无办公及业务用房，暂停开展诊疗业务，原有仪器设备均以入库封存，现有6名工作人员均为临时聘用人员。2017年只开展基本公共卫生服务及组织卫生室药品网采零差率销售工作。

（赵洪村）

社会生活

计划生育

【概况】 2017年12月12日，廊坊市安次区人民政府办公室印发《廊坊市安次区卫生和计划生育局主要职责内设机构和人员编制规定》，设立廊坊市安次区卫生和计划生育局，为区政府主管卫生和计划生育工作的职能部门。2017年安次区卫生和计划生育局有编制33人。其中，行政编制21人，事业编制9人，工勤编制3人。内设机构11个股（室）：办公室、人事股、体制改革股（廊坊市安次区深化医药卫生体制改革领导小组办公室）、疾病预防控制与卫生应急股（突发公共卫生事业应急指挥中心）、医政药政医管股（中医股）、基层与基本公共卫生股、妇幼健康服务股、综合监督与法规股、计划生育指导股（家庭发展与流动人口管理股）、宣传与健康教育股（廊坊市安次区爱国卫生运动委员会办公室）、财务与信息统计股。安次区卫生系统有下属单位11个，其中区医院1所、区疾病预防控制中心1所、区卫生计生综合监督执法局1所、乡镇中心卫生院3所，乡镇卫生院5所。

2017年卫计局的职责有所调整。取消的职责：取消安次区计划生育家庭妇女创业之星等达标、评比、评估和相关检查活动；将医疗机构服务绩效评价等技术管理职责转移给所属事业单位承担；按照事业单位分类改革的要求，减少对所属医疗机构的微观管理和直接管理，落实所属医疗机构法人自主权；取消由国务院及省、市、区人民政府公布取消的行政审批事项。整合的职责：将原区卫生局、区人口和计划生育局的职责整合，划入区卫生和计划生育局；将区发展改革局承担的区深化医药卫生体制改革领导小组办公室的职责，划入区卫生和计划生育局；将原区人口和计划生育局的研究拟订人口发展战略、规划及人口政策的职责，划入区发展改革局。按照“应进必进”原则，将区卫生和计划生育局所承担的有关行政许可事项划入区行政审批局，由区卫生和计划生育局做好后续监管工作。加强的职责：深化医药卫生体制改革，坚持保基本、强基层、建机制，协调推进医疗保障、医疗服务、公共卫生、药品供应和监管体制综合改革，巩固完善基本药物制度和基层运行新机制，加大公立医院改革力度，推进基本公共卫生计生服务均等化，提高人民健康水平。坚持计划生育基本国策，完善生育政策；加强计划生育政策和法律法规执行情况的监督考核及对基层计划生育工作的指导；加强对出生人口性别比的综合治理，推进优生优育，提高出生人口素质。推进卫生和计划生育服务在政策法规、资源配置、服务体系、信息化建设、宣传教育、健康促进等方面的融合；加强食品安全风险监测、评估。鼓励社会力量提供卫生和计划生育服务，加大政府购买服务力度，加强急需紧缺专业人才和高层次人才培养。承接国家和省、市卫生和计划生育主管部门下放的相关职责。

【落实责任，严格执行公共决策初审制度】 按照区委、区政府《关于实行公共决策计划生育初审制度的意见》要求，坚持党政一把手亲自抓、负总责，坚持落实计划生育目标管理责任制。进一步落实公共决策计划生育初审制度，对违反政策的坚决予以“一票否决”。2017年，审核辖区内530名拟提拔、转任和优秀模范等人员的个人计划生育情况。

【务求实效，确保各项优惠政策落实到位】 2017考核年度，为18周岁以下领取《独生子女光荣证》的父母11229人，发放资金131.60万元；为5081名农村18周岁以下独生子女在城乡居民医疗保险参合费个人缴纳部分给予每人20元补助，发放补助金10.16万元；为1854名农村60周岁以上计划生育独生子女户的父母在领取新农保养老金基础上，每人每月给予10元补助，发放补助金22.25万元；为3315名符合计划生育政策的农村孕产妇在享受住院分娩补助的基础上，再给予每人20元的补助，发放补助金6.63万元。为独生子女父母退休后一次性奖励资金3000元，安次区累计符合条件有2270人，落实金额681万元；为17户独生子女死亡和伤残家庭发放一次性救助金28万元。

【推进实施全面两孩政策，推行网上生育登记】 2017年，区委、区政府印发《关于实施全面两孩政策改革完善计划生育服务管理的实施方案》，多次组织开展计划生育法律法规培训班，进一步优化办事流程，简化办理手续，简政便民。2017年，安次区一、二孩生育登记全部通过互联网进行申请办理，方便群众办事，解决办证难问题。2017年通过网上办事大厅审核批准《第一、二个子女生育登记卡》3237个，再生育审批34个，均在要求时限内予以审批。为进一步创新服务管理模式，推进计划生育服务管理改革，促进工作作风转变和服务水平提升。在2017年的基础上建立健全计划生育服务回访中心工作制度，规定回访人员工作职责、行为规范、用语规范。回访中心秉承“民生至上，服务为先”的理念，及早了解群众诉求，主动征求群众意见建议，及时发现计生工作中的问题，真正为最基层群众搞好服务，受到群众好评。

【明确责任目标，技术药具服务工作取得实效】 一是孕前免费优生健康检查超额完成任务。2017年工作任务：为1800名符合政策的待孕夫妇进行免费孕前优生健康检查。截至9月底检查1820名，完成全年任务的101%。发现高风险248人，占检查人数的14%。进行早孕随访1430人次，妊娠结局随访88人次。二是药具服务工作新突破。在安次区各乡镇、街道、园区等人流量大、流动人口密集场所，新购置并安装10台人工智能计划生育药具免费发放机，并投入使用。截至2017年年底，安次区累计安装35台药具免费发放机。

【完善制度措施，加强出生缺陷综合防治工作】 一是落实好以婚前保健为主的一级预防措施。二是加强对出生缺陷高危人群的指导和筛查。三是整合婚检和免费孕前优生健康检查项目，开展系列服务，提高工作质量和服务能力，提高检查率。2017年，产前筛查3732人，高危追踪随访率100%；新生儿及35种遗传代谢病筛查855例；新生儿听力筛查851例；新生儿心脏病筛查586人。

【开展妇幼健康服务工作，落实惠民举措】 一是加强危重孕产妇和新生儿救治转诊工作。随着两孩政策的实施，高龄、危重孕产妇增多，安次区建立危重孕产妇、新生儿急救和转诊网络，加强定点接生单位产科建设，提高危重孕产妇及新生儿的抢救水平，规范孕产妇和新生儿危急重症抢救治疗和绿色通道建设。2017年，辖区内所有助产机构均建立危重孕产妇和新生儿救治转诊档案，推进孕产妇健康服务管理。二是加强母婴保健工作落实。2017年，安次区成立母婴保健专家委员会和儿童健康管理专家委员会，研究落实助产技术和计划生育技术服务规范标准。为落实母婴保健计划生育技术服务惠民项目提供技术支撑，对相关人员进行培训，并提供校验、换证工作。三是加强妇幼健康服务体系建设。年内安次区在提高妇幼健康水平，加强服务体系建设的同时，推进妇幼保健和计生服务机构深度融合，实施妇幼健康保障工程，做好计划生育基本技术服务。及时掌握育龄妇女动态，进一步完善台账管理，切实掌握孕情及新生儿出生情况，提高早孕建卡率和42天新生儿建卡率。前期侧重落实婚前免费检查和生育全过程的基本医疗卫生计生服务措施；后期侧重做好高血压、糖尿病等慢性病管理和健康干预。四是实施免费孕前优生检查、免费产前筛查、孕产妇保健管理、预防艾滋病梅毒乙肝母婴传播、0至6岁儿童保健管理、38种新生儿遗传代谢病免费筛查和农村育龄妇女免费增补叶酸等公共卫生项目。2017年对2649名农村孕产妇免费发放叶酸。孕产妇艾滋病、梅毒和乙肝免费建卡咨询约4798人，检测4495人；早孕建册2722人，早孕建册率71.93%，产妇健康管理3200人，管理率85%；住院分娩率100%；产后访视3340人次，访视率88%。全程跟踪管理高危产妇，使高危孕妇住院分娩率均达到100%。2017年安次区7岁以下儿童31134人，保健覆盖人数29003人，健康管理率93.15%；安次区新生儿5854人，访视5169人，访视率88.3%。

【加大执法力度，综合治理出生人口性别比工作显著】 2017年，安次区联合执法检查各级医疗机构和公共卫生场所，巡查400余家医疗机构，提出整改意见90余条，立案查处3家，罚没资金1.2万元；开展打击非法行医专项整治工作，严厉打击“两非”、非法“代孕”违法行为，协调区食药监、工商等部门联合开展4次清查清理活动，活动中发现1起非法终止妊娠案件，对涉案医疗机构进行相应处理并结案。

【大力发展医养结合，开创新型养老模式】 2017年，为满足群众日益增长的健康养老需求，安次区开展“医养结合”工作，与民政等部门联合，积极探索“医养结合”养老模式。截至2017年年底，杨税务乡和码头镇2所卫生院携手辖区2个敬老院，开展医养结合养老服务。为方便老年人康复，同时考虑老年人的养老需求与医疗需求，2所卫生院引入现代医疗技术设备，特设老年助行器、老年医用扶手、健身器材、理疗器械等，力求打造一个温馨、和谐、优质的养老环境。

（赵洪村）

民　政

【概况】 安次区民政局隶属于区政府领导下的行政事业单位。2017 年有干部职工 47 人，有 9 个内设机构：办公室、救灾股、扶贫办公室、社会救助股、优抚安置股、社会组织管理股、基层政权股、社会事务股（婚姻登记处）、社区建设办公室。5 个下属事业单位：低保家庭经济状况核查中心、军队离退休干部管理服务中心、杨税务民政事业服务中心、码头民政事业服务中心、廊坊市纸箱厂。另外，安次区老龄委办公室也设在安次区民政局。主要职责：贯彻执行民政工作的法律法规及方针政策；研究制订全区民政事业发展战略；拟订民政事业发展规划和年度工作计划；负责全区民政行政执法监督检查，行政复议工作。依法对全区社会团体、民办非企业单位实施监督管理与年度检查；对违反有关法律、法规、规章的问题进行监督检查，视情节轻重给予行政处罚。组织指导全区拥军优属、拥政爱民活动；负责全区各类优抚对象优待、抚恤、补助、医疗、救助；负责全区优抚对象的信息核查、国家机关工作人员伤残管理、革命烈士审核报批、零散烈士纪念设施的保护工作；负责全区革命烈士、军队因公伤亡人员和病故军人遗属的一次性抚恤工作；负责审核报批全区重点烈士纪念建筑物保护单位；负责全区革命烈士史料收集、整理、编纂工作；承担区双拥工作领导小组日常工作。负责全区退伍义务兵、转业士官、复员干部及退役伤残士兵的接收安置工作；负责移交本区管理的军队离、退休干部和无军籍退休退职职工接收安置、管理服务工作。负责组织全区自然灾害救助应急体系建设，拟订全区救灾工作应急预案，组织协调全区救灾工作；负责组织核查并统一发布灾情；负责管理、分配、发放中央和省、市、区下拨的救灾款物并检查监督使用；组织、指导救灾捐赠工作，做好救灾物资的仓储管理；负责外埠对本区救灾捐赠款物的接受管理和分配使用。牵头拟订社会救助规划，承担城乡社会救助体系建设；负责城乡居民最低生活保障、五保供养、医疗救助、临时救助和生活无着人员救助工作；按照“应保尽保”原则，切实保障城乡居民的基本生活；承担老年人、孤儿、特困人员等特殊困难群众权益保护行政管理工作。研究提出全区加强和改进基层政权、基层民主政治建设的意见和建议；指导全区村（居）委会自治组织建设和有关人员培训工作，推进村务公开。协助乡镇、街道办事处申报行政区划调整、更名、驻地迁移等事项；负责行政区划界线的日常管理工作，协调处理边界争议；负责农村地名管理和地名设标工作。负责全区婚姻登记管理工作，宣传婚姻法律法规，倡导文明婚俗；负责全区儿童收养登记工作；积极推行殡葬改革，加强全区殡葬事业单位的管理。承担区扶贫工作领导小组交办的日常工作。主管全区对内扶贫工作。负责指导全区基层民政组织建设工作；指导监督全区民政事业经费的管理；负责统计全区民政事业指标；负责审计各项业务专款。负责区老龄委日常工作、积极组织老龄活动。贯彻执行中央和省、市、区各级党委、政府有关城市和社区工作的方针政策，落实上级有关部门的安排部署。负责全区社区建设总体规划和工作目标的制定；负责社区建设工作的联络和协调以及社区建设较大问题的处理工作；负责对基层社区建设工作的业务指导和督导检查工作，组织全区社区建设示范活动以及社区干部的培训工作，总结交流经验、评选社区建设先进单位的组织工作。承办区委、区政府和上级部门交办的其他事项。2017 年，按照上级要求，增设退役军人管理服务中心。2017 年，安次区民政局坚决贯彻党的十八届六中全会和党的十九大会议精神，牢固树立“民政为民、民政爱民”工作理念，以钉钉子的狠劲、韧劲推动各项民政工作落到实处。

【社会救助工作】 全面落实城乡低保金、特困人员供养金、孤儿救助金等提标工作。2017 年，城乡低保、特困供养、医疗救助、临时救助、残疾人两项补贴等各项救助、补贴，累计救助 25752 人次，发放资金 2999 万元。城乡居民最低生活保障政策进一步完善。扎实做好城乡低保 3 个重点环节，做到应保尽保。新建低保回访复查、长期公示和举报案件查处三项制度。建立城乡低保家庭经济状况核查机制，加强低保工作核查力度，确保核查率 100%。以“一问责八清理”暨基层“微腐败”专项清理为契机，开展民生保障不规范专项清理，累计清理排查出问题 366 件，均完成整改。城乡医疗救助服务进一步优化。严格贯彻落实城乡医疗救助政策，开展医疗全方位救助。针对尿毒症、白血病、癌症等 21 种重大疾病实行重点救助，切实解决困难群众生活；做好与城乡居民医疗保险、临时救助等政策的衔接。养老服务体系进一步推进。2017 年累计投入资金 290 万元，完成 2 所民政事业服务中心硬件升级改造。加强工作人员业务培训，多方协调、千方百计解决其工资保险遗留问题。贫困助学进一步落实。2017 年应届贫困学生助学工作顺利完成，累计救助人数 40 人。留守、困境儿童关爱保护进一步开展：制定出台《廊坊市安次区关于加强农村留守儿童关爱保护工作的实施意见》，开展摸底排查，将全区留守、困境儿童信息录入到全国留守、困境儿童信息系统，全区有留守儿童 39 人，困境儿童 300 余人，建立监督制度，做到每个村、每个居委会都有专人对儿童进行跟踪走访，进行帮扶工作。灾害救济工作进一步深入。5 月 12 日开展全国防灾减灾日宣传活动，创建减灾示范社区，参与“7·21”永定河泛区防汛演习，制定出台《关于推进防灾减灾救灾体制机制改革的实施意见》（廊安发〔2017〕24 号），加强灾害天气值班，及时有效报灾核灾、开展救灾工作。全年社会化发放春荒救灾资金 60 万元，救助灾民 3026 户 6742 人。同时，动态管理，全力完成 60 周岁养老服务补贴、残疾人“两项补贴”、高龄老人生活补贴及审核办理老年证等工作。

【帮扶工作】 2017 年全区开展建档立卡工作，累计召开专项会议 13 次，印发红头文件 20 份，印发通知 14 份，建立督导组 9 个。动员全区 284 个村街成立工作队 281 个，成员 1168 人，累计发放明白纸 7 万余张，制作条幅 500 余条，精准识别出建档立卡贫困户 259 户 566 人。以 45 名区直工作队成员、62 名乡镇工作队成员为主体，以 40 名区领导干部、66 名区直正职领导干部、112 个爱心企业为支撑，实现结对帮扶全覆盖，建立起具有安次区特色的“1+3”帮扶模式。有 9 个区直部门制定出台本系统的贫困帮扶政策，健全“1+X”帮扶政策体系。

【开展双拥优抚安置工作】 积极推进军民共建，不断完善各项优抚、安置保障制度，狠抓各项政策落实。2017年区民政局为3011人优抚对象，发放各类补助补贴资金1497万元；为247名义务兵，发放优待金564.8万元；妥善安置退役士兵188名。创新思路方法，切实解决安置遗留问题：2017年年初成立安次区军队退役人员政策落实工作领导小组和工作专班。紧紧围绕“一二三四”工作目标，阶段性攻破自1978年至2017年近40年的安置政策欠账遗留问题。妥善安置28名原安置后未上岗人员上岗，并投入千万余元解决其待遇问题。另外为安置政策不欠账、就业有困难的29名军队退役人员解决就业问题。因军队退役人员对国家的特殊贡献，在工资标准上增加50元/年的军龄特殊津贴一项。军队退役人员政策落实工作得到省、市领导一致肯定。不断深化优抚对象。认真落实重点优抚对象定期抚恤金和补助金标准自然增长机制，及时发放优抚对象定期补助资金、义务兵家庭优待金和60周岁农村退役士兵生活补助等资金。加强重点优抚对象医疗保障，着力解决看病难、医疗难问题；集中组织重点优抚对象体检。做好春节、“八一”两节期间全覆盖走访慰问工作，密切加深军政军民关系。全力做好安置政策落实工作。坚持公开、公平、公正原则，通过积分排序、按序选岗的方式，同时对安置政策、安置对象、安置计划、量化评分、选岗过程、安置结果进行公示，杜绝了“暗箱操作”，真正做到“阳光安置”。截至11月底，完成全年安置任务，安置15名符合政府安排条件的退役士官，分别安置到中省级单位及区直各部门。组织退役士兵进行技术培训。做好烈士纪念褒扬工作：清明节期间、抗战胜利纪念日、公祭日期间开展纪念烈士活动。党政军领导带头在清明节、烈士纪念日举行烈士纪念仪式。全年接待万余人次。

【开展社区建设工作】 社区居委会工作用房完全达到300平方米以上。2017年结合创建全国文明城市工作，将安次区6个社区居委会工作用房不足300平方米的通过借用、租赁等方式完全达到300平方米，弥补长期社区工作用房不足的历史性问题。同时，各街道办事处结合各社区实际，对所有社区进行装修、改造，社区工作环境得到提升。社区组织进一步完善。为使社区建设健康有序发展，重新调整充实区社区建设领导小组，各社区建齐了“四个组织”“六个工作委员会”（四个组织：社区党支部、社区居委会、社区协商议事会、社区代表会；六个工作委员会：社区保障、治安民调、计划生育、公共卫生、文化活动、学习教育）的组织体系。同时建立以楼长、院长、单元长为核心的网格员网格化管理体系，使社区组织体系上下贯通、横向联动、店面结合的社区管理服务新格局。社区工作队伍建设进一步加强：为保障社区工作有人干事，安次区民政局2017年调整充实社区工作者队伍，完善社区工作人员招聘机制，在保证居委会专职工作人员配备的基础上，面向社会从大中专毕业生、退伍军人、优秀居民中择优聘任社区工作人员。2017年1月将招聘人员的工资从2000元提高到2500元，并建立岗位激励机制，社区招聘人员在同一单位工作每满一年，月增加岗位津贴工资50元，有效稳定社区招聘人员工作队伍。同时加强社区工作队伍培训，稳定和提升社区管理水平。社区养老服务工作全面提升。一是指导和协调社区便民服务中心拓展为老服务项目，提高为老服务专业水平，并组织养老服务从业人员参加相关业务技能培训和社会工作师考试。二是为保障社区老年人享受政府购买服务的惠民政策和社区养老服务站正常运营，2017年社区办发放社区老年人服务补贴卡资金26余万元；养老服务站运营补贴资金77.5万元，真正做到以“群众满意”为目标，以社区服务需求为根本，以社区大众需求、急需需求为切入点，以社会服务资源整合为着手点，开发便民养老服务项目，拓展便民服务内容，借鉴其他地区先进服务经验，将便民服务领域拓宽到更广层次，将便民服务能力提高到更高水平。三是启动侍郎坊社区养老服务中心筹建工作，2017年完成侍郎房养老服务中心的基础装修工作；确定与新朝阳医院医养结合项目，为社区居民提供更全面、更专业医疗养老服务；新建九园社区、江南水郡社区2个居家养老服务站，完善和提高社区居民养老服务站运行标准。

【推进区划、地名、社团工作】 做好乡村地名标志设置工作：制定工作推进方案，明确任务目标、工作要求、职责分工及保障措施，加强业务培训。对辖区内的地名实地核查，进行地名规划编制。2017年区民政局设置安装村牌74块、街路牌308块，门户牌9608块。做好撤乡设镇工作。按照省市通知精神及市主要领导意见，要求2017年底完成撤乡设镇工作，就撤销杨税务乡、北史家务乡、调河头乡、仇庄乡设立杨税务镇、北史家务镇、调河头镇、仇庄镇工作，协调4个乡上报行政区划图、规划图，每周上报撤乡设镇工作动态。截至年底安次区将安次区行政区划图、4个乡撤乡设镇请示行政区划图、规划图上报省厅。完成行政区域界线联检工作（安次－广阳、永清－安次、霸州－安次）。联合检查包括界线上明显标志，附属物是否变化，走向是否明显，界桩、界线标志物是否遭到破坏，勘定的行政区域界线在实地的认可和落实以及边界纠纷等。双方签署平安边界协议书。发挥职能作用开展民间组织工作。做好民间组织注册登记工作，完成行政许可及三类事项、三项制度相关材料的疏理上报工作。全年登记社会团体3家，变更1家，注销7家，脱钩2家；登记民办非企业1家，变更7家，注销5家，作废民办非企业单位4家，并在廊坊日报公告。按时完成全年行业协会商会脱钩工作。

【推进机关其他工作】 做好各节点焚烧祭祀工作。做好春节、清明节、中元节、寒衣节节日前后的禁烧祭祀宣传及执法工作。督导相关部门共同在主干道张贴发布宣传口号及禁止焚烧祭祀用品的公告，并成立禁烧工作巡查组，在重要节点每天上街巡查，2017年累计组织200余人次，巡查32天，倡导文明祭祀。严把限价房、公租房审核工作“三关”。做好限价房和公租房收入资产审核和复核工作。2017年完成1464户限价房和公租房收入资产审核和复核。做好婚姻登记工作：2017年3月1日起区民政局承接廊坊市区内所有涉外及港澳台登记业务，完成登记83对，2017年办理结婚登记2512对，离婚登记1186对，补办婚姻登记1501对，合格率100%。全力做好信访稳定及安全生产工作。建立信访接待制度，责成专人负责信访系统监督与管理，做到及时受理来信来访；安全生产工作方面，通过签订安全生产责任状、发放《消防安全告知书》，加强对安全生产工作的组织领导，通过定期对纸箱厂及2所民政事业服务中心进行督导检查，建立安全台账，做到不留死角，消除一切安全隐患。

【加强自身建设】 理论素养进一步提高。安次区民政局一直把理论学习作为首要政治任务来抓，把学习宣传贯彻党的十九大精神纳入“两学一做”学习教育常态化制度化，牢固树立政治意识、大局意识、核心意识、看齐意识。局党组结合中心组理论学习，认真学习习近平总书记在党的十九大上的报告、新修订的《中国共产党章程》、习近平新时代中国特色社会主义思想。在坚持集中学习和自学的基础上，通过宣传宣讲、专题党课、座谈交流等多种方式，全面准确把握十九大精神实质，不断提高政治觉悟和政治能力。

机关建设进一步加强。以全区“一问责八清理”暨基层“微腐败”专项行动为契机，深入开展机关作风整顿，广泛开展自查自纠活动。2017 年通过自查自纠，发现整改问题 12 项，其中，“放管服”改革不到位 1 项，政事、政企、政会不分 5 项，不作为、乱作为、慢作为 6 项。均按时间节点完成整改。在老干部的服务与管理工作方面，重阳节、中秋节及春节走访慰问老干部，为每位退休老干部订阅了报刊、杂志；中秋节期间，局工会慰问机关全体干部职工。转变思想观念，强化服务意识，加强对重要活动、重要文件、重要会议以及上下左右、内外工作关系协调。做好上传下达工作，全年接收上级文件 1000 余件，撰写规范性文件 100 余份。规范文书档案、人事档案等的整理和保管工作。做好“职工互助一日捐”、困难党员捐款活动。组织全体女职工进行“两癌”筛查。

（蔡雨欣）

民族宗教工作

【概况】 安次区民宗局是设在区政府办公室内部的主管全区民族宗教事务工作的行政机构（对外保留名称）。现有干部职工 4 人，设置 1 个办公室。2017 年，安次民宗局以学习贯彻落实中央和省、市民族宗教工作会议精神和党的十九大会议精神为主线，以维护民宗领域稳定，开展民族团结进步创建，依法管理宗教事务为抓手，不断夯实民族宗教工作基础，民族团结进步事业有了长足发展，宗教和谐稳定局面进一步巩固。

【开展民族团结进步宣传创建活动】 2017 年联合银河南路办事处龙河盛都社区居委会，举办促进文明团结，创建文明城市宣传演出活动 3 次。9 月份民族团结进步宣传月，在清真寺门前广场组织集中宣传 1 次，向群众发放民族团结进步宣传材料 1000 份和印有宣传标语的文化衫 500 件，充分发挥廊坊清真寺民族团结进步教育基地示范引领作用，利用板报、展板、液晶显示屏等大力开展民族理论、政策法规和民族基本知识宣传。9 月 23 日，廊坊市民宗局举办的第二届“民族团结进步杯”乒乓球比赛，安次区代表队以优异成绩蝉联“团体亚军”，再次展示安次少数民族风采。

【加强清真食品市场监管】 为妥善解决“白记饺子馆”事件，局机关全体第一时间到达现场并及时向市、区主管领导汇报相关情况，在区主要领导现场指挥下，与市区相关民宗干部和宗教界上层人士形成合力，耐心细致的做穆斯林群众思想工作，使聚集在清真寺300多名群众短时间内得到疏散，随后1个月内，联合区食药监局、区工商局对辖区内各类清真食品经营单位进行1次全面排查，排查辖区内110余家清真食品经营单位，在排查同时，重新登记各经营单位基本信息情况，同时向有关清真食品经营人员发放省《清真食品管理条例》等宣传材料。发现问题当场提出整改措施，辖区内清真食品经营单位全部建立台账，清真食品市场总体上经营规范有序。

【为少数民族做好职能服务】 一是做好民族成分审核工作。2017年区民宗局帮助2名少数民族高考学生做好民族成分审核工作、初中段考生中考加分审核工作以及为6名符合条件公民办理民族成分变更手续。二是帮助外来少数民族子女入学。针对外来少数民族子女就学难题，区民宗局加强与教育主管部门协调沟通，宣传民族政策法规，反映外来少数民族群众困难诉求，尽力帮助外来少数民族子女就学。2017年帮助市区经营拉面生意的2位穆斯林群众子女顺利上学，为穆斯林群众在安次区更好地工作、生活解决后顾之忧。三是协助清真寺进行修建工程招投标。2017年市财政下拨廊坊市清真寺维修专项经费50万元，用于廊坊市清真寺修建安全通道等工程建设。为提高财政资金使用效益，民宗局与财政部门联系，上报区财政局完成项目预算评审和工程招投标工作，确保工程进展顺利。

【帮助企业取得清真食品认证】 2017年康达畜禽公司年产肉鸡4000万只，是廊坊市最大畜禽屠宰企业。公司一直致力于清真食品认证工作。为帮助康达公司获得清真食品认证，民宗局创新方法，倾全局之力多次协调，邀请省、市伊协对职工进行培训、指导，公司的清真食品管理工作得到提升。9月份顺利通过省伊协清真食品认证，助推企业上档升级，做大做强，为企业依托“一带一路”倡仪，开拓西北及中东市场创造条件和机遇。

【推动宗教工作法治化水平】 一是认真贯彻落实《宗教事务条例》。指导督促宗教活动场所严格按照《条例》建立健全民主管理和各项规章制度，切实加强宗教场所人、财、物及安全管理；巩固宗教教职人员认定备案、宗教活动场所财务监督管理专项工作成果；对筹备设立宗教场所、在宗教活动场所内新扩建、改建建筑物、举办大型宗教活动均实行严格审批制度。二是加强宗教场所安全监管，与各宗教场所签订安全生产责任书，定期到场所实地检查，开展各项安全大检查和隐患排查整改工作。

【引导宗教界坚持中国化方向】 一是继续深入开展以“规范”为主题“和谐寺观教堂”创建活动。结合“宗教法规学习月”，广泛宣传宗教政策、法规和宗教基本知识，突出抓好宗教活动场所民主管理建设、和谐文化建设、思想道风建设等工作，积极引导信教群众纯正信仰、持守教规，与社会主义社会相适应。二是开展宗教界上层人士季度上站。通过上站培训，各宗教场所负责人总结交流本场所活动及参与公益事业情况，民宗局安排部署和谐寺观教堂创建、新修订《宗教事务条例》学习、传达国家设立雄安新区精神等几项具体工作。宗教人士都纷纷表示要遵守法规，坚持爱国爱教，依法开展宗教活动。三是推动宗教思想建设。为引导宗教与社会主义相适应，民宗局于2017年4月组织辖区内各宗教教职人员，参加市民宗局举办的各宗教坚持中国化方向研讨会，调动宗教界开展宗教思想建设热情。同时，为推动教风建设再上新台阶，民宗局出资为廊坊天主堂和廊坊清真寺 2 处场所分别购置电脑和打印机，帮助场所开展“9 个 1 工程”，促进场所规范化管理。四是认真做好民宗领域政协委员候选人推选工作。推荐民族宗教界区政协委员 5 人。

【维护民宗领域和谐稳定】 一是开展矛盾纠纷隐患排查。2017 年全国两会和十九大期间，民宗局开展民族宗教领域风险隐患大排查活动，主要针对民族宗教领域内存在不稳定因素、苗头性、倾向性问题，进行拉网式集中排查 2 次，在全面排查基础上，建立工作台账。针对排查出的清真食品市场安全、天主教敏感期、中孟复兴堂拆迁、宗教节日安全四方面问题，多管齐下、分类施策。通过开展清真食品市场专项整治，密切关注天主教敏感期动态，协调解决中孟复兴堂拆迁问题，督导宗教节日期间安全工作，确保辖区民宗领域和谐稳定。二是督导各大宗教节日安全。每逢各大宗教节日，民宗局都提早部署，节前就深入场所了解活动、安排情况，并与场所负责人安排制定详细安全保卫措施，做好相关预案，应对活动期间可能发生的各种突发事件。活动当日，局主要负责人和主管领导都前往现场督导安保工作。特别是在 2017 年开斋节期间，按照市民宗局指示精神，吸收西北 300 余名穆斯林到清真寺与安次区穆斯林共度佳节。通过超前谋划安排，活动期间大家共同努力，确保各大宗教节日平稳有序。

（李　钰）

乡镇、街道办事处、园区

北史家务乡

【概况】 北史家务乡位于廊坊市区南郊城乡接合部，乡政府位于银河南路114号，距区政府1.5公里。辖区面积25平方公里，辖13个行政村（9个城中村、4个农业村）：北史家务、前进村、小王庄、祖各庄、麦洼、中所、北昌南队、北昌北队、北昌西队、古县、芦庄、西辛庄、刘各庄。全乡总人口21554人，同比增长0.43%。从业人员8000人，2017年末常用耕地面积315公顷，同比减少56.3%。全年财政收入3736.56万元，超收600万元。其中，国税完成2000万元，地税完成1577.39元，财政完成159.17万元。

【着力解决基层党组织软弱涣散问题】 将后进村整顿转化工作作为加强农村基层党组织建设的重要抓手，为确保整顿达到预期效果，成立以乡党委书记为组长的后进村转化工作领导小组，并多次组织召开专题会议，专题研究后进村转化工作。后进村街刘各庄村和芦庄村根据村情分别制定转化方案，并采取“一村一策”、台账管理、定期晒单等办法，全力推进后进村整顿。同时，及时与帮扶单位对接，逐村分析情况，根据实际，研究制定帮扶计划和整顿措施，力争早日摘掉“软弱涣散”帽子。2017年5月下派党委组织员刘文江担任党支部书记主持芦庄村党支部工作。截至年底刘各庄村、芦庄村完成转化任务，各项工作得以顺利开展。

【重环保，大气污染防治工作落到实处】 一是VOCs企业退城下狠力：2017年按照上级安排部署，在全面取缔“散、乱、污”企业基础上，对十中周边2公里范围内，环保手续齐全的VOCs企业进行彻底搬迁，涉及9家企业，北史家务乡党委政府紧急召开专题调度会议，研究最佳解决方案，仅用28天时间，彻底完成十中周边2公里范围内VOCs企业取缔搬迁工作。随着工作进一步深入，十中周边2公里至5公里范围内VOCs企业搬迁涉及11家，截至年底完成取缔搬离或整合提升。二是“八清零”工作扎实推进：全乡抽调人员100余人，出动车辆350余台，在全乡范围内进行地毯式排查，坚决不留死角。清理收缴蜂窝煤2300余块、散煤65吨、劈柴13吨，清理落叶、杂草35车，清理各类燃煤炉106台，拆除废弃锅炉6台，拆除废弃烟囱150座，清理各类建筑、生活垃圾200余车，裸土大面积苫盖16处。秸秆还田3500余亩（233.33公顷），清理各类杂草2000余亩（133.33公顷）。辖区内127家“散、乱、污”企业均取缔或整改到位，后期巡查中发现名单外流窜、回流企业累计70余家均取缔到位，累计查扣机器设备33台，零散部件4车，待企业彻底搬离后自行取走。三是道路清扫工作规范有序：综合治理辖区内主干道村街道路等重点区域环境卫生。每条街道都配备专门保洁人员进行保洁清扫，并对村街产生的垃圾做到日产日清。其中，十中周边7条主路30000多平方米路面按“以克论净”的标准，委托专业清扫队伍进行清扫、清运，确保不产生扬尘，并对垃圾收集设施进行常态化管理。对祖各庄、北昌南队重要路口，设置限高通行设施，并配备警务室，24小时专人值班盯守。四是秸秆禁烧和综合利用工作全面落实：以“不燃一把火、不冒一处烟”为目标，加强对各村街露天焚烧现象巡查力度，实行工委书记包片、科级领导包村、村干部包组的逐级管理机制，深化责任，层层落实。各工委书记对所分包片区负总责，不定期对村街进行抽查，包村干部和村街巡查员每天24小时不间断巡查，不留死角，不留盲区，同时对重点路段、地块着重巡查，做到“早发现、快处理”。利用多种形式加强大气污染防治知识宣传，发放《秸秆焚烧和综合利用明白纸》《致广大市民的一封信》等宣传材料15000余份；悬挂条幅1000余条；组织辖区志愿者义务巡查员300余人，发放袖标500余条。五是其他涉污工作。2017年年底前辖区内10蒸吨以下锅炉12台取缔到位，省、市、区验收合格；排查出5处坑塘，治理到位，并圈建围挡，竖立警示牌；芦庄、古县和刘各庄3个村街存在“气代煤”施工欠量，2017年年底前古县、刘各庄施工欠量完工。乡政府及时督促新奥公司加紧施工，加快完成芦庄尾欠工程；配合工商、综合执法等部门集中整治十中周边餐饮单位、菜市场涉烟经营摊点，安装高效油烟净化设施。

【强建设，重点项目稳步推进】 一是稳步推进村街改造工程：城市建设是全区确定“211”战略重要组成部分。在区委、区政府的领导下，以饱满热情、必胜信心和科学举措，推动村街改造工作。麦洼、中所、前进村3个村街的城中村改造工程，涉及1161户，3196人，占地面积约1035亩（约69公顷），高标准、高效率完成3个村街拆迁工作，建筑垃圾、渣土等清理完毕，拆迁区域按要求苫盖，在进行组卷工作；此外，小王庄完成协议签订，在组织拆迁；西辛庄完成前期手续，将适时启动拆迁；祖各庄在准备村街改造的相关手续。二是重点工程征迁工作有序开展：清泉水厂征地涉及古县、芦庄、刘各庄、西辛庄4个村街270余户，209.8亩（13.99公顷）土地征占工作，在全体工作人员共同努力下，迅速完成征地及地上物补偿工作；完成廊坊市政工程瑞丰公园建设涉及麦洼和前进村2个村街征地及地上物补偿工作；永兴路南延工程、古县路西延、隆福路及龙光路工程涉及地上物拆迁占地工作全部完成。三是违章建筑依法拆除工作：由土地、城建部门组成动态巡查队伍，开展日常巡查工作，同时村街干部积极配合检查，一旦发现违章搭建，乡、村两级干部上门对在搭建的违法村民，反复做思想工作，劝阻停建、责令拆除；对完工的违建，发出《限期拆除通知书》，责令限期拆除；对在规定期限内未自行拆除的村民，依照法院裁决书组织土地、公安、城建、卫生等部门依法进行强制拆除。对拒不拆除的双违户全乡进行5次联合综合执法，协调公安、土地、交警、消防、电力、司法、卫计等相关部门，集中拆除辖区内违法建筑和违法占地，拆除双违80余宗，占地面积达200余亩（13.33公顷），违法建筑3万余平方米。

【惠民生，社会事业全面进步】 一是开展土地确权工作：全乡国土二调耕地总面积1.04万亩（693.33公顷），本着村民自愿的原则全乡9个村街暂不进行确权。2017年应确权村街4

个：刘各庄、西辛庄、北昌西队、北昌南队，应确权面积0.27万亩（180公顷），涉及农户576户，完成合同完善和数据录入。二是深入开展计划生育工作：全面落实人口与计划生育工作责任制，进一步完善基层基础工作，规范收费项目，加大计划生育经费投入，加强流动人口管理及计划生育工作队伍建设，提高依法行政和服务水平。为提高对广大农村育龄妇女服务质量，自3月份起，在全乡范围内开展大型义诊活动。为全乡3713名育龄妇女免费健康体检，服务率88.8%，其中查出乳腺疾病636例，各种妇科疾病813例，并因症予以治疗；为87对有生育意愿的夫妻免费进行孕前优生检查，此次活动受到广大育龄妇女一致好评。三是严格落实惠民政策：按照“两不愁，三保障，六不评，五必看，六优先”原则，开展贫困户建档立卡工作，在各村街加强宣传，坚持公开、公正、公平原则进行民主评议，接受群众监督。乡党委书记及乡长分别入户结对帮扶2户五保老人，发放“连心卡”，了解贫困情况，并根据实际有针对性地进行帮扶。对全乡重大疾病、重度残疾、孤寡老人、孤儿进行全面排查，把需要救助的被帮扶户按程序上报，不符合条件随时注销。全乡临时救助2人，发放救助款2400元。享受农村低保户25户，下发危房改造资金8万元，用于村街重建房屋3户，修缮房屋2户。及时发放惠农资金，构建财政涉农补贴统一发放平台，建立公开、透明、快捷的涉农补贴资金发放机制，农业支持保护补贴面积合计4825.61亩（321.71公顷），补贴资金合计615647.27元。

【保安全，社会和谐常抓不懈】 在专注信访稳定工作中，全面做好十九大等重大活动及各节假日期间安保维稳工作，全力以赴抓好信访稳定工作，完善信访工作制度，进一步巩固和完善集中接访、领导约访、干部下访等一系列制度。开展领导接待活动，充分利用群众工作站平台，联系上访群众主动进行约访，组织相关领导、涉及部门、上访户所在村街负责人集中解决问题，提高办事效率。坚持集中化解与日常解决相结合，将各种矛盾隐患化解在萌芽时期。全乡妥善安置3名退役士兵，彻底稳控尿毒症患者群体访人员，化解小王庄重点信访人员历史难题。2017年发生信访案件172件，受理172件，及时受理率100%，其中应答复117件，按期答复117件，按期答复率100%。在社会治安管理工作中，强化打、防、管、控一体化工作机制，围绕群众关心的社会治安热点问题，切实增强人民群众安全感。开展专项整治行动，针对辖区市场、建筑工地、流动人口多情况，加大普法宣传力度，有针对性地开展宣传教育活动，发放各类宣传材料389份。同时加强对重点地区、复杂地段治安巡逻，强化巡防强度和密度，使“打防管控”一体化治安防控体系得到进一步加强。派出所联合各村街、重点部位、治安复杂地区安装开通视频探头502个，震慑违法犯罪行为，为群众打造良好治安环境。做好法轮功及其他邪教人员核实工作，按照市委防范办统一要求，在全乡开展对“法轮功”未转化、不放心人员及纳入社会化管理人员信息调查工作。做好反宣品“双清”工作，每天对各村街进行巡查、清除、清缴反宣品，2017年，全乡清缴反宣品1000余件，有效净化辖区内社会环境。将安全生产工作摆在重要议事日程，组织力量检查消防、交通、食药等重点领域安全的工作，防范和遏制各类事故发生。2017年全乡召开各类安全生产专题会议，涉及700余人，开展各类专项检查16次，成立13个检查组，坚持做到“谁主管，谁检查；谁检查，谁签字；谁签字，谁负责”原则，排查全乡13个村街，不留死角，检查各类企业61家，查处隐患245处，当场整改96处，限期整改149处，完成整改143处。切实做到排查不遗漏、整治全覆盖。在整治无证幼儿园工作中，配合教育、安监、公安、综治等多部门组成的联合检查组，逐一检查辖区内14家无证民办幼儿园。对存在安全隐患的10家幼儿园采取摘牌、收公章、劝返家长、分流幼儿措施，做好关停取缔工作，对可能办证的4家幼儿园，责令限期整改。

【武装工作深入开展】 2017年初，乡党委政府严格执行整组工作要求，通过整组，全乡成立13个民兵连，民兵总数1176人；其中基干民兵121人，民兵综合应急排40人，防化连一班8人，双25高炮五班7人，步兵分队58人，无线电班8人。民兵排以上干部62人，党团员45人，其中复退军人11人。在区市组织的各种民兵拉练考核活动中，全乡组建的应急分队取得优异成绩。严把“体检关、年龄关、学历关、走访关、政审关”，为部队输送9名高素质兵员，完成征兵任务。

【夯基础，各项工作协调发展】 纪检工作全面提升：一是党风廉政建设工作积极推进。认真抓好组织协调，坚持党风廉政建设联席会制度，组织协调各部门充分发挥各自职能优势，深入开展形式多样的党风廉政宣传教育活动，全力抓好党风廉政建设责任制的落实。贯彻落实《河北省党风廉政建设责任制实施办法》，建立健全党风廉政建设责任制度，促进反腐倡廉建设开展。全面落实中央“八项规定”“六条禁令”和市委、市政府下发《关于进一步严禁纪律整饬作风的“八条禁令”》和各项要求，坚决防止违规事件发生。二是行政权力工程常抓不懈：按照区委、区政府印发《关于进一步加强廉政风险防控深化权力运行监控机制建设的实施意见》要求，围绕主要负责人“四个不直接分管”制度要求，经乡党委研究决定，制定并下发北史家务乡主要领导不直接分管财务、干部人事、工程建设、物资采购的4个不直接分管制度、领导班子议事规则和落实重大事项集体决策制度及机关内部管理等多项制度。在认真查找风险点基础上，确定风险等级。行政权力运行监控机制建设工作取得阶段性成果。三是宣教工作平稳推进。在文明城市创建工作中，北史家务乡地处市、区接合部，在创建全国文明城市活动中扮演着城市“窗口”重要角色。乡党委、政府高度重视，认真组织、积极部署，在宣传发动、环境治理、规范制度等方面下大力气，优化农村环境，为创建全国文明城市作贡献。努力提高思想文化宣传工作质量，在进一步完善墙报、广播、有线电视、村民大会、党员大会基础上，逐步健全图书室、报刊栏、制度栏、科普知识宣传栏等多种农民喜闻乐见的形式，拓宽宣传渠道。2017年上报各种稿件200余篇，在区“两办”、《今日安次》《廊坊日报》及其他市、区级媒体发稿60余篇。从规范文化设施入手，不断提升全乡精神文明建设水平，完善村街文化公共活动广场建设。规范13个村街图书室，藏书4万余册，为群众提供广阔农闲娱乐活动空间，深受群众喜爱。

（王丹）

杨税务乡

【概况】 杨税务乡政府驻地杨税务乡东风村，位于安次区政府西南4公里处，辖区总面积92.06平方公里（9206公顷）。下辖49个行政村，分别是：和平村、东风村、民主村、建设村、民芦村、黄芦村、高芦村、北小营、于常甫、后南昌、前南昌、大麻村、小麻村、南王庄、大伕村、后南庄、前南庄、小茨乡、大北市、小北市、安乐村、柴家务、西固城、东固城、南固城、西太平庄、辛其营、麻儿营、军芦村、孟村、北茨平、南茨平、禅房、西储、西小韩村、东小韩村、大北尹、小北尹、东北尹、高家务、户史务、宗史务、南史务、朱村、左奕、三家村、桃园、窑上、西张务。2017年全乡总人口39653人，同比增长4.04%；其中从业人员21475人，同比增长4.76%。年末常用耕地面积66842亩（4456.13公顷），粮食耕种面积59620亩（3974.67公顷），同比减少0.3%；粮食总产量22080吨，同比增长0.96%；农林牧渔总收入3.2亿元，同比增长3.23%；农民人均纯收入11372元，同比增长5.8%；财政总收入2.27亿元，同比增长12.38%；农业机械总动力26990千瓦，同比增长0.71%。

【全面加强政府自身建设】 全面加强政府系统党风廉政建设和惩防体系建设，有效规范全乡干部廉洁从政、依法行政行为，“四风问题”得到有效遏制。严格落实中央“八项规定”，以求真务实的工作作风，推动党风廉政建设和反腐败斗争的深入开展。从政府采购、公务用车、办公用房、村务公开、财务管理入手，严格按制度办事，用制度管人，扎紧制度的笼子。坚持“标本兼治、综合治理、惩防并举、注重预防”的方针，进一步健全完善教育、制度、监督并重的惩治和预防腐败体系，经济发展环境得到进一步优化。

【园区基础设施、项目建设大幅提升】 一是基础设施日臻完善。坚持“软硬兼施”的工作思路，高起点进行园区规划，注重完善配套功能，全力打造功能齐全、环境优美的“投资乐园”。2017年完成投资1.8亿元，实施安大道、安杰道、安和路、富余路等1.7公里市政道路及配套管网建设。新建西昌南路等污水管网2.2公里，确保尽快完成污水处理厂并网。御龙河改造项目初具规模，完成第一标段总工程量的70%，第二标段总工程量的90%。安美路雨水泵站及西昌南延路雨水泵站完成土建主体及设备安装。安美桥施工接近尾声，西昌南延路辅道桥竣工通车。园区全年新增绿化面积10万平方米，新增林地600亩（40公顷）。安锦110千伏变电站正式投运，启动园区110千伏自建站建设。二是项目建设成效凸显。始终坚持把项目建设作为经济工作的核心。全力打造园区发展大平台，实现企业集中布局，产业集群发展。坚持“一站式+一条龙+一体化”服务标准，解决企业建设阶段“最后一公里”问题。联东U谷完成项目注资2300万元，前期手续办理完毕。在项目建设过程中，建立政策咨询平台，提供政策咨询指导服务，搭建各大金融服务支持平台，收集企业融资需求信息，组织银企对接，及时为企业提供融资服务。对于投产运营企业，由企业服务部定期走访，建立台账，着力解决企业生产经营、政策兑现等问题。成功申报中电投燃气热电联产为市重点项目。中移动国家数据中心，隆升电器等2个项目顺利开工投建。双歧机械、西晨金属、爱尔血液灌流器、德全机械、东冠房地产一期、华昱房地产二期等6个项目顺利投产达效。中斯企业投资合作服务中心展馆于4月份正式落成，接待考察团10余次。中电投热电联产项目相关手续办理进展顺利，项目一期完成131.46亩（8.76公顷）土地征占补偿工作。三是招商引资成果丰硕，乡政府组织相关部门赴北京、上海、西安、厦门等地招商引资20余次，接待项目考察团队30余次，签订入园协议项目8个。重点推进龙茂华科技成果孵化器、京津冀国际众创空间等企业孵化平台，入驻各类企业30余家。成功签约血压与测量仪项目、中国移动国家级数据中心二期项目、天山海世界项目、“云医院”项目、河北建设集团区域总部基地项目、矿化还原污水处理项目、节能减排燃烧技术设备生产及研发中心项目、纳米陶瓷防腐涂料等8个亿元以上项目。

【农业、农村工作扎实开展】 一是加强村级道路建设。积极改善民生，以道路建设为重点，通过积极争取，启动廊霸路至建设村南口、廊霸路至预备役、杨尹支线至宗史务西口等10余条24公里道路修建工作。二是大力推进市政道路用地征迁工作。西南大外环、安全堤征迁涉及农户1134户，占地1704.7亩（113.65公顷），2017年年底前完成征迁，同时启动道路建设工程。永兴路南延工程开工建设。三是饮水安全工程。启动辛其营、大偻村、军芦村、户史务等9个村街，自来水给水管网升级改造工程，大幅提升百姓用水品质。四是强化农业病虫害防治工作。做好“一喷三防”增产工作，组织专人指导药品调配，提高使用效率。针对林木春尺蠖、美国白蛾等病虫灾害，采取空防、地防相结合的手段减少病虫害，出动无人机15架次，喷药车54辆，防控林木面积达到4500余亩（300余公顷），地面防治1500余亩（100余公顷）。

【乡村面貌大幅提升】 按照全区整体工作要求，开展环境治理工作。一是狠抓村街垃圾治理。2017年以廊霸线、廊泊线及周边村街为重点，组织开展环境专项整治行动4次，在“垃圾集中清理攻坚月”活动中，出动铲车、挖掘机300余辆次，工作人员1300余人次，累计清理垃圾3万余立方米。二是强力整治纳污坑塘。全乡19个纳污坑塘完成治理，水面漂浮物、坑塘周边垃圾清理完毕，并圈建围挡，在显著位置设立严禁倾倒垃圾警示牌，同时，在乡、村两级安排专人强化巡查，确保纳污坑塘治理有实效。三是拆临拆违措施有力。按照违法必究、违建必拆的工作思路，乡政府出重拳，用硬招，依法拆除临建违建60余宗，累计拆除面积达到3万余平方米，有效打击违法建筑行为。四是旧城改造进展顺利。北小营二期旧城改造完成签约协议485份，签约户数473户，签约率98%，地上物清理完毕。关于组卷报批土地相关手续工作。启动前南昌、后南昌2村街拆迁改造工作，前南昌在筹备上报审批手续，后南昌完成签约380户，签约率99.7%，地上物完成清理工作，并在筹备组卷报批土地相关手续。五是绿化工作进展顺利。以村庄周边绿化为重点，打造环村绿化带。实施杨尹线、廊霸线等道路的补植增绿工程。同时，健全管护队伍，落实管护责任，强化管护措施，确保新栽树成活率和保存率达到98%以上。2017年完成春季植树造林2700余亩（180余公顷），超额完成任务12%。

【生态环境持续向好】 一是"散、乱、污"企业整治。2017年全乡涉及"散、乱、污"企业136家，其中取缔类78家，截至2017年年底均取缔整改完毕，达到"两断三清"标准。整改提升类58家，没有复产复工情况。每天安排专人随时进行巡查，并对50家企业安装高清摄像头，接入市、区大气治理平台，进行实时监控。二是VOCs企业治理。全乡涉及蓝华印刷、大唐木业、廊坊市纸箱厂等49家VOCs企业，其中30家企业按要求联合市、区两级环保执法部门进行断电处理，包括退城搬迁类21家，土地手续不合格9家，另有整改提升类企业19家，安装高清摄像头24小时实时监控。三是散煤及燃煤锅炉治理。以于常甫、北小营、前南昌、后南昌以及廊霸线、廊泊线为重点整治区域，村街及主干道沿线商铺完成取缔燃煤工作。同时，加强对散煤销售点整治，坚决做到发现一家取缔一家，通过治理，辖区内散煤销售点完成取缔工作。全乡10蒸吨以下锅炉涉及23台，拆改完毕。完成"八清零""三送、三清、三查"工作要求。全乡分成17个工作组，对村街内各类散煤、燃煤炉具、劈柴等做到清零，与各户签订确认单，悬挂环保无煤户标识，确保完成环保治理任务。四是扎实推进"气代煤"工作。通过两年的努力，全乡"气代煤"工作进入工程扫尾与安全运营阶段，点火通气11589户，通气率98%，未通气户均为新建房、危房、长期无人居住或户内不具备改造条件的房屋。在督促铭顺燃气公司加紧施工的同时，11月15日取暖期到来之前，乡政府采购电取暖炉1502台，为暂时未通气户送去温暖，截至12月底为暂时未通气的1502户完成通气工作，实现正常采暖。五是秸秆综合治理。充分发挥环保网格化作用，开展秸秆禁烧专项巡查，以环保网格化管理为依托，成立"污染源"巡查组，全天候开展巡查，确保"不着一把火、不冒一处烟"。同时，大力推进秸秆还田工作，全乡完成秸秆还田3.6万亩（0.24万公顷），并顺利通过第三方验收。

【民生事业协调发展】 一是教育投入力度逐步加大。2017年投入资金238万元，完成南庄小学、军芦村小学、孟村小学、杨税务小学、大北尹小学等5所学校的餐厅、给水管线、配套用房等设施建设，教学环境日趋完善。二是扎实推进精准扶贫工作。自精准扶贫工作开始，工作人员逐村逐户进行走访登记。9月7日前，按照"两不愁、三保障"和坚持"六不评，五必看"总体要求，完成村街的村民代表评议。并对所有评议结果进行公示，村民知情率100%。乡精准扶贫办公室对申报的贫困户逐户进行审核。9月17日前完成所有农村户籍中4类人员精准识别和信息录入工作，切实做到不遗漏，全覆盖。三是群众文化生活日渐丰富。继续加大文化建设投入，全面加强村群众文化活动室、群众文化大院、文化活动广场、农家书屋建设，所有村街文化活动室做到能够用，经常用。扶持村街组建文化表演团队，为村街文化表演团队配齐演出服饰、道具，全乡文娱队伍达到62支，群众参与文化建设热情日益高涨。四是安全生产工作扎实有效。组织安全生产业务骨干深入全乡大小企业、49个村街以及辖区内建筑施工场地，严格细致地进行地毯式督导检查，结合2017年8月份开展的"安全生产大检查”活动，全乡开展地毯式隐患摸排6次，出动工作人员700余人次，排查各类安全隐患42处，经复查整改到位，做到不留死角，不留隐患。同时，通过购买专业安全服务，加强对专业领域行业的监管。通过全乡上下联动，齐心努力，2017年未发生安全生产责任事故。

（武士荣）

仇庄乡

【概况】 仇庄乡政府驻地仇庄村，位于区政府南20公里。辖区面积67平方公里（6700公顷），辖47个行政村：宋王务、光荣村、陈家务、幸福村、三间房、西尤庄、东尤庄、北赵庄、南辛庄、小纪庄、大纪庄、谷庄、小麻庄、大麻庄、北崔庄、达王庄、马杓榴、贾榆木屯、蔡营、仇庄、大王务一村、大王务二村、大王务三村、大王务四村、石各庄、北田庄、高圈、西永丰、小王务、祝马房、南官庄、熊营、肖辛庄、东永丰、付庄、焦庄、潘场、大刘庄、小刘庄、建设村、东德胜、西德胜、北德胜、东麻各庄、西麻各庄、东储、景村。2017年，乡镇一般预算收入5465万元，截至12月底，全乡完成财税收入4817.1万元，同比增长11%，超额完成全年目标任务，其中国税收入3400万元，地税收入1337.9万元，财政自筹352.9万元。公共财政收入3421.7万元。年末全乡户籍总人口28061人，同比增长2.49%。从业人员15968人，同比增长0.31%。年末常用耕地面积65784亩（4385.6公顷），同比持平。粮食耕种面积37212亩（2480.8公顷），同比增长3.68%。粮食总产量9809.490吨，同比增长5.01%。

【推动十九大精神在仇庄落地生根】 2017年10月27日，党的十九大代表、市委书记冯韶慧到宋王务宣讲，把十九大精神第一时间传递到基层。11月10日，区委书记张平到欧华公司宣讲，以点带面促进仇庄乡宣讲工作迅速升温，全面形成宣讲热潮。一是通过党委会、机关会宣传贯彻党的十九大精神，召开党委中心组理论学习4次、党委会4次、机关干部会2次，以实际行动学习好、领会好、贯彻好十九大精神，全面准确把握党的十九大提出的一系列新的重要思想、重要观点、重大判断、重大举措，牢固树立“四个意识”，将精神内涵转化为实际行动，奋力构建和谐美丽仇庄。二是科级干部带头到一线宣讲党的十九大精神，乡党委、政府科级党员干部，结合分管工作，根据分包村街实际，大会闭幕后第一时间深入村街、深入企业、深入分管行业部门，组织召开党员干部会议，指导一线党员深入学习贯彻十九大精神，并以普通党员身份参加学习，就学习贯彻十九大精神谈了自身体会和认识。组织人大代表在联络站开展宣讲活动，科级干部每人撰写一篇心得体会，切实把思想和行动统一到党的十九大精神上来，使十九大精神在基层一线落地生根、家喻户晓。三是组织系列群众喜闻乐见的文化活动宣讲十九大精神，全乡利用现有文化资源优势，运用翰墨书画、秧歌展演、广场舞表演等群众喜闻乐见的活动形式，通过书画爱好者手中的纸笔、舞蹈爱好者们激情欢快的舞步表达对党的忠诚与热爱，表达对党宏伟蓝图的赞扬与向往。先后组织开展翰墨颂中华书画展、“激情九九、欢度重阳”秧歌联谊赛、广场舞展演等文娱活动，真正使党的十九大精神在群众中生根发芽。四是通过各种宣传媒介宣传党的十九大精神，利用LED显示屏、悬挂条幅、开辟专栏、喇叭广播、张贴公益广告等宣传形式，广泛宣传党的十九大精神。在机关开辟宣传专栏，LED显示屏滚动播放十九大报告内容，主干路沿线张贴公益广告30余幅，各村街利用大喇叭每天广播报告摘要不少于4小时，广泛宣传十九大精神，全面掀起学习宣传贯彻十九大热潮。

【全力促进项目发展，增强经济发展实力】 一是促进项目发展升级，将项目建设作为经济强乡的发动机，以规模项目、可持续项目作为重点，吸引项目落户投产，为全乡经济持续、快速、健康发展奠定殷实基础。进一步提升项目发展实力，2017年实施在建亿元以上项目2个，分别为龙河福源商业街幼儿园项目、富鑫金属制品加工项目，成功引进大东老曹食品项目。同时，与区科技局、工信局沟通，完成上报科技型中小企业9家，河北闰沃生物科技有限公司等具有一定科技含量企业入选科技型企业，进一步增强企业工业化与信息化结合程度，促进企业精细化、信息化发展。二是加强项目跟踪服务，组织相关人员定期深入在建施工企业，查看施工进度和计划安排，及时与企业负责人沟通，了解在建过程中遇到的困难，攻坚克难帮助企业解决用水、用电等方面困难，促使在建企业早日投产经营。同时，对辖区现有万森工艺品、蓝菱、佳艺、东方国立等企业加大服务力度，做好原有项目经济指标统计工作，掌握全乡经济发展形势，促进企业发展壮大。三是加快农村电商建设，各村街全面落实电子服务站建设政策，按照建设标准进行布置。2017年于11月中旬完成所辖47个村街电子商务服务站设备安装、调试、验收等工作，实现仇庄乡电子商务村村有、全覆盖，使群众生活更加便利快捷，

【提升“三农”水平，增强发展动力】 一是全力推进现代农业园区建设，继续完善现代农业园区基础设施，提升园区内主要道路两侧绿化水平，栽植果树和观赏树2012棵。由银泰公司设计建设的光荣村绿化节点项目，完成土地踏勘，下一步将与农户签订土地流转协议，并开始清理地上物。银泰蔬菜工厂项目完成土地流转501亩（33.4公顷），准备进场施工。财政投资130万元建设的阳光温室，主体完工，玻璃墙体安装完成，游客接待中心主体完工，在进行内部装修，游园广场、人工湖、环形温室、生态停车场均在建设中。二是切实做好第三次全国农业普查和基层“三员”统计上报工作，经过2个月的集中审核验收，保质保量完成既定工作目标，农业普查工作基本结束并顺利通过区统计局、省统计局验收。2017年全乡47个普查区，66个普查小区，普查登记对象7422户，其中普通农户7375户，规模农户47户，农业经营单位64家，耕地面积近5万亩（3333.33公顷）。此外，严格按照《关于为原乡镇（公社）农机员、农技员和基层兽医发放生活补贴的实施方案》要求，通过召开村街代表会议、公示等程序对符合条件人员进行登统汇总，经乡党委会研究审核后上报。截至年底，

统计上报76人，通过区、乡两级审核并公示无异议的73人，其中农技员2人，农机员67人，兽医员4人。三是牢固做好水利工作，继续跟进2015年节水灌溉项目后续工作，再次申请农业喷灌项目2个（待审批）。对丰收渠西永丰源头及龙河沿线其他干渠等重点部位垃圾及时清理，巩固2015年集中整治成果，保持水域垃圾清理高频高压态势，积极打造清洁亮美水系。排查全乡范围内废弃枯水井及存在隐患取水井，通过封堵、设置警示牌等举措消除隐患30起，确保人民群众生命财产安全。雨季期间，及时制定汛期应急预案、灾民转移方案，并将方案印发到各村街，制作防汛分包责任段示意图，明确职责分工，备齐防汛尼龙袋、防汛带、手电等防汛物资，不断提升应对突发事件应急能力。同时制定河长制实施方案，设立安装河长信息公示牌35块。四是出色完成土地确权工作，农村土地承包经营权确权登记工作，涉及47个村街，57500亩（3833.33公顷）耕地，家庭承包农户6644户。除北田庄因涉及新农村建设及北田曼城小镇征地问题暂未启动，其余46个村街完成土地确权工作。完成二轮公示46个村街，公示面积5.85万亩（3900公顷），占总任务数的101.7%；46个村街完成合同签订6069份，建立登记簿6069份，并完成数据录入，确权工作在安次区稳居前列。五是加强林业发展，完成2014—2016年造林补贴发放工作，发放造林补贴资金590.47万元。2017年全乡造林总面积3794亩（252.93公顷），超额完成造林任务。做好2015年、2016年造林成活情况村街自查自纠工作，配合区林业局完成2015年、2016年造林成活率抽查验收工作。组织农户对美国白蛾进行喷防，发放药品34箱，防治林业病虫害发生，减少林户损失。六是促进畜牧业健康发展，继续发挥欧华养殖、熊氏养牛、康达、久翔养鸡等龙头企业带头作用，带动周边养殖户规模化发展，不断增加农民经济收入。积极应对H7N9禽流感疫情，做好相关防控工作，免费为各类家禽牲畜打防疫针，敏感期内暂停一切活禽交易行为，做好养殖户宣传引导工作，全乡未发生人感染禽流感事件。七是全面推进美丽乡村和“一事一议”项目建设，按照《2017年廊坊市安次区美丽乡村建设实施方案》，继续以宋王务重点片区建设为引领，不断加强与帮扶工作组对接，全面实施“十二个专项行动”。全年，清理建筑垃圾约2120立方米，生活垃圾约1400立方米，拆除并清理有碍观瞻、私搭乱建、违法占地的房屋、厂房、棚舍等。配备大型垃圾收集车1辆，垃圾收集箱26个，垃圾桶328个，专业环卫人员65人，生活垃圾得到有效治理。为焦庄、三间房、小王务、蔡营4个村街铺设自来水管网11000余米。实施无害化卫生厕所改造623户，完成修路2.7公里，整修村委会1处，重建村委会1处，安装太阳能路灯38盏。同时，积极推进“一事一议”项目，申请上级资金260余万元，包括实施5个水泥路面硬化、6个路灯亮化等基础性工程，涉及大麻庄、东麻各庄、光荣村等15个村街，惠及8000余人。

【加强精神文明建设，提升群众文明素质】 一是文明水平不断提升，积极开展全国文明城市创建工作，34名机关干部成为实名注册志愿者，并获得志愿编号；做好道德模范、安次网红材料的收集、整理、上报工作，刘春英、魏志德等先进人物被推选为“安次网红”。2017年打造大王务、仇庄2个文明集市。组织机关干部观看爱国电影《马本斋和他的母亲》和

《血战湘江》，时刻发扬爱国主义精神，不断提高机关干部精神文明素养。二是农村精神文明指数不断提升，在全乡47个村街推进“三清一拆”，打造文明示范街，在乡政府驻地、廊泊路和郊区快速路沿线21个村街安装核心价值观公益广告牌63块。着力推动东储、南辛庄等品牌文化村街建设，用村规民约引领村街文明新风尚。发扬“崇学重教”良好风尚，西尤庄百户小村培养出46名大学生，杨晓丹同学以优异成绩被北京大学录取，村街的良好风尚被省、市媒体广泛报道。三是文化阵地建设不断完善，积极响应区文广新局“大馆拉小馆”建设，对文化站进行规范化建设，制定建设方案，粉刷内外墙体，绘制文化墙，实施电路改造和网络更新设置等提升工作，购置文化娱乐器材和书籍，使文化站服务群众、惠及群众的功能更加完善。四是乡村旅游产业发展迅速，组织富强庄园、欧华农牧、幽州小镇等旅游景点申报“金牌农家乐”示范点，其中，富强庄园被评为市级“金牌农家乐”，欧华农牧、幽州小镇被评为安次区“金牌农家乐”。同时，帮扶宋王务争列省级田园农旅小镇，申请上级资金不断加强对“药王碑”等文物的保护，申报建设AA级旅游厕所2座，不断提升辖区旅游景点的知名度和美誉度。五是丰富充实群众文化生活，开展各类文艺活动，举办元旦、春节、端午、儿童节等各类文化活动7场，其中6月29日在光荣村承办区委宣传部“送戏下乡”活动，成功演出河北梆子“蝴蝶杯”。为配合第三届第什里风筝节，带领3支广场舞队、7支锣鼓队参加“一十百千”大型展演活动，受到组委会的肯定和表扬。同时，通过精心组织选拔，高圈、北田庄、祝马房3支广场舞队参加安次区第三届广场舞大赛复赛，其中高圈、祝马房2支队伍以优异成绩进入决赛，获得安次区第三届广场舞大赛优秀奖。在九九重阳节当天组织开展“激情九九、欢度重阳”秧歌联谊赛，近30支秧歌队伍参加展演，5000余人观看展演活动，通过以上活动的开展进一步弘扬社会正能量。

【狠抓民生工程，提升群众幸福感】 努力改善办学条件。2017年投入300万元为东储小学新建三层教学楼，2017年9月1日正式投入使用；投入200万元为祝马房小学新建三层教学楼，协调筹备大麻庄小学、景村小学新建教学楼建设，使广大师生都能够在宽敞明亮、安全牢固的教室中学习和工作。同时，高度重视幼儿园安全工作，对接送儿童车辆进行严格把关、严格检查，发现超员问题及时督促整改，对无证且整改无望的幼儿园，按照政策坚决予以取缔。扎实做好社会保障工作。一是积极开展2017年度春荒救助工作，确定救灾户274户（742人），发放灾款7万余元。开展大病救助及临时救助工作，为景村村民丁国芬、谷庄村民刘书珍等12户困难群众申请大病救助83766元；为大刘庄村民周福昌、小麻庄村民李文志等23户困难家庭申请和发放临时救助金50980元。二是做好低保审核工作，为符合条件的人员办理低保和特困供养待遇，新申报低保户22户，特困供养户32户，同时，根据家庭条件的变化调整低保待遇，调整低保户33户，注销39户，切实做到“应保尽保，应退尽退”。三是全力做好建军90周年慰问工作，在建军90周年之际，针对全乡军队退役和现役人员开展大规模走访慰问活动，发放慰问品慰问金折合人民币9万余元，得到全乡退役人员和现役军人家属的一致认可。四是全面完成贫困人口建档立卡“回头看”工作，在广泛宣传的基础上，各村召开村民代表会，对符合条件的家庭纳入贫困人口建档立卡范围，全乡确定贫困人口38户（96人）并录入系统，落实帮扶责任人，制订帮扶措施，开展结对帮扶。切实加强道路修建养护，加强日常巡查监管，发现问题及时修复，完成落禅线—建设村段、落禅线—小刘庄段、石各庄村道、马杓榴村道、石各庄—祝马房段等30余处破损路面530平方米整修工作；完成落禅线、仇南线、廊泊路—建设村、达王庄—西张务等道路计15公里的标准化整修工作；完成快速路—东永丰、快速路—西永丰、廊泊路—北德胜等村村通公路12.8公里。五是全力做好危房改造工作，对全乡危房进行全面调查摸底3次，并留存影像资料，上半年完成2016年确定的危房户3户，其中低保户2户，一般贫困户1户。2017年改造任务，2户修缮，1户翻建，年底前完成对各户资料组卷工作。六是做好食品药品安全监管工作，加大对村街食品药品监督管理力度，严格落实食品药品安全网格化管理工作实施方案，完成辖区内47个村街食品药品协管员培训教育工作，定期检查辖区食品药品生产经营企业，做好培训记录及巡查台账，保持食品药品安全监管工作的持续性和高效性，保证乡村食品药品安全。积极摸排“五小食品”，强化日常监管执法力度，联合工商、食药监、公安等部门建立联合执法长效机制，进行日常巡查并召开部门联席会议，对巡查结果进行分析汇总，成立联合执法小队，开展联合执法行动20余次，发现存在问题生产经营商30余户，通过培训、教育以及下发整改通知单等方式解决商户存在的问题，对整改不合格的商户按照相关政策法规责令其停产停业整顿，保证其生产经营规范合理。开展清真食品专项整治行动，不断加强清真食品市场管理，深入维护清真食品市场秩序，开展清真食品专项整治活动，检查清真小吃店6处，出动人员20人次，出动整治巡查车2辆，发放排查单200余张，签订承诺书5份，对排查出卫生脏乱、证照不齐等问题进行有效整改。

【征兵工作顺利完成】 2017年对适龄青年上网登记，在各村街显著位置悬挂固定横幅和张贴宣传标语，对适龄青年进行兵役法规教育，引导积极报名参军，履行宪法赋予的兵役义务和神圣职责。全乡503名适龄青年及时登记，并严格按照征兵程序筛选出36名预征对象，经过严格体检、政审、再体检，参加军事训练等一系列征兵程序，最后挑选出9名优秀适龄青年应征入伍，完成征兵工作。

【狠抓和谐稳定工程，优化社会发展环境】 一是强化信访维稳工作，为切实做到清除信访隐患、化解信访积案，减少新增案件的目标，根据区委、区政府的安排部署，开展信访积案化解“百日攻坚行动”和“领导干部大接访、矛盾纠纷大排调、信访稳定大督查”专项活动，对市、区领导包案的21件重点信访案件进行逐一分析、逐一化解。协调各种关系，想尽各种办法，乡包案领导、包村干部积极深入村街化解，带着感情做信访人工作，全面做到“四不欠账”。经过全体工作人员的共同努力，完成各项任务，案件化解率100%。完成敏感时期各项安保维稳任务，2017年，经历了党的十九大、建军90周年、全国“两会”“一带一路”峰会等重要安保节点。在此期间，全体机关干部认真落实乡党委关于安保维稳工作的一系列要求，全程24小时吃住在机关，手机24小时保持畅通，时刻保持临战状态，认真履行各项工作职责。经过全乡上下一致努力，未出现进京非访与影响社会治安案件，促进全区和谐稳定。加强社会治安综合治理工作，定期开展涉军、非法集资、问题楼盘等重点人员排查防控工作，全部明确责任人，包片领导和包村干部积极深入村街走访，全面了解村街矛盾纠纷，落实稳控措施。对重点人员进行重新梳理，完善相关资料并录入到综治维稳信息系统中，规范重点人员管理，进一步提高工作效率。同时，在大王务集市、仇庄集市等人员密集区，开展6次专项整治行动，严厉打击占道经营、偷盗扒窃、价格欺诈、使用假币等行为，发放宣传单1000余份，悬挂标语56条，进一步维护市场秩序，提升周边地区治安水平。二是深化安全生产工作，制定安全生产“一岗双责”实施方案，与各村街、乡直各单位、各企业主要负责人签订“2017年度安全生产目标管理责任书”，将各项指标层层分解下达，把安全生产目标管理责任切实落到实处。按照国务院安全生产大检查要求，全面开展2017年“安全生产月”暨“安全生产廊坊行”活动，悬挂横幅70余条，发放宣传单2000余张，出动检查车辆20余辆次，人员100余人次，对重大危险源进行专项检查，发现问题3处并完成整改。同时做好日常安全生产检查工作，组织对辖区企事业单位、重点部位和重点环节开展专项大检查4次，查出安全隐患36处并及时整改到位。认真开展安全生产专项整治活动和安全生产隐患排查整治攻坚行动，努力消除各类安全隐患，严防事故发生，确保第什里风筝节、“一带一路”高峰论坛、“5·18”经贸洽谈会以及全国第二十七届书博会等重大活动期间安全稳定，对排查出的10余处隐患立行立改，确保安全稳定。认真总结国内汛期安全生产经验，及早着手，组织召开专题会议安排部署汛期安全生产工作，结合本辖区安全生产工作特点，分解任务，落实岗位和人员，一级抓一级、层层抓落实，对桥梁、河流、坑塘、枯井等重点部位进行全方位巡查，确保汛期安全生产无事故。三是强化土地卫片执法检查，深入开展土地卫片执法集中行动，依法依规履行拆除程序，及时下发整改通知书，对整改不到位的违法建筑进行强制拆除。联合土地、公安、供电等执法部门，开展5次大规模强制拆除行动，动用挖掘机、装载机、运输车等各类机械80余台次、雇佣人员200余人次，强拆面积达60余亩（4余公顷），成功拆除韩英奎库房、张浩库房等大宗土地违建地块，在全乡范围内形成一定震慑力，并起到催促自拆效果。

【强化环保责任意识，加大环保整治力度】 一是大力推进“气代煤”工程，2017年3月份，启动实施“气代煤”村街21个，总任务数5095户，其中2016年尾欠户1457户，21个村街新改造户3638户。结合实际情况确定“一级抓一级，层层抓落实”工作主基调，明确倒排工期为先导、挂图作战为督导的工作格局，制定“每天一上报、两天一调度、七天一推进”的工作模式，组织燃气公司及村街干部召开大、小调度会议40余次，发放宣传册2300册、悬挂条幅100余幅、印发明白纸2000余张、广播宣传100余次。截至年底，完成改造户4567户，累计铺设中、低压管线101440米，因危房、长期无人居住、不具备改造条件等原因未实施改造户528户，完成全乡所有村街主体施工工程。二是加强秸秆禁烧工作，按照安次区大气污染防治条例，对辖区内春季残留玉米秸秆进行全面排查，并安排专项资金粉碎玉米秸秆

4364.4 亩（290.96 公顷）。麦秋时节，针对辖区小麦种植情况进行细致排查，并通过以奖代补的方式鼓励农户对 846.87 亩（56.46 公顷）麦秸进行旋耕。年度内全乡旋耕秸秆还田 35749 亩（2383.27 公顷），进一步避免秸秆露天焚烧现象。三是加强环境卫生治理，加大对辖区内各村街积存垃圾清理整治工作，组织村街环卫人员坚持清理打扫，聘用廊泊路专职保洁员 13 人，负责廊泊路两侧硬化地面日常垃圾清理。截至 11 月 30 日，共出动 500 余人次，挖掘机、装载机等各类机械 350 余车次，累计清理积存垃圾 4600 余立方米，城乡面貌得到有力改善。四是切实做好“小、散、乱、污”企业治理工作，按照《关于继续严肃落实〈廊坊市大气污染防治十条严控措施〉的紧急通知》要求，对全乡 64 家涉气企业继续严格实行停产政策，组织大规模拉网式排查 1 次，召开全乡企业负责人环保重点工作推进大会 1 次，针对景村企业集中、廊南汽配城喷漆聚集地等重难点部位开展集中清理专项行动 3 次，与企业负责人约见谈话 10 余次。根据《廊坊市人民政府办公室关于进一步做好违法违规“小散乱污”企业排查整治工作的紧急通知》的相关内容，再次明确“小、散、乱、污”企业范围，按照网格化管理要求，排查出各类生产企业 214 家，经上级环保部门核实鉴定，最终确定 113 家整改取缔。联合环保、工商、供电、公安、消防等部门进行联合执法，出动起重机、叉车、大小运输车等机械 50 余台次、工人 120 余人次，对企业机器、原料、产品等进行取缔清理，取得良好效果。截至年底，113 家“小、散、乱、污”企业完成整改取缔，在册 6 家“土小企业”整改完成。9 月份，根据区环保、工信部门要求，为辖区名单内“散、乱、污”企业安装在线监控系统，可以 24 小时监控企业库房内部动态，做到污染源精准定位，重点治理。五是加强重污染天气应急响应应对，10 月 8 日对 29 家停产名单内企业逐个约谈，分别与乡政府签订遵守应急响应承诺书，指导 13 家名单内企业根据实际情况制定详细应急预案。10 月 15 日前，各企业“重污染天气应急响应预案”制定完毕，并在区环保局备案。重污染天气期间，不间断巡查企业停限产情况，及时联系供电部门，定期调取停产企业用电量，将用电量作为企业是否真正将停产落实到位的重要依据，一旦发现用电情况异常，立即深入企业调查，发现违规生产直接断电处理。六是全面开展“八清零”工作，结合全市开展的“八清零”工作，按照网格化管理要求，各网格员立即深入村街，发动村街“两委”干部包片包户，深入农户家中开展巡查清理工作，由包片领导带领各村街包村干部巡查村街辖区内是否有散煤、燃煤锅炉、生物质、成堆的可燃垃圾；全面排查辖区内大小仓储库房，台账内 113 家“散、乱、污”取缔整改到位，未发现回流现象，台账外新发现的企业立即按照“两断三清”标准进行取缔；联合工商部门对沿主干路商户、住户逐一进行巡查，收缴大小煤炉 40 余个，拆除煤炉烟囱 8 个；由各片网格长带队，对辖区 21 家 VOC 企业进行巡查并同时约谈负责人，要求其合法生产经营；安排 1 辆专用巡查车、聘用临时人员组成巡查队，全天高频次巡查火点，一旦发现，确保立即扑灭；巡查廊南汽配城、瑞丰二手车市场周边，广泛宣传，发现违规喷漆行为立即取缔。此外，12 月 8 日至 12 月 12 日，全区开展“三送、三清、三查”行动，区 29 名工作人员下派至仇庄乡包村入户开展工作，极大的推动全乡“八清零”

工作进程。截至12月13日，全乡在“八清零”和“三个三”工作中清理散煤33吨、劈柴54吨，蜂窝煤1200余块、清理枯枝落叶445亩（29.67公顷），清理生活垃圾43吨，燃煤炉具200余台。

（李杨）

调河头乡

【概况】 调河头乡政府驻地调河头村，位于安次区政府西南方向，距离安次区政府28.5公里。南北长14.1公里，东西宽8.2公里，辖区总面积62.23平方公里（6223公顷），耕地总面积48105亩（3207公顷）。辖30个行政村，分别是调河头、小沈庄、西曹庄、南郭庄、大沈庄、祁坨、青杨树、南邵庄、韩家场、第什里、朱官屯、洛图庄一村、洛图庄二村、洛图庄三村、冯村、东太平巷、西太平巷、张村、哈喇港、胡庄子、黄堤、小惠庄、岔河、石桥、西张庄、北邵庄、前马庄、北马庄、南马庄、中马庄。2017年调河头乡总人口32006人，同比增长13.7%；第一产业从业人员15132人，第二产业从业人员4153人，第三产业从业人员6949人，外来从业人员110人，从业人员总数同比增长13.9%；粮食播种面积2430公顷，同比持平；粮食总产量12350吨，同比增长1%；农林牧渔总产值16869万元，同比增长7.4%；农村非农行业总产值30123.7万元，同比增长2.5%；农民人均纯收入13598元，同比增长4.5%。

【厚植企业发展　打牢经济基础】 调河头乡紧紧围绕服务示范区、建设美丽调河头发展目标，团结带领全乡人民，锐意进取，攻坚克难，全力聚焦发展，完成社会经济发展任务目标，经济发展水平明显提升。完成财政总收入1852.6万元，占全年任务的108.8%；民营企业完成收入44.5亿元，同比增长10%；固定资产投资4亿元，同比增长91.8%；全乡各项指标均完成全年任务。发展期间进一步强化选资选商要求，紧紧抓住高新区建设等有利契机，加大落地项目跟踪服务力度，完成分解项目任务。规上企业主要经济指标高质量提升，其中，朗世坤成房屋科技有限公司2017年总产值4000余万元，海外项目总值超过2000万美元，投入技改资金230万元；廊坊市永强机械有限公司2017年总产值4400万元，同比增长71%，技改投资360万余元，研发3个高端项目，产品数量占国内同行业市场的30%，产品供应多个国家。

【推进小镇建设　发展乡村旅游】 围绕“面上干净、线上美丽、点上精彩”目标要求，因地制宜发展特色旅游产业。2017年景区新建22栋森林木屋度假酒店，3.3万平方米高标准智能停车场，400平方米“第什里风筝规划馆”，完成河道清理、美化、绿化等工作，景区面貌全面提升。成功举办第三届中国廊坊·第什里风筝节和首届民俗文化节等一系列节庆活动，吸引游客近百万人次，拉动旅游收入超亿元。2017年第什里风筝小镇被评为国家AAA级旅游景区、河北省首批特色小镇、第二届河北“不得不”访的特色小镇、第二批河北“不得不”赏的十大旅游节庆、国家体育旅游精品赛事等多项荣誉。

【谋划民生之利　多解百姓之忧】　2017年全面推动各项社会保障，落实帮扶大病救助资金，完成医疗救助72人次。发放春荒救助资金9万元。新增高龄补贴68人次、低保31户、五保户56户，切实履行保基本、保底线、保民生兜底责任。精准扶贫工作以办实事开局，真抓实干，完成29户，共计56人贫困人口建档立卡工作。同时，组织慰问全乡退役士兵1500人次，解决19名年满60周岁农村籍退役士兵生活实际困难。优先发展教育事业，投资380余万元，完成南郭庄小学教学楼、北马庄小学幼儿园、洛图庄小学教学辅助用房等三项工程，校园硬件水平全面加强。新招聘教师11人，开展业务技能培训30多批次，教学成绩摆脱落后的尴尬局面。大力开展安全专项整治行动，认真履行安全生产“党政同责，一岗双责，失职追责”要求，强化党委政府监管责任，落实企业主体责任。开展各专项检查26批次，检查企业及幼儿园248家次，“气代煤”安全检查9000余户次，整改问题隐患3600余个，全年未发生安全责任事故。

【抓环境治理　助推绿色发展】　为打赢京津冀地区蓝天保卫战，2017年调河头乡召开环保会议30余次，“煤改气”专题会议45次，辖区内企业、村街大会12次，学习上级有关文件精神，制定相应实施方案及工作措施。以工委为单位成立5个检查组，组织检查125次，检查企业175家次，检查问题162项，均完成整改。迎接中央环保督导组检查16次，省环保督查组检查29次，均未发现环境污染问题。完善企业环保手续30家，“两断三清”取缔“散、乱、污”企业14家。治理纳污坑塘112个，设置垃圾站点36个。完成“煤改气”用户8000余户，让老百姓享受到“煤改气”带来的实惠。调河头乡制定《大气污染防治工作方案》《重污染天气应急预案》，建立环境巡查网格化机制，垃圾治理长效机制，持续巩固调河头乡环境治理取得良好成果。

【发展民生事业　推进精神文明建设】　2017年调河头乡投资100余万元，高标准建成乡文化站，新购置图书2万册，开放电子阅览室、棋牌室、书画室、健身室等场所，成为全区文化设施建设样板。组建广场舞、秧歌队、戏迷俱乐部等40多支文化队伍。举办各种文化活动32场，丰富广大群众文化生活。大沈庄广场舞队登上安次春晚舞台，第什里风筝应邀参加祖国大陆与台湾文化交流活动，南马庄武术喜获世界传统武术表演比赛二等奖，为安次区及调河头乡增光添彩。土地确权完成29个村街登记工作，确权登记面积5.7万亩（3800公顷）。社会大局和谐稳定，集中解决一批影响社会稳定的急事难事，化解许多长期存在的矛盾隐患。以人为本，服务群众，牢牢把群众工作抓在手上，想群众之所想、急群众之所急，做好群众利益的守护者。完成各类矛盾纠纷排查55起，调处成功率100%。大力推行“四个一”群众工作法，及时处理信访事项86项，满意率95%以上。设立法律咨询点，聘请专业法律顾问，为群众提供法律咨询，发放传单3000余份，推进普管、严管对象集中学习教育。顺利完成党的十九大期间信访稳定工作，实现进京零非访；配合“天目一号禁毒铲种”行动，并获省公安厅表彰。

【干群同心，助推“煤改气”工作】 接到区政府关于“煤改气”工程通知后，2017年调河头乡党委、政府立即成立以乡党委书记、乡长为组长“煤改气”领导小组，协助“煤改气”施工单位，带领全乡上下，团结一心，攻坚克难，全力实施“煤改气”工程。工程之初，老百姓对政策不理解不支持，施工工人入户难、操作难等造成“煤改气”进度难以推进。对此，“煤改气”工作领导小组，专门召开50余次领导小组班子会议及8次全乡村街干部大会，研究部署推进“煤改气”相关工作，将“煤改气”工程作为全乡重点工作积极推进。上下联动，形成合力，全乡干部积极作为，时刻不忘百姓需求，不忽视群众利益，让老百姓按时取上暖的决心坚定不移。百姓家尚未通气，机关干部就不曾取暖，面对老百姓诸多不解，逐一入户、摸清底数，及时从中调解，全力配合施工公司完成相关工作，不打折扣，确保不让一家一户挨冻过冬。通过广播、张贴明白纸、悬挂宣传标语、微信平台等多种形式，积极宣传“煤改气”工程各项政策及天然气安全使用须知，各村街统一组织学习燃气炉使用方法。让百姓安全、放心使用天然气，切实做到惠及民众，改善民生。截至2017年11月15日，全乡完成“煤改气”用户8000余户，实现供暖全覆盖。

（苏灿灿）

落垡镇

【概况】 落垡镇政府驻地东张务村，位于区政府东南20公里。辖区总面积59.33平方公里(5933公顷)，辖26个行政村：落垡、张营、倪官屯、丈方河、刘七堤、邢官营、太平庄、南关、陈东庄、信东庄、许东庄、孟东庄、孙东庄、柴刘杨、东张务、东小营、贾庄、韩庄、裴务、岳庄、路营、西马圈、吴庄、苏庄、荣营、把什营。2017年全镇户籍总人口25960人，同比增长4.9%；从业人员13624人，同比增长0.39%；常用耕地面积3874公顷，同比持平；粮食耕种面积2799公顷，同比增长6.4%；粮食总产量14084吨，同比持平；农林牧渔总产值12204万元，同比增长8.9%；农民人均纯收入6521元，同比增长2.5%；财政总收入885万元，同比减少4.5%；农业机械总动力43457千瓦，同比增长0.36%，农村非农行业总产值4358万元，同比增长4.5%；镇区一般预算收入2913万元，同比增长12.9%，镇区总人口3733人，同比下降11.3%；镇区占地面积207公顷，同比持平。

【“两学一做”常态化、制度化】 根据镇政府制定“两学一做”学习教育常态化制度化实施方案，坚持全覆盖、常态化、重创新、求实效的原则；研究制定全年“两学一做”学习计划，分解每月学习任务，把“两学一做”作为经常性教育的基本内容。2017年在开展支部集中学习与讲党课活动基础上，创新活动载体，评选出“十佳基层党组织”邢官营村党支部、“十佳为民村官”路营村党支部书记。开展“重温入党誓词”“戴党徽、亮身份、做表率”

"改善环境，美化家园"等主题活动；落实党内关爱帮扶，利用市、区两级困难党员专项帮扶资金慰问建国前老党员2名，老弱困难党员12名，发放帮扶资金13200元。

【后进村转化工作成效凸显】 2017年初镇政府确定5个后进村街，分别为：倪官屯、东小营、太平庄、落垡村四站和落垡村五站。在上级帮扶单位和镇党委政府共同努力下，5个后进村依照整改台账提前完成转化，涉及翻建"两室"、修建健身广场、道路硬化、自来水改造等惠及民生项目17个，并顺利通过上级部门的检查验收，切实让群众得到实惠。

【发展党员与党建工作】 镇党委、政府建立3年以上未发展党员村街动态台账和发展党员工作进度跟踪表，逐步解决村街三年以上不发展党员情况。2017年确定党员发展对象30名，解决三年不发展党员村街9个，培养积极分子23名，涉及三年不发展党员村街6个；截至年底，全镇整改情况排名位于全区前列。辖区内39家非公企业和2家社会组织建立非公企业联合党支部4个；另建立3家村企联建党支部以及2家社会组织挂靠组建党支部。全镇非公企业和社会组织均纳入党建指导范围，消除全镇非公党建"空白点"，并实现"全覆盖"。

【民生工作有序开展】 以"上为国家分忧，下为百姓解愁"为宗旨，结合落垡镇工作实际，全体机关干部以爱心、耐心、细心、责任心做好本职工作。2017年低保工作进入有序阶段，经过入户调查，严格管理，全镇新增低保户6户（20人），截至年底，全镇有低保户195户涉及312人，月发放低保金12万余元。特困五保人员26户涉及26人，月发放特困资金2.5万元。完成全镇117名残疾人生活困难补贴、重度残疾人生活困难补贴、重度残疾人护理补贴档案上报工作，完成留守儿童和困难儿童信息录入工作。全镇新出生286人，其中一孩182人，政策内出生182人；二孩出生197人，政策内出生197人；多孩出生7人，政策内出生7人。符合政策生育率100%，实施各类手术364例，手术及时率80%以上。孕前优生免费服务涉及82人，超额完成区卫计局下达任务指标12人。镇计生办结合每季度孕检，为4193名育龄妇女提供免费生殖健康服务，使民心工程惠及于民。

【精准扶贫落到实处】 为扎实推进精准扶贫、精准脱贫工作，领会上级精神实质，狠抓落实，2017年经过村民代表会评议，村、镇、区三级审核、公示，最终确定精准扶贫户10户（23人）。通过与爱心企业负责人"面对面""点对点"进行对接，为贫困户提供就业、爱心扶持、物资捐助等因户施策的帮扶政策，使精准扶贫有的放矢。针对因病致贫户，组织贫困户到区医院进行免费体检，建立病例档案。为年事已高、出行不便等贫困户提供上门送医、送药等服务；针对无力翻建房屋的危房贫困户，由政府出资对其房屋进行原址翻建，确保其居住安全；针对贫困户学子，镇政府协调教育机构和爱心企业，为贫困户学生减免学费并提供必要生活费，确保每一个有志学子不因贫辍学。

【"气代煤"工程有序推进】 全镇辖26个行政村，2017年"气代煤"工程改造涉及24个村街。3月10日启动第二批24个村街"气代煤"改造工程，各村街累计安装完成调压箱402台，铺设中、低压管线261262米。计划完成改造任务8632户，截至年底，8061户点火通气，130户改造完工未使用，441户未改造。同时，向取暖期前采暖设备未安装到位的孤寡病残等弱势群体发放电热毯2500条、电暖气30台，确保辖区内所有居民温暖过冬。镇政府2次组织召开由村街干部、包村干部、村街安全协管员参加的“燃气安全使用常识”培训会，同时，各村街通过广播、张贴标语宣传燃气安全使用知识，增强居民安全意识，确保群众安全使用燃气。

【努力实施支农惠农举措】 一是实施农村道路畅通工程，加大道路修补资金投入力度。2017年，融合各类资金700余万元，对电厂路至吴庄段、把什营至路营段、落小线至倪官屯段等多条村级公路进行修建，修建里程累计18.6公里。对快速路至落小线段、104国道至小刘庄段进行标准化整修，整修里程累计15.6公里。路营村与电厂路新建道桥一座，方便群众出行，消除交通安全隐患。二是实施垃圾渗坑清理专项行动，建立环境保护常态机制。全镇通力合作、出重拳，对新老龙河河道及沿线垃圾、村内积存垃圾进行集中清理转运；治理垃圾渗坑58个，清运垃圾1100余吨，设立禁倒标识120块，设立围挡6000余延米，有效改善村容村貌及生活环境。三是农村清洁能源使用全覆盖，在京津冀一体化大背景下，根据上级指示精神，2017年年底前完成除电煤、集中供热和原料用煤企业外燃煤“清零”任务。全镇“气代煤”工程涉及26个村街402个调压箱经过调压测试。经过全镇机关和村街干部不懈努力，7833户实现点火通气。同时，镇政府向取暖期前采暖设备未安装到位的孤寡病残等弱势群体发放电热毯2500条、电暖气30台，确保所有农户温暖过冬。

【全面整治“小、散、乱、污”企业】 2017年经过摸排，全镇“小、散、乱、污”企业涉及32家，关停取缔8家，整改到位12家，彻底搬离12家，均达到“两断三清”标准。继续发扬不怕吃苦、能打硬仗的落垡精神，机关干部深入田间地头，帮助农户秸秆还田，实现颗粒归仓与秸秆禁烧两不误、两促进的工作目标。

【危房改造工程阳光操作】 落垡镇危房改造工作，实行“阳光”操作，把村街上报危房改造户置于广大群众监督之下。严格按照“户主申请，村委会调查核实，村街两委会议和村民代表会议通过，村委会公示，镇政府审核公示”程序进行，对村街上报名单，由城建办派专人逐户核实，通过实地检查、走访左邻右舍、村委会监督等形式，保证上报对象档案真实性。按照“先急后缓、分步实施”原则，与之签订协议书。完善危房改造农户纸质档案，实行一户一档。危房改造前、改造中、改造后对比照片及其他有关资料等，做到专人管理、资料齐全、制度规范。始终把加强工程质量监督检查作为重点工作来抓，不定期督查危改工作，确保完成危改工作。2017年，全镇完成危房改造6户，农房抗震改造10户，均验收合格。

【教育投入稳步提升】 2017年全镇教育总投资690万元，其中新建西马圈幼儿园二层教学楼，投资400万元。硬化校园场地7000平方米，投资70万元。翻建围墙720米，投资56万元。修缮屋顶防水设施4400平方米，投资26万元。新建路营小学校舍300平方米，投资66万元。购置落垡村小学箱式变压器1台，投资36万元。重建东张务小学厕所、柴刘杨小学厕所2处，投资34万元。在改善办学条件同时，切实加强教师队伍建设，培养更多教育领军人物，涌现出一批师德标兵，义务教育均衡发展效果显著。落垡镇校园体育文化底蕴深厚，在安次区运动会上曾创造过“十九连冠”辉煌成就。为全面、精准反映落垡镇体育事业辉煌艰苦发展历程，在柴刘杨小学筹建“落垡镇体育发展史展览馆”，以激励更多青年学子参与到体育事业中来。

【维稳工作稳步推进】 构筑“三个网络”，完善防控体系，构筑信息收集网络，建立健全26个行政村信息联络员及三位一体信息监控网络。构筑矛盾调处网络，发挥综治维稳服务中心作用，对矛盾纠纷和群众来信来访实行“一站式”受理。构筑治安防范网络，2017年全镇26个行政村均成立治安联防队，实行24小时值班巡逻，技术防范体系全覆盖，全镇26个村街安装了技术监控设备。坚持每周对辖区内不稳定因素进行一次排查，以行政村为重点，联合派出所、司法、信访等有关部门进村入户，及时排查不稳定因素，做到早发现、早报告、早控制、早解决。

【全面落实河长制工作】 落垡镇地处永定河泛区，辖区内新龙河、老龙河贯穿全境，总流经长度16.1公里。在区级河长领导下，建立全镇河长制工作体系，由34名精干人员组成河长制工作机构，出台《安次区落垡镇河长制工作信息报送制度（试行)》等6项河长制工作制度；并按照上述制度开展河长制工作，清理河道两侧垃圾400余立方米。2017年，总河长及镇级河长巡河累计18次。

【生态创建成果丰硕】 以“荒地林场化、村庄生态化、道路林网化”为目标，2017年完善农田林网2000余亩（133.33公顷)，义务植树3万余株，全面完成“创森”工作任务；对辖区内南三通道、电厂路、落小线等主干线进行绿化补植，累计完成15公里绿化补植任务；结合美丽乡村建设，全力推进市花公园、国槐大道、龙河湾湿地景观带等重点工程造林工作，年底前落实苗木30万株，苗木资金200万元，流转土地2260亩（150.67公顷)。

（王芊雨）

码头镇

【概况】 码头镇位于安次区中部，镇政府位于码头镇码头村，距市区南20公里。东界天津市武清区，南邻葛渔城镇，西接调河头乡，北连仇庄乡、落垡镇，辖区面积112.1平方公里（11210公顷)，辖44个行政村街：码头、东张庄、高庄、甄庄、大郑庄、孙披庄、小郑庄、惠家堡、史庄、祁营、范庄、杨官屯、金官屯、田庄、济南屯、赵庄、崔辛屯、西李庄、大益屯、北壕、南壕、东安庄、西安庄、丰盛店、百草洼、南响口、中响口、北响口、东辛庄、东曹庄、赵窑、司庄、东李庄、王庄、前屯、后屯、团结村、前沙窝、后沙窝、卢七堤、前所营、孔洼、麻屯、马神庙。年末全镇户籍总人口50991人，同比增长0.2%，年末常用耕地面积9.6万亩（6400公顷)，同比持平，粮食耕种面积59800亩（3986.67公顷)，同比增长2%，粮食总产量20000吨，同比增长7.3%，农林牧渔总产值26439万元，同比持平，农村非农行业总产值165832万元。财政收入3260.38万元，同比增长9.3%，其中国税收入2847万元，同比增长57.12%，地税收入700万元，同比减少44.3%，财政自筹54.3万元，同比减少71.56%。公共财政收入3770.25万元，同比持平。镇区总面积2.16平方公里（216公顷）。

【村民宜居环境持续改善】 2017年春季投资326.7万元对中响口、西安庄等5个美丽乡村硬化村街道路8245米，使村民出行更加方便，农村路网更加健全，对码调线、东高线等8条道路进行标准化整修，养护镇域内道路55公里。清除主要道路两侧广告灯箱2000余个，为全镇44个村街设置垃圾箱970个，定期清理南三通道、码杨线、廊泊线、东高线、码调线沿线垃圾，并因地安装围网，有效改善镇域环境，使村容村貌焕然一新。

【脱贫攻坚成效显著】 精心安排，精准识别，按照“两不愁、三保障”标准和“六不评”原则，2017年确定贫困户101户涉及214人，完成建档立卡，全面细化帮扶措施，落实一对一精准帮扶政策。

【社会保障工作持续加强】 2017年冬春社会救助1008户涉及2002人，发放救助资金23.15万元，慰问优抚对象资金5.4万元。原址翻建改造危房2户。举办贫困残疾人养殖技术培训班2次，参训人员110名。43604人参加城乡居民基本医疗保险，参保率86.05%，24432人参加基本养老保险，参保率95%。完成“两证一卡”办理工作，办理养老证8308份，医疗保险证10678份。

【优生投入稳步提升】 2017年投资8万余元建设流动人口服务中心，投资2.7万元为流动人口和特困家庭进行免费体检，实现流动人口基本公共卫生均等化服务，为留守儿童和特困家庭发放慰问金1万余元，全镇计生率96.24%，完成上级下达的指标任务。

【生态创建成果丰硕】 2017年按照区委、区政府全面推进环境污染防治工作要求，把绿色生态建设放在最优先的位置，积极推进京台高速绿化工程，建设大小绿化节点11个，绿化面积120.88亩（8.06公顷），春季造林集中行动绿化面积3200亩（213.33公顷）。截至2017年年底，41个村街燃气改造任务基本完成，安装燃气调压箱804个，铺设46公里中、低压管网，实现全镇14115户居民通气取暖。全镇165家VOCs涉气企业进行整改，62家“散、乱、污”企业中，依法取缔38家，达到“两断三清”标准，24家整改企业通过环保部门验收。取缔镇域内16家散煤经营点，淘汰改造10蒸吨以下燃煤锅炉121台。完成秸秆还田面积63000余亩（约4200公顷）。完成全镇33处涉水纳污坑塘清理整治任务，并设置公示牌和加装围挡，长久保持和维护治理效果。

【认真做好汛期防汛工作】 2017年对永定河主河槽50米范围内清障11公里，砍伐树木1000余棵，清理沟、渠6公里，清运垃圾500余立方米，为防汛排涝消除行洪隐患。对前沙窝、后沙窝等7个重点村街698户2843人做好移民预案安排，确保群众顺利度过汛期。

【安全生产常抓不懈】 建立安全生产长效机制，抓好安全生产的宣传教育工作，2017年会同派出所成立7个安全生产检查小组，对镇内企业逐一进行全面排查，确保安全生产“零隐患”，严防各类安全事故发生。推行网格化管理，全面实施“五落实五到位”目标责任制，开展“六打六治”和重点行业领域专项治理行动，检查各类场所300余家，发现隐患60余处，对发现的安全隐患做到“回头看”并整改到位。结合开展“安全生产月”活动，集中宣传新法，印发宣传单2000多份，制作条幅标语50多条。完善食品安全监管网络，加大宣传力度，发放宣传页1000余张，张贴宣传画44份，接受群众咨询90余人次，开展全面检查4次，有效地提高广大群众的食品安全意识。突出重点环节、关键部位、重要时期，加大对辖区内大小超市、学校、饭店等人员密集场所以及4家加油站、2家加气站等易燃易爆单位的消防安全检查力度，对发现的安全隐患整改到位。对全镇10所民办幼儿园排查出的安全隐患对标整治，整改后仍不合格的坚决予以取缔。

【强化行政效能，提升履职能力】 深入学习贯彻落实党的十九大精神，推进“两学一做”学习教育常态化制度化，自觉履行党风廉政建设，进一步落实“一岗双责”，严格执行中央八项规定精神，持续整治“四风”问题，认真落实全面从严治党要求。履行法治建设第一责任人，规范重大决策法定程序，从严财务管理，强化风险防范，全面推进行政决策科学化、民主化、法治化，法治政府建设成效显著。自觉接受人大监督，认真办理人大代表建议和意见，不断提高政治站位，坚定信念、维护核心，政府服务水平和效能显著提升。

【坚持班子建设与加快发展相结合】 以党的群众路线教育实践活动为主线，努力建设精神状态好、民主决策好、推进发展好、服务群众好、廉洁从政好的“五好”领导班子。不断完善学习、工作、纪律和管理制度，全面改进干部工作作风，提高工作热情，增强干部自觉性，全面提升领导班子服务发展、惠民解难、廉洁执政能力和水平。坚持集体领导和个人分工负责相结合，抓住责任“分解、考核、追究”3个关键环节，把反腐倡廉工作与实际工作结合起来，同部署、同落实、同检查、同考核，形成一岗双责、层层落实的工作格局，切实履行廉政职责。基层班子的战斗力决定着区域发展和稳定，坚持强化党委书记抓党建“第一责任人”意识，发挥自身优势，创新思路，研究制定35项基层党建工作目标，细化落实到5个工委，再由工委分解到具体责任人，形成全体机关干部人人抓党建，个个有责任，事事有着落的党建工作责任体系。发展是执政兴国的第一要务，把班子建设融入加快发展的服务之中，着力提高班子领导经济建设和各项社会事业发展的能力，不断强化班子成员的领导责任，对照加快发展新要求，善谋发展之策，力行发展之事，务求发展之效。领导班子发展思路清晰，战略规划明确，确立以“振兴生态农业、提升传统产业”为重点的转型、跨越、升级的发展思路，摆脱传统思维定式，形成既适应京津冀协同发展的新常态，又有鲜明特色的发展战略新格局。

【切实加强干部队伍建设】 依据“信念坚定、为民服务、勤政务实、敢于担当、清正廉洁”的干部标准，坚持看德才配干部，凭实绩用干部，靠公论选干部的选人用人导向，着力建设一支高素质的基层党员干部队伍。围绕坚定理想信念和提升能力水平两大重点，以创建学习型党组织建设为契机，大力实施学党章党史、强党性，学政策理论、强素质，学实用技术、强技能的“三学三强”素质提升工程，促进广大党员干部进一步坚定政治信念，提高引领发展、服务群众的能力和水平。严格执行党管干部标准，严格落实绩效考核管理机制，在全镇上下形成人人想干事、会干事、干成事、不出事的良好氛围。加强政治引导和团结协作，不断提高人大监督、社会监督透明度，广泛凝聚各方力量，鼓励广大干部群众积极投身经济社会建设。切实着力提升工作执行力。镇党委将以效能建设为抓手，进一步分解工作任务，细化工作目标，狠抓落实。建立“周报告，月调度，季问责，年调整”的工作机制，扎实推进“网格化”管理模式，充分发挥网格员作用，充分调动群众参与的主动性和积极性，创新推行“清单化”运行机制，村街“两委”在完善任期目标的基础上，按月列出目标任务清单，年终对照清单落实“两委”绩效考核，以此激发干部干事创业热情，达到社会共同参与共同管理的目的。做好村务、政务和党务公开，让群众享有更多的知情权和参与权，拓宽社会各界反映问题和进言献策的渠道，密切党群干群关系。推进镇行政服务中心建设，健全便民服务体系，提升服务能力和质量。从依法治国、依法执政、依法行政3个层面上，全面推进依法治镇、依法治村，使法治精神深入人心，公共权力依法规范、阳光运行。

【加强思想建设，执政水平不断提升】 坚持把政治思想建设，作为用好干部、带好队伍的中心任务，强化理论学习，完善中心组学习机制，严明政治纪律和政治规矩，以十八大和习近平总书记系列重要讲话精神为指针，思想政治行动高度统一，扎实落实区委“四实”工作主线，围绕“强区新城”战略目标，推动各项决策部署落实见效。深入开展党的群众路线教育实践活动，深挖问题根源，正风肃纪，狠刹“四风”，严格对照“三严三实”，狠抓思想政治建设，扎实推进“两学一做”学习教育，党风政风明显好转。不断强化基层阵地建设，提高服务群众水平。严格落实党风廉政建设责任制，落实“八项规定”，切实加大查办案件力度，形成风清气正政治生态。在工作中，坚持把“权为民用、情为民系、利为民谋”，作为党委政府一班人工作信条，把群众需要作为第一选择，把群众满意作为第一追求，竭尽全力为群众办好事、办实事，不断增强党政班子亲和力及战斗力，实行重点工作领导“包抓”，有效激发班子成员积极性和解决难题服务群众的创新能力。

【加强组织建设，树立执政为民理念】 加大基层党建工作力度，推进党的组织、党的工作和党员作用发挥“三个全覆盖”。深入整顿软弱涣散基层党组织，进一步加强基层党组织“带头人”队伍建设，提升基层党务工作者专业水平。加大党建工作的创新力度，实施党建示范片扩面提标工程，打造党建工作特色品牌，用党建工作创新引领经济工作创新。加强党员队伍管理。进一步做好发展党员工作，加大在基层优秀人才中发展党员的力度，及时处置不合格党员，优化结构、提升质量。认真落实“三会一课”、民主生活会、民主评议党员制度，开展严肃认真的批评和自我批评。突出基层党建服务功能，推进服务型党组织建设，完善镇、村两级便民服务体系和服务平台，大力创新服务载体和方式，加快党员志愿服务体系建设，深入推进“双培双带”工作。

【社会管理网格化】 突出“好”和“实”两个关键，通过“五定”明晰主体责任，建立

“一卡、一册、一图”“统一指挥、协调运转、责任落实、反应快速”的工作机制。2017 年运用成熟的 800 多人网格员队伍，推动社会管理力量下沉，全面提高社会管理水平，达到村街管理服务的全覆盖、全天候、零距离，保证基层党建、综治民生、安全生产、生态环境等重点工作全面有效得到落实。

【安全维稳工作落到实处】 按照“系统治理、依法治理、综合治理、源头治理”的原则，推行预防、排查、化解、稳控、处置“五位一体”工作机制，以“1 +3 +7”工作模式为总抓手，抓早、抓小、抓苗头，立足于解决问题，2017 年受理各类矛盾纠纷 51 件，化解信访案件 60 余件。始终保持严打高压态势，努力实现“发案少、秩序好、社会稳定、群众满意”工作目标。扎实开展好“平安创建”活动，加强食品药品、企业生产安全、消防和涉及公共安全领域的监督管理，切实维护群众的生命财产安全。坚持关口前移、重心下移，稳步推进涉法涉诉和矛盾纠纷的排查化解工作，把矛盾化解在基层，解决在一线，坚决杜绝群体性事件到市、赴省、进京群访非访。将全镇 162 名精神障碍患者纳入管理视线，做到实时掌控，消除社会安全隐患。

（刘春伯）

葛渔城镇

【概况】 葛渔城镇政府驻地葛渔城西街村，镇区总人口 14123 人，镇区占地面积 5.76 平方公里（576 公顷），位于廊坊市东南 35 公里处，辖区面积 80.16 平方公里（8016 公顷）。下辖 36 个行政村：边家坟、豆佃窑、葛渔城南街、六百地、杨家场、孟家坟、新立村、穆口南村、于堤、穆口北村、景尔头、班家窑、葛渔城东街、葛渔城北街、葛渔城西街、苏窑、冀民屯、杜家场、九家堡、黄槽、张场、马柳、郭场、霍场、小马场、下官村、芦堡、唐家坟、辛庄子、老堤头、蔺场、孙坨、张坨、佟庄、段场、南堤。2017 年，全镇户籍总人口 43905 人，同比增长 0.2%；流动人口 3402 人，从业人员 23273 人；年末常用耕地面积 61845 亩（4123 公顷），同比基本持平；粮食耕种面积 52830 亩（3522 公顷），同比基本持平；粮食总产量 15743 吨，同比增长 4%；农林牧渔总产值 40510 万元，同比基本持平；农民年人均纯收入 7800 元，同比增长 6.7%；农业机械动力 24927 千瓦，同比基本持平；农村非农行业总产值 38063 万元，同比增长 0.3%，完成财政收入 1185 万元，同比下降 56%。

【狠抓队伍，基层党建工作成效凸显】 一是树立正确用人导向。坚持“关键时刻看干部、以工作实绩用干部”的用人导向，打造实干担当的战斗团队。对扎根基层干部高看一眼、厚爱一层，激励干部想干事、能干事、干成事。推行容错纠错机制，强化务实精神，营造支持和鼓励干部担当作为的工作氛围。二是发展农村党员。创新工作方法，破解农村党员发展瓶颈，制定 2017 年度党员发展计划，着力解决三年以上不发展党员问题。把好发展党员“入口关”，规范程序、严格标准。全年发展党员17名，消除“白点村”12个。三是加强基层组织建设。全面摸排软弱涣散班子，因村制宜制定整顿方案，对接帮扶部门，转化升级后进村6个。积极推进村“两委”换届工作，按照上级要求部署，强化调度指导，按时完成阶段任务，进一步选优配强村街班子。开展“为困难党员献爱心”活动，帮扶救助困难党员10名。大力实施素质工程，组织各层次学习会28次，累计培训1700余人次，党员干部能力素质不断提升。葛渔城镇党建工作得到上级肯定。2017年6月30日，在全市党建工作交流会上，市委书记冯韶慧、市委组织部部长李龙专门听取葛渔城镇党建工作汇报，给予充分肯定，并要求在全市推广葛渔城镇的工作经验。

【守土有责，和谐稳定大局更加巩固】 始终把信访维稳作为全镇工作的基础和核心。以群众工作统揽信访工作，全面推行“1235”（把握一个目标任务、降低两项数量指标、打造三支群工队伍、着力抓好五项重点工作）工作模式，坚持“周排查、周汇总、周调度”工作机制，全面掌握各类群体动态，千方百计采取稳控措施，确保“河北不能聚、北京不能去”的维稳工作要求，充分发挥“群众工作中心”作用，执行科级干部接访、案件跟进等制度，2017年及时化解矛盾隐患50余件。不断提升处理突发事件水平，打造一支高素质应急团队。全覆盖走访慰问退役军人，实现全镇无涉军人员进京非访。平稳推进解决历史遗留土地问题，未出现群体访事件。在全国“两会”“一带一路”峰会、十九大等敏感时期，未发生进京非访和越级上访事件，进一步巩固全镇和谐稳定大局。

【重拳出击，“大气污染防治”成效明显】 一是进一步严格管控企业。按照要求，2017年整改“小、散、乱、污”企业32家，取缔污染企业33家，整治涉VOC企业32家，40家企业安装在线监控，生产类企业严格执行大气污染预警停限产措施，对全部企业按政策要求进行常态化管控。二是进一步严禁焚烧行为。春季处理废弃树枝1.3万吨、秸秆粉碎还田5885.6亩（392.37公顷）；秋季秸秆还田27804亩（1853.6公顷）；初步确定以第三方形式解决废弃树枝处理问题。集中清理主路两侧落叶、垃圾等。取缔10蒸吨以下燃煤锅炉，镇域散煤销售点彻底清理。全面开展“八清零”行动，散煤、燃煤炉具、燃气管道周边可燃堆放物清零。三是进一步净化美化环境。整治纳污坑塘50个，水质治理达标，建立围挡10000余平方米。城乡垃圾一体化规范运行，组织环境综合整治集中行动16次，镇域卫生环境大幅改善。高标打造京台高速绿化节点工程，完成春季植树5790亩（386公顷），是任务数的3倍，因此2017年葛渔城镇荣获市级“绿化工作先进单位”称号。四是进一步强化宣传引导。积极构筑“属地管理、分级负责、无缝对接、全面覆盖”的环境监管网格化平台，落实三级网格员职责。深入开展大气污染治理、秸秆禁烧等宣传活动，严厉打击违法排放和燃烧行为。悬挂各类宣传横幅2000余条，发放明白纸30000余份，利用广播、公开栏等宣传阵地广泛宣传，使群众环保意识得到明显增强，并逐步转化为自觉行动。

【通力合作，“气代煤”工程高标准完成】 把“气代煤”工程作为重要政治任务、最大民心工程来抓，举全镇之力打赢农村取暖方式改革的攻坚战。一是组织推动到位。成立“气代煤”工作指挥部，镇委、镇政府主要领导亲自组织推动，2017 年召开 50 余次班子会研究部署，科学谋划，层层压实责任，形成以目标倒逼责任、以时间倒逼进度、以问责倒逼落实的工作推进格局，在安次区率先实现全域进场开工。二是协调督导到位。建立日报告、周调度制度，及时发现和解决问题 2000 余个，保证工程顺利开展。实行挂图作战、倒排工期，工程进度周通报，严厉问责进度较慢村街工委责任人，尽快破解障碍，追赶进度，有效与村街、施工方沟通对接，形成乡镇、村街、施工方协调联动工作模式。三是宣传发动到位。第一时间召开全镇干部大会，统一思想、凝聚合力。利用村街广播、宣传资料、镇（村）干部进村入户走访宣传等形式，向群众广泛宣传“气代煤”政策，争取群众理解支持。历时 9 个多月，通过铭顺集团、镇村干部、施工方的昼夜奋战，葛渔城镇“气代煤”工程高标准完成，改造 15528 户，占安次区总任务的四分之一。任务最多，但推进最有力，全镇农户应改尽改，群众认同满意，受到安次区委、区政府主要领导高度评价和充分认可。

【执政为民，民生福祉全面增强】 2017 年葛渔城镇道路建设占全区总量的三分之一，在全区最多。“一事一议”建设项目占全区一半以上，全镇基础设施建设大幅提升。完成镇区环线道路综合整治工作，翻修重建葛马线、码杨线等道路 10 余条，总长 28 公里，打造穆唐线、码得线等标准示范路。累计投资 1700 余万元，硬化村街道路 3.47 万米。新建景尔头等村街健身广场 4000 余平方米，同时配齐文体健身器材。改造葛渔城东街等 13 个村街自来水管道 30 余万米，葛渔城北街水厂、马柳水厂进一步规范运营。扎实推进孟坟等 5 个美丽乡村建设。严格按要求开展扶贫工作，对全镇 31 户贫困家庭，制定针对性帮扶方案，尽快达到脱贫目标，在全面建成小康路上不落一人。经过详细摸排、初步认定低保对象、特困供养 107 户。协助困难户危房改造 4 户。关心关注弱势群体冬季取暖，应急取暖设施及时发放到位，使每一名群众都能温暖过冬。

【依法执政，执法环境持续改善】 2017 年始终保持违建必拆的高压态势，在安次区率先实现下裁决的 2014—2016 年度违法占地清零目标。建立违法占地全方位、无死角巡查网，执行日巡查、日报告制度，及时发现、立即拆除，全年完成“两违”拆除整改任务 54 宗。逐层开展宣贯《安全生产法》活动，深入推进安全生产事故隐患大排查、大整治、百日攻坚行动。定期听取安全生产工作汇报，按时召开例会，总结经验、查找不足。组织安全生产自查、联查行动 21 次，发现安全隐患 160 处并整改到位。依法打击违反食药安全管理规定行为，保障全镇人民生命和健康安全。配合教育部门，加强无证校车管理，进一步规范民办幼儿园运营。

【统筹兼顾，协调推进其他各项工作】 2017 年稳妥推进土地确权 4.2 万亩（2800 公顷），做到应确尽确。全力服务示范区，配合完成储气库调峰站、中安信变电站、泉康物流等项目土地流转工作。按时完成文明城市创建承担的任务，开展一系列精神文明创建活动，在此次活动中葛渔城镇荣获省级“文明单位”称号，也是安次历史上首个获得此荣誉的乡镇。大力保护非物质文化遗产，重阁会、飞叉会分别获批国家级和省级非遗文化。2017 年 12 月 29 日，

"重阁会"首次登上国家新年戏曲晚会舞台，向习近平总书记为核心的党中央及首都人民集中展现葛渔城镇非遗文化传承创新的丰硕成果，扩大安次区的知名度和影响力。由于预防得力，预案周密，在应对"7·21"强降雨灾害过程中，未发生人员伤亡和重大财产损失。广泛宣传计生政策，为92对有生育意向的夫妇免费进行孕前优生健康检查，并严格执行办证程序和要求，"农村已婚育龄妇女生殖健康免费服务妇科疾病大普查"民心工程全覆盖，全面提升计生服务水平，为全乡3426名育龄妇女免费健康体检，服务率88.9%。高标准建设镇人大代表中心联络站，并购置办公设备，网络平台通畅，"五簿二册"台账资料完整，实现"八有"标准。活动开展规范有序，围绕全镇发展，代表积极献言献策，充分履职尽责。

【强化自身建设，履行主体责任】 一是全面学习宣传党的十九大精神。把学习宣传贯彻十九大精神作为葛渔城镇首要政治任务抓紧抓好。召开党政班子专题会议研究学习宣传十九大精神，制定并印发《关于党的十九大精神学习宣传工作的实施方案》等文件。成立领导小组，明确分工任务，压实工作责任。2017年召开各类宣讲会议70余次，党政班子成员带头深入村街、企业，全面贯彻学习十九大精神；制作公益广告牌70块、围挡200平方米，编发《葛渔城镇动态》专题6期，充分利用条幅、文化墙、"空中课堂"等广泛宣传，营造浓厚的氛围，迅速掀起学习宣传热潮。全镇党员干部党性意识不断提高，"四个意识"明显增强，"四个自信"更加坚定。坚持学以致用，把学习贯彻十九大精神同抓好当前工作紧密结合起来，全力投入到信访稳定、精准扶贫等工作中去，让十九大精神落地生根、推动工作提质增效。二是持续加强意识形态工作。高度重视意识形态工作，将加强意识形态工作作为党委理论中心组学习的重要内容，及时传达学习党中央和上级党委决策部署及指示精神。牢牢把握正确的政治方向，严守政治纪律和政治规矩，牢固树立政治意识、大局意识、核心意识、看齐意识；更加坚定中国特色社会主义道路自信、理论自信、制度自信、文化自信，坚决维护党中央权威；在思想上、行动上同党中央保持高度一致。以"两学一做"学习教育为载体，多种形式开展学习宣传十九大精神，大力培育和践行社会主义核心价值观，坚持正确舆论导向，传播正能量，为实现"两个一百年奋斗目标"和中华民族伟大复兴的中国梦奠定更加坚实的思想政治基础。三是严格落实党风廉政建设责任制。认真履行党风廉政建设主体责任，全面落实从严治党要求，将党风廉政建设和反腐败摆到党委工作的突出位置，制定《党风廉政建设工作组织领导和责任分工》，压紧压实"两个责任"，层层传导压力，形成齐抓共管工作格局。深入开展"两个专项行动"，纵深推进"一问责八清理"专项行动、基层"微腐败"专项整治工作，坚持问题导向、精准发力、固化制度、常态问责，牢牢抓住问责、清理、整治的关键。经自查，发现问题线索181个，查处181件，整改181件，警示谈话和通报批评80余人，真正做到把全面从严治党延伸到基层。强化警示教育，倡导正面教育、强化反面震慑，不断增强干部勤政廉政意识，提升防腐拒变的自觉性和坚定性，引导干部干干净净干事、清清白白做人，营造全镇风清气正、干事创业的良好政治生态。四是深入推进"两学一做"学习教育常态化制度化。制定葛渔城镇《推进"两学一做"学习教育常态化制度化实施方案》，把“两学一做”学习教育作为落实“三会一课”制度的重要举措。将学习贯彻十九大精神纳入“两学一做”，学习内容不断丰富；选派53名机关干部深入村街、站所和企业支部指导学习。党政班子率先垂范，带头学《党章》、学习近平总书记系列讲话，争做合格党员。各支部先后开展《习近平的七年知青岁月》等专题学习活动，全面提升党员政治理论水平。结合基层党建提升年活动，召开庆祝建党96周年党员大会。镇党委书记围绕学习党的光辉历史，立足岗位和工作实际进行集中授课，动员广大党员干部牢记党的宗旨、以更加饱满的热情投入到工作中去。利用党员活动日，开展一系列主题鲜明、具有特色的志愿服务活动，进一步夯实学习教育成果。

（韩倩倩）

东沽港镇

【概况】 东沽港镇政府驻地东沽港镇，位于安次区政府东南42公里。辖区面积64.8平方公里（6480公顷）。全镇辖30个行政村：东沽港一街、东沽港二街、东沽港三街、东沽港四街、东沽港五街、榆树园村、牛角、桃园、马道口、南泊、西埝、郎二埝、四堡、淘河、送流口东街、送流口西街、椅子圈、郭庄、磨汊港、马家口、得胜口新华街、得胜口建国街、得胜口先锋街、小马道口、邓场、十二号、张场、高圈、荣柳、外澜城。乡镇总人口40125人，同比减少0.13%；从业人员25497人，同比增长1.9%；年末常用耕地面积4042.08公顷，同比持平；粮食耕种面积3654.13公顷，同比减少0.14%；粮食总产量10952吨，同比增长35.4%；农林牧副渔总产值22727万元，同比减少3.17%；农民人均纯收入12230.7元，同比增长0.38%；财政总收入6246.68万元，同比下降37.3%；镇区总人口11816人，占地面积2.76平方公里（276公顷）。

【大气污染防治工作稳步推进】 严格按照市、区两级整治“小、散、乱、污”及VOC企业的要求，对全镇企业进行整改和取缔工作。2017年全镇有“小、散、乱、污”企业85家，其中清理取缔49家，整改到位36家并通过验收；有VOC企业14家，完成VOC治理，完成安装监控摄像头26个。道路交通扬尘治理取得显著成效，重点治理112国道洸远公司段扬尘，一是加强道路日常保洁清扫，二是进行洒水降尘作业，三是加强与交通部门沟通，启动码杨线翻修改造工程。同时，以镇区主干道环境整治为重点，建立长效机制，落实门前三包，全镇动员，全民参与，推进全镇环境卫生综合整治常态化。村街环境卫生工作步入常态化，全镇有大中型垃圾压缩车2辆，小型垃圾清扫车104辆，环卫工人104名，30个村街均做到生活垃圾日产日清。加强重污染天气应急响应，按照预警级别，严格落实企业停限产、错峰生产、秸秆垃圾杂草禁烧、煤堆料堆苫盖等应急响应减排措施，确保污染下降，管控到位。

【积极提升镇域整体环境】 2017年把“四清”和“四化”作为美丽乡村建设突破口，努力打造环境整洁、舒适宜居的现代农村，确定得胜口新华街、得胜口建国街、牛角、南泊、东沽港三街5个村街为省级美丽乡村，开展各项建设工作，不断提高村街发展水平。建立环境卫生整治长效管理机制，落实门前“三包”责任制，提高农民群众卫生意识、文明素养和生活质量，为全面提升农村环境质量奠定坚实基础。112国道建筑立面及景观提升工程，主要作业于112国道东沽港段，全长8300余米，主要为道路两侧路面硬化和美化，需硬化面积106132.67平方米，其中硬化2976.13平方米，未硬化79154.54平方米。

【强农惠农政策全面落实】 为巩固全镇绿化成果，在消灭秃渠秃路基础上，响应上级号召，完善林地更新换代，实现造林1750亩（116.67公顷）。全力做好春尺蠖、美国白蛾等病虫害防治工作，防虫面积16000余亩（1066.67公顷），有效控制病虫害蔓延。对西分渠、蔡家堡干渠、天河排渠进行清理疏通，有效解决排水问题，确保全镇安全度汛。切实做好农村道路硬化整修工程，新修镇村道路10.86公里，方便群众出行。开展“气代煤”工作，完成30个村街15308户通气工程，同时全镇登记“两员”56人，按照确定标准，根据村街户数比例，在村街“两委”中选取1名至3名不等，要求熟悉燃气安全使用规范，掌握村内燃气管线分布，做到每日巡查，能够正确入户指导，对发现问题能够及时沟通上报，确保全镇安全使用天然燃气。

【民生保障和救助工作深入开展】 贫困人口建档立卡工作稳步开展，2017年全镇涉及建档立卡50户，105人，按各户实际情况采取“主动造血”和“被动输血”方式进行帮扶；新申请批复低保户15户，注销66户，新申请批复五保户45户，新增孤儿39户。全镇有350户，636名困难群众享受低保待遇，基本生活有保障。针对2017年春荒，为30个村街699户（1042人），发放救灾资金9万元；在2016年7月19日特大暴雨中受灾的12户危房进行改造维修，其中11户完工，1户在修缮中。向115名残疾人分发11000只幼鹅。向70名重度残疾人发放面粉140袋。全乡上半年新增困难人群和重度残疾人7人。截至2017年年底全镇申请危房改造7户，申请材料上报至建设局，在等待建设局审批。切实做好东沽港一街、东沽港二街、东沽港三街、东沽港五街部分房屋出现的土地沉降相关工作，做好受灾区域内住户思想工作，劝其搬迁，及时与国土部门进行沟通，组织相关部门与村街干部多次对房屋下沉、墙体开裂情况进行现场勘察和监测，采取有效措施，保障群众的生命及财产安全。及时解决拖欠农民工工资事件8起，共60人次，涉及民工工资约80万元，有效制止因拖欠农民工工资问题引起的群体访、越级访事件，为建设和谐乡镇保驾护航。

【全面推进文体活动开展】 充分发挥农家书屋、文化广场作用，参与国家公共文化服务体系示范区创建工作，加强镇文化站及村街文化活动室建设，在推进美丽乡村建设过程中，把加强农村文化阵地建设放在突出位置，协调上级部门，不断完善村级文化体育设施。组织开展群众性健身文体娱乐活动，鼓励村民多读书、多交流、多锻炼，开展具有乡村文化特色的群众性文体活动，丰富广大群众业余文化生活。组织广场舞舞蹈队参加“第什里风筝节”开幕式，组织开展东沽港镇第二届广场舞大赛。结合“我们的节日”等活动，组织开展各种群众喜闻乐见的文化活动。围绕党的各项方针政策和法律法规，进行科普、普法等专项宣传活动。深入开展“龙河好人”宣传推荐活动，认真抓好“道德模范”推荐评选工作，推荐先进典型、时代楷模、最美人物和身边好人等典型，并组织开展学习宣传。抓好文明单位创建，开展道德讲堂建设活动，做好文明单位、文明家庭推荐评选工作。围绕“解放思想大讨论”主题活动，深入开展“赶考日”宣讲活动，弘扬社会正能量。认真开展“扫黄打非”工作，联合工商、文化站、司法所、派出所等相关单位对网吧、域内印刷、装订、打字复印企业进行4次清理整顿活动，切实为广大群众提供健康向上的社会文化环境。为适应教育的发展，方便镇域内适龄学生就近入学，镇政府协调并联合教育局在马道口村新建廊坊市第十九中学，占地面积103.73亩（6.92公顷），征迁工作有序开展。

【安全生产常抓不懈】 坚持安全生产工作作为各项工作的重中之重，制定安全生产“一岗双责”实施方案，与各村街、镇直各单位、各企业主要负责人签订《二〇一七年安全生产目标管理责任书》，层层分解工作，切实落实安全生产目标管理责任和安全生产承诺，形成镇、村、企业齐抓共管的安全责任机制，及时排查并消除安全隐患，确保不出现安全生产事故。2017年对43家小型企业的复查复工开展监督检查并给予指导。设立安全生产三级网格化管理，建立30个村街及企业安全生产网格化管理，明确职责并详细分工，逐步将安全生产规范化建设开展到每一个村街及企业，确保安全生产零事故。每月定期监督检查镇域内规模以上企业及加油站、加气站等危化行业，每月至少开展2次检查，对存在的安全隐患形成书面材料明确整改到位时间，并及时复查。在镇域内村街及企业开展相关安全生产法、消防知识等宣传教育活动，印制发放相关条幅200余条，对提升全镇安全生产、消防意识起到积极作用。不定期开展安全生产及消防知识培训5次，每季度初定期召集镇域内村街两委、企业主要负责人和安全生产负责人开展安全生产培训，组织观看安全生产警示片，邀请消防大队、安监局相关专家进行集中授课，进一步提升村街、企业的安全生产防范意识。组织开展职业卫生检查，保障劳动者的安全与健康，在冶炼、危化、家具、电子加工、化工、五金电镀、装饰材料加工等行业，组织相关企业12家开展职业危害申报复核工作，并开展职业卫生执法检查，加大对职业卫生违法行为的打击，督导企业建立完善企业职业卫生管理制度。

【社会矛盾纠纷排查和维稳工作有条不紊】 以各类社会矛盾排查作为综治工作重点，采取四方面措施，狠抓社会矛盾排查化解。一是建立工作责任制度。按照镇干部包村、村干部包组、组干部、党员包户的模式建立防控网络，村调委会深入排查当地发生的纠纷情况和可能发生纠纷的苗头、隐患，及时调解，做到信息畅通，情况明了，并定时上报综治办。二是健全矛盾纠纷月排查分析例会制。召开分析例会，听取治安状况、纠纷调处情况报告；排查可能出现的各种不稳定因素，分析新情况、新特点、新动向；交流纠纷调解经验，安排下一步工作。三是实行包案调处制度。将每起纠纷具体落实到各村街调解员身上，做到“四定”“三包”，即定牵头领导、定责任单位、定责任人、定办结时限，包调处、包跟踪、包反馈。四是建立责任追究制度。将人民调解工作纳入年终考核和干部政绩考核内容，奖优罚劣。通过健全完善横向到边、纵向到底、多方联动的排查调处网络，解决一批涉及群众切身利益的问题，化解一批不稳定因素。镇综治办始终如一，强化各项措施，把国家省市区“两会”期间安保维稳工作作为首要政治任务常抓不懈，完成“两会”及十九大期间安保维稳工作。特别是全国“两会”召开期间，专门召开多次党政班子联席会进行研究部署，成立组织、具体实施，将全镇所有重点部位、重点人员纳入看管视野。分解责任，实行联包联保，把安保责任落实到每一个人员、每一个岗位上，为创造全镇和谐稳定的良好局面奠定坚实组织保障。

【计生工作】 2017年全镇总人口41324人，育龄妇女9758人，其中已婚育龄妇女7838人，综合避孕率92.71%。年度内结婚193对、出生568人、出生率13.73‰、符合政策生育率95.07%、全镇死亡246人、死亡率5.95‰、全年自增322人、自增率7.79‰。落实独生子女父母个人奖励对象801人、组织各类宣传10次，发放计划生育宣传材料12000多份；生殖健康、保健知识随访8000多人次，开展优生优育知识讲座4次。采取多种形式，加大对二胎政策、农村独生子女奖、优、免、补政策宣传力度，通过每月至少一次的培训，使计生队伍素质普遍提高，辖区人民对于国家二胎政策日渐了解。重视发挥村街人口学校的作用，引导和督促各村街人口学校开展青春期教育、关爱女孩活动教育、科技致富培训等宣教活动，扩大计生知识教育面和覆盖面，加大人口计生工作在群众中的影响力。加强在流动人口中宣传计划生育工作。建设流动人口计生管理服务示范点，区卫计局把安次区流动人口协会试点安排在康达公司，镇计生办协调组织安排，康达流动人口协会试点工作有条不紊地进行。创建流动人口计生协会和人口学校，到流动人口比较集中的企业、村街举办各种形式宣教活动。在流动人口中营造良好的计生文化氛围。在南泊村建立“婚育新风宣传一条街”，拉近与村民的距离，更好地为村民服务，不仅使村民更方便地了解相关政策，也使计生工作开展更加有序。

（户妍妍）

银河南路街道办事处

【概况】 银河南路街道办事处始建于1978年，是廊坊发祥地之一，也是廊坊最早建立的街道办事处之一。位于市区南端，机关驻地：廊坊市安次区永华道85号。辖区范围：京沪高铁以南，南龙道以北，银河南路以东，整个辖区呈现“三角形”，寓意高质量发展的“金三角”。辖区总面积6.1平方公里（610公顷），辖区总户数15655户，常住人口38470人，下辖10个社区居委会（亿合社区居委会、吉祥社区居委会、永祥街社区居委会、兴安街社区居委会、钰海社区居委会、嘉多丽社区居委会、前锋社区居委会、开源里社区居委会、龙河盛都社区居委会、阳光逸墅社区居委会）。辖区内有省地质勘察院廊坊分院、市公安交警二大队、廊坊高铁站、安次区水务局、广阳区水务局等多家中、省、市、区直机关和事业单位。

2017 年完成财政收入 1.01 亿元；完成固定资产投资 10.57 亿元，占全年任务的 151%；完成规上工业总产值 1.47 亿元；完成工业企业营业收入 8.45 亿元，同比增长 10%；限上零售额完成 2970 万元，占全年任务的 111%，民营企业营业收入 19.97 亿元，同比增长 15%，主要经济指标稳步增长。2017 年，获得市级荣誉 7 个：银河南路街道办事处被评为“廊坊市宣传思想文化工作示范街道”“廊坊市数字化城市管理工作先进单位”“全市文明创城先进单位”，亿合、吉祥、嘉多丽 3 个社区同时荣获“全市先进基层党组织”，亿合社区被评为“廊坊市宣传思想文化工作示范社区”“金牌志愿服务社区”。获得区级荣誉 7 个：银河南路街道办事处被评为“兵员教育管理先进单位”“五四红旗团委”“计划生育工作优秀单位”。兴安街社区被评为“十佳基层党组织”，亿合社区被评为“五四红旗团支部”、钰海社区被评为“三八”红旗集体、街道文化站在 2017 安次区第三届广场舞大赛中荣获“优秀组织奖”。

【科学谋划，项目建设抓出成效】 2017 年本着“公开、公正、公平”的原则，坚持“以规划引项目，以项目促发展”，全力推进旧城改造。一是截至 2017 年 6 月底完成历时 7 年的永祥街回迁安置工作，为居民安置回迁房 1687 套。二是 12 月 27 日清源里改造项目完成土地招拍挂，同时办理开工前手续。三是利用“十一”假期一周时间，按照全市环境保护相关要求完成前进村改造项目开源里地块 4 个国有土地片区的拆迁工作。四是对开源里夹缝区改造项目进行拆迁补偿协议签订工作，截至 2017 年年底签约 62 户。五是三威宿舍、庆云里改造项目前期组卷工作完成，在申请报批。六是钢兴里片区棚改项目，在进行拆迁补偿方案制订工作。七是位于高铁商贸圈核心地带吉祥片区改造项目完成征询意见，在组卷申请报批。

【强化措施，大气治理成效明显】 持续开展工业企业污染治理工作。一是“散、乱、污”企业治理。2017 年辖区内取缔 11 家“散、乱、污”企业，并通过验收；11 家企业按要求完成整改，在线监控安装到位，实现全天候全面远程监督。二是涉 VOC 企业治理。辖区内有涉 VOC 企业 12 家，占全区城区任务数的半数以上，办事处专门成立以办事处主要领导为组长的“VOC 企业退城工作”领导小组，针对不同企业特点，研究退城方案。6 月 20 日联合公安、环保、供电等部门对辖区所有企业开展断电行动，行动中受到个别企业阻挠，围困工作人员，办事处主要领导出面与企业负责人进行对话谈判至凌晨，最终相关企业全部配合断电行动。在此行动之后办事处多措并举，积极协调，经过 1 个多月的不懈努力，于 8 月 15 日前按照市区有关要求，完成全部搬迁任务。其中，11 家涉 VOC 企业全部搬迁，另有 1 家前锋机器有限公司年纳税额达到 500 万元以上，按上级有关要求允许其施行错峰生产。大力整治城区环境。按照全区统一部署，对照“月清百污”任务清单，完成整治任务。采取服务外包的方式，做到垃圾日产日清。同时，加大文明祭祀宣传力度，清明节、寒衣节等时间节点组织巡查，坚决杜绝露天焚烧污染环境行为。

【搞好宣传文化活动，巩固文明创建成果】 加强政治理论学习：以学习贯彻十九大精神和习近平系列重要讲话精神为首要政治任务，组织理论学习中心组集中学习 20 次，并就贯彻落实十九大精神、市区两级党代会、“两会”精神开展理论宣讲，通过学习广大基层街居干部职工的理论素养和学习能力得到提升。深入推进文明创城活动：一是开展志愿服务。2017 年上半年连续开展“星期六文明行动”志愿服务，发放创城宣传手册、绢扇、雨伞、购物袋等 10000 余份，让社区居民共同行动起来，提高居民对创城的知晓度、满意度和支持率。开展“小手拉大手、共建文明城”活动，把未成年人教育融入宣传思想文化工作当中。银河南路街道办事处荣获“全市文明创城先进单位”。二是入户宣传。培育和践行社会主义核心价值观从家庭做起、从娃娃抓起。8 月份，办事处开展“访千楼、进万家、解民忧、聚民意”入户走访活动，走街入户发放《致市民的一封信》《文明倡议书》5000 余份，宣传普及文明行为、大气环保等知识，解决居民关注热点、难点问题 13 件，征集好的意见、建议 30 余件。三是文明风尚引领。“创城”期间，集中涌现出王金山、王春来、石宝芝、崔健、李宝刚等一批富有时代特色、群众认可、事迹突出、能引起人们强烈共鸣的道德模范和先进典型，弘扬社会正能量，营造崇尚先进、学习先进、争当先进的良好氛围。制作“24 字核心价值观”“讲文明树新风”系列公益广告，街巷随处可见。通过卡通文明礼仪造型牌、文明宣传铁艺栏等多种形式大力营造创建氛围。建立“道德讲堂”，强化阵地宣传，开展“我们的节日”活动，引导辖区群众传承传统美德、弘扬社会新风，营造互助友善的节日氛围。四是加大新闻宣传工作力度。2017 年，在市级媒体上刊发 77 篇，省级媒体重点网站刊发 26 篇，“一棵树一本书”扫码阅读、廊坊志愿者王金山义务献血等 100 余篇文稿在《人民日报》、新华网、中国新闻网等中央主流媒体刊发，提前完成全年市级以上媒体刊发 25 篇的任务。外宣全区排名第一，舆情信息、网评任务名列前茅。

【以稳促安，打造平安祥和新环境】 确保全国“两会”“一带一路”峰会、党的十九大等重要敏感时期的社会稳定工作：制定《重要时期维稳方案》及《维稳工作应急预案》，提早安排、精细部署，在各个重要敏感时期高度重视、统筹部署、联合公安等部门及驻京值班人员，通过各种形式在各个环节全力打击非访活动，杜绝发生进京非访、大规模集体访，确保重要时期无进京非访挂账案件。加强社会治安综合治理工作：办事处将此项工作与信访维稳、环境整治等工作相结合，通过人防、物防、技防等形式开展系列行动。在辖区内重点部位安装高清监控，对辖区内治安稳定、消防安全、大气治理等工作实现全天候监控，做到第一时间掌握各类突发状况。并对辖区内闲散土地实行提前管控设立围挡，避免发生二次抢占等信访隐患。抓好安全生产管理。2017 年联合消防、安监等部门开展各类消防、安全生产检查整治行动 16 次，组织安全生产培训 4 次。在社区微型消防站开展消防安全演练 4 次。同时，与辖区内 54 家重点企业单位签订安全生产责任书、消防安全责任书，落实安全主体责任，2017 年未发生安全生产责任事故。加大防汛力度。辖区地势低洼，且老旧小区和平房区特别多，在汛期来临之前，提前动手、早做部署，确保安全度汛。健全智能化管理体系。通过网络将各小区监控探头与社区智能化管理办公室系统链接，责成专人管理，及时解决突发事件，为居民营造安全稳定的社区环境。

【全面做好民生保障服务】 一是民政残联工作。落实精准扶贫政策，实现低保动态管理，完成低保户审核调查工作，2017 年对生活条件好转的 14 户低保家庭予以注销，5 户符合政策的低保家庭进行申报。2017 年辖区内有低保家庭 78 户，120 人享受低保待遇。在春节、中秋节等传统节日期间，办事处主要领导走访辖区内伤残军人、下岗困难职工、特扶家庭及贫困残疾人家庭并送去慰问品。同时，加大弱势群体帮扶力度，防止因病致贫。为辖区困难群众申报医疗救助、临时救助、非低保家庭大病救助等 15 万余元。二是劳动保障工作。全年为辖区内 403 名下岗失业人员发放社保补贴资金 293.4 万元，新安置公益性岗位 14 个，公岗人员增至 77 名，全年发放公岗补贴资金 129.58 万元，为辖区内 130 人办理就业困难人员认定手续，为 98 名异地离退休人员办理养老金领取手续。三是计生工作。加强信息化管理，提升计生统计质量。同时，经多方沟通协调，为原前锋机器厂下岗退休职工发放独生子女父母退（离）休时一次性奖励金。四是保障性住房工作。完成 309 户申请保障性住房家庭的复核审批，受理审核新增 146 户，有效改善困难居民住房条件。五是武装工作。通过整组，编组民兵 40 人，其中基干民兵 30 人。同时，做好征兵工作，经过体检政审 3 名大学生适龄青年参军入伍，完成 2017 年征兵工作。

【加快推进社区治理体系建设】 一是完善社区基础设施。协助辖区各项目开发商，督促其尽快落实工作用房建设，2017 年首站项目和惠民小区项目工作用房得到落实。同时，千方百计解决社区办公用房问题，为开源里、嘉多丽和吉祥 3 个社区补足办公用房，提升软硬件设施建设，改善办公环境。办事处社区办公用房全部达标。2017 年 1 月 23 日，阳光逸墅社区正式批复成立，同时申请成立四季花语、惠民 2 个社区，以提升服务居民效能。二是构建公共文化服务体系。完善、提升街道文化站、社区文化服务中心软硬件设施建设，组织开展义诊、法律宣传等志愿服务活动及经典诵读、道德讲堂、国学讲堂等文化宣传活动，传承中华民俗文化传统。2017 年 3 月，在全区文化工作会上，银河南路街办处做题为《凝心聚力　创新实干　着力打造公共文化发展新高地》典型发言。三是推广志愿服务。按照“七个有”标准，在街道社区、高铁广场、商场超市推广建设学雷锋志愿服务站，以“互助、奉献”为主题，倡导居民“有时间做志愿者，有困难找志愿者”。龙河盛都荣获“省级十大优秀志愿服务社区”“省级优秀志愿者培训基地”称号，前锋社区被评为市级“优秀志愿者团队”。王金山个人荣获省级优秀志愿者；开源里社区的王春来入围省级文明家庭评选，崔健被评为市级最美退伍兵；嘉多丽社区支部书记郭会颖被评为市级优秀志愿者。通过微信公众平台，推送爱岗敬业、敬老爱亲的李宝刚、不惧危险、履职尽责的王建明、热心公益事业的佘中奇等一批先进模范典型，引领社会新风尚、弘扬互助友善、助人奉献的正能量。

【纲领指引，深入学习贯彻十九大精神】 整合多方资源，加强组织协调，多措并举开展系列宣传活动，以最通俗的形式、最便捷的途径把党的十九大精神深入到群众生活中去，让群众“听得懂、能领会、可落实”。一是领导带头宣讲。2017 年 10 月 27 日，十九大刚刚闭幕，党的十九大代表、市委书记冯韶慧第一时间来到银河南路街道，走进亿合社区，与基层党员、群众面对面现场宣讲十九大报告精神。同时，市委宣讲团、区委宣讲团、包片区领导深入基层社区宣讲。11月9日，全市基层宣传工作交流推进会观摩团到亿合社区现场观摩，银河南路街办处《创新载体 特色引领 奋力打造新时代基层宣传思想文化主阵地》和亿合社区典型材料作为会议交流资料在大会印发，双双获得全市基层宣传思想文化工作示范街道、示范社区。街道党工委组建由党工委书记任组长、党工委成员任团长的“十九大精神宣讲团”和3个理论宣讲团到社区、企事业、学校，开展各种形式宣讲32场，发放宣传资料9000余份。二是群众参与宣传。街道文化站动员组织辖区文艺团队、文化志愿者组成6支文艺宣传队，创作“新时代新思想”文艺作品，演出宣传。同时，成立“小螺号”演播室，通过录制“今天我读十九大”系列宣传视频，在网络新媒体广泛传播，让各行各业代表根据自身实际宣读十九大。三是理论知识宣传。在各社区、小区举办“精读十九大报告”巡展及十九大宣传作品展。12月8日、15日，街办处组织开展“中国梦·银河情”学习贯彻十九大知识竞赛预赛和决赛，消防特勤中队、永华明珠、安次一幼及各社区派出代表队参赛，推动党的十九大精神在银河南落地生根，真正入脑入心。四是媒体推送宣传。街道在全市首创的数字图书馆中专门开辟十九大专题，把十九大内容融入到“扫码阅读”中，“一棵树一本书”这一创新做法被《人民日报》《光明日报》、新华网等中央主流媒体及省市媒体连续报道。“小螺号视频”“小手拉大手”作为十九大宣传典型范例报省报市，户外数字图书馆——“一棵树，一本书”荣获全市优秀创新范例一等奖。

（孙洪培）

永华道街道办事处

【概况】 永华道街道办事处位于银河南路64号，辖区范围：银河南路以西，南环路以北，西环路以东，光明西道以南，辖区面积2.13平方公里（213公顷）。辖6个社区居委会：馨语社区居委会、蓝波湾社区居委会、盛德社区居委会、晨光社区居委会、南苑社区居委会、长安社区居委会。辖区人口3.6万人。2017年完成财税收入1665万元，占全年任务1640万元的101.52%。民营企业全年实现销售收入129116万元，同比增长102.02%，利润总额12526万元，同比增长102.93%。固定资产投资完成14465万元，完成全年任务的107.14%，工业固定资产投资完成3169万元，完成全年任务的316.90%，技改投资完成1688万元，完成全年任务的337.60%，超额完成全年任务。

【优化经济发展环境，经济指标稳步推进】 以“建设两个率先，打造强区新城”行动为契机，做好招商引资工作，整合辖区内各项资源，引进现代服务业项目。采取多种宣传形式，大力推进辖区城市建设项目，发展城市第三产业服务业，吸引域内外企业投资；主动与项目单位沟通，帮助相关企业解决各种困难。辖区内在建亿元以上项目3个，分别是“盛德福苑”“悦城提香”“阳光嘉苑”。谋划中的亿元以上项目有2个，分别是永华道北侧旧改工程和廊坊市纸箱厂旧址改造。2017 年新增法人单位 74 家，注销或变更法人单位 66 家，完成新增产业活动单位 5 家，注销和变更产业活动单位各 1 家。

【社区发展与城市管控工作】 一是与开发商协调，全力争取社区办公用房。2017 年与多家房地产开发商签订办公用房协议，嘉慧一期 300 平方米、科通一期 300 平方米、盛德 300 平方米，为社区发展提供硬件保障支持。二是年度内为南苑、盛德、安泰、翰林名晟等 8 个小区安装健身路径及儿童滑梯，为居民休闲健身提供便利条件。三是社区选聘工作人员 29 名，其中新增 9 名，完成 2 名续签合同工作。同时组织 7 名工作人员完成社工师报考工作。

【大气污染整治常抓不懈】 一是做好环保宣传工作。大力宣传环保法及大气污染防治重要意义，2017 年发放 6000 余份宣传材料，悬挂宣传条幅 260 块，使辖区居民理解并配合街道各项大气污染整治工作。二是做好烟气治理工作。辖区内 150 余家餐饮门店安装了油烟净化设施，并安排专人每天巡查设备开启情况；各社区成立禁烧工作巡查队，落实属地管理，对重点路段和重点行业、重要时间节点进行重点监控，并深入背街里巷，对焚烧秸秆、落叶、垃圾、祭祀等点火冒烟行为及时制止，并做好巡查日报工作；每天对十中监测点周边区域进行巡查、清扫、洒水抑尘；涉及 VOCs 企业中，东宁印务、九特印务、晶艺印务 3 家公司完成搬迁工作。三是做好重污染天气应对工作。对重污染天气迅速响应、部署到位。及时启动应急预案，要求辖区相关部门各司其职，做好协调配合，确保通讯畅通，措施到位。街道办事处抽调专人组成应急响应督察组，对各社区落实和执行情况进行现场监督检查。四是做好“小、散、乱、污”企业排查治理工作。辖区自取缔南苑手工艺作坊和魏记电气焊 2 家土小企业后，持续摸排未发现其他涉及“小、散、乱、污”企业；涉及辖区内“月清百污”案件 50 余件整顿后验收合格。五是做好“八清零”工作。在秋冬大气污染综合治理“八清零”工作中，清理蜂窝煤约 2550 块，炉子 46 台，劈柴 5.3 吨，清理杂草落叶 100 余亩（6.67 公顷），生活垃圾 11 吨，清理裸土、料堆扬尘 4 处。

【改善基层服务环境提升服务质量】 2017 年设立建筑面积达 100 多平方米的街道便民服务中心，街道办事处服务科室全部容纳其中，设立服务窗口，“一站式”办公，方便居民群众办理各项业务。加强服务大厅制度建设，完善请销假制度、“AB”岗位责任制等工作制度；建立健全一次性告知、服务承诺、首问负责、限时办结等服务制度；规范各服务窗口事务办理流程，实行台账式管理，提升工作效率，推进服务规范化。加强网络服务平台建设。街道引导各社区建立社区网站和社区 QQ 群、微信群，尽可能利用现代网络普及、拓宽社区服务工作面。

【各项惠民政策全面落实】 2017 年落实弱势群体帮扶救助政策。一是低保复查 39 户（59 人），月发放低保金额 24248 元；二是为 4 名残疾人办理残疾证，为 23 名残疾人发放辅助用具，为 2 名患病残疾人办理应急救助手续；三是为辖区内 333 名 80 岁以上高龄老人，月发放高龄补贴 31200 元；四是为 10 名重大疾病家庭发放救助金 78536 元，为 2 名低收入家庭发放救助金 3000 元，为 34 名优抚对象月发放优抚金 26304 元。落实住房保障和劳动保障政策。

强化住房保障职能。2017 年对 197 户家庭进行市区保障房复核工作；对 308 户公共住房实物配租中号家庭进行电话通知，为 73 户公共住房中号家庭办理放弃手续。新增申请公共住房实物配租 101 户；10 月份通过招投标对无物业小区一中宿舍进行提升改造。11 月底前地面以上部分完成施工。强化劳动保障职能，街道每月按时为公岗人员申请岗位补贴，截至年底，发放补贴 683150 元；为 36 名公岗人员签订 2017 年《廊坊市本级公益岗位就业援助协议》；为 91 名就业后再次失业的人员申请失业保险；为 196 名符合条件的困难人员做困难人员认定并安置其中 13 人在公益性岗位工作；为 136 名居住在辖区内异地退休职工进行异地养老生存认证，以确保养老金准时发放；对辖区内 31 户特困家庭进行走访慰问；1 月份为 331 人发放 2016 年社会保险补贴 2427956.26 元，9 月份为所有符合条件的 273 名公益性岗位从业人员、灵活就业人员、初次创业人员办理 2017 年社会保险补贴手续，合计申请额 2563027.78 元。为 425 人办理城乡居民社会养老保险续缴手续，为 64 人办理新参保手续。并为 156 名领取城乡居民养老金的老人做养老金领取生存认证。落实 3532 厂退休职工后续保障服务。年内，为 51 名符合条件的 3532 厂参保职工申报救助；为异地居住的 29 名退休人员，及时寄发生存资格认证表，以确保养老金领取；组织大病、特殊疾病 27 人进行体检并为其申办特病证；探望慰问军转干老干部 4 人。落实计划生育优生优育服务。做好计划生育基本工作。截至年底，辖区内出生人口 303 人：一孩 99 人，二孩 202 人，多孩 2 人。办理独生子女证 39 份，办理一孩生育证 96 份，二孩生育证 158 份，再生育证 4 份，流动人口婚育证明 5 份。开展计划生育优质服务。多次在社区举办形式多样的计生专题宣传活动，发放计生宣传资料 1800 余份及计生用品 1300 余盒；评选 60 户计生家庭典型示范户；为女性年满 45 周岁独生子女伤残、死亡家庭（11 户伤残 19 人、10 户死亡 17 人）建立亲情关爱档案；为 30 名独生子女父母退休人员一次性奖励每人 3000 元进行登记上报；为城镇无业居民独生子女父母（独生子女 298 名）发放独生子女费 36470 元。

【安全生产环境严抓严管，干群安全意识不断增强】 严抓食品药品安全，最大限度地保障居民舌尖上的安全。对食品药品安全情况全面进行大摸底，对经营单位建档立案，2017 年排查出未获得许可证的食品生产经营单位 20 家，打一场消除食品安全隐患的“歼灭战”，建立起监管“基本台账”；对达到获证条件的食品生产加工小作坊和各类经营摊点（贩）办理食品小摊点备案卡 59 户，延续办卡 10 户，确保食品、药品安全。严抓企业安全生产，尽最大努力杜绝安全生产事故。街道高度重视安全生产工作，牢固树立安全发展理念，始终坚持“安全第一、预防为主、综合治理”方针，以重要节点整治行动为抓手，实现辖区安全生产形势平衡可控。一是加强领导。将安全生产工作纳入街道工作的重要议事日程，定期召开专题会议，研究部署辖区安全生产工作；认真落实安全生产“一岗双责”机制，建立健全各级各部门安全生产责任制。严格落实安全生产目标管理责任，街道分别与各领导班子成员、各社区、各企业签订《安全生产目标责任书》，形成齐抓共管安全生产工作的良好格局。二是抓宣传教育。通过以会代训、悬挂条幅、发放宣传材料、举办安全生产知识咨询等形式，广泛开展群众喜闻乐见的宣传教育活动。年度内发放各类安全生产知识资料1200余份，悬挂各类安全知识宣传标语60余条，营造浓厚的安全生产氛围，提高全民安全生产意识。三是抓监管。切实抓好烟花爆竹、危化品、特种设备、“气代煤”工程的安全监管工作。2017年，街道累计组织18个检查组，出动人员516人次，检查生产经营单位408家次，排查隐患237处，经复查完成整改。

【认真做好人民武装工作】 一是调整民兵组织。抓好组织整顿工作，精干民兵队伍，确保民兵政治质量。二是开展征兵工作。通过广播、电子显示屏、悬挂宣传标语、发放宣传页、入户走访等方式宣传征兵工作，2017年为部队输送5名合格青年入伍。

【治安信访环境稳控到位，突出问题得到解决】 坚持“打防结合、预防为主”的方针，不断提升社会防控能力。一是日常摸底排查到位。街道坚持日排查，周汇总制度，随时掌握辖区矛盾纠纷和重点人员情况。二是重点人员管理到位。2017年辖区内有14名参战人员，6名涉核人员，2名8023部队退役人员，20名法轮功分子，19名社区矫正人员。对这些重点人员进行重点监控，随时保持联系掌握动向。三是重点敏感时期维稳到位。全力做好春节、“两会”“一带一路”峰会、清明节、“5·18经洽会”、中秋节、国庆节、十九大期间的维稳工作，制定相关维稳工作预案，确保各会点、节点维稳到位。四是非法集资人员稳控到位。对排查出的黄金佳、金吉通、丹尼斯等非法集资涉案人员实名登记，并密切掌握其思想及行动变化。五是反邪教宣传清理反标到位。利用宣传栏、QQ群、发放宣传单等形式宣传邪教危害，同时，组织工作人员，对辖区内反标进行清理，清理反标约2300条。

坚持“预防为先，调处与排查并重”的原则，全力解决群众反映的问题，确保辖区信访稳定。一是坚持“谁主管、谁负责”“属地管理”和“分级负责”的原则，上下联动，多管齐下，确保排查到位，及时掌握辖区内各类问题，确保将苗头隐患全部纳入视野。二是顺利完成2017年全区信访突出问题化解“百日攻坚”行动。集中力量、集中精力、集中时间，结合辖区实际情况，确保“百日攻坚”11件挂账案件结案。三是对中、省、市、区交办和网上信访案件，通过政务外网进行实时更新进展，及时受理，切实增强办案工作的透明度和公正性。全年完成网上信访案件录入、处理、参评86件，实现受理率、按期答复率和满意率三个100%。四是依托群众工作站，完善领导接访、下访、约谈工作。确保零距离接待来访群众，定期约谈信访重点人，畅通诉求渠道，全年接待来访46件、约谈信访人28次。坚持“抓普法、重帮教、促调解”的工作思路，发挥司法在社会稳定中的“第一道防线”作用。深入开展法制宣传教育，推进依法治国理念进程。对辖区内19名社区矫正人员定期走访联系，所有人员均有稳定工作，情绪良好，思想稳定；同时，做好刑释解教人员的安置帮教工作，对接收人员做好日常管理。

【围绕主线，加强理论武装工作】 深入推进“学习型”机关建设，发挥好基层理论宣讲站作用，做好基层理论宣讲工作，注重抓好街居干部理论学习及辖区企业、居民理论宣讲工作。结合“两学一做”学习教育、十八届六中全会、省第九次党代会、党的十九大，制定学习方案，印发学习专刊，撰写个人体会文章。不断健全完善各项学习制度。2017 年初制定并下发党委中心组理论学习计划和机关干部学习计划，年内组织开展中心组理论学习 33 次，机关干部每周五集中学习 35 次，其中收看省委讲师团网络宣讲 9 次，班子成员授课 13 次，专家授课 4 次，观看重要会议直播 2 次，印发《永华道街办处学习专刊》89 期。

党的十九大召开后，街道党工委迅速安排部署，定方案、造氛围，掀起学习宣传贯彻十九大精神热潮。在街道及社区投放宣传标语 237 条，其中机关社区及居委会 42 块，主路大幅围挡 6 块，社区宣传板 49 块，灯杆旗 140 面，同时各机关党支部开展党的十九大精神下基层宣讲工作，街道党工委举办知识竞赛、学习测试等，让党的十九大精神在街道落地生根。

【把握舆论导向，加强社会舆论宣传】 一是及时做好新闻报道工作。加强与省、市、区三级媒体合作，新华社、新华网等中央级媒体宣传报道 3 篇，市级《廊坊日报》刊登各类新闻报道 38 篇，区级《今日安次》刊登宣传报道 46 篇。二是信息上报打好主动仗。街道上报区委办、政府办、宣传部文明办、宣传部宣传科、《今日安次》等各类信息 320 余条，印发《永华快讯》74 期。为正面引导社会热点问题，街道网评员积极搜集社会关注话题及时上报区委宣传部。并通过微博、微信朋友圈、微信公众号转发热点话题，起到正面舆论引导作用。

【点面结合，创建文明城市】 一是深入开展“安次网红”“最美安次人”等先进典型推荐评选活动，对各行各业、在各方面展现时代正能量的人物事件进行宣传报道，营造发现美、展示美、传播美、建设美的浓厚氛围。二是按照创城方案认真完成文字材料整理上报工作。三是通过宣传栏、灯杆旗、电子显示屏、宣传品等多种载体，扩大宣传范围。2017 年新增补宣传画 660 余幅、灯杆旗 1540 幅、环保购物袋等宣传品 12000 余件，内容涉及核心价值观、讲文明树新风、关爱未成年人、喜迎党的十九大等，为创建文明城市营造浓厚氛围。四是街道有在线注册志愿者 3572 人，达到辖区人口的 13%。常态化开展“星期六文明行动”志愿服务活动，深入到社区及家庭开展公益宣传、邻里守望、卫生清扫及消防、医疗等志愿服务。5 月，廊坊市文明委授予辖区志愿者刘瑞明“金牌志愿者”荣誉称号，授予盛德社区“金牌志愿服务社区”荣誉称号。8 月，街道开展“访千楼、进万家、解民忧、聚民意”活动，入户走访、了解民情、收集民意、营造全社会关心支持和参与志愿服务的良好氛围。五是各社区都设有培训教室、图书室、道德讲堂、未成年人文体活动中心等活动场所，开展科普教育、普法教育、党员教育及市民教育等群众性宣教活动，在街道范围内形成“道德自己讲，知识自己学、文体自己动”的良好氛围，提高辖区居民整体素质。

【群众参与，文体活动精彩纷呈】 街道依托社区综合文化服务中心及未成年人文体活动中心开展文艺汇演、文体比赛、亲子同乐、读书交流等活动，丰富居民文化生活，满足居民精神文明需求，激发群众共建社区热情。2017 年街道组织 3 支舞蹈队 68 人参加第什里风筝节开幕式，开展街道第二届广场舞比赛，建军 90 周年演出、送文化下社区等活动。组织辖区职工开展手工、书画比赛，各社区以创城、喜迎十九大、宣传十九大精神及传统节日为契机，开展联欢会、未成年人活动及贴近传统节日主题文化活动，满足居民精神文明需求，激发群众共建社区热情。

【群团组织作用发挥显著】 一是发挥街道团工委职能，在社区利用网格化及网络服务平台设立青年服务窗口，开展各类主题活动，凝聚团员力量；2017 年推荐产生优秀团务工作者 2 名、优秀共青团员 2 名、青年岗位能手 2 名，获得五四红旗团委、五四红旗团支部荣誉；组织辖区优秀青年代表参加安次区第一次团代会。二是发挥妇联职能，以妇女群众需求为服务导向，以“妇女之家”“妇女维权站”为工作阵地，开设普法讲堂、心理咨询等，提高妇女综合素质；开展“护苗网络行动”“每天半小时、书香伴成长”“好妈好爸好家教”等家庭教育宣传实践活动。通过上述活动，进一步培养儿童爱国情怀，激发辖区妇女爱国热情。

【落实党风廉政建设，净化政务环境】 一是扎实推进两个专项行动有序开展。街道强化督查，严肃问责，以严问责倒逼真担当，扎实推进“一问责八清理”暨“基层微腐败”工作有序开展。坚持问题导向，坚决整治突出问题，真正把需要解决的问题找准找实、彻底清理到位、切实整改到位；二是筑牢拒腐防变思想防线。街道办事处组织开展机关作风整顿活动，以“以权谋私”“处事不公”“作风不实”“滥用职权”等问题为清理对象，组织党员领导干部撰写自查自纠报告 25 篇，召开警示教育大会、开讲廉政党课。以新修订的《中国共产党廉洁自律准则》和《中国共产党纪律处分条例》为主要内容，组织开展“两项法规”“两个条例”专题学教活动。三是重头打击重点领域。在两个专项行动中，把主要精力放在发现问题上，紧盯与群众联系紧密、权力集中的岗位和人员，做到清理无盲区、无死角。特别是把雾霾治理、小金库清理及不作为、乱作为、慢作为等纳入清理范围。严防基层“小微权力”滥用。四是完善制度畅通渠道。立足机关规范化建设，完善《机关工作管理制度》、公开承诺制度等，加强干部工作监督；同时，畅通举报渠道，认真解决群众反映的问题，使群众诉求有渠道反映、能得回应。

（段　君）

光明西道街道办事处

【概况】 光明西道街道办事处原位于南大街 70 号，于 2013 年 3 月 17 日搬迁至汇源名居东区 2 号楼。辖区范围：京哈铁路以南，光明西道以北，常甫路以西，廊坊市钨钼厂以东，呈三角状，总面积 10.79 平方公里（1079 公顷）。下辖 15 个居委会：南大街社区居委会、西大街社区居委会、西小街社区居委会、益寿里社区居委会、院校区社区居委会、蔡豆庄社区居委会、文苑社区居委会、永兴社区居委会、常青社区居委会、君兰苑社区居委会、馨视界社区居委会、花城社区居委会、江南水郡社区居委会、第九园社区居委会、瑞河兰乔居委会。辖区内有 2 个驻军部队院校：南京炮兵学院廊坊校区、中国人民武装警察部队学院；4 所大中专院校：廊坊高级技工学校、廊坊市广播电视大学、河北职业技术学院、廊坊市师范学院；

5 所中小学：廊坊市第五小学、廊坊市第一试验小学、廊坊市第四中学、廊坊市第八中学、廊坊市第十七小学。2017 年，辖区总户数 3.1 万户，总人口 72991 人；年度内完成规上工业总产值 4669 万元，同比增长 -49.94%；增加值 918 万元，同比增长 -72.35%；社会固定资产投资 21667 万元，同比增长 -49.8%；财政税收 7713.9 万元，同比增长 -39.46%，其中国税完成 1109 万元，同比增长 8.72%；地税完成 6323.5 万元，同比增长 -28.95%，财政收入完成 281.4 万元，同比增长 -90.02%。

【抓项目建设提高发展质效】 坚持以项目带动城市产业发展的思路，立足街道实际，全力抢抓落实。2017 年，续建完工项目 1 个，续建在建项目 2 个，计划开工项目 1 个，完成总投资 18.43 亿元。启动蔡豆庄旧城改造前期工作，完成介入企业推荐；完成区医院宿舍、五小宿舍、南苑里旧小区改造项目；启动电大宿舍及外卖楼旧小区改造项目；协调华都地产，按时为蔡豆庄南口拆迁居民发放拆迁过渡费。协调市建设局等职能部门完成永兴桥东侧铁路沿线道路 300 米硬化工程；协调区级资金，对蔡豆庄西宁道、春晖里、春意里实施硬化，硬化面积近 2 万平方米，协调社会企业对蔡豆庄未硬化小巷进行抑尘，铺设砂料 3 万平方米，切实解决困扰居民出行难问题。

【抓环境建设力推大气污染治理】 坚持把大气污染治理工作摆到全局工作的重中之重，全面推行指挥部模式，举全街道之力，全面完成区委、区政府交办各项大气治理任务。一是认真开展散、小、污、企业整治。结合辖区实际，制定《光明西道办事处取缔散、小、乱、污企业集中行动工作方案》，对辖区散、小、乱、污企业逐一制定解决方案，明确分包领导及责任人，确保按照时间节点清理到位。2017 年，44 家散、小、乱、污企业完成整改，其中搬离 29 家，整改 15 家，年内迎接省、市、区对散、小、乱、污企业治理检查验收 12 次，没有发现反复、回流等现象。二是完成月清百污和燃煤锅炉淘汰任务。2017 年涉及铁路沿线垃圾清理、无物业小区卫生整治等 200 余项整改任务完成；按时完成 7 台 10 蒸吨以下燃煤锅炉淘汰。三是全力抓好冬季清洁取暖工作。辖区内南大街、西大街等 6 个社区涉及“煤改气”工程 2003 户，符合改气户 1818 户完成挂炉工作，回收环保炉 567 台、燃煤 1067 吨。2017 年秋季，新挂表 50 户，挂炉 19 户。四是深入开展大气污染防治秋冬季攻坚行动。制定街道《大气污染防治秋冬季攻坚行动方案》，集中社区工作人员、志愿者，组织开展控煤巡查、“煤改气”扫尾攻坚、工业企业污染治理、餐饮油烟排查 4 项攻坚行动，累计组织 2000 余人次巡查，发现问题 100 余个，全部及时进行整改。同时，深入开展大气污染防治宣传，购买《环境保护法》《大气污染防治法》等书籍向广大群众发放，呼吁公众参与环境保护、企业履行环保责任，努力做到大气污染防治全民参与、不留盲区。

【抓安全稳定巩固和谐态势】 始终树牢“安全稳定第一”的责任意识，把维护好和谐稳定的社会环境作为最大政治、最大事情，全力化解各类社会矛盾。一是全力抓好信访稳定工作。牢固树立稳定压倒一切的思想，明确提出“现有矛盾不激化，新的问题不发生，重点人员稳控住”的整体工作思路，做好稳定工作。坚持接访、约访、下访，特别是在十九大期间，增强接访力量，每天安排2名班子成员公开接访，2017年累计接访约访600多人次，把信访人吸附在基层；化解信访案件，按照全区部署，深入开展信访积案化解“百日攻坚行动”，对涉及的21件重点信访案件逐一分析、逐一化解，2017年底案件结案率达到100%；全力稳控重点上访群体，针对涉军群体、问题楼盘、非法集资、涉法涉诉4类突出问题，分别成立专门小组，签订稳控责任状，落实“五包一”机制，24小时盯防，实现重要时期不失守、不进京。特别是面对党的十九大、“一带一路”峰会等重点安保任务，街办处全体班子成员带头履职，24小时吃住在岗位，时刻保持战备状态。经过共同努力，街道实现进京非访、进京集体访、赴省集体访3个大幅度下降，信访工作由全区倒数扭转为正排前列。二是加强社会治安综合治理。推进调解工作，受理调解案件60件，调解成功58件，调解成功率97%；以“法律八进”活动为载体，组织开展各类普法活动，累计发放各类宣传资料1500余份；加强社区矫正、安置帮教工作，充分利用与胜宝集团安置帮教基地协议，做好刑释解教人员过渡性安置，2017年累计接收社区矫正人员97名，解矫63名，在矫34名。三是持续做好安全生产工作。开展辖区企业、门店、安全隐患大排查行动，真正做到底数清、情况明；与社区、重点企业逐一签订“责任状”，压实街道、社区、企业3个层面责任，建立隐患台账，实现分级管理、分级监控；扎实开展重点领域、行业专项整治，查出隐患22处并整改到位，保障辖区社会和谐稳定大局。

【抓民生改善促进社会事业共进步】 始终强化执政为民意识，竭尽全力改善民生。一是社会保障救助水平不断增强。2017年为符合政策的352名灵活就业人员申报保险补贴393.57万元；新增81人参保城乡居民社会养老保险；为435名80周岁老人发放高龄补贴，为辖区居民申请医疗救助24户，资金13.11万元；辖区内76户低保对象，逐户审核，一户一卡，低保金全部社会化发放到位。二是社区服务水平不断提升。完成九园、江南水郡、瑞河兰乔、花城4个新建社区建设工作，加快软硬件建设、理顺户籍治安等方面关系，提升服务群众水平；抢抓创城机遇，通过多方努力，光明西道各社区办公用房面积全部达标。三是武装工作稳步推进，完成适龄青年登记163人，完成率100%，征兵指标完成率100%；组建125人民兵整组综合应急排和工兵分队。自2016年光明西道街办处被评为“廊坊市基层武装部规范化建设示点”后，全市基层武装部规范化建设示范观摩会在光明西道街办处召开；香河、广阳人武部和唐山军分区相继组织专武干部到光明西道街办处参观学习。

【抓精神文明建设营造良好舆论环境】 一是深入开展党的十九大精神系列宣讲活动。2017年成立以街道党工委书记为组长的领导小组，制定专题方案，分别成立3个宣讲团，邀请市委讲师团进行集中宣讲，采取召开党员大会、利用流动办公车等方式进行宣讲，制作张贴170块学习宣传十九大公益广告条幅。同时，开展“三个一”宣传活动，即“一条街”，将跃华路所有灯杆更换为学习宣传十九大精神内容；“一本书”，专门印制200本《十九大精神学习资料汇编》，向街居干部发放学习；“一张纸”，印制2000份十九大精神宣传折纸，向居民发放，全面掀起学习宣传十九大精神热潮。二是开展文明城市创建工作。认真做好文明城市测评迎检相关准备，组织各社区开展“星期六志愿服务活动”360余次，与辖区共建单位开展环境整治、便民服务、法律咨询、扶老助残等活动，提升社区凝聚力和号召力，改善辖区整体面貌。街道文苑社区被中央文明委评为“第五届全国文明单位”。三是扎实推进精神文明建设。以重大节日为契机，组织开展丰富多彩的文化活动，文苑社区与炮校共同举办“弘扬雷锋精神，服务社区居民”志愿活动，益寿里社区组织举办以“不忘初心、牢记使命”为主题的十九大精神宣传演出及知识竞答，南大街社区开展各类帮扶弱势群体活动。四是加大对外宣传覆盖面。年内在中央媒体刊发10篇，省级媒体刊发9篇，《廊坊日报》等市级媒体刊发47篇，在《今日安次》等区级刊发54篇，上报舆情信息1204篇，展示街道精神文明建设成果。

（白　洁）

河北廊坊龙河高新技术产业开发区

【概况】　河北廊坊龙河高新技术产业开发区成立于2006年，规划面积27.65平方公里。2014年3月25日，经河北省政府批复同意扩区，扩区后规划面积达37.5平方公里。2016年8月15日，按照《河北省人民政府关于廊坊市开发区优化整合方案的批复》的要求，将廊坊龙河高新技术产业开发区与河北廊坊龙港经济开发区合并，实行“一区两园”。园区下辖9个村街，分别为西孟各庄、中孟各庄、高孟各庄、连庄子、黄道务、普照营、亭子头、董常甫、王常甫，常住人口1.7万人，外来人口6万人。2017年龙河高新区入区企业268家，生产总值142.59亿元，财政收入27.78亿元，工业产值236.71亿元，工业增加值101.17亿元，出口总额5399万美元，固定资产投资额68.87亿元，实际引进内资46.55亿元，新增项目24个，园区在全区经济发展主战场的地位更加凸显。

【掀起学习十九大的热潮】　围绕党的十九大学习，龙河高新区切实把思想和行动统一到中央和省市区委的部署要求上来。一是龙河高新区以图文形式编制《中国共产党第十九次全国代表大会文件汇编》，发放到机关、村街、企业，做到人手一本全覆盖，让广大党员干部群众更加直观的了解十九大的精神实质。二是制定学习计划和学习方案，邀请区委党校讲师为全体机关干部、村街“两委”干部宣讲十九大报告精神。2017年组织机关干部、科级干部进行5次集中学习活动，并要求机关干部利用业余时间开展自学。为切实保障学习质量，要求机关干部按照规定做好学习笔记，高质量地完成学习心得体会文章，做到学以致用、入心入脑，并将学习情况与年底考核挂钩。三是制定《龙河高新区学习宣讲党的十九大精神的实施方案》，充分发挥领导干部的表率作用，分层次、分系统在机关各局、办、各村街、各企业全方位掀起学习十九大的热潮。由科级领导带队率包村干部深入村街、非公企业为基层党员宣讲十九大精神，并将十九大的宣传标语悬挂在辖区重要路段，把学习宣传贯彻党的十九大精神覆盖到园区各个角落，运用通俗易懂的形式把党的十九大精神讲清楚、讲明白，让党员群众听得懂、能领会、可落实，凝聚起强大的精神力量和舆论氛围。

【“四力合一”引领项目加速发展】 一是政策扶持聚引力。编制《龙河高新区优惠政策汇编》下发到各企业，创造更好的营商环境，为促进企业更好发展，2017 年为企业争取扶持资金 2820.2 万元。同时，为鼓励小微企业加大科技投入，龙河高新区与市科技局联合举办“科技创新券政策解读交流会”，设立企业专项帮扶资金，指导企业用好、用足、用活各项优惠政策。二是科技支撑扩张力。继续做大做强京津冀（廊坊）创新创业基地、慧谷·中国等平台建设，累计孵化面积 30 余万平方米，建成的泰智会产业加速器 6 个。2017 年京津冀（廊坊）协同创新创业基地获得省工信厅颁发认定的“河北省小型微型企业创业创新示范基地”及市科技局颁发的“廊坊市协同创新基地”荣誉称号。龙河高新区科技型中小企业成功认定 36 家，高新技术企业 14 家，市级研发机构 6 家，超额完成全年任务。三是优化服务增动力。龙河高新区提升优化服务水平，园区项目建设进展迅速。富奥、宇润电气、区医院项目主体竣工；新奥环保、中核一期、鼎威等项目整体竣工；污水处理厂二期投入试运行；京汉君庭、鸿坤等商住项目在建设中。

【和谐园区逐步构建】 龙河高新区始终秉持着“解决历史遗留老问题，少出不出新问题”的指导思想，全力维护辖区稳定和谐。一是进一步完善领导干部公开接访制度，建立领导包案机制，定期召开工委班子会议，对存在的问题进行专题研究，并将信访工作纳入年度考核重要内容，形成机关上下全员抓信访浓厚氛围。二是建立矛盾纠纷和隐患排查制度，对各村街排查出的历史遗留问题逐一登记造册，建立台账。密切关注，及时调解，为营造良好的社会环境打下坚实基础。

【坚持“四制联动”的发展理念】 一是严格治煤。2017 年全力实施“气代煤”工程，3045 户实现通气。同时，持续开展燃煤锅炉排查工作，回收清理大小炉具 466 个，清理散煤 23.7 吨。二是深度治烟。为辖区内 102 家饭店安装油烟净化器，真正做到油烟彻底净化。三是全面治尘。对辖区内暴露垃圾、坑塘等污染源进行 20 次集中清理，同时重点做好辖区建筑工地的管控，苫盖裸露土地，并进行降尘处理。四是依法治企。对 12 家 VOCs 企业进行 4 批次的限产限停，辖区内 49 家散、乱、污企业整改到位，并在涉污企业及涉 VOC 企业安装在线监测设备，严防各类污染行为反弹。

【入园项目品质不断提升】 龙河高新区始终把项目质量作为提升园区经济总量的第一抓手，在“大智移云”上做足文章，并为宏泰集团向商务部门申请专项发展资金用于开展招商引资工作。2017 年，累计引进亿元及以上项目 18 个（其中 10 亿元及以上项目 1 个，5 亿元及以上项目 4 个），总投资 46.55 亿元。其中重点用地项目 7 个，京津冀（廊坊）创新创业基地项目 8 个，慧谷·梦工厂项目 3 个，有力支撑辖区内经济平稳健康发展。

【城市品位和文明形象不断改善】 一是重拳出击拆除违法建筑。集中拆除龙泽路两侧 12000 平方米以及大外环辖区范围内 1200 平方米违法建筑，并对 9 宗违法占地进行整改拆除，以

“零强拆”实现和谐“拆违”。二是大力整治环境卫生。由环境巡查小组每日巡查辖区内村街、道路两侧等重点部位，做到日产日清。同时，定制公益广告300余块，宣传创城理念，使之家喻户晓。三是全力维护交通秩序。为辖区十字路口、繁忙路段增设红绿灯、摄像头和警示标志等交通设施。集中整治占道经营摊位及富智康企业周边黑出租车，切实维护道路畅通。

【辖区环境和城市功能不断完善】 2017年投入资金3.5亿元，新修富康道、富兴道、天高道等6条道路，计3040米；五干渠（云起道一富道康路段）改造工程完成；完成建设南路、富余道等道路3万余平方米的景观提升工程；投资287万元，在龙河高新区南北主路口新增主题为“龙腾”“归巢”的两座标志性雕塑；建成110千伏（高孟）变电站1座；新建供水、电力、燃气等各类管线4360余米；完成热力站锅炉改建和富智康的蒸汽管线维修升级。

【百姓获得感不断增强】 一是突出民生保障服务为民的职能。2017年发放各类救助资金34035元及生活物资，惠及困难群众377人。对辖区内相对贫困的王常甫村低保户进行一对一帮扶。建成覆盖面广、可持续社会保障体系，2017年，辖区城乡居民社会养老保险、城乡居民医疗保险参合率96%以上，在全区排名领先。二是突出民生保障服务稳定职能。为营造军民团结良好氛围，组织开展“八一”建军节慰问活动，协调发展教育文化事业，完成西孟小学扩建工作；对辖区内学校、幼儿园等进行6次安全检查活动，协助龙邸幼儿园获批辖区内首家民办学校办学许可证，全力保障广大幼儿的生命安全。三是突出民生保障服务发展的职能。完成2017年公共住房保障的复核工作；根据企业发展需求，组织安次区流动人口健康促进与教育‘企业号’走进富智康活动，帮扶辖区内符合计划生育政策的20余人并给予奖励。

【基层基础不断夯实】 认真开展“两学一做”学习教育和学习党的十九大精神，充分发挥领导班子的带头作用，准确站位、正确摆位，以贯彻落实区委“基层党建提升年”目标要求为主线，用心、用脑、用力，扎实推进党建工作，为龙河高新区社会稳定和经济发展提供坚实的组织保障。一是认真落实“六项制度”，严把“入口”、畅通“出口”，对拟发展对象进行全面考察，双公示、严把关，做到成熟一个发展一个。二是在重视经常性的党员教育、党内监督和民主评议，对党员进行动态信息化管理。三是加大基层干部培训，广泛开展以党的理论、廉政教育、典型示范等为内容的学习教育工作。2017年中国之声《新闻和报纸摘要》《光明日报》和《经济日报》相继对富智康（廊坊）科技园党委深入开展“两学一做”学习教育进行报道，并将典型做法向全国进行推介。

（林巧卓）

河北廊坊高新技术产业开发区

【概况】 河北廊坊高新技术产业开发区，2010年经省政府批准成立，是省委、省政府推动打造的全省第一家以引进战略性新兴产业为主的省级示范园区，承接京津高端产业转移的最佳区域，2010 年 9 月 3 日破土动工。园区总规划面积 72.96 平方公里（7296 公顷），其中起步区面积 10 平方公里（1000 公顷），以电子信息、高端装备制造、新材料和新兴服务业为主导产业发展方向。2014 年 11 月，示范区又被省政府批准为廊坊高新技术产业开发区，产业平台进一步升高跃级。2016 年 8 月 15 日，按照《河北省人民政府关于廊坊市开发区优化整合方案的批复》要求，将廊坊高新技术产业开发区与河北安次经济开发区合并，实行“一区两园”，整合更名为“河北廊坊高新技术产业开发区”，列入省级高新区管理序列。2017 年进一步推进机构编制改革，设立 8 个内设机构：党政办公室、规划建设局、经济发展局、环境保护局、科学技术局、财政局、安全监督管理局、行政审批局。下设 2 个事业单位：农村工作协调服务中心、社会治安综合治理办公室。园区核定人员控制数 80 人，年内力推人事薪酬制度改革，控制数管理人员实行全员聘用制，同步启动绩效考核；深化行政审批制度改革，成立行政审批局，建立“三个清单”制度，实现“一枚印章管审批”。2017 年，累计入园项目 28 个。全年完成固定资产投资 45.13 亿元，规上工业总产值 11.34 亿元，实际利用外资 1999 万美元，进出口总额 4410 万美元，财政收入 1.72 亿元。

【党建工作】 以宣传贯彻党的十九大精神为重点，政治理论学习常抓不懈，2017 年组织机关干部职工集中收听收看十九大实况 1 次，组织宣讲报告会 2 次、专家辅导 2 次、理论中心组学习 12 次，及时传达中央和省、市、区委全会精神，高新区党工委抓政治思想、意识形态工作成为常态化。开展“党在我心中”“七一爱党日”演讲比赛等党组织活动，不断增强党员意识和党性修养，推动“两学一做”学习教育常态化制度化。深入推进非公党建工作，康得公司党支部正式建立，中安信党支部被评为市级“先进基层党支部”。

【基础设施建设】 2017 年，累计完成投资 3.5 亿元，实施新建、续建工程 22 项，新增园区道路 4 条 3.8 公里，新增水、电、暖、燃气等专用管线 15 条 15.6 公里。坚持按照“保重点、保急需”的思路，加快推进园区污水管道连接工程，构建自中安信、康得至污水处理厂排放通路。推进冀民屯污水管线、葛北排渠工程建设，突破卡脖子工程。本着勤俭办事原则，采取从龙脊道、凤翔路中央隔离带间苗移植方式，实施横二等 7 条道路 10 公里绿化工程，节省资金 500 余万元。

【招商引资工作】 2017 年抢抓“5·18”廊坊经洽会机遇，成功组织加拿大主宾国活动，提升招商引资实效。签约中关村军民融合产业联盟、中科纳新、中食净化、联东 U 谷、北斗传感器等高新技术项目 18 个，签约额 172.86 亿元，并与中科院化学所、京东集团等 20 余个权威机构、实力企业达成合作意向。

【项目建设工作】 2017 年重点跟踪服务泉恩、中安信、康得 3 个投（试）产项目以及 18 个在建项目、11 个前期项目，加快形成现实生产力和实物投资量。协助河北卫星大数据应用项目成功申列省重点前期项目，3 个项目成功申列市重点项目。组织投资 13.66 亿元的汉诺实隐形眼镜、投资 3.82 亿元的泉安金融物流园项目参加全市重点项目集中开工，承办全区重点项目集中开工现场会。

【科技发展工作】 抓住开发区改革契机，设立科技局，在国家开发区审核公告目录申报、科技实力综合评定、研发机构申报、创新平台建设等方面均取得明显突破。依托中安信、康得2家企业，获批建立廊坊市碳纤维产业技术研究院和廊坊市汽车复合材料产业技术研究院，推动康得复材、长安汽车成功申报国家轻量化纯电动轿车集成开发技术科技创新课题。加强科技创新平台建设，吸引云谷、青云等科技孵化器落户，2017年引进高品质创新创业项目18个。

【改革任务全面完成】 推进机构编制管理改革，2017年设立8个内设机构：党政办公室、规划建设局、经济发展局、环境保护局、科学技术局、财政局、安全监督管理局、行政审批局。内设2个事业单位：农村工作协调服务中心、社会治安综合治理办公室。园区核定人员控制数80人。全面推进人事薪酬制度改革，控制数管理人员实行全员聘用制，同步启动绩效考核；深化行政审批制度改革，成立行政审批局，建立“三个清单”制度，实现“一枚印章管审批”。

【服务保障工作】 2017年配合园区运营商国开兴安公司债券发行工作；申请发行土地储备债券1.53亿元。落实新增建设用地指标179.3亩（11.95公顷），协调补充占补平衡指标445亩（29.67公顷）；协调相关乡镇完成7个基础设施工程、3个入园项目，总计189.4亩（12.63公顷）土地拆迁征占、地上物清理工作；协调解决各类阻工事件100余次，立案查处违法占地12宗1.6万平方米，对其中4宗5464平方米实施依法拆除。加强环境治理，督导重点企业安装VOCs治理设施，配合乡镇依法取缔散、乱、污企业。采取政府购买服务方式，委托专业安全评价公司对10家投产、待投产企业进行隐患排查，全面落实企业主体责任；微型消防站建设完成并投入使用。

【宣传报道工作】 2017年新华网、人民网、凤凰网、网易新闻网，河北电视台、廊坊电视台、《廊坊日报》等多家中央、省、市级媒体平台，全方位、多角度宣传报道高新区高质量的投资环境、开发建设及重点项目情况，涉及不同类别报道60余篇。其中，《人民日报》1篇，《河北经济日报》1篇，《河北日报》1篇，《廊坊日报》刊发20余篇；头版头条1篇，头版重要位置3篇；《今日安次》刊发20余篇；河北新闻、廊坊新闻、安次时讯等电视媒体报道10余次，外宣水平稳步提升；利用微信、微博等新媒体平台推送信息15000余条。

（宋　杰）

附　录

2017年统计资料

【概况】　2017年安次区辖4个镇：落垡镇、码头镇、葛渔城镇、东沽港镇；4个乡：北史家务乡、杨税务乡、仇庄乡、调河头乡；3个街道办事处：银河南路街道办事处、光明西道街道办事处、永华道街道办事处；2个省级园区：河北廊坊高新技术产业开发区、河北廊坊龙河高新技术产业开发区；有284个行政村。辖区总面积578.40平方公里，耕地面积32194公顷，户籍人口37.3万人，人口自然增长率10.27‰，城镇人口13.2万人，境内居住民族以汉族为主，有回、满、蒙古族等32个少数民族，少数民族人口5584人，占全区人口的1.5%。2017年，地区生产总值205.5亿元，同比增长9.1%。其中：第一产业增加值10.8亿元，同比增长-3.0%；第二产业增加值93.2亿元，同比增长5.8%；第三产业增加值101.5亿元，同比增长14.2%。规模以上工业增加值70.8亿元，同比增长6.7%。粮食总产量10万吨，同比增长5.9%。棉花总产量0.3万吨，同比减少26.8%。财政收入48.4亿元，同比增长16.8%。财政总支出64.1亿元，同比增长86.0%。全社会固定资产投资179.3亿元，同比增长15.6%。社会消费品零售总额64.6亿元，同比增长11.8%。在岗职工（含劳务派遣）平均工资62380元，同比增长4.2%。农村居民人均可支配收入15232元，同比增长8.1%。城镇居民人均可支配收入34409元，同比增长8.9%。

（武瑞娟　梁松）

2017年获国家、省级、市级名牌产品目录

序号	单位	获得时间	类别	产品
1	廊坊奥瑞拓石油机械有限公司	2017年3月	河北省名牌产品、河北省优质产品	钻杆
2	廊坊市飞腾印刷有限公司	2017年3月	河北省名牌产品	印刷
3	廊坊市元辰超市	2017年3月	河北省服务名牌	
4	廊坊市阳光检测有限公司	2017年3月	河北省服务名牌	

（王娟）

2017年获国家级、省级、市级科技进步奖名录

1. 廊坊市北斗神舟测控仪器有限公司，获得廊坊市科技进步三等奖，并奖励资金0.5万元。

2. 廊坊市北辰树脂材料股份有限公司，获得廊坊市科技进步三等奖，并奖励资金0.5万元。

（郭家坤）